国家社会科学基金重点项目（19AFX136）结项成果
中南财经政法大学法学院出版资助

光明社科文库
GUANGMING DAILY PRESS:
A SOCIAL SCIENCE SERIES

·法律与社会书系·

法官自由裁量权问题研究
——基于涉外民商事审判

徐伟功｜著

光明日报出版社

图书在版编目（CIP）数据

法官自由裁量权问题研究：基于涉外民商事审判 /
徐伟功著 . --北京：光明日报出版社，2025.1.
ISBN 978 - 7 - 5194 - 8480 - 4

Ⅰ. D925. 114. 4；D922. 295. 4

中国国家版本馆 CIP 数据核字第 2025PR1017 号

法官自由裁量权问题研究：基于涉外民商事审判

FAGUAN ZIYOU CAILIANGQUAN WENTI YANJIU：JIYU SHEWAI MINSHANGSHI SHENPAN

著　者：徐伟功			
责任编辑：史　宁		责任校对：许　怡　乔宇佳	
封面设计：中联华文		责任印制：曹　诤	

出版发行：光明日报出版社

地　　址：北京市西城区永安路 106 号，100050

电　　话：010-63169890（咨询），010-63131930（邮购）

传　　真：010-63131930

网　　址：http：//book. gmw. cn

E - mail：gmrbcbs@ gmw. cn

法律顾问：北京市兰台律师事务所龚柳方律师

印　　刷：三河市华东印刷有限公司

装　　订：三河市华东印刷有限公司

本书如有破损、缺页、装订错误，请与本社联系调换，电话：010-63131930

开　本：170mm×240mm			
字　数：610 千字		印　张：34	
版　次：2025 年 1 月第 1 版		印　次：2025 年 1 月第 1 次印刷	
书　号：ISBN 978 - 7 - 5194 - 8480 - 4			
定　价：99. 00 元			

本书导读

促进法官自由裁量权的正确行使
增强涉外民商事审判的司法说理

  在我国涉外民商事审判过程中，法官自由裁量权是客观存在的，是《中华人民共和国涉外民事关系法律适用法》（以下简称"法律适用法"）实施中不可回避的现实问题。一般来说，法院处理案件进行裁判的基础包括法律基础、价值基础以及社会基础等。法律基础要求裁判案件的结果具有合法性，不能违背法律的规定；价值基础要求裁判案件的结果具有合理性，符合一定的社会价值要求；社会基础要求裁判案件的结果具有客观性，是社会客观事实的具体反映。所以，法官在行使自由裁量权时也必须符合合法性、合理性与客观性的要求。法官如何正确运用自由裁量权处理案件，涉及法官在裁判文书中的说理问题，要求法官对其裁判的思维过程有着充分的说明。如何提高我国涉外民商事审判中法官自由裁量权的正确行使，必须从理论与实践两方面加以深入研究。

  当今世界正处于百年未有之大变局。世界多极化、经济全球化深入发展，社会信息化、文化多样化持续推进，新一轮科技革命和产业革命正在孕育成长，各国相互联系、相互依存、全球命运与共、休戚相关。维护世界和平与发展、推进"人类命运共同体"的构建，促进"一带一路"倡议的建设，中国必须坚定不移地走有中国特色的社会主义法治道路。习近平总书记多次强调，依法治国是党领导人民治理国家的基本方略，法治是治国理政的基本方式。法治中国的建设是时代赋予中国的伟大历史使命。法治中国的建设不仅包括国内法治的建设，也包括涉外法治的建设。在这大变局的时代背景下，我国法官在处理涉外民商事案件时，必须正确、合理地运用其自由裁量权。

"良法善治"中的"良法"主要指立法部门能够制定出符合社会发展的法律，"善治"主要指司法实践等部门能够正确实施法律。法律制定的目的在于正确实施法律，如果制定出来的法律得不到实施，与没有法律无异。如何正确实施中国国际私法，不仅关系到我国涉外法治建设，也关系到我国对外民商事交往和国际民商事秩序的构建。在我国国际私法实施中，最为关键的是法官在涉外民商事审判中如何正确行使其自由裁量权。

毫不夸张地说，法律适用法是严格规则主义与自由裁量主义相互斗争、相互妥协的产物，是自由裁量主义在国际私法领域渗透的体现。正如我国民法学者徐国栋所言，罗马法的兴旺发达建立在其适当吸收自由裁量主义的基础上，我国法律适用法的制定与完善也是在适当吸收自由裁量主义的基础上进行的，并在立法中制定了为数不少的自由裁量权条款。所以，法律适用法的正确实施，关键取决于法官自由裁量权的行使。法官正确合理地行使其自由裁量权是法律适用法实施的生命线。

法律适用法自2011年实施以来，其自由裁量权条款在涉外民商事审判实践中得到不同程度的适用。但是法官在适用过程中，存在与立法设计条款的目的相背离、裁判文书释法说理不充分等情况。我们有必要重新审视法官自由裁量权条款设计的功能，以增强涉外民商事审判中法官的释法说理能力，推动我国涉外法治的建设，服务于我国"一带一路"倡议。一般来说，我国涉外民商事审判中法官自由裁量权条款之立法功能体现在立法有限理性的克服、实体正义价值的追求、准据法正当性的加强、国家重大利益的维护等方面。

国际私法作为一种特殊的法律制度，受到国际经济发展的制约与影响。其制度的需求与供给是国际经济发展的晴雨表。涉外民商事审判中的法官自由裁量权是国际经济发展到一定阶段的产物，是国际经济交往在国际私法制度变化中的体现。国际经济的复杂化需要国际私法于制度上做出变化，但是这种变化需要以国际私法学者理论的创新为基础。因此，涉外民商事审判中法官自由裁量权的产生与发展，是国际经济交往与国际私法理论发展共同作用的结果。国际经济交往的发展是其原动力，国际私法理论的变革是其助推器。

法律适用法作为中国法治建设的重要组成部分，同样存在成文法的局限性，即滞后性、不周延性、不合目的性以及模糊性。我国国际私法自由裁量权条款存在的主要目的也就是解决这些法律的局限性。无论是何种类型法官自由裁量权条款的运用，都会涉及人类理性基本假设的问题。法律适用法的制定离不开中国改革开放的历史背景，同时也离不开国际私法立法的国际社会发展趋势的历史背景。从国际私法国际社会立法的发展趋势来看，自由裁量主义在国际私法的立法中逐步得到渗透，各国国际私法在立法中或多或少地给予了法官一定的自由裁量权。从国际私法国内立法的发展趋势来看，实体正义逐步得到重视，具体正义的实现离不开法官根据具体案件情况的裁量。严格规则主义与自由裁量主义的此消彼长，勾画出人类社会法治发展的历史主线。

在国际私法理论探讨及立法的实施过程中，主要有两种价值取向：一是倾向于实现冲突正义，也就是保证涉外民商事案件的当事人无论在哪一个国家起诉，最终都能适用同一法律处理争议，并得到相同的判决，达到维护法律适用的统一性和稳定性以及判决结果的一致性；二是倾向于实现实体正义，也就是认为涉外民商事案件所适用的法律要保障个案中当事人的具体利益，或符合社会的主要利益目标。冲突正义和实体正义的内涵十分丰富，是国际私法立法和司法过程中不可分割的两种价值取向，在国际私法发展的各个时期，两种价值取向相互纠缠、相互矛盾而又相互依赖。目前，各国的国际私法立法同时体现了对冲突正义和对实体正义的追求，通过对两种正义取向的综合与平衡，当代国际私法融合了传统国际私法理论与20世纪国际私法革命的学说，展现出当代国际私法实体取向的新特征。冲突正义与实体正义两者的综合与平衡，恰恰反映了国际私法立法上严格规则主义与自由裁量主义相结合的趋势。

在我国涉外民商事审判中，法官自由裁量权的运用是综合性的，不仅涉及事实认定与诉讼程序方面的问题，也涉及实体法运用方面的问题，同时还涉及如何寻找法律，即寻找适当的准据法的问题。法官在寻找适当的准据法过程中，主要是运用我国的法律适用法以及其他国际私法立法上的规定。法官行使其自由裁量权寻找适当的准据法时，必须考虑法律适用法的立法指导思想、立法目的以及立法者所要体现的法律价值，也要考虑到国际私法的基本原则以及法律适用的基本准则等相关因素。

国际私法的立法仍然是以规则为主，同时赋予法官一定的自由裁量权。如果国际私法的立法采取僵硬的做法，则无法应对复杂、生动的社会现实，无法实现国际私法所要追求的实体正义。如果国际私法的立法仅采取原则性的规定，将所有的案件交由法官自由裁量，则会极大地损害国际私法法制的统一性，损害法律的安全价值。所以，国际私法的立法必须走严格规则主义与自由裁量主义相结合的道路。国际私法立法上在什么范围内以及在多大程度上赋予法官自由裁量权，需要根据多种考量因素，做出合理的规定。法官自由裁量权的行使取决于法官自身的专业素质以及职业素养，其拓展与法官个人的能力、品性具有极大的关联性，这无疑增加了司法维护社会公正的主观性、风险性。权力的累积和膨胀必然会导致权力腐败，削弱法律的权威，影响到个案公平，导致司法专横，破坏法制的统一。为了促使法官权力的行使符合社会正义的目的，维护国际私法的统一及其目的的实现，必须对自由裁量权加以必要的控制。

我国涉外民商事审判中法官自由裁量权运行的控制措施可以从立法、司法与守法三方面进行。其一，可以从源头上加以控制，即从立法上加以控制。立法上的控制主要涉及两方面的问题：一是立法者赋予法官自由裁量权的范围，即立法上在哪些领域、哪些范围、哪些法律关系、哪些具体条款中赋予法官自由裁量权，属于法官自由裁量权条款的领域边界问题。二是立法者赋予法官自由裁量权的程度问题，即立法上在多大范围内给予法官自由裁量权。前者涉及法官自由裁量权的有无问题，后者涉及法官自由裁量权的大小程度问题。其二，可以从运用过程中加以控制，即从司法上加以控制。同样，司法上的控制主要包括以下问题：一是从自由裁量权的运行主体加以考虑，即提升法官的素质，从而间接保证法官行使自由裁量权的质量。这里涉及我国涉外民商事审判中法官的选任、法官的培训制度问题。从严格意义上说，法官素质的要求并不是对自由裁量权的控制，而是通过对行使自由裁量权主体的要求，达到提高自由裁量权行使的质量。二是最高人民法院对法官自由裁量权的控制，其可以通过司法解释限制法官的自由裁量权，或者可以通过典型案例达到对法官自由裁量权行使做出指导。三是通过法院内部制度系统设立自身监督的机制。其三，可以从运行的结果来反向推进法官自由裁量权的控制，即从守法的角度加以控制，其主要涉及法律运行的外部监督机制的设立等问题，包括舆论监督、公民监督、检察监督等。

总体上来看，我国涉外民商事审判中法官自由裁量权的行使主要体现在最密切联系原则、公共秩序保留原则、直接适用的法原则、弱者权利保护原则以及不方便法院原则等方面的运用。

最密切联系原则主要有四个方面的功能：立法指导功能、立法补缺功能、立法矫正功能以及具体法律选择方法功能。法律适用法并没有采纳最密切联系原则的立法指导功能以及立法矫正功能，主要缘由正如王胜明所说，立法矫正功能采用的是例外条款，即采用的是更密切联系原则的做法。这种做法赋予了法官广泛的自由裁量权，法官如果运用不当，极有可能导致整体立法的不稳定性，所以摒弃该功能。既然放弃了立法矫正功能，删去立法指导功能也不觉得可惜。所以，法律适用法则主要规定了最密切联系原则的立法补缺功能和具体法律选择方法功能。无论是在立法补缺功能上，还是具体法律选择方法功能的运用上，我国法官或多或少地存在一定的问题，具有适用法院地法的倾向。

法律适用法第4条首次规定了强制性规定的直接适用，将直接适用的法原则引入到立法总则之中，第4条与第5条共同构成了我国排除外国法适用的基本制度。法律适用法整体上形成了适用外国法与排除外国法适用的二元结构立法形式，其天平之一的端点是以最密切联系原则、意思自治原则以及冲突规范的基本制度为核心，不仅赋予当事人选择法律的权利与自由，也在广泛的层面上赋予了法官一定的自由裁量权。可以说，私法程度越高的领域，当事人选择法律的自由度就越大；涉外民商事法律关系越复杂的领域，法官的自由裁量权越灵活。无论是当事人选法的自由，还是法官选法的自由，都旨在共同实现国际私法实体正义与冲突正义的协调。天平的另一端点是以直接适用的法原则与公共秩序保留原则为基础，从正反两方面共同维护国家的公共利益。由于国家公共利益具有历史性、抽象性以及变动性，立法不可能、也没有必要将之明确化与具体化，这就赋予了法官权大的自由裁量权，让法官根据具体的情况做出灵活的应对。但是，过分强调法官在适用这些制度中的自由裁量权，可能导致法官对这些制度的滥用，造成对国际民商事秩序的损害。所以，我国法官在运用直接适用的法与公共秩序保留制度时，就必须采取谨慎的态度，既要维护我国重大的、根本性的利益，又要促进国际民商事秩序的发展。

法律适用法第30条、第29条、第25条第2款分别在涉外监护、涉外扶养、涉外父母子女人身关系和财产关系中规定了保护性冲突规范。法律适用法立法精神贯彻了弱者权利保护原则，在婚姻家庭领域中多采取保护性冲突规范。保护性冲突规范的核心就是改变了传统连结点客观中立的地位，明确表示适用对弱者最有利的法律，具有强烈的价值倾向。立法上体现了人本主义精神，不仅强调了冲突正义，还强调了实体正义，即不仅冲突规范本身体现了对弱者权利的保护，而且要求在比较相关的各国实体法后，选择适用对弱者最有利的法律。立法上对弱者权利保护目的的追求需要司法才能实现，立法的精神需要通过法官自由裁量权的正确行使才能体现。于是，涉外婚姻家庭关系审判中法官自由裁量权成为实现弱者权利保护的重要手段。不过，立法者所要强调的立法目的如果得以实现，法官就需承担繁重的司法任务。在相互冲突的法律中寻找对弱者最有利的法律并非一件容易的事情，这也与法官司法任务简单化背道而驰。纵观我国的司法实践，我国法院适用弱者权利保护原则的现实状况不容乐观，自由裁量权的行使往往成为法官选择法院地法（我国法律）的工具，无法实现立法者保护弱者权利的根本目的。

我国基本上继承了大陆法系国家的传统，早期也没有接受不方便法院原则。

但从 20 世纪 90 年代以来，我国出现类似不方便法院原则运用的司法实践。一般认为我国运用不方便法院原则的第一案是东鹏贸易公司诉东亚银行信用证纠纷案。我国法院适用不方便法院原则的主要问题是司法说理过于简单，没有立足于不方便法院原则为了当事人利益以及正义的目的这一本质功能，对我国公民、法人或其他组织利益边界的分析模糊不清，对替代法院是否更加方便的问题几乎不加分析。这些问题都与法官自由裁量权有关。另外，我国法院适用不方便法院原则还存在两方面的问题：一是同时符合六个条件比较严苛；二是驳回起诉式的拒绝管辖，而不是根据实际情况中止诉讼，这种"一刀切"的做法缺乏应有的灵活性。总体上来看，我国民事诉讼法司法解释的规定还是相对合理的，主要问题在于法官如何正确合理地行使其自由裁量权，做出较为理性的分析，恰当地运用不方便法院原则。

总而言之，冲突法立法具有滞后性、不合目的性等局限性。冲突法立法的滞后性是法律的稳定性与社会的生动性的矛盾，是人类认识能力的非至上性的必然结果，其主要采取国际私法原则或最密切联系原则进行弥补。法律适用法采取最密切联系原则的立法补缺功能难以承担克服其滞后性的重任，我国今后的立法应结合意思自治原则，采取"应然法—实体法"的二元逻辑结构共同克服其滞后性；冲突法立法之不合目的性是法律的普遍性与社会生活的特殊性矛盾的必然结果，其主要采取例外性规定以及增强准据法正当性与合理性措施进行克服，我国今后的立法应运用最密切联系原则的立法矫正功能，并完善梯次选择性冲突规范，增加结合性冲突规范，改造保护性冲突规范。冲突法立法局限性的克服取决于法官自由裁量权条款的合理制定，如果能够制定合理的自由裁量权条款，就能促进我国国际私法法典的制定与完善。

前　言

　　本书是 2019 年国家社会科学基金重点项目《我国涉外民事审判中法官自由裁量权实证研究》（项目批准号：19AFX136）的最终成果，并受到中南财经政法大学法学院的出版资助。

　　尽管最高人民法院对法官自由裁量权的行使提出了一般性指导意见，但鉴于涉外民商事审判中法官自由裁量权的行使具有一定的特殊性和复杂性，需要我们做出进一步的探讨与研究。本书以实证研究为重点，但实证研究离不开理论上的分析，所以本书分为理论与实务两部分，对涉外民商事审判中的法官自由裁量权进行深入探讨。这里需要说明的是，本书所说的理论是从广义上做出理解的，包括我国涉外民商事审判中法官自由裁量权之背景考察、我国涉外民商事审判中法官自由裁量权之立法考察、我国涉外民商事审判中法官自由裁量权之国际考察、我国涉外民商事审判中法官自由裁量权之范畴考察，以及我国涉外民商事审判中法官自由裁量权之运行考察等五个部分。这五个部分分别从不同角度与不同方面，对我国涉外民商事审判中法官的自由裁量权做出探究。出于论证的必要性，前五章内容在某些方面存在一定的重复。在实务部分，主要是根据法律适用法实施以来的具体案件做出分析，包括我国最密切联系原则之实证考察、我国排除外国法适用之实证考察、我国保护弱者的规定之实证考察。在原课题结构安排中，设计了"国际民事诉讼领域中法官自由裁量权的实证分析"一章，包括涉外民商事案件判断中法官自由裁量权的实证分析、域外证据认定中法官自由裁量权的实证分析、国际民事管辖权中积极自由裁量权的实证分析、国际民事管辖权中消极自由裁量权的实证分析、外国法院判决承认与执行中互惠关系认定中法官自由裁量权的实证分析；但考虑到在国际民事诉讼领域中法官自由裁量权的行使与国内民事诉讼没有根本性区别，本书只是选择了该领域中较为特殊的制度，即不方便法院原则做出实证考察。实证研究部分主要是以我国法院做出的裁判文书为主，但是在分析过程中也必然涉及一些理论上的探讨。本书最后一章，即第十章我国冲突法立法之局限性及其克服——代结语，作为本书的结语部分，探讨了法官自由裁量权在克服我国冲突法成文立法局限性方面的作用。尽管有些内容在前面某些章节中有所阐述，但还是有必要在该章中进一步做出强调，以期推动我国国际私法立法的进一步完善。

希望本书的研究能够促进我国国际私法的实施，促进我国国际私法法典化的进程，促进我国涉外法治的发展，促进"一带一路"倡议的建设，促进"人类命运共同体"的构建。

目　录
CONTENTS

引　言

　　学者往往从不同的角度认识与理解法官自由裁量权，主要有以下三方面。其一，从立法的角度加以认识。英国学者沃克（Walker）认为，法官自由裁量权是法律所授予的一种酌情做出决定的权利。① 沃克的定义具有两层含义：一层是法官自由裁量权主要来自法律上的规定，或来自宪法上的授权，或来自具体法律的条款。没有法律上的规定，法官自由裁量权行使的正当性就无法得到保障，就成为无本之木、无源之水。另一层是法官自由裁量权受到一定的限制，并不是无限制的自由，也不是任意的，其受到公平、正义、合理和正确等各种因素的制约。由于法律价值具有一定的历史时代特征，只要在当时的情况下被认为是符合正义、合理的要求，法官自由裁量权的行使就是正当的。总体而言，以上两个层次集中体现在合法性与合理性两方面。其二，从功能的角度加以认识。英国学者梅里曼（Merriman）认为，法官自由裁量权是为了实现法律的公正性价值而不拘泥于法律的具体规定，以适应社会变化的一种方法。② 梅里曼的定义也具有两层含义：一层是将法官自由裁量权作为实现正义的手段，通过案件的事实决定其法律后果。另一层是法官通过理解法律、发展法律，使之与社会的发展变化相适应。梅里曼的观点中蕴含着将法官自由裁量权视为成文法局限性克服的手段。一般来说，成文法的局限性是法律技术特征所不可避免带有

---

① 《牛津法律大辞典》认为："所谓自由裁量权，是指（法官）酌情做出决定的权力，并且其所做出的决定在当时的情况下应当是正义、公正、正确和合理的。法律常常授予法官以权力或责任，使其在某种情况下可以行使自由裁量权。有时是根据情势所需，有时则仅仅是在规定的限度内行使这种权力。"沃克．牛津法律大辞典［M］．北京社会与科技发展研究所，译．北京：光明日报出版社，1988：261-262.

② 梅里曼认为："审判上的自由权，是指能够根据案件事实决定其法律后果，为了实现真正的公正，可以不拘泥于法律，还能够不断地理解法律使之更合乎社会的变化。"梅里曼．大陆法系［M］．顾培东，译．重庆：西南政法学院印行，1983：57.

的缺陷。① 由于法律具有确定性、普遍性等技术特征，其与社会生活的生动性、特殊性之间不可避免地存在着矛盾，这必然会导致滞后性、不合目的性以及不周延性等局限。而法律对安全价值的追求，则暗含了其具有明确性、普遍性与相对稳定性等天然属性，不能朝令夕改。如果法律处于不停地变动中，人们势必会感到无所适从。但是，社会生活是不断向前发展的，呈现出多样灵活的一面。从哲学上说，事物的发展是运动与静止的统一。运动是永恒的，静止是相对的。这就需要法律在变化无常与经久不变之间寻找某种平衡。法官自由裁量权就是解决这一矛盾的手段与方法。其三，从审判实践的角度加以认识。我国学者江必新认为，司法自由裁量权是法官或审判组织根据自己的认识、经验、态度、价值观以及对法律规范的理解，而选择司法行为和对案件做出裁判的权力。② 江必新的定义也具有两层含义：一层是法官或审判组织是司法自由裁量权行使的主体，其起到主导性的作用。另一层是法官自由裁量权的行使需要发挥法官主观能动性的作用，对法官的专业能力以及职业素养等方面的素质提出了较高的要求。

不管从何种角度认识，法官自由裁量权均具有以下几方面的共性：（1）法官自由裁量权是一种司法审判的权力，行使的主体是法官。（2）法官自由裁量权的行使应满足合法性与合理性的要求。合法性体现为法律上的授权，合理性体现为具有公平与正义的裁判结果，对当事人争议的解决是合理的。（3）法官自由裁量权的行使应该符合时代发展的价值追求。（4）法官自由裁量权是法官主观能动性的体现，取决于法官的专业能力与职业素养，具有一定的司法理性思维。根据以上学者的观点，可以对法官自由裁量权做出如下定义：法官自由裁量权是指法官在司法审判过程中，根据立法的授权，依循立法的目的、指导思想、立法的基本原则、立法所追求的价值取向，秉承公平正义的理念，充分运用自身娴熟的审判经验，合理地解决双方当事人争议的一种权力。③ 涉外民商事审判中法官的自由裁量权也应该符合上述的定义及基本特征。一般来说，涉外民商事审判中法官的自由裁量权涉及的领域主要集中在以下三方面。其一，审判过程中涉及的有关事实认定及诉讼程序方面的法官自由裁量权，包括事实的认定、证据的认定、管辖权的确定以及外国法院判决的承认与执行等。在这

---

① 徐国栋. 西方立法思想与立法史略（上）：以自由裁量与严格规则的消长为线索 [J]. 比较法研究，1992（1）：3.

② 江必新. 论司法自由裁量权 [J]. 法律适用，2006（11）：17.

③ 徐伟功. 国际私法中的自由裁量权问题研究 [M] //吴汉东. 私法研究：第 1 卷. 北京：法律出版社，2002：299.

些法官自由裁量权的运用中，国际民事管辖权制度中的不方便法院原则以及外国法院判决的承认与执行制度中的互惠原则，其所涉及的法官自由裁量权的运用具有特殊性，此外法官自由裁量权的运用与国内民事诉讼程序大体一致。关于外国法院判决的承认与执行制度中的互惠原则的运用，我国目前有从事实互惠向推定互惠与法律互惠转变的倾向，笔者在 2018 年发表论文做出过具体的探讨，本书不再赘述。① 尽管笔者早年研究了不方便法院原则，② 但我国不方便法院原则的司法实践运用较为丰富，本书有必要对不方便法院原则的司法实践做出实证研究。此外，其他与国内民事诉讼类似的法官自由裁量权，本书也不做具体的阐述。其二，审判过程中涉及的有关法律选择方面的法官自由裁量权。国际私法学者对国际私法的范围具有不同的认识，广义上的国际私法主要包括涉外民商事管辖权、法律适用、外国法院判决的承认与执行，甚至还包括国际统一实体法与国际统一冲突法。狭义上的国际私法仅仅是指法律适用，即在涉外民商事案件中如何适用恰当的法律处理案件。法律适用领域中的法官自由裁量权主要体现为灵活的法律选择方法的运用。本书没有做出特别说明的，涉外民商事审判中法官自由裁量权主要是指法律适用领域中的法官自由裁量权，即法官在寻找法律、适用法律选择方法中的自由裁量权。其三，审判过程中涉及适用具体实体法中的法官自由裁量权，这方面的法官自由裁量权与国内民商事审判中适用实体法上的法官自由裁量权是基本一致的，本书也不做具体分析。

在我国涉外民商事审判过程中，法官自由裁量权是客观存在的，是《中华人民共和国涉外民事关系法律适用法》实施中不可回避的现实问题。一般来说，法院处理案件进行裁判的基础包括法律基础、价值基础以及社会基础等。法律基础要求裁量案件的结果具有合法性，不能违背法律的规定；价值基础要求裁量案件的结果具有合理性，符合一定的社会价值要求；社会基础要求裁量案件的结果具有客观性，是社会客观事实的具体反映。所以，法官在行使自由裁量权时也必须符合合法性、合理性与客观性的要求。法官如何正确运用自由裁量权处理案件，涉及法官在裁判文书中的说理问题，要求法官对其裁判的思维过程做出充分的说明。目前，关于司法文书说理以及法官自由裁量权的行使，无论是在国家宏观战略层面，还是在最高人民法院微观制度层面，都得到了相当程度的重视。

---

① 徐伟功. 我国承认与执行外国法院判决制度的构建路径：兼论我国认定互惠关系态度的转变 [J]. 法商研究，2018, 35（2）：171-182.
② 徐伟功. 不方便法院原则研究 [M]. 武汉：湖北人民出版社，2020.

2013 年，党的十八届三中全会通过了《中共中央关于全面深化改革若干重大问题的决定》。第九部分"推进法治中国建设"，第 33 节中明确呼吁："增强法律文书说理性，推动公开法院生效裁判文书"。2015 年，最高人民法院发布的《关于全面深化人民法院改革的意见——人民法院第四个五年改革纲要（2014—2018）》第 34 部分指出："推动裁判文书说理改革。根据不同审级和案件类型，实现裁判文书的繁简分流。加强对当事人争议较大、法律关系复杂、社会关注度较高的一审案件，以及所有的二审案件、再审案件、审判委员会讨论决定案件裁判文书的说理性。对事实清楚、权利义务关系明确、当事人争议不大的一审民商事案件和事实清楚、证据确实充分、被告人认罪的一审轻微刑事案件，使用简化的裁判文书，通过填充要素、简化格式，提高裁判效率。重视律师辩护代理意见，对于律师依法提出的辩护代理意见未予采纳的，应当在裁判文书中说明理由。完善裁判文书说理的刚性约束机制和激励机制，建立裁判文书说理的评价体系，将裁判文书的说理水平作为法官业绩评价和晋级、选升的重要因素"。2018 年，最高人民法院印发的《关于加强和规范裁判文书释法说理的指导意见》则直接规定法官行使自由裁量权的指导原则，其第七部分规定："诉讼各方对案件法律适用无争议且法律含义不需要阐明的，裁判文书应当集中围绕裁判内容和尺度进行释法说理。诉讼各方对案件法律适用存有争议或者法律含义需要阐明的，法官应当逐项回应法律争议焦点并说明理由。法律适用存在法律规范竞合或者冲突的，裁判文书应当说明选择的理由。民事案件没有明确的法律规定作为裁判直接依据的，法官应当首先寻找最相类似的法律规定作出裁判；如果没有最相类似的法律规定，法官可以依据习惯、法律原则、立法目的等作出裁判，并合理运用法律方法对裁判依据进行充分论证和说理。法官行使自由裁量权处理案件时，应当坚持合法、合理、公正和审慎的原则，充分论证运用自由裁量权的依据，并阐明自由裁量所考虑的相关因素"。

最高人民法院的指导意见为我国涉外民商事审判中法官自由裁量权的正确合理行使提供了一定的指导，但鉴于我国涉外民商事审判中法官自由裁量权的复杂性与独特性，有必要进一步做出具体深入的研究。

第一章

我国涉外民商事审判中法官自由裁量权之背景考察

已成立的法律获得普遍的服从，而大家所服从的法律又应该本身是制定得良好的法律。

——【古希腊】亚里士多德

在我国涉外民商事审判中，法官如果要正确行使其自由裁量权，就必须认识到其所处的时代背景、国际私法的立法背景以及法律适用法实施的司法背景。在时代背景中，其关键的三方面就是习近平总书记提出的"中国法治建设"的推进、"人类命运共同体"的构建以及"一带一路"倡议的建设等。在立法背景中，必须了解我国国际私法的立法进程、法律适用法颁布前的立法问题以及法律适用法的立法完善等。在司法背景中，必须分析我国法律适用法实施中存在的主要问题以及法官选任制度的改革等。

第一节　我国涉外民商事审判中法官自由裁量权之时代背景

当今世界正处于百年未有之大变局。世界多极化、经济全球化深入发展，社会信息化、文化多样化持续推进，新一轮科技革命和产业革命正在孕育成长，各国相互联系、相互依存，全球命运与共、休戚相关。① 维护世界和平与发展、推进"人类命运共同体"的构建，促进"一带一路"倡议的建设，中国必须坚定不移地走有中国特色的社会主义法治道路。习近平总书记多次强调，依法治国是党领导人民治理国家的基本方略，法治是治国理政的基本方式。法治中国的建设是时代赋予中国的伟大历史使命。法治中国的建设不仅包括国内法治的

---

① 习近平. 共同构建人类命运共同体［M］//习近平. 习近平谈治国理政：第2卷. 北京：外文出版社，2017：538.

建设，也包括涉外法治的建设。

一、法治中国建设的发展

古罗马拉丁谚语云："有社会，就有法"（ubi societas, ibi ius）。中国著名国际法学者梁西认为："国际社会和国内社会一样，也需要有法。"①

在人类社会历史发展长河中，国家的出现，形成了国内社会；国家之间的交往，产生了国际社会。国内社会秩序的稳定、国际社会秩序的维系，都需要一定的规则体系。这个规则体系，就是我们所谓的法。无论是国内社会的治理，还是国际社会的治理，都应该依据法律进行。法治是当今社会治理的主要手段与方式，"法治兴则国家兴，法治衰则国家乱"。这里的"法治"，指的是"良法善治"。法治中国的建设是时代赋予中国的伟大历史使命，中国国际私法是中国法治建设重要的一环，是中国涉外法治建设重要的组成部分。

古希腊思想家亚里士多德很早就阐述了法治的基本概念："已成立的法律获得普遍的服从，而大家所服从的法律又应该本身是制定得良好的法律。"② 我国当代著名法学家、新中国国际私法学的一代宗师韩德培先生早在 1946 年就指出："我们今日所需要的法治，不但在形式上要做到'齐天下之动'，而在实质上尤其要做到使政府官吏尊重人民之正当利益，不得任意加以侵害，不能'高下其手，予夺由心'。所以我们今日所需要的法治，乃是民主政治的法治，是建立于民主政治之上的法治。"③ 法治建设的两个重要方面就是法律的制定与法律的实施。这两者是相辅相成的，法律实施的前提是必须制定良好的法律，而良好的法律的贯彻必须有健全的法律实施体系。我国法治建设具有历史时代性，是逐步得到发展与推进的。

1978 年，党的十一届三中全会郑重提出健全社会主义法制的伟大任务，即"为了保障人民民主，必须加强社会主义法制，使民主制度化、法律化，使这种制度和法律具有稳定性、连续性和极大的权威，做到有法可依，有法必依，执法必严，违法必究。从现在起，应当把立法工作摆到全国人民代表大会及其常务委员会的重要议程上来。检察机关和司法机关要保持应有的独立性；要忠实于法律和制度，忠实于人民利益，忠实于事实真相；要保证人民在自己的法律

---

① 梁西. 国际法的社会基础与法律性质 [J]. 武汉大学学报（社会科学版），1992（4）：32.
② 亚里士多德. 政治学 [M]. 吴寿彭，译. 北京：商务印书馆，1965：199.
③ 韩德培. 我们所需要的"法治" [J]. 法学评论，1995（4）：2.

面前人人平等，不允许任何人有超于法律之上的特权"。"法律面前人人平等"，打破了"礼不下庶人，刑不上大夫"的封建思想，废除了"只准州官放火，不准百姓点灯"的做法。"有法可依、有法必依、执法必严、违法必究"，中国法制建设的十六字方针的确立，促进了我国立法工作走上正轨，推动了我国法学的教学与研究走向繁荣。经过三十年的发展，时任全国人大常委会委员长吴邦国在 2008 年全国人大一次会议上指出，国家经济、政治、文化、社会生活的各方面基本做到有法可依，为依法治国、建设社会主义法治国家、实现国家长治久安提供有力的法律保障。党的十一届三中全会是具有历史性转折的会议，提出了我国法制建设的伟大任务，确立了法制建设的十六字方针，明确了法律面前人人平等的原则。尽管当时所提出的"法制"建设，与我们现在所说的"法治"建设有一定的不同，但毕竟使我国的法治建设迈出了坚实的一步。其后，我国法律的制定进入快车道，各种含有国际私法规范的民商事法律相继出台，推动了我国国际私法立法的完善。

1997 年，党的十五大确立了依法治国的基本方略，提出发展民主必须同健全法制紧密结合，实行依法治国。依法治国，是党领导人民治理国家的基本方略，是发展社会主义市场经济的客观需要，是社会文明进步的重要标志，是国家长治久安的重要保障。党的十五大提出的依法治国，是对党的十一届三中全会健全社会主义法制建设的一种发展，后者的重心在于健全，即将我国立法工作作为重点，进行全面的立法；不仅要求具有完善的法制，还需要依法治国，其重心在于"治"国方面。

2002 年，党的十六大提出，坚持党的领导、人民当家作主和依法治国有机统一。加强立法工作，提高立法质量，到 2010 年形成中国特色社会主义法律体系。坚持法律面前人人平等。党的十六大认识到法治中国建设首先要求制定良好的法律，提出加强立法质量，也提出了到 2010 年，我国立法工作要取得一定的成绩，建立具有中国特色的法律体系，满足法治中国建设中的"良法"要求。

2007 年，党的十七大提出，全面落实依法治国基本方略，加快建设社会主义法治国家。坚持科学立法、民主立法，完善中国特色社会主义法律体系。加强宪法和法律实施，坚持公民在法律面前一律平等，维护社会公平正义，维护社会主义法制的统一、尊严、权威。党的十七大提出了如何立法的问题，即科学立法、民主立法，并注重法律的实施问题，以保障良法善治。

2012 年，党的十八大提出全面推进依法治国。法治是治国理政的基本方式。将依法治国的十六字方针进一步发展为"科学立法、严格执法、公正司法、全民守法"，使依法治国方略的内涵更加丰富、科学。完善中国特色社会主义法律体系，加强重点领域立法。在党的十八大提出的新的依法治国十六字方针中，科学立法属于法律制定层面的问题，只有进行科学立法，才能保证立法质量，保证所立的法是善法，避免立法不符合客观社会发展的需要，出现不合理的立法。

2014 年 10 月 23 日，中国共产党第十八届中央委员会第四次全体会议通过的《中共中央关于全面推进依法治国若干重大问题的决定》（以下简称《决定》）指出："全面推进依法治国，总目标是建设中国特色社会主义法治体系，建设社会主义法治国家。这就是在中国共产党领导下，坚持中国特色社会主义制度，贯彻中国特色社会主义法治理论，形成完备的法律规范体系、高效的法治实施体系、严密的法治监督体系、有力的法治保障体系，形成完善的党内法规体系"。这是第一次以决定的方式提出依法治国中的重大问题。

2017 年，党的十九大报告进一步要求"坚持全面依法治国"。习近平总书记在不同的场合强调："依法治国是党领导人民治理国家的基本方略，法治是治国理政的基本方式。"2019 年，党的十九届四中全会《中共中央关于坚持和完善中国特色社会主义制度 推进国家治理体系和治理能力现代化若干重大问题的决定》指出，坚持和完善中国特色社会主义法治体系，提高党依法治国、依法执政能力。健全保证宪法全面实施的体制机制，完善立法体制机制，健全社会公平正义法治保障制度，加强对法律实施的监督。强调完善以宪法为核心的中国特色社会主义法律体系，加强重要领域立法，加快我国法域外适用的法律体系建设，以良法保障善治。2020 年，党的十九届六中全会指出，到 2035 年，基本实现国家治理体系和治理能力现代化，人民平等参与、平等发展权利得到充分保障，基本建成法治国家、法治政府、法治社会。2021 年，党的十九届六中全会指出，在全面依法治国上，中国特色社会主义法治体系不断健全，法治中国建设迈出坚实步伐，党运用法治方式领导和治理国家的能力显著增强。

2022 年，党的二十大报告指出，"在法治轨道上全面建设社会主义现代化国家""要坚持走中国特色社会主义法治道路，建设中国特色社会主义法治体系、建设社会主义法治国家，围绕保障和促进社会公平正义，坚持依法治国、依法执政、依法行政共同推进，坚持法治国家、法治政府、法治社会一体建设，全面推进科学立法、严格执法、公正司法、全面守法，全面推进国家各方面工作法治化。"完善以宪法为核心的中国特色社会主义法律体系。扎实推进依法行政。严格公正司法。加快建设法治社会。

从 1978 年十一届三中全会到 2022 年党的二十大，中国法治建设的进程在不断推进、落实、坚持与提高，从有法可依到科学立法，不仅强调的是"有法"，而且要进行科学立法，注重的是立法的质量，制定出来的法律是良法、好法。从"有法必依、执法必严、违法必究"到"严格执法、公正司法、全民守法"，不仅强调法律实施的强制性，而且要公正地实施法律，关注法律实施的有效性与公正性，是一种善治。这也就是亚里士多德所认为的良好的法律得到普遍的服从，即"良法善治"。一方面，要有完备的法律规范体系，建立具有中国特色的社会主义法律体系；另一方面，要有高效的法治实施体系、严密的法治监督体系与有力的法治保障体系。

中国法治建设不仅包括国内法治建设，还包括涉外法治建设。2014 年，党的十八届四中全会通过的《中共中央关于全面推进依法治国若干重大问题的决定》提出要建设涉外法治人才队伍、"加强涉外法律工作"，并首次确立了涉外法治的概念。《决定》还指出，涉外法治建设是为了"适应对外开放不断深化，完善涉外法律法规体系，促进构建开放型经济新体制"。为了落实涉外法治人才的培养，2018 年，教育部、中央政法委联合发文，提出了"促开放，构建涉外法治人才培养新格局"①。2019 年，习近平总书记在中共中央全面依法治国委员会第二次会议上指出，要加快推进我国法域外适用的法律体系建设，加强涉外专业法治人才培养。同年党的十九届四中全会通过的《中共中央关于坚持和完善中国特色社会主义制度 推进国家治理体系和治理能力现代化若干重大问题的决定》再次强调，加强国际法研究与运用，提高涉外工作法治化水平。在 2020 年 11 月 17 日召开的中央全面依法治国工作会议上，习近平总书记提出了"坚持统筹推进国内法治和涉外法治……协调推进国内治理和国际治理"的主张，构成了习近平法治思想的重要组成部分。②

涉外法治建设是我国依法治国的一项重要工作。习近平总书记提出的统筹推进国内法治和涉外法治，这里的涉外法治中的"涉外"是从我国的角度来认识的，涉外也可以叫"对外"。如果站在全球的角度，从世界范围来说，涉外法治也可以说是国际法治。但是涉外法治与国际法治两者毕竟还有所区别，涉外法治主要是一国国内法治的对外延伸和拓展，国际法治主要是全球治理的方式与手段。国际私法作为连接国内市场与国际市场的法律，是我国涉外法律重要的组成部分。在涉外民商事审判中，法官只有正确行使其自由裁量权，才能促进我国涉外法治的建设。所以，从宏观角度上看，我国涉外民商事审判中法官

---

① 2018 年《教育部 中央政法委关于坚持德法兼修实施卓越法治人才教育培养计划 2.0 的意见》（教高〔2018〕6 号）第 7 点任务。

② 习近平. 坚定不移走中国特色社会主义法治道路 为全面建设社会主义现代化国家提供有力法治保障［J］. 求是，2021（5）：13-14.

自由裁量权行使构成了我国涉外法治建设重要的一环。

二、"一带一路"倡议的推进

2013 年 9 月和 10 月，习近平主席在访问中亚和东南亚国家期间，提出了共建丝绸之路经济带和 21 世纪海上丝绸之路的倡议，并被简称为"一带一路"倡议。2014 年 11 月 8 日，习近平在"加强互联互通伙伴关系"对话会上，认为"一带一路"是亚洲腾飞的两只翅膀。① 2015 年 3 月经国务院授权，国家发展和改革委员会、外交部、商务部联合发布的《推动共建丝绸之路经济带和 21 世纪海上丝绸之路的愿景与行动》（以下简称《愿景与行动》）指出，当今世界正发生复杂深刻的变化，国际金融危机深层次影响继续显现，世界经济缓慢复苏、发展分化，国际投资贸易格局和多边投资贸易规则酝酿深刻调整，各国面临的发展问题依然严峻。共建"一带一路"顺应世界多极化、经济全球化、文化多样化、社会信息化的潮流，秉持开放的区域合作精神，致力于维护全球自由贸易体系和开放型世界经济。共建"一带一路"旨在促进经济要素有序自由流动、资源高效配置和市场深度融合，推动沿线各国实现经济政策协调，开展更大范围、更高水平、更深层次的区域合作，共同打造开放、包容、均衡、普惠的区域经济合作架构。共建"一带一路"符合国际社会的根本利益，彰显人类社会共同理想和美好追求，是国际合作以及全球治理新模式的积极探索，将为世界和平发展增添新的正能量。

"一带一路"建设是一项系统工程，要坚持共商、共建、共享原则，实现政策沟通、设施联通、贸易畅通、资金融通、民心相通。2017 年，党的十九大报告进一步指出，为实现上述的"五通"，积极促进"一带一路"国际合作。"一带一路"倡议的推进，必须走法治化的道路。其所涉及的法治建设集中在两方面：国际法治与国内法治。从国际法治来说，"一带一路"倡议是法治全球化的重要组成部分，是国际法治的中国表达，② 需要推动与"一带一路"沿线国家之间在国际贸易、国际投资等领域中的双边或多边国际条约的签订。从国内法治来说，我国应该加强涉外经贸法律制度的建设以及涉外民商事法律制度的运用。③ 国际私法作为连接国内市场与国际市场的法律，在"一带一路"倡议的

---

① 习近平. "一带一路"和互联互通相融相近、相辅相成 [M] //习近平. 习近平谈治国理政：第 2 卷. 北京：外文出版社，2017：497.

② 蒋新苗，朱雅妮. "一带一路"建设的法治化选择 [J]. 湖南师范大学社会科学学报，2020，49（4）：13.

③ 刘敬东. "一带一路"法治化体系构建研究 [J]. 政法论坛，2017，35（5）：125.

推进中起到重要的作用，涉外民商事管辖权的规定、法院判决承认与执行制度的改革、涉外民商事法律制度的运用，尤其法官在涉外民商事审判中，如何合理运用其自由裁量权，都会影响到"一带一路"倡议的推进。

为此，最高人民法院发布了一系列重要文件并推出重要的改革措施，推动涉外民商事审判水平的提高。早在 2015 年，最高人民法院发布了《关于人民法院为"一带一路"建设提供司法服务和保障的若干意见》（以下简称 2015《"一带一路"意见》）。最高人民法院在 2015《"一带一路"意见》中强调：贯彻法律平等原则、平等保护当事人的合法权益、法律适用平等、正确适用外国法；同时强调要依照法律适用法等法律中的冲突规范的规定，合理认定涉外民商事案件，积极查明外国法，适用公正、自由、平等、诚信、理性、秩序以及合同严守、禁止反言等国际公认的法律价值理念和法律原则，通俗、简洁、全面、严谨地论证说理，增强裁判的说服力。2015《"一带一路"意见》中所强调的原则或者要求，都或多或少与涉外民商事审判中法官自由裁量权有关。法律平等原则涉及国际私法存在的基础，国际私法是将内外国法律平等地对待，通过冲突规范指引可以适用外国法。法官在审理涉外民商事案件时，应该合理行使自由裁量权，不能利用自由裁量权不合理地适用法院地法，产生"回家去"的倾向；正确适用外国法或准确适用准据法，要求法官在适用灵活的法律选择方法时，考虑到平等保护内外国当事人的利益，考虑到公平正义，考虑到民商事秩序等法律价值，合理地行使自由裁量权；合理认定民商事案件以及积极查明外国法，也同样要求法官在一定的情况下，合理地行使其自由裁量权。例如，在认定涉外民商事案件时，2012 年最高人民法院《关于适用〈中华人民共和国涉外民事关系法律适用法〉若干问题的解释（一）》（法释〔2012〕24 号，2020 年修正，以下简称《司法解释（一）》）采取的是列举加兜底条款的规定，即以法律关系要素是否涉外为标准判断案件是否属于涉外民商事案件，但法官在法律关系要素都不涉外的情况下，可以行使其自由裁量权认定为涉外民商事案件的其他情形。2015 年和 2017 年，最高人民法院为推动法院更好地审理涉"一带一路"民商事案件，发布了 18 件"一带一路"建设的典型案例。2019 年，发布了 6 件涉商事海事"一带一路"建设的指导性案例。2018 年，依据《关于建立"一带一路"国际商事争端解决机制和机构的意见》，最高人民法院在深圳、西安设立了第一、第二国际商事法庭。

2019 年，最高人民法院发布了《关于人民法院进一步为"一带一路"建设提供司法服务和保障的意见》（以下简称 2019《"一带一路"意见》）。在 2015《"一带一路"意见》基础上，2019《"一带一路"意见》进一步提出了"一带一路"建设的指导意见。2019《"一带一路"意见》第三部分是进一步完善涉"一带一路"案件的法律适用，夯实以规则为基础的法治化营商环境。这表明了在涉外民商事活动中，仍然是以规则为基础，以法官自由裁量权作为补充。在2019《"一带一路"意见》第15段，特别强调了法律适用中的两大原则，即意思自治原则与最密切联系原则。针对意思自治原则，强调的是尊重当事人依法选择法律的权利；针对最密切联系原则，强调的是法官对最密切联系原则的运用。因为我国法律适用法在第二条第二款中规定了最密切联系原则的立法补缺功能，在合同等法律适用领域中运用了最密切联系原则的具体方法功能，所以在"一带一路"倡议的推进中，大多数涉及"一带一路"的案件可能会适用到最密切联系原则。最密切联系原则赋予了法官极大的自由裁量权，如何正确合理地适用最密切联系原则，合理地行使法官自由裁量权，关系到人民法院能否为"一带一路"建设提供高质量的司法服务和保障。2019《"一带一路"意见》第15段提出了法官具体适用最密切联系原则确定准据法时的基本要求，即"应立足于请求权基础的识别、冲突规范和连结点的确定，充分说明确定准据法的理由，加强确定准据法的说理"。也就是说，法官要合法、合理的根据案件的实际情况行使其自由裁量权，正确运用最密切联系原则。2019《"一带一路"意见》除强调最密切联系原则的运用外，还强调了外国法查明平台的建设问题以及外国法院民商事判决的承认与执行问题，采取推定互惠制度，并提出了进一步完善国际商事法庭工作机制，不断提升国际商事法庭的国际影响力、公信力和吸引力。这些方面的意见或措施都涉及法官审理涉外民商事案件的水平以及法官自由裁量权的正确行使。

在"一带一路"倡议推动的背景下，我国法官在审理涉外民商事案件，运用自由裁量权时，必须重点注意以下几方面。

第一，避免不合理的法院地法倾向。2010年，法律适用法最大的特点是规定了较多灵活的法律选择条款，赋予了法官较大的自由裁量权。这一灵活的立法注重了国际私法上的实体正义，同时也带来了法官适用法院地法的倾向。在本章第三节"我国涉外民商事审判中法官自由裁量权之司法背景"中，主要阐述了我国法官在实施法律适用法时存在的一系列问题，其中之一就是法院地法倾向比较严重。除法律适用法灵活的法律选择条款给法官适用法院地法的机会外，司法任务简单化也是法官适用法院地法的一个重要原因。在国际私法立法中存在法律价值互克的难题，重视某一法律价值，必定在一定程度上轻视另一法律价值。国际私法自由裁量权条款注重了法律选择的灵活性价值以及国际私法上的实体正义，这在一定程度上给法官带来了较为繁重的司法任务。在我国涉外民商事审判实践中，较之国内民商事案件，涉外民商事案件相对比较复杂，涉及多个国家的法律。如果适用外国法，必然给法官带来外国法查明、外国法的理解与适用等方面的难题，法官则自然而然地基于司法任务简单化的宗旨，进一步强化适用法院地法的天然倾向，以避免适用外国法所带来的困难。在"一带一路"倡议推进的背景下，法官一味地适用法院地法，会在一定程度上损害其他国家当事人对我国法院合理解决涉外民商事争议的信任，所以我国法官应该正确适用法律适用法，避免不当的法院地法适用倾向。

第二，准确适用准据法，合理运用最密切联系原则，增强裁判文书的说理能力。在我国涉外民商事审判中，裁判文书的说理主要涉及两种情况：第一种是根据法律适用法或者其他法律法规规定的具体明确的冲突规范，指引所要适用的法律。在这一种情况下，我国法官裁判文书说理通常不会存在很大的问题。只要法官准确合理地适用冲突规范，就能正确地找出所要适用的法律。第二种是根据法律适用法以及其他法律法规规定的灵活的冲突规范，寻找所要适用的法律。例如，根据最密切联系原则或者有利于弱者权利保护的冲突规范，寻找所要适用的法律。此时，法官必须说明何为最密切联系的法律，何为对弱者权利保护最有利的法律。无论是 2015《"一带一路"意见》还是 2019《"一带一路"意见》，都在不同程度上强调裁判文书的说理问题。其实，增强裁判文书的说理，很大程度上就是法官在裁判文书中说明其行使自由裁量权的理由。

第三，维护国际民商事秩序。国际民商事秩序体现为两方面：其一是各国在民商事领域中的共同价值观念体系；其二是国际民商事秩序中的法律秩序。①前者就是 2015《"一带一路"意见》所强调的公正、自由、平等、诚信、理性、秩序以及合同严守、禁止反言等国际公认的法律价值理念和法律原则；后者要求国际私法的功能不仅要追求法律冲突的协调与具体涉外民商事案件的解决，更要促进国际民商事秩序的和谐发展。所以，我国法官在行使自由裁量权审理涉外民商事案件时，一方面要注重国际民商事秩序的维护，倡导多边主义的秩序，不能仅从民族主义和狭隘的国家主义出发；另一方面要注重国际民商事秩序中的共同价值理念，不能仅局限于单方面保护我国当事人的利益，而要平等地保护中外当事人的合法权益。"一带一路"倡议的推进，并非要推翻现有的国际民商事关系，而是要在现有的规则基础上，谋求创新与发展，体现"携手构建合作共赢新伙伴，同心打造人类命运共同体"的理念，促进民商事领域中的

---

① 李双元，郑远民，吕国民. 关于建立国际民商新秩序的法律思考：国际私法基本功能的深层考察 [J]. 法学研究，1997（2）：113.

合作。国际民商事新秩序的构建是推动构建"人类命运共同体"的重要组成部分。国际私法作为国际民商事新秩序构建的基础性部门法，其在推进构建"人类命运共同体"过程中的地位和作用，也将无可替代。① "人类命运共同体"的构建为我国涉外民商事审判中法官自由裁量权的正确行使指明了方向。

三、"人类命运共同体"的构建

人类只有一个地球。和平与发展是当代国际社会的主旋律。习近平主席在 2013 年莫斯科访问时发表的《顺应时代前进潮流 促进世界和平发展》的演讲中，提出了"人类命运共同体"的思想。此后，习近平主席在各种会议上多次阐述了"人类命运共同体"的思想。2017 年，"人类命运共同体"的思想被写入《中国共产党章程》，2018 年被写入我国宪法的序言之中，成为我国宪法的指导原则之一。

"人类命运共同体"的构建是致力于建设一个持久和平、普遍安全、共同繁荣、开放包容、美丽清洁的世界。相应的，"人类命运共同体"的思想在国际法上包含五项原则：和平共处原则、普遍安全原则、共同繁荣原则、开放包容原则、可持续发展原则。② 国际私法是广义或宏观国际法一个重要的组成部分，其核心任务是解决国际民商事冲突，推进国际民商事秩序的有序发展。公平合理的国际民商事秩序以及高效快捷的国际民商事争端解决机制，是普遍安全、共同繁荣以及开放包容的基本内涵。③

纵观国际私法的发展，其无外乎在回答两个基本问题：为何要适用外国法以及如何适用外国法？前者涉及适用外国法的正当性问题，后者涉及适用外国法的合理性问题。

被誉为"国际私法的鼻祖"、意大利后期注释法学派的代表人物巴托鲁斯，（Bartolus de Saxoferrato）从自然法的角度出发，站在法律双边的角度，努力探讨法律的域外效力与法律的域内效力的冲突问题，提出了著名的"法则区别说"。巴托鲁斯所提出的学说是建立在法则平等基础之上的，是根据客观中立的标准来划分法则的类型。尽管以现代的眼光来看，巴托鲁斯划分法则的标准是荒谬的，但巴托鲁斯开创性地平等对待内外法律的态度，以及在试图构建不同城邦

① 刘仁山. 国际私法与人类命运共同体之构建：以《涉外民事关系法律适用法》实施为据［M］. 北京：法律出版社，2019：4-5.
② 黄惠康. 中国特色大国外交与国际法［M］. 北京：法律出版社，2019：478-490.
③ 刘仁山. 国际私法与人类命运共同体之构建：以《涉外民事关系法律适用法》实施为据［M］. 北京：法律出版社，2019：4.

间法律秩序上所做出的努力是值得称赞的。可以说，国际私法从产生之日起，就蕴含着国际民商事秩序构建及"人类命运共同体"的理念。巴托鲁斯的追随者，无论是法国学者杜摩林（Charles Dumoulin）还是法国学者达让特莱（D'Argentre），都没有放弃内外法律平等的理念，有所不同的是杜摩林强调属人主义路线和尊重当事人的自由意志，达让特莱强调的则是属地主义路线和重视法律效力的地域范围。

意大利法则区别说与法国法则区别说主要致力于解决城邦之间的法律冲突，它们并不属于真正意义上的国际私法。荷兰学者胡伯（Ulicus Huber）的国际礼让说是基于国家之间的法律冲突而提出的，是真正意义上国际私法的起源。胡伯的国际礼让说关注两个基本的概念，即国家主权与国际礼让。基督教主权国家的兴起、为结束三十年战争而召开的威斯特伐利亚和会以及荷兰学者格劳秀斯（Hugo Grotius）发表的《战争与和平法》，标志着近代国际法的产生，形成了主权国家之间的国际社会。一方面，国际礼让说强调对本国主权的维护；另一方面，其强调对他国主权的尊重与礼让。基于国际礼让，也应该适用外国法，故而，国际礼让的根本目的就是构建正常的国际民商事交往的秩序。

无论是意大利、法国的法则区别说，还是荷兰的国际礼让说，均未促成国际私法的成文立法。当时的国际私法学者只是从理论上探讨国际民商事争议的解决方法和国际民商事秩序的构建。直到 19 世纪德国学者萨维尼（Friedrich Carl von Savigny）所提出的"法律关系本座说"促进了国际私法的立法。从此，国际私法从学理法走向了立法法。萨维尼的"法律关系本座说"建立在法律关系分类与连结点（本座）中立的基础上，其站在普遍主义的立场上，认为存在"相互交往的由国家所形成的国际社会"以及"法律共同体"。"法律共同体"意味着尽管各国法律之间存在差异，但是其基本精神、基本原则相通，应当平等地对待内外国法律。法律共同体概念的提出与"人类命运共同体"概念有着异曲同工的作用，只不过"人类命运共同体"是高位阶的概念，不仅要求法律之间的平等，还要促进人类和平共处、普遍安全、共同繁荣、开放包容和可持续发展。

20 世纪中后期国际私法的变革，其着眼点不仅在于外国法适用的正当性，亦在于外国法适用的合理性；不仅注重适用外国法的形式正义，也注重适用外国法的实体正义。最密切联系原则的提出、选择性冲突规范的运用以及保护性冲突规范的设计，无不是为了促进适用外国法的合理性，使涉外民商事关系适用其本质上的法律。也就是说，人类无论以何种方式存在——国家、法域、民族、种族、团体、个人——都是平等的主体，应该相互尊重，彼此关切，在相互依存、相互交往中，实现互利共赢。①

我国法官在涉外民商事案件的审理中运用其自由裁量权，在"人类命运共同体"理念的指引下，遵循着国际私法的基本精神，即寻找适当的法律处理涉外民商事案件时，应当做到以下两点。

第一，坚持平等原则。当代国际社会是主权林立的平权社会，平等是国际社会交往的基本原则，体现了"人类命运共同体"的基本理念。在国际社会中，任何国家不论其政治制度、经济制度如何，也不论其大小强弱，都一律平等，即具有平等的法律人格和平等的法律地位。此外，主权国家制定的法律一律平等，内外国当事人法律地位同样是平等的。也就是说，平等集中体现在三方面：国家的平等、法律的平等以及当事人的平等。国家的平等意味着平等者之间无管辖权，国家及其财产享有豁免权。为了保护本国的主权，国际私法在制度设计上出现了公共秩序保留制度和直接适用的法的制度。这两种制度都极大地赋予了法官自由裁量权，一是其能够使法官根据案件的具体情况适用这两种制度以维护本国的主权；二是为了尊重他国的主权并维护国际民商事秩序，法官在行使自由裁量权时必须采取谨慎的态度，不能违背国家之间的平等原则。法律的平等意味着可以适用外国法，双边冲突规范就是建立在各国法律平等的基础之上的，体现了多边主义的思想。法律平等要求法官平等地适用外国法，应该避免不适当的法院地法适用的倾向。当事人的平等，要求法官在行使自由裁量权时同等地对待内外国当事人，保护外国当事人的合法权益，不能有狭隘的民族主义和地方保护主义思想。

第二，坚持适用适当法原则。国际私法的核心任务就是适用适当的法律解决国际民商事纠纷。一般来说，法律选择方法主要有两种：单边主义方法与多边主义方法。单边主义方法主要是从法则的分类入手，探讨法律的域外效力。②由于单边主义方法无法解决法则的分类标准问题，同时属人主义与属地主义之间存在着不可调和的矛盾，所以其在19世纪被多边主义方法所取代。多边主义方法则从相反的思维进路出发，通过连结点的指引，寻找所要适用的法律。萨维尼的"法律关系本座说"奠定了多边主义方法的理论基础，促进了冲突法成文立法的发展，其思想路线的改变被西方学者称为国际私法的"哥白尼革命"③。经过美国冲突法的变革及欧洲大陆国际私法的改良，当代国际私法的立

---

① 吕岩峰，闫峰. 人类命运共同体理念与国际私法精神［N］. 人民法院报，2018-02-28（5）.

② 张仲伯. 国际私法学［M］. 北京：中国政法大学出版社，2007：43.

③ 刘仁山. 国际私法. 第6版［M］. 北京：中国法制出版社，2019：37-38，42-43.

法仍然遵循着萨维尼选法的基本思路与方略。萨维尼的核心思想就是通过本座将法律关系交由本质法律进行解决，只不过萨维尼的本座具有简单化与地理定位的特征，唯一、固定与中立连结点的选择是其主要的任务。

当代法律选择方法逐步放松了萨维尼连结点的选择要求，将地理定位的做法转向地理定位与社会定位相结合的做法，即从传统由立法者选择唯一的与固定的连结点的做法，在某些领域中转向规定复数、灵活的连结点，并交由法官在具体案件中做出选择。换句话说，就是将连结点进行软化处理，改变连结点的唯一性、固定性与中立性，在一定程度上将立法者寻找连结点的权力，赋予司法者通过适用自由裁量权发现具有"本质"联系的法律。本质的法律，也是合理与正当的法律。在涉外民商事审判实践中，法官一般遵循"法律关系→冲突规范（连结点）→所适用的法律"的基本思维进路，也就是法官首先对涉外民商事案件进行分类与定性，其次适用正确的冲突规范，最后适用连结点所指引的法律，处理当事人之间的涉外民商事纠纷。这种思维进路要求法官根据具体明确的冲突规范选择法律，较少赋予法官自由裁量权。其实，立法中的冲突规范（连结点）所指引的法律就是立法者认为反映的该涉外民商事法律关系本质的、适当的法律。如果法官适用比较灵活的冲突规范（连结点），则由于该灵活的冲突规范赋予法官一定的自由裁量权，法官需要根据案件的实际情况，准确寻找出该涉外民商事关系适当的法律。此时，法官的思维进路应该建立在"应然法—实然法"二元结构的分析框架基础上，即采取"法律关系→适当法（自体法）→冲突规范（连结点）→所适用的法律"的基本思维进路。在这点上，英国学者提出的自体法理论能给予我们一定启发。

自体法的英文表述为 Proper Law，其起源于合同领域，[1] 后逐步扩展到侵权以及其他领域。[2] 我国学者对 Proper Law 有不同的译法，有自体法[3]、适当法[4]、特有法[5]、准据法[6]等。在所有的译法中，准据法并不能反映其本质的内涵，自体法或适当法最符合其本来的含义。自体法并不是通过冲突规范所指向的准据法，也不是系属公式。所以，认为自体法是准据法或认为自体法是无所不包的

---

① 肖永平. Proper Law 的含义及其中文译法［J］. 比较法研究，1993（4）：409.

② MORRIS. The Proper Law of a Tort［J］. Harvard Law Review，1951（6）：881-895.

③ 中国大百科全书出版社编辑部. 中国大百科全书·法学卷［M］. 北京：中国大百科全书出版社，1984：474.

④ 吕岩峰. 英国"适当法理论"之研究［J］. 吉林大学社会科学学报，1992（5）：17.

⑤ 李双元. 国际私法：冲突法篇［M］. 武汉：武汉大学出版社，1987：344.

⑥ 唐表明. 比较国际私法［M］. 广州：中山大学出版社，1987：60.

系属公式的观点，有待商榷。① 自体法之所以发端于合同领域，后来主要扩展到侵权领域，主要是因为合同、侵权关系的复杂性，用传统固定的连结点寻找所要适用的法律，可能会出现偏离立法者目的的情形，因此具有一定的不合理性。这就需要赋予法官一定的自由裁量权，采取灵活的冲突规范指引到适当的法律。如何指导法官行使自由裁量权，需要一个总的原则或方法，故而自体法的理论应运而生。从这个意义上来说，自体法就是法律选择的基本准则，指导法官正确地行使其自由裁量权。正如我国学者吕岩峰所言："适当法"是对法律适用问题的解决提出一项原则、一个标准、一种方法，其主旨在于告诉人们应该怎样确定"准据法"，或者说应该依据什么原则和标准来确定"准据法"，它所追求的效应是"提高和增强准据法的适当性"②。甚至有学者将自体法视为国际私法中的自然法，进而建立"应然法—实体法"的二元逻辑结构。③ 从"应然法—实体法"的二元逻辑结构来看，自体法属于应然法的范畴，是指导法官确定准据法的一种原则。

在我国涉外民商事审判实践中，法官运用其自由裁量权时所考虑的平等原则和适用适当的法原则，追求的是国际民商事秩序的良性发展，符合"人类命运共同体"之价值追求，发挥国际私法在全球治理和维系"人类命运共同体"中的积极作用。④ 如此，就必须重视国际私法的立法活动。

第二节　我国涉外民商事审判中法官自由裁量权之立法背景

中国特色的社会主义法律体系不仅包括国内法律体系，也包括涉外法律体系。在涉外法律体系建设中，国际私法体系建设尤为重要。2019 年党的十九届四中全会特别强调了要加快我国法域外适用的法律体系建设，这必然包括我国国际私法的体系建设。我国国际私法是我国与其他国家进行民商事交往的法律基础，是我国国内市场与国际市场衔接的法律桥梁，是我国推进"一带一路"倡议的法律手段。我国国际私法体系的建设主要包括两方面：完善的国际私法

---

① 肖永平. Proper Law 的含义及其中文译法 [J]. 比较法研究，1993（4）：420.
② 吕岩峰. 英国"适当法理论"之研究 [J]. 吉林大学社会科学学报，1992（5）：28.
③ 谭岳奇. 自体法：通向自然法之路径 [J]. 武汉大学学报（社会科学版），2001（1）：40.
④ 吕岩峰，闫峰. 人类命运共同体理念与国际私法精神 [N]. 人民法院报，2018-02-28（5）.

立法以及我国国际私法立法的充分实施。这两方面相辅相成，完善的国际私法立法，奠定了国际私法得以良好实施的基础。而国际私法的司法实践亦会为今后的立法提供经验与教训，进一步促进国际私法立法的完善。

一、中国国际私法的立法进程

中国历史悠久。如果从广义上理解国际私法，将区际私法包含在国际私法之内，我国国际私法制度可以追溯到春秋战国时期。当时，诸侯各国的民商事往来，形成了我们今天所谓的区际民商事法律关系。我国最早有文字记载的类似于我们今天的冲突规范，当数唐朝时期的《永徽律》的"名例律"中处理"诸化外人"冲突的有关规定。① 此后唐朝开放的政策与属人主义的路线，逐步被明清"闭关锁国"的政策与属地主义的路线所取代，以致现代意义上的国际私法制度并没有在我国建立起来。清末到中华人民共和国成立之前，国际私法制度逐步被引进到我国，甚至北洋政府还于 1918 年制定了《法律适用条例》。但由于当时我国正处于特殊的历史时期，国家主权受到了一定限制，即使有国际私法的立法，也只是一纸空文，无法得到有效的实施。② 直到中华人民共和国成立以后，国际私法才得到真正的建立与发展。以下所阐述的中国国际私法的立法进程，专指中华人民共和国成立以后的国际私法制度的发展。

纵观我国国际私法制度变迁历史，我国国际私法立法从无到有、从简单到复杂、从附属到独立，其立法内容越来越丰富，立法形式越来越完善，法律选择方法越来越灵活，初步实现了良法的基本要求。以国际私法立法是否独立为标准，可将其分为两大阶段：第一阶段为附属立法的阶段，1949 年到 2010 年，是国际私法制度从无到有的阶段，是发展的初步阶段；第二阶段为独立立法的阶段，从 2011 年到现在，是国际私法逐步完善的阶段，也是走向国际私法法典化的基础性阶段。本节的"中国国际私法的立法进程"主要阐述第一阶段的立法发展情况，至于第二阶段则是本书研究的重点，将在本书以后的章节中做出具体的论述。我国国际私法立法进程，根据我国国际私法立法的状况、国内外的环境以及我国的对外政策等因素，又可以大致分为三个阶段：起步阶段、停滞阶段与恢复阶段。

---

① 唐朝《永徽律》的"名例律"中规定："诸化外人同类自相犯者，各依本俗法；异类相犯者，以法律论。"长孙无忌.《唐律疏议》"名例律"［M］. 北京：中华书局，1983：133.

② 黄进. 国际私法［M］. 北京：法律出版社，1999：163.

　　起步阶段从 1949 年到 1965 年。这一阶段又可以分为两个时期，1949 年到 1956 年为第一时期，1957 年到 1965 年为第二时期。前一时期，国际私法的立法进程比较缓慢，但在有条不紊地向前推进；后一时期，国际私法的立法进程逐渐呈现出停滞的趋势。从整体上看，这一阶段的国际私法立法呈现出以下几方面的特点：其一，开启了我国国际私法的立法工作。在国内立法方面，我国宪法、宪法性文件以及其他一些法律法规，制定了一些关于外国人民事法律地位的规范。① 在国际立法方面，我国与其他社会主义国家签订的双边领事条约零星地包含了一些相关冲突规范。② 其二，我国国际私法立法规定零星分散，缺乏整体性与系统性。所谓零星分散，指的是我国国际私法的立法散落在各种法律法规之中。在国内立法中国际私法的各类规范不平衡，主要是关于外国人民事法律地位的规范，极少有冲突规范的规定。即使有极个别冲突规范的规定，也是在级别较低的文件中做出规定。③ 在国际立法上，我国几乎没有参与多边国际私法条约的缔结工作，仅在与苏联、东欧等社会主义国家签订双边国际条约中，偶尔涉及国际私法的有关条款，内容也主要集中在婚姻、家庭、继承等方面的冲突规范，其规定也比较简单。所谓缺乏整体性与系统性，指的是我国国际私法立法并不具有独立的地位，没有进行集中体系化的规定。其三，我国国际私法立法没有自己的特色，没有立足于本国的实际情况，主要是跟随苏联的立法规定。立法缺乏特色一方面是由于我国国际私法立法是在推翻旧的制度上做出新的发展，没有建立起自己的理论体系；另一方面是由于跟随苏联的立法模式，没有探索形成自己的立法模式。

　　之所以在这一阶段出现以上特点，主要是因为：第一，国际私法理论研究的不足。众所周知，国际私法是滥觞于欧洲，直到清末才被引进到我国的。我国当时对国际私法的理论研究还不够深入。受到当时的历史环境影响，尽管我国初步建立了国际私法的学科，也主要是照搬苏联的理论，使用的教材也是苏联的国际私法教材。例如，1951 年翻译的苏联隆茨（Л. А. Лунц）的《国际私法》是当时国际私法的主要教材。国际私法知识存量的不足导致我国在立法上

---

① 如在 1949 年《中国人民政治协商会议共同纲领》、1954 年《中华人民共和国宪法》、1950 年《商标注册暂行条例》、1950 年《保障发明权与专利权暂行条例》和 1951 年《中华人民共和国暂行海关法》等法律、法规中仅做了一些关于外国人民事地位的规定。

② 如 1959 年《中苏领事条约》第二十条规定："缔约任何一方公民死亡之后遗留在另一方领土上的财产，包括动产和不动产，均按财产所在地国家法律处理。"

③ 如 1951 年内务部规定，外侨相互间及外侨与中国人之间在中国结婚，适用中国法。

缺乏自身的特色。第二，中国当时所处的两极对立的国际环境。第二次世界大战后，国际社会形成了两大对立的阵营——社会主义阵营和资本主义阵营。两大阵营的对立导致国际社会进入了冷战时期。以美国为主的西方阵营必然会对我国进行全方位的封锁，政治上的孤立政策、经济上的制裁政策、军事上的包围政策，无不影响到我国对外正常的民商事交往，客观上导致我国国际私法的立法进程缓慢。第三，中国国内经济的发展与对外政策的影响。中国刚刚成立，百废待兴，当时国内的中心任务是稳定国内政治秩序、经济秩序，扫清各种反华势力，对外民商事交往并不是当时的主要任务。所以，国际私法的立法也没有被全面提到议事日程上来。当时中国的对内对外政策可以概括为"另起炉灶""一边倒""打扫屋子请进客人"。所谓"另起炉灶"就是与旧有社会、旧有制度决裂。所谓"一边倒"就是倒向社会主义阵营。所谓"打扫屋子请进客人"就是注重国内事务。这些对内对外政策反映了我国国际私法的立法虽然已经开始，但是并非当时所急需的状况。

停滞阶段从 1966 年到 1976 年。在这一阶段，无论是国际私法的立法，还是国际私法的理论研究，都处于停滞状态，均没有得到实质性的发展。之所以出现这一状态，主要受到国际环境恶化以及国内环境变化两大因素的影响。在国际环境方面，两大阵营的对立进一步加剧，西方国家对我国的经济制裁持续进行。另外，中苏关系恶化，中国对外关系处于情势严峻时期，受到两大帝国的压制。我国对外的民商事交往相对比较贫乏，尽管当时我国对外贸易总量在一定程度上有所上升，但其所占国民生产总值的比例较小，对外经济交往量少且主要为政治所服务。① 在这一时期，我国受到极左路线以及盛行的法律虚无主义影响，国际私法立法处于停滞阶段，几乎没有国际私法立法规范出台。

恢复阶段从 1977 年到 2010 年。在这一阶段，国际私法的立法逐步得到恢复与发展，理论研究得到重视，法治中国的建设步入正轨。1978 年，党的十一届三中全会提出了中国法制建设的重要任务，加快了我国的立法工作，提出"有法可依"的方针，包括国际私法在内的各种民商事立法被提上了议事日程，民商事实体法和程序法的有关立法相继出台。1986 年《中华人民共和国民法通则》（以下简称《民法通则》）第八章采取专章的形式对法律适用做出了集中规定；1991 年《中华人民共和国民事诉讼法》第四编对涉外民事诉讼程序做出了特别的规定。《中华人民共和国海商法》《中华人民共和国民用航空法》《中

---

① 麦克法夸尔，费正清. 剑桥中华人民共和国史（1966—1982）[M]. 金光耀，等译. 上海：上海人民出版社，1992：280-281.

华人民共和国票据法》等商事立法中都用专章的形式规定了法律适用的问题。当然在其他民商事立法中，如《中华人民共和国继承法》《中华人民共和国合同法》等均有冲突规范的规定。在 20 世纪 80 年代，我国相继成为罗马国际私法统一协会以及海牙国际私法会议的成员国，并积极参与国际社会的国际私法立法活动。我国国际私法的立法进程得到推进，立法规定也越来越完善。其间，我国国际私法学者对国际私法立法的完善起到积极的推动作用。从 1992 年开始，中国国际私法学会在韩德培先生的领导下，经过八年的努力，起草了我国第一部国际私法的民间立法——《中华人民共和国国际私法示范法（第六稿）》（以下简称"示范法"）。示范法采取的是法典形式，具有理想主义的色彩。示范法的立法形式、立法内容、法律选择方法，特别是其规定的一定数量的法官自由裁量权条款，都为今后我国国际私法的立法提供了极具价值的借鉴。我国国际私法立法在不断地完善，2002 年《中华人民共和国民法（草案）》第九篇规定了国际私法的内容，各种国际私法立法的研讨会以及学者专家提出的建议稿，无不对我国国际私法的立法完善做出了巨大的贡献。在全国学界、实践部门的共同努力下，全国人民代表大会常务委员会于 2010 年通过了国际私法的单行法规——《中华人民共和国涉外民事关系法律适用法》，该法自 2011 年 4 月 1 日起施行。法律适用法的颁布标志着我国国际私法立法走上了独立化道路。尽管从单行法规到理想化的法典还有很长的一段路要走，但毕竟我国国际私法的立法迈出了重要的一步，为未来我国国际私法法典化打下了坚实的基础。

我国国际私法的立法之所以在这一阶段得到迅速的发展，走向了集中的道路，主要有以下几方面的原因：第一，我国对外经济交往的客观要求。党的十一届三中全会确立了对外开放的政策，促进了我国对外民商事交往迅猛发展。涉外民商事争议的不断增加，客观上需要相关的法律制度进行调整。第二，我国对外交往的正常化。在停滞阶段末期，我国对外交往就出现了转机，中国恢复了联合国的席位，中法建立正常的外交关系，都为我国对外交往全面正常化打下基础。此后，中美关系、中日关系、中英关系的正常化，都为我国对外民商事交往建立了政治基础。随着中英、中葡关系的正常化，香港与澳门的回归问题提上了议事日程。"一国两制"的提出成功解决了香港与澳门的回归问题。于是，我国在单一制国家的制度下，出现了区际法律冲突问题。对外交往的发展以及现实问题的解决，都需要有完善的国际私法制度作为法律支撑。第三，国际私法的理论研究得到重视。中国国际私法学会的建立、国际法学科的发展，国际法硕士点与博士点的设立，都为我国国际私法立法发展提供理论支撑与人才支撑。

　　通过以上简要阐述，可以得出如下结论：我国国际私法的立法与我国对外民商事交往及对外经济的发展密不可分。对外的民商事交往客观上需要国际私法制度，国际私法制度的完善反过来又促进对外民商事交往的进一步深入，两者形成良性的互动关系。国际私法的供给与需求处于相对平衡的状态，才能让这种相互促进成为可能；我国国际私法的立法发展受到了国际环境与我国对外政策的影响；涉外民商事审判中的法官自由裁量权是我国对外经济发展到一定程度的产物，在早期国际私法立法中较少存在法官的自由裁量权。随着对外民商事交往与经济交往越来越复杂、越来越频繁，法官的自由裁量权得到了一定程度上的重视。

　　尽管我国国际私法在2010年前就得到了长足的发展，但由于立法上的客观原因，我国国际私法的立法在当时仍存在不少的问题，这些问题在制定法律适用法时，在一定程度上得到了解决。以史为鉴，探讨当时国际私法立法与理论研究上存在的问题，目的是避免在我国国际私法法典化进程中犯同样的错误，促进我国国际私法立法构建合理的法官自由裁量权条款体系。

二、中国国际私法的立法问题

　　在法律适用法颁布之前，我国国际私法的立法，尤其是法律适用的内容主要规定在《民法通则》第八章、《海商法》第十四章、《民用航空法》第十四章、票据法第五章中，涉外民事诉讼部分的内容主要规定在民事诉讼法第四编中。纵观这些立法规定，其主要问题体现在以下几方面。

　　第一，分散立法模式的问题。法律适用法颁布以前，当时我国国际私法的立法模式采取模块的方式，除上述主要立法外，还分散在继承法、合同法和《中华人民共和国涉外经济合同法》中。分散立法的好处在于立法成本比较低，具有针对性、实用性与时效性等优点。也就是说，有什么需要的，就及时在立法中加以规定。但是分散的块状立法，整体协调性比较差，存在立法重复性与相互矛盾的地方。同时，由于为了应付当时的处境、加速立法，立法存在简单粗糙和操作性欠缺等不足。法律适用法的颁布解决了民事法律适用方面分散立法的问题，但关于海事海商、民用航空、票据的法律适用，仍然是规定在原有的法律法规之中。随着《中华人民共和国民法典》的颁布实施，国际私法的立法模式问题也成为目前所要考虑的问题。我国国际私法学者希望我国国际私法走法典化的道路，将国际私法所有的内容都涵盖在一部法典之中，解决分散立法整体协调性欠缺的不足。对于国际私法立法模式目前主要有两种：一种是包含法律适用、国际民事诉讼以及国际商事仲裁所有内容在内的立法模式，2017

年修订的瑞士《关于国际私法的联邦法》就是这一模式的典型代表；另一种是仅对法律适用部分的内容加以集中规定的立法模式，2015 年修订的奥地利共和国《关于国际私法的联邦法》就是这一模式的典型代表。目前，我国法律适用法是后一种立法模式。民法典的颁布与实施激起了国际私法学者的立法热情，目前我国国际私法的法典化需要协调两方面的关系：一是如何协调与《海商法》、《民用航空法》、票据法等商事法律的关系；二是如何协调与民事诉讼法、《中华人民共和国仲裁法》的关系。尽管法典化困难重重，但我国国际私法法典化应该是未来立法的方向，如此方能构建体系完整、协调一致的法官自由裁量权条款，正确指导法官行使其自由裁量权。

　　第二，立法的指导思想问题。随着我国对外经济的发展及民商事交往的深入，客观上需要大量的国际私法制度。制度的需求决定了制度的供给，需要我国根据客观情况的变化，尽量满足社会发展的需要。尽管当时国际私法的立法有着长足的发展，但与制度的需求还是相距甚远。当时我国国际私法的立法指导思想具有一定的保守性，除受我国属地主义的影响外，还受我国当时经济体制的影响。国际私法的立法采取了"宜粗不宜细"的立法指导思想。在这一立法指导思想下，存在立法的不全面、立法周延性欠缺、法律的操作性不强等不足。例如，动产的法律适用问题、国际私法基本原则的空缺、结婚离婚法律适用规定在同一条款之中等。法律适用法在某种程度上改变了这一立法指导思想，采取了"全""新""简""便"① 的立法指导思想。"全"改变以前国际私法立法粗放型的做法，以期设计出全面的国际私法规范。随着我国对外经济交往的发展、人工智能的出现、互联网的广泛运用，我国涉外民商事关系不断涌现新情况、新现象，因而需要我国在促进国际私法法典化过程中，尽量设计出符合

---

①　时任全国人大常委会法制工作委员会副主任王胜明在 2012 年发表文章指出："全""新""简"，是制定涉外民事关系法律适用法的指导思想。除此之外，还有方便当事人从事民事活动，促进国际民商事的交流与合作。"全"指的是完整性，所有民事关系的法律适用都要有依据，不能遗漏；"新"指的是先进性，既要总结我国《民法通则》等法律的实施经验，又要体现国际上这方面的优秀成果和发展趋势；"简"既有精简的含义，也有简明、简洁的意思。方便当事人从事民事活动就是当事人的事尽量交给当事人办，在立法中体现为在法律适用中大量适用当事人意思自治原则。不宜由当事人协议选择的，法律规定应当尽量符合民事活动的规律，方便当事人生活和生产经营，如属人法连结点的选择，选择方便当事人活动的经常居所地。促进国际民商事的交流与合作，就是要国际往来有利于各国经济发展和人民友谊，法律适用法应当加强国际往来，不应当阻碍国际往来。在立法中的体现就是采取双边冲突规范，将《涉外民事关系法律适用法》制定成一部开放的法律、包容的法律、公平合理的法律。参见王胜明．《涉外民事关系法律适用法》的指导思想［J］．政法论坛，2012，30（1）：2．

社会发展的全面的国际私法规范。对于无法预见的社会关系，采取一种开放式的立法模式，或采取国际私法的基本原则，或采取最密切联系原则进行立法补缺，赋予法官一定的自由裁量权，交由法官进行灵活应对。

第三，立法内容自身的缺陷。当时国际私法的立法在内容上存在以下缺陷。（1）立法内容的空白。主要体现在两方面：一是分散的立法模式导致国际私法立法总则规范的缺乏，例如，在国际私法基本原则、国际私法的立法补缺、国际私法的立法矫正、国际私法立法的目的、国际私法立法的价值取向等方面均没有做出规定；二是由于受立法指导思想的影响，当时在动产物权的法律适用、自然人权利能力的法律适用、知识产权的法律适用、特殊侵权的法律适用、信托的法律适用等方面均没有做出规定。（2）立法内容的矛盾。同样分散的立法模式，导致就相同或相类似的法律问题，在不同的法律法规中都有所规定。例如，原有的继承法第 36 条以及《民法通则》第 149 条之间的矛盾。（3）立法内容的重复。例如，原有合同的法律适用，不仅在《涉外经济合同法》、《民法通则》、合同法中有规定，还在不同的司法解释中做出解释，遂导致立法上不必要的重复，引起法官适用法律上的困难与困惑。（4）立法语言不精确、立法条款混搭等。《民法通则》曾在第 143 条使用"定居"一词，"定居"一词立法用语不精确。第 147 条规定结婚与离婚的法律适用问题，将两个法律适用问题混合规定在一个条文之中。（5）立法条款的目的性偏差。例如，《民法通则》第 146 条关于涉外侵权的法律适用规定，采取重叠性冲突规范的做法，重叠适用侵权行为地与法院地（我国法律）。这种做法在某些情况下不能很好地实现对我国受害人利益的保护。（6）自由裁量权条款设计不合理，例如，《民法通则》第 148 条关于扶养法律适用的规定，赋予法官极大的自由裁量权，导致司法实践中第 148 条在适用上的混乱。尽管法律适用法针对以上不足做出了最大限度上的改进，但是在某些方面还有值得进一步完善的空间，例如，第 22 条中的结婚手续，用语不是特别精准。再如，法律适用法关于保护性冲突规范的运用，赋予法官极大的自由裁量权，导致司法实践中的运用效果不是特别理想，就是没有吸取《民法通则》第 148 条的经验教训。在今后的国际私法法典化过程中，针对以上不足，应特别注意条文之间的协调、条文的周延性以及用语的准确性等问题，尤其要注意自由裁量权条款的设计。

分析以上问题，给我国未来国际私法立法提供了经验教训，为了解决以上问题，我国未来国际私法的立法应该走法典化道路，在立法中应该坚持系统化与实用化的立法原则。

三、法律适用法的立法发展

法律适用法是中华人民共和国成立以来首次颁布的具有单行法规性质的国际私法立法，具有划时代的意义。该部法律是我国深化改革、扩大开放这一时代要求的法律回应，也是推行我国"一带一路"倡议建设的重要举措。其不仅推动了我国法治建设的进程，促进我国对外法律体系的完善，更增强了国际社会对我国法律与法治建设的信心。国内外学者对法律适用法都给予了高度评价，时任中国国际私法学会名誉会长费宗祎先生认为其有十大突破。① 其中，最密切联系原则的采纳、直接适用的法原则的确立、梯次选择法律规范方法的运用，无不与法官自由裁量权有关。总之，法律适用法推动了我国国际私法立法的完善，其在立法结构、立法内容与法律选择方法上均具有一定的中国特色，并顺应了国际社会国际私法发展的时代要求。

在立法结构上，法律适用法采取了学理式的法典结构形式，由总则、分则和附则三个部分组成。② 其总则的构建采取了体系化的方式，对国际私法的一般规定，包括国际私法的基本制度，采取一定的标准进行排列。③

总体来说，第1条到第5条主要采取价值标准予以展开。第1条是立法目的，即以构建国际民商事秩序为目的。在本条之中，有"合理"和"合法"两个关键词，即解决涉外民商事争议不仅要符合法律规定，而且要具有一定的合理性。④ 第2条是整个法律适用法的核心，确立了选择法律的总体思路，即采取

---

① 时任中国国际私法学会名誉会长费宗祎先生认为，这部法律虽然简明扼要，但在很大程度上吸纳了改革开放多年来国际私法的研究成果和司法实践，并在此基础上有所突破。费宗祎先生列举了十大突破，即确立了涉外民事关系确定适用法律的基本原则；以经常居所地为自然人属人法的连结因素；当事人意思自治原则适用范围的扩大；明确最密切联系原则的补充性质；确定直接适用中国法律的强制性规定；明确彻底舍弃反致制度；缩小公共秩序的适用范围；专门规定仲裁协议的法律适用；确定外国法查明的原则；采取梯次适用方式解决法律适用问题。参见费宗祎.《涉外民事关系法律适用法》的新突破［C］//中国国际私法学会2011年年会暨《涉外民事关系法律适用法》实施学术研讨会论文集（上），2011：53.
② 法律适用法由一般规定、民事主体、婚姻家庭、继承、物权、债权、知识产权和附则8章组成，共52条。
③ 徐伟功，杨冠灿.论国际私法总则体系的构建［J］.武汉大学学报（哲学社会科学版），2005（2）：250-254.
④ 法律适用法第一条规定："为了明确涉外民事关系的法律适用，合理解决涉外民事争议，维护当事人的合法权益，制定本法。"

"规则+方法"的总体方案。① 该条规定不仅体现了国际私法的确定性价值，也体现了法律适用的具体正义与灵活性的价值。其实第二条的规定在一定程度上体现了严格规则主义与自由裁量主义的融合，注重法官自由裁量权的作用。第三条的规定在最大范围内允许当事人选择法律的自由，与第 2 条关注的法官自由裁量权相对应，其关注的是当事人的自由，体现的是国际私法上的自由价值。② 也就是说，涉外民事关系的当事人不仅有处分其实体方面的权力，也具有对其争议的解决选择法律的权力。国际私法主要还是私法性质的法律，关注的重点是私人利益，但国际私法涉及跨国的民商事关系，国家主权原则起到重要的作用，对国家利益的保护不能忽视。所以法律适用法第 4 条与第 5 条从正反两方面排除外国法的适用，旨在维护国家利益，注重国家公共利益保护的价值。第 4 条关于强制性规则的规定，直接排除了外国法的适用，关注的是"除"③。第 5 条公共秩序保留的规定，起到排除外国法适用最后阀门的作用，关注的是"堵"④。无论是第 4 条强制性规则的运用，还是第 5 条公共秩序保留的认定，都需要发挥法官自由裁量权的作用。

第 6 条到第 10 条涉及国际私法的基本制度，包括多法域准据法的确定、诉讼时效的法律适用、反致、外国法的查明等。其内容基本是按照渐进式的模式进行排列，即按照法官在审理涉外民商案件时基本的逻辑思维顺序——考虑问题的时间先后顺序，以诉讼的进展为轴线进行规定。因为法律适用法仅是法律适用方面的规定，所以将国际私法基本制度方面的规定置入一般规定之中是可行的。在基本制度规定方面，第 6 条涉及法官自由裁量权的行使问题。

法律适用法对于分则的规定主要采取"人—物"对应的结构形式。第二章民事主体、第三章婚姻家庭与第四章继承属于"人"的范畴，第五章物权、第六章债权与第七章知识产权属于"物"的范畴。对婚姻家庭与继承置前的规定，隐含着人本主义的思想，体现了以人为本的做法，强调了对人的合法权利给予合理的保护。所以，法律适用法在这一部分法律适用的规定上，主要采取选择

---

① 法律适用法第二条规定："涉外民事关系适用的法律，依照本法确定。其他法律对涉外民事关系法律适用另有特别规定的，依照其规定。本法和其他法律对涉外民事关系法律适用没有规定的，适用与该涉外民事关系有最密切联系的法律。"
② 法律适用法第三条规定："当事人依照法律规定可以明示选择涉外民事关系适用的法律。"
③ 法律适用法第四条的规定："中华人民共和国法律对涉外民事关系有强制性规定的，直接适用该强制性规定。"
④ 法律适用法第五条规定："外国法律的适用将损害中华人民共和国社会公共利益的，适用中华人民共和国法律。"

性冲突规范和保护性冲突规范，对弱者给予特别的保护。这就需要发挥法官的自由裁量权，针对各种不同的具体案件，做出合理的解决。在"物"的方面，第五章物权主要引入了当事人意思自治原则。第六章除意思自治原则外，主要采用最密切联系原则，利用法官的自由裁量权应对复杂多变的合同和侵权领域中的法律适用。第七章知识产权转让和许可使用的法律适用采取与合同一致的规定，也涉及法官自由裁量权的问题。

在立法内容上，法律适用法较之前的立法增加了许多新的规定。在总则中，除第 7 条诉讼时效的法律适用、第 9 条反致的规定外，其他所增加的条款与法官自由裁量权均密切相关。第二条规定了最密切联系原则的立法补缺功能；第 3 条宣示性地规定了法律选择中当事人具有广泛地选择法律的自由，将意思自治原则上升到基本原则的高度；第 4 条强调了强制性规定的直接适用，赋予法官广泛的自由裁量权来判断强制性规则；尽管第 5 条不是新增条款，但它是对原有《民法通则》中公共秩序保留条款的进一步完善，从这一意义上说，也属于新增条款。如此，法律适用法在总则中通过诸多条款赋予了法官自由裁量权，旨在实现国际私法各种价值之间的"生态平衡"。或者说，通过法官自由裁量权的行使，构建国际私法诸价值和谐共处的法律体系。一般来说，国际私法的价值具有多样性，包括法律选择的确定性、国际民商事秩序的维持、结果的一致性与可预见性、当事人的正当期望、个案的公正性、法律选择的灵活性等。在国际私法立法中，立法者希望最大化体现各种国际私法的价值，司法者也希望在司法实践中实现国际私法的每一种价值。但是，国际私法各种价值之间具有一定的互克性，一种价值的实现必定在某种程度上损害其他价值的实现。① 实现了法律的正义价值，可能会损害法律的效率价值；实现了法律的确定性价值，可能会牺牲法律的灵活性价值。法律价值之间的互克性是摆在立法者面前的一道难题，如何在一部法律中进行取舍与体现，需要立法者具有高超的立法技术和立法技巧。法律适用法在总则中所增加的条款恰恰是通过立法中的自由裁量权条款来赋予法官自由裁量权，以追求国际私法各种价值之间的平衡，并根据历史发展变化做出一定程度的调整。

在分则中，所增加的条款更加丰富，几乎将中国实践中所遇到的各种涉外民商事问题都包含在里面。在第二章主体部分中，所增加的条款包括自然人民事权利能力的法律适用（第 11 条），宣告失踪或者宣告死亡的法律适用（第 13

---

① 徐伟功. 从自由裁量权角度论国际私法中的最密切联系原则 [J]. 法学评论，2000 (4)：35.

条），法人及其分支机构的民事权利能力、民事行为能力、组织机构、股东权利义务等事项的法律适用（第 14 条），人格权内容的法律适用（第 15 条），代理的法律适用（第 16 条），信托的法律适用（第 17 条），仲裁协议的法律适用（第 18 条）；在第三章婚姻家庭与第四章继承中，细化了相关法律适用的规定，例如，将结婚分为结婚条件、结婚手续两部分，将离婚分为诉讼离婚与协议离婚两部分，等等，增加了继承中的遗嘱方式、遗嘱效力、遗产管理等事项以及无人继承遗产的归属等法律适用的内容；在第五章物权法律适用部分，增加了动产物权的法律适用规定；在第六章债权法律适用领域，增加了消费者合同、劳动合同、产品责任、人格权侵权、不当得利与无因管理等法律适用的规定；增加了第七章知识产权法律适用一章，共有三个条款，分别涉及知识产权的侵权、转让和许可使用、归属与内容等法律适用问题。[①]

法律适用法另一个最大的特色就是将属人法连结点由住所变为经常居所地。经常居所是惯常居所的中国式表达。在属人法连结点的发展历史中，英美普通法系国家坚持以住所作为属人法的主要连结点，大陆法系国家则在 19 世纪以来转变为以国籍作为属人法的主要连结点。英美普通法系的住所地主义与大陆法系的本国法主义存在全方位的对立与冲突，前者坚持自由主义，后者坚持民族主义。为了协调两大法系的冲突，海牙国际私法会议创造出了两大法系均能够接受的经常居所作为属人法的连结点，并在诸多的海牙国际私法会议制定的国际条约中加以运用，取得了良好的效果。法律适用法在属人法连结点的选择上，总结了海牙国际私法会议长期的实践经验，以经常居所为主。这一转变在国际私法的国内立法上独树一帜，产生了巨大的国际影响。[②] 法律适用法所确立的经常居所连结点，与住所、国籍的法律概念不同，是一种事实概念。对于经常居所的认定就需要法官运用其一定的自由裁量权，根据案件的具体情况，进行事实上的判断。

在法律选择方法上，法律适用法以双边冲突规范为主体，形成了体系化的法律选择方法。最密切联系原则的立法补缺、当事人选择法律的自由、强制性规定的直接适用、公共秩序保留的排除功能、保护性冲突规范的运用、梯次选择冲突规范的确立，或多或少地涉及法官自由裁量权，让法官根据案件的情况灵活地寻找恰当的法律。如此体系化的法律选择方法，注重了法官自由裁量权

---

① 徐伟功.《涉外民事关系法律适用法》实施研究 [M]. 北京：法律出版社，2019：43-44.

② 黄进. 中国涉外民事关系法律适用法的制定与完善 [J]. 政法论坛，2011，29（3）：11.

的行使，其目的旨在合理地解决涉外民商事争议，保护当事人的合法权益，促进国际民商事秩序，维护国际社会的多边主义。正如黄进教授所言，法律适用法体现了人文关怀，展现了中国对外交往的良好形象，并为构建国际民商事新秩序做出自己应有的贡献。①

与此同时，2012 年最高人民法院为了指导下级法院正确审理涉外民商事案件，对法律适用法总则部分的规定做出了司法解释，即《最高人民法院关于适用〈中华人民共和国涉外民事关系法律适用法〉若干问题的解释（一）》（以下简称《司法解释（一）》）。该司法解释于 2020 年进行修正。《司法解释（一）》主要涉及：（1）涉外民事关系的判定标准；（2）时际法律冲突的规定；（3）法律适用法与其他法律之间关系的规定；（4）国际条约以及国际惯例适用的具体规定；（5）意思自治原则的具体操作性规定；（6）直接适用的法的具体包含领域；（7）法律规避与先决问题的规定；（8）经常居所地的具体认定；（9）外国法查明的具体规定；（10）解决区际法律冲突问题的规定。在上述司法解释的具体规定中，同样重视了法官自由裁量权的作用。

中国国际私法立法实现了良法的初步目标。如何正确实施法律适用法，如何合理行使法官自由裁量权，是目前进一步要考虑的核心问题。

第三节　我国涉外民商事审判中法官自由裁量权之司法背景

"良法善治"中"良法"主要指的是立法部门能够制定出符合社会发展的法律，"善治"主要指的是司法实践等部门能够正确实施法律。法的制定的目的在于正确实施法律，如果制定出来的法律得不到实施，则与没有法律无异。如何正确实施中国国际私法，不仅关系到我国涉外法治建设，也关系到我国对外民商事交往和国际民商事秩序的构建。在我国国际私法实施中，最为关键的是法官在涉外民商事审判中如何正确行使其自由裁量权，这就需要我们认识与理解法律实施的基本内涵以及我国国际私法实施中所存在的主要问题。

---

① 黄进教授认为："该法是一部以人为本、亲民的法律，也是一部充满自信、心胸开阔之法，向全世界展现了中国更加开放的形象。该法多采双边冲突规范，坚持内外法律平行，平等地保护内外当事人的合法权益，促进和谐的国际民事关系，追求更公平、更平等、更合理地解决涉外民事争议。该法关于收养、扶养、监护、消费合同、劳动合同、产品责任等多处规定均充分体现了以人为本及对弱方当事人利益的保护。"黄进. 中国涉外民事关系法律适用法的制定与完善 [J]. 政法论坛，2011，29（3）：4.

一、法律实施的基本内涵

何为法律实施，我国学者认识与理解的角度有所不一致，主要有以下三方面的视角：其一，从法律实施的主体角度来理解，法律实施的主体包括国家机关和社会主体。国家机关主要包括国家的司法机关、执法机关、行政机关等，其中司法机关起到关键的作用，其主要功能在于对法律的执行和适用。社会主体主要包括自然人、法人以及其他社会组织等，其主要的作用在于对法律的遵守。① 其二，从法律实施的过程角度来理解，法律实施主要由四个相互联系的环节组成，包括司法、执法、守法与法律监督。司法是国家司法机关运用法律处理具体案件的一种活动。执法是国家行政机关或法律授权、委托的组织及其公职人员在行政管理活动中实施法律的一种活动。守法是国家机关、社会组织以及公民遵守法律的一种活动。法律监督是国家机关以及社会对法律实施进行监督的一种活动。② 其三，从法律实施的目的角度来理解，法律实施是将纸面上的法律转化为现实中法律的过程，即法律规则具体化的过程，是将法律规范转换为现实中的具体行为，③ 也是法律规范的规定在现实社会生活中的实现。④ 无论是从何种角度认识法律实施，其中都包含司法机关的司法活动，而且是主要的法律实施的手段。

法治运行的体系主要包括法律的制定与法律的实施两方面。法律的制定是将具体的法律关系进行类型化、普遍化和抽象化，并上升为抽象的法律的过程。法律的制定通过具体明确的法律规范以外在形式表现出来，规定了某一类法律关系的权利与义务，具有重复和普遍适用的特征。法律实施是将抽象的法律运用到具体实际的社会生活的一种过程，是将法律规范运用到具体的法律关系中，处理各种具体的事务以及各种纠纷的一种过程。只有将抽象的法律规范运用到具体的社会生活中，规范、处理具体的事件或争议，才能将纸面上的法律转化为社会具体的法律，才能将抽象的可能性转化为社会现实性。这种从应然状态

---

① 参见刘松山. 保障法律实施的若干条件［J］. 华东政法大学学报，2008（1）：124. 沈宗灵教授也认为："法律的实行，或称法律的实现、实施，是指法律在实际生活中的贯彻。它主要体现在两个方面：一个是凡行为受法律调整的个人和组织遵守法律；另一个是主管执法、司法机关执行和适用法律。"北京大学法律系法学理论教研室，中国经济体制改革研究所法律室. 法律社会学［M］. 太原：山西人民出版社，1988：274-275.

② 张文显. 法理学. 第5版［M］. 北京：高等教育出版社，2018：241-257，424.

③ 舒国滢. 法理学导论［M］. 北京：北京大学出版社，2006：194.

④ 孙国华，朱景文. 法理学［M］. 北京：中国人民大学出版社，2004：326.

转化为实然状态的过程就是法律的实施。① 所以，法律制定与法律实施是相互依存、相互对应并且相对独立的两种活动，两者在我国法治建设中都起到不可或缺的作用，属于我国法治建设的两个重要方面。在我国法治建设新十六字方针中，"科学立法"属于法律制定上的问题，"严格执法、公正司法、全民守法"属于法律实施方面的问题。

　　法治是人类社会主要的治理手段，法治的治理方式是通过法律规范处理各种社会关系。法治的前提、基础是必须有良好的法律，法律的制定是法治建设不可或缺的环节。人类社会关系具有多样性、复杂性与具体性，法律的制定并不是对应每一个具体的社会关系。如此，就需要将具体的社会关系进行全面的类型化，让不同的法律部门调整不同的社会关系。国际私法是调整涉外民商事关系的一个部门法，涉外民商事关系是社会关系类型化的结果。但是这种类型化并没有给法律制定带来实质性的帮助，这就需要我们将人类社会关系进一步类型化，并将具体的社会关系进行抽象化与普遍化，将现实的社会关系上升为抽象的法律，通过法律规范形式处理具体的社会关系。所以，法律规范并不等于具体的社会关系，不是某一具体事件的对应规范，而是对应着某一类的社会关系。法律规范具有适用的普遍性与重复性，其规定的权利义务具有抽象性。正因为法律规范具有这些特性，其基本结构是由规范适用的条件、行为模式以及法律后果所组成的。规范适用的条件是类型化的具体体现，即具体的事件属于法律规范适用的类型。行为模式规定具体事件行为人的行为范围，包括禁止、可以做和必须做什么的三种情形。法律后果则是当事人违反或遵守法律规范所应当承担的义务。

　　在将这种抽象的可能性转化为具体社会现实性的过程中，法官司法活动起到重要的作用。法官在运用法律规范处理具体事件的过程中，可能存在两种不同的作用，即法律实施过程中被动性（消极性）作用与主动性（能动性）作用。法官被动性的作用在立法思想中体现为严格规则主义，法官的作用就是根据立法者所制定的规则，结合具体社会关系的事实情况，自然而然地得出结论。也就是说，案件事实与法律规则通过司法系统装置，经过法官的处理，得出处理争议的结果。法官的作用犹如一架精密的机器，难怪梅里曼说道："法官酷似

---

① 法律实施是指法律规范在社会生活中被人们实际贯彻与施行。法律在被制定后被实施前，只是一种书本上的法律，处在应然状态。法律实施是一个过程：是将法律规范的抽象行为模式转化为人们的具体行为的过程；是使法律从书本上的法律变成行动中的法律，从应然状态进到实然状态的过程；是由法律规范的抽象的可能性转变为具体的现实性的过程。参见夏锦文．法律实施及其相关概念辨析［J］．法学论坛，2003（6）：27.

一种专门的工匠，除了特殊的案件外，他出席法庭仅是为了解决各种争诉事实，从现存的法律规定中寻觅显而易见的法律后果。他的作用也仅仅在于找出这个正确的法律条款，把条款与事实联系起来，并对从法律条款与事实的结合中会自动产生的解决办法赋予法律意义。法官的形象就是立法者所设计和建造的机器的操作者，法官本身的作用也与机器无异。"① 法官能动性的作用在立法思想中体现为自由裁量主义，法官并非逻辑机器，其司法行为是法律实施的中心，法官可以在行动中创制法律。美国大法官霍尔姆斯（Oliver Wendell Holmes, Jr）曾说："法律的生命不是逻辑，而是经验"。法官不能从法哲学的信条出发，而是从社会实证的社会状况出发，强调法律适用过程的重要性，不注重法律的逻辑运用，主张在行动中发现和创制法律。②

严格来说，在以法治为基础的社会治理结构中，法官以上的两种作用并不能够截然区分。其实，即使在坚持严格规则主义的立法中，法官的能动性作用也是存在的。严格规则主义与绝对自由裁量主义，是人类探索社会治理过程中的两种主张。

人类社会在探索社会治理方式的过程中，人治与法治是两种主要的社会治理模式与手段。但从目前国际社会的普遍状态来看，主要还是采取法治的治理模式。人治的最大缺陷在于其随意性和缺乏安全感，随意性导致处理问题的不确定性和缺乏连贯性、一致性以及稳定性，使人们处于无所适从的恐惧之中，这些都是人类抛弃人治采取法治的根本原因。法治主要针对人性的弱点，是防范人性弱点的工具。但是法律在社会治理过程中，具有滞后性、不合目的性、不周延性以及模糊性等局限。法律的局限性是法律基于其防范人性弱点工具的特质，在取得其积极价值的同时不可避免地要付出的代价，是法律由于其技术上的特点不能完善地实现其目的的情况。③ 历史上任何关于克服法律局限性问题的种种探讨，无不围绕法（严格规则）与人（自由裁量）两个因素的关系问题而展开。绝对的严格规则主义排除了人的因素，强调了法律的安全价值，注重法律适用的普遍性，但忽视了具体案件的公正性，以整体社会的正义牺牲个体正义。同时，其对于安全、确定性的强调必然导致法律越来越机械与僵化，形成了社会生活的生动性与法律规则的僵化性之间的矛盾，无法满足与反映社会生活的客观需要。绝对的自由裁量主义，满足了社会生活生动性与多样性的要

---

① 梅里曼. 大陆法系 [M]. 顾培东，译. 重庆：西南政法学院印行，1983：39.
② 吕世伦. 西方法律思潮源流论 [M]. 北京：中国人民公安大学出版社，1993：36.
③ 徐国栋. 西方立法思想与立法史略（上）：以自由裁量与严格规则的消长为线索 [J]. 比较法研究，1992（1）：3.

求，注重具体案件的公正性，具有灵活多样的特点；但是绝对的自由裁量主义完全取决于人的因素，侵蚀了法律的安全价值，损害了法律的统一性。所以，任何极端的主张都具有极大的缺陷，必须寻求两者之间的平衡，走两者相结合的道路。

二、国际私法的实施

20世纪中后期，由于涉外民商事关系越来越复杂以及对国际私法上实体正义价值的追求，为了克服传统国际私法法律选择方法的局限性，各国国际私法的立法都在不同程度上重视法官自由裁量权的作用，制定了为数不少的法官自由裁量权条款，并走向了严格规则主义与自由裁量主义相结合的道路。这种结合性的立法模式旨在赋予法官一定的自由裁量权，达到实现国际私法上实体正义之目的，克服法律滞后性、不合目的性、不周延性以及模糊性等局限。我国国际私法立法的发展道路是比较曲折的，直到2010年才采取独立的立法形式，出台了法律适用法。我国国际私法的立法具有后发优势，在吸取其他国家国际私法先进立法经验的基础上，同样采取严格规则主义与自由裁量主义相结合的模式，重视法官自由裁量权的行使，发挥法官主观能动性的作用。也就是说，法官在处理具体涉外民商事案件，将纸面上的法律适用法转化为现实中的法律这点上，起到了至关重要的作用。

法律适用法的实施是一项系统性工程，受到各种因素的影响。一般来说，其实施需要考虑以下四种因素：法律实施的环境因素、法律实施中的法律自身因素、法律实施体制的因素，以及法律实施人的因素。

在以上四种因素中，法律适用法实施的环境因素不仅仅包括国内环境因素，还包括国际环境因素。作为处理涉外民商事纠纷的法律，法律适用法天然地受到国际环境因素的影响。国际环境因素主要包括国际政治环境、国际经济环境、国际民商事环境、国际军事环境、国际法律环境等各种因素。国内环境因素主要包括国内政治环境、国家治理环境、国家对外政策环境、国家经济发展环境，以及国家社会文化环境等因素。这些环境因素都在不同方面、不同程度上影响着法律适用法的实施。在本章第一节"我国涉外民商事审判中法官自由裁量权之时代背景"中，就是选择了对环境因素具有相对重要性的三方面进行阐述，即"法治中国建设"的发展、"一带一路"倡议的推进和"人类命运共同体"的构建。中国涉外法治建设的提出与发展，必然需要进一步完善我国法律适用法和建立严密的法律适用法实施体系；"一带一路"倡议的提出与推进是我国对外开放政策的具体化与重要举措，法律适用法的正确实施为其提供有力的法律保障；"人类命运共同体"的构建必然要求我国在实施法律适用法的过程中，抛弃极端的法院地法思想，坚持内外国当事人的平等与内外国法律的平等。总而言之，这些理念、政策必然要求法官在涉外民商事审判中，合理地行使其自由裁量权，要立足国际视野，考虑国家的大政方针，如此才能为国家的发展提供良好的涉外法律服务。当然，国际环境的复杂性与变动性，也会影响到法律适用法及其相关国际私法的实施。2019 年，因暴发新冠疫情所导致的复杂的国际环境，中美之间的经济贸易摩擦，美国单边主义的抬头，中美关系的紧张化、美国次级经济制裁的加剧，俄乌冲突的爆发，台海危机，等等，都从客观上影响到我国法律的实施。例如，当前美国对外经济制裁呈现出以次级经济制裁为主、一级制裁与次级制裁相结合的新的发展趋势。美国的次级经济制裁不仅对目标国及第三国经济发展造成了严重的影响，也威胁到多边主义的国际经济秩序。针对美国的次级经济制裁，制定阻断法是一种反制的法律措施。为此，2021 年 1 月 9 日，我国商务部发布了第 1 号令——《阻断外国法律与措施不当域外适用办法》，较为全面地规定我国阻断措施。如何实施该办法，也属于宏观上国际私法实施的问题。

　　法律自身的因素涉及法律实施的载体——法律，是否具有较高的立法质量。具体到中国国际私法的实施中，就是法律适用法自身的立法质量问题。本章第二节"我国涉外民商事审判中法官自由裁量权之立法背景"，就是分析了法律自身的因素，阐述了我国国际私法的制度变迁与设计的过程、制度设计中所存在的问题、法律适用法立法规定的主要内容与主要特色等。尽管法律适用法存在这样或那样的问题，但在总体上体现了人文关怀，展现了中国对外交往的良好形象，符合当代国际私法的发展趋势，符合中国经济发展的客观需求，是中国改革开放政策的必然反映，也是中国国际私法理论与实践的总结。就法律适用法立法本身而言，其规定的法律规范比较完善、明确、完整，法律规范的语言比较清晰、概念明确、通俗易懂，冲突规范具有完整的逻辑结构，法律选择方法形成了体系化。当然，法律适用法中自由裁量权条款的实施仍需从立法上做出完善并从司法上做出正确指导。中国国际私法的立法亦仍然需要进一步完善，走法典化的道路。就目前情况而言，国际私法法典化的道路并不是一蹴而就的，而是一个漫长的过程，所以法律自身的因素并不是中国国际私法实施所要考虑的紧迫因素。

　　法律实施的体制因素体现在机构的设置、人员的配备、经费的供给、权限的分工等方面。为了提高法律实施的能力，我国在人员配备上改革的重要举措是实行法官员额制。我国法官员额制的改革从 2014 年开始，到 2017 年基本完成。法官员额制实行的是总量控制的方法，其主要参考地区的人口、面积、经济发展状况以及审判业务量等各种因素来进行考虑，目的是增强法官职业的精英化与职业化，实现法官主体地位的回归。员额制赋予法官裁判主体的地位，一定程度上促进了法官的主观能动性、创造性和自主性，① 为法官正确行使其自由裁量权提供一种制度上的基础。为促进我国"一带一路"倡议的建设，提供良好的涉外法治服务，我国在法院体制设计上做出了重要的改革。2018 年，第一、第二国际商事法庭在广东深圳、陕西西安分别成立。2020 年，在江苏苏州设立了国际商事法庭。2022 年 9 月 16 日，中国—东盟自由贸易区南宁国际商事法庭正式揭牌运行。尽管我国国际商事法庭在制度设计、管辖权受案的范围以及实际功能方面都存在这样或那样的问题，但毕竟是我国在提供优质涉外法律服务的道路上走出的坚实的一步，并在指导地方法院运用与实施法律适用法处理涉外商事案件方面，提供了有益的借鉴与帮助。

　　尽管上述三种因素在法律实施中起到不同的作用，就本书研究而言，法律实施中人的因素在法律适用法的实施过程中最为重要。法律适用法自身的特殊性，主要表现为法律适用（冲突规范）方面的规定，采取单行法规的形式，属于狭义上国际私法的立法。法律适用法既不是关于诉讼程序的法律，也不是关于当事人实体权利义务的法律，而是在处理涉外民商事案件中，如何寻找适当法律的一种法律，属于法律适用方面的法律。法律适用法寻找法律的基本思路仍然采取从法律关系分类入手，通过连结点的指引寻找到所要适用的法律，即其立法规定主要是各种类型的冲突规范。冲突规范是一种间接规范，既不规定当事人的诉讼权利与义务，也不规定当事人的实体权利与义务，其在很大程度上属于指导法官寻找所要适用的法律的一种规范。所以，法律适用法的实施主要是通过法院法官审理涉外民商事案件以及国际商事仲裁员处理国际商事仲裁的案件得以实现的。当然涉外律师、涉外企事业单位的法务人员以及涉外的行政管理部门也是中国国际私法的实施者，但不是最主要的实施者。如此，法律适用法实施中人的因素，在某种程度上就是法官的因素。正如前述，我国法律适用法的立法具有后发优势，立法上采取了严格规则主义与法官自由裁量主义相结合的做法，规定了较多自由裁量权条款。具体来说，法律适用法在法律选择方法上，大量采用灵活性的冲突规范，重视法官在处理涉外民商事案件中的作用，赋予法官在处理涉外民商事案件中一定的自由裁量权。一方面，这就需

---

① 陈文曲，易楚. 员额制下的法官主体性与主体间性 [J]. 时代法学，2018，16（6）：85-94.

要法官在涉外民商事审判中，对法律适用法的立法目的、立法指导思想、追求的法律价值、国际私法的基本原则有着正确的把握；另一方面，需要法官具有较高的素质，包括法官的业务素质与道德素质。我国法官素质的高低是我国国际私法实施的关键，直接关系到法律适用法能否得到正确实施。如此，涉外民商事审判中法官不仅需要具有精湛的业务知识、良好的职业道德，而且要具备广阔的国际视野、深厚的文化底蕴、普世的人文情怀、良好的外语素养。涉外民商事法官不仅要大力培育自己的职业良知和法治精神，还要不断提高自己的法律实施水平和能力。

尽管我国采取各种措施促进法律适用法的实施，但还是存在不少问题，分析实施中的主要问题，有助于我国法官正确行使其自由裁量权，合理实施法律适用法。

三、法律适用法实施中存在的主要问题

我国学者对法律适用法的实施曾有所阐述，例如，中国法学会副会长，国际法学会、国际私法学会会长黄进教授在其发表的国际私法年度司法实践述评报告中均有不同程度的论述。[①] 也有学者对法律适用法实施五年以来的案件进行统计，分析实施中存在的问题。[②] 从目前法律适用法的实施情况来看，存在的主要问题就是法院法官对自由裁量权的认识和具体运用存在不当、不合理的现象，

---

① 　关于《涉外民事关系法律适用法》的实施情况，可以参考黄进等学者每年撰写的中国国际私法司法实践述评。黄进，李建坤，杜焕芳 . 2017 年中国国际私法司法实践述评 ［M］//黄进，肖永平，刘仁山 . 中国国际私法与比较法年刊：第 22 卷 . 北京：法律出版社，2019：99 - 157；黄进，杨灵一，杜焕芳 . 2016 年中国国际私法司法实践述评 ［M］//黄进，肖永平，刘仁山 . 中国国际私法与比较法年刊：第 20 卷 . 北京：法律出版社，2018：39 - 65；黄进，连俊雅，杜焕芳 . 2015 年中国国际私法司法实践述评 ［M］//黄进，肖永平，刘仁山 . 中国国际私法与比较法年刊：第 19 卷 . 北京：法律出版社，2017：261 - 313；黄进，连俊雅，杜焕芳 . 2014 年中国国际私法司法实践述评 ［M］//黄进，肖永平，刘仁山 . 中国国际私法与比较法年刊：第 18 卷 . 北京：法律出版社，2016：265 - 320；黄进，童立雪，杜焕芳 . 2013 年中国国际私法司法实践述评 ［M］//黄进，肖永平，刘仁山 . 中国国际私法与比较法年刊：第 17 卷 . 北京：法律出版社，2016：219 - 270；黄进，周园，杜焕芳 . 2012 年中国国际私法司法实践述评 ［M］//黄进，肖永平，刘仁山 . 中国国际私法与比较法年刊：第 16 卷 . 北京：法律出版社，2015：403 - 445；黄进，傅攀峰，杜焕芳 . 2011 年中国国际私法司法实践述评 ［M］//黄进，肖永平，刘仁山 . 中国国际私法与比较法年刊：第 15 卷 . 北京：北京大学出版社，2013：597 - 654.

② 　田洪鋆 . 大数据视野下《涉外民事关系法律适用法》实施中存在的问题及解决措施 ［J］. 社会科学辑刊，2018（3）：93 - 97.

具体来说包括：（1）法院地法倾向比较严重；（2）涉外民商事案件的认定被忽略；（3）涉外民商事案件的定性不当；（4）裁判文书存在推理简单的现象；（5）法院适用错误的冲突规范。

第一，法院地法倾向比较严重。法院在审理涉外民商事案件时，通常会适用法院地法。根据黄进等教授对我国涉外民商事每年 50 宗典型案件的抽样调查，2012 年单独适用法院地法（中国法律）的达到 42 件，占比为 84%，同时适用国际公约和中国法的 2 件，占比为 4%，以上两项共计 44 件，占比为 88%；2013 年单独适用法院地法（中国法律）的达到 41 件，占比为 82%，同时适用国际公约和中国法律的 5 件，占比为 10%，同时适用中国法律和域外法律的 4 件，占比为 8%，以上三项共计 50 件，100% 的案件涉及法院地法的适用；2014 年单独适用法院地法（中国法律）的达到 41 件，占比为 82%，同时适用国际公约和中国法律的 1 件，占比为 2%，同时适用中国法律和域外法律的 1 件，占比为 2%，以上三项共计 43 件，占比为 86%；2015 年单独适用法院地法（中国法律）的达到 45 件，占比为 90%，同时适用国际公约和中国法律的 1 件，占比为 2%，以上两项共计 46 件，占比为 92%；2016 年单独适用法院地法（中国法律）的达到 38 件，占比为 76%，同时适用国际公约和中国法律的 3 件，占比为 6%，同时适用中国法律和域外法律的 4 件，占比为 8%，同时适用中国法律、国际公约和国际惯例的 1 件，占比为 2%，以上四项共计 46 件，占比为 92%；2017 年单独适用法院地法（中国法律）的达到 39 件，占比为 78%，同时适用国际公约和中国法律的 4 件，占比为 8%，同时适用中国法律和域外法律或相关法律的 1 件，占比为 2%，以上三项共计 44 件，占比为 88%。从 2012 年到 2017 年，单独适用中国法律或者同时适用中国法律和其他法律的占比分别是 88%、100%、86%、92%、92%、88%，平均占比 91%。也就是说，中国法院审理的涉外民商事案件中，大约有 90% 的案件是适用法院地法（中国法律）。尽管以上抽样调查可能同司法实践存在一定程度的偏差，但在总体上反映了我国法院适用法院地法的比例的确是比较高的。

当然，我国法院是根据法律适用法以及其他法律法规中的冲突规范指引而适用法律的，如果指引到法院地法，这是合理、合法的正常现象。但是，无论是我国法院还是其他国家的法院，都有为了保护本国当事人的利益适用法院地法的倾向，这就是我们所称的"回家去的趋势"，或者称之为"法院地法主义"。之所以出现适用法院地法的倾向，主要原因除立法上具有法院地法的倾向外，在涉外民商事审判中还会考虑到法院便利以及注重法官司法任务的简单化。事实上，就法官的心理因素而言，大多数法官是倾向于适用法院地法的，毕竟法院地法是法官自身最熟悉、适用最方便的法律。① 一般来说，法官适用法院地法处理民商事案件有两种情形：一种是法官适用冲突规范明确指向法院地法，例如，诉讼离婚适用法院地法，这种情况下适用法院地法是毫无问题的；另一种是法官根据冲突规范中的自由裁量权条款以及案件的具体情况，得出适用法院地法的结论。如果案件确实与我国有最密切联系的，或者当事人确实选择我国法律的，或者在法官审理涉外民商事案件过程中，尽管当事人没有选择所要适用的法律，但是双方当事人在庭审中均表示适用中国法律进行抗辩且未提出异议的，或者我国法律确实是对弱者权利保护最有利的法律，这些情况下适用我国的法律也是正当、合理的。但是，如果法官在最密切联系原则运用过程中，不加分析或理所当然地认为我国法律与案件有最密切联系，适用我国法律处理案件的，或者在司法实践中，法官为了适用我国法律，有意无意地促使当事人适用我国法律的，或者在适用保护性冲突规范的过程中，法官在没有分析的情况下认为我国法律是最有利于弱者权利保护的，在这些情形下适用我国法律，其合理性是存在疑问的。② 总之，法律适用法在实施中存在不合理地适用法院地法的现象，究其原因，主要是因为法律适用法存在较多法官自由裁量权条款，赋予了法官灵活选择法律的权限。法官如果行使其自由裁量权不正确或不正当，则可能导致不当适用法院地法的情况。

国际私法的产生与发展的基础之一就是同等对待内外国法律，可以适用外国法律或域外法律处理涉外民商事案件。如果全部适用法院地法处理涉外民商事案件，或如果全部适用外国法律处理涉外民商事案件，则国际私法的存在都会成为不可能。国际私法的产生与发展是适用外国法律与排除适用外国法律两种张力共同作用的结果。但是，如果天平过于倾向于排除外国法律的适用，导致法院地法被大量适用，则可能背离平等互利原则，对多边主义与国际民商事秩序的构建会产生一定的不利影响。尤其在我国推行"一带一路"倡议以及倡导多边主义的背景下，法官如果一味地适用法院地法，必然与我国推行的政策不相吻合，也不利于国际民商事交流的正常开展。同样，法院所做出的判决难以得到其他国家法院的承认与执行，也会助长当事人挑选法院的行为。③ 所以，

---

① 徐伟功. 美国法律适用中"回家去的趋势"及我国法律适用中的法院地法倾向 [J]. 河南财经政法大学学报，2013，28（5）：71.

② 黄进，连俊雅，杜焕芳. 2015年中国国际私法司法实践述评 [M] //黄进，肖永平，刘仁山. 中国国际私法与比较法年刊：第19卷. 北京：法律出版社，2017：311.

③ 徐伟功. 美国法律适用中"回家去的趋势"及我国法律适用中的法院地法倾向 [J]. 河南财经政法大学学报，2013，28（5）：70.

我国法律适用法实施的质量，在很大程度上取决于法官如何正确行使其自由裁量权。

第二，涉外民事案件的认定被忽略。法院在解决民商事争议的过程中，首先需要对民商事关系进行认定。如果被认定为国内民商事案件，就不会涉及法律选择或法律适用问题，而直接适用国内民商事实体法确定当事人具体的权利义务关系。如果被认定为涉外民商事案件，就涉及法律适用问题，法官就要正确地适用冲突规范，寻找适当的实体法来处理该项争议。该实体法可能是国内实体法，也可能是其他国家的实体法，甚至可能是有关的国际条约或国际惯例，这取决于冲突规范的指引。所以，认定涉外民商事案件是实施法律适用法的前提。如何认定涉外民商事关系或涉外民商事案件，法律适用法并没有给出明确的认定标准，仅在第 1 条中规定了合理解决涉外民事争议。为了给法院认定涉外民商事关系或涉外民商事案件提供正确的指导，最高人民法院在《司法解释（一）》和 2015 年最高人民法院《关于适用〈中华人民共和国民事诉讼法〉的解释》（以下简称 2015 年《民诉法解释》，该解释在 2020 年、2022 年进行了两次修正）中做出了一致的解释，两者都采取法律关系要素的标准，即法律关系主体（主体要素包括国籍和经常居所地）、客体、内容三要素中有一个或一个以上的要素与其他法域相联系，就属于涉外民商事案件。① 此外，两个司法解释都做出了例外规定（兜底规定），赋予法官一定的自由裁量权，由法官决定"可以认定为涉外民事关系（案件）的其他情形"。尽管两个司法解释给出了认定涉外民事关系的标准，但在司法实践中，法官往往会忽略这一问题。一般来说，我国法院在审理涉外民商事案件中有两个阶段需要对涉外民商事案件做出判断。在案件的立案阶段，法院的立案庭对案件进行初步判断，将涉外民商事案件与国内民商事案件分配到不同的庭室进行审理。案件受理后，不同的庭室再一次对案件进行判断。如果认定为涉外民商事案件，就会涉及法律选择的问题。对

---

① 2012 年《司法解释（一）》第一条规定："民事关系具有下列情形之一的，人民法院可以认定为涉外民事关系：（一）当事人一方或双方是外国公民、外国法人或者其他组织、无国籍人；（二）当事人一方或双方的经常居所地在中华人民共和国领域外；（三）标的物在中华人民共和国领域外；（四）产生、变更或者消灭民事关系的法律事实发生在中华人民共和国领域外；（五）可以认定为涉外民事关系的其他情形。"2015 年《民事诉讼法司法解释》第 522 条规定："有下列情形之一，人民法院可以认定为涉外民事案件：（一）当事人一方或者双方是外国人、无国籍人、外国企业或者组织的；（二）当事人一方或者双方的经常居所地在中华人民共和国领域外的；（三）标的物在中华人民共和国领域外的；（四）产生、变更或者消灭民事关系的法律事实发生在中华人民共和国领域外的；（五）可以认定为涉外民事案件的其他情形。"

此，审判庭需要在裁判文书中做出详细的论证。我国有些法院的裁判文书中可能对此仅做出简单论证，甚至直接忽略该问题，在裁判文书中不做说明地认定某案件为涉外民商事案件，并在裁判文书中直接适用法律适用法的有关规定指引所要适用的法律处理案件。即使法院在裁判文书中做出论证，往往也是表述为依据《司法解释（一）》第一条的规定，或表述为依据 2015 年《民诉法解释》第 522 条的规定，得出属于涉外民商事关系或涉外民商事案件的结论，却不做详细的说明。我国法官应该合理运用其自由裁量权，对涉外民商事关系的认定给予充分论证，否则会有损中国对外的法治形象。

第三，涉外民事案件的定性不当。法官在认定涉外民商事关系（案件）的同时，也对案件做出了识别，将案件归入特定的种类，或合同案件，或侵权案件，等等，通常在裁判文书中表述为"本案为涉外合同纠纷"，或"本案为涉外继承纠纷"，等等。所以，法院的识别是适用冲突规范的前提，只有将案件归入特定的法律范畴，才能正确地适用冲突规范，找出合理解决纠纷的实体法。法律适用第八条规定了我国识别的法律适用，即使适用法院地法。也就是说，在我国审理的涉外民商事案件，适用我国法律进行识别。

我国法官在识别过程中，主要是运用我国的法律概念、法律观念、法律意识对涉外民商事关系进行定性。如果遇到国内没有的概念，需要法官根据案件的具体情况，行使其自由裁量权做出决定。其实，不管是涉外民商事案件还是国内民商事案件，都需要法官对其进行分类定性。但国内民法意义上的识别与国际私法意义上的识别有着重要的区别：首先，识别的主要目的不同。国内民法意义上的识别主要目的是适用恰当的国内民商事实体法处理有关的争议。国际私法意义上的识别主要目的是适用正确的冲突规范，再通过冲突规范寻找所要适用的实体法律。其次，在国内民法意义上的识别只能按照本国的法律概念、法律观念进行，不可能适用外国法进行识别。而国际私法意义上的识别则存在法律适用的问题，即适用何国法律进行识别的问题。当然，我国采取法院地法进行识别的做法，即使适用我国法律进行识别，也不是完全与国内民法意义上的识别等同一致，有可能会运用本国国际私法上的概念、观念进行识别。因此，国际私法意义上的识别，或称为"定性"，或称为"分类"，指的是法院在审理涉外民商事案件时，依照一定的法律概念、法律观念、法律意识对有关的事实或问题进行分类，将其归入特定的法律范畴中，正确适用冲突规范的一种思维过程。该思维过程与涉外民商事案件的认定往往交织在一起，在司法实践中往往得不到应有的重视。识别是规则体系下应有的人类思维活动，能帮助法院在审理涉外民商事案件时，将具体的案件归入特定的法律范畴中，从而达到正确地适用冲突规范、合理解决涉外民商事纠纷的目的。① 所以，在识别过程中，法官应该正确运用其自由裁量权，做出合理的识别，并在裁判文书中对识别的过程做出必要的说明；否则之后的选择法律过程、适用实体法解决纠纷的进程都将建立在不确定的基础上，可能导致案件的处理不当。

目前法院识别存在的主要问题：一是无识别推理过程；二是定性不当，将归属于某法律关系的案件，定性为其他法律关系的案件。前者尽管法官识别正确，但在裁判文书中无法反映出法官说理的过程；后者是法官的识别错误，在司法实践中多体现为将非合同案件定性为合同案件。曾有学者对法律适用法实施 5 年来的案件进行抽样统计，发现在被识别为涉外合同的 1948 例案件中，有 273 例案件不应被识别为合同案件，具体来说，表现为股权转让纠纷、退伙纠纷、继承纠纷、股东出资纠纷、劳务纠纷、专利转让纠纷、不当得利纠纷、证照返还纠纷、损害公司利益纠纷、股东代表诉讼纠纷、股东知情权纠纷、确权纠纷、公司解散纠纷、普通侵权纠纷、合伙纠纷和公司决议纠纷等 16 种类型的纠纷，在实践中存在被过度识别为合同案件的情况，约占整个涉外合同案件 14%。② 出现这一现象的主要原因在于法官对合同准据法的理解存在偏差。一般来说，合同准据法存在广义与狭义两种理解。广义的合同准据法是指适用于合同所有问题的准据法。由于目前大多数国家在合同法律适用问题上采取分割的做法，因而对合同准据法产生了不同的理解。狭义的合同准据法仅是指适用于合同成立、内容、效力等问题的准据法。我国法律适用法第四十一条规定的合同法律适用，并没有给出合同准据法具体适用的范围，因此引发了上述识别错误的现象。法律适用法将合同法律适用分割成合同的缔约能力与合同的效力、成立与内容等其他问题两方面，对于自然人的缔约能力问题，适用法律适用法第 12 条③规定，对于法人的缔约能力则适用第 14 条④规定，其他事项的合同法

---

① 刘仁山 . 国际私法 . 第 6 版 ［M］. 北京：中国法制出版社，2019：139-140.

② 田洪鋆 . 大数据视野下《涉外民事关系法律适用法》实施中存在的问题及解决措施 ［J］. 社会科学辑刊，2018（3）：93.

③ 法律适用法第十二条规定："自然人的民事行为能力，适用经常居所地法律。自然人从事民事活动，依照经常居所地法律为无民事行为能力，依照行为地法律为有民事行为能力的，适用行为地法律，但涉及婚姻家庭、继承的除外。"

④ 法律适用法第十四条规定："法人及其分支机构的民事权利能力、民事行为能力、组织机构、股东权利义务等事项，适用登记地法律。法人的主营业地与登记地不一致的，可以适用主营业地法律。法人的经常居所地，为其主营业地。"

律适用问题则由第 41 条①做出规定，尤其是法人能力的法律适用问题原本应该依据第十四条规定，有些法院却适用第四十一条规定。例如，在"香灼玑建筑师有限公司与清远通业股份有限公司股东知情权纠纷案"② 中，法官将法人的能力问题识别为合同案件，适用第四十一条规定。又如，在"全球育乐发展股份有限公司与林仲程公司证照返还纠纷上诉案"③ 中，两审法院均将法人能力问题识别为涉外合同案件，适用第四十一条规定。这些错误适用冲突规范的案件不仅影响了判决的一致性、可预见性，而且损害了法律的权威。④

第四，法院裁判文书存在推理简单的现象。裁判文书推理简单或不当主要发生在赋予法官自由裁量权的条款运用之中。例如，在合同法律适用中，如果当事人没有选择法律，则根据最密切联系原则寻找所适用的法律。然而有些法官通常在裁判文书中只是简单地根据最密切联系原则，认定我国法律与该涉外民商事关系有最密切的联系，却没有任何其他的分析与说理过程。此外，法律适用法中在婚姻家庭领域，确立了弱者权利保护原则，采取适用对弱者权利保护最有利的法律的做法。但是在司法实践中，法官可能会直接认定我国法律是对弱者权利保护最有利的法律，并未采取比较分析的方法，也未进行充分的说理。此外，我国涉外民商事案件裁判文书还存在不规范、不统一的现象，主要体现为缺乏对案件审理、争议焦点、裁判理由与适用法律的充分说明或论证，存在逻辑结构不清晰、说理不充分的问题。针对涉外民商事案件的法律适用，人民法院应当结合当事人的诉讼请求和案件的具体事实情况，正确地识别案件性质，并依照冲突规范指引，正确地适用准据法。整个适用法律的过程，应力争说理透彻、逻辑严密、精炼易懂、用语准确。⑤

第五，法院适用错误的冲突规范。其主要体现在本应适用法律适用法的甲条款，却错误地适用了乙条款，具体又表现为以下两种情况：一是总则中的原则规定与分则中的具体规则之间的竞合，特别是关于意思自治原则的第 3 条与第 41 条之间相互关系的问题；二是分则中关于某一具体法律关系的一般性条款

---

① 法律适用法第四十一条规定："当事人可以协议选择合同适用的法律。当事人没有选择的，适用履行义务最能体现该合同特征的一方当事人经常居所地法律或者其他与该合同有最密切联系的法律。"

② （2014）清城法民二初字第 67 号民事判决书。

③ （2014）闽民终字第 580 号民事裁定书。

④ 田洪鋆. 大数据视野下《涉外民事关系法律适用法》实施中存在的问题及解决措施 [J]. 社会科学辑刊，2018（3）：93.

⑤ 田洪鋆. 大数据视野下《涉外民事关系法律适用法》实施中存在的问题及解决措施 [J]. 社会科学辑刊，2018（3）：95.

与特殊条款的竞合。例如，关于侵权法律适用的一般规定与特殊侵权法律适用的规定，合同法律适用的一般规定与特殊合同法律适用的规定。前者适用"禁止向一般条款逃逸"的原则，① 后者则适用特别条款原则。例如，在"阿迪达斯有限公司诉邢国红等侵害商标权纠纷案"中，② 法院援引了第 44 条关于侵权法律适用的一般条款，没有援引第 50 条关于知识产权侵权法律适用的条款。尽管最终适用法律的结果是一致的，但是法律适用过程是错误的。再如，（2014）渝五中法民初字第 00544 号重庆市第五中级人民法院民事判决书中写道："关于本案适用法律问题。本案原、被告双方在《联合办学教育发展合作协议书》第三款中有约定选择我国法院管辖，并在本案诉讼和重庆市第一中级人民法院他案诉讼中对适用中国法律进行审理均没有异议，根据《中华人民共和国涉外民事关系法律适用法》第三条关于'当事人依照法律规定可以明示选择涉外民事关系适用的法律'，以及第四十一条第一款关于'当事人可以协议选择合同适用的法律'的规定，本案所涉合同性质和效力，以及案件的裁判将依中国法律予以确定。"在我国的司法实践中运用意思自治原则比较常见的是涉外合同案件，除合同法律适用案件外，还有动产物权、侵权、知识产权以及婚姻家庭等领域中法律适用的案件。上述法官的判决不能说有原则性的错误，但是其逻辑推理过程还是存在一定的问题。因为在案件中，当事人签订的合同并没有约定选择合同的法律适用条款，依据法律适用法第 3 条以及第四十一条的规定，根本就推理不出适用我国法律。依据第三条的规定，只能推理出当事人选择适用法律必须根据法律的规定进行明示选择，依据第 41 条只能推理出当事人可以协议选择合同适用的法律。在本案中，当事人并没有在合同中明示选择所要适用的法律，对当事人适用中国法律没有异议的情形，我国法律适用法也没有做出明确规定。关于这一情形只是在法律适用法 2020 年修正的《司法解释（一）》中做出了明确规定，即其第六条第二款规定：各方当事人援引相同国家的法律且未提出法律适用异议的，人民法院可以认定当事人已经就涉外民事关系适用的法律做出了选择。

除上述适用冲突规范的错误之外，通常还有新旧法之间适用冲突规范的错误问题。法律适用法第五十一条规定了法律溯及力的问题，即"《中华人民共和国民法通则》第一百四十六条、第一百四十七条，《中华人民共和国继承法》第三十六条，与本法的规定不一致的，适用本法。"该条规定仅仅解决了部分条款

① 张文显. 法理学. 第 4 版［M］. 北京：高等教育出版社，2011：77.
② （2014）乌中民三初字第 245 号民事判决书。

之间的关系问题，并没有具体说明新旧法之间的关系问题。在法律适用法生效的一两年内，对新旧法中冲突规范的适用引起了一定混乱。随着法律适用法的实施以及《司法解释（一）》的进一步明确，① 该问题所导致的法律适用错误应该会越来越少。有时即使法官适用了正确的冲突规范，却对具体冲突规范的理解出现了偏差，背离或偏离了立法者的本意。尽管立法者在立法中始终坚持并贯彻了"全""新""简""便"的指导思想，但国际私法毕竟在许多方面都与国内法不同，法官往往会在某些方面出现理解上的差错。例如，对有价证券权利实现地、质权设立地、履行义务最能体现该合同特征的一方当事人经常居所地、被请求保护地等的理解，可能会出现偏差。

总而言之，法律适用法的实施中存在的主要问题大多数与法官的自由裁量权有密切的关系，与法律适用法中自由裁量权条款的实施存在紧密的联系。也就是说，法律适用法中的自由裁量权条款授予了法官一定程度上的自由裁量权，而法官在行使自由裁量权时可能存在不合理、不恰当的现象。所以，提高我国涉外司法人员的素质，加强涉外司法人员的队伍建设显得尤为重要。为了正确实施法律适用法及其他国际私法的立法，有必要认识国际私法上法官自由裁量权的基本特征与主要类型，即法律适用法中规定了哪些自由裁量权条款，域外国际私法立法中规定了哪些自由裁量权条款，这些自由裁量权的条款有何特点等相关问题。

---

① 《司法解释（一）》第二条规定："涉外民事关系法律适用法实施以前发生的涉外民事关系，人民法院应当根据该涉外民事关系发生时的有关法律规定确定应当适用的法律；当时法律没有规定的，可以参照涉外民事关系法律适用法的规定确定。"第三条规定："涉外民事关系法律适用法与其他法律对同一涉外民事关系法律适用规定不一致的，适用涉外民事关系法律适用法的规定，但《中华人民共和国票据法》《中华人民共和国海商法》《中华人民共和国民用航空法》等商事领域法律的特别规定以及知识产权领域法律的特别规定除外。涉外民事关系法律适用法对涉外民事关系的法律适用没有规定而其他法律有规定的，适用其他法律的规定。"

第二章

我国涉外民商事审判中法官自由裁量权之立法考察

法官乃会说话的法律，法律乃沉默的法官。

——【美】爱德华·S. 考文

毫不夸张地说，法律适用法是严格规则主义与自由裁量主义相互斗争、相互妥协的产物，是自由裁量主义在国际私法领域渗透的体现。① 正如我国民法学者徐国栋所言，罗马法的兴旺发达建立在其适当吸收自由裁量主义的基础上。② 我国法律适用法制定与完善也是在适当吸收自由裁量主义的基础上进行的，并在立法中制定了多数自由裁量权条款。所以，法律适用法的正确实施，关键取决于法官自由裁量权的行使。法官正确合理地行使其自由裁量权是法律适用法实施的生命线。如此，就有必要对我国涉外民商事审判中法官自由裁量权条款的立法发展、特征功能有着清晰的认识。同时，我国国际私法自由裁量权条款的立法是在吸收国际私法国际立法发展趋势的基础上进行的，因而有必要对域外主要国家国际私法的自由裁量权条款加以认识，比较域外立法与我国立法间主要的异同。

人类在历史的发展过程中，最终选择用法治作为社会治理的手段与方式，以法律规则来规范人们的行为；但是法律自身不可避免地存在着局限性，主要有滞后性、不合目的性、不周延性以及模糊性等局限。历史上关于法律局限性的克服主要是围绕严格规则与自由裁量两个因素展开的。绝对的自由裁量主义与绝对的严格规则主义属于两个极端，前者会破坏法制的统一性和安全感，后者会牺牲具体正义。所以，各国的立法并不存在完全的自由裁量，也不存在纯粹的严格规则，而是寻求两者相结合的道路，这反映到法官的司法活动中，并

---

① 徐伟功. 论自由裁量主义在冲突法中的渗透 [J]. 环球法律评论，2009，31（6）：15.
② 徐国栋. 西方立法思想与立法史略（上）：以自由裁量与严格规则的消长为线索 [J]. 比较法研究，1992（1）：22.

体现为法官两种不同的作用，即被动的机械作用和主动的灵活作用。法官在司法实践活动中应将两种作用结合起来，也就是说，法官在审理涉外民商事案件时或多或少地运用其自由裁量权，只不过需要根据立法规定确定如何把握其自由裁量权的度的问题。

第一节 我国涉外民商事审判中法官自由裁量权条款之立法发展

20 世纪中后期以来，大多数国家的国际私法立法走上了严格规则主义与自由裁量主义相结合的道路，规定了多数法官自由裁量权条款。中国国际私法的立法亦不例外，法律适用法不仅在总则中规定法官自由裁量权条款，而且在分则诸多领域也规定了较多的法官自由裁量权条款，形成了总分体系的结构形式。法律适用法中的法官自由裁量权条款有着历史传承，我国之前的国际私法立法在不同领域、不同程度上都规定有法官自由裁量权条款。

一、法律适用法实施前的法官自由裁量权条款

法律适用法之前的国际私法立法，主要体现在 1985 年《涉外经济合同法》、1986 年《民法通则》、1999 年《合同法》、1992 年《海商法》以及 1995 年《民用航空法》等法律法规中，这些法律法规中规定了不少的国际私法自由裁量权条款。1987 年最高人民法院《关于适用〈涉外经济合同法〉若干问题的解答》（已经失效，以下简称《解答》）、1988 年最高人民法院《关于贯彻执行〈中华人民共和国民法通则〉若干问题的意见（试行）》（已经失效，以下简称《意见》）、2007 年最高人民法院《关于审理涉外民事或商事合同纠纷案件法律适用若干问题的规定》（已经失效，以下简称《规定》），其中也有若干法官自由裁量权条款，涉及自由裁量权的条款主要体现在合同法律适用、扶养法律适用、国籍积极冲突的解决、住所积极冲突的解决、营业所积极冲突的解决，以及侵权行为地认定等方面。

最早出现国际私法自由裁量权条款的当属合同法律适用领域，即在当事人没有选择所要适用的法律情况下，根据最密切联系原则寻找所要适用的法律。最密切联系原则的精髓就是需要法官行使自由裁量权，根据案件的具体情况适用与该法律关系有最密切联系的法律。

1985 年《涉外经济合同法》第五条规定了涉外经济合同适用当事人选择的

法律，当事人没有选择法律的，适用与合同有最密切联系的国家的法律。① 适用最密切联系原则比较灵活，赋予了法官较大的自由裁量权，但可能出现相类似的涉外经济合同案件适用不同的实体法，导致法制不统一的现象。1987 年《解答》第 2 条②依据特征履行原则确定最密切联系原则，一定程度上限制了法官的自由裁量权，即在当事人没有选择合同所要适用的法律情况下，适用与该涉外经济合同有最密切联系的法律。对何为最密切联系的法律，应该适用体现涉

① 《涉外经济合同法》第五条规定："合同当事人可以选择处理合同争议所适用的法律。当事人没有选择的，适用与合同有最密切联系的国家的法律。在中华人民共和国境内履行的中外合资经营企业合同、中外合作经营企业合同、中外合作勘探开发自然资源合同，适用中华人民共和国法律。中华人民共和国法律未作规定的，可以适用国际惯例。"

② 《解答》第二条规定：关于处理涉外经济合同争议的法律适用问题 （一）对于《涉外经济合同法》第五条所说的"合同争议"应作广义的理解，凡是双方当事人对合同是否成立、合同成立的时间、合同内容的解释、合同的履行、违约的责任，以及合同的变更、中止、转让、解除、终止等发生的争议，均应包括在内。（二）当事人在订立合同时或者发生争议后，对于合同所适用的法律已有选择的，人民法院在审理该项合同纠纷案件时，应以当事人选择的法律为依据。当事人选择的法律，可以是中国法，也可以是港澳地区的法律或者是外国法。但是当事人的选择必须是经双方协商一致和明示的。（三）在中国境内履行的中外合资经营企业合同、中外合作经营企业合同、中外合作勘探开发自然资源合同，必须适用中国法律，当事人协议选择适用外国法律的合同条款无效。（四）当事人在订立合同时或者发生争议后，对于合同所适用的法律未作选择的，人民法院受理案件后，应当允许当事人在开庭审理以前做出选择。如果当事人仍不能协商一致做出选择，人民法院应当按照最密切联系原则确定所应适用的法律。（五）当事人协议选择的或者人民法院按照最密切联系原则确定的处理合同争议所适用的法律，是指现行的实体法，而不包括冲突法规范和程序法。（六）如果当事人未选择合同所适用的法律时，对于下列涉外经济合同，人民法院按照最密切联系原则确定所应适用的法律，在通常情况下是：1. 国际货物买卖合同，适用合同订立时卖方营业所所在地的法律。如果合同是在买方营业所所在地谈判并订立的，或者合同主要是依买方确定的条件并应买方发出的招标订立的，或者合同明确规定卖方须在买方营业所所在地履行交货义务的，是适用合同订立时买方营业所所在地的法律。2. 银行贷款或者担保合同，适用贷款银行或担保银行所在地的法律。3. 保险合同，适用保险人营业所所在地的法律。4. 加工承揽合同，适用加工承揽人营业所所在地的法律。5. 技术转让合同，适用受让人营业所所在地的法律。6. 工程承包合同，适用工程所在地的法律。7. 科技咨询或设计合同，适用委托人营业所所在地的法律。8. 劳务合同，适用劳务实施地的法律。9. 成套设备供应合同，适用设备安装运转地的法律。10. 代理合同，适用代理人营业所所在地的法律。11. 关于不动产租赁、买卖或抵押的合同，适用不动产所在地的法律。12. 动产租赁合同，适用出租人营业所所在地的法律。13. 仓储保管合同，适用仓储保管人营业所所在地的法律。但是，合同明显地与另一国家或者地区的法律具有更密切的关系，人民法院应以另一国家或者地区的法律作为处理合同争议的依据。以上《解答》的规定采取的是："意思自治原则+最密切联系原则+特征履行说（十三类合同的硬性推定）+更密切联系原则"。

外经济合同特征履行一方当事人的法律，并对十三类涉外经济合同加以明确的规定。当然，如果合同明显地与另一国家或者地区的法律具有更密切的关系，则作为例外，适用该国或者地区的法律作为处理合同争议的依据。这种做法可以简称为"两次软化"的做法，即"最密切联系方法+特征履行方法+更密切联系方法"，在一定程度上很好地限制了法官自由裁量权，又在一定程度上保持合同法律适用的灵活性。

此后，1986 年《民法通则》第 145 条①、1999 年《合同法》第 126 条②、1992 年《海商法》第 269 条③、1995 年《民用航空法》第 188 条④，对于合同的法律适用基本上沿用《涉外经济合同法》第 5 条的基本规定，采取"意思自治原则+最密切联系原则"的做法。2007 年《规定》第 5 条⑤做出与《解答》

---

① 《民法通则》第 145 条规定："涉外合同的当事人可以选择处理合同争议所适用的法律，法律另有规定的除外。涉外合同的当事人没有选择的，适用与合同有最密切联系的国家的法律。"

② 《合同法》第 126 条规定："涉外合同的当事人可以选择处理合同争议所适用的法律，但法律另有规定的除外。涉外合同的当事人没有选择的，适用与合同有最密切联系的国家的法律。在中华人民共和国境内履行的中外合资经营企业合同、中外合作经营企业合同、中外合作勘探开发自然资源合同，适用中华人民共和国法律。"

③ 《海商法》第 269 条规定："合同当事人可以选择合同适用的法律，法律另有规定的除外。合同当事人没有选择的，适用与合同有最密切联系的国家的法律。"

④ 《民用航空法》第 188 条规定："民用航空运输合同当事人可以选择合同适用的法律，但是法律另有规定的除外；合同当事人没有选择的，适用与合同有最密切联系的国家的法律。"

⑤ 《规定》第五条规定："当事人未选择合同争议应适用的法律的，适用与合同有最密切联系的国家或者地区的法律。人民法院根据最密切联系原则确定合同争议应适用的法律时，应根据合同的特殊性质，以及某一方当事人履行的义务最能体现合同的本质特性等因素，确定与合同有最密切联系的国家或者地区的法律作为合同的准据法。（一）买卖合同，适用合同订立时卖方住所地法；如果合同是在买方住所地谈判并订立的，或者合同明确规定卖方须在买方住所地履行交货义务的，适用买方住所地法。（二）来料加工、来件装配以及其他各种加工承揽合同，适用加工承揽人住所地法。（三）成套设备供应合同，适用设备安装地法。（四）不动产买卖、租赁或者抵押合同，适用不动产所在地法。（五）动产租赁合同，适用出租人住所地法。（六）动产质押合同，适用质权人住所地法。（七）借款合同，适用贷款人住所地法。（八）保险合同，适用保险人住所地法。（九）融资租赁合同，适用承租人住所地法。（十）建设工程合同，适用建设工程所在地法。（十一）仓储、保管合同，适用仓储、保管人住所地法。（十二）保证合同，适用保证人住所地法。（十三）委托合同，适用受托人住所地法。（十四）债券的发行、销售和转让合同，分别适用债券发行地法、债券销售地法和债券转让地法。（十五）拍卖合同，适用拍卖举行地法。（十六）行纪合同，适用行纪人住所地法。（十七）居间合同，适用居间人住所地法。如果上述合同明显与另一国家或者地区有更密切联系的，适用该另一国家或者地区的法律。"

类似的解释。

在扶养法律适用、国籍积极冲突的解决、住所积极冲突的解决以及营业所积极冲突的解决等领域，也主要是依据灵活的最密切联系原则，以上主要规定在《民法通则》第 148 条①、1988 年《意见》第 189 条②、第 182 条③、第 183 条④、第 185 条⑤中。在侵权行为地的认定上，如果侵权行为实施地法律和侵权结果发生地法律两者不一致，《意见》第 187 条⑥规定人民法院可以选择适用。如何进行选择，《意见》并没有规定具体的标准，法院可以自由裁量进行决定。

我国法律适用法实施之前的立法就比较重视公共秩序保留原则的运用，不仅在法律适用领域，而且在国际商事仲裁裁决的撤销及承认与执行领域和外国法院判决的承认与执行领域得到广泛的运用，其目的是维护国家的社会公共利益、国家主权、安全以及法律的基本原则。公共秩序保留制度之所以发挥维护国家利益安全阀门的作用，就是在于公共秩序保留制度赋予法院法官较大的自由裁量权，以应对各种损害国家利益的情况。公共秩序保留制度本身的模糊性，使其具有较大的弹性与灵活性，这是法官自由裁量权的根源。我国早在 1950 年《关于中国人与外侨、外侨与外侨婚姻问题的意见》中就对公共秩序保留制度做出规定。此后，1982 年《中华人民共和国民事诉讼法（试行）》第 204 条、1985 年《涉外经济合同法》第 4 条、1986 年《民法通则》第 150 条⑦、1991 年民事诉讼法第 268 条、2007 年《规定》第 7 条均规定有公共秩序保留条款。目前规定法律适用中的公共秩序保留条款，除法律适用法外，还有《海商法》第

---

① 《民法通则》第 148 条规定："扶养适用与被扶养人有最密切联系的国家的法律。"
② 《意见》第 189 条规定："父母子女相互之间的扶养、夫妻相互之间的扶养以及其他有扶养关系的人之间的扶养，应当适用与被扶养人有最密切联系国家的法律。扶养人和被扶养人的国籍、住所以及供养被扶养人的财产所在地，均可视为与被扶养人有最密切的联系。"
③ 《意见》第 182 条规定："有双重或多重国籍的外国人，以其有住所或者与其有最密切联系的国家的法律为其本国法。"
④ 《意见》第 183 条规定："当事人的住所不明或不能确定的，以其经常居住地为住所。当事人有几个住所的，以与产生纠纷的民事关系有最密切联系的住所为住所。"
⑤ 《意见》第 185 条规定："当事人有二个以上营业所的，应以与产生纠纷的民事关系有最密切联系的营业所为准"。
⑥ 《意见》第 187 条规定："侵权行为地的法律包括侵权行为实施地法律和侵权结果发生地法律。如果两者不一致时，人民法院可以选择适用。"
⑦ 《民法通则》第 150 条规定："依照本章规定适用外国法律或者国际惯例的，不得违背中华人民共和国的社会公共利益。"

276 条①、《民用航空法》第 190 条②等。

二、法律适用法中的法官自由裁量权条款

法律适用法在继承之前立法的基础上，系统地规定了国际私法自由裁量权条款，不仅在总则中加以规定，而且在分则的具体法律适用领域中加以规定。总则中涉及的条款主要有第 2 条、第 4 条、第 5 条、第 6 条，分则中涉及的条款主要有第 19 条、第 22 条、第 25 条、第 29 条、第 30 条、第 32 条、第 39 条、第 41 条、第 49 条。为正确审理涉外民商事案件，最高人民法院 2012 年《司法解释（一）》中也规定了诸多自由裁量权条款，主要有第 1 条、第 8 条、第 13 条。法律适用法中自由裁量权条款主要涉及以下方面：最密切联系原则的立法补缺、强制性规定的直接适用、公共秩序保留原则、多法域国家准据法的确定、国籍积极冲突的解决、结婚手续的法律适用、父母子女人身关系与财产关系的法律适用、扶养的法律适用、监护的法律适用、遗嘱方式的法律适用、有价证券的法律适用、合同的法律适用，以及知识产权转让和许可使用的法律适用。《司法解释（一）》中自由裁量权条款主要涉及以下方面：涉外民事关系的认定、强制性规定的认定以及自然人的经常居所地的认定。法律适用法及其《司法解释（一）》中法官自由裁量权条款规定的主要方法为：最密切联系方法、公共秩序保留方法、直接适用的法的方法、无条件任意性选择性冲突规范的方法、保护性冲突规范的方法（有利于弱者权利保护冲突规范的方法），以及兜底性条款的方法等。

对比法律适用法前后的规定，我们可以做出如下总结。

第一，国际私法立法中的自由裁量权条款在法律适用法颁布之前就长期存在。从早先的《涉外经济合同法》、《民法通则》到《合同法》、《民用航空法》、《海商法》，从最高人民法院《解答》《意见》到《规定》，均有自由裁量权条款的规定，呈现出国家立法以及最高人民法院司法解释两个层次的特点；自由裁量权条款所涉及的领域从合同、公共秩序保留、扶养，到国籍积极冲突的解决、住所积极冲突的解决、营业所积极冲突的解决以及侵权行为地的认定，呈现出所涉领域范围比较广的特征。尽管法律适用法颁布前自由裁量权条款的规定具

---

① 《海商法》第 276 条规定："依照本章规定适用外国法律或者国际惯例，不得违背中华人民共和国的社会公共利益。"

② 《民用航空法》第 190 条规定："依照本章规定适用外国法律或者国际惯例，不得违背中华人民共和国的社会公共利益。"

有层次多与范围广的特点，但是没有形成系统化，条款的规定比较零散，赋予法官自由裁量权条款的方法与手段较为单一，主要是在有关领域中运用最密切联系原则的具体法律选择方法功能。在国际私法立法中，最密切联系原则具有立法指导功能、立法矫正功能、立法补缺功能以及具体法律选择方法功能。之前的立法主要采取专章专篇式或分散式的立法模式，因而无法将最密切联系原则上升为基本原则，无法发挥其所具有的立法指导、立法补缺以及立法矫正功能。即使在运用最密切联系具体法律选择方法时，最高人民法院相关的司法解释除对合同领域主要采取特征履行说，一定程度上限制法官自由裁量权外，对其他领域中最密切联系的灵活性并没有加以适当与合理的限制。另外，随着国际私法立法的发展、对弱者权利保护的重视，现代法律选择方法越来越灵活，选择性冲突规范，尤其是保护性冲突规范的运用，都在某种程度上赋予了法官一定的自由裁量权。我国2010年之前的立法较少采用这一灵活性的冲突规范。当然，绝对的自由裁量权也有较大的可能带来法制的不统一性以及枉法裁判的问题。所以，如何平衡严格规则主义与自由裁量主义，对法官自由裁量权加以合理的限制，是各国国际私法立法中的关键性问题。我国2010年前的国际私法立法对法官自由裁量权并没有规定合理的限制，最高人民法院也没有对涉外民事审判中法官如何运用自由裁量权给出更多的指导意见。如此，在长期的司法实践中，我国法官在审理涉外民商事案件中运用自由裁量权处于一种失控的状态，某种程度上影响其他国家对我国法官正确处理涉外民商事案件的信心。

第二，2010年法律适用法及其《司法解释（一）》在继承与完善之前的立法规范基础上，形成了具有体系化总分结构的自由裁量权条款。一般来说，成文法具有滞后性、不合目的性、不周延性以及模糊性等局限，也就是我们常常说的成文法具有不可避免的漏洞与盲区。如何克服或者弥补成文法的漏洞？立法者应该在立法中赋予法官一定的自由裁量权，使法官的司法活动成为立法活动的自然延伸。在民事实体法立法中，立法者确立了以诚实信用为基础的民法基本原则体系，赋予法官一定的自由裁量权，克服民法立法中的滞后性、不合目的性以及不周延性等局限。国际私法早先立法采取的是专章或专篇立法模式，即在民法等法律中用一章或一篇规定国际私法规范。国际私法非独立性的立法模式难以规定原则性的规范。法律适用法采取的是单行法规的形式，是一种独立性的立法，因而可以在总则中规定原则性的规范。为了解决国际私法立法的滞后性所带来的问题，弥补立法中的不足，国际私法立法主要是运用了最密切联系的立法补缺功能，在立法中规定法律没有规定的，适用与该涉外民事关系有最密切联系的法律。何为与该涉外民事关系有最密切联系的法律，需要法官在具体涉外民事案件中根据具体情况进行判断，法官具有较大的自由裁量权。我国法律适用法第二条第二款就是如此规定的。该条款不仅仅在法律没有规定的情况下，赋予法官一定的自由裁量权，根据最密切联系原则寻找所适用的法律，而且可以避免处于具体立法条款不周延所带来的无法律适用的尴尬境地。例如，法律适用法第二十三条的规定，其属于梯次式的选择性冲突规范，规定了夫妻人身关系所适用的法律具有两个梯次，即共同经常居所地法律和共同国籍国法律。该条规定是不周延的，梯次的等级与范围具有简单化的特征，并没有考虑到司法实践中所产生的复杂情形，即夫妻既没有共同经常居所地也没有共同国籍的情形。如果法官在司法实践中遇到这种情形，不能因为法律规定不周延就拒绝司法，或者武断地直接适用法院地法。此时，法律适用法第二条第二款就起到了弥补第二十三条规定不周延性的作用，法官运用其自由裁量权依据最密切联系原则选择法律。除第二条规定的最密切联系原则外，在总则中所规定的自由裁量权条款还有第 4 条强制性规定直接适用条款以及第 5 条公共秩序保留原则条款。这些条款构成了自由裁量权的总则条款体系，反映了我国国际私法立法的价值体系以及法律选择方法体系。立法者的价值贯彻以及灵活性法律选择方法的实施都需要发挥法官的自由裁量权。此外，总则还对多法域准据法的确定采取了最密切联系方法。

在总则自由裁量权条款的指引下，分则中的自由裁量权条款主要采取三种法律选择方法：第一种是最密切联系方法；第二种是选择性冲突规范，尤其是无条件选择性冲突规范；第三种是保护性冲突规范，即有利于弱者权利保护的冲突规范的运用。最密切联系方法主要运用在合同、有价证券以及多法域准据法的确定问题中，所赋予法官的自由裁量权较大，需要法官根据具体案件的情况决定最密切联系的法律。选择性冲突规范多运用在婚姻家庭领域。其中，梯次式的选择性冲突规范（有条件选择性的冲突规范）主要涉及法律关系实质要件等方面，对连结点的权重给予梯次排列，其目的主要是增强法律选择的正当性，所适用的法律应该是本质的法律、适当的法律，与该法律关系具有最密切联系的法律。立法者给出的梯次是具体明确的，法官具有较少的自由裁量权。而无条件选择性的冲突规范，主要涉及法律关系的形式要件等方面，主要目的是促进法律关系形式要件的有效性，只要符合立法者给出数个连结点中任何一个所指向的法律的规定，该法律关系形式要件就是有效的。这是受到国际社会简式主义的影响，与其使之无效，不如使之有效是其核心思想。法官根据这种规范寻找法律，其自由裁量权还是比较小的，所选择的法律要受到有效性的影响。所以，从这个角度来说，所谓无条件选择性冲突规范并不是无条件的，法官的选择也不是任意的，无条件主要是针对立法者所规定的数个连结点的价值没有高低梯次之分而言的。保护性冲突规范，一般采取"适用有利于保护弱者权利的法律"模式，所以也被称为"有利于弱者权利保护的冲突规范"。例如，法律适用法第三十条规定："监护，适用一方当事人经常居所地法律或者国籍国法律中有利于保护被监护人权益的法律。"法官在运用保护性冲突规范过程中，拥有较大的自由裁量权。何为有利于弱者权利保护的法律，完全取决于法官的主观认识。其在具体运用过程中，一方面，要求法官具有深厚的比较法理论知识，分析比较相关法律中对弱者权利保护最有利的法律、最能保护弱者权利的法律；另一方面，需要法官具有强烈的自尊心与责任感，将公平正义作为自己孜孜不倦的职业追求。2012年《司法解释（一）》主要对总则部分内容做出了司法解释，或对法律适用法总则规定中的自由裁量权条款进行具体化，指导法官合理运用自由裁量权；或者对总则没有规定的基本制度等设计出新的自由裁量权条款。其主要运用兜底性条款赋予了法官一定的自由裁量权。

三、法律适用法中的法官自由裁量权条款之不足

总之，法律适用法及其《司法解释（一）》构建了总分体系化的自由裁量权条款。但是，其规定的自由裁量权条款体系离理想化还有一定的距离。

首先，总则规定的自由裁量权条款存在运用不彻底或者没有规定的情形。正如上述，立法者赋予法官一定的自由裁量权主要是为了克服成文法中的局限性。最密切联系原则的立法补缺功能能够克服成文法的滞后性以及不周延性，但是无法克服成文法的不合目的性。不合目的性是法律的普遍性与法律关系的特殊性矛盾的结果，对普遍性法律关系具有合理性的法律对特殊性的法律关系可能是不正义的与不合理的。具体法律关系越特殊，离普遍性越远，不正义与不合理产生的可能性就越强。如何克服这种不合目的性，在国际私法立法中多运用最密切联系原则的立法矫正功能，规定法律选择的例外条款。例如，2017年修订的瑞士《关于国际私法的联邦法》第15条①的规定，利用最密切联系原则的立法矫正功能可以将在具体规则运用中的不合目的的情形，拉回到符合立法者的目的轨道上。也就是说，如果法官在审理具体的涉外民商事案件时，发

①　1988年瑞士《关于国际私法的联邦法》（2017年4月1日文本）第15条规定："【例外条款】1. 如果根据所有情况，案件显然与本法所指引的法律仅有松散的联系，而与另一法律却有更为密切的联系，则本法所指引的法律例外地不予适用。2. 如果当事人进行了法律选择，则不适用前款规定。"

现适用具体的冲突规则所指向的法律是不适当的、不合理的，可以通过总则中的最密切联系原则的立法矫正功能，适用更密切联系的法律，运用其自由裁量权加以矫正。通过最密切联系原则的立法补缺以及立法矫正功能克服了成文法的滞后性、不合目的性以及不周延性的局限。如果再规定最密切联系原则的立法指导功能，表明立法者选择法律的基本指导思想，就形成了完整的最密切联系原则的功能体系，能更好地指导法官适当运用自由裁量权处理涉外民商事案件。

其次，分则中规定的保护性冲突规范在司法实践中的适用并不理想，与立法者的立法目的可能存在一定的差距。例如，法律适用法第二十九条规定，即"扶养，适用一方当事人经常居所地法律、国籍国法律或者主要财产所在地法律中有利于保护被扶养人权益的法律"。这些保护性冲突规范赋予了法官一定的自由裁量权，但是其自由裁量权不是毫无限制的，其限制就是要适用有利于保护弱者权利的法律。立法者希望司法者在审理涉外民商事案件中，在立法者提供的数个法律中选择最有利于保护弱者权利的法律，具有一定的价值倾向。法官要达到立法者的这一保护弱者的目的，必须具有深厚的比较法理论知识与实践经验。法官在立法者可供适用的法律范围内进行选择，就需要法官对于立法者提供的数个法律进行比较分析，这个工作是繁重的。法官在审理涉外民商事案件中，外国法的查明一直是司法实践中的一个难点问题，也是我国国际私法司法实践中的一个瓶颈问题。尽管我国在国际私法立法中以及司法实践中采取种种方法与手段，解决外国法查明问题，但是学者通过研究，发出了强烈的感慨："外国法为何难以查明"①。保护性冲突规范运用的两大基础是法律查明与法律比较，而这两方面恰恰是法官在审理涉外民商事案件中的难点。所以，为了减轻司法负担，法官在适用保护性冲突规范运用其自由裁量权时，往往直接认为法院地法是最有利于弱者权利保护的法律，避免进行法律查明和法律比较耗时耗力的过程。没有经过比较就武断地认为法院地法是最有利于弱者权利保护的法律，其可能根本不是最有利的法律。司法任务简单化与法官自由裁量权之间存在矛盾，立法者所设计的保护性冲突规范，如果没有给出指导性意见，法官的适用会背离立法者原有的立法意图，形成司法与立法之间价值背反的情形。鉴于分则中的保护性条款在司法实践中运用可能存在的问题，有无必要在总则中将弱者权利保护原则加以规定，形成一个总的指导原则，对此学者们的观点

---

① 林燕萍，黄艳如. 外国法为何难以查明：基于《涉外民事关系法律适用法》第 10 条的实证分析 [J]. 法学，2014（10）：116.

不太一致。有学者认为，有利于保护弱者权利的原则体现了实质正义的价值取向，是现代冲突法的价值内核，我国应该顺应时代发展潮流，将其作为冲突法的一条基本原则，规定在我国法律适用法的总则之中。①

最后，对涉外民事审判中的法官自由裁量权扩与限，仍然需要进一步考虑。无论是在法律适用法总则中还是在分则中，可以考虑在某些领域适当地赋予法官一定的自由裁量权。在总则中，如总则第八条规定了识别的法律适用，即"涉外民事关系的定性，适用法院地法律"。该条规定适用法院地法是可行的，但仅采取"一刀切"式的适用法院地法的做法在有些情况下可能无法进行识别，或者可能造成判决无法得到承认与执行的困境。前者如法院地法不存在相关特有的概念或制度，这个时候用法院地法进行识别就无能为力了；后者主要涉及不动产的识别，一概用法院地法进行识别，如果法院地法识别为动产，而物之所在地的法律认为是不动产，即使法院做出了判决，也很难得到物之所在地国家法院的承认与执行。解决问题的关键在于，赋予法官一定的自由裁量权，设计出比较灵活的识别条款。一般来说，还是坚持法院地法为主，只是在法院地法无法识别或者识别不当时，采取最密切联系的法律进行识别，即用法院地法进行识别并辅之以最密切联系原则进行识别。当然也可以直接采取最密切联系原则进行识别的做法，赋予法官更大的自由裁量权，使其根据案件的具体情况运用最密切联系原则找出识别所适用的法律。我国也有学者主张采取最密切联系原则进行识别的方法，此种方法的优势在于其灵活性，可以针对不同案件的具体情况进行识别。与个案识别说不同，个案识别是没有标准的，立法者将识别问题完全交由司法者决定。而运用最密切联系原则进行识别，是立法者规定的一个标准，即采用最密切联系地的法律进行识别。但是其灵活性也是它的缺点，法官可能滥用其权力，利用识别制度达到适用本国法的目的。② 在分则中，如人格权的内容以及侵权只是简单地规定适用权利人（被侵权人）的经常居所地法律，能否合理保护权利人（被侵权人）的利益是存在疑问的，在这些条文中可以适当考虑赋予法官一定的自由裁量权，以应对复杂多变的涉外民商事案件。相反的，对某些具体条文中所赋予法官较大的自由裁量权应该加以必要的限制。例如，法律适用法第四条的规定，即"中华人民共和国法律对涉外民事关系有强制性规定的，直接适用该强制性规定"，赋予了法官较大的自由裁量

---

① 张美红. 冲突法中自由裁量权的自由与限制：《法律适用法》生效前后之对比［J］. 西南政法大学学报，2011，13（6）：72.

② 田立晓. 论国际私法中的识别问题［J］. 政法论坛，1993（4）：73.

权，何为强制性规定，完全由法官自由裁量。该条在司法实践中的实施出现不当的现象，一定程度上损害了我国法制的统一性。为了给法官适用第4条做出明确的指引，最高人民法院在《司法解释（一）》第8条中做出了具体的规定，适当限制了法官自由裁量权。再例如，法律适用法第6条、第39条、第41条中所规定的最密切联系原则，应该给予法官适用该原则、确定最密切联系地的方法一定程度上的指导，以便对法官自由裁量权予以合理的限制。

我国国际私法的立法受到国际社会国际私法立法的影响，因此，有必要对国际私法立法中的法官自由裁量权条款加以必要的分析，促进我国相关国际私法立法中法官自由裁量权条款的完善。

第二节　我国涉外民商事审判中法官自由裁量权条款之特征与类型

自由裁量主义逐步渗透到国际私法的立法之中，但法官自由裁量权的行使是在立法规定的具体规则范围内的。自由裁量主义中的"自由"让人很容易想到法官自由裁量权就是任意裁判、"无法"司法。其实，法官自由裁量权中的"自由"并不是绝对的自由，也不是任意的和不可捉摸的。这里的"自由"是受到约束的，是受限制的"自由"，是在规则或原则范围内的"自由"，受到法律基本原则、基本价值限制的"自由"。

总体上，法官自由裁量权必须考虑到事实、法律、价值等方面。首先，案件事实是法官自由裁量权的事实基础。任何案件的启动必须有案件的事实，这是法院启动诉讼程序的实体原因，也是法官审理案件的客观基础。其次，立法规定是法官行使自由裁量权的法律基础。法官自由裁量权的行使必须得到立法者的认可，没有立法上的授权，法官是不能行使自由裁量权的。立法者的立法规定决定了法官行使自由裁量权的空间与范围。法官超越立法授权的自由裁量权的范围，所做出的判决是得不到承认的。这就是立法者对法官自由裁量权所给予的法律约束与限制，也是对法官自由裁量权的行使给予的指导。最后，法律价值是法官自由裁量权行使的价值基础。任何一部法律都会体现立法者的核心法律价值，法官自由裁量权的行使不能有损于立法者所主张或强调的法律价值，否则就是对自由裁量权的滥用。在法律价值中，社会秩序与公平正义是第一重要的法律价值，其后是自由与平等价值，再就是效率等其他价值。法律价值存在"二律背反"的问题，强调其中的某一法律价值，在很大程度上会损害法律的其他价值。法官自由裁量权的行使需要在立法者所设立的法律价值内进行，应该体现这些法律价值并维护立法者所强调的法律价值。

2018 年，最高人民法院印发的《关于加强和规范裁判文书释法说理的指导意见》第七部分关于法官行使自由裁量权的指导原则，提出了法官自由裁量权的行使应当坚持合法、合理、公正和审慎的原则。其所提出的原则与上面阐述的三方面的基础是相吻合的。合法即符合法律规定，合理即根据案件事实情况，公正即体现法官行使自由裁量权的价值基础，审慎即要求法官在行使其自由裁量权时，应该持有谨慎的态度。

虽然最高人民法院提出了法官行使自由裁量权的基本要求，但是在我国涉外民商事审判中，为了促进法官正确合理地行使其自由裁量权，我们有必要对我国涉外民商事审判中法官自由裁量权条款的基本特征与类型有着清醒的认识。

一、我国涉外民商事审判中法官自由裁量权条款的特征

尽管在不同的审判中，法官自由裁量权有不同的特征，但是其也有一般共同的性质。在引言中，笔者阐述了法官自由裁量权一般特征主要具有以下几方面：（1）法官自由裁量权是一种司法审判的权力，行使的主体是法官。（2）法官自由裁量权具有合法性和合理性的要求。合法性体现为法律上的授权，合理性体现为裁判的结果具有公平与正义，对当事人是合理的。（3）法官自由裁量权的行使应该符合时代发展的价值追求。（4）法官自由裁量权是法官主观能动性的体现，取决于法官的专业能力与职业素养，具有一定的司法理性思维。涉外民商事审判中法官自由裁量权也应该具有这几方面的特征。但是，与刑事审判、行政诉讼以及国内民事审判不同，涉外民商事审判中法官自由裁量权有其特殊性。在刑事审判中，法官的自由裁量权主要集中在罪与非罪、罪轻与罪重方面；在行政诉讼中，法官的自由裁量权主要集中在行政处罚的范围；在国内民事审判中，法官的自由裁量权主要集中在当事人权利义务实体方面的界定；在涉外民商事审判中，法官的自由裁量权主要集中在如何寻找所适用的法律方面，同时也包含对涉外民商事案件事实的认定、证据的认定、管辖权的确定以及法院判决承认与执行等方面。除国际民事诉讼程序外，涉外民商事审判中法官自由裁量权主要体现在法律适用领域的特殊性以及法律选择方法的灵活性两方面。

第一，涉外民商事审判中法官自由裁量权的行使主要集中在法律选择方面。也就是说，涉外民商事审判中法官自由裁量权主要体现在法官寻找法律的过程之中，这是国际私法作为部门法所特有的现象。任何法律部门都有特定的调整对象和调整方法。法律部门划分的标准是以调整对象为主、调整方法为辅。

人类的发展主要是在人与自然的斗争中形成了人与人之间的各种关系。在人类社会发展过程中，人们不断地进行分工与合作，法律就是对这种分工与合作做出必要的调整，不同的部门法调整不同的社会关系。国际私法作为部门法的一种，其具有特定的调整对象，即涉外民商事关系。英国经典教材——《戴西和莫里斯论冲突法》认为冲突法是协调国际社会私人之间的各种关系，或者是含有涉外因素的各国、各法域之间的民事关系。① 韩德培主编的新中国第一部教材——《国际私法》也认为国际私法所调整的对象是国际民事法律关系，从一个国家的角度来说，可称为"涉外民事法律关系"②。国际私法的调整对象是明确的，但是对于涉外民商事关系的范围、涉外性的认定以及民商事的认定有着不同的认识。一般来说，国际私法上的民商事关系具有广义性，包括民事关系和商事关系。商事关系的含义也具有广泛性。联合国国际贸易法委员会在《国际商事仲裁示范法》中关于商事含义的注释性说明，可以给我们一定的参考。该注释性说明对"商事"一词做广义解释，包括不论是契约性还是非契约性的一切商事性质的关系所引起的事项。商事性质的关系包括但不限于下列交易：供应或交换货物或服务的任何贸易交易，销售协议，商事代表或代理，保理，租赁，建造工厂，咨询，工程，使用许可，投资，筹资，银行，保险，开发协议或特许，合营和其他形式的工业或商业合作，空中、海上、铁路或公路的客货载运。③ 至于"涉外"也具有广义性，不仅指国家之间，也包含主权国家内部不同的法域等情况。涉外性判断主要是通过法律关系三要素进行的，即民商事关系三要素——主体、客体、内容，有一个或多个具有涉外因素的，即为涉外民商事关系。④

法律适用法没有对涉外民事关系的涉外性做出界定，《司法解释（一）》第1

---

① 莫里斯. 戴西和莫里斯论冲突法：上卷［M］. 李双元，等译. 北京：中国大百科全书出版社，1998：2.

② 韩德培. 国际私法［M］. 武汉：武汉大学出版社，1983：1.

③ UNCITRAL Model Law on International Commercial Arbitration（1985）.［EB/OL］.［2024-02-26］https：//uncitral. un. org/sites/uncitral. un. org/files/media-documents/uncitral/en/06-54671_ ebook. pdf.

④ 刘仁山. 国际私法. 第6版［M］. 北京：中国法制出版社，2019：1-2.

条①对此做出了具体的界定，也是采取法律关系三要素的方法。其第 5 款给予法官一定的自由裁量权，对法律关系三要素均不涉外但被认定为涉外民事关系的情形做出兜底规定，由法官决定"可以认定为涉外民事关系的其他情形"。涉外民商事审判专门处理涉外民商事争议，这里就涉及国际民商事法律冲突问题。国际民商事法律冲突指的是某一涉外民商事法律关系涉及两个或两个以上国家的法律，因所涉各国法律对该同一民商事关系规定不同，且都规定要支配该民商事法律关系，由此产生的法律适用上的冲突。② 国际民商事法律冲突的解决方法主要有直接方法和间接方法两种。直接方法又称为实体法方法，即在涉外民商事审判中法官直接适用有关国际条约决定当事人的具体权利与义务。由于目前所达成的普遍性国际条约数量有限，所以直接方法并不是主要方法。间接方法又称为冲突法方法，主要运用冲突规范来指引所要适用的法律，是目前涉外民商事审判中法官主要采取的方法。所以，我国涉外民商事审判中法官自由裁量权主要是在该领域中。

第二，涉外民商事审判中法官自由裁量权的行使以灵活的法律选择方法为基础。传统国际私法立法采取多边主义的法律选择方法。在立法上，连结点的选取大多采取固定、唯一以及价值中立的观点，此时法官自由裁量权没有多大的行使空间。随着国际经济的发展以及科学技术的进步，涉外民商事交往越来越频繁，涉外民商事法律关系越来越复杂，为了应对复杂多变的涉外民商事关系，国际私法的立法逐步采取灵活的法律选择方法，增加连结点的数量以增加法律的可选性，采取价值具有倾向性的连结点，以保护特殊主体的民商事权利，变地理定位的连结点为社会定位的连结点，以增强法律选择的合理性，所有这些措施或变革都离不开法官自由裁量权的行使。所以，涉外民商事审判中法官自由裁量权的行使主要是在适用灵活的法律选择方法中得到体现的。这是涉外民商事审判中法官自由裁量权行使的主要特点，与其他审判中法官自由裁量权的行使有着根本区别。

从国际私法的理论与立法发展来看，法律选择方法总体上主要有两种思维

---

① 2012 年最高人民法院《关于适用〈中华人民共和国涉外民事关系法律适用法〉若干问题的解释（一）》第一条规定："民事关系具有下列情形之一的，人民法院可以认定为涉外民事关系：（一）当事人一方或双方是外国公民、外国法人或者其他组织、无国籍人；（二）当事人一方或双方的经常居所地在中华人民共和国领域外；（三）标的物在中华人民共和国领域外；（四）产生、变更或者消灭民事关系的法律事实发生在中华人民共和国领域外；（五）可以认定为涉外民事关系的其他情形。"
② 刘仁山.国际私法.第 6 版［M］.北京：中国法制出版社，2019：81.

进路：一种是从法律分类的角度入手到案件事实，即从法律到案件的过程，这种方法被学者称为单边主义方法；一种是从法律关系分类入手到法律，即从案件到法律的过程，这种方法被学者称为多边主义方法。两种法律选择方法在国际私法立法上均有规定，但从总体上来看，目前国际私法的立法主要是采以多边主义方法为主的做法。单边主义方法是国际私法法则区别说理论的产物，法则区别说无法调和属地主义与属人主义之间尖锐的矛盾，无法促进国际私法的成文立法。多边主义方法为法律关系本座说所倡导，促进了国际私法规模性的立法。国际私法从理论法到立法法就是来源于法律关系本座说，形成了国际私法法律选择的传统方法。但是传统国际私法的法律选择方法具有机械性与呆板性等特征，无法应对涉外民商事关系的日益发展，于是国际私法学者对其加以改造，改造的方法就是增强法律选择的灵活性，无论是从地理定位的做法变为社会定位的做法，还是从单一连结点变为复数连结点的做法，抑或从价值中立的连结点的做法变为价值非中立连结点的做法，无不是增加法律选择的灵活性，增强法律选择的适当性。这些做法的共同点就是重视法官自由裁量权的作用。

所以，在涉外民商事审判中，法官自由裁量权的行使多以灵活的法律选择方法为基础。法律适用法的立法规定也不例外，法官自由裁量权行使大多是在灵活的法律选择方法的范围之内进行的。当然，灵活的法律选择方法背后都会体现立法者特定的价值取向，而国际私法的价值取向又在一定程度上决定了法律选择方法的运用。

国际私法的历史发展表明，无论是何种理论、何种法律选择方法，都是在回答国际私法上两个基本问题：为何要适用外国法以及怎样适用外国法。前者关注点是适用外国法的正当性与必要性；后者关切点是适用外国法的技术路径。法官自由裁量权的运用主要体现在法律选择的技术路径上。国际私法的立法技术主要是寻找恰当的连结点，连结点的选择反映出该连结点与某种涉外民商事关系存在着本质的联系。随着涉外民商事法律关系的变化，连结点的选择也随之发生变化。某种法律关系连结点的选择并不是孤立存在的，而是相辅相成、互相影响的，形成了体系化的连结点，构成有机统一的整体，并体现了立法者的价值取向。法官自由裁量权的行使体现在不同的法律选择方法中，并对之展开灵活的运用。法律适用法的制定吸收了国际私法国际立法的经验，通过灵活法律选择方法的运用，赋予法官一定的自由裁量权，旨在实现国际私法立法者所主张的法律价值之间的协调。我国国际私法立法构建了体系化的法律选择方法，并对此按照法律价值做出了层次化的安排，以及通过其司法解释具体展开。① 我国法律适用法不仅在总则中规定法律选择方法，而且更多地在分则中对法律选择方法做出具体运用。总则的规定比较抽象，分则的规定比较具体，具有一定的操作性。总体上看，法律适用法法律选择方法体系主要采取最密切联系方法、意思自治方法、强制性规定的方法、公共秩序保留方法，以及修正的多边主义方法。这些法律选择方法都或多或少地赋予了法官自由裁量权。

法律适用法首先明确最密切联系方法的核心地位。最密切联系原则主要规定在第2条、第6条、第19条、第39条、第41条、第49条等条文中。② 第二条规定了最密切联系方法的立法补缺功能，后面所有条文都是最密切联系方法具体的运用。纵观这些条文，主要在两个层面上加以运用，其所赋予的法官自由裁量权程度也不一致。第一层次是立法补缺功能的运用，作为整个立法的兜底性条款。法律适用法最大的亮点之一，就是将其制定成开放的法律，通过最密切联系方法将法律选择的内部系统与外部系统相连接，在法律没有规定的情况下，采取最密切联系方法处理具体的案件。"法律没有规定的情况"主要有两种情形：一是法律适用法和其他民商事法律均没有规定的情况，即立法者没有预见到的涉外民商事关系，都采取最密切联系方法应对；二是法律适用法和其他法律有规定，但是规定不周延，出现依据具体条文无法处理案件的情况，也可以适用最密切联系方法处理。例如，法律适用法第23条③的规定，可能会出现没有共同经常居所地和共同国籍的情况。此时，需要适用第二条第二款最密切联系方法进行补缺。无论在以上的何种情况，法官的自由裁量权都是没有限制的，其完全取决于法官自身的判断。第二层次是最密切联系方法的具体运用，根据法官自由裁量权的强弱程度分为以下几种情况：（1）最密切联系方法直接适用。例如，法律适用法第6条④规定，直接采用最密切联系方法决定多法域问题的处理。这种做法与第一层次运用一样，法官拥有较大的自由裁量权。

---

① 王慧. 论我国涉外民事关系法律选择方法的构建基础与体系展开［J］. 法学评论，2015，33（5）：51.
② 这些条文分别规定了最密切联系的补缺功能、多法域问题、国籍的积极冲突的解决、有价证券、合同以及知识产权的转让和许可等领域中的具体最密切联系方法。
③ 法律适用法第二十三条规定："夫妻人身关系，适用共同经常居所地法律；没有共同经常居所地的，适用共同国籍国法律。"
④ 法律适用法第六条规定："涉外民事关系适用外国法律，该国不同区域实施不同法律的，适用与该涉外民事关系有最密切联系区域的法律。"

（2）最密切联系方法的间接适用。例如，第 19 条①关于自然人国籍积极冲突的解决，首先依据经常居所地国籍原则，只有在其不能解决的情况下，才采取最密切联系方法解决。此时法官自由裁量权的行使受到具体规则的限制。（3）最密切联系方法的选择适用。例如，第 39 条②关于有价证券法律适用的规定，法官可以选择适用无条件选择性冲突规范其中的一个选项，或者选择有价证券权利实现地法律，或者选择与有价证券有最密切联系的法律。从理论上来看，法官的选择是不受限制的，最密切联系方法不具有优先适用性。不过在司法实践中，法官为了避免运用其自由裁量权所带来的繁重的司法任务，还是倾向于优先适用有价证券权利实现地法律，只有在权利实现地法律出现不适当、不合理的现象，才适用最密切联系方法。（4）最密切联系方法受限制的间接适用。例如，在第 41 条关于合同的法律适用中，最密切联系方法是作为第二种法律选择方法存在的，只有在当事人没有选择法律的情况下才得以适用。此时，法官运用其自由裁量权受到一定限制，根据国际私法中特征履行原则来决定最密切联系的法律。

法律适用法其次确立意思自治方法的重要地位，将意思自治原则提升到基本原则的地位；不仅在第 3 条做出了宣示性的规定，而且在分则中大量采用意思自治方法，③ 尽量让当事人自己处理自己的事情，在立法中体现了当事人选法的自由。④ 意思自治原则方法的核心指导思想就是在私法自治比较高的领域赋予当事人自由选择法律的权力，私法自治程度越高，该方法就越不受限制。⑤ 既然由当事人选择法律决定当事人的权利与义务，一般情况下法官根据当事人所选择的法律处理案件，无须行使其自由裁量权。只有在比较特殊的情况下，即当事人在庭审中都适用同一法律决定当事人的权利与义务，且当事人没有表示反对的，才由法官行使其自由裁量权做出当事人是否选择法律的判断。

法律适用法再次确立了直接适用的法的方法与公共秩序保留的方法。第四条的规定了直接适用的法的方法，第五条规定了公共秩序保留的方法。这两条

---

① 法律适用法第十九条规定："依照本法适用国籍国法律，自然人具有两个以上国籍的，适用有经常居所的国籍国法律；在所有国籍国均无经常居所的，适用与其有最密切联系的国籍国法律。自然人无国籍或者国籍不明的，适用其经常居所地法律。"

② 法律适用法第三十九条规定："有价证券，适用有价证券权利实现地法律或者其他与该有价证券有最密切联系的法律。"

③ 法律适用法第 3 条、第 16 条、第 17 条、第 18 条、第 24 条、第 26 条、第 37 条、第 38 条、第 41 条、第 42 条、第 44 条、第 45 条、第 47 条、第 49 条、第 50 条。

④ 王胜明．《涉外民事关系法律适用法》的指导思想［J］．政法论坛，2012，30（1）：2.

⑤ 徐伟功．法律选择中的意思自治原则在我国的运用［J］．法学，2013（9）：30.

规定反映了国际私法中的国家主权原则，是国家（集体）主义在国际私法上的体现，旨在保护国家的重大利益。由于强制性规定以及公共秩序都是比较模糊的，而且在不同的历史时期有所不同，所以在立法中不可能对其加以明确规定，而往往会赋予法官较大的自由裁量权，使其根据实际情况做出判断。由于第4条过于抽象，立法上没有规定强制性规定的判断标准，法官在司法实践中被赋予较大的自由裁量权，往往会使法官处于无所适从的境地，所以最高人民法院对此做出解释，指导法官在司法实践中自由裁量权的运用。① 尽管《司法解释（一）》中采取了直接适用和公共利益的标准，法官仍然具有一定的自由裁量权，而且在司法解释中规定了兜底条款，给法官自由裁量权的行使留下了一定空间。

法律适用法最后确立了多边主义法律选择方法作为整部法律的基本方法。严格来说，最密切联系方法、意思自治方法也是属于多边主义方法的范畴。随着国际私法法律选择方法的发展，这两种方法运用越来越多，形成了具有自身特色的法律选择方法。法律适用法的立法是站在双边角度进行的，平等对待内外国法律，并没有偏重法院地法。② 法律适用法所采用的多边主义方法与之前的立法具有明显区别，多采用选择性的冲突规范以及保护性冲突规范。

选择性冲突规范主要有无条件选择性冲突规范和有条件选择性冲突规范两类。无条件选择性冲突规范，又称为"任意性的冲突规范"，其主要运用于法律形式要件方面的法律适用，立法者在立法中规定了多个连结点，只要其中任何一个连结点所指向的法律认为该法律关系形式有效，就认为该法律形式是有效成立的。立法者采取无条件选择性冲突规范就是为了维护法律关系的稳定，不

---

① 最高人民法院《关于适用〈中华人民共和国涉外民事关系法律适用法〉若干问题的解释（一）》（2020年修正）第八条规定："有下列情形之一，涉及中华人民共和国社会公共利益、当事人不能通过约定排除适用、无需通过冲突规范指引而直接适用于涉外民事关系的法律、行政法规的规定，人民法院应当认定为涉外民事关系法律适用法第四条规定的强制性规定：（一）涉及劳动者权益保护的；（二）涉及食品或公共卫生安全的；（三）涉及环境安全的；（四）涉及外汇管制等金融安全的；（五）涉及反垄断、反倾销的；（六）应当认定为强制性规定的其他情形。"

② 王胜明撰文写道：涉外民事关系法律适用法没有一条是单边冲突规范，适用外国法律时只有两处转而适用中华人民共和国法律：一是外国法律的适用将损害中华人民共和国社会公共利益，二是不能查明外国法律或者该国法律没有规定时。整部涉外民事关系法律适用法规定的"当事人"、"自然人"和"法人"等民事主体，既包括中国的民事主体，也包括外国的民事主体，充分体现了双边冲突规范的特色。涉外民事关系法律适用法第9条明确排除反致，也表明了适用外国法律时应当尽量适用外国法律的立法本意。参见王胜明.《涉外民事关系法律适用法》的指导思想 [J]. 政法论坛，2012，30（1）：2.

致因某国的法律规定导致该法律行为无效。这一立法思想受到了国际简式主义的影响——"与其使之无效，不如使之有效"。从理论上看，法官在适用无条件的选择性冲突规范时，享有较大的自由裁量权，可以选择其中任何连结点所指向的法律；但是从司法实践来看，法官在运用无条件选择性冲突规范时，如果其中有一个连结点是指向法院地法的，法官肯定首先适用本国的法律。因为适用本国的法律，免除了外国法查明的困难与不便。如果本国法认定该法律行为是有效的，就没有必要再去适用其他法律了。当然，如果本国法认定该法律行为无效，还要看看其他连结点所指向的法律是否认定其有效。从这个意义上来讲，法官的选择并非无条件、任意的。

有条件选择性冲突规范，又称为"梯次选择性冲突规范"，其主要运用于法律实质要件方面的法律适用。立法者在立法中规定多个连结点，不过这些连结点是有先后之分，有梯次的。法官首先适用第一梯次的连结点，只有在前一梯次连结点不存在的情况下，才适用后一梯次的连结点。这种规定的目的主要是保证所适用的法律具有一定的合理性与正当性。在梯次冲突规范的运用过程中，法官自由裁量权行使的空间就不是很大。

保护性冲突规范主要采取价值非中立的连结点，基本结构是适用最有利于弱者权利保护的法律。至于何为最有利于弱者权利保护的法律，需要法官发挥自由裁量权，通过比较，最终选择其中一个连结点所指向的法律。保护性冲突规范主要运用在婚姻家庭领域，目的是保护弱者的权利。法律适用法采用的选择性冲突规范与保护性冲突规范，或多或少地赋予法官自由裁量权，注重法律选择的灵活性、正当性与合理性，我们可以称之为"修正的多边主义方法"。

总的来说，涉外民事审判中法官自由裁量权就体现为以上两方面的特征，这也是与其他审判活动中法官自由裁量权的不同。

二、我国涉外民商事审判中法官自由裁量权条款的类型

由于我国涉外民商事审判中法官自由裁量权条款的立法目的、保护的利益不同，其所赋予法官自由裁量权的程度也具有一定差异。按照不同的分类标准，可以将法官自由裁量权条款分为不同的种类。

从解决成文立法局限性的角度来划分，可以分为解决滞后性的自由裁量权条款、解决不合目的性的自由裁量权条款、解决不周延性的自由裁量权条款、解决模糊性的自由裁量权条款。

法律滞后性是成文法不可避免的局限。立法者在制定法律过程中，不可能预测到所有的法律关系。所以，法律一经颁布，就落后于时代的发展，成为一

种凝固的智慧。社会的发展是变动的，时刻对法律提出新的要求，而法律又是明确的，可以重复使用的，具有相对稳定性。这就造成了法律的需求与法律的供给之间存在着一定的缝隙，存在着社会发展的变动性与法律规定的稳定性之间的矛盾。立法者在保持法律相对稳定性的同时，尽量填补与法律需求之间的缝隙，努力缩小缝隙或减缓缝隙的扩大。为了克服法律的滞后性，赋予法官一定的自由裁量权，由法官根据情势做出合理的决定，此时法官的审判活动就在某种程度上成为立法活动的自然延伸，化解与填补法律滞后性带来的缝隙。

我国法律适用法关于解决滞后性的自由裁量权条款，主要体现在第二条第二款中。① 该条款规定在法律没有规定的情况下，法官适用与该涉外民商事关系有最密切联系的法律，利用了最密切联系原则的立法补缺功能。正因为法律适用法第二条第二款承担着联结法律内部的规定与外部没有规定的涉外民商事关系的重任，所以该条款赋予法官极大的自由裁量权，灵活应对法律没有规定的情况。

法律的不合目的性是由法律的普遍性与具体案件的特殊性之间的矛盾所导致的。所谓法律的普遍性是指法律是针对某一类社会关系而制定的，具有普遍的适用性。社会生活具有生动性，每一个具体案件都具有其特殊的一面。正因为法律具有普遍性，不可能也没有必要对每一具体的社会关系都进行立法。一方面，立法者的理性是有限的，不可能预见到所有具体的法律关系；另一方面，如果对所有的具体情况都进行立法，立法成本就会无限扩大，这是没有必要的。法律只是针对某一类的法律关系进行普遍性的规定，具有重复适用性。从某种意义上说，立法的过程就是将社会关系（法律关系）类型化的过程，并找出针对这种类型化法律关系最普遍、最恰当的法律规则。所以，法律的普遍性与社会生活的多样性（生动性、特殊性）之间不可能画上等号，只能是一种"约等于"的关系。具体案件越具有特殊性，就离类型化的普遍性的社会关系越远，越不符合法律规范要求的分类特征，这种"约等于"就越偏向于"不等于"。普遍性的法律规范适用于这种具体的案件时，就会产生不合理、不适当、不公平的问题，与法律的正义、公平、合理的目的背道而驰，这就是法律的不合目的性，其克服的方法就是赋予法官一定的自由裁量权。

冲突法立法上解决不合目的性的主要措施包括两种：一种是立法上例外条款的运用，另一种是加强对冲突规范的改造。例外条款的解决方法要求法官首

---

① 法律适用法第二条第二款规定："本法和其他法律对涉外民事关系法律适用没有规定的，适用与该涉外民事关系有最密切联系的法律。"

先适用具体的冲突规范，只有在其适用产生不合理、不正当的情况下，例外地不适用具体的冲突规范，采取例外条款的方式加以矫正。例外条款的运用又分为一般例外条款和特殊例外条款两种。① 一般例外条款是将整个立法作为例外的对象，特殊例外条款是在具体法律适用规则中的例外，是将某一具体法律选择规则作为例外的对象。无论是一般例外还是特殊例外，都主要利用最密切联系原则的立法矫正功能，即例外地适用更密切联系的法律。由于一般例外条款赋予了法官极大的自由裁量权，有可能导致整个法律的稳定性欠缺，所以法律适用法并没有采纳一般例外条款。② 对于特殊例外条款，我国曾在 1987 年《最高人民法院关于适用〈中华人民共和国涉外经济合同法〉若干问题的解答》（已经失效）第 2 条以及 2007 年《最高人民法院关于审理涉外民事或商事合同纠纷案件法律适用若干问题的规定》（已经失效）第 5 条中，于合同法律适用领域规定了更密切联系原则。但是法律适用法第 41 条中并没有做出明确规定，仅规定了"当事人没有选择的，适用履行义务最能体现该合同特征的一方当事人经常居所地法律或者其他与该合同有最密切联系的法律"。对冲突规范的改造主要有结合性冲突规范、选择性冲突规范以及保护性冲突规范。结合性冲突规范一般不授予法官自由裁量权，选择性冲突规范仅授予法官较小限度的自由裁量权，保护性冲突规范授予了法官极大的自由裁量权。法律适用法第 25 条、第 29 条以及第三十条规定了有利于保护弱者权利原则，运用保护性冲突规范，赋予了法官极大的自由裁量权。何为对弱者权利保护最有利的法律，由法官自由裁量决定。

　　法律的不周延性与人类的认识能力有关，与人的理性假设有关。一般来说，立法者提供的立法规则应该尽可能涵盖社会生活的方方面面，提供尽可能多、尽可能全面的法律规则。现代新制度经济学研究表明，人是有限理性的，人的认识能力具有非至上性，不可能预测到所有的法律关系并加以明确规定。人的认识能力的非至上性与社会生活的广泛性之间存在不可调和的矛盾，法律的周延性在立法层面无法得到完善的解决。所以，尽管立法者竭尽全力，也无法预

---

① 刘仁山. 国际私法与人类命运共同体之构建：以《涉外民事关系法律适用法》实施为据 [M]. 北京：法律出版社，2019：169-173.

② 王胜明认为，由于规定最密切联系原则的矫正功能，即例外条款，因而关于民事主体、婚姻家庭、物权、债权等各种涉外民事关系的法律适用变得不那么确定了，可能导致整个立法处于不稳定的状态，都有可能被推翻；同时由于最密切联系原则是灵活的原则，法官具有相当大的自由裁量权，可能出现原本是正确的法律适用，走到错误的法律适用道路上去。舍弃了立法矫正功能，再舍弃立法指导功能也不觉得可惜。参见王胜明. 涉外民事关系法律适用法若干争议问题 [J]. 法学研究，2012，34（2）：189.

见所有可能发生的情况并在立法中加以规定，留下了星罗棋布的盲区与缺漏。这就是法律的不周延性。聪明的立法者意识到自己的立法存在遗漏与盲区，遂采取原则性规定，赋予法官一定的自由裁量权，充分发挥法官的主观能动性，努力克服法律不周延性所带来的困难。

国际私法上解决立法不周延性主要是运用最密切联系原则以及兜底条款的方式。法律适用法第二条第二款亦可以解决不周延性问题，即在具体冲突规则无法调整的情况下，依据最密切联系原则。关于兜底性条款，主要是规定在2020年修正的《司法解释（一）》第1条、第8条中。第1条是对于涉外民事关系认定的兜底，即"可以认定为涉外民事关系的其他情形"。第8条是强制性规定认定的兜底，即"应当认定为强制性规定的其他情形"。无论是最密切联系原则的运用，还是兜底条款的运用，都必须首先要适用具体的规定，只有在具体规定不能解决的情况下，才适用最密切联系原则或兜底性条款。从这一点上来看，法官的自由裁量权行使的范围还是比较小的。

法律的模糊性是法律通过语言文字进行表达所导致的局限。客体世界的无限性与语言文字的有限性之间存在极大的矛盾：一方面，用有限的符号载体表达无限的客体世界是非常困难的，往往会产生用同一词语表达多个客体的现象，于是就会出现语言的歧异性与模糊性；另一方面，法律所运用的语言大多并没有界定。在法律规则运用过程中，往往需要用日常的语言做出解释，但日常语言由于不同的语言环境具有不同的内涵，其本身具有模糊性。同时语言文字还具有时代的属性，不同的历史时期语言文字可能具有不同的含义。用模糊性的法律语言处理生动的法律案件，就必须发挥法官的作用，将其模糊的法律规则具体化与明确化。所以，语言的模糊性导致法律的模糊性，法官的自由裁量权就有了用武之地。

我国国际私法立法解决模糊性自由裁量权的条款，主要体现在法律适用法第4条、第5条以及《司法解释（一）》第8条、第13条。第4条强制性规定、第5条公共秩序保留条款都赋予了法官极大的自由裁量权，何为强制性规定、何为公共秩序，在概念上难以进行明确的界定。《司法解释（一）》第8条主要目的是采取列举的方式对强制性规定加以明确，一定程度上可以达到限制法官自由裁量权的目的。第13条主要是对法律适用法中属人法的经常居所这一具有模糊性的连结点加以解释，也同样能够达到限制法官自由裁量权的目的。

以立法保护利益的不同为标准，可以分为与国家公共利益有关的自由裁量权条款和与私人利益有关的自由裁量权条款。之所以做出这一分类，主要是因为涉及国家公共利益方面的法官自由裁量权的行使，必须考虑到国家主权原则，考虑到国家的重大公共利益。此时，与国内一般的民事诉讼不同，法官需要站在国家的立场上审理案件，需要具有国际视野，关注国家安全、法律的基本原则以及公允善良等。与国家公共利益有关的自由裁量权条款，法律适用法主要有第 4 条、第 5 条以及《司法解释（一）》第八条的规定。保护公共利益的自由裁量权条款的出发点是基于国家重大利益的考量，如果所适用的外国法危及国家的安全、主权、法律的基本原则以及公允善良，通过法官自由裁量权或排除外国法的适用，或直接适用本国的强制性规定，达到对国家重大利益的维护。由于公共秩序具有历史性与变动性，其内涵无法明确，法官的自由裁量权是必需的。也由于多边主义为主的国际社会交往以及"人类命运共同体"的构建，公共秩序保留制度以及强制性规定的直接适用制度，需要谨慎运用，必须限定在合理、必要的范围内，所以现代国际私法的立法对其所赋予的法官自由裁量权做出一定的限制。涉及私人利益的法官自由裁量权，一般不会与国家主权原则相关联。此时，法官运用自由裁量权所考虑的重心就在公平、正义、平等等方面，寻找合理、恰当的法律决定当事人之间的权利与义务关系。总体而言，涉及私人利益的法官自由裁量权的作用就是要实现国际私法上的实体正义，构建合理的国际民商事秩序。

根据国际私法主体地位的不同，可以分为关于弱者权利保护的自由裁量权条款与关于平等主体之间的自由裁量权条款。之所以做出这一分类，主要是因为关于弱者权利保护的自由裁量权条款的运用具有特殊性，保护性冲突规范赋予了法官极大的自由裁量权，其与关于平等主体之间的法官自由裁量权的运用具有极大的不同。保护性冲突规范的连结点是价值非中立的，是有所倾向的。法官在适用保护性冲突规范时，其运用自由裁量权的动力是不足的。因为法官需要在立法者所给出的法律中进行比较分析，找出对弱者权利保护最有利的法律，这就涉及多个外国的法律，需要对外国法进行查明。尽管我国在国际私法立法上比较重视外国法的查明制度，但其一直困扰着我国的司法实践，仍然是我国涉外民商事审判中的难题。① 法官在涉外民商事审判中，司法任务简单化是法官的正当期望。保护性冲突规范在司法实践中的运用会导致法官司法任务的繁重，法官可能会直接认定法院地法律是对弱者权利保护最有利的法律，这与立法者所要达到弱者权利保护的立法宗旨相背离。关于平等主体之间的法官自由裁量权一般不存在这一问题，法官一般运用最密切联系方法以及直接适用的

---

① 林燕萍，黄艳如. 外国法为何难以查明：基于《涉外民事关系法律适用法》第 10 条的实证分析［J］. 法学，2014（10）：116.

法等方法，此时法官自由裁量权的运用只是对具体案件情况做出分析，分析案件中各种因素的分布情况。对于法官来说，这种自由裁量权的行使基本上不涉及多个外国法之间的比较，相对来说，司法任务较为简单，法官行使自由裁量权的积极性也比运用保护性冲突规范要高。

根据自由裁量权的强弱，可以分为强自由裁量权条款、中自由裁量权条款与弱自由裁量权条款。之所以做出这一分类，主要是因为法官自由裁量权强弱直接关系到法官自由裁量权的具体运用手段与方法。强自由裁量权指的是在涉外民商事审判中，法官具有极大的自由裁量权，例如法律适用法第 2 条关于最密切联系方法的规定，对于何为最密切联系的法律，完全交由法官自由裁量。法官自由裁量权越强，不同法官审理相类似案件的结果就越可能不一致，因而会危及国际私法法制的统一性。所以，在国际私法立法中，赋予法官强自由裁量权的情况并不多见。第 2 条最密切联系方法的运用，也旨在选取其立法补缺功能，在法律没有规定的情况下，适用最密切联系方法寻找所要适用的法律。一般来说，法律没有规定的情况还是比较少见的，法官强自由裁量权的运用也不会过于频繁。中自由裁量权指的是在涉外民商事审判中，法官行使的自由裁量权受到一定的限制，要么立法者规定一定的限制措施，要么司法解释对法官自由裁量权的行使给予一定的指导。例如法律适用法第 4 条关于强制性规定，原本法官具有极大的自由裁量权，但《司法解释（一）》第八条规定了明确的判断标准，采取公共利益与直接适用相结合的标准，并按照涉及民生的重要性加以列举，这样法官自由裁量权就在一定的范围内行使。当然，为了防止列举遗漏，该司法解释还规定了兜底性条款，即应当认定为强制性规定的其他情形，仍然交由法官进行自由裁量。法律适用法中自由裁量权条款大多属于中自由裁量权条款。弱自由裁量权指的是在涉外民商事审判中，法官按照具体明确的法律选择规则寻找有关的法律，只是在特定的情况下、特定的范围内行使自由裁量权，例如，在梯次选择性冲突规范运用中，法官的自由裁量权是比较弱的。

以自由裁量权条款分布的领域为标准，可以分为总则中的自由裁量权条款与分则中的自由裁量权条款。总则中的自由裁量权条款起到维护国际私法上法律价值的总体作用，例如，立法的补缺、国家利益的维护等；分则中的自由裁量权条款主要起到适用适当法律的作用，其又可以根据不同的领域，分为合同中的自由裁量权条款、婚姻家庭中的自由裁量权条款等。在每一个具体不同的领域，其运用的方法有着细微的差别。

无论是何种类型，无论自由裁量权的程度如何，涉外民商事审判中法官自由裁量权的行使都起到一定的作用，其自由裁量权条款承担着一定的立法功能。

第三节　我国涉外民商事审判中法官自由裁量权条款之立法功能

法律适用法自 2011 年实施以来，其自由裁量权条款在涉外民商事审判实践中得到不同程度的适用。但是法官在适用过程中，存在与立法设计条款的目的相背离、裁判文书释法说理不充分等情况。因此，有必要重新审视法官自由裁量权条款设计的功能，以增强涉外民商审判中法官的释法说理能力，推动我国涉外法治的建设，服务于我国"一带一路"的倡议。一般来说，我国涉外民商事审判中法官自由裁量权条款之立法功能体现在以下四方面。

一、立法有限理性的克服

法律适用法体现立法有限理性克服的条款主要是第二条第二款，主要起到了立法补缺的作用。

一般来说，冲突法的立法主要采取封闭式和开放式两种立法模式。两种立法模式根本的区别在于，对没有预见的涉外民商事关系是否在立法上做出解决方案。封闭式立法模式一般以完全理性为假设前提，认为立法是完备的，能够解决所有的涉外民商事案件；开放式立法模式一般以有限理性为假设前提，对法律没有规定的涉外民商事关系，赋予法官一定的自由裁量权，交由法官根据案件的具体情况进行灵活处理。① 纵观有关国家冲突法的立法，开放式立法模式又主要采取两种方式赋予法官自由裁量权，以弥补立法上的不足。一种是采取普遍承认的国际私法原则进行弥补；② 另一种是采取最密切联系原则进行补缺。③ 无论采取哪一种方式，都是重视法官的主观能动作用，让法官运用其自由裁量权进行灵活处理。法律适用法采取的是开放式的立法模式，依据最密切联

① 徐伟功. 中国国际私法立法的理想与现实：《中华人民共和国民法（草案）》第九编评析［J］. 河南省政法管理干部学院学报，2004（2）：36.

② 例如，1998 年委内瑞拉《关于国际私法的法律》第一条规定："与外国法律体系有关的案件，由与争诉有关的国际公法规范，尤其是对委内瑞拉生效的国际条约中所制定的规范调整；否则适用委内瑞拉国际私法的规定；若无此种规定，采用类推法；无类推法，则依普遍承认的国际私法原则。"

③ 例如，2012 年捷克共和国《关于国际私法的法律》第 24 条第 2 款规定："对于在本法适用范围内的特定法律关系或法律问题，如果不能根据其他法律的规定确定其准据法，则该法律关系或法律问题适用与其有最密切联系的国家的法律，但当事人已为其选择了法律或者已表明适用某一特定法律的除外。"

系原则达到补缺立法不足的目的。正如王胜明指出，希望将法律适用法制定成一部开放、包容、合理、公平的法律。[①] 其中，所谓的开放，就是在总则中做出原则规定，将今后出现的新的涉外民商事关系交由法官运用其自由裁量权进行处理，形成内外连通的一个系统，达到对立法有限理性的克服。这里就涉及三个问题：一是为什么立法者是有限理性的？二是冲突法的立法为何存在滞后性与不周延性等局限？三是冲突法立法采取克服措施是如何运用的？只有回答了上述三个问题，才能更好地为法官行使其自由裁量权提供有益的帮助。

任何立法者在立法过程中，都对其认识世界的能力做出潜在的假设。不同的假设前提导致不同的立法模式，不同的研究范式。[②] 人的理性假设最早出现在新古典经济学中，英国著名经济学家亚当·斯密（Adam Smith）的名著《国民财富的性质和原因的研究》中，蕴含着完全理性人的假设。[③] 在 19 世纪文艺复兴时期，自然科学的勃兴，立法者对人的认识能力的自信，导致封闭式的法典，1804 年的《法国民法典》就是那个时代的代表。但是，新制度经济学的研究表明，人是有限理性的。有限理性则是由 K. 阿罗（Kenneth J. Arrow）、诺思（Douglass C. North）、威廉姆森（Oliver Williamson）等新制度经济学家提出并加以证明的。[④] 一般来说，人的有限理性假设从三方面加以说明：一是从主体的角度，人的大脑资源是稀缺的，不可能存在全知全能的人，也不可能存在全知全能的人的集合组织；二是从客体的角度，客体世界是复杂的、多样的与不确定的，2019 年年底的新冠疫情就是明显的例证；三是从主体认识客体的过程来看，因为存在信息悖论，主体无法预知其信息搜寻的程度，一旦进行信息搜寻，其成本就会沉淀，无法逆转，其阻碍了人们搜寻信息的动力。[⑤] 所以，人是有限理性的，立法者亦是有限理性的，其无法预见所有的法律关系。如果认识到人的认识能力的非至上性特征，冲突法的立法就会采取一种开放的模式，通过法官

---

① 王胜明.《涉外民事关系法律适用法》的指导思想 [J]. 政法论坛，2012，30（1）：2.
② 范式的概念最早由科学哲学家库恩在《必要的张力》一书中提出，其基本的含义就是研究方法、观点以及立场的综合，是学术共同体学术活动的共同平台，具有共同的理论模型与思想体系。参见冯玉军. 法经济学范式的知识基础研究 [J]. 中国人民大学学报，2005（4）：130.
③ 亚当·斯密说道："我们每天所需要的食物和饮料，不是出自屠夫、酿酒家或烙面师的恩惠，而是出自他们自利的打算。我们不说唤起他们利他心的话，而说唤起他们利己心的话". 斯密. 国民财富的性质和原因的研究 [M]. 郭大力，王亚南，译. 北京：商务印书馆，1972：14.
④ 卢现祥. 西方新制度经济学. 修订版 [M]. 北京：中国发展出版社，2003：16-17.
⑤ 卢现祥. 西方新制度经济学. 修订版 [M]. 北京：中国发展出版社，2003：17.

的自由裁量权，将立法通过司法活动得以延伸。

同时，由于成文法的立法技术特征，冲突法立法也存在着局限性。法律的局限性是法律普遍性与确定性技术特征所导致的必然结果。① 一方面，社会生活具有多样性与生动性，在社会历史发展过程中，不断地变化；另一方面，法律的确定性又要求冲突法的立法具有相对稳定性，不能朝令夕改。冲突法的稳定性要求与社会变动性之间存在矛盾。所以，冲突法一旦制定，就落后于时代的发展要求。尤其在目前科学技术日新月异的情况下，一定会出现立法者无法预见的涉外民商事关系。同样，由于冲突法立法普遍性的要求，其与社会生活的特殊性存在着必然的差异，也会出现法官运用普遍性冲突规范适用于具体案件的不合目的性的情况，甚至出现具体冲突规范无法加以解决的情况。如何解决立法有限理性以及法律技术特征所带来的问题，一种可行的解决方案就是在冲突法的立法中，采取严格规则主义与自由裁量主义相结合的做法。具体地说，法官在处理某一涉外民商事案件时，首先适用具体的冲突规范，如果没有具体冲突规范或者在该冲突规范无法应对或者应对不合理的情况下，赋予法官一定的自由裁量权，灵活地处理案件。此时，法官的司法活动就成为立法活动的一种延伸。

以上就是法律适用法第二条第二款以及《司法解释（一）》第 1 条设计的缘由。认识到立法上的设计缘由，有利于法官在司法实践中提高其释法说理的能力。在解决立法中没有具体冲突规范规定的情形下，法官就取得了临时立法者的地位，按照立法者在立法时解决涉外民商事争议的思路寻找法律。依据法律适用法第二条第二款的规定，立法者给出了寻找法律的基本思路，即法律没有规定的，运用最密切联系原则寻找法律。也就是说，法律适用法仅运用了最密切联系原则的立法补缺功能，对于最密切联系原则的立法指导功能，法律适用法并没有直接做出规定。但从第二条第二款中，可以得知法律适用法事实上是利用了最密切联系原则的立法指导功能。时任全国人大法工委副主任王胜明曾撰文指出，最密切联系原则的第一层含义是确定适用的法律应当与涉外民事关系具有最密切联系，即最密切联系原则起到立法指导作用，其第一层含义的指导作用在立法过程中已经尽量体现在各个冲突规范中。② 所以，如果法官在审理涉外民商事案件时遇到法律没有规定的，就按照立法者立法时的思路阐释其

---

① 徐国栋. 西方立法思想与立法史略（上）：以自由裁量与严格规则的消长为线索［J］. 比较法研究，1992（1）：3.

② 王胜明. 涉外民事关系法律适用法若干争议问题［J］. 法学研究，2012，34（2）：189.

适用法律的过程。这就产生了一个问题：法官在运用最密切联系原则的具体分析方法时，是否与立法者寻找法律的过程具有一致性。

最密切联系原则不仅具有立法指导、立法补缺以及立法矫正功能，而且具有法律选择方法功能。在涉外民商事司法实践中，法官运用最密切联系方法时，其司法分析方法主要有：法律关系量的分析、法律关系质的分析以及它们的综合分析。定量分析方法着眼于法律关系各个要素的客观分布，以量的多寡决定所要适用的法律，与某一法域联系比较多的，就适用该法域的法律。但是，法律关系聚集地并不表明案件就与该地有最密切的联系，也会存在法律关系与两个法域在量的方面比较均衡或大体相当的情况。① 所以，质的分析方法更为精确可靠。质的分析方法着眼于法律关系各个要素的重要性，赋予不同的要素不同的权重。但是，质的分析方法具有强烈的主观色彩，需要法官探究立法者的立法意图、立法目的、立法思想、价值取向等。所以，在司法实践中，要根据案件的具体情况，对法律关系要素进行分析，将量的分析与质的分析有机结合起来，既要进行定量分析，也要进行定性分析，进行主观与客观的综合分析。② 法律适用法自 2011 年实施以来，最密切联系方法存在法官适用随意性、缺乏推理过程等问题，即使有一定的分析，主要是采取与我国联系因素的分析，或者是一种简单数量上的计算。③ 例如，在法律适用法第 41 条第 2 款最密切联系方法的运用上，根据笔者检索中国裁判文书网收集到的案例，大多数案件是没有采取任何分析方法，而直接适用最密切联系原则的。这就需要我们根据最密切联系原则的内涵，建立合理的分析方法，指导法官进行合理分析。一般来说，立法者采纳最密切联系原则具有两方面的考量：一方面，需要从应然法的角度进行，考虑到所要适用的法律是该涉外民商事关系适当的、本质的法律。这需要法官对冲突法的价值取向、立法的目的、国际私法的基本原则诸方面加以考量；另一方面，需要从实然法的角度出发，考虑到所要适用的法律是该涉外民商事关系因素集聚地方的法律，这需要法官对该民商事关系各要素分布情况做出具体的分析。如此，法官的释法说理只有建立在"应然法—实然法"的二元逻辑结构基础上，正确运用法律适用法第二条第二款的规定，才能更好地克服立法的有限理性。

---

① 徐伟功.《涉外民事关系法律适用法》实施研究［M］. 北京：法律出版社，2019：140.
② 徐伟功.《涉外民事关系法律适用法》实施研究［M］. 北京：法律出版社，2019：141.
③ 邹淑环.《涉外民事关系法律适用法》视野下的最密切联系原则［J］. 天津商业大学学报，2013，33（4）：71.

二、实体正义价值的追求

法律适用法体现实体正义价值追求的自由裁量权条款主要有第 25 条、第 29 条与第 30 条。这三个条款均采用了保护性冲突规范的形式,适用对弱者权利保护最有利的法律。

现代国际私法的立法发展表明,立法者不仅注重国际私法上的冲突正义,也追求国际私法上的实体正义,形成"双螺旋"式的发展态势。① 法律适用法作为一部开放、包容、合理、公平的法律,也必然反映出这一立法趋势。② 但是,立法者如何平衡冲突正义与实体正义两种价值取向,确实是立法者面临的选择难题。由于法律价值存在着"二律背反"定理,在立法中如果强调了某一种法律价值,有可能在一定程度上减损另一种法律价值。③ 这就需要立法者具有高超的立法智慧与立法技巧。有学者提出了法律价值相互共存的"生态平衡"理论,企图将国际私法上的多元法律选择方法融合到一部法律体系之中,通过法官自由裁量权的合理运用,形成多元法律选择方法共存与融合。④ 如何将多元法律选择方法较好地融合在一部立法之中,需要从历史中考察国际私法冲突正义与实体正义的发展。

一般来说,国际私法无外乎回答两个基本性问题,即"为何要适用外国法"与"如何适用外国法"。前者关注的是适用外国法的正当性,后者注重的是适用外国法的方法。⑤ 在国际私法发展的早期阶段,无论是国际私法学者还是国际私法立法者,普遍重视国际私法上的冲突正义,其核心就是追求法律选择以及判决结果的一致性。这是法律稳定性、可预见性在冲突法立法中的必然反映,要求法律规则体系的统一以及法院审理案件程序的一致。⑥ 19 世纪德国历史法学派巨子萨维尼提出了石破天惊的"法律关系本座说",开启了国际私法的成文立法之门,形成了传统国际私法立法中法律选择的"多边主义方法"。萨维尼改变了意大利学者巴托鲁斯从法则分类入手寻找法律的基本思路,从法律关系分类

---

① 宋晓. 当代国际私法的实体取向 [M]. 武汉:武汉大学出版社,2004:348.

② 王胜明.《涉外民事关系法律适用法》的指导思想 [J]. 政法论坛,2012,30(1):2.

③ 徐国栋. 西方立法思想与立法史略(上):以自由裁量与严格规则的消长为线索 [J]. 比较法研究,1992(1):5-6.

④ 杜新丽. 当代法律选择多元方法的并存与融合 [J]. 武大国际法评论,2013,16(1):66.

⑤ 刘仁山. 国际私法. 第 6 版 [M]. 北京:中国法制出版社,2019:59.

⑥ MEHREN V,TAYLOR A. Choice of Law and the Problem of Justice [J]. Law and Contemporary Problems,1977(41):27-28.

相反的思路入手寻找所要适用的法律。萨维尼的法律选择方法建立在了各国法律平等的基础上,①　并认为基督教成为所有民族共同的精神纽带。②　萨维尼将各国的法律无差别地置入法律选择的分析框架中,搁置了不同国家相互冲突的立法价值准则,秉持中立的价值理念,将具有形式主义特征的"法律关系本座"作为选择法律的连结点,实现其适用法律一致性的价值追求。③

随着涉外民商事的发展以及科学技术的革新,特别是第二次世界大战之后,各国越来越重视社会成员的福祉,重视事实上的平等与保护弱者的权利。国际法上对特殊人群体(如妇女儿童)的人权保护、国际经济法上对劳工的保护、国际私法上对弱者权利的重视,无不反映了现代法律人本主义思想的复兴与发展。萨维尼提出通过"唯一、固定、中立"的连结点寻找法律的做法,与现代国际私法实体正义追求的要求相距甚远。于是,各国国际私法在实体正义的要求下,寻找对传统国际私法选择方法的突破与变革,将国际私法立法的严格规则主义与自由裁量权主义相结合,重视法律选择的实体正义。变革的火种首先在美国被点燃,对萨维尼机械、呆板的法律选择方法的批判如火如荼地展开。美国学者柯里(Currie)认为传统国际私法具有形式主义的特征,是空洞的、冷酷的、无情的、概念式的,是"一架机器""一个诡辩的神秘的和失败的领域"④。柯里认为应该放弃传统国际私法所追求的判决结果一致性之价值目标,⑤于是,柯里喊出了惊世骇俗的名言:没有法律选择规则我们会更好些。⑥　但是,过分强调冲突法的实体正义,忽视冲突法的冲突正义,损害了国际私法安全、稳定等基础性价值。革命的激情过后,无论是美国冲突法的变革还是欧洲国际私法的改良,都没有抛弃传统国际私法冲突正义的价值取向,而是在坚持冲突正义的基础上,于一定程度上改造传统冲突规范连结点的固定性、唯一性与价值中立性。其中,对于连结点价值中立性的改造,就是在特定领域的法律适用

---

① 徐鹏. 涉外法律适用的冲突正义:以法律关系本座说为中心 [J]. 法学研究, 2017, 39 (3):195.

② 巴蒂福尔,拉加德. 国际私法总论 [M]. 陈洪武,等译. 北京:中国对外翻译出版公司, 1989:332.

③ 张春良. 美国冲突法革命的革命性理解:别于萨维尼,还是依然萨维尼 [J]. 福建江夏学院学报, 2013, 3 (1):57.

④ 莫里斯. 法律冲突法 [M]. 李东来,等译. 北京:中国对外翻译出版公司, 1990:522.

⑤ 克格尔. 冲突法的危机 [M]. 萧凯,邹国勇,译. 武汉:武汉大学出版社, 2008:92- 95.

⑥ CURRIE B. Selected Essays on the Conflict of Laws [M]. Durham:Duke University Press, 1963:180.

中，赋予连结点的价值非中立性，对特殊人群给予特殊的保护，出现了所谓的保护性冲突规范。

在现代国际私法追求实体正义的背景下，法律适用法第 25 条、第 29 条与第 30 条采取保护性冲突规范模式，赋予法官自由裁量权，灵活处理相关的涉外民商事案件。所谓保护性冲突规范，就是为了保护特定当事人的权利，特别是为了保护弱者一方当事人的权利，要求法院适用对弱者权利保护最有利的法律。分析法律适用法第 25 条、第 29 条以及第三十条的规定，可以得出以下几方面结论：第一，保护性冲突规范中的连结点价值是非中立的、是有所倾向的，倾向于保护弱者的权利。第二，保护性冲突规范赋予法官广泛的自由裁量权，要求法官在立法所规定的范围内选择对弱者权利保护最有利的法律。第三，保护性冲突规范对法官专业能力提出了较高的要求，不仅要求法官能够查明立法所规定的法律，还要求法官具有较高的比较法能力。[1] 第四，保护性冲突规范对法官职业素养与道德素养提出较高的要求，期望法官应该具有坚定的道德信念、火热的道德情感、顽强的道德意志、高尚的道德品格，在国际私法司法实践中始终演绎公平与正义的职业行为。[2]

保护性冲突规范一般采取"法律关系+适用……有利于保护弱者权利的法律"的结构形式。法官在具体运用其自由裁量权适用保护性冲突规范时，其主要的任务或步骤有三方面：其一，认定何方当事人是弱者一方当事人；其二，查明所有相关国家的实体法律；其三，在比较分析的基础上，适用对弱者权利保护最有利的法律。对于第一项任务，弱者一方当事人认定相对容易，法官的任务还是比较简单的。如果法律适用法具体规定了何方为弱者当事人，法官不需要根据案件事实情况就可以直接做出认定。例如，法律适用法第二十九条规定的被扶养人、第三十条规定的被监护人，都是明确规定为弱者一方当事人。如果法律适用法没有具体规定何方为弱者一方当事人，仅规定适用弱者权利保护最有利的法律，此时则需要法官根据案件的具体事实情况，做出正确的判断。例如，法律适用法第二十五条规定的父母子女人身、财产关系法律适用中，只规定适用利于保护弱者权利的法律。对于父母是弱方当事人，抑或子女是弱方当事人，需要法官根据父母子女在案件中的家庭地位、经济状况、年龄状态等多方面因素进行判断。对于第二项任务，法官的难度是相当大的。对于外国法

---

① 徐伟功.《涉外民事关系法律适用法》实施研究［M］. 北京：法律出版社，2019：339-342.

② 徐伟功. 国际私法中的自由裁量权论纲［J］. 华南师范大学学报（社会科学版），2002（4）：15.

的查明，法律适用法第 10 条采取了法官依职权查明为主、当事人提供为辅的模式。当事人辅助查明主要存在于当事人选择法律的情况，以上保护性冲突规范所涉及的法律还是需要法官进行查明。但是，外国法的查明目前仍然是我国涉外民商事审判中的一个难以解决的问题。① 外国法的查明给予法官繁重的司法任务，与法官司法任务简单化的要求背道而驰，我国法官往往不愿意去查明外国（域）法。这就导致法律适用法立法的理想主义与司法实践的现实主义的差距。对于第三项任务，即使能够查到相关的外国法，法官还要能够通晓有关国家的法律，承担繁重的比较与分析任务。这对法官来说，也是一个难以克服的能力障碍。正是以上第二、第三项任务的困难与繁重，导致我国司法实践中保护性条款的实施并不尽如人意。我国学者研究表明，法官在运用保护性冲突规范时，通常是直接适用我国的实体法，存在法律选择过程不明、法律适用论证不足等现象，在裁判文书中通常是不加解释，拷贝条文径直适用我国法律。②

　　法律适用法关于实体正义价值追求的自由裁量权条款，尽管在涉外民商事审判中实施效果不甚理想，但也不能否定这些自由裁量权条款的立法价值。现代国际私法立法对弱者权利的保护，充分表现出人文关怀和实质公平价值取向，③ 保护性冲突规范的立法恰恰体现了冲突法对实质正义的价值追求，期望通过法官一定的自由裁量权，能动性地实现国际私法中的实体正义。法律适用法这些条款的设计缘由，必然要求法官在具体实施过程中，具有较强的专业素养、职业素养和道德素养，应该将公平与正义作为自己孜孜不倦的职业追求，通过释法说理展现法律适用法实体正义的价值追求。当然，最高人民法院也应该通过司法解释，细化保护性冲突规范，给予法官运用保护性冲突规范的指导。

三、准据法正当性的加强

　　法律适用法体现准据法正当性加强的自由裁量权条款主要有第 6 条、第 19 条、第 39 条、第 41 条、第 49 条，大多是采取了最密切联系的方法。

　　传统国际私法多边主义方法的实质，是通过不同的连结点，将各类国际民商事法律关系场所化或分配到特定的国家或地区中，最后适用该特定国家或地区的法律规定。这种方法带有明显的形式主义特征，只注重法律选择的过程，

---

① 林燕萍，黄艳如. 外国法为何难以查明：基于《涉外民事关系法律适用法》第 10 条的实证分析［J］. 法学，2014（10）：116.
② 张丽珍. 法律适用法"有利于"条款实施研究［J］. 西部法学评论，2015（6）：74.
③ 徐冬根. 人文关怀与国际私法中弱者利益保护［J］. 当代法学，2004（5）：12.

没有考虑到案件所适用法律的适当性和合理性。① 也就是说，法官仅仅按照立法者所规定的冲突规范，根据案件事实，自动得出所要适用的法律。法官并不关注所选择法律是否正当、是否合理，所适用的法律处理该涉外民商事案件是否对当事人公平。②

如前所述，现代国际私法对实体正义的追求，改变了传统具有概念主义色彩、机械、呆板的连结点，选择了灵活的连结点以加强准据法的正当性与合理性。③ 现代国际私法立法对准据法正当性的加强，主要采取以下两方面的措施。

第一，改变原有连结点唯一的做法，增加连结点的数量，增加法律的可选性。根据不同的领域，连结点数量的增加方法是不同的。对于法律形式方面的法律适用，受"国际简式主义"的影响，"与其使之无效，不如使之有效"，多采取无条件的选择性冲突规范，只要法律形式符合数个连结点中任意一个所指向的法律，即为有效。④ 对法律实质方面的法律适用，多采取梯次选择性冲突规范，即法官按照立法中规定数个连结点的梯次，依次进行选择适用，只有不存在前一个连结点，才能适用后一个连结点所指向的法律。对于产品责任等法律领域，多采取结合性冲突规范，即法官只有在立法规定的复数连结点共同指向某一具体的法律时，才能适用该法律。1973 年《产品责任法律适用公约》的规定颇为典型。⑤

第二，改变原有固定性连结点的做法，变传统地理定位的连结点为社会定位的连结点，赋予法官一定的自由裁量权，由法官根据案件的具体情况决定所要适用的法律。最密切联系方法就是这一转变的措施，其实施的目的在于通过法官自由裁量权的运用，保障具体案件的公正性，加强准据法的正当性。所以，

---

① 徐伟功. 国际私法中的自由裁量权问题研究［M］//吴汉东. 私法研究：第 1 卷. 北京：法律出版社，2002：299.

② 徐伟功. 论自由裁量主义在冲突法中的渗透［J］. 环球法律评论，2009，31（6）：16.

③ 徐伟功. 从自由裁量权角度论国际私法中的最密切联系原则［J］. 法学评论，2000（4）：35.

④ 王慧. 论我国涉外民事关系法律选择方法的构建基础与体系展开［J］. 法学评论，2015，33（5）：59.

⑤ 1973 年《产品责任法律适用公约》第四条的规定："适用的法律应为侵害地国家的国内法，如果该国同时又是：（一）直接遭受损害的人的惯常居所地；或（二）被请求承担责任人的主营业地；或（三）直接遭受损害的人取得产品的地方。"第五条规定："尽管有第四条的规定，适用的法律仍应为直接遭受损害的人的惯常所在地国家的国内法，如果该国同时又是：（一）被请求承担责任的人的主营业地；（二）直接遭受损害的人取得产品的地方。"

我国有学者认为该原则是国际私法革命的成果,① 也有学者认为该原则应该构成国际私法的基本原则。②

可见,法律适用法第6条、第19条、第39条、第四十一条、第四十九条规定的最密切联系方法,主要目的就加强准据法的正当性。法官在运用其自由裁量权时,必须考虑到其所选择法律具有合理性与正当性,在释法说理的过程中,必须阐明其选择所要适用法律的法理依据与推理过程。

法官在适用以上自由裁量权条款时,在某种程度上具有临时立法者的地位,其司法活动成为立法活动的自然延伸。法官应该根据立法者寻找法律的基本方法、基本原则、基本理念、追求的法律价值,正当地行使其自由裁量权。如前所述,法律适用法是一部开放、包容、合理、公平的法律,这决定着法官选择的法律必须具有正当性。法官应该从价值层面与事实层面做出考量,构建"应然法—实然法"二元的分析框架。

应然法的分析框架应该建立在立法者制定法律适用法选择法律关系连结点的基本原则基础上。尽管法律适用法并没有明确指明立法的指导原则,但是从第二条第二款中可以得知事实上是采取最密切联系原则的立法指导思想。正如王胜明所说,最密切联系原则立法指导作用在立法过程中已经尽量体现在各个冲突规范中。③ 其实,最密切联系原则的立法指导思想,在一定程度上就是涉外民商事法律关系适用"适当法"的一种表述。也就是说,立法者制定法律适用法的目的在于寻找适当的法律,公平合理地处理涉外民商事争议,维护国际民商事秩序。在2018年最高人民法院印发的《关于加强和规范裁判文书释法说理的指导意见》第七部分也同样指出,法官行使自由裁量权处理案件时,应当坚持合法、合理、公正和审慎的原则,充分论证运用自由裁量权的依据,并阐明自由裁量所考虑的相关因素。其中,合理与公正在法律适用法的运用上体现为适用适当的法律处理涉外民商事案件。国际私法上的适当法,或者称为自体法,英文用Proper Law表达,意味所要适用的法律是适当的、本质的、特有的法律。自体法理论是英国国际私法学者提出的,其起源于合同法律适用领域,④ 后来逐

① 叶竹梅.《涉外民事关系法律适用法》中"最密切联系原则"之立法定位 [J]. 甘肃政法学院学报,2014 (3):111.
② 肖永平,王承志. 第三次冲突法重述:美国学者的新尝试 [J]. 武汉大学学报(哲学社会科学版),2004 (1):77.
③ 王胜明. 涉外民事关系法律适用法若干争议问题 [J]. 法学研究,2012,34 (2):189.
④ 肖永平. Proper Law 的含义及其中文译法 [J]. 比较法研究,1993 (4):409.

步扩展到侵权以及其他领域。① 其实，英国学者提出的 Proper Law 理论，就是建立了一种应然法的分析框架。一般来说，法官在审理涉外民商事案件时，主要采取的是案件到冲突规范，再到适用具体法律的过程。立法者在寻找连结点的过程中，必须首先确立所要适用的法律是适当的法律。所以，法官在充当临时的立法者运用其自由裁量权时，也必须遵循这一指导思想，即其思维过程应该是"法律关系—适当法—冲突规范—法律"的过程。正如我国学者吕岩峰所言："适当法"是对法律适用问题解决提出一项原则、一个标准、一种方法，其主旨在于告诉人们应该怎样确定"准据法"，或者说应该依据什么原则和标准来确定"准据法"，它所追求的效应是"提高和增强准据法的适当性"②。

实然法的分析框架应该建立在案件具体事实层面上。为何立法者通过最密切联系方法赋予法官一定的自由裁量权，就是因为立法者认为在这些领域中的涉外民商事法律关系非常复杂，其无法准确预见各种可能出现的情况，只能交由法官根据具体情况做出具体分析。法律适用法体现准据法正当性加强的自由裁量权条款，在具体适用上可以分为三种不同的情况，可以采取不同的事实分析思路。

第一种是直接适用最密切联系原则，完全交由法官进行裁量。这种情况的条款在法律适用法中还是比较少的，仅有总则中关于多法域问题的准据法确定第 6 条。之所以较少运用完全的自由裁量权条款，主要是因为其赋予了法官极大的自由裁量权，往往会导致不同的法官做出不同的分析，导致相同或相类似的案件出现相反、相异的法律适用结果。其实，法律适用法之前并没有采取这一做法，而是采取多法域国家的区际冲突规范进行指引，只有在没有区际冲突法的情况下，才适用最密切联系原则。法律适用法第 6 条采取完全自由裁量权的做法，并未对法律适用法产生多大的影响，因为法院在司法实践中适用第 6 条的情况并不多见，再加上法律适用法经常居所地连结点的运用，客观上减少了多法域问题的出现。即使在司法实践中遇到多法域问题，法官也可以根据法律关系要素分布量的情况及其相对重要性做出合理的分析。

第二种情况是间接适用最密切联系原则，或者规定首先适用其他连结点所指向的法律，如果该连结点无法指向具体的法律，则适用最密切联系方法寻找所要适用的法律。这种情况主要是《法律适用法》第十九条的规定。第 19 条是关于国籍冲突的解决，对此首先适用实际国籍原则，即适用有经常居所的国籍

---

① MORRIS J H C. The Proper Law of a Tort [J]. Harvard Law Review, 1951 (6): 881–895.

② 吕岩峰. 英国"适当法理论"之研究 [J]. 吉林大学社会科学学报，1992 (5): 28.

国法律。只有在所有国籍国均无经常居所的，适用与其有最密切联系的国籍国法律。在我国涉外民商事司法实践中，此类案件运用最密切联系原则的情况不是太多，即使需要运用最密切联系原则，法官也可以根据案件的具体事实情况，依据当事人实际居住地、当事人的意愿等因素来判断最密切联系的国籍。

第三种情况主要采取选择性冲突规范的模式，将最密切联系地与其他连结点作为选择项之一，法院可以直接适用最密切联系地的法律，也可以选择其他连结点所指向的法律。这种情况主要有第 39 条、第 41 条、第 49 条。第 49 条是关于知识产权转让和许可合同的法律适用，当事人没有选择法律的，适用第 41 条合同法律适用的规定，对第 41 条的分析同样可以运用到第 49 条之中。第 41 条关于合同法律适用，在当事人没有选择法律的情况下，其立法模式与第三十九条的规定是基本一致的，都是采用并列选择的做法。第 41 条是将履行义务最能体现该合同特征的一方当事人经常居所地法律和其他与该合同有最密切联系的法律并列，第 39 条是将有价证券权利实现地法律和其他与该有价证券有最密切联系的法律并列，所以分析第四十一条的规定也同样适用于第 39 条。在我国司法实践中，对第 41 条的运用是比较混乱的，存在两方面的问题：一是对于条文"或"的理解问题。如果将"或"理解为并列关系，法官可以选择适用最能体现该合同特征的一方当事人经常居所地法律，也可以直接适用最密切联系原则。根据笔者检索中国裁判文书网中所涉及的案例，目前司法实践中主要直接依据最密切联系原则的情况比较多，具体体现了这种并列性的理解。但是，从我国合同法律适用的历史来看，第 41 条中的"或"应该作具有顺位的理解。1987年《最高人民法院关于适用〈中华人民共和国涉外经济合同法〉若干问题的解答》（以下简称《解答》，已经失效）第二条规定，在当事人没有选择法律的情况下，按照最密切联系原则适用法律，并对 13 类合同采取特征履行方法确定最密切联系地，再以更密切联系原则加以矫正，即合同明显地与另一国家或者地区的法律具有更密切的关系，人民法院应以另一国家或者地区的法律作为处理合同争议的依据。用简明的公式表示就是"最密切联系原则+特征履行说+更密切联系原则"。2007 年《最高人民法院关于审理涉外民事或商事合同纠纷案件法律适用若干问题的规定》（以下简称《规定》，已经失效）采取同样的选法思路，所不同的是《规定》强调了人民法院根据最密切联系原则确定合同争议应适用的法律，应根据合同的特殊性质以及某一方当事人履行的义务最能体现合同的本质特性等因素，确定与合同有最密切联系的国家或者地区的法律作为合同的准据法。另外，《规定》对 17 类合同做出了具体规定，比《解答》多规定了 4 类合同。总体上看，以上两个司法解释都是采取特征履行方法做出具体规定，然后运用更密切联系原则作为例外，此时最密切联系原则起到例外的作用。如果将法律适用法第 39 条、第 41 条中的"或者"与"其他"合并理解，条款中"或者"就有了顺位的含义，即第 39 条首先适用有价证券权利实现地法律，再以最密切联系原则作为例外；第 41 条首先适用履行义务最能体现该合同特征的一方当事人经常居所地的法律，再以最密切联系原则作为例外。如果按照这一理解，第 39 条、第 41 条、第 49 条所赋予法官的自由裁量权就不会太大，法官只有在例外的情况下才适用其他与该法律关系有最密切联系的法律。其最密切联系原则的分析方法与第一种情况基本相同，主要采取法律关系量与质相结合的分析方法。

四、国家重大利益的维护

法律适用法体现国家重大利益维护的自由裁量权条款主要有第 4 条与第 5 条，2020 年修正的《司法解释（一）》中有第 8 条，主要是公共秩序保留原则的运用、强制性规定的采纳。

法律适用法对私人利益保护的规定是全面的，对国家利益保护的规定是局部的。新古典经济学认为个体理性与集体理性具有一致性，[1] 但是新制度经济学从完全静态信息博弈的"囚徒困境"中推导出个体理性与集体理性之间的矛盾，从个体利益出发的行为往往不能实现团体理性的最大利益。[2] 所以，法律适用法及其司法解释规定了上述三种制度，实现对国家重大利益的维护。

国际私法存在的基础是适用外国法，但是适用外国法危及国家的安全、主权、社会公共利益的，又必须限制外国法的适用。作为限制外国法的一种手段，公共秩序保留制度是与国际私法相伴而行的。国际私法制度的设计是在天平两端上的平衡：一端是外国法的适用，另一端是限制外国法的适用。[3] 何为公共秩

---

[1]　亚当·斯密在《国民财富的性质和原因的研究》中写道："每个人都力图用好他的资本，使其生产出能实现最大的价值。一般说来，他既不企图增进公共福利，也不知道他能够增进多少。他所追求的仅仅是一己的安全或私利。但是，在他这样做的时候，有一只看不见的手在引导着他去帮助实现另外一种目标，尽管该目标并非他的本意。追逐个人利益的结果，是他经常地增进社会的利益，其效果要比他其他真的想要增进社会的利益时更好。"斯密. 国民财富的性质和原因的研究：下 [M]. 郭大力，王亚南，译. 北京：商务印书馆，1974：27.

[2]　关于囚徒困境以及个体理性与集体理性的论述，参见徐伟功. 冲突法的博弈分析 [M]. 北京：北京大学出版社，2011：28-30.

[3]　李健男，吕国民. 对公共秩序保留制度的反思与展望 [J]. 法学评论，1996（4）：17.

序，其内涵各国难以统一，也无法得到统一。国际私法著名学者莫里斯①、沃尔夫②都曾感慨对公共秩序保留的界定无法得到成功。其实，公共秩序保留概念的模糊性正是其要发挥功能所必需的，也是法官自由裁量权行使的缘由所在。一方面，各国对于何为公共秩序具有不同的认识；另一方面，各国的公共秩序在不同的历史阶段具有不同的内涵。一旦将公共秩序内涵固定化，其也就无法发挥其应有的功能。

在冲突法上，公共秩序的功能体现在两方面：一是公共秩序保留体现为消极的否定功能，即反向的排除功能。在具体的涉外民商事审判过程中，法官适用冲突规范所指引的法律，如果其适用根本危及了本国的公共秩序、善良风俗，法官就适用公共秩序保留制度，排除该外国法的适用。公共秩序保留制度起到了最后的防范或阀门的作用。二是公共秩序保留体现为积极的肯定功能，即正向的排除功能。在具体的涉外民商事审判过程中，法官直接适用涉及公共秩序的强制性规范，直接排除冲突规范的适用。随着此类强制性规范越来越多，公共秩序保留制度已经容纳不下这些强制性规定，于是国际私法立法上出现了"直接适用的法"这一新的制度。所以，法律适用法第 5 条仅规定消极的否定功能，规定外国法律的适用如果损害我国的社会公共利益，将排除该外国法的适用，转而适用我国的法律。法律适用法第 5 条设计的缘由在于国家重大利益的维护，其行使的关键在于如何认定"社会公共利益"。我国在涉外民商事审判历史上曾出现对公共秩序认定过于宽泛的案例，例如，1984 年旅居阿根廷的中国公民婚姻纠纷案③、1989 年广州海事法院审理的海南木材公司诉新加坡泰垣船务公司和达斌私人有限公司案④，以及 1992 年郑州市中级人民法院裁定不予执

---

① 英国学者莫里斯认为："在法律冲突法案件中，公共秩序保留是必要的，但是为了规定这个保留的界限所做的尝试从来没有成功过。"莫里斯. 法律冲突法 [M]. 李东来，等译. 北京：中国对外翻译出版公司，1990：46.

② 沃尔夫说道："时常有人企图把这个模糊而不易捉摸的概念给与清楚明确的定义，但是并未成功。"沃尔夫. 国际私法 [M]. 李浩培，汤宗舜，译. 北京：法律出版社，1988：265.

③ 在 1984 年旅居阿根廷的中国公民婚姻纠纷案中，一对婚后旅居阿根廷的中国公民王某与杨某敏发生婚姻纠纷，由于所在国法律不准离婚，即按其允许的方式达成长期分居协议，请求我国驻阿使馆领事部承认并协助执行。最高人民法院给驻阿使馆领事部复函，认为阿根廷法律的司法别居的制度在我国没有相对应的制度，遂援引公共秩序保留而拒绝承认当事人依阿根廷法律达成的分居协议的效力。

④ 在该案件中，法院运用公共秩序保留原则排除了《跟单信用证统一惯例》的适用。具体案情和分析，参见胡振杰，李双元. 从我国法院的几个案例谈国际私法上公共秩序保留制度的正确运用 [J]. 政法论坛，1992（5）：81-82.

行我国涉外仲裁机构的裁决案①等。随着我国"一带一路"倡议的推进，这种宽泛地适用公共秩序保留制度的做法，在学界遭到批判、在实践中遭到抛弃。正如沈涓教授所言，对公共秩序保留的运用加以一定的限制已经成为国际社会较为普遍的要求。②

　　法官在实施法律适用法第 5 条时，应该注意以下几方面：第一，该条中所指的社会公共利益不能仅从国内法的角度进行理解，应该从国际私法角度加以理解。例如，当事人的法定婚龄、企业破产的社会影响，就不能作为适用公共秩序的原因。只有在适用外国法对国家的主权、安全、善良风俗产生重要的损害时，才能适用第五条的规定。第二，第五条的规定是采取了公共秩序客观说的立法标准，只有在外国法的适用损害了我国的社会公共利益时，才能适用，而不是仅判断外国法内容本身的有害性。第三，我国的社会公共利益是变化的，在不同历史时期是不同的，法官应该根据我国的现实客观情况，做出符合现实的分析。第四，尽管第 5 条没有在立法措辞上使用"明显"损害或"重大"的社会公共利益等词语，但习近平总书记提出的"一带一路"倡议以及"人类命运共同体"，都在不同程度上要求法官适用第 5 条采取谨慎的态度，也只有在根本性损害我国的社会公共利益时，才能适用第五条的规定。

　　法律适用法第 4 条及其《司法解释（一）》第 8 条是关于我国强制性规定的直接适用。对何为强制性规定及其认定标准，法律适用法第 4 条没有做出明确的规定。《司法解释（一）》第 8 条也没有具体说明哪些是强制性规定，只是对强制性规定涉及的领域进行一般性的列举，这导致我国司法实践中存在一定的混乱。③ 其主要存在两个方面的难题：一是强制性规定的认定标准问题；二是强制性规定的边界问题。

　　强制性规定的出现是国家干预经济的结果。随着垄断资本主义的发展，自由资本主义经济"看不见的手"出现了"市场失灵"的现象。④ 环境污染等外部性问题以及收入分配不合理的情况，需要国家运用"看得见的手"进行干预。

---

① 在该案件中，郑州市中级人民法院于 1992 年做出的《民事裁定书》，不加分析地做出认定："依据国家现行政策、法规规定，如予以执行将严重损害国家经济利益和社会公共利益，影响国家对外贸易秩序，依照《中华人民共和国民事诉讼法》第 260 条第 2 款规定，裁定仲裁裁决不予执行。"

② 沈涓. 冲突法及其价值导向［M］. 北京：中国政法大学出版社，1993：129.

③ 刘仁山. "直接适用的法"在我国的适用：兼评《〈涉外民事关系法律适用法〉解释（一）》第 10 条［J］. 法商研究，2013，30（3）：74-76.

④ 波斯纳. 法律的经济分析：上［M］. 蒋兆康，译. 北京：中国大百科全书出版社，1997：20.

国家在不正当竞争、外汇管制、社会保障、贸易管制、环境安全、公共卫生安全等领域的干预越来越多，国家制定了数量众多的强制性规定，期望维护这些领域中国家和社会的整体利益。强制性规定客观上冲击着国际私法法律适用的体系，但毕竟国际私法是关乎私人利益的保护，强制性规定是局部的，并没有从根本上推翻国际私法的法律适用体系，所以，我国法官在适用第四条的规定上应该只是在少数涉及社会公共利益的领域展开。对于强制性规定适用的标准，主要有社会公共利益的标准以及直接适用性的标准。① 法律适用法第 4 条采取的是直接适用的标准，《司法解释（一）》第 8 条采取的是直接适用的标准与公共利益相结合的标准。在司法实践中，我国法官应该根据以上条款采取两者相结合的做法。直接适用的标准具有一定的客观性，但在司法实践运用中，法官应适当注意强制性规定与冲突规范，尤其是单边冲突规范之间的差异性。一般来说，单边冲突规范是多边主义方法下的一种特殊的冲突规范，而强制性规定是单边主义方法在现代国际私法制度上的运用，其将法律分为强制性规定与任意性规定两类，前者在涉外民商事审判中直接进行适用，后者通过冲突规范（包括单边冲突规范）指引适用有关的法律，所以不能将单边冲突规范等同于强制性规定。例如，在 2012 年上海伽姆普实业有限公司与 Moraglis S. A. 承揽合同纠纷上诉案中，② 法院从《民法通则》第 142 条第 2 款中推导出适用《联合国国际货物销售合同公约》等同于法律适用法第 4 条所认定的强制性规定。③ 归根结底，法院之所以出现以上错误，是因为其并没有正确理解"直接适用性"的判断标准。至于社会公共利益的标准运用，法官在司法实践中应该注意谨慎行使其自由裁量权，意识到社会公共利益的历史变动性，充分认识到公法与私法的关系，慎重对待保护性冲突规范等方面。在分析过程中，法官应该采取综合因素的分析方法。

至于强制性规定的边界问题，法官在司法实践中依据《司法解释（一）》第八条规定的五大领域，可以采用司法比例原则，厘清强制性规定与私法自治规定之间的边界。比例原则属于公法上的一项原则，主要调整公权力主体与私

---

① 卜璐. 国际私法中强制性规范的界定：兼评《关于适用〈涉外民事关系法律适用法〉若干问题的解释（一）》第 10 条［J］. 现代法学，2013，35（3）：156.

② （2012）沪高民二（商）终字第 4 号民事判决书。

③ 上海高级人民法院在判决书中写道："据此，本院认为，原审法院将本案定性为买卖合同错误。如果本案为涉外买卖合同纠纷，依据《中华人民共和国涉外民事关系法律适用法》第四条、《中华人民共和国民法通则》第一百四十二条第二款之规定，本案也应适用《联合国国际货物销售合同公约》。"

主体之间的关系，防止公权力主体侵入私权利。① 比例原则有适当性、必要性、均衡性三个方面的要求。② 适当性要求适用强制性规定必须符合立法之目的；必要性要求国家的干预是必要的，是维护国家重大的社会公共利益所必需的；均衡性要求国家强制性干预是与其追求的目标相称的。根据比例原则，法官在涉外民商事审判中对强制性规定的认定，必须在特定的范围以维护重大的社会公共利益为限，即在《司法解释（一）》列举的范围之内。在其范围之外，仍然适用法律适用法所规定的冲突规范做出指引。同时，法官还需要考虑强制性规定适用或不适用的后果，应考虑的因素包括法院地国利益、当事人利益以及对交易的影响。即在无损正当公益的前提下，法官应依照谦抑的原则，最大限度地便利商品、服务与资本的自由流通。③ 其实，这一要求大多直接规定在外国强制性规范的适用中，如黑山共和国 2014 年《关于国际私法的法律》第 10 条第 3 款规定，在决定是否考虑外国的强制性规范时，法院应考量该规范的性质、目的及其适用或不适用的后果。瑞士 1987 年《关于国际私法的联邦法》第 19 条第 2 款做出了同样的规定。

法律适用法第 4 条、第 5 条的适用，还涉及先后顺序的问题。第四条的规定是特定领域中的社会公共利益，不具有一般性，其作用在于"除"，直接排除外国法的适用；第 5 条是起到普遍性防火墙的作用，其作用在于"堵"，消除适用冲突规范指引外国法损害公共秩序的潜在风险。如果两者在适用条件同时具备的情况下，第四条的规定具有优先适用性。

我国法律适用法及其《司法解释（一）》中法官自由裁量权条款并不是凭空产生的，其是在借鉴国际私法国际社会的主要立法基础上，并结合我国国情所做出的设计。

---

① 李某平. 比例原则在民法中适用的条件和路径：以民事审判实践为中心 [J]. 法制与社会发展, 2018, 24 (5)：167.

② 郑晓剑. 比例原则在民法上的适用及展开 [J]. 中国法学, 2016 (2)：143.

③ 肖永平，龙威狄. 论中国国际私法中的强制性规范 [J]. 中国社会科学, 2012 (10)：114.

第三章

我国涉外民商事审判中法官自由裁量权之国际考察

法律是一切人类智慧聪明的结晶，包括一切社会思想和道德。

——【古希腊】柏拉图

"人们在自己生活的社会生产中发生一定的、必然的、不以他们的意志为转移的关系，即同他们的物质生产力的一定发展阶段相适合的生产关系。这些生产关系的总和构成社会的经济结构，即有法律的和政治的上层建筑竖立其上并有一定的社会意识形式与之相适应的现实基础。"① 经济是基础，法律是上层建筑。法律制度属于制度的一种，随着经济的发展而发展。

国际私法是国际经济发展到一定阶段的产物。信息技术革命促进了国际经济的深入发展，涉外民商事交往呈现出与以往不同的景象。当代国际经济是国际私法立法采取严格规则主义与自由裁量主义相结合的经济基础，涉外民商事审判中的法官自由裁量权的运用是当代国际经济在国际私法领域中的客观反映。当代国际私法理论总体特征是实体取向，重视法官自由裁量权的作用，这构成了涉外民商事审判中的法官自由裁量权的理论基础。在国际经济发展以及国际私法理论发展的双重推动下，各国国际私法立法纷纷做出了变革，重视国际私法上法官自由裁量权条款的立法。

当今世界正处于百年未有之大变局，经济全球化的深入与逆全球化出现，多边体制发展与单边主义抬头，都深刻影响了国际社会的交往。"一带一路"倡议的推进、"人类命运共同体"的构建，都需要我国加强涉外法治建设。习近平总书记在 2020 年 11 月 17 日召开的中央全面依法治国工作会议上指出："坚持统筹推进国内法治和涉外法治……协调推进国内治理和国际治理，更好维护国

---

① 中共中央马克思恩格斯列宁斯大林著作编译局. 马克思恩格斯选集：第 2 卷［M］. 2 版. 北京：人民出版社，1995：32.

家主权、安全、发展利益。"① 国际私法作为重要的涉外法律制度，是中国涉外法治建设的重要组成部分。正确认识与理解涉外民商事审判中法官自由裁量权的经济基础和理论基础，考察域外主要国家国际私法中自由裁量权条款，可以推动我国国际私法的完善和加快我国法典化进程，使我国设计出更为合理的法官自由裁量权条款。

第一节　我国涉外民商事审判中法官自由裁量权之国际经济基础考察

国际私法作为一种特殊的法律制度，受到国际经济发展的制约与影响。其制度的需求与供给是国际经济发展的晴雨表。涉外民商事审判中的法官自由裁量权是国际经济发展到一定阶段的产物，是国际经济交往在国际私法制度变化中的体现。国际经济的复杂化需要国际私法在制度上做出变化，但是这种变化需要以国际私法研究者理论的创新为基础。总之，涉外民商事审判中法官自由裁量权的产生与发展，是国际经济交往与国际私法理论发展共同作用的结果。国际经济交往的发展是其原动力，国际私法理论的变革是其助推器。

一、简单商品经济背景下国际经济的萌芽

国际私法作为一种特殊的部门法，是一定历史阶段的产物。国际私法的中心任务是解决国际民商事纠纷，即依照何国或何种法律处理涉外民商事争议。由于国际民商事法律关系涉及两个或两个以上国家的法律规定，需要法官在涉外民商事审判中寻找适当的法律解决当事人之间的争议。② 国际私法产生的基础在于多元法律体系和法律共同体的存在，这是国际私法产生的法律基础。但从经济角度来看，国际私法的存在是对外经济交往发展到一定程度的产物。国际私法研究者对国际民商事产生法律冲突的原因有不同的观点，但是以下几点是共同的：一是经济发展的原因，即国家之间存在一定程度上的民商事交往；二是法律制度的原因，即各国存在不同的民商事法律制度。当然仅有以上两个客

---

① 习近平. 坚定不移走中国特色社会主义法治道路 为全面建设社会主义现代化国家提供有力法治保障 [J]. 求是，2021 (5)：13-14.

② 韩德培. 中国冲突法研究 [M]. 武汉：武汉大学出版社，1993：3.

观原因，国际私法仍然无法产生。如果各国法律不承认外国人的主体地位，没有赋予外国人平等的民商事法律地位，这种国际民商事法律冲突也无法产生。同样，如果各国采取一种严格的属地主义，不承认外国民商事法律在国内的效力，也无法产生国际民商事法律冲突。正如我们通常所说的"入乡随俗"，或者如罗马格言"When in Rome, do as the Romans do"所言，当外国人进入到某一国家，如果该国适用本国的法律制度处理该涉外民商法律关系，就无所谓法律选择的问题。国际经济交往的发展，需要一种新的法律制度，于是国际私法应运而生。

在古代社会，战争是国家间普遍的状态。对外国人的敌对与仇视，否定了外国人的法律人格之地位，正常的民商事交往无法成为一种普遍的形态，战俘似乎是奴隶的一般来源。① 考察所有著名的古代文明国家，均存在否定外国人法律地位的规则与实践，说明外国人不具有与本国人一样的民事法律地位，甚至特定的外国人被认为是权利客体的组成部分。例如，中国古代将华夏周边的少数民族蔑称为"夷""狄""戎""蛮""胡"等，蕴含着外族人与华夏人不同的主体法律地位。在古代欧洲，城邦的法律仅适用于城邦的居民，不适用于外国人。既然外国人不能与城邦的居民结婚及取得财产，他们也就无法就其遭受的损失向城邦的法院提起诉讼。对此，福斯泰尔·德库朗热（Numa Denis Fustel de Coulanges）解释说：古代城邦是建立在宗教基础上的，外国人与本国人不信仰同样的宗教，因此不能对他适用同样的法律。也就是说，厌恶外来人是一种自然情感，根据托马斯的一句名言，人只爱其所了解的。碰见不相同的人容易产生恐惧，尤其在野蛮时代。那时，少许一点不理解或表面的利益冲突就可以导致暴力的反应；无论是基督教的努力，还是现代司法组织给予的保证，至今都不能消除这些情感。② 同时，对外来人的这种不信任是与这样一种必然的观念分不开的：法律是政治社会的产物，它是用来支配该社会的，因此，只有该社会的成员才有资格享有法律给予的利益，成为权利的主体。③

在罗马法时代，由于涉外民商事的交往并不频繁，也没有产生国际私法。《罗马法大全》是针对简单商品经济制定出来的法律，其对所能预见到的法律问

---

① 巴蒂福尔，拉加德. 国际私法总论［M］. 陈洪武，等译. 北京：中国对外翻译出版公司，1989：9-10.

② 巴蒂福尔，拉加德. 国际私法总论［M］. 陈洪武，等译. 北京：中国对外翻译出版公司，1989：10.

③ 巴蒂福尔，拉加德. 国际私法总论［M］. 陈洪武，等译. 北京：中国对外翻译出版公司，1989：10.

题都给予了或明或暗的回答，但对于适用外国法的问题，没有只言片语。尽管后期注释法学派的代表人物巴托鲁斯从罗马法中"任何法律都有其适用的范围"这一信条出发，站在双边的角度提出了"法则区别说"，但仍曲解了罗马法的本意。查士丁尼（Justinian）在分析市民法与万民法时，重复了盖雅斯（Gaius）《法律教科书》的教条：所有受法律和习惯治理的民族部分地适用它们自己的法律，部分地适用人类共同的法律。市民法与万民法相对立，市民法适用于罗马人之间，万民法适用于罗马人与外国人之间以及外国人之间。正如周鲠生所言：在罗马，jus civile 只适用于罗马公民，而 jus gentium 则适用于外国人之间以及外国人和罗马公民之间的关系，因而可以说是适用于一切人的，汉译为万民法；但是两者都属于罗马法的国内法。① 一般来说，国内的国际法学者大多认为万民法是属于国际法的：在古罗马，无论是作为一个城邦的第一时期，还是成为帝国的第二时期，都有类似于国际法的一些制度……制定专门调整罗马人与外国人之间关系的"万民法"……②从严格意义上说，当时的万民法并不是近代以来所指的国际法，至多也只是近代以来的国际私法。③ 古罗马时代的万民法是罗马的国内法，调整罗马人与外国人以及外国人之间的民商事关系，类似于当今统一的国际实体法，或者说专门调整涉外民商事关系的国内专用实体法。尽管出现了调整涉外民商事关系的国内实体法，由于当时的涉外民商事关系较为简单，所以并没有承认外国法在国内的效力，就连查士丁尼和盖雅斯也没有指出，罗马的法院或者省长究竟会不会在某些情况下适用外国法④，更不用说，涉外民商事审判中法官有无自由裁量权的问题。马丁·沃尔夫（Martin Wolf）曾精辟地评论，国际私法只有在尊重外国法时才能建立起来，罗马的法学家远未有这种观念。⑤

---

① 周鲠生. 国际法 [M]. 北京：商务印书馆，2018：1.
② 曾令良. 国际公法学. 第 2 版 [M]. 北京：高等教育出版社，2018：33.
③ 曾令良. 国际公法学. 第 2 版 [M]. 北京：高等教育出版社，2018：24.
④ 沃尔夫. 国际私法 [M]. 李浩培，汤宗舜，译. 北京：法律出版社，1988：41—42.
⑤ 马丁·沃尔夫评述道：只有在尊重外国法的情形之下，只有在具有像 12 世纪以后意大利城邦中的法律思想充满平等的气氛下，国际私法才能建立起来。罗马的法学家还远未有这种观念。他们对于本国法律的赞赏是合理的，但是由于他们赞赏本国的法律，可能使他们中间很多人轻视所有外国法律，包括希腊法律在内，以至他们连想也没有想到须要建立一些规则来适用这样低劣的法律。西塞罗在把罗马法同来喀古士、德拉科和梭伦所制定的法律进行比较时，感慨地说："除了我们的市民法外，所有其他的市民法是怎样的粗制滥造和几乎达到可笑的程度，是难以想象的。"这句话可能表示了他那时代的所有罗马知识分子的共同感觉。参见沃尔夫. 国际私法 [M]. 李浩培，汤宗舜，译. 北京：法律出版社，1988：42—43.

公元 476 年，西罗马帝国灭亡，此后欧洲大陆进入种族法时代。法律效力的范围可以划分为地域范围和人的范围。在种族法时代，法律的效力不以领土范围为主，而仅仅是支配本民族，不同的民族遵守各自的习惯法。以今天的眼光来看，种族法与国际私法的属人法不同，其处理的是人际法律冲突问题，而不是空间上的法律冲突。这种状态持续了四百年左右，到公元 9 世纪，西欧确立了封建制度，形成了封建割据的局面，出现了许多封建王国。此时，领土的观念增强，法律的属地性得到了强调，在一国领土范围内无论是本国公民还是外国公民，都必须严格遵守当地的法律及风俗习惯。法律的严格属地性，否定外国法在本国的效力，限制了外国人的法律地位，也就无所谓国际民商事法律冲突。这种状态一直持续到 12、13 世纪国际私法产生。

12、13 世纪之前，欧洲之所以没有产生国际私法，与当时的国际经济交往量少且简单化不无关系，没有产生国际私法的国际经济土壤，当然也没有产生国际私法的政治以及法律思想的土壤。

二、资本主义萌芽背景下国际经济的产生

随着欧洲资本主义的萌芽与发展，对外民商事的交往也逐渐得到发展。对外经济交流与发展，需要新的法律制度进行调整，促进了国际私法的理论形态的产生。12 世纪被誉为欧洲的 "法律世纪"，近代意义上的法律传统开始形成。在此背景下，国际私法（严格来说是区际私法）产生于 12、13 世纪的意大利。这一阶段，意大利北部诸城邦封建制度逐步衰落，资本主义经济开始产生并得到发展，城邦之间的民商事交往非常活跃。由于各城邦都有自己的城邦法律体系，各不相同又有共同的法律理念，于是在意大利各城邦的多元法律体系以及法律共同体的基础上，产生了意大利的法则区别理论。① 国际私法之所以产生于意大利，有其深刻的经济与社会背景。

资本主义经济的萌芽与发展是其经济背景。意大利所在的亚平宁半岛犹如马靴状深入到地中海，其北部地中海沿岸各城邦处于东西方的交通要道，地理位置得天独厚，气候适宜，物产丰富。一方面，适宜的气候有利于农业与畜牧业的发展，这里盛产谷物、橄榄及葡萄；另一方面，亚平宁半岛矿产与林业资源丰富，矿藏有铁、铜、铅、锌，森林茂密，出产木材。随着东西方的民商事交往，科学技术水平得到一定的提高。东方先进的航海技术，例如，中国的航海罗盘、指南针，阿拉伯的沙漏里程计、火球深度测量器以及其他远洋航海技

---

① 宋晓. 当代国际私法的实体取向 [M]. 武汉：武汉大学出版社，2004：5.

术被相继输入，经过意大利北部地中海沿岸的诸城邦，广泛地应用到欧洲地中海及波罗的海诸国，欧洲航海技术取得了长足的发展。优越的地理位置、丰富的资源、科学技术的发展，促进了意大利资本主义经济的发展，带来商业的繁荣，对外贸易十分活跃。正如我国学者刘仁山教授所言：自 13 世纪以来，人类科学技术水平有了较大的提高，国家间的经济贸易开始成为国内经济发展的一个重要途径，国际民事交往有了一定的变化。由于造船业的发展，意大利北部的城市国家成为东西方的贸易中心。①

封建主义制度的衰落及资本主义制度的兴起是其社会背景。法国国际私法学者巴蒂福尔（Batiffol H.）、拉加德（Lagarde）认为，在意大利，封建制度并没有扎下深根，封建法律制度也未真正建立起来。② 意大利地中海北部沿海地带建立了独立的城邦共和国，如米兰、都灵、热那亚、佛罗伦萨、威尼斯等。这些城邦共和国使城市文明的火种得以保存与延续，资本主义制度得以发展。城邦共和国具有高度自治权，有权颁布法令，制定符合资本主义经济发展需要的、独特的法律，具有独立的审判权。于是，国际私法在意大利北部具有两大基础——多元法律体系和法律的共同体。

多元法律体系是指北部各城邦共和国都有自己特色的城邦法，城邦法各不相同；法律的共同体是指这些城邦共和国具有共同的法律传统与文化传统，有着共同的语言，罗马法对所有城邦共和国都有约束力。对于城邦之间的经济往来，存在大量的争议。如何处理这些城邦共和国之间的民商事争议，是当时各城邦共和国面临的共同问题。如果仍然坚持属地主义，适用各自城邦法，则不利于商业贸易的发展以及资本主义经济的生成。当时城邦共和国主要有两种法律状况：一种是城邦法与罗马法之间的冲突，另一种是城邦法与城邦法之间的冲突。前一种的解决原则在罗马有规定：如果城邦法与罗马法均有规定，且冲突的，按照罗马法特别法优于一般法的原则，适用罗马法；如果城邦法有规定、罗马法没有规定，或者，城邦法没有规定、罗马法有规定，适用有规定的城邦法或罗马法。至于后一种城邦法与城邦法之间的冲突，罗马法并没有提出解决原则和方案。于是，后期注释法学家巴托鲁斯从普遍主义与自然法出发，站在双边的角度，努力探讨法律的域外效力与域内效力，提出法则区别的解决方案，即通过法则的分类，划定不同法律的适用范围，承认人法的域外效力。国际私

---

① 刘仁山. 再论国际私法的对象与方法：基于技术革命的影响所形成的认识 [J]. 中国国际私法与比较法年刊，2001，4（0）：101.

② 巴蒂福尔，拉加德. 国际私法总论 [M]. 陈洪武，等译. 北京：中国对外翻译出版公司，1989：17.

法的发展从此拉开了序幕。

至此，可以得出以下结论：意大利北部城邦共和国资本主义经济的发展，导致各城邦之间的经济往来，产生了大量的民商事关系。城邦共和国具有一定自治权，各城邦共和国都有自己的城邦法则，城邦法则各不相同，导致涉外民商事法律冲突。各城邦法则都赋予民商事交往主体同等的民事法律地位。同时，由于各城邦共和国之间的法律具有一定同源性，承认其他城邦共和国的法则不存在障碍。国际私法作为一种学术形态，滥觞于12、13世纪的意大利，巴托鲁斯的"法则区别说"的提出，标志着国际私法理论形态的正式确立。从严格意义上说，巴托鲁斯所解决的法律冲突问题，并不是现代意义上的国际法律冲突，而是区际民商事法律冲突。由于当时资本主义经济刚刚萌芽，经济交往相对简单，主要集中在自然人的权利能力及行为能力、财产继承以及婚姻家庭等方面，客体主要是动产与不动产，涉外合同、货物运输保险以及其他的商事往来才开始产生。① 巴托鲁斯及其追随者从自然法的角度出发，提出了法则的分类，即将法则分为人法、物法以及混合法则。人法具有域外性，随着人移动。这就在一定程度上提出了适用外城邦法则的问题。物法具有严格的属地性，适用物之所在地法。巴托鲁斯还根据法则的性质提出了一些具体的规则。巴托鲁斯的基本思路是从法则的分类入手建立一种解决法律冲突的普遍规则。由于巴托鲁斯提出的法则区别说属于一种理论的探讨，根据法则性质确定其所适用的范围，一般都拒绝给予法官自由裁量权。这与当时的国际经济发展是相适应的。

巴托鲁斯所建立的从法则分类探讨法律域外效力的思路，经过法国法则区别说以及荷兰的国际礼让说长达四五百年的发展，到了19世纪中叶被萨维尼的"法律关系本座说"所取代。"法则区别说"在19世纪发展到鼎盛时期，也是其走向灭亡的时期。究其原因，一方面，法则区别说本身存在无法解决、不可调和的属地主义与属人主义之间的矛盾，将法则分为人的法则与物的法则具有不可能性。从一般意义上说，任何法则都具有属人性质的，因为法律是调整人与人之间的一种社会关系。另一方面，从根本上说，法则区别说与资本主义经济的发展，特别是第一次新技术革命导致生产力的提升，涉外民商事关系的进一步发展，是不相适应的。

---

① 刘仁山．再论国际私法的对象与方法：基于技术革命的影响所形成的认识［J］．中国国际私法与比较法年刊，2001，4（0）：102．

三、工业革命背景下国际经济的快速发展

欧洲国际贸易交往的中心从 16 世纪开始，逐步从地中海沿岸转移到大西洋沿岸。18 世纪 60 年代开始的第一次技术革命（1760—1840 年），极大地推动了生产力的发展，国际经济贸易得到了质的飞跃。第一次技术革命是以机器的发明及使用为标志的。1776 年，瓦特改良的蒸汽机点燃了"工业革命"的导火索，随后经过进一步改进的蒸汽机被运用到各种生产领域。

在第一次工业革命中，蒸汽机的广泛运用直接推动了纺织、采矿、机械、冶金等各类科学技术的发展，促进了生产力的提升，人类社会进入了机器代替手工业的工业化时代。① 尤其是 1814 年，蒸汽火车开创了陆路运输的新时代，改变了人们的生活方式，推进了社会的发展。② 伴随着资本主义工业的发展、劳动力市场的形成，人们对资本主义工业的发展提出了自由竞争的要求。③ 同时，国际贸易得到了长足发展。地理大发现、资本主义的工业革命、生产力的提高、商品规模的扩大，不断推动着国际贸易的发展，并使其开始具有世界规模。17世纪到 19 世纪，资本主义国家的对外贸易额不断上升。19 世纪末进入帝国主义时期后，形成了统一的无所不包的世界经济体系和世界市场。④ 到第一次世界大战前，欧洲主要的资本主义国家都已经完成了工业革命，或者在工业化方面取得了重大进展。⑤ 事实上，第一次世界大战以前的半个世纪是国际经济开始大规模扩张的时期。如果按照人均工业产出的增加来计算经济增长的话，那么，国际经济在 1870—1913 年的扩张似乎较此前时期和此后时期都更快一些，即使将20 世纪 50 年代初的恢复时期包括在内的话也是如此。在 1876—1880 年和1911—1913 年，世界制造业生产增长是世界人口增长的 3 倍，而进入世界贸易领域的商品量则 2.5 倍于此。⑥

巴托鲁斯倡导的法则区别说在 19 世纪一夜之间被萨维尼的法律关系本座说所取代，其不仅是无法调和的属地主义与属人主义矛盾的结果，更是自由资本

① 马克思. 资本论 [M]. 朱登，译. 北京：北京联合出版公司，2013：155.
② 马克思. 资本论 [M]. 朱登，译. 北京：北京联合出版公司，2013：47.
③ 斯密. 国富论 [M]. 胡长明，译. 重庆：重庆出版社，2015：4.
④ 斯密. 国富论 [M]. 胡长明，译. 重庆：重庆出版社，2015：210.
⑤ 哈巴库克，波斯坦. 剑桥欧洲经济史. 第 6 卷. 工业革命及其以后的经济发展：收入、人口及技术变迁 [M]. 王春法，等译. 北京：经济科学出版社，2002：24.
⑥ 哈巴库克，波斯坦. 剑桥欧洲经济史. 第 6 卷. 工业革命及其以后的经济发展：收入、人口及技术变迁 [M]. 王春法，等译. 北京：经济科学出版社，2002：48.

主义经济制度与法律制度发展的必然要求。古典自然法认为法律是人类理性的体现，在反对神权法学的过程中，提出了以人的眼光认识法律。在与封建主义的斗争中，私法自治、契约自由思想得以发扬光大。英国法学家梅因（Maine）在考察古代社会与现代社会的不同后，提出了所谓的"从身份到契约"这个著名命题。古代社会是身份型社会，是以血缘为基础的；现代社会是契约型社会，是以契约为基础的。资本主义经济取代封建主义经济，就是契约型社会取代身份型社会。① 后者强调的是族群关系以及家长的权威，前者强调的是个体的自由与平等，个人可以为自己设定权利与义务。于是，人与人之间的关系从服从与被服从的关系转化为一种自由合意的契约关系。② 抽象人格、自由主义、形式正义、个体本位与一体化保护是当时自由资本主义经济的反映。③

　　自由资本主义经济的发展催生了国际私法的变革，萨维尼顺应了历史的发展变化，改变了从法则分类解决法律冲突的思维进路，创造性地从法律关系入手寻找所要适用的法律，提出了著名的"法律关系本座说"，形成了国际私法传统的多边主义法律选择方法，促进了国际私法成文化的发展。自由资本主义经济在客观上要求法律制度的确定性，克服封建主义专制国家缺乏安全的最大缺陷。法律的稳定性与明确性以及注重法律的安全价值，要求法官在处理涉外民商事案件中较少运用其自由裁量权，否则会损害自由资本主义市场主体的积极性与安全感。为了防止法官的异化导致滥用自由裁量权以及理性主义的高扬，希望法律规则具体明确。在这一指导思想下，萨维尼"法律关系本座说"从法律关系的分类入手，寻求每一特殊法律关系的自身本座，通过连结点指向某一具体的法律规则，最终适用该指向的实体法。连结点的选择具有唯一性、固定性以及中立性，极少赋予法官自由裁量权。在严格规则主义的影响下，国际私法的立法追求简单化与明确化，法官自由裁量权基本无用处，被限制在极小的

---

① 英国著名法学家梅因在《古代法》中这样写道："所有进步社会的运动，到此处为止，是一个从'身份到契约'的运动"。梅因认为，古代社会是以家族为组织单位，现代社会是以个人为组织单位。两种社会的组织原则和方法是不同的，即"用以逐步代替源自'家族'各种权利义务那种相互关系形成的……就是'契约'。在以前，'人'的一切关系都是被概括在'家族'中的，把这种社会状态作为历史上的一个起点，从这一起点开始，我们似乎是在不断地向着一种新的社会秩序状态移动，在这新的社会秩序中，所有这些关系都是因'个人'的合意而产生的"。梅因. 古代法［M］. 沈景一，译. 北京：商务印书馆，1996：97，72，96.

② 蒋先福. 契约文明：法治文明的源与流［M］. 上海：上海人民出版社，1999：90-91.

③ 蒋先福. 近代法治国的历史再现：梅因"从身份到契约"论断新论［J］. 法制与社会发展，2000（2）：1-7.

范围内，其任务仅仅是按照既定的法律规则处理涉外民商事案件。法官的作用犹如复印机一样，输入案件事实，结合法律规则，自动传输出法律结果。正如庞德指出："19 世纪的法学家曾试图从司法中排除人的因素，他们努力排除法律适用所有的个体化因素。他们相信按严谨机械地建立和实践的封闭的法律体系，在他们看来，在这一封闭的法规体系的起源和运用中承认人的创造性因素，是极不恰当的。"①

　　萨维尼在 1849 年出版的《现代罗马法体系》第八卷《法律传统与法律规则的地域范围和时间范围》中提出了"法律关系本座说"。巧合的是，其理论的提出恰逢自由资本主义发展的顶峰，也是自由资本主义开始向垄断资本主义过渡的阶段。其后资本主义社会进入了第二次工业革命时期（1850—1950 年）。第二次工业革命主要是以电力为标志，电动机及内燃机的发明与应用，强力推动了生产力的发展，资本积累与集中加速，其结果导致资本主义社会走向了垄断。② 垄断资本主义加剧了贫富差距、社会的两极分化，不可避免的经济危机严重影响了人类的发展。第二次工业革命极大地促进了运输业的发展，涉外民商事关系呈现出较大的变化：传统以婚姻家庭、继承、不动产为主的民事关系逐步转变为以合同、侵权、知识产权、运输、保险、票据等为主的民商事关系；涉外民商事关系总量上大大增加；涉外民商事关系的主体出现较大的变化，自然人不再是唯一的主体，出现公司、企业等法人主体，法人主体的种类越来越多，越来越复杂；国际民商事法律冲突的范围越来越广泛，知识产权制度越来越得到重视。③ 特别是第一次世界大战以后，科学技术得到了极大的提升，涉外民商事交往越来越复杂。以萨维尼"法律关系本座说"为基础的国际私法立法，存在法律关系分类简单化的缺陷，与飞速发展的涉外民商事关系相脱节。于是，萨维尼的理论从产生时就遭到了国际私法学者的批判。传统国际私法法律选择方法是管辖权的选择方法，通过事先连结点的选择，将涉外民商事关系进行场所化到特定的国家或地区，适用该特定国家或地区的法律，其基本公式就是"法律关系+连结点+法律"。这种法律选择方法具有明显形式主义的特征，只是考虑到法律选择的过程，没有考虑到法律选择的结果，即没有重视所选择法律的适当性与合理性。20 世纪中叶美国爆发的国际私法的变革以及欧洲国际私法的改良主义运动，无不是针对萨维尼方法中的形式主义而做出的修正，以增强

---

① 庞德. 法律史解释［M］. 曹玉堂，等译. 北京：华夏出版社，1989：123.
② 马克思. 资本论［M］. 朱登，译. 北京：北京联合出版公司，2013：186.
③ 刘仁山. 再论国际私法的对象与方法：基于技术革命的影响所形成的认识［J］. 中国国际私法与比较法年刊，2001，4（0）：102-103.

所适用法律的正当性与合理性，注重了法律选择中的实体正义。其共同的特点都是重视法官的作用，赋予了法官一定自由裁量权，使其做出法律选择。

革命的激情、改良的措施，并没有从根本性上否定传统国际私法的法律选择方法，没有改变国际私法的基本内核——从法律关系类型化的角度，通过连结点寻找法律的基本法律选择方法。美国国际私法变革、欧洲国际私法改良运动后，国际私法理论进入了一个相对的冷静期，但各国国际私法立法进入高潮期。特别是 21 世纪以来，各国纷纷制定或修订国际私法的立法。当今国际私法的立法趋势主要有：立法形式越来越完善，法典化的趋势越来越明显；立法内容越来越丰富，从传统的民事走向民事与商事并重；法律选择方法越来越灵活，从地理定位的方法走向了社会定位的方法。总体上看，规则仍然是国际私法立法的主要手段，但是国际私法立法在某些领域，甚至在国际私法立法的总则中，理性地赋予法官适当的自由裁量权，走上了严格规则主义与自由裁量主义相结合的道路。当今国际私法立法之所以走上这条道路，与当今国际经济贸易的发展、涉外民商事交往的复杂性不无关系。

四、信息技术革命背景下的国际经济全球化发展

第三次技术革命或信息技术革命，以及由此推动的全球化运动，对国际私法的立法产生了重大的影响。可以说，现今国际私法立法采取严格规则主义与自由裁量主义相结合，立法上赋予法官自由裁量权，是当今国际经济发展在国际私法立法中的必然反映。

第三次技术革命是以信息技术为核心，计算机技术、互联网、空间技术、人工智能、原子能、生物工程等高科技的发展，令人眼花缭乱。每一项高科技的发展都给人们的生活方式带来了极大的冲击。传统以汽车、钢铁为主的重工业时代，被现代以计算机为主的信息时代所取代。随着信息时代国际贸易的发展，涉外民商事交往呈现出与以往不同的景象。在新的世界经济环境下，全球形成一个网络，分工与合作在全球范围内展开。国际贸易巨大的规模、贸易方式的多样化、贸易速度的快捷、贸易范围广度与深度的加强、贸易主体的多元化，都加剧了国际贸易复杂化。再加上各种贸易体制交织在一起，多边贸易体制的建立、单边贸易保护主义的抬头，无不增加了国际私法调整的难度。因现代科学技术的发展，时间、空间因素对国际私法的影响似乎在减弱。① 例如，现代交通运输工具、网络技术的广泛运用，传统国际私法以空间连结点寻找法律

---

① 郑自文. 最密切联系原则的哲学思考［J］. 法学评论, 1994（6）: 33.

的做法越来越显得"力不从心"。为了应对这种快速的变化，国际私法立法必须重视法官自由裁量权的作用。第三次信息技术革命主要在互联网与经济全球化两方面极大地影响了国际私法的立法。正如我国学者刘仁山教授所言："到20世纪90年代，人类经历的一次意义深远的重大技术革命就是互联网络、移动电话的广泛运用，它不仅是人类通信方式的改变，而且将导致经济运行方式和人们交际方式的变革，以及社会组织方式和结构的改变，它正逐步改变整个经济和社会的面貌，人类从此进入信息时代。这就会更进一步促进全球经济的一体化。"[1]

　　网络空间是一个非物理性质的空间，具有全球性、高度自治性、管理的非中心化以及虚拟性。互联网和人工智能的发展，颠覆了传统人类的生活方式。互联网的广泛运用，导致国际民商事法律冲突的复杂性、法律主体的不确定性、空间地理位置的模糊性、时间的即时性等，这些无不冲击着国际私法的立法。受到互联网的影响，国际私法立法在电子商务、网络侵权、知识产权等领域，都做出相应的调整。尽管传统国际私法法律选择方法仍然起着作用，但法官自由裁量权的作用在增强，立法上自由裁量权的条款出现，都是应对这一变化的结果。在连结点的选择上，传统的侵权行为地、合同缔结地与履行地、国籍等连结点的地位在下降。这就需要改变固定、唯一与中立连结点的做法，将地理定位的连结点转为社会定位的连结点，如最密切联系地。在法律选择方法上，注重个人自由的意思自治方法和注重灵活的最密切联系方法得到重视。

　　互联网等科学技术的运用，促进了全球化的发展。全球化对国际社会的重大影响已经成为不争的事实。但是在这个全球化趋势加强的时代，也出现了逆全球化的现象，两者相互交织在一起。全球共存与竞争，形成多种形式的全球化。全球化对国际私法立法的影响主要体现为法律选择的方法由追求明确性、稳定性和结果的一致性，走向法律明确性和灵活性相结合的道路。[2] 这种相结合的道路就是国际私法立法上严格规则主义与自由裁量主义相结合的道路。全球化同时对国际私法基本制度提出新的要求，如公共秩序保留制度。由于公共秩序保留制度具有不确定性，其赋予了法官极大的自由裁量权，导致公共秩序保留制度的滥用。国际本位主义代替国家本位主义的全球化，必然要求各国谨慎适用该项制度，以保障人类整体的利益。这与我国提出的"人类命运共同体"

---

① 刘仁山. 再论国际私法的对象与方法：基于技术革命的影响所形成的认识 [J]. 中国国际私法与比较法年刊，2001，4 (0)：103-104.

② 黄世席. 从全球化谈国际私法若干基本问题的发展 [J]. 学海，2003 (1)：69.

的理念是相吻合的。与此同时，全球化促进了国际私法的统一化与趋同化，国际私法的国际法性质得到加强。国际私法的功能从主要解决具体的民商事争议向构建国际民商事秩序方向转变，国际统一实体法，尤其是国际私法国际条约的作用得到加强。同时，全球化推动了国际私法基本理念的转型，国际私法的冲突正义与实体正义相结合，人权价值取向得到尊重，弱者保护原则在国际私法立法上得以确立。① 无论是冲突正义与实体正义的并重，还是弱者权利保护原则的确立，都在国际私法立法上体现为重视法官自由裁量权，以实现实体正义的维护以及弱者权利的保护。

根据以上阐述可以得出结论，当代国际经济是国际私法立法采取严格规则主义与自由裁量主义相结合的经济基础，涉外民商事审判中法官自由裁量权的运用是当代经济在国际私法领域中的客观反映。

第二节　我国涉外民商事审判中法官自由裁量权之国际私法学说考察

当代国际私法的立法是将严格规则主义与自由裁量主义相结合，涉外民商事审判中的法官自由裁量权就是这种立法的体现。在国际私法立法上，法律选择规则仍然起到主导地位的作用，法官自由裁量权起到严格规则不足的补充作用。这种将严格规则与自由裁量结合的做法有着其法律思想上的基础，尤其是 20 世纪中叶以来的国际私法理论是两者相结合重要的思想来源。

绝对的严格规则主义注重法律的明确性，考虑到法律的一般性，但其又具有滞后性、不合目的性、不周延性以及模糊性等缺陷，损害了法律的具体正义；然而绝对的自由裁量主义注重法律的个体正义，考虑到法律的特殊性，但损害了法律的明确性，破坏了法制的统一，使人民失去安全感。因此，国际私法的立法不得不为避免两种极端的主张，走上了严格规则主义与自由裁量主义相结合的道路。

一、亚里士多德的自由裁量主义思想

亚里士多德在评判柏拉图人治思想的基础上，最早提出了将规则主义与自

---

① 李良才. 经济全球化与国际私法基本理念的人权价值取向［J］. 前沿，2009（8）：52.

由裁量主义相结合的思想。柏拉图从人之初性本善的自然状态假设入手，认为无须用法律来调整社会关系。性本善是柏拉图提出绝对自由裁量主义的思想根源之一。① 亚里士多德认为人的本性在于理性，人能用理性支配自己的行为、控制自身的欲望，使之合乎道德。但人具有情感，具有自私的一面，并非全部受理性支配。亚里士多德从人之初"亦好亦坏"的假设前提出发，即人之初"一半是天使，一半是野兽"，得出法治的必要性，防范人之恶的一面，防范人性之弱点。② 于是，亚里士多德提出了其法治思想："已成立的法律获得普遍的服从，而大家所服从的法律又应该本身是制定得良好的法律。"③ 良法善治是法治的基础。法治的前提必须是存在良好的法律。但是，法律只是针对社会生活中共性、一般性所制定的，无法考虑到特殊性。社会生活的多样性、生动性必然与法律规定的一般性、明确性之间存在巨大的鸿沟。对于社会生活来说，法律并非针对所有的社会生活都是良法，有可能对于具体的社会生活是一种恶法。亚里士多德又不得不承认："完全按照成文法统治的政体不会是最优良的政体，因为法律只能订立一些通则，不能完备无遗，不能规定一切细节，把所有问题包括进去，而一个城邦的事务又是非常复杂且经常变幻的，法律不可能及时地适应这个需要，所以还得以个人根据理智进行审裁处理国家事务，包括对法律的修改和补充，可见'人'仍然有作用的，不应当完全否定。"④ 徐国栋从亚里士多德的理论中得出："在一般性和共相的王国中，严格规则主义之花可以竞相怒放。在个别性和殊相的王国里，自由裁量主义之花亦不应凋零。"⑤ 亚里士多德提出以"衡平法"的方法解决争议问题，即"当法律因其太原则而不能解决具体问题时对法律进行的一种补正"⑥。

　　亚里士多德以衡平法解决法律的局限性，这在罗马法与英美法中产生了影响。罗马法以告示、敕令、法学家的解释解决了法律的局限性，起到了对罗马

---

① 徐国栋．西方立法思想与立法史略（上）：以自由裁量与严格规则的消长为线索［J］．比较法研究，1992（1）：20.
② 徐国栋．西方立法思想与立法史略（上）：以自由裁量与严格规则的消长为线索［J］．比较法研究，1992（1）：20.
③ 亚里士多德．政治学［M］．吴寿彭，译．北京：商务印书馆，1965：199.
④ 张宏生．西方法律思想史［M］．北京：北京大学出版社，1983：53.
⑤ 徐国栋．西方立法思想与立法史略（上）：以自由裁量与严格规则的消长为线索［J］．比较法研究，1992（1）：22.
⑥ 博登海默．法理学：法哲学及其方法［M］．邓正来，译．北京：华夏出版社，1987：11.

法实现与时俱进的任务作用。这三种法律渊源具有一定的自由裁量因素。① 罗马法中的衡平法的思想被英国所继承，产生了英国的衡平法，成为亚里士多德式的矫正剂。② 英国的衡平法从实体上看，是以人的因素补充了规则因素之不足，大大缓和了普通法的严格性，促进了普通法向公平的方向发展。英美法系以经验主义为基础，是面向过去的；大陆法系以理性主义为基础的，是面向未来的。③ 两大法系在当代发展过程中逐步靠拢与融合，大陆法系在 19 世纪下半叶因经济的发展、政治体制的变化、意识形态的变化、立法与司法关系的变化，向吸收自由裁量主义因素的方向发展。④ 而英美法系，成文化的发展也得到重视。在国际私法的立法上，两大法系的做法也渐趋一致，将严格规则主义与自由裁量主义相结合。

二、美国国际私法变革的社会基础

国际私法的变革首先从美国开始。美国继承了英国普通法的传统，在此基础上进行发展。美国的法律制度以判例法为主，同时辅之以制定法（成文法）。判例法在宏观层面上承担着法律确定性的作用。遵循先例是美国法律制度的传统，下级法院遵循上级法院的判例，上级法院遵循自己之前的判例。上级法院做出的判例具有普遍的约束力，下级法院以及上级法院自身必须遵循先例。如此，美国法院适用的先例因其概括性较低、解释的空间较小，所以比较明确，具有严格规则的一面。但是，从微观上来看，判例法尽管要求法院遵循先例，如果法院遇到新的情况，既有的判例无法提供解决方案，法官在事实上具有一定立法权，以适应社会发展的需要。同时，法官具有沟通过去与未来的桥梁作用，以自己的经验将过去与未来联结起来。从这点上法官具有一定的自由裁量权，避免法律的滞后性、不合目的性以及不周延性等缺陷，实现具体案件的公正性。所以，判例法兼具法律的确定性与灵活性特点。但是，判例法赋予法官的自由裁量权是应对社会缓慢发展的情况。如果社会发生剧烈的变化，判例法

① 徐国栋. 西方立法思想与立法史略（上）：以自由裁量与严格规则的消长为线索［J］. 比较法研究，1992（1）：23.

② 博登海默. 法理学：法哲学及其方法［M］. 邓正来，译. 北京：华夏出版社，1987：445.

③ 徐国栋. 西方立法思想与立法史略（上）：以自由裁量与严格规则的消长为线索［J］. 比较法研究，1992（1）：31.

④ 徐国栋. 西方立法思想与立法史略（下）：以自由裁量与严格规则的消长为线索［J］. 比较法研究，1992（Z1）：17.

则无法承担其变化之重。制定法作为改革的工具，起到迅速改变的作用，使其快速与社会吻合。从这个意义上说，制定法是英美法系在宏观上保障法律灵活性的重要手段。但是在微观上，因其具有明确性，起到保障法律的确定性和安全的价值。总之，美国法律体系与大陆的法典体系不同，其具有一定的灵活性，赋予法官一定的自由裁量权，以应对社会的发展。而大陆法典体系从理性出发，以演绎法作为基本方法，具有形式主义的特色。

在国际私法领域，美国的法律制度逐步偏离了判例法的传统，美国哈佛大学的法学教授比尔（Beale）于 1934 年负责编撰的美国《冲突法重述（第一次）》更多具有大陆法系形式主义的特征，其发展了英国学者戴西的既得权理论，并将萨维尼的法律关系本座说的理论加以改造，形成了重述寻法的简明公式："法律关系+合法取得权利地+法律"。合法取得权利的法律就是英国学者既得权理论的核心，其旨在保障国际民事关系的稳定性。例如，在该部重述中，侵权适用侵权行为地法。如此，其建立了一整套简明、僵硬性的选法规则。该部重述的优势在于法律选择的明确性、可预见性、中立性以及法院适用的便利性，但其与美国的法律传统格格不入。

一般来说，英美法系国家与大陆法系国家对于争议处理具有不同的思路。大陆法系国家是从普遍性原理出发，制定出一般性的法律规范，然后指导法律的实践。这是一种从一般到特殊的思维方式。英美法系国家则是从具体案件出发，从中找出一般性的原理与规则。这是一种从特殊到一般的思维方式。两大法系的思维方式各自注重了人类思维的一个方面，具有一定的差异性。一般来说，英美法系注重法官的能动性，法官具有创制与改变法律的主动性。大陆法系注重立法者的能动性，法官只是被动地适用法律。比尔教授编撰的重述所制定的寻法规则具有一定的僵硬性，比萨维尼所建立的法律关系本座说还要僵硬。萨维尼在对法律关系做出系统研究的基础上，建立了"法律关系+连结点+法律"公式。因为每一种法律关系的本座是不同的，所以萨维尼的法律关系本座说从本质上是符合大陆法系的历史传统的。反之，比尔教授提出的法律适用公式与美国的法律传统背道而驰，美国对法律关系的类型化研究并没有那么深入，所有法律关系都适用权利实现地的法律，比本座更加单一、机械与僵硬。该公式导致的结果往往是适用了与法律关系没有任何联系的州的法律。这种以概念主义为基础的选法大厦，其本质结构是不稳定的，缺乏逻辑推理的管辖权选法规则，具有明显的先验主义特征，其很快就被美国国际私法革命以摧枯拉朽之势予以推翻。

美国国际私法革命的核心在于增强法律选择的灵活性，注重具体案件的正义，赋予法官一定的自由裁量权。美国之所以会爆发国际私法的变革，主要原因有以下几方面。

第一，美国联邦法律体制。美国采取的是联邦制的做法。美国由五十个州、一个哥伦比亚特区以及数个准州组成。这些州有自己的立法权，形成了美国独特的二元法律体系——联邦法律体系与州法律体系。每一个州的法律是不相同的，其具有国际私法存在的天然土壤。从某种意义上说，美国将国际私法与区际私法等同看待，没有所谓的区际私法。州与州之间的法律冲突和州与其他主权国家的法律冲突，没有本质上的区别。正因为如此，美国法律冲突现象非常普遍，因而需要强有力的国际私法制度来支撑。这就不难理解为何国际私法的变革会在美国发生。

第二，美国的州际与国际经济交往的发展。法律的变革与经济的发展是密不可分的。经济的发展需要法律制度的变革，而法律制度的变革反过来促进经济的发展。美国经过第一次世界大战，经济得到了迅速发展。特别是在第二次世界大战之后，美国成为世界上的头号经济强国与政治大国。美国对外经济的发展，民商事交往的急剧增长，产生了许多民商事争议。传统的国际私法规则越来越不适应对外经济发展的需要，国际私法的变革就在经济需求中拉开了序幕。

第三，美国法学家的推动。美国国际私法的变革，离不开法学家们的推动。没有美国法学家们对传统国际私法的批判与反思，则无法掀起国际私法革命的浪潮。美国在法律教育中，采取百花齐放、百家争鸣的方针，通过法律诊所式的教学方式，并在当时实用主义哲学的背景下，展开了旷日持久的现代法律选择方法探讨，对传统国际私法理论与方法提出强有力的挑战。美国法学家的各种学术理论构成了国际私法变革（重视法官自由裁量权）的理论基础。

美国法律现实主义是国际私法变革的理论基础，其又是以美国的实用主义哲学为其理论工具。美国法律现实主义者秉承英美法系的传统，以经验主义为基础，以归纳法为主要方法。正如美国大法官霍尔姆斯所说："法律的生命不是逻辑，而是经验。"法官不能从法哲学的信条出发，而是从社会实证的社会状况出发，强调法律适用过程的重要性，不注重法规的逻辑运用，主张在行动中发现和创制法律。① 因此，美国法律现实主义同以往的自然法学、分析法学和历史法学等学派不同，它发生在美国社会转型时期，一批敏锐地感受到社会脉搏跳动的学者和法官不约而同地关注司法实践和社会现实，反对法律形式主义的僵

---

① 吕世伦.西方法律思潮源流论［M］.北京：中国人民公安大学出版社，1993：36.

化思维，发出批判和改革的呼声。① 我国有学者将美国法律现实主义的法律观简要总结为规则怀疑主义、法律功能主义与规则细化主义。② 规则怀疑主义的核心是怀疑规则的产生方式——法律是被发现而非创制，认为法官可以在行动中创制法律，法官的行为就是法律，重视法官的自由裁量权。所以，规则怀疑主义并不是全盘否定规则，而是反对过去不合理的规则以及对规则确定性的过分强调。法律功能主义是在规则怀疑的基础上，强调社会生活中的法与法律的变动性，以适应社会发展变化的需要。即法律是实现社会政策的工具，价值衡量与政策分析贯穿于法官司法过程中，法官自由裁量权在司法能动中起到一定的作用。规则细化主义反对的是旧有僵化的规则，努力创建新型的规则。这种新型规则的创建要反映公共政策与道德准则，这些公共政策和道德准则是法官重建新规则的基石。③ 公共政策或道德准则在不同的社会、不同的历史时期是不同的，这就需要发挥法官的自由裁量权的作用。根据以上分析，从某种意义上说，美国法律现实主义就是在反对法律形式主义的基础上，重视法官的作用，发挥法官的主观能动性，以适应社会生活的变动与发展。美国国际私法的变革正是以美国法律现实主义为思想基础，是美国实用主义哲学在国际私法中的体现。

三、美国国际私法变革的主要学说

美国国际私法革命的先驱者库克不仅在法学，而且在物理学、数学，甚至在生物学领域造诣颇深，其在《冲突法的逻辑与法律基础》一书中提出了"本地法说"。库克的本地法说是在批判既得权说以及《冲突法重述（第一次）》的基础上提出的，其以自然科学的归纳法为基本方法，发现国际私法的法律基础是法院地的本地法。他认为法院在审理涉外民商事案件时，既不是适用外国法，也不是执行外国法所取得的权利，而是本国法，是与外国法相类似的本国法。内国法院承认与执行的，不是外国法，也不是外国法创设的权利，而是一个由它自己法律所创设的权利，是一个内国的权利，本地的权利。所以，本地法说的核心观点就是法院在处理涉外民事案件时，依据的是本地法，而不是外

---

① 许庆坤. 美国冲突法理论的嬗变法理：从法律形式主义到法律现实主义［M］. 北京：商务印书馆，2009：18.

② 许庆坤. 美国冲突法理论的嬗变法理：从法律形式主义到法律现实主义［M］. 北京：商务印书馆，2009：18-19.

③ 许庆坤. 美国冲突法理论的嬗变法理：从法律形式主义到法律现实主义［M］. 北京：商务印书馆，2009：43.

国法。① 尽管库克的本地法说在法律适用方法上并没有提出具有新颖性的方法，但他却从实用主义角度为国际私法的研究开辟了一条道路。国际私法的研究不是从法学家或哲学家的逻辑推理中得到国际私法规则，而是要具体分析法院在处理涉外民事案件中的实际做法，得出一般性的国际私法规则。例如，库克主张在涉外侵权案件中适用"最有利于原告的国内法规则"；在涉外合同案件中，适用当事人明示选择的法律，未选择的，适用法院决定合同的"适当法"（proper law），即"与交易整体上存在最重要或实质性联系"国家的法律。② 从这点看，库克通过政策分析发现、提炼与运用规则，其实在很大程度上是通过法官自由裁量权的运用，达到适应社会发展的要求。

哈佛大学法学教授卡弗斯（Cavers）1933 年在《哈佛法学评论》上发表的《法律选择问题批判》一文以及 1965 年出版的《法律选择程序》一书中，提出了"规则和结果选择说"以及此后在此基础上的"优先选择原则"。卡弗斯认为传统国际私法的选法规则是一种管辖权规则的分配，只考虑到选法的过程，没有考虑到选法所指向的实体法是否具有正当性与合理性，是否能够公平地处理当事人之间的涉外民商事争议，是否能够关心涉外民商事案件的处理结果。卡弗斯主张要改变传统管辖权的选法规则，从实体规则或者案件的结果考虑法律的选择。卡弗斯认为法院在选择法律方面应分为三个步骤：第一，法官应将诉讼的事实情况缜密地调查清楚。第二，法官应审慎地比较与案件有关的几个互相冲突的实体规则适用的不同解决方案。第三，法官应考虑哪一个解决方案能实现当事人之间的公平，以及考虑在各互相冲突的实体法规则中适用哪一个规则来判决本案，从而解决法律冲突的问题。③ 卡弗斯学说中要求权衡相关法律及其法律后果，其实就是赋予法官极大的自由裁量权。卡弗斯学说中以法官自由裁量权为主的做法，一方面加大了司法任务，另一方面损害了法制的统一性。所以，其在 1965 年出版的《法律选择程序》一书中提出了"优先选择原则"，对早期学说中的模糊之处加以澄清，提出一系列具体并具有一定灵活性的优先选择原则，从而避免被批判为自由裁量制度。

美国国际私法革命最耀眼的一颗流星当属柯里。柯里提出了具有广泛影响力的"政府利益分析说"，他的学术思想体现在其 1963 年出版的《冲突法论文

---

① 刘仁山. 国际私法. 第 6 版［M］. 北京：中国法制出版社，2019：47-48.

② 许庆坤. 美国冲突法理论的嬗变法理：从法律形式主义到法律现实主义［M］. 北京：商务印书馆，2009：97.

③ 李浩培. 美国国际私法革命［M］//中国国际法学会·中国国际法年刊. 北京：法律出版社，1982：245-246.

选集》中。柯里提出的理论首先是对传统国际私法的形式主义做出深刻批判，认为传统国际私法是空洞的、冷酷的、无情的、概念式的，是"一架机器""一个诡辩的神秘的和失败的领域"①。于是，柯里提出了惊世骇俗的论断：没有法律选择规则我们会更好些。② 柯里认为，任何国家的实体法规则都是根据一定政策制定的，国家正如个人有其愿望一样，"关心"将其实体法规则在适当的情况下适用于涉外事件，以实施其实体法规则所采取的政策。当国家有这样的"关心"时，将其法律规则适用于本案，它就具有某种"利益"。这种国家的利益，就是柯里认为的"政府的利益"。他在 1963 年评论美国《冲突法重述（第二次）》草案中说道：我自愿提出下列原则以代替有关法律选择的全部重述。（1）当法院被请求适用与法院地法不同的一个外国法时，它应探究各法律所表示的政策，并且探究可以认为各国家在主张其实施这些政策中具有利益是合理的这一事实情况。在做出这些决定时，法院应使用通常的解释方法。（2）如果法院断定在本案情况下，一国实施其政策具有利益，而另一国并无利益，它就应适用该唯一具有利益的那一个国家的法律。（3）如果法院认为在该两国的利益之间存在着表面上的冲突，它应重新予以考虑。对一国或另一国的政策或利益予以更适度的或更节制的解释，可能消除冲突。（4）如果在重新考虑后，法院断定该两国正当的利益之间的冲突不可能消除，它应适用法院地法。（5）如果法院地国并无利益，但是另外两个国家的法律之间存在着不可能消除的冲突，并且法院不能正当地拒绝审判效果，它应适用法院地法，直至有人提出更好的意见为止。根据他所做的阐述，其富有创造性地将案件分为三种类型："真实冲突"、"虚假冲突"以及"无冲突"。

柯里法律选择体系的核心就是以政府利益分析为出发点。柯里的选法体系是在不停地修正之中，选法体系的构建也是在不停地发展之中，其后期可能更改了早期的一些思路与想法。对柯里政府利益分析说进行概括与综合，具有一定的难度。其提出的政府利益具有美国法系所具有的特征，与我们所说的大陆法系中普遍认为的政府利益具有一定程度的不同，其政府利益从某种意义上说，还是属于法律背后所体现的当事人的民商事利益，这种政府利益本质上与私人利益没有多大的区别。否则，如果柯里运用公法概念上的政府利益分析具有私法性质的国际私法，本身就具有不可调和的矛盾。所以，对于柯里的政府利益

---

① 莫里斯. 法律冲突法［M］. 李东来，译. 北京：中国对外翻译出版公司，1990：522.
② CURRIE B. Selected Essays on the Conflict of Laws［M］. Durham：Duke University Press，1963：180.

的认识，应该更多从私人民商事利益角度出发。

　　从某种意义上说，柯里是对萨维尼法律关系本座说的反对与抗拒。其雄心勃勃地期望在传统选法体系之外构建一种避免传统方法缺陷的新的选法体系。其以政府利益分析为出发点，试图破除传统选法规则的僵化，重视法官的作用，赋予法官一定的自由裁量权以及繁多的分析工作。从本质上说，其理论强调了法院地法律的适用，以维护法院地的政府利益。柯里所建立的政府利益分析说并没有意识到传统国际私法方法具有顽强的生命力，不能完全取代具有深厚基础的法律关系本座说。但是，我们可以从中得出一个结论，只有对传统的国际私法方法加以批判，构建一种传统之外的选法体系，才能更清楚地认识到传统方法的局限，反向地激励传统方法的改良与完善，从而推动传统选法体系向实体正义方向的发展，使传统选法体系具有更顽强的生命力。当代学者在研究柯里的政府利益分析说时，猛然发现柯里的学说并没有脱离国际私法起源的方法，其与巴托鲁斯法则区别说的方法具有某种程度上的一致性，都是属于单边主义方法。只不过巴托鲁斯从法则分类的角度，即"法律+案件"的角度适用法律，将法律分为人法、物法以及混合法则，分别确定它们的适用范围。政府利益分析说则是从政府利益的角度进行法律类型化，即具有政府利益的法律、不具有政府利益的法律，等等，决定它们适用的范围。从本质上说，都是通过划分法律适用范围解决法律冲突的方法，都属于单边主义方法，只不过政府利益分析说是现代单边主义方法的运用。

　　柯里的政府利益分析方法虽然对美国的司法实践有不少影响，但该方法赋予了法官极大的自由裁量权，潜在地导致法院地法的适用，从而使法律的确定性和可预见性都将丧失殆尽，这对国际经济和文化交往将起到一定的阻碍作用，而且适用法院地法原则也必然会导致原告选择有利于自己的法院起诉，对被告来说是不公平的。另外，每一实体法规则的适用范围取决于立法者据以制定该规则的政策和制定国是否有利益主张把规则适用于本诉讼案件所发生的讼争点，但政策通常并不明示在法律中，需要法官进行解释，这种解释正是法官自由裁量权运用的表现。由于法官的观点、素质、业务水平不可能一样，那么对规则的解释也不相同，因而会出现对相同或相类似的案件做出截然相反的解释，破坏了法制的统一性，这对国际私法的发展并无助益。这正是法官拥有极大的自由裁量权的必然结果。所以，欧洲大陆法系国家一般不采用这种方法。

　　美国国际私法革命对世界各国国际私法立法影响最大的就是最密切联系原则。美国的最密切联系原则最早起源于美国的司法实践，早期著名的判例是奥汀案与巴布科克案。① 美国哥伦比亚大学教授里斯（Reese）将最密切联系原则作为其负责编撰的《冲突法重述（第二次）》的理论基础。该重述第六条规定了最密切联系原则的核心思想。第 1 款规定：法院在宪法限制下根据本州法律选择的立法指示确定法律。第 2 款规定了法律选择所要考虑的因素：（1）州际和国际体制的需要；（2）法院地州的相关政策；（3）在决定具体问题时，其他利益所涉州的相关政策及其相应的利益；（4）对当事人正当期望的保护；（5）构成特定法律领域的基本政策；（6）法律的确定性、可预见性和结果一致性之目标；（7）将予适用的法律易于确定和适用。美国《冲突法重述（第二次）》对最密切联系原则的具体运用，主要体现在第 145 条规定的侵权法律适用与第 188 条规定的合同法律适用领域。

　　最密切联系原则是一把"双刃剑"：一方面，其具有一定的灵活性，克服了传统国际私法规则的僵硬与不合理性；另一方面，由于其赋予法官一定的自由裁量权，无限制的自由裁量权可能导致法制不统一性，因而整个法律选择规则体系欠缺稳定性。美国学者科宾（Kobin）则同样认为最密切联系原则具有任意性。② 尽管最密切联系原则有这样或那样的不足，但可以在改造的基础上接受该项原则，或为立法指导原则、立法补缺原则、立法矫正原则，或适用于合同、侵权、国籍积极冲突的解决、多法域问题的解决等领域。最密切联系原则采取社会定位由法官根据案件具体情况适用法律，其实施很大程度上取决于法官自由裁量权的运用。由于其具有极强的灵活性，可以保障具体案件的公正性，所以我国有人认为该原则是国际私法革命的成果，③ 也有人认为该原则应该构成国际私法的基本原则。④

　　美国国际私法的革命除了产生上述革命的理论，还有美国学者艾伦茨威格（Ehrenzweig）提出的"适当法院适当法律说"、利弗莱尔（Leflar）提出的"法律选择五点考虑"、巴克斯特（Baxter）提出的"比较损害说"。"适当法院适当法律说"的核心观点是案件应该在方便法院或者恰当法院提出，避免当事人挑

① 黄惠康，黄进. 国际公法国际私法成案选［M］. 武汉：武汉大学出版社，1987：325-327，329-331.
② 科宾认为："修改后的《重述》开创了如此多变化不定的因素，将使法律选择变得非常任意。"张翔宇. 现代美国国际私法学说研究［M］. 武汉：武汉大学出版社，1986：81.
③ 叶竹梅.《涉外民事关系法律适用法》中"最密切联系原则"之立法定位［J］. 甘肃政法学院学报，2014（3）：111.
④ 肖永平，王承志. 第三次冲突法重述：美国学者的新尝试［J］. 武汉大学学报（哲学社会科学版），2004（1）：77.

选法院（forum shopping），优先适用法院地法，例外适用外国法律。"法律选择五点考虑"即结果可预见性、州际和国际秩序的维持、司法任务简单化、法院地政府利益的优先，以及适用较好的法律规范。其五点考虑中最为重要的就是第五点适用较好的法律规范，所以其学说又称为"较好法律说"。"比较损害说"认为在真实冲突的情况下，不是适用法院地法，而是适用其利益受到最大损害的州的法律。何为适当法律、何为较好的法律、如何比较利益受损程度，都需要法官自由裁量。

根据上述内容，笔者认为美国国际私法的变革是以美国实用主义哲学为理论基础，是美国现实主义法学在国际私法上的体现。从另一个角度来看，美国国际私法的变革就是重视法官的自由裁量权，法官根据案件的具体情况灵活地选择法律处理案件。激进的理论扩大法官的自由裁量权，怀疑甚至否定规则的作用，以法律选择方法代替法律选择规则。但是，国际私法革命的激情过后，各国国际私法的立法吸取了国际私法革命中有益的部分，之后走上以法律选择规则为主、法官自由裁量为辅的道路，将严格规则主义与自由裁量主义相结合。

四、欧洲国际私法改良的主要学说

尽管欧洲各国并没有产生轰轰烈烈的国际私法变革，但对于传统国际私法的方法也做出了静悄悄的改良，其中，拉沛尔（Rabel）、克格尔（Gerhard Kegel）、巴蒂福尔、弗朗西斯卡基斯（Francescakis）等都是著名的代表人物。无论是拉沛尔的"比较国际私法"、克格尔的"利益论"，还是巴蒂福尔的"协调论"、弗朗西斯卡基斯的"直接适用的法"，都在一定程度上重视法官自由裁量权的作用。

拉沛尔是德国国际私法学者，其主张在比较各国国际私法的基础上，通过缔结国际条约的方式统一各国的冲突规范。拉沛尔赞成萨维尼通过冲突规则解决法律冲突的路径，同时意识到萨维尼提出的判决结果一致性的目的，在各国冲突规范不一致的情况下难以达到。其希望通过比较分析的方法，发现不同国家冲突规范形成的原因，并通过比较确定较好的冲突规范，建立统一的冲突规范，实现判决结果一致性的目的。所以，拉沛尔的贡献在于推动了欧洲国际私法统一化运动以及提出了一种新的冲突法的研究方法。

克格尔也是德国国际私法学者，其于 1960 年提出了"利益论"。克格尔的利益分析与柯里不同，柯里更多的是从政府利益的角度解决法律适用问题，克格尔则强调私人利益的重要性。其认为国际私法中有三种重要的利益：政府利益、实体协调利益和最小传统利益，然后他根据国际私法上公平公正之概念，推导出当事人利益、交往利益和制度利益等三种利益。对于当事人的利益，一般适用当事人的属人法加以解决；对于交往利益，应该适用有利于交往地方的法律，促进交往的形成，即采取"有利生效原则"；对于制度利益，则包括判决的内部一致性和外部一致性。内部一致性就是要求做出的判决在法律技术上具有可用性、适当性，实现同一案件在一个国家内部判决的一致。外部一致性要求实现国家间判决的一致性，避免出现因为各国国际私法不同所导致的判决结果不一致的情况。

法国学者巴蒂福尔提出了国际私法的"协调论"，认为国际私法的主要任务是不同法律制度的协调者，主张在系统考察各国法律制度和司法判例的基础上，采用经验、实证、对比的方法，对不同的法律制度进行协调，注入国际私法研究的实践方法。

弗朗西斯卡基斯是希腊国际私法学者，他认为一国制定的、体现国家利益和社会经济利益的强制性法律规范，应该直接得到适用，这就是所谓国际私法上的"直接适用的法"。我国法律适用法第四条的规定就是"直接适用的法"理论的体现。

总之，传统国际私法多边主义方法的实质是管辖权的选择方法，通过不同的连结点寻找所要适用的法律。这种方法忽视了法官自由裁量权的作用，遭到以美国为首的国际私法学者的猛烈批判。经过美国的国际私法变革与欧洲的国际私法改良，国际私法理论进入相对平静和成熟的发展阶段。与此同时，国际社会掀起了国际私法立法的高潮。反思国际私法的变革和改良运动，其核心观点就是重视具体案件的公正性，具有国际私法上实体正义的取向。从另一个角度看，国际私法变革是严格规则主义和自由裁量主义斗争在国际私法中的反映，是克服法律局限性问题的结果，是自由裁量主义在国际私法中渗透的过程。国际私法立法采取严格规则主义与自由裁量主义相结合的模式，这是不可逆转的趋势。

第三节　我国涉外民商事审判中法官自由裁量权之主要域外立法考察

19 世纪中叶前，国际私法几乎没有立法，一方面是由于国际经济还没有发展到彻底需要新的法律制度；另一方面是由于当时的国际私法理论无法全面催生国际私法的立法，所以，国际私法只能以一种理论形态而存在，被称为"理论法"或"学理法"。只有到了萨维尼的法律关系本座说以及自由资本主义经济发展到一定程度，国际私法在两者的共同作用下，才出现国际私法规模性的立法。国际私法的立法从早先分散式的立法模式，到如今法典式的立法模式，经历了百余年的发展历程。

一、域外主要国家国际私法中法官自由裁量权条款的立法起源

国际私法滥觞于欧洲中世纪的意大利。13 世纪、14 世纪意大利后期注释法学派兴起，巴托鲁斯提出的法则区别说标志着国际私法理论形态的形成。巴托鲁斯站在法律的双边角度，努力探讨法律的域内效力和法律的域外效力之间的冲突问题，并从普遍主义与自然法出发，提出了所谓的法则区别说，希望建立解决法律冲突的普遍规则。巴托鲁斯根据法则的不同目的，从法则分类出发，将法则分为人的法则和物的法则，还有需要具体分析的混合法则。人的法则具有域外效力，跟随人走，一般适用人的住所地法。物的法则具有域内效力，一般适用物之所在地法，在一国领土范围内具有约束力。巴托鲁斯及其追随者都是从法则分类入手解决法律冲突问题，提出了具体解决法律冲突的规则。由于法则区别说一方面是理论方面的探讨，另一方面是根据法则的性质进行固化分类，因而法官自由裁量权没有多大的行使空间。不过法则区别说提出的"令人厌恶的法则"以及一些具体的规则，为法官自由裁量权留下一条缝隙。鉴于法则区别说无法解决属地主义路线与属人主义路线之间的根本性矛盾，到了 19 世纪其全面失守，被法律关系本座说所取代，国际私法进入了立法阶段。当然，法则区别说尽管全面性却退却，但是对当代国际私法立法还是具有一定的影响，如公共秩序保留制度的建立以及强制性规则的产生，都可以从法则区别说中寻找到理论的起源。

19 世纪国际私法的立法是基于法律关系本座说，并形成了法律选择的传统方法。萨维尼法律关系本座说建立在两个基本理论的前提条件下：法律共同体的存在和内外国法平等。多元法律体系和法律共同体是国际私法产生的两大基础，其共同推进了国际私法的产生与发展。萨维尼非常聪明地避开了法则区别说不可调和的分类矛盾，毅然从法律关系分类的角度入手，采取间接寻找连结点的做法。由于对封建主义法律缺乏安全的恐惧以及对国际私法上判决结果一致性价值的偏爱，萨维尼固守连结点的唯一性、固定性与中立性的观点，再加上受到欧洲大陆法律传统的影响，国际私法的立法极少赋予法官自由裁量权。从欧洲当时的法律背景来看，概念主义法学占有统治性地位，文艺复兴掀起的

对人类认识至上性的迷恋，导致国际私法的立法也受到了严格规则主义的影响，连结点的选择简单化，以及偏爱于双边冲突规范、单边冲突规范，法官自由裁量权被压制在极为狭窄的空间里。① 法官的基本任务就是将涉外民商事法律事实自动地与冲突规范结合起来，自然而然地得出结论。至于通过连结点寻找的法律是否恰当、是否合理、是否能公平处理案件，甚至是否存在，都在所不问。正如庞德（Roscoe Pound）指出的，19 世纪法学家们都极力排除人的创造性因素。② 尽管萨维尼的法律关系本座说遭到诸如冷酷无情、机械呆板等方面的批判，但其构建的法律选择方法在现代国际私法立法中并没有被摒弃，而是在某种程度上对其做出一定的改造。其实，萨维尼的理论也为现代国际私法中的最密切联系方法奠定了基础，甚至有学者认为其是灵活的最密切联系方法的理论起源。19 世纪之所以在国际私法立法中拒绝法官自由裁量权，可以简单地总结为三个基本方面的缘由：一是对法律安全价值的绝对重视。随着 19 世纪自由资本主义的发展，人们希望克服封建主义的任意性、缺乏安全的最大缺陷，用明确的法律规则增强法律关系的可预见性，增强社会关系的稳定性与安全感。法官自由裁量权的存在危及法律的稳定性，缺乏安全明确的法律规则在一定程度上会挫伤自由资本主义市场主体的积极性。二是对法官异化的防止。封建专制主义的任意性与独断专横，给自由资本主义市场主体带来了伤害。法官作为权力的拥有者，绝对的自由裁量可能会导致司法者滥用权力，出现司法专横，进而导致绝对的司法腐败。限制法官的权力，将权力置于制度的笼子里，能够防止法官的异化。三是对认识至上性的狂热自信。文艺复兴提高了人类的认识能力，自然科学的发展使生产力得到了极大的提高。随着自然力的征服、机械的使用、交通工具的发展，物理学、化学、生物学、几何学的重大进展，产生了绝对主义的认识论，形成形而上学的世界观。这些反映到法律制度的制定上，包括国际私法制度的制定上，人们高扬理性主义，认为能够制定出预见到所有法律关系的完美的立法。

20 世纪初期，尤其在两次世界大战之后，西方资本主义国家科学技术得到

---

① 李金泽. 关于美国现代国际私法中法律选择方法的法哲学思考［J］. 江苏社会科学，1996（3）：37.

② 庞德指出："19 世纪的法学家曾试图从司法中排除人的因素，他们努力排除法律适用所有的个体化因素。他们相信按严谨的逻辑机械地建立和实施的封闭的法规体系，在他们看来，在这一封闭的法规体系的起源和适用中承认人的创造性因素，在组构和确立这一封闭的法规体系的制度中承认人的创造性因素，是极不恰当的。"庞德. 法律史解释［M］. 曹玉堂，等译. 北京：华夏出版社，1989：123.

迅猛发展，从而进入到垄断资本主义阶段，反思辨、重经验的实用主义哲学盛行，这对国际私法的立法产生了深远的影响。实用主义哲学的精髓就是"有用即真理"，注重司法经验。难怪美国大法官霍尔姆斯强调"法律的生命不是逻辑，而是经验"，其主张法官在行动中发现和创制法律。① 法官的自由裁量权受到了重视，其主动性的作用得到了强调。总的来说，一方面，资本主义的经济发展出现了新的情况，涉外民商事关系越来越复杂；另一方面，实体正义价值取向越来越得到重视。国际私法立法逐步吸纳自由裁量主义，重视法官的自由裁量权。所以，在20世纪中期掀起了对传统法律选择方法强烈批判的热潮，美国出现了猛烈的冲突法革命，欧洲大陆国家也对国际私法做出了改良。美国冲突法革命的中心在于是要规则还是要方法。规则体现了立法上的严格规则主义，方法体现了立法上的自由裁量主义。美国冲突法的变革并没有从根本上摧毁规则，而是在激情过后走上了严格规则主义和自由裁量权主义相结合的道路。在此背景下，国际私法立法在20世纪80年代进入到一个高潮阶段，各国纷纷制定了含有法官自由裁量权的条款。

人类进入到21世纪，国际民商事交往呈现新的特点，人工智能迅猛发展，全球化带来深刻影响，人们的社会生活方式发生了重大变化。正如习近平总书记在《中共中央关于坚持和完善中国特色社会主义制度、推进国家治理体系和治理能力现代化若干重大问题的决定》中指出的，当今世界正处于百年未有之大变局，国际形势复杂多变。在前所未有的时代之中，各国纷纷修订国际私法的立法，以适应新时代的发展要求。因此，需要比较分析主要国家国际私法立法中的自由裁量权条款，以促进我国国际私法立法的完善。

二、域外主要国家国际私法中法官自由裁量权条款的立法分布

我们选取近三十年来修订的主要国际私法立法，选取的立法形式包括专篇专章式、单行法规式以及法典式国际私法的立法模式。需要说明的是，所选取的仅仅是法律选择方法中的自由裁量权条款的规定，不包括立法中指引到国际条约中的规定，也不包括国际民事诉讼领域的规定。在法律选择方法中，由于选择性冲突规范涉及的领域比较多，且法官自由裁量权的程度比较小，遂不做选取分析。选取的法律选择方法中主要集中在最密切联系方法、直接适用的法的方法、公共秩序保留方法等。由于单行法规式与法典式国际私法立法在立法模式上都属于国际私法的独立立法，只不过立法的范围不同而已，所以将它们

---

①　吕世伦. 西方法律思潮源流论［M］. 北京：中国人民公安大学出版社，1993：36.

放在一起比较。资料主要来源于邹国勇译注的《外国国际私法立法选译》。① 法典式与单行立法式国际私法立法，主要选取瑞士、黑山共和国、捷克共和国、土耳其共和国、委内瑞拉和奥地利；专篇专章式国际私法立法，主要选取德国、俄罗斯、阿曼苏丹国、阿尔及利亚、摩尔多瓦共和国。笔者对每一个国家国际私法立法中的自由裁量权条款进行列表，然后再做综合的比较分析。

瑞士《关于国际私法的联邦法》，于 1987 年通过、1989 年生效，2017 年最新修订。

表 3-1　瑞士国际私法自由裁量权条款的立法分布

条文	主要内容	说明
第 15 条第 1 款	1. 如果根据所有情况，案件显然与本法所指引的法律仅有较松散的联系，而与另一法律确有更为密切的联系，则本法所指引的法律例外地不予适用	最密切联系原则的立法矫正功能（例外条款）
第 17 条	如果适用外国法律规定导致与瑞士的公共秩序不相容，则排除其适用	公共秩序保留原则
第 18 条	不论本法所指定的法律为何，因其特殊目的而适用的瑞士法律中的强制性规定，应予以保留	本国法中强制性规定
第 19 条	1. 依照瑞士法律观念值得保护且明显占优势的一方当事人利益要求考虑本法所指定的法律以外的另一法律的强制性规定时，如果案件与该另一法律有密切联系，则可考虑该另一法律的强制性规定。2. 在决定是否考虑前款所指的另一法律的强制性规定时，应根据其所要达到的目的及其适用对于作出依照瑞士法律观念为适当的判决可能产生的后果来判断	外国法中强制性规定
第 23 条第 2 款	2. 一人具有多个国籍，除本法另有规定外，在确定应适用的法律方面，应以与该人有最密切联系的国家的国籍为准	国籍积极冲突的解决
第 48 条第 2 款	2. 夫妻双方住所不在同一国家的，婚姻效力，适用与案件有更密切联系的住所地国法律	婚姻效力的法律适用

---

① 邹国勇. 外国国际私法立法选译［M］. 武汉：武汉大学出版社，2017.

续表

条文	主要内容	说明
第 117 条	1. 合同当事人未进行法律选择时，合同适用与之有最密切联系的国家的法律。2. 最密切联系视为存在于应当履行特征性给付的一方当事人的惯常居所地国家，或者，如果合同是在当事人从事职业或商业活动的过程中订立，则视为存在于其营业所所在地国家。3. 特征性给付是指：（1）转让合同中出让人的给付；（2）使用权转让合同中转让某物或某项权利的使用权的一方当事人的给付；（3）委托合同、承揽合同及其他服务合同中服务提供；（4）保管合同中保管人的给付；（5）保证合同或担保合同中保证人或担保人的给付	合同准据法
第 163 条 c	2. 此外，合并协议，适用当事人所选择的法律。当事人未进行法律选择时，合并协议，适用与之有最密切联系的国家的法律。该协议应视为与接管公司的准据法所属国存在最密切联系	合并协议准据法

黑山共和国《关于国际私法的法律》，于 2014 年公布生效，自公布之日起 6 个月后施行。

表 3-2　黑山共和国国际私法自由裁量权条款的立法分布

条文	主要内容	说明
第 5 条第 2 款	如根据本条第 1 款规定的方法不能确定应适用法律制度不统一国家哪一区域的法律，则适用该国与案情有最密切联系的那一区域的法律	多法域准据法确定
第 8 条第 1 款	如果案件的整体情势表明，私法关系与根据本法确定的法律只有非常松散的联系，而与另一法律存在实质性更密切联系，则例外地不适用根据本法所确定的法律	最密切联系原则的立法矫正功能（例外条款）
第 9 条	外国法的规定，如其适用的结果显然违反黑山的公共秩序，则不予适用	公共秩序保留原则

条文	主要内容	说明
第 10 条	黑山的法律规范，如遵守该种法律被视为对维护公共利益，尤其是对维护国家的政治、社会和经济组织具有决定性作用，则对属于其适用范围内的所有案件均应予以适用，而不论准据法为何。 例外地，法院可考虑适用与私法关系有密切联系的另一国的强制规范。 在决定是否考虑本条第 2 款所指的规范时，法院须考量该规范的性质、目的及其适用或不适用的后果	强制性规定
第 11 条第 3 款	对于非黑山公民并具有两个或多个国籍的人，视其具有从总体上看与其有最密切联系的国家的国籍，尤其是考虑其经常居所	国籍积极冲突的解决
第 39 条第 3 款、第 4 款	如案件的所有情况表明，合同显然与本条第 1 款或第 2 款所指国家以外的另一国家有更密切联系，则适用该另一国家的法律。 依照本条第 1 款、第 2 款规定无法确定应适用的法律时，则合同适用与其有最密切联系的国家的法律	合同准据法
第 52 条第 3 款	如案件的所有情况表明，侵权行为显然与本条第 1 款或第 2 款所指国家以外的另一国家有更密切联系，则适用该另一国家的法律。显然与另一国家的更密切联系，可能是建立在当事人之间既有的，并且与所涉侵权行为密切相关的某种法律关系之上，如合同关系	侵权准据法
第 92 条	关于夫妻之间、前夫妻之间或者其婚姻被宣告无效的当事人之间的扶养义务，如果当事人一方表示反对，并且另一国尤其是其最后的共同经常居所地国法律与所涉的婚姻有更密切的联系，则不适用本法第九十条的规定。此时，应适用该另一国的法律	特殊扶养法律适用

捷克共和国《关于国际私法的法律》，于 2012 年通过、2014 年实施。

表 3-3 捷克共和国国际私法自由裁量权条款的立法分布

条文	主要内容	说明
第 3 条	本法的规定，不得排除适用捷克法制中那些载明在其适用范围内，无论法律关系依照哪一法制确定，均必须强行适用的法律规定	本国法中强制性规定
第 4 条	依照本法规定本应适用的外国法制中的规定，如其适用的结果显然违背公共秩序的基本原则，则不予适用。基于同样理由，外国判决、外国法院的和解、外国公证书及其他文书、外国仲裁裁决、司法协助方面的诉讼行为以及对在外国或者依照外国法制产生的法律事实的认可，均不得予以承认	公共秩序保留原则
第 24 条	1. 依照本法规定本应适用的法制，如果考虑案件的所有情势，尤其是根据法律关系当事人的正当期望，适用所援引的法律显得不合理，有悖于理性、合理地调整现有法律关系，则作为例外不予援引。在这种条件下，如果不涉及第三人权利，则适用适于调整该法律关系的法制。2. 对于在本法适用范围内的特定法律关系或法律问题，如果不能根据其他法律的规定确定其准据法，则该法律关系或法律问题适用与其有最密切联系的国家的法律，但当事人已为其选择了法律或者已表明适用某一特定法律的除外	例外地、辅助性地确定准据法。最密切联系原则的立法补缺功能
第 25 条	即使本法对适用其他国家法制的条款未作出规定，但只要根据该法所属法制的规定，无论法律关系所涉的权利和义务应依哪一法制，其均应予以适用，则可基于一方当事人的请求，适用该其他国家法制的规定。适用该法制的前提是，法律关系所涉的权利与义务与该其他国家有充分的重要联系，并且在该法律规定的特征、目标、结果——尤其是对当事人而言，其适用或不适用将产生的结果——方面具有正当性。援引此种法律规定的当事人，必须提供有关该法律规定的效力和内容的证据	外国法中强行适用的规定
第 65 条第 1 款	1. 对于未成年人的监护及照管，适用对该事项作出裁决的法院或机关所在国的法律。但是，出于保护未成年人的人身或财产的必要性，可例外地适用或援用与案件有实质联系的另一国家的法律	监护的法律适用
第 87 条	1. 合同当事人未协议选择准据法的，合同依照与其有最密切联系的国家的法律确定。法律选择必须是明示的或者能显而易见地从合同条款或者案件情势中推断出来	合同准据法

土耳其共和国于 2007 年印发了《关于国际私法与国际民事诉讼程序法的第 5718 号法律》。

表 3-4   土耳其共和国国际私法自由裁量权条款的立法分布

条文	主要内容	说明
第 2 条第 5 款	5. 如果应适用的法律所属国具有两个或多个在内容上相互歧异的法律区域，则由该国法确定应适用哪一区域的法律。若无此种规定，则适用与争议有最密切联系的区域的法律	多法域准据法确定
第 4 条第 3 款	在基于本法规定根据国籍原则确定准据法的情况下，若无相反规定，则：（3）对于不具有土耳其国籍的多国籍人，适用与之有最密切联系的国家的法律	国籍积极冲突的解决
第 5 条	如果适用于特定案件的外国法规定明显违背土耳其的公共秩序，则不予适用。此时，如有必要，适用土耳其法律	公共秩序保留原则
第 6 条	在适用外国法的情况下，如果就土耳其法律中直接适用的规范的立法宗旨和适用范围而言，案情应以这些直接适用的规范为准，则适用土耳其法律中的这些规范	本国法中强制性规定
第 24 条	4. 当事人各方未选择法律的，合同之债适用与合同有最密切联系的法律。这种最密切联系的法律，系指承担特征性履行的债务人订立合同时的惯常居所地法。如果订立合同属于商业或职业行为，则指承担特征履行的债务人的营业地法；若无营业地，则适用住所地法；如果承担特征履行的债务人具有多个营业地，则适用与合同有最密切联系的营业地法。但是，如果根据当时的整体情况，合同与另一法律具有更密切的联系，则合同依该另一法律	合同准据法
第 28 条第 2 款	2. 当事人未选择法律的，合同关系适用转让知识产权或其使用权的一方当事人在订立合同时的营业地法；该当事人无营业地的，适用其惯常居所地法。但是，如果根据当时的整体情况，合同与另一法律具有更密切联系，则合同依该另一法律	知识产权合同准据法

条文	主要内容	说明
第29条第2款	2. 当事人未选择法律的,适用与合同有最密切联系的国家的法律;承运人在订立合同时的主要营业地所在国推定为与合同有最密切联系的国家,但以装载地、卸载地或者发运人的主要营业地也在该国境内为条件。单程租船合同以及与货物运输的主要标的物有关的其他合同,亦依本条规定。 3. 如果根据当时的整体情况,货物运输合同与另一法律具有更密切联系,则合同依该另一法律	货物运输合同准据法
第31条	在适用支配合同关系的法律时,如果第三国法律与合同具有密切联系,则应考虑该第三国法律中直接适用的规范。在考虑这些规范以及判断应否适用这些规范时,应考虑这些规范的目的、定性、内容及后果	合同领域中第三国的直接适用的规范
第34条第3款	3. 侵权行为所在之债与另一国具有更密切联系的,则适用该另一国法律	侵权准据法

1998年,委内瑞拉实施了《关于国际私法的法律》。

表3-5 委内瑞拉国际私法自由裁量权条款的立法分布

条文	主要内容	说明
第1条	与外国法律体系有关的案件,由与争诉有关的国际公法规范,尤其是对委内瑞拉生效的国际条约中所制定的规范调整;否则适用委内瑞拉国际私法的规定。若无此种规定,采用类推法;无类推法,则依普遍承认的国际私法原则	类推法+国际私法原则
第5条	依照根据国际许可标准视为准据法的某外国法律所创设的法律状态,可在共和国境内生效,除非其违背委内瑞拉冲突规范的目的,或委内瑞拉法律直接适用于该争诉,或其明显与委内瑞拉公共秩序的基本原则相抵触	冲突规范的目的+本国法直接适用+公共秩序保留原则
第7条	所指引的用以调整同一法律关系的不同方面的多种法律应协调适用,以力求实现各法律之目标。 因同时适用多种法律可能出现的困难,应考虑个案具体情况予以合理解决	多个法律适用个案合理解决

条文	主要内容	说明
第 8 条	依照本法本应适用的外国法规定，仅在其适用将产生与委内瑞拉的公共秩序的基本原则明显相抵触的结果时，方予以排除适用	公共秩序保留原则
第 9 条	如果应适用于案件的外国法，为使自己得以充分适用而规定了为委内瑞拉法律体系所未有的必要制度或程序，只要委内瑞拉法中无类似制度或程序，则可拒绝适用该外国法	必要程序拒绝适用外国法
第 10 条	不论本法有何规定，委内瑞拉法律中所制定的用于调整与多个法律体系有关的案件的强制性规定应得以适用	本国法的强制性规定
第 30 条	未作有效法律选择时，合同之债依照与其有最直接联系的法律。为确定该法律，法院须考虑合同中的所有主、客观因素。此外，法院须考虑被国际组织认可的国际商法普遍原则	合同准据法
第 31 条	除前述各条规定外，为在个案审理中实现公正、合理之目的，必要时可适用国际商法的规定、习惯、原则及普遍接受的商业惯例与实践	合同准据法。必要时适用商业惯例与实践等

奥地利共和国《关于国际私法的联邦法》，于 1978 年通过、1979 年实施，2015 年最新修订。

表 3-6　奥地利共和国国际私法自由裁量权条款的立法分布

条文	主要内容	说明
第 1 条	1. 与外国有连结的事实，在私法上，依照与该事实有最强联系的法律体系判定。 2. 本联邦法所包含的关于适用法律的特别规定（"指引规范"），应被视为该原则的体现	最密切联系原则的立法指导功能
第 5 条第 3 款	3. 如果外国法律体系由多个区域性法律体系组成，则适用该外国法律体系中的现行规则所指引的那一区域的法律体系。如无此种规则，则适用与案件有最强联系的那一区域的法律体系	多法域准据法确定

条文	主要内容	说明
第6条	外国法的规定，在其适用会导致与奥地利法律体系的基本价值相抵触的结果时，不予适用。如有必要，应代之以适用奥地利法律中的相应规定	公共秩序保留原则
第9条第1款	1. 自然人的属人法，为该人的国籍所属国法律。如一人除具有外国国籍外，又具有奥地利国籍，则以奥地利国籍为准。其他具有多重国籍者，以与之有最强联系的国家的国籍为准	国籍积极冲突的解决
第22条（已废止）	非婚生子女因事后婚姻而准正的要件，依照其父母的属人法判定。父母的属人法不同的，依照其中更有利于准正的法律	准正准据法
第35条第3款	3. 如果案件总体情况表明，合同之债与第2款所指国家以外的另一国家明显具有更密切联系，则适用该另一国法律	合同准据法
第48条	2. 如果当事人对于此种债务关系未进行有效的法律选择，则依照造成损害的行为实施地国法律判定。但是，如果所涉各方均与另一国家的法律存在更强联系，则以该另一国法律为准	非合同性损害赔偿请求权准据法

德国《民法典施行法》，于1896年制定、1900年施行，后经多次修订，本书根据2017年文本列表。

表3-7　德国国际私法自由裁量权条款的立法分布

条文	主要内容	说明
第4条第3款	3. 如果被指引的是具有多个区域性法律体系的国家的法律，但并未指明应以哪一区域性法律体系为准，则由该国法律决定应适用哪一区域的法律体系。若无此种规定，则适用与案件有最密切联系的那一区域的法律体系	多法域准据法确定
第5条第1款	1. 如果被指引的是某人所属国法律，而该人属于多个国家，则适用其中与该人有最密切联系的国家的法律，此种联系尤其可通过其惯常居所或者其生活经历来确定。如果该人还是德国人，则该法律地位具有优先效力	国籍积极冲突的解决

条文	主要内容	说明
第 6 条	其他国家的法律规范，如果其适用会导致与德国法律的根本原则明显不相容的结果，则不予适用。尤其当该法律的适用违背基本权利时，不予以适用	公共秩序保留原则
第 14 条第 3 款	（3）以其他方式与夫妻双方均有最密切联系国家的法律	婚姻的一般效力准据法
第 41 条	1. 如果某一国家的法律比根据第 38 条至第 40 条第 2 款本应适用的法律存在实质性更密切联系，则适用该国的法律。（第 38 条不当得利，第 39 条无因管理，第 40 条侵权行为） 2. 实质性更密切联系可特别产生于： （1）双方当事人之间因某一债务关系而存在的特殊法律关系或者事实关系，或者 （2）在第 38 条第 2 款、第 3 款以及第 39 条情况下，各方当事人在重要法律事件发生时在同一国家有惯常居所；第 40 条第 2 款第 2 句之规定相应适用	更密切联系原则
第 46 条	如果某一国家的法律比根据第 43 条和第 45 条规定本应适用的法律存在实质性更密切联系，则适用该国的法律。（第 43 条对物的权利，第 44 条地产侵扰，第 40 条运输工具）	更密切联系原则
第 3 条第（1）（b）项	欧洲理事会 2008 年 6 月 17 日《关于合同之债法律适用（欧共体）第 593/208 号条例》	意思自治原则+最密切联系原则

《俄罗斯联邦民法典》于 2001 年通过、2002 年生效、2014 年修订。

表 3-8　俄罗斯国际私法自由裁量权条款的立法分布

条文	主要内容	说明
第 1186 条第 2 款	2. 如依照本条第 1 款无法确定准据法，则适用与民事法律关系有最密切联系的国家的法律	最密切联系原则的立法补缺功能
第 1188 条	如果适用一个国家的法律，而该国同时施行多个法律体系，则适用根据该国法律所确定的法律体系。如果不能根据该国法律确定哪一个法律体系应得以适用，则适用与该关系有最密切联系的法律体系	多法域准据法确定

条文	主要内容	说明
第 1192 条	1. 俄罗斯联邦立法中的强制性规范由于其本身的规定或鉴于其特殊意义，包括对于保障民事流转关系参与者的权利和受法律保护的利益方面的意义，而不论准据法为何均调整所涉的关系（直接适用的规范），则本编的规定不影响此种强制性规范的效力。 2. 法院在根据本编规定适用任何一个国家的法律时，如依照与法律关系有密切联系的另一国法律，该另一国的强制性规范是直接适用的规范，则可考虑适用该强制性规范。此时，法院必须考虑此类规范之目的、性质以及适用或不适用的后果	直接适用的规范
第 1193 条	根据本编规定应适用的外国法律规范，如其适用的结果显然违背俄罗斯联邦法律制度的各项原则（公共秩序），鉴于因涉外因素而使法律关系复杂化之特点，则例外地不予适用。此时如有必要，应适用俄罗斯法律的相应规定。 不得仅因外国的法律、政治和经济制度不同于俄罗斯联邦的法律、政治和经济制度而拒绝适用该外国的法律规范	公共秩序保留原则
第 1211 条第 9 款、第 10 款	9. 如果从法律、合同条款或合同性质以及案件整体情况明确得出，合同与第 1~8 款所述国家以外的其他国家有更密切联系，则适用与合同有更密切联系的国家的法律。 10. 对于混合合同，如果从法律、合同条款、合同性质、案件整体情况不能得出结论要求对该合同的这些要素应分别确定准据法，则适用从整体上与该合同有最密切联系的国家的法律	合同准据法
第 1213 条第 1 款	1. 当事人未约定不动产合同的准据法时，适用与合同有最密切联系的国家的法律。若从法律、合同条款或合同性质以及案件整体情况中不能明确得出其他结论，则不动产所在地国法视为与合同有最密切联系的国家的法律	不动产合同的准据法。意思自治原则+最密切联系原则（不动产所在地国法）

《阿曼苏丹国民法典》于 2013 年颁布、2013 年生效。

表 3-9　阿曼苏丹国国际私法自由裁量权条款的立法分布

条文	主要内容	说明
第 24 条	上述条款，如其违反特别法或在阿曼苏丹国有效的国际条约的规定，则不予适用	特别法与国际条约优先
第 25 条	上述条款未予规定的法律冲突，适用国际私法的一般原则	立法补缺。国际私法的一般原则
第 28 条	依据上述条款应适用的外国法规定，如其违背伊斯兰沙利亚法、阿曼苏丹国的公共秩序或善良风俗，则不予适用	公共秩序保留原则

《阿尔及利亚民法典》于 1975 年通过、2005 年修订。

表 3-10　阿尔及利亚国际私法自由裁量权条款的立法分布

条文	主要内容	说明
第 23c 条	法律规范缺失时，依国际私法的一般原则	立法补缺。国际私法的一般原则
第 24 条	1. 前述条款所指引的外国法，如违背阿尔及利亚的公共秩序或善良风俗，或者情况表明该外国法的适用系因欺诈性的法律规避所致，则不予适用。 2. 外国法违背公共秩序或善良风俗时，适用阿尔及利亚法律	公共秩序保留原则以及法律规避

《摩尔多瓦共和国民法典》于 2002 年通过。

表 3-11　摩尔多瓦共和国国际私法自由裁量权条款的立法分布

条文	主要内容	说明
第 1576 条第 2 款	2. 依照本法第 1 款无法确定准据法时，适用与该法律关系有最密切联系的法律	最密切联系原则的立法补缺功能
第 1579 条	如果所指引的法律所属国具有数个区域法律体系，而且无法确定以哪一区域法律体系为准，则由该国法律确定应适用哪一区域法律体系，或者适用与相应民事关系有最密切联系的区域法律体系	多法域准据法确定

条文	主要内容	说明
第 1581 条	根据第 1576 条第 1 款应适用的外国法规范，如果其适用的结果违背摩尔多瓦共和国的公共秩序，则不予适用。其他国家的法律被排除适用时，适用摩尔多瓦共和国的相应法律	公共秩序保留原则
第 1582 条	1. 在摩尔多瓦共和国法律中，凡是由于其有明文规定或者由于其对保障民事法律主体的权利和利益特别重要而不论准据法为何均应调整相应关系的强制性规范，其效力不受本编规定的影响。 2. 不得仅基于外国的法律、政治或经济制度不同于摩尔多瓦共和国的法律、政治或经济制度而拒绝适用该外国法规范	本国法中强制性规定
第 1587 条第 2 款	2. 某国民的本国法，系指该人的国籍国法。国籍，依该有疑义的国籍所指国家的法律确定。一人拥有两个或多个国籍的，则以与该人有最密切联系的国家的法律为其本国法	国籍积极冲突的解决
第 1611 条第 1 款	1. 未选择法律时，合同依与之有最密切联系的国家的法律，并推定与履行义务的债务人在订立合同时的住所地国、惯常居所地国或者法人注册地国存在最密切联系	合同准据法

三、域外主要国家国际私法中法官自由裁量权条款的对比分析

鉴于我国国际私法立法采取的是单行法规的形式，我们将之与瑞士、黑山共和国、捷克共和国、土耳其共和国、委内瑞拉和奥地利一起简单对比列表如下。

表 3-12

领域/国家	瑞士	黑山	捷克	土耳其	委内瑞拉	奥地利	中国	统计
最密切联系原则立法指导						√		1
最密切联系原则立法补缺			√				√	2
最密切联系原则立法矫正	√	√						2
国际私法基本原则立法补缺					√			1

续表

领域/国家	瑞士	黑山	捷克	土耳其	委内瑞拉	奥地利	中国	统计
公共秩序保留原则	√	√	√	√	√	√	√	7
本国法中的强制性规则	√	√	√	√	√		√	6
外国法中的强制性规则（含合同）	√	√	√	√				4
国籍积极冲突的解决（最密切联系）	√	√		√		√	√	5
多法域准据法确定（最密切联系）		√		√		√	√	4
婚姻效力的法律适用	√							1
合同法律适用（最密切联系）	√	√	√	√	√	√	√	7
合并协议法律适用（最密切联系）	√							1
侵权法律适用（最密切联系）		√		√		√		3
特殊扶养法律适用（更密切联系）		√						1
监护的法律适用（法律例外适用）			√					1
知识产权合同法律适用（最密切联系）				√			√	2
货物运输合同法律适用（最密切联系）				√				1
多个法律适用个案合理解决					√			1
必要程序拒绝适用外国法					√			1
合同法律适用（商业惯例）					√			1
父母子女人身、财产关系（有利原则）							√	1
扶养（有利原则）							√	1
监护（有利原则）							√	1
有价证券（最密切联系）							√	1

专篇专章式国际私法立法选取包括德国、俄罗斯、阿曼苏丹国、阿尔及利亚与摩尔多瓦共和国，我们简单对比列表如下。

表 3-13

领域/国家	德国	俄罗斯	阿曼苏丹	阿尔及利亚	摩尔多瓦	统计
公共秩序保留原则	√	√	√	√	√	5
多法域准据法确定（最密切联系）					√	1
国籍积极冲突的解决（最密切联系）	√				√	2
婚姻的一般效力（最密切联系）	√					1
非合同之债（更密切联系）	√					1
物权（实质性更密切联系）						0
最密切联系原则的立法补缺		√			√	2
本国法中的强制性规则					√	1
外国法中的强制性规则		√				1
合同法律适用	√	√			√	3
不动产合同法律适用		√				1
国际私法一般原则立法补缺			√	√		2
特别法与国际条约优先						0

根据以上表格的内容，对法官自由裁量权条款的立法现状与立法分布总结如下。

第一，无论是采取法典式、单行法规式，还是专编专章式的国际私法立法，都比较重视国际私法自由裁量权条款的规定。但就立法模式相比较，前两种立法模式更加系统、更加全面，不仅在总则中规定有关自由裁量权条款，例如，关于国际私法立法的指导原则、立法的补缺、立法的矫正等方面的规定，而且在分则中规定较多法官自由裁量权条款，例如，合同的法律适用以及侵权法律适用等领域的最密切联系原则的运用。专编专章式立法模式的规定相对来说，缺乏全面性与系统性。特别是阿曼苏丹国、阿尔及利亚等国家的规定尤其简单，主要规定了两方面的法官自由裁量权条款：其一是关于立法补缺的问题，如果国际私法立法中没有规定的，则采取国际私法的一般原则，并没有明确是采取最密切联系原则。至于什么是国际私法的一般原则，应该根据该国的国际私法立法与司法实践加以理解。其二是关于公共秩序保留原则的问题。《阿曼苏丹国民法典》第 28 条的规定，不仅违背阿曼苏丹国的公共秩序或善良风俗而排除适用，而且违背伊斯兰沙利亚法也要排除适用。《阿尔及利亚民法典》第二十四条的规定有所不同，一是违背阿尔及利亚的公共秩序或善良风俗，则不予适用；二是外国法被排除后，明确规定适用阿尔及利亚法律，类似的国家还有卡塔尔等国家。由此表明，一些非洲国家以及中东国家，国际私法的立法比较保守，较少赋予法官自由裁量权，主要采取明确的法律选择规则，对公共秩序比较重视。在公共秩序的立法中，一般采取公共秩序保留立法标准的主观说，采取的词语是"违背"，而不是采取公共秩序保留立法标准的结果说。需要特别说明的是，在采取公共秩序保留原则时，伊斯兰国家还特别强调如果违背伊斯兰沙利亚法也必须排除适用。这一点告诉我们，在伊斯兰国家无论是从事民商事活动，还是根据其冲突规范指引的外国法律处理民商事纠纷，都必须遵守伊斯兰沙利亚法，尊重伊斯兰国家的宗教。

第二，无论是采取法典式、单行法规式，还是专编专章式的国际私法立法，国际私法的立法大多采取开放式的立法，将所规定的涉外民事关系与没有规定的涉外民事关系，通过赋予法官一定的自由裁量权进行连接，将国际私法立法的内部系统与外部系统通过国际私法一般原则或最密切联系原则进行连接，形成了完整的开放性的立法体系。总体上看，一些国家采取的是最密切联系原则。例如，我国法律适用法第二条第二款的规定，捷克共和国《关于国际私法的法律》第 24 条第 2 款的规定，《摩尔多瓦共和国民法典》第 1576 条第 2 款的规定，《俄罗斯联邦民法典》第 1186 条第 2 款的规定，均采取了最密切联系原则的立法补缺功能。在没有规定的情况下，赋予法官一定的自由裁量权，由法官根据最密切联系原则做出判断找出所适用的法律，决定当事人的具体权利与义务关系。还有一些国家，特别是发展中国家的国际私法立法，主要采取国际私法的一般原则。例如，1998 年委内瑞拉《关于国际私法的法律》第 1 条第 2 款的规定，如果立法中没有规定的，采用类推法，无类推法，则依普遍承认的国际私法原则。《阿尔及利亚民法典》第 23c 条规定，法律规范缺失时，依国际私法的一般原则。《阿曼苏丹国民法典》第二十五条规定，未予规定的法律冲突，适用国际私法的一般原则。无论是类推法还是国际私法原则，抑或国际私法的一般原则，都赋予法官相当大的自由裁量权进行找法并处理涉外民商事案件。

从立法上来看，采取最密切联系原则的立法补缺功能，与采取国际私法的一般原则的立法补缺功能，没有特别的差异。对于前者来说，可以从立法中观察到，立法者在立法中寻找连结点的做法是采取了最密切联系原则，也就是说立法者寻找的连结点表明了案件（涉外民事关系）与连结点所指向的法律具有本质、必然的联系。司法者应遵循立法者寻找连结点的原则，即用最密切联系原则去处理案件。

第三，最密切联系原则的广泛运用。最密切联系原则是现代国际私法发展中一项重要的国际私法原则和重要的法律选择方法，其最大的特点是具有相当大的灵活性，赋予法官一定的自由裁量权。对于最密切联系原则的运用，国际私法的立法具有多样性，不仅运用其国际私法立法指导功能、立法补缺功能以及立法矫正功能，而且作为一种具体的法律选择方法运用在国际私法的多个领域。对于最密切联系原则的立法指导功能，奥地利的《关于国际私法的联邦法》在第 1 条开宗明义地规定，与外国有连结的事实，在私法上，依照与该事实有最强联系的法律体系判定。对于最密切联系原则的立法矫正功能，瑞士的《关于国际私法的联邦法》第 15 条第 1 款以及黑山共和国的《关于国际私法的法律》第 8 条第 1 款均做出规定。对于最密切联系原则的立法补缺功能，我国法律适用法第二条第二款、捷克共和国于 2012 年通过的《关于国际私法的法律》第 24 条、《俄罗斯联邦民法典》第 1186 条第 2 款以及《摩尔多瓦共和国民法典》第 1576 条第 2 款都做出了规定。最密切联系原则作为具体的法律选择方法主要运用在国籍积极冲突的解决、多法域准据法的确定、合同法律适用、侵权法律适用中。在这些领域，最密切联系原则大多是作为辅助原则而存在。在国籍积极冲突解决中，大多首先适用内国国籍优先原则；在多法域准据法的确定中，大多首先适用准据法所属国家的区际私法来决定；在合同法律适用中，首先适用意思自治原则；在侵权法律适用中，大多首先适用侵权行为地法。

第四，重视国家公共利益的保护。尽管国际私法主要是规范私人之间的法律关系，私法自治是主要的，私人利益保护是全面的，国家公共利益保护是局部的，但是国家利益的保护也受到了极强的重视。国际私法立法对国家公共利益的保护主要采取两种立法方法：一种是公共秩序保留原则的运用，另一种是直接适用的法的运用。前者在所有国家的立法中均做出了规定，而且大多数采取了公共秩序保留立法的客观说（结果说），在一定程度上限制了法官的自由裁量权，使公共秩序保留原则在合理的范围内运用，不至于出现法官滥用该原则的现象。例如，黑山共和国的《关于国际私法的法律》第九条规定，外国法的规定，如其适用的结果显然违反黑山共和国的公共秩序，则不予适用。捷克共和国《关于国际私法的法律》第四条的规定，依照本法规定本应适用的外国法制中的规定，如其适用的结果显然违背公共秩序的基本原则，则不予适用。1998年，委内瑞拉的《关于国际私法的法律》第八条规定，依照本法本应适用的外国法规定，仅在其适用将产生与委内瑞拉的公共秩序的基本原则明显相抵触的结果时方予以排除适用。当然也有一些国家采取公共秩序保留立法的主观说，主要是一些宗教国家。例如，《阿曼苏丹国民法典》第二十八条规定，根据上述条款应适用的外国法规定，如其违背伊斯兰沙利亚法、阿曼苏丹国的公共秩序或善良风俗，则不予适用。对于后者，在12个国家中有7个国家规定本国法中的强制性规则直接适用，有5个国家规定可以考虑外国法中的强制性规则。总体上看，各国国际私法的立法都是采取比较灵活的原则，赋予法官相当大的自由裁量权，以保护国家的公共利益及善良风俗这些根本性的利益。

第五，中国国际私法的立法与以上其他国家国际私法的立法相比较而言，其法官自由裁量权条款，既有与其他国家的立法趋势相一致的地方，也有自己的特色。一方面，我国国际私法的立法采取开放式，具有包容性，接受了最密切联系原则的立法补缺功能，注重公共秩序保留原则的运用和强制性规范的直接适用，并将最密切联系方法直接运用到国籍的积极冲突、多法域准据法的确定、合同的法律适用（包括知识产权转让合同）以及有价证券法律适用等方面；另一方面，我国国际私法立法拒绝了最密切联系原则的立法矫正功能和立法指导功能，并在婚姻家庭领域贯彻了弱者权利保护原则，多采用保护性冲突规范，赋予法官一定的自由裁量权，以达到保护弱者权利的目的。对于为何不接受最密切联系原则的立法矫正功能和立法指导功能，王胜明指出最密切联系原则的立法矫正功能使整个国际私法的立法处于不稳定的状态，赋予法官极大的自由裁量权，可能导致推翻整个国际私法的具体的法律选择规范，所以舍去最密切联系原则的立法矫正功能。既然删除了最密切联系原则的立法矫正功能，再删除最密切联系原则的立法指导功能，也就不觉得可惜了。① 对于弱者权利保护原则的运用，体现了我国法律适用法为了实现法律上实质性的公平与正义的努力。国际私法主要是关于私人关系的法律，平等是国际私法立法的基础。为了矫正表面上平等、实质上不平等的现象，运用保护性冲突规范将之回归到实质性平等之地位。这种立法体现了人本主义，是我国立法中人文关怀的体现。由于保护性冲突规范赋予法官一定的自由裁量权，这种保护取决于法官的专业素质以及职业素质，同时也给法官带来了极为繁重的司法任务。是否能达到立法者所求的目的与效果还是存疑的，其他国家的立法较少采用这一做法，这是我国国际私法立法的一大特色。不管效果如何，毕竟反映了我国立法者对于弱者权利保护的态度与努力。所以，对我国法官自由裁量权的研究必须立足于我国自由裁量权条款的立法现状与立法分布。特别是我国司法实践中，涉外民商审判实践中对于法官自由裁量权的运用也集中在这些领域。

　　基于以上分析，国际社会国际私法的立法中法官自由裁量权的条款主要集

---

① 王胜明认为：各国关于最密切联系原则的规定不尽一致，我国对此应如何规定？最密切联系原则应当包含三方面含义：一是确定适用的法律应当与该涉外民事关系具有最密切联系；二是确定适用的法律与该涉外民事关系不具有最密切联系的，则适用与该涉外民事关系具有最密切联系的法律；三是法律对涉外民事关系法律适用问题没有规定的，适用与该涉外民事关系有最密切联系的法律。最密切联系原则的上述内容，各自独立且相辅相成，第一层含义是确定各种涉外民事关系法律适用的指导思想，第二层和第三层含义则是不同条件下的补救条款。最密切联系原则的三方面含义曾经完整地在涉外民事关系法律适用法草案中得以体现。但是，常委会通过的涉外民事关系法律适用法仅保留了第三层含义，其他两层含义在立法过程中被删除了。删除的主要考虑是第二层含义的存废。第二层含义有积极意义，因为涉外民事关系如此复杂，怎么能够保证确定适用的法律与该涉外民事关系天衣无缝呢？有了第二层含义，就能弥补缺失，有机会回到正确的法律适用道路上来。正因如此，比利时、瑞士等国的国际私法都规定了最密切联系原则的第二层含义。但是，第二层含义也是一柄双刃剑，用得不好，会妨碍正确适用涉外民事关系法律适用法。理由之一，有了第二层含义，关于民事主体、婚姻家庭、物权、债权等各种涉外民事关系的法律适用变得不那么确定了，都有可能被推翻；理由之二，由于民事关系相当复杂，对确定适用的法律与该民事关系是否有最密切联系可能理解不一，加上各种各样的人为因素，也有可能抛弃正确的法律适用，走到错误的法律适用道路上去。两相比较，在制定我国涉外民事关系法律适用法时，还是删去第二层含义更好一些。删去第二层含义，对第一层含义起到了釜底抽薪的作用。因为第一层含义的指导作用在立法过程中已经尽量体现在各个冲突规范中，第一层含义隐含的如果确定适用的法律与该涉外民事关系没有密切联系时该如何处理，恰恰是第二层含义要解决的问题。从这个意义上可以说，第一层含义是对第二层含义的铺垫，或者说第二层含义是对第一层含义的进一步明确。所以，删去了第二层含义，再删去第一层含义，就不觉得可惜了。参见王胜明. 涉外民事关系法律适用法若干争议问题 [J]. 法学研究，2012，34（2）：189.

中在最密切联系原则、公共秩序保留原则、直接适用的法等原则的运用，涉及的主要领域也主要集中在合同、侵权、多法域准据法的确定以及国籍积极冲突的解决等方面。法律适用法及其《司法解释（一）》在诸多领域中都赋予法官一定的自由裁量权，制定了较为体系化的自由裁量权条款。为何在 21 世纪，各国国际私法立法都或多或少地规定法官自由裁量权条款？对此，首先必须回答两个重要问题：一是规定国际私法自由裁量权条款的理由；二是如何实施国际私法自由裁量权条款。对于前一问题，必须从完全理性与有限理性、严格规则主义与自由裁量主义，以及国际私法的冲突正义与实体正义之间关系的角度加以认识。对于后一问题，必须从法官自由裁量权行使的影响因素及控制措施方面加以理解。

第四章

我国涉外民商事审判中法官自由裁量权之范畴考察

在一般性和共相的王国中，严格规则主义之花可以竞相怒放。在个别性和殊相的王国里，自由裁量主义之花亦不应凋零。

——【中】徐国栋

为了进一步认识我国涉外民商事审判中法官的自由裁量权，不仅要从时代背景、立法背景以及国际背景做出考察，还需要从严格规则主义与自由裁量主义、完全理性与有限理性、冲突正义与实体正义三对范畴方面作深入考察，研究国际私法中法官自由裁量权行使的主要缘由。在阐述这三对范畴时，可能存在与前三章内容部分重复的地方，但是笔者认为有必要从不同的角度、不同的方面做出论述，这种重复是必要的，它能进一步加深我们对涉外民商事审判中法官自由裁量权行使的理解。

第一节　完全理性与有限理性

正如前面章节所述的，法律适用法作为中国法治建设的重要组成部分，同样存在成文法的局限性，即滞后性、不周延性、不合目的性以及模糊性。我国国际私法自由裁量权条款存在的主要目的就是克服这些法律的局限性。针对法律的滞后性以及不周延性，法律适用法主要运用最密切联系原则的立法补缺功能加以解决，采取了一种内外沟通开放的立法模式。采取开放的立法模式与人的认识论有关，也就是说立法者是有限理性的；法律适用法的立法模糊性主要体现在公共秩序保留制度、强制性规定具体运用方面，针对该法律的模糊性，《司法解释（一）》采取列举的方式加以明确，这里涉及理性一致性的问题，即个体理性与集体理性的关系问题；针对法律的不合目的性，法律适用法及其《司法解释（一）》采取例外条款以及保护性冲突规范条款加以解决，这里涉及立法者的价值取向问题，即在众多的冲突法价值之间如何达到平衡的问题。无论是何种类型法官自由裁量权条款的运用，都会涉及人类理性基本假设的问题。

一、有限理性假设的提出

人的认识能力问题属于哲学上研究的范畴，人的理性假设问题主要是从经济学中被提出的。不同的假设前提导致不同的研究范式，相同的假设前提引导着共有的研究范式，可以在共同的研究平台上进行交流与探索。范式的概念最早由科学哲学家库恩（Kuhn）在《必要的张力》一书中提出，其基本含义就是研究方法、观点以及立场的综合，是学术共同体学术活动的共同平台，具有共同的理论模型与思想体系。① 法学（包括国际私法学）也好，经济学也好，有着共同的研究对象——社会关系，都是属于研究人类行为的科学。② 部门法学的划分其实是以不同的社会关系作为划分的标准。完全理性假设是古典经济学的共同理论前提，但是新制度经济学则认为人的理性是有限的，放松了理性假设的前提。核心理论前提假设的转变，引起了经济学上的变革。其实，法学，包括国际私法也有着基本的前提假设。例如，1804 年法国民法典的制定就是建立在人的完全理性假设的基础上，高扬理性主义，当时的法国人民认为法典能够处理所有的社会关系。但是随着社会关系的发展，人们渐渐认识到人是有限理性的，法律适用法的制定是建立在人的有限理性假设基础上，该部法律第二条第二款采用了最密切联系原则的立法补缺功能，应对有限理性带来的立法不周延性。鉴于经济学与法学都是研究人类行为的科学，两者之间具有共同性，具体到国际私法中，就是研究国际私法主体（主要是人，包括拟制的法人）涉外民商事活动的行为问题，所以我们对于人的理性假设的探讨可以借用新制度经济学的研究成果。

理性经济人的假设最早出现在新古典经济学家亚当·斯密的《国民财富的性质和原因的研究》（又称为《国富论》）这本名著中。亚当·斯密并没有明确提出理性经济人的假设，是后人根据其著作中的名言总结出来的。③ 理性经济

① 冯玉军. 法经济学范式的知识基础研究［J］. 中国人民大学学报，2005（4）：130.
② 徐伟功. 冲突法的博弈分析［M］. 北京：北京大学出版社，2011：4.
③ 亚当·斯密说道："我们每天所需要的食物和饮料，不是出自屠夫、酿酒家或烙面师的恩惠，而是出自他们自利的打算。我们不说唤起他们利他心的话，而说唤起他们利己心的话"。斯密. 国民财富的性质和原因的研究［M］. 郭大力，王亚南，译. 北京：商务印书馆，1972：14.

人具有两方面的含义：财富最大化经济人的假设与完全理性人的假设。经济人的假设表明人是自私自利的，追求物质财富的最大化是其唯一的目的。完全理性人的假设表明人是全知全能的，对其行为的活动无所不知、无所不能。如果国际私法的立法采取完全理性人的假设，那么立法者是无所不能的，能够考虑到过去出现的、现在正在出现的以及将来可能出现的各种涉外民商事关系，能够考虑到各种各样类型的涉外民商事案件，采取一切可能的法律规则对其进行规制。其国际私法的立法模式必然会采取封闭式的立法模式，将所有的情况做出充分的安排，排除法官自由裁量权的作用。但是这种状况在国际私法立法现实中是无法实现的，立法者并不是全知全能、无所不知的，其只能是在逐步趋向认识绝对真理的过程之中，也无法对所有的涉外民商事的案件给出完美的处理方案（规则）。万能的立法者是不存在的，因为国际私法的立法者不是完全理性的，而是有限理性的，不可能对所有的涉外民商事关系做出正确的预测。这就需要立法者将其部分的立法权限通过自由裁量权条款授予法官，发挥法官的主观能动性，将法官司法活动转化为立法活动的必然延伸，解决立法者理性不完全的缺陷。

有限理性是新制度经济学提出的，作为新制度经济学研究的理论前提，改变古典经济学完全理性人假设的理论内核。对于有限理性，不同的人有不同的认识。一般认为有限理性的提出可以追溯到美国经济学家、诺贝尔经济学奖获奖者 K. 阿罗（Kenneth Arrow），他认为，人的行为是有意识的理性，但这种意识理性又是有限的。美国新制度经济学的代表人物、诺贝尔经济学奖获得者诺思从客体与主体两方面来认识有限理性，其认为客观的环境具有不确定性，世界是复杂的，遂导致信息是不完全的，而人的能力，包括计算能力又是有限的，两者导致人的有限理性。[①] 新制度经济学家威廉姆森则是从理性的层次分类来阐述有限理性的，其认为人的理性有强、中、弱三个等级，强理性着重于收益最大化，弱理性强调的则是有组织的理性，中理性处于两者之间。其认为强理性的财富最大化的假设是古典经济学共有的范式、共同理论假设前提，有限理性

---

① 人的有限理性是由 K. 阿罗引入的一个原理，用他的话说有限理性就是人的行为，"是有意识的理性，但这种理性又是有限的"。诺思认为人的有限理性包括两方面的含义：一是环境是复杂的，在非个人交换形式中，由于参加者很多，同一项交易很少重复进行，所以人们面临的是一个复杂的、不确定的世界，而且交易越多，不确定性就越大，信息也就越不完全；二是人对环境的计算能力和认识能力是有限的，人不可能无所不知。参见卢现祥. 西方新制度经济学. 修订版［M］. 北京：中国发展出版社，2003：16.

则是新制度经济学共有的范式、一致的理论前提。有限理性促进了交易成本经济学的产生。①

　　哲学家主要从主体角度认为人的能力是非至上性的，新制度经济学家主要考虑到以下几方面的因素，提出人的有限理性的假设：其一，从主体角度来看，人的大脑资源是稀缺的。资源的稀缺性是经济学家共有的观点，人的大脑资源也不例外。尽管现在人工智能在不断发展与进步，也仍然解决不了大脑资源稀缺性问题。这就决定了主体决策能力的有限性，包括决策信息搜寻能力的有限性、决策分析能力与计算能力的有限性，无法预见所有决策的可能集合。在现代高科技的帮助下，可能无限趋向完整集合，但无法达到完美的集合体。其二，从客体角度来看，客体世界具有复杂性与不确定性，无论是自然社会还是人类社会，都充满着未知与神秘的领域。大到宏观世界的宇宙，小到微观世界的病毒，都有许多等待探索的未知方面。这些所有的复杂性与不确定性，使主体无法完全对客体进行认识、感知、理解与把握。其三，从主体认识客体的过程来看，所有的决策是需要成本的，且是特别昂贵的。主体认识客体需要信息的搜寻、分析、比较、甄别与计算，最终才能做出正确的决策，而这些过程是需要成本的。另外，人的决策过程还存在着信息悖论的问题。一方面，在决策过程中需要搜寻尽可能多的信息，信息的搜寻达到最佳的状态，以便做出正确合理的决策；另一方面，任何决策都是有成本的，在信息搜寻、分析与计算之前，搜寻者（决策者）是无法预知信息自身的价值，无法预测信息搜寻所需要的程度，即做出决策的临界点所在，同时也是无法得知其搜寻信息的预期成本与受益，而达到最合理的状态。所以，信息搜寻是主体从无知到有知不断进行的过程，一旦进行收集信息，就产生了成本沉淀，产生了费用，而且这些成本与费用是无法逆转的。人们通常所说的"当机立断"，其实就包含着信息收集成本与决策收益之间的关系，"机"是信息收集到最佳状态的表示，"断"是信息收集到一定程度所做出的决策，反映了信息成本与收益之间的最佳平衡状态。但是，当机立断是一种理想中的状态，信息悖论的存在往往阻碍了人们信息搜寻的动力，因为信息搜寻具有极大的风险性，无法得知信息收集的合理程度。②

　　人们的决策不仅涉及主体与客体之间的认识关系，而且涉及主体与主体之间的决策问题，这就是博弈论所要研究的问题。博弈论关注的是主体之间的行

---

①　威廉姆森. 资本主义经济制度：论企业签约与市场签约 [M]. 段毅才，王伟，译. 北京：商务印书馆，2002：68-71.

②　卢现祥. 西方新制度经济学. 修订版 [M]. 北京：中国发展出版社，2003：17.

动相互影响所采取的决策行为。① 通俗地说，博弈论是研究决策主体的行为发生直接相互作用时候的决策以及这种决策的均衡问题。② 同样不同的理性假设，可以将博弈分为不同的类型。如果决策主体是完全理性的，具有完全的信息，就是完全信息的博弈；如果决策主体是有限理性的，不具有完全信息，就是不完全信息博弈。③ 根据上述新制度经济学的观点，人的理性是有限的，所以完全信息的博弈是不存在的，客观存在的是不完全信息博弈，不完全信息本质上表明了人的有限理性。其实，我们每天的所有活动都是决策的过程，每天几点起床、吃什么早餐、出行交通的方式，都是不停地进行决策的结果。一般来说，决策涉及两方面的问题，一是合理决策所需要的知识（包含所需要的信息）；二是决策所需要的花费，即决策的成本。国际私法立法决策也同样如此，判断何时进行立法（立法的时机）、采取何种立法模式、强调何种立法价值取向、构建什么样的法律选择方法体系，都需要立法者具有合理决策所需要的知识以及合理的决策成本。一方面，立法者根据客观的需求情况，积累必要的国际私法知识，具有足够的国际私法知识存量，分析国际私法立法可能的方案，在各种可能方案中做出最佳的选择；另一方面，任何国际私法的立法都不是无休止的，其决策具有一定的时效性。立法者的知识储备与信息搜寻都具有时限性，不可能无限地进行。否则，从成本与收益关系来看，是没有立法效率的，因为无论是知识的积累还是信息的收集，都是非常昂贵的，而且立法者的时间以及立法资源又是稀缺的，极少有能够负担其成本的交易主体。④ 法律适用法的立法过程说明了上述两点：知识积累的程度以及决策的成本。中国国际私法立法在法律适用法出台前的发展，可谓是"一波三折"，可以分为三个阶段。⑤ 第一阶段从 1949 年到 1965 年，是中国国际私法制度发展的起步阶段。在这一阶段，中国国际私

---

① 拉斯缪森. 博弈与信息：博弈论概论. 第 2 版 [M]. 王晖，等译. 北京：北京大学出版社，三联书店，2003：3.

② 张维迎. 博弈论与信息经济学 [M]. 上海：上海人民出版社，2002：3-5.

③ 关于博弈论的基本概念以及运用博弈论分析冲突法，参见徐伟功. 冲突法的博弈分析 [M]. 北京：北京大学出版社，2011.

④ 正如德国学者柯武刚所说，合理的决策需要知识，并要在各种可选方案中进行选择。为了做出合理选择，必须了解各种可能方案。然而，获取不同方案的信息所需要的资源和时间都十分稀缺和昂贵，所以不可能无止境地收集信息。"信息成本是一无所知为无所不知的成本，极少有交易者能负担得起这一全过程"。我们经常宁愿保留无知，因为获取信息太昂贵了。否则的话，人类将因分析而麻痹衰亡。参见柯武刚，史漫飞. 制度经济学：社会秩序与公共政策 [M]. 韩朝华，译. 北京：商务印书馆，2000：64.

⑤ 徐伟功. 新中国国际私法的风雨之路：政治、经济与法律分析 [J]. 河南省政法管理干部学院学报，2002（4）：99-101.

法立法的需求较小，同时国际私法理论研究缺乏，知识积累不多，知识存量不足，知识的来源比较狭窄，主要来源于苏联，没有形成自身特色的国际私法知识体系，也没有吸纳不同法律体系国际私法立法的先进知识。[1] 第二阶段从1966 年到 1976 年，是中国国际私法制度发展的停滞阶段。从 1966 年起，中国法制建设停滞不前，国际私法理论研究几乎没有发展，甚至国际私法知识存量有减少的情况。第三阶段从 1977 年到 2010 年，是中国国际私法制度恢复与发展的阶段。从 1977 年开始，中国国际私法的知识存量在逐步增加。学科的建立与发展、理论研究成果的繁荣以及国家对立法的重视，无不体现了中国国际私法知识存量的飞速增长，中国国际私法系统立法的机会逐步成熟。如果我们仍然不抓住机会，进行国际私法立法，决策的成本就会不断增加。[2] 所以，中国国际私法制度发展道路是曲折的，法律适用法的出台标志着中国国际私法的立法迈上了一个新的台阶。但我们应该在新的基础上，走国际私法法典化的发展道路。

二、国际私法立法的克服

人的理性假设前提决定了我国法律适用法立法模式的取舍，是采取内在循环封闭式的立法模式，还是采取内外循环开放式的立法模式。正因为人是有限理性的，所以人类社会才出现了各种组织，借助各种制度，尤其是法律制度，采取分工与合作等手段，以弥补理性不足这一客观存在的缺陷。正因为人的有限理性，法律适用法的立法才毅然运用最密切联系原则的立法补缺功能，授予法官一定的自由裁量权，以应对立法者无法预见的各种可能情况。所以，立法者是希望将法律适用法制定成一部开放、包容、合理、公平的法律。[3]

所谓开放，法律适用法就是通过立法条文将以后出现的新法律关系的处理交由法官进行，将具体法律选择规范系统与处理涉外民商事法律选择的原则进行连接，将具体处理涉外民商事案件规则的内部系统与外部今后可能出现的各种法律关系，通过法官自由裁量权加以沟通与连接，成为立法内外连接的桥梁以及沟通的渠道。没有这种法官自由裁量权，立法者有限理性的缺陷就难以得到弥补；所谓包容，就是该部法律针对人的有限理性，在立法上授予法官一定的自由裁量权，建立生态平衡的法律选择方法体系，构建国际私法各种价值的生态平衡系统；所谓合理，就是法官在处理涉外民商事案件时，考虑到案件的

---

[1]　徐伟功.简论新中国国际私法的制度变迁［J］.东方论坛，2007（2）：122.

[2]　徐伟功.简论新中国国际私法的制度变迁［J］.东方论坛，2007（2）：122.

[3]　王胜明.《涉外民事关系法律适用法》的指导思想［J］.政法论坛，2012，30（1）：2.

结果对双方当事人来说是符合国际民商事秩序的客观要求，是多边主义在涉外民商事关系中的体现；所谓公平，就是内外国当事人处于同等的地位，适用同一个法律适用规则，所适用的法律对内外当事人不存在歧视与偏见，考虑到国际私法上的实体正义。无论是合理还是公平，都无法采取严格规则主义，毕竟立法者是有限理性的，对于具体涉外民商事法律关系的合理与公平，无法面面俱到，其只能考虑到普遍性的合理与公平，对于偏离普遍性的合理与公平的现象与情势，就必须借助法官的自由裁量权进行更改与修正。例如，最密切联系原则的立法矫正功能的发挥，即法官可以适用更密切联系的法律，起到弥补法律不合目的性的作用。所以，在法律适用法的实施中，法官应当知晓立法者的有限理性，懂得立法者弥补其理性不足的各种措施与方法，理解其授予法官自由裁量权的动因。

立法者希望法律适用法制定成为开放、包容、合理、公平的法律，这表明立法者希望其制定成为内外循环开放式的法律。与此对应的还有另一种封闭的立法模式、非开放的立法模式。封闭的立法模式建立在完全理性的假设基础之上，认为立法者可以预见所有的涉外民商事关系，法官只要根据立法者所制定的具体冲突规范，就可以处理全部的涉外民商法律关系。封闭式的立法模式，展现了立法者强烈的自信、对人的认识能力的狂热自信，认为人能够认识绝对的真理，是完全理性的。封闭的立法模式强调法律适用的安全，防范因绝对自由裁量主义的不稳定、不明确所导致的缺乏安全感的情况发生。[1] 但成文法毕竟是一种凝固的智慧，其一旦制定就落后于时代的发展。一方面，立法者是有限理性的；另一方面，涉外民商事法律关系的发展是动态的，不是永恒不变的，会随着涉外民商交往的变化以及科学技术的发展不断变动。[2] 例如，随着互联网的产生与发展，出现了电子商务，这就需要新的规则应对在电子商务中所出现的法律问题。法律适用法的开放性是历史的必然选择，其一方面将认识到的所有已经发生以及预见到的将来可能发生的社会关系都做出具体明确的规定；另一方面对以后发生没有预见到的涉外民商事关系，或者在立法中没有规定的涉外民商事关系，运用最密切联系原则的立法补缺功能进行补缺。其实，这种将内部的法律规范系统与外部没有规定的对象通过原则性的规定连接起来的做法，也反映出立法者整体的立法指导思想，即立法者所规定的具体法律选择规则也

① 徐伟功. 中国国际私法立法的理想与现实：《中华人民共和国民法（草案）》第九编评析 [J]. 河南省政法管理干部学院学报，2004（2）：36.

② 刘仁山. 再论国际私法的对象与方法：基于技术革命的影响所形成的认识 [J]. 中国国际私法与比较法年刊，2001，4（0）：99–106.

是根据最密切联系原则进行的。只不过法律适用法的具体规则具有事先性，是由立法者制定的；法官自由裁量权处理立法中未规定的，具有事后性，是法官行使自由裁量权的后果。

　　总之，人的不同理性假设对应着国际私法立法上不同的立法态度。如果采取完全理性的假设，认为人的认识能力具有至上性，具有完全与绝对性，能够认识到绝对真理，国际私法立法一般是采取封闭式、内部循环的立法模式；如果采取有限理性的假设，认为人的认识能力具有不完全性，是局部与相对性的，是从相对真理走向绝对真理的历史阶段，就会采取开放的立法模式，通过法官的自由裁量权将内部的具体规则与外部未预见的涉外民商事法律关系连接起来，将立法活动与司法活动进行无缝对接。法律适用法第 2 条①的规定，就是由人的有限理性决定的，实现了立法者所希望的制定开放、包容的法律的目的，避免因为立法没有规定导致无法进行适用的可能性。从这一点来说，法律适用法立法模式的转变是我国国际私法立法上一项重大的变革，是对以前立法的重大发展与突破。② 从法律适用法的实施来看，法官自由裁量权起到了关键的作用，不仅弥补了成文法滞后性与不周延性的缺陷，而且通过分则中的自由裁量权条款，解决了成文法不合目的性等缺陷。无论是总则中自由裁量权条款的规定，还是分则中自由裁量权款的规定，都是立法活动在司法活动的延伸，是立法者的价值取向在司法活动中的体现。

　　此外，法律适用法在第四条的规定了强制性规定的直接适用以及第 5 条公共秩序保留原则，《司法解释（一）》第 8 条对法律适用法第 4 条何为强制性法律做出解释，以上规定存在法律的模糊性，何为强制性规定，何为公共秩序，立法上并没有明确的规定。第 4 条、第 5 条以及《司法解释（一）》第 8 条共同的特点是对国家利益做出规定。这里必须思考两方面的问题：一是为何法律适用法对于国家利益层面上的名词概念术语规定存在模糊性，具有一定的弹性，给予法官一定的自由裁量权；二是国际私法主要属于私法的范畴，也主要规定私人利益方面的问题，为何在法律适用法总则中从正反两方面做出排除外国法适用的规定，以维护国家公共利益。维护当事人（尤其是中国当事人的利益）与维护中国的国家公共利益是否一致，这就涉及博弈论中个体理性与集体理性

---

① 法律适用法第二条规定："涉外民事关系适用的法律，依照本法确定。其他法律对涉外民事关系法律适用另有特别规定的，依照其规定。本法和其他法律对涉外民事关系法律适用没有规定的，适用与该涉外民事关系有最密切联系的法律。"

② 徐伟功 . 述评《涉外民事关系法律适用法》：以有限理性和自由裁量权为视角 [J]. 河南财经政法大学学报，2012，27（2）：122.

一致性的问题。

三、理性一致性问题

新古典经济学提出了"看不见的手"的理论，认为个体理性与集体理性是一致的，不存在相互冲突。新古典经济学家亚当·斯密在《国富论》一书中认为："由于每个个人都努力把他的资本尽可能用来支持国内产业，都努力管理国内产业，使其生产物的价值达到最高程度，他就必然竭力使社会的年收入尽量增大起来。确实，他通常既不打算促进公共的利益，也不知道他自己是在什么程度上促进那种利益。由于宁愿投资支持国内产业而不支持国外产业，他只是盘算他自己的安全；由于他管理产业的方式目的在于使其生产物的价值达到最大程度，他盘算的也只是他自己的利益。在这场合，像在其他许多场合一样，他受着一只看不见的手的指导，去尽力达到一个并非他本意想要达到的目的。也并不因为事非出于本意，就对社会有害。他追求自己的利益，往往使他能比在真正出于本意的情况下更有效地促进社会的利益。"① 上面这段话表明了新古典经济学隐含着一个基本假设：个体理性促进集体理性，个人理性与集体理性具有一致性。如此，法律适用法就没有必要规定第 4 条强制性规定的直接适用以及第 5 条公共秩序保留原则。但是，私人利益并不是总与国家利益具有一致性，个体理性并不一定促进集体理性。个体理性与集体理性之间不一致关系问题来源于著名的博弈模型——囚徒困境。

囚徒困境是由图克（Tucker）在 1950 年提出的，② 是完全信息静态博弈的特例。其基本模型是这样的：在一起严重的纵火案件中，警察抓住了两个犯罪嫌疑人，张三与李四。警察有证据证明他们犯了较轻的扰乱公共秩序罪，但是没有证据证明他们犯了纵火罪。如果他们两个人中有人承认纵火，那么他们的纵火罪就成立。如果两个人都不承认，则只能以扰乱公共秩序的轻罪处理。为了得到犯罪嫌疑人的口供，警察将犯罪嫌疑人分别关在不同的房间，以防止他们横向联系，进行串供并达成攻守同盟。警察告诉他们：如果他们之中一人坦白，一人抵赖，那么坦白从宽，坦白的就可以放出去，抵赖的一位纵火罪成立，需要判处 5 年有期徒刑；如果他们没有任何一个人承认，则以扰乱公共秩序罪各判 1 年有期徒刑；如果他们两个人都承认，则两人的纵火罪成立。因他们两个人都坦白了，都给予一定的减刑，各判处 3 年有期徒刑。如果我们用表格形

---

① 斯密. 国富论：下 [M]. 郭大力，王亚南，译. 北京：商务印书馆，2014：30.

② 王则柯. 新编博弈论平话 [M]. 北京：中信出版社，2003：7-11.

式表示两个犯罪嫌疑人的战略选择，如表4-1。

表 4-1

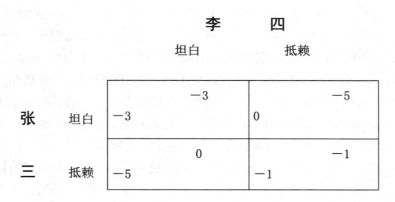

张三和李四的战略选择

上表中张三、李四两个犯罪嫌疑人都有坦白和抵赖两种选择。因为张三和李四被单独隔离而无法串供，他们两个人都不可能事先知道对方的选择。尽管他们两人做出选择的时间有可能不同，但可以视为他们是同时做出决策的。张三、李四各有两种选择，于是会出现四种情况：双方都承认、双方都抵赖、张三坦白李四抵赖、李四坦白张三抵赖。当然，作为每一个犯罪嫌疑人最好的结果就是放出去，不承担任何刑事责任。最坏的情况就是被判处 5 年有期徒刑。根据人的理性假设，张三、李四都希望实现自身利益的最大化。张三的决策取决于李四的决策，反之，李四的决策取决于张三的决策，双方的决策都取决于对方的决策。在具体的决策过程中，张三的决策要考虑到李四的决策。假设李四抵赖，张三最好的选择是坦白。因为如果张三抵赖，其将会被判处 1 年有期徒刑，如果张三坦白，其将会被放出去，放出去总比判处 1 年有期徒刑好，所以李四抵赖，张三就坦白。如果李四坦白，张三最好的选择也是坦白。因为如果张三抵赖，其将会被判处 5 年有期徒刑，如果张三坦白，将会被判处 3 年有期徒刑，3 年有期徒刑总比 5 年有期徒刑好。所以，不管李四如何做出决策，张三最好的选择就是坦白。反过来说，不管张三如何做出决策，李四最好的选择也是坦白。最终的结果是张三、李四都坦白，都被判了 3 年有期徒刑。

在上述例子中，张三、李四都希望自身利益达到最大化，但是双方都坦白被判处 3 年有期徒刑，并没有使张三、李四达到利益最大化。从张三、李四集体来看，双方都抵赖，被判处 1 年有期徒刑，比都坦白判处 3 年有期徒刑好得多，但张三、李四都抵赖的决策具有不可能性。一方面，张三、李四被分别关押在不同的房间，不能串供；另一方面，即使张三、李四能够达成攻守同盟，也是不稳定的，因为其达不到个体理性的要求，这是帕累托改进办不到的。① 由于坦白/坦白是一个纳什均衡，② 是一种占优战略均衡，其无法摆脱，具有必然性，所以这个博弈被称为"囚徒困境"。囚徒困境反映了一个深刻的社会现象和道理，新古典经济学一直主张个体理性与集体理性一致性的假设，这在有些情况下是不可能的。个体理性与集体理性在有些情况下是矛盾的，即从个体的自身利益最大化出发，往往不能实现集体利益的最大化，最终也可能导致个体利益较差的结果。这就是"囚徒困境"博弈的理论意义所在。

囚徒困境解释了为何在法律适用法立法上规定强制性规定的直接适用、公共秩序保留制度以及法律规避制度的缘由。也就是说，个体利益的追求在有的情况下会损害国家的社会利益。此时，法律适用法第4条的目的就是对涉及国家公共利益的领域，直接适用该强制性的规定，达到保护国家公共利益。第5条的目的同样如此，只是其起到防火墙的作用，作为排除外国法适用的最后阀门。《司法解释（一）》中所规定的法律规避制度也是为了防止当事人为了自

---

① 帕累托最优（Pareto Optimality），也称为帕累托效率（Pareto efficiency）。帕累托最优和帕累托改进，是博弈论中的重要概念，并且在经济学、工程学和社会科学中有着广泛的应用。帕累托最优是指资源分配的一种状态，在不使任何人境况变坏的情况下，不可能再使某些人的处境变好。帕累托改进（Pareto improvement），是指一种变化，在没有使任何人境况变坏的情况下，使至少一个人变得更好。一方面，帕累托最优是指没有进行帕累托改进余地的状态；另一方面，帕累托改进是达到帕累托最优的路径和方法。帕累托最优是公平与效率的"理想王国"。一般来说，达到帕累托最优时，会同时满足以下三个条件：（1）交换最优。即使再交易，个人也不能从中得到更大的利益。此时对任意两个消费者，任意两种商品的边际替代率是相同的，且两个消费者的效用同时得到最大化。（2）生产最优。这个经济体必须在自己的生产可能性边界上。此时对任意两个生产不同产品的生产者，需要投入的两种生产要素的边际技术替代率是相同的，且两个生产者的产量同时得到最大化。（3）产品混合最优。经济体产出产品的组合必须反映消费者的偏好。此时任意两种商品之间的边际替代率必须与任何生产者在这两种商品之间的边际产品转换率相同。如果一个经济体不是帕累托最优，则存在一些人可以在不使其他人的境况变坏的情况下使自己的境况变好的情形。普遍认为这样低效的产出的情况是需要避免的，因此帕累托最优是评价一个经济体和政治方针的非常重要的标准。从市场的角度来看，一家生产企业，如果能够做到在不损害对手的利益的情况下又为自己争取到利益，就可以进行帕累托改进，换而言之，如果是双方交易，这就意味着双赢的局面。
② 在一个博弈过程中，无论对方的策略选择如何，当事人一方都会选择某个确定的策略，则该策略被称作支配性策略。如果两个博弈的当事人的策略组合分别构成各自的支配性策略，那么这个组合就被定义为纳什平衡。

身的利益，置国家公共利益于不顾。为何这些规定都赋予法官一定的自由裁量权，主要是因为国家的社会公共利益并不是一成不变的，其是随着历史的发展不断变化的。另外，社会公共利益的内涵具有模糊性，针对不同的具体情况，法官可以灵活应对，所以需要法官的自由裁量权。

法律适用法不仅规定了保护当事人的私人利益，也规定了保护国家的社会公共利益，私人利益的保护是全面的，社会公共利益的保护是局部的。这与人的动机双重性有关。亚当·斯密认为经济人（理性人）以追求财富最大化为唯一目的，但是在现实生活中，人的动机具有双重性，不仅仅是为了追求财富最大化，也有许多非财富最大化的现象，即人具有利他的一面。人的动机双重性以及利己与利他的两面性，是由新制度经济学家诺思（Douglass C. North）等提出的。① 个体财富最大化的追求表明了当事人具有趋利避害、自私自利的天然倾向，非财富最大化的追求表明当事人具有某种集体行为的偏好，希望得到集体的认可以及自我的满足。所以，在社会生活中，个体并不是单纯的经济人，需要在财富最大化与非财富最大化之间做出平衡，其决策的过程就是均衡的过程。② 法律适用法的制定，也是考虑到人的双重动机，一方面要保护当事人的合法利益，另一方面维护国家的重要公共利益；一方面促进国家公共利益的实现，另一方面维护国际民商事秩序。在具体条文的设计上均可以看出：其第 3 条强调了个体选择法律的自由权力，促进个体的自由；第 4 条强调了强制性规定的直接适用，保护国家在重要领域中的公共利益。所以，法律适用法试图在个体理性与集体理性之间达到某种平衡，既保护个体的利益，又维护集体利益，在法律诸价值之间、法律诸选择方法之间寻找矛盾的平衡点，以创造一种生态平衡系统，即内外当事人利益保护的平衡、个人利益与国家利益的平衡、国家利益与国际社会利益的平衡。所以，法律适用法赋予法官一定的自由裁量权，恰当地维持看似矛盾的两个层面的平衡。开放的法律适用法将涉外民事关系的内部系统与外部系统进行连接，对各种利益做出必要的平衡，这些都彰显了立法者的理性是有限的，需要通过赋予法官一定的自由裁量权进行应对与调节。

① 诺思说道："我相信传统的行为假设已妨碍了经济学家去把握某些非常基本的问题，对这些假定的修正实质上是社会科学的进步。行动者的动机比现有理论所假定的要复杂得多。""人类行为比经济学家模型中的个人效用函数所包含的内容更为复杂。有许多情况不仅是一种财富最大化行为，而是利他的和自我施加的约束，它们会根本改变人们实际做出选择的结果。"诺思. 制度、制度变迁与经济绩效 [M]. 刘守英，译. 上海：上海三联书店，1994：23.
② 袁庆明. 新制度经济学 [M]. 北京：中国发展出版社，2005：21.

立法者的有限理性回答了法律适用法赋予法官自由裁量权的必要性，解决了其滞后性、不合目的性、不周延性以及模糊性等问题。但是，法律适用法应该在多大程度上给予法官自由裁量权，即法官自由裁量权度的问题，仍然需要从严格规则主义与法官自由裁量主义相互关系的角度，从国际私法的价值取向，即国际私法的冲突正义与实体正义相互关系的角度，加以讨论。

第二节　严格规则主义与自由裁量权主义

法律适用法的制定离不开中国改革开放的历史背景，也离不开国际私法立法国际社会发展趋势的历史背景。从国际私法国际社会立法的发展趋势来看，自由裁量主义在国际私法的立法中逐步得到渗透，各国国际私法在立法中或多或少地给予法官一定的自由裁量权。从国际私法国内立法的发展趋势来看，实体正义逐步得到重视，具体正义的实现离不开法官根据具体案件情况的裁量。严格规则主义与自由裁量主义之间此消彼长，勾画出人类社会法治发展的历史主线。

一、严格规则主义与自由裁量主义相结合的历史缘由

法治是人类社会发展寻求治理手段的必然选择。绝对自由裁量权排除了规则的作用，就是人治。人类社会发展之初，人治是人类社会的主要治理手段。柏拉图从法律的局限性出发，提出哲学家治国的方略，竭力主张人治，认为人治是第一等好的治理手段。柏拉图认为，法律绝不可能发布一种既约束所有人又对每个人都真正有利的命令。法律在任何时候都不能完全准确地给社会的每个成员做出何谓善德、何谓正确的规定。人类个性的差异、人们行为的多样性、所有人类事务无休止的变化，使人类无论采用什么艺术在任何时候都不能制定出绝对适用于所有问题的规则。柏拉图还认为，法律原则上是由抽象的、过分简单的观念构成的，然而简单的原则是无论如何也不能用来解决复杂纷繁的事务状况的。立法者在其为整个群体制定的法律中，永远不能准确地给予每个人应得的东西。因此，最佳的方法并不是给予法律以最高权威，而是给予明晓统治艺术、具有才智的人以最高权威。[①] 柏拉图晚年理想国的实验失败，不得不接

---

① 埃德加·博登海默. 法理学：法哲学及其方法 [M]. 邓正来，等译. 北京：华夏出版社，1987：7-10.

受法治的治理模式。尽管如此，柏拉图依然认为法治是第二等的治理手段。柏拉图的失败具有历史的必然性，因为人治的前提假设是需要具有最高才智以及全能判断正确的人，即需要一个全知全能的人。也就是说，如果人是天使，便无须法律。① 但是，这样的人在现实生活中是无法存在的。正如前面所述，完全理性的人是不存在的。绝对的自由裁量权会导致绝对的腐败，除人治假设前提不可实现外，人治还具有以下几方面的缺陷：随意性、缺乏安全感、缺乏明确性以及不稳定性。统治者的随意性，常常使人民恐惧不安，缺乏安全感。人治治理的前提不存在及其所带来的恐惧，都是促使人类抛弃人治，寻求法治的主要原因。

在长期的斗争之中，成文法逐步被颁布、固定，法律的明确性，促使人们获得了安全感。所以，法治主要是防范人性弱点的工具，将个体的欲望控制在不得溢出的范围之内。法治作为社会治理的手段，其自身也有滞后性、不合目的性、模糊性以及不周延性等缺陷。法律的局限性是法律自身特点所带来的必然现象。法律具有普遍性和确定性的特点。法律的制定主要是通过法律规范，对某类法律关系进行高度概括、抽象而来的。其针对的是一般共性的问题，舍弃了社会关系特殊性的问题。从集合的角度来看，法律规范是对某类法律关系集合中的所有具有同质性的法律关系做出的，具有普遍性的特征。所以，"法律单考虑臣民的共同体以及抽象的行为！而绝不考虑个别部分及其行为"②。普遍性考虑的是共性的问题，关注的是整体社会的正义。具体社会关系具有特殊性、生动性、多样性的特征，这就必然导致法律的一般性与社会生活特殊性之间的张力与紧张关系。如果具体案件越符合一般性的特征，运用法律处理案件就越合理。如果具体案件越特殊，犹如地球的引力一样，离地球中心越远，引力就越小，法律处理具体的案件就越力不从心，就越不合理，就越不符合立法者的立法目的。法律的确定性通过具体法律规范体现出来，法律规范的结构一般由三方面构成：规范适用的条件、行为模式与法律后果。行为模式告诉人们可以做什么、不可以做什么与应该做什么，通过规范适用的条件，推导出一定的法律后果，包括对违反法律的惩罚与遵守法律的奖励，表明人们的行为与法律后果之间存在必然的因果关系。法律的确定性，使人们的行为具有一种可预见性，使人们知道自己行为的后果，注重了法律的安全价值，避免人们对未知的恐惧。

---

① 埃尔曼. 比较法律文化［M］. 贺卫方，高鸿钧，译. 北京：生活·读书·新知三联书店，1990：88.

② 卢梭. 社会契约论［M］. 何兆武，译. 北京：商务印书馆，2003：35.

所以，法律的确定性需要法律具有一定的稳定性，不能朝令夕改；否则，法律的权威与安全就会被削弱。因此，法律一旦制定，就不能轻易地更改，这就导致法律的滞后性，使法律成为一种凝固的智慧。

总之，法律的普遍性、确定性最低限度地保障了秩序、正义、自由、公平与安全的价值，但是在某些情况下牺牲或者损害了具体案件的公正。法律的普遍性、确定性与社会生活的特殊性、多样性的矛盾是不可避免的，如何克服法律的局限，是法学家与立法者所要面临的问题。一般来说，弥补法律的普遍性、确定性与社会生活的特殊性、多样性之间的缝隙，主要是从严格规则主义与自由裁量主义的关系展开的。绝对的自由裁量主义，就是人治。绝对的自由裁量主义强调具体案件的公正，满足了社会生活生动性与多样性的要求；但是其具有任意性、灵活多样的特点，损害了法律的统一性，使整个社会关系处于不稳定的状态，给人们带来了对未知的恐惧，使其处于极度不安全的状态。绝对的严格规则主义，排除了人的因素，注重整体社会的秩序、正义、安全，但其是以集体正义牺牲个体正义，忽视了具体案件的公正。对安全、确定性的过分强调，必然会导致法律的机械、呆板与僵化，形成了法律规则的死板与社会生活的生动之间的紧张关系，无法满足社会生活的客观需要。任何极端的主张，绝对的自由裁量主义与绝对的严格规则主义，都有极大的缺陷。既然人类社会选择法治这一社会治理手段，在考虑整体社会的秩序、正义、安全等价值的同时，也需要采取一定的方式弥补法律的普遍性与社会生活的特殊性之间的缝隙。所以，在法律的实施过程中，在坚持严格规则主义的同时，适当地引入法官自由裁量权，作为缝隙的"填充剂"，应对法律自身的缺陷，将严格规则主义与自由裁量主义相结合，走两者相结合的道路。从目前的法律发展来看，关键不在于是否引入法官自由裁量权，而在于法官自由裁量权的行使应在多大程度上得到运用。徐国栋教授在考察罗马法的发展史时，得出这样的结论：从历史来看，罗马法经过了严格法—衡平法—严格法的周期性发展。罗马法模式的演变历史告诉我们：什么时候适当吸收自由裁量主义，罗马法就兴旺发达；什么时候排斥自由裁量主义，罗马法就没落。罗马法在现代世界法律体系之林中的崇高地位是由其在衡平法阶段的发展奠定的，这是不争的事实。①

立法者基于对严格规则主义与自由裁量权主义不同的态度，对是否授予法官自由裁量权也会有不同的立法态度。如果立法者主张绝对的严格规则主义，

---

① 徐国栋．民法基本原则解释：成文法局限性之克服 [M]．北京：中国政法大学出版社，1992：195.

认为人的认识具有至上性，其必然在立法过程中对法官的信任不足，拒绝给予法官自由裁量权，尽可能在立法中详尽地规定明确的法律规范。如此，法官的作用犹如复印机一样，只要将具体的案件事实以及对应的法律规定输入到装置之中，经过案件的审理过程，就会自然而然地得出审理结果。此时，法官就是一种工匠。如果立法者认为自己的认识具有非至上性，认识到绝对的严格规则主义的不足，认识到法律的局限性，就会采取严格规则主义与自由裁量主义相结合的态度，在制定全面法律规范的基础上，必然会赋予法官一定的自由裁量权，发挥法官的主观能动性，使自己的立法活动在司法活动中得以延伸，解决法律的普遍性、确定性与具体案件的特殊性、多样性之间的矛盾。当然，立法者不可能采取绝对的自由裁量主义，否则整个法律大厦将没有存在的基础，没有根基。所以，目前的立法主要是采取将两者相结合的做法，采取绝对的自由裁量主义和采取绝对的规则主义都是不可取的，自由裁量主义在立法中的渗透是立法历史发展的必然过程。目前立法者在立法中如何给予法官适当的自由裁量权，成为立法上必须解决的问题。一般来说，法官自由裁量权的行使主要在民法、刑法、行政法等实体法领域，学者对于国际私法领域，即如何选择法律领域中的探讨相对较少。从实体法角度，法官自由裁量权主要是指法官根据内心的公平正义理念对案件酌情做出决定的权力。① 从国际私法角度，法官自由裁量权主要集中在如何选择恰当的法律处理案件。纵观各国国际私法的立法，仍然是以法律选择规则为主，法律选择的确定性与判决结果一致性仍然是国际私法立法的主要目标，否则国际私法就是毫无根基的大厦。同时，国际私法的立法越来越重视具体案件的公正，越来越注重公平合理地处理涉外民商事案件，对国际私法上实体正义的强调，使自由裁量主义逐步渗透到国际私法的立法之中。② 我国的国际私法也不例外，紧跟国际私法立法的国际潮流，法律适用法以及相关的立法与解释在很大程度上吸纳了自由裁量主义，从而使之成为一部开放的法律、包容的法律。

二、国际私法中自由裁量主义的演进

国际私法是从理论法到立法法，其立法是从附属到独立、从分散到集中、

---

① 沃克. 牛津法律大辞典 [M]. 北京社会与科技发展研究所，译. 北京：光明日报出版社，1988：261-262.

② 徐伟功. 论自由裁量主义在冲突法中的渗透 [J]. 环球法律评论，2009，31（6）：15-16.

从机械到灵活的发展过程，是立法形式越来越完善、立法内容越来越丰富、立法方法越来越灵活的过程。在这个立法的发展过程中，从最初的严格规则主义到现在以严格规则主义为主，兼采自由裁量主义，从注重国际私法上的冲突正义到冲突正义与实体正义并重，国际私法的立法越来越重视法官自由裁量权的行使。为了促进涉外民事审判中法官自由裁量权的正确行使，有必要从国际私法理论起源、立法进程以及其立法的宏观背景，对国际私法中法官自由裁量权加以认识。

　　任何事物都有其起源、发展与消亡，国际私法也不例外。平等是国际私法产生的基础，对外国人加以歧视，否定外国人的法律人格，是无法产生国际私法的。在古代社会，俘获的战俘要么被杀害，要么作为奴隶的基本来源。即使在所有最主要的古代文明国家，外国人不能如同本国人一样取得财产，不能同本国人通婚，也不能向法院就其遭受的损害提出赔偿请求。① 中国古代自秦汉以来，采取中央集权的制度。即使我们不能将蛮夷人视为外国人，也表明"化外人"并没有取得平等的主体资格。无论是古代的中国，还是其他文明古国，对于外来人的厌恶是一种天然的情感。以宗教为基础的古代城邦，自然而然地拒绝对外邦人适用同样的法律。即使当今的社会在宗教以及现代法制的努力下，也无法全面消除这些情感，尤其在野蛮时代，对外国人的恐惧是无法消除的。② 在罗马法时代，尽管出现了市民法与万民法，也没有适用外国法的只言片语。③ 对此，马丁·沃尔夫评述说：只有在尊重外国法的情形之下，只有在具有像12世纪以后意大利城邦中的法律思想充满平等的气氛下，国际私法才能建立起来。罗马的法学家还远未有这种观念。他们对于本国法律的赞赏是合理的，由于他们赞赏本国的法律，他们中间很多人轻视所有外国法律，包括希腊法律在内，甚至他们都没有想到需要建立一些规则来适用这样低劣的法律。④ 西罗马帝国于公元476年灭亡后，欧洲大陆进入宗族法时代，严格的属地主义的思想限制了外国法适用的可能性，外国人的法律地位仍然处于劣势。此后，近代意义上的西方法律传统开始形成，外国人的法律地位逐步得到承认。西方法律历史在12世纪前后有了质的发展，被誉为"法律的世纪"。罗马法的复兴、经院主义方法

---

① 巴蒂福尔，拉加德. 国际私法总论［M］. 陈洪武，等译. 北京：中国对外翻译出版公司，1989：9-10.
② 巴蒂福尔，拉加德. 国际私法总论［M］. 陈洪武，等译. 北京：中国对外翻译出版公司，1989：10.
③ 沃尔夫. 国际私法［M］. 李浩培，汤宗舜，译. 北京：法律出版社，1988：41-42.
④ 沃尔夫. 国际私法［M］李浩培，汤宗舜，译. 北京：法律出版社，1988：42-43.

以及基督教奠定了西方法律的知识基础、方法基础与道德基础。国际私法理论形态的产生是与西方法律传统的形成相伴随的。① 欧洲中世纪意大利经济的发展、政治理论、法律制度为国际私法产生创造了条件。我国沈涓教授认为在中国历史上，不但普遍存在区际冲突，还有颇为发达的调整区际冲突的法律规定。② 例如，早在唐朝《永徽律》的"名例律"中，就有早期冲突规范的雏形。③ 尽管如此，但实际意义上的国际私法则产生于意大利北部城邦的多元法律体系之上，形成了被后世称为"法则区别"的理论。④

意大利法则区别说的产生有着深厚的历史背景。随着封建主义制度的衰败、资本主义制度的兴起，意大利产生了多元法律体系。一方面，封建制度在意大利没有扎下深根，也未建立真正意义上的封建制度;⑤ 另一方面，意大利得天独厚的地理位置，促进了意大利的经济发展与繁荣，资本主义制度开始萌芽。意大利处于地中海的中心位置，是东西方来往的通道。亚平宁半岛的气候适宜农业与畜牧业的发展，森林茂密，矿藏丰富。独特的地理位置，促进了商业繁荣与手工业的发达。意大利北部形成了威尼斯、米兰、佛罗伦萨、热那亚、波伦那等城邦共和国，这些城邦共和国享有极大的自治权，城市的文明火种得以保存与延续。

诸城邦有制定法律的自主权，制定符合自身经济发展独特的法律制度。当时的意大利不仅有各城邦法则，也有普遍适用的罗马法。城邦法是特别法，仅在该城邦范围内具有约束力，在其他城邦没有效力。罗马法是一般法，适用于所有的城邦。于是在具体争议处理中会出现以下几种情况：（1）城邦法则有规定，罗马法没有规定，则适用城邦法则；（2）城邦法则没有规定，罗马法有规定，则适用罗马法；（3）城邦法则与罗马法均有规定，如果规定各不相同，相互冲突，根据特别法优于一般法的原则，适用城邦法则的规定；（4）如果案件涉及两个或两个以上的城邦法则，而且是彼此规定不一样，到底适用哪一个城邦法则，罗马法并没有给出明确的答案。国际私法（区际私法）就是针对这一

----

① 宋晓. 当代国际私法的实体取向［M］. 武汉：武汉大学出版社，2004：5.
② 沈涓. 中国国际冲突法研究［M］. 北京：中国政法大学出版社，1999：32.
③ 唐朝《永徽律》的"名例律"中规定："诸化外人同类自相犯者，各依本俗法；异类相犯者，以法律论。"这是一条典型的双边冲突规范，翻译成现代语言就是："当事人之间的争议，如果国籍相同的，依据其国籍国法律；如果国籍不同的，依据法院地法。"长孙无忌：《唐律疏议》"名例律"，北京：中华书局1983：133.
④ 宋晓. 当代国际私法的实体取向［M］. 武汉：武汉大学出版社，2004：5.
⑤ 巴蒂福尔，拉加德. 国际私法总论［M］. 陈洪武，等译. 北京：中国对外翻译出版公司，1989：17.

问题的处理而产生的。国际私法之所以产生于 12、13 世纪的意大利，其缘由简单总结如下：（1）诸城邦居民之间的往来，形成了大量的涉外民事关系。这里的"外"并不单单指的是外国国家，也可以是外城邦。严格来说，意大利诸城邦之间的法律冲突并不能被称为"国际法律冲突"，只能称为"区际法律冲突"。（2）对外城邦居民法律主体资格的认可。意大利诸城邦之间有着共同的语言、共同的文化传统、共同的生活习惯、共同的价值理念、共同的法律传统，城邦之间交往频繁、便利，不存在政治、文化以及情感上的障碍。诸城邦居民是平等的，诸城邦制定的法律是同等的。平等看待其他城邦的居民以及法律是国际私法产生的关键。（3）打破了属地主义的藩篱。在长期的博弈过程中，发现适用外城邦法则具有一定的益处，于是适用外城邦法成为一种可能。正如巴蒂福尔和拉加德所说："有关遗产继承和家庭的民事法律关系的多样性，在每个城市中社会状况和进行的交易种类的不同，都要求建立另外一种制度。也许各城市之间始终存在着一种共同的立法基础，它们都是以罗马法为基础；应该看到这种现象，因为它表现了这个文化上的共性，该共同文化以及没有封建割据，维持着城市之间的联系。但是，虽然封建主义没有在意大利取得胜利，产生封建主义的无政府状态和不安全却从政治上使意大利各城市之间相互孤立，并足以导致各城市进行局部立法，分别制定自己的'法则'。这样，服从于不同法律的，至少是部分地服从于不同法律的个人之间就发生了经常的关系。关系的经常性以及由此而产生的情况的多样性不允许像商品交易会那样，建立这方面的专门立法；而且，每个城市都认为其自己的法则最符合所要管理调整的利益。"巴蒂福尔和拉加德还认为，解决法律冲突现象，除订立管辖权条约外，"看来最迅速、最令人满意的解决办法是确定每个立法所要管理调整的利益"①。所以，多元法律体系与法律共同体是国际私法产生的两大基础。国际私法就是它们之间张力的结果，构成了平行四边形式的合力。多元法律体系强调的是法律多样性导致的法律冲突，法律共同体强调了法律的共同性。如果诸城邦的法律南辕北辙，根本就没有融通的可能性。②

以上说明了国际私法滥觞于欧洲中世纪意大利的时代背景，阐明了当时意大利各城邦的具体法律状态。后期注释法学派代表人物、被誉为"国际私法的鼻祖"的巴托鲁斯提出了具有划时代意义的"法则区别说"。巴托鲁斯从罗马法

---

① 巴蒂福尔，拉加德. 国际私法总论［M］. 陈洪武，等译. 北京：中国对外翻译出版公司，1989：17-18.

② 宋晓. 当代国际私法的实体取向［M］. 武汉：武汉大学出版社，2004：7.

中寻求解决问题的答案，罗马法认为任何法律都有其适用的范围，于是，巴托鲁斯站在法律的双边角度，从普遍主义出发，采取了单边主义方法，将法则进行分类，分为人法和物法两种主要类型。人的法则主要涉及人的身份能力等问题，具有域外效力，适用于该城邦所有的居民，不论是否在城邦的管辖范围之内，不随着人的地理位置的变化而做出改变。物的法则具有属地性质，不具有域外效力，仅适用于城邦管辖范围内的物，不管是来自哪一个城邦的居民，也不论其居住在哪一个城邦，都适用物之所在地法。法则区别说影响非常广泛，当时法国、荷兰等国家的学者都接受巴托鲁斯的观点。对于所谓的"混合法则"，不同的学者对其有不同的认识，或可能偏向于人法，或可能偏向于物法。法国学者杜摩林就认为混合法则大多数属于人法，另一位法国学者达让特莱则认为混合法则原则上属于物法的范畴。无论如何进行分类，他们从法律适用范围的角度解决法律冲突的基本思路没有改变，这种思路被后人称为"单边主义方法"①。

单边主义方法思维方式是从法则的分类入手，将法则进行简单的类型化，决定法则的适用范围，然后处理具体的涉外民商事案件。这种从法律到案件的基本路径关键在于如何进行法则的分类，法则区别说学者提出了种种分类标准，例如，巴托鲁斯的语词结构分析方法。在法则区别说时代，法官的自由裁量权基本上没有适用的空间与基础。因为：第一，法则的分类标准属于理论上的探讨，这些标准在解决法律冲突之前就存在，法官仅仅根据这些标准做出法律的分类处理案件，无须运用其自由裁量权。第二，当时涉外民商事关系比较简单，从严格意义上来说，当时所处理的问题并不能算作国际法律冲突问题，而是区际法律冲突问题。这也表明没有必要适用法官自由裁量权。第三，也是最重要的原因，当时并不存在国际私法的大规模立法，只是对城邦法律冲突做出了理论上的探讨，处理当时所出现的特殊法律冲突问题，法官自由裁量权没有存在的基础。

国际私法作为最初的学说法，是以法律科学的学说形态表现出来的。② 国际私法从学理法（理论法）到立法法经历了漫长的历史时期。随着近代主权国家的兴起与涉外民商事关系的复杂化，国际私法的立法在 19 世纪逐步得到重视。19 世纪德国著名的历史法学派代表人萨维尼提出的"法律关系本座说"，奠定了国际私法立法的理论基础，使得国际私法的立法成为可能。同时，从 18 世纪

---

① 宋晓 . 当代国际私法的实体取向 ［M］. 武汉：武汉大学出版社，2004：24.

② 刘仁山 . 国际私法 . 第 6 版 ［M］. 北京：中国法制出版社，2019：59.

末到 19 世纪，人类经济在科学技术的推动下得到了迅猛的发展，同时人类认识世界的能力得到了提高，各国民商事的立法，包括国际私法的立法在理性主义的影响下，逐步进入高潮，形成影响至今的法典化运动。① 国际私法的立法在 19 世纪得到长足的发展，从理论上的法演变为现实中的法，进入到立法法的阶段。

萨维尼在研究法律冲突过程中，认识到巴托鲁斯法则区别说最大的一个问题，即划分法则的标准问题，将法则分为人法和物法，二者之间存在着内在的紧张关系。法律是调整人与人之间的社会关系，如果强行将法则分为人法与物法，是不可能的。如此，在法则区别说学派内部就形成属地主义路线与属人主义路线之间的斗争，存在的矛盾是无法克服的。为了避免陷入法则区别说不可调和的矛盾之中，萨维尼从相反的角度出发，即从法律关系的角度出发，将法律关系进行类型化，避免了法则区别说的内在矛盾。萨维尼提出的法律关系本座说并不是凭空出来的，他首先在研究民法的基础上，将法律关系进行分类，其所撰写的《现代罗马法体系》一书前七卷主要对法律关系的分类加以详细的论述，第八卷《法律冲突与法律规则的地域和时间范围》则水到渠成地提出了法律关系本座说。

法律关系本座说从法律关系入手，将国际私法的调整对象——社会关系或社会事实进行分类，可以分为人的法律关系、合同法律关系、侵权法律关系、物权法律关系、继承法律关系、婚姻家庭法律关系等，寻找该法律关系与法律之间的连结因素。这个连结因素在国际私法上一般称为"连结点"，然后将不同的案件划分到不同的法域之中，适用该连结因素所指向的法律。所以，国际私法立法的中心任务就是法律关系的类型化以及寻找这个连结因素（连结点）。这种解决法律冲突的思维进路与法则区别说是反方向的，避免了法则区别说法律分类标准的内在紧张关系，形成了与法则区别说所主张的单边主义方法相对应的多边主义方法。法律关系本座说使国际私法的立法成为可能，立法者的立法就形成了一种简便的公式："法律关系+连结点+法律"。

由于民法学者在 19 世纪对民事关系的研究逐步深入，对涉外民事关系的分类自然而然地就根据民商事法律的基本分类进行，剩下的主要工作就是寻找恰当的连结点。连结点一般从法律关系诸要素中寻找，表明该连结因素所指向的法律与法律关系具有本质的联系，所以连结点在法律关系诸要素中具有相对重

---

① 徐国栋.民法基本原则解释：成文法局限性之克服 ［M］. 北京：中国政法大学出版社，1992：152.

要性。萨维尼认为法律关系，犹如人的住所一样，有其自身的本座。但是萨维尼所主张的法律关系本座说中的本座具有固定性、唯一性和价值中立性，其目的就是达到国际私法中判决结果一致性的价值取向。萨维尼将法律关系简单化，固定、唯一、中立本座的思想明显带有形式主义的色彩，只关注根据连结因素寻找法律的过程，至于连结点所指向的法律是不是正当的、合理的，是否恰当地处理涉外民商事案件，其在所不问。该学说关注的重点是国际私法上的冲突正义，忽视或者较少考虑国际私法上的实体正义。萨维尼的法律关系本座说在当时涉外民商事关系简单的时代，还具有一定的合理性，但是随着国际民商事关系越来越复杂，涉外民商事案件种类越来越繁多，案件的特殊性越来越明显，用固定、唯一、中立的本座寻找所适用的法律就越来越力不从心。正如前文所述，成文法的立法技术特点表现为法律具有普遍性以及确定性，用固定、唯一的本座针对同一类法律关系寻找法律，其具有普遍性的色彩，立法者只是根据同一类法律关系的共性，寻找能够反映其本质特征的连结点。如果该类法律关系越复杂，具体案件越特殊，共性与个性之间的矛盾就越突出，普遍性与特殊性之间的冲突越加剧，就可能导致具体案件法律适用的不正当性和不合理性，进而损害了具体案件的公正。

在萨维尼的思想影响下，19世纪的国际私法的立法较少给予法官自由裁量权。[①] 法官的作用就是严格按照立法者的立法规定适用冲突规范，机械地寻找法律，至于法律是否恰当，不是法官所考虑的事情。法官不需要发挥其主观能动性，只要将具体的案件事实与立法中的冲突规则相结合起来，自动地得到所要寻找的法律。美国学者梅里曼在其名著《大陆法系》中形象地将法官比作专门的工匠，是机器的操作者，其本身的作用也如同机器一般。[②] 美国学者庞德认为

---

① 李金泽. 关于美国现代国际私法中法律选择方法的法哲学思考 [J]. 江苏社会科学，1996（3）：37.

② 梅里曼说道："大陆法系审判过程所呈现出来的画面是一种典型的机械活动的操作图，法官酷似一种专门的工匠，除了特殊的案件外，他出席法庭仅是为了解决各种争诉事实，从现存的法律规定中寻觅显而易见的法律后果。他的作用也仅仅在于找出这个正确的法律条款，把条款与事实联系起来，并对从法律条款与事实的结合中会自动产生的解决办法赋予法律意义。法官的形象就是立法者所设计和建造的机器的操作者，法官本身的作用也与机器无异。"梅里曼. 大陆法系 [M]. 顾培东，禄正平，译. 重庆：西南政法学院印行，1983：39.

在封闭的法律体系中，承认人的因素是不可能的。① 萨维尼所处的时代正是概念主义鼎盛时期，其固定、唯一的本座思想必然受到法律形式主义与概念法学的影响，国际私法的立法也不可避免地采纳了严格规则主义的主张。

19世纪欧洲大陆国家的立法处于严格规则主义的时代，国际私法立法并没有独立，大多是附属于民法的。当时欧洲大陆各国纷纷制定法典，形成了所谓的法典化运动。法典的主要特征是制定数量众多的法律条文，立法者试图将所有的法律关系囊括在一部法典之中。例如，1804年的《法国民法典》有2281条，1897年《德国民法典》有2385条。这一阶段的法典主要采取封闭式的立法，给法官留下的自由裁量权的空间几乎是不存在的。19世纪的立法之所以排除人的因素，拒绝给予法官自由裁量权，采取严格规则主义的做法，主要是因为当时资产阶级革命刚刚胜利，资本主义的经济刚刚得到发展，需要扫清资本主义经济发展的最大障碍——封建专制国家法律的随意性。人们安全感的缺乏，对封建专制主义的强烈恐惧，对法律任意性的不安，要求加强法律的安全感，注重法律的安全价值。安全价值的追求与自由裁量主义是冲突的，自由裁量主义主张赋予法官一定的自由裁量权，根据具体情况灵活地适用法律，当然就缺乏法律应有的明确性与可预见性，一定程度上损害了法律的安全价值。19世纪的自由资本主义要求国家的经济干预越少越好，而严格规则主义的法典也是为了防止国家通过司法干预国家的经济。正如梅里曼所云："在私法范围内，政府唯一的作用就是承认私权并保障私权之实现，所以国家社会生活和经济生活中竭力排除政府参与。"② 三权分立、制衡理论、性恶论的假设，防止司法专横，也必然要求采取严格的规则主义。所以，19世纪严格规则主义的民法典是各种政治历史条件造成的严格分权学说的直接产物。③ 同时，19世纪是理性主义高扬的时代，文艺复兴促进生产力的极大提升以及科学技术的巨大发展，产生了绝对主义的真理观，认为立法者可以穷尽所有的立法问题，这也是当时采取严格规则主义的意识形态基础。所以，19世纪的绝对严格规则主义是建立在自由资本主义、绝对主义认识论、三权分立、理性主义哲学观基础上的。国际私法

① 庞德认为："19世纪的法学家曾试图从司法中排除人的因素，他们努力排除法律适用所有的个体化因素。他们相信按严谨的逻辑机械地建立和实施的封闭的法规体系，在他们看来，在这一封闭的法规体系的起源和适用中承认人的创造性因素，在组构和确立这一封闭的法规体系的制度中承认人的创造性因素，是极不恰当的。"庞德. 法律史解释 [M]. 曹玉堂，等译. 北京：华夏出版社，1989：123.

② 梅里曼. 大陆法系 [M]. 顾培东，禄正平，译. 重庆：西南政法学院印行，1983：106.

③ 徐国栋. 西方立法思想与立法史略（上）：以自由裁量与严格规则的消长为线索 [J]. 比较法研究，1992（1）：9.

的规范大多规定在民法典之中，受到了绝对严格规则主义的影响，一般不会授予法官自由裁量权。

20 世纪，尤其是第二次世界大战之后，自由资本主义逐步走向垄断资本主义，涉外民商事交往越来越频繁、越来越复杂。随着第三次技术革命的推动，传统的地域主义观念逐渐被打破，国家主权概念受到了极大的冲击。互联网以及人工智能的发展，改变了人类生活的方式。世界经济一体化的推进，使国际分工越来越细，国际贸易的流转速度越来越快，国际合作的范围越来越广。通信技术、网络技术的运用，使整个国际交往越来越不受地域限制的影响，涉外民商交往主体呈现层次化与多元化，涉外民商事关系特殊性越来越得到彰显。总而言之，涉外民商事关系越来越不受时间、空间的影响，① 国际经济贸易关系矛盾日益加剧。同时，在当代实用主义哲学思潮影响下，国际私法立法实体价值取向得到重视与加强。20 世纪初兴起的实用主义哲学，其核心就在于注重法律适用的结果，鼓励在司法过程中发挥法官的主观能动性，使司法活动成为立法活动的延伸，以应对复杂多变的涉外民商事关系。美国霍尔姆斯大法官甚至说道："法律的生命不是逻辑，而是经验。"② 但是以法律关系本座说为理论基础的国际私法立法，即传统上以多边主义方法为基础的国际私法立法，其实质是通过不同的连结点将具体的涉外民商事关系分配到特定的国家或地区中，最终适用连结点所指向的法律。当时所选择的连结点具有固定、唯一以及中立性等特征，重视法律适用的统一性和判决结果的一致性，一般不重视法官自由裁量权的运用。传统国际私法多边主义方法的缺陷越来越明显，对具体案件的公正的忽视，受到越来越多法学家的批判。于是，20 世纪中后期美国对国际私法理论做出革新，欧洲大陆国家也对国际私法理论做出改良，例如，美国的最密切联系说、适当法院适当法律说、分割方法、法律选择的五点考虑、优先选择或结果选择说等，欧洲大陆国家提出的比较法学说、直接适用的法理论以及利益法学理论等，无不注重具体案件的公正，追求法律选择的灵活性，重视法官自由裁量权的运用。国际私法的实体价值取向倾向以及各种新理论、新学说在客观上影响了各国国际私法的立法。欧洲各国国际私法立法的高潮，美国冲突法重述的重新编撰，无不预示着国际私法立法走向了规则主义与自由裁量权主义相结合的道路。在重视法官自由裁量权的国际私法立法潮流中，我国也不能例外，法律适用法中制定了大量的自由裁量权条款。这些条款主要体现在最密

---

① 郑自文. 最密切联系原则的哲学思考 [J]. 法学评论, 1994 (6): 33.

② 吕世伦. 西方法律思潮源流论 [M]. 北京: 中国人民公安大学出版社, 1993: 36.

切联系原则的运用、选择性冲突规范以及保护性冲突规范的采纳，涉及的主要领域从合同扩展到非合同，如侵权、婚姻家庭，甚至物权等领域。①

三、中国国际私法两者相结合之情况

中国国际私法的立法具有后发优势，涉外民商事审判中法官自由裁量权一直存在。法律适用法颁布之前，我国国际私法立法中就有不少自由裁量权条款。中国的国际私法立法规定，问题不在于有没有自由裁量权条款，而在于法官在多大程度上行使自由裁量权，即法官行使自由裁量权度的问题。法律适用法颁布之前，涉外民事审判中法官自由裁量权条款层次多、欠缺系统性，没有法官自由裁量权行使的指导性规定和原则性规定。② 2010 年，法律适用法吸取国际社会国际私法先进的立法经验，根据我国国际私法立法与司法实践，对法官自由裁量权条款做了几方面的改进：第一，保留以前较为合理的规定，加以适当的修改，纳入到立法中的不同部分。第二，舍弃以前一些不合理的自由裁量权条款。第三，增加一些自由裁量权条款。这些条款形成了总分、系统化的结构形式。法律适用法在总则中规定了最密切联系原则以及直接适用的法和公共秩序保留原则，分则中自由裁量权条款主要体现在保护性冲突规范的运用以及选择性冲突规范，主要涉及合同、婚姻家庭等领域。

总则部分涉及的自由裁量权条款主要有第 2 条、第 4 条、第 5 条、第 6 条等。第 2 条起到总领作用，发挥最密切联系原则的立法补缺功能，将国际私法的立法内部系统与外部系统相连接，使我国国际私法的立法成为开放的立法体系。第 6 条主要是解决多法域准据法的确定问题，采用最密切联系原则的具体方法功能。第 4 条、第 5 条主要采取模糊性的语言，何为强制性的规定，何为公共秩序，立法上并没有给予明确的认定，因而授予法官一定的自由裁量权。于是，法律适用法在总则之中建立了法官自由裁量权的条款体系，构建了灵活的法律选择方法体系。

分则部分涉及的自由裁量权条款比较多，主要集中在主体、合同与婚姻家庭方面。在主体与合同部分，主要是最密切联系原则的具体运用。在这两个部分，最密切联系原则主要是作为补充原则加以运用的，其目的是在保证法律适用明确性的基础上，适当引入法律选择的灵活性，或者是在当事人没有选择法

---

① 徐伟功. 论自由裁量主义在冲突法中的渗透［J］. 环球法律评论，2009，31（6）：24.

② 徐伟功. 国际私法中的自由裁量权论纲［J］. 华南师范大学学报（社会科学版），2002（4）：14.

律的基础上，灵活地寻找可适用的法律。民事主体部分主要体现在第 19 条，该条是关于国籍积极冲突解决的规定。第 19 条对于国籍积极冲突的解决主要是采取经常居所地国籍为主的做法，只有在没有经常居所地国籍的，才用最密切联系原则作为补充。其一方面以经常居所地原则保持国籍积极冲突解决的明确性，另一方面在经常居所地原则不能解决的情况下，授予法官一定的自由裁量权，应对经常居所地原则的不足。立法者首先考虑的是立法的明确性，其次才是灵活性，并在两者之间作必要的平衡。合同法律适用的条款主要是第 41 条。对于合同的法律适用，我国立法保持连贯性与一致性，基本上与之前的立法以及司法解释保持一致。意思自治原则是合同法律适用的首要原则，只有在当事人没有选择法律的情况下，才适用最密切联系原则。但是，法律适用法关于合同法律适用中运用最密切联系原则与以前的立法和司法解释还是具有细微的差别。之前的立法或司法解释主要采取特征履行说作为确定最密切联系地的下位原则，在一定程度上限制了法官自由裁量权，法律适用法则是采取选择性的做法，或适用特征履行原则，或者适用其他与合同有最密切联系的法律。第 41 条中的"其他"两字表明还是先适用特征履行原则，只有在特征履行地不是合同最密切联系地的情况下，适用最密切联系原则。从这个意义上来说，法律适用法第 41 条关于合同法律适用的规定与之前的规定本质上是没有区别的。

　　婚姻家庭法律适用部分的自由裁量权条款比较多，大多采取保护性冲突规范的形式。保护性冲突规范的运用主要是改变原有冲突规范中连结点的价值中立性，采用倾向性保护弱者当事人权利的连结因素，以保护弱者一方当事人的权利。保护性冲突规范运用的目的主要是保护弱者的权利，是国际私法上弱者权利保护原则的体现。国际私法是调整平等主体之间的涉外民商事人身与财产关系的部门法，平等是国际私法中的主要原则。平等不仅包括内外国当事人地位的平等，也体现了内外国法律的平等。国际社会当事人在从事涉外民商活动中事实上存在当事人地位悬殊的情况，一方当事人由于身份的特殊性，其经济地位等处于弱势。在当代国际民商事关系发展的过程中，出现了所谓的弱者。如果严格采用价值中立的连结点寻找所适用的法律，势必在一定程度上损害弱者一方当事人的基本权利。于是，我国国际私法立法中为保护弱者一方当事人的权利，采取保护性冲突规范，给予法官一定的自由裁量权，以达到保护弱者一方当事人权利的目的。这是国际私法立法中人文主义关怀的体现。例如，在合同法律适用中，于劳动合同的法律适用以及消费者合同的法律适用中，限制双方当事人选择法律，或者授予弱者一方当事人选择法律，或者放弃意思自治原则，达到保护弱者一方当事人权利的目的。当然在婚姻家庭法律适用中，处于弱者地位的一方当事人更多，例如，被监护人、被扶养人以及父母子女关系中处于弱势地位的一方当事人。如果对于弱者一方当事人权利不给予特殊的保护，其在民商事活动中的权利就得不到根本保障，损害了其利益，造成事实上的不平等与不公平的现象。这与国际私法所倡导的平等互利原则的含义根本相违背。随着当代国际社会的发展，所谓的弱者越来越多，鉴于弱者保护原则的重要性，有学者甚至认为应该将弱者权利保护原则上升为国际私法立法的基本原则。①

保护性冲突规范多采取"适用……法律中有利于保护弱者……权利的法律"的立法模式。在立法中，如果立法条款明确规定哪一方当事人是弱者，如被监护人、被扶养人，法官则可以依据该条款的规定，直接认定一方当事人的弱者地位。如果立法条款中仅规定有利于保护弱者权益的法律，并没有明确规定何方当事人为弱者，这就需要法官根据案件的实际情况进行判断。一般来说，法官可以从经济地位、家庭状况、智力条件、身体状况以及获取信息的可能性等方面进行综合考量。在司法实践中，弱者主要是处于弱势或者不利地位的一方，例如，劳动者合同中的劳动者、消费者合同中的消费者。父母子女关系的弱者认定则具有一定的复杂性，法官可以适用父母子女关系中需要生活支持的一方当事人为弱者的原则。具体地说，如果未成年子女，无生活来源的，常常被认定为弱者。如果父母年老体弱多病、无生活来源的，子女是成年人，又有生活来源的，父母常常被认定为弱者。如果父母与成年子女都有生活来源的，就需要根据案件实际情况，综合比较各种因素，决定一方当事人为弱者，或者认定没有弱者的存在。法律适用法在婚姻家庭法律适用中其保护性冲突规范主要是第 25 条、第 29 条和第 30 条，第 25 条是关于父母子女关系的法律适用，第 29 条是关于扶养关系的法律适用，第 30 条是关于监护的法律适用。这几条有所不同，第 25 条中没有确定弱者是谁，需要法官根据具体情况进行认定，而且其首先不是适用最有利的法律，而是采取共同经常居所地法律。第 29 条、第 30 条中，弱者是确定的，而且直接适用保护弱者利益最有利的法律。

保护性冲突规范之所以授予法官一定的自由裁量权，主要是因为法官在立法者给出所有可能适用的法律中，寻找一个对弱者权利保护最为有利的法律。此时，法官自由裁量权的运用也不是无限制的，需要法官秉持适用对弱者权利

---

① 国际私法上的保护弱者权利原则，是指在制定、运用、实施和解释国际私法时，应侧重于保护在国际民商事关系中处于弱势一方当事人的合法权益。参见刘仁山 . 国际私法：最新版［M］. 北京：中国法制出版社，2012：25.

保护最有利的法律原则。当然何为最有利的法律需要法官来决定，法官在决定时，应该对所有可能适用的法律进行充分比较，才能得出合适的法律。但是，适用对弱者权利保护最有利的法律与司法任务简单化存在矛盾。尽管立法者希望司法者运用其自由裁量权适用对弱者权利保护最有利的法律，但是司法者为了司法任务简单化，往往不会采取比较的方法，从众多的法律中选择对弱者权利保护最有利的法律，同时，采取比较的方法需要查明所有可能适用的法律，这是一个艰巨的任务。所以，立法者的立法理想，即期望实现国际私法的价值与司法者的现实，以及司法任务简单化之间，存在无法调和的矛盾，存在一定的距离。不过，国际私法的实体正义取向是国际私法的立法趋势，我国国际私法立法也不可置身于这一趋势之外。这一趋势体现了国际私法中冲突正义与实体正义之间双螺旋式的上升。

第三节 国际私法的冲突正义与实体正义

在国际私法理论探讨与立法的实施过程中，主要有两种价值取向：一是倾向于实现冲突正义，也就是保证涉外民商事案件的当事人无论在哪一个国家起诉，最终都能适用同一法律处理争议，并得到相同的判决，达到维护法律适用的统一性和稳定性以及判决一致性；二是倾向于实现实体正义，也就是认为涉外民商事案件所适用的法律要保障个案中当事人的具体利益，或符合社会的主要利益目标。冲突正义和实体正义的内涵十分丰富，是国际私法立法和司法过程中不可分割的两种价值取向，在国际私法发展的各个时期，两种价值取向相互纠缠、相互矛盾而又相互依赖。目前，各国的国际私法立法同时体现了对冲突正义和对实体正义的追求，通过对两种正义取向的综合与平衡，当代国际私法融合了传统国际私法理论与20世纪国际私法革命的学说，展现出当代国际私法实体取向的新特征。冲突正义与实体正义两者的综合与平衡，恰恰反映了国际私法立法上严格规则主义与自由裁量主义相结合的趋势。

一、冲突正义与实体正义的历史发展

冲突正义是具有国际私法特色的价值取向，其随着国际私法理论的产生而产生，核心就是追求法律适用和判决结果的一致性。冲突正义的内核与普遍认为的法律正义有相似之处，作为法律秩序的基本问题，正义的概念包括相同的案件应相同对待，法律后果具有可预见性等。法律秩序必须是稳定和连续的，

这要求法律规则体系统一，法院审理案件的程序一致。① 针对国内案件，立法机关和最高法院担负起了法律统一制定和实施的责任。在国际社会中，问题要复杂得多。涉外案件法律适用的第一个难题就是如何协调内国法院适用外国法律，对这一问题认识的变迁是现代国际私法理论产生的原因之一，从不承认外国法到追求各国法律体系地位平等，经过了较为漫长的时期。

国际私法最初萌芽于古罗马时期，为了处理罗马人与异邦人之间、异邦人与异邦人之间的法律关系，出现了万民法。万民法是罗马法的一部分，由裁判官告示或司法文件、法学家解答、皇帝敕令等组成。古罗马人认为自己的法律是最优异的，无须考虑是否适用异邦法的问题，而是借助于古罗马"市民法"中的一些概念和基本原则，借助于自然正义、理性和其他民族的法律习惯制定了适用于涉外关系的法律。因此，万民法虽是国际私法的雏形，其内涵却与现代国际私法理论有本质上的区别。随着商品经济的出现，出于利益需要，货物开始从一地区内部转移到另外的地区，各法域间人员和商贸往来慢慢兴起，对于涉及多个国家的涉外案件，各个法域都有适用自己法律调整的需求和愿望。在不断增长的矛盾和摩擦中，各国渐渐意识到在处理涉外民商事案件时，适用外国法可以带来一定利益。由此，这一时期的学者们开始寻求适用外国法的适当理论。

在 13 世纪意大利北部地区，经济的发展与繁荣促进各城邦之间商品流通和经贸往来的兴盛，罗马法为各城邦提供了统一的法律文化和法律心理基础。神圣罗马帝国分裂而成的各自治地区在罗马法的基础上颁布了自己的法律规范，法律多元格局形成。各城邦所具备的共同风土人情和法律文化基础，使它们能够互相理解和尊重。开放的环境和解决涉外民商事争议的需要，让当时的意大利具备诞生国际私法理论得天独厚的条件。意大利学者巴托鲁斯提出了"法则区别说"理论，标志着国际私法理论形态的形成。巴托鲁斯所采取的是被后世称为"单边主义"的方法，即从法则本身着手，将法则进行分类，再区分可以域外适用的法则类别。巴托鲁斯和其追随者曾对意大利城邦中的法律规则和德意志独立的城市所颁布 1800 份以上的法律和命令加以研究归类。② 他们相信，不同种类的法则因其性质而在不同的空间范围适用，同一类别的法则具有同样的固定的空间适用范围，那么只要对各城邦的法则按性质恰当分类，并对具体

---

① MEHREN V, TAYLOR A. Choice of Law and the Problem of Justice [J]. Law and Contemporary Problems, 1977 (41): 27-28.

② 沃尔夫. 国际私法 [M]. 李浩培，汤宗舜，译. 北京：法律出版社，1988：46-47.

法则属于何种性质进行恰当的归类，为每一类法则乃至每一具体法则划定空间适用范围，各地区的法律冲突问题就能迎刃而解。① 从巴托鲁斯的理论和研究方法可见，当不同地区法的适用从可能性逐步转为现实需要，法学家们开始试图用相同的态度看待内域法与外域法，试图建立相应的法律制度适用外域法律，满足来自不同法域的利益需求，以维持商贸经济往来及维护和平。各地区法则平等这一理念构筑了国际私法的理论底色，是国际私法理论的最初追求。

平等的理念延续到 19 世纪，伴随着主权国家的兴起和欧洲各国法典化运动高潮的到来，国际私法的理论也迎来了革新，这一石破天惊的变化被后人形象地称为国际私法学界的"哥白尼革命"。德国历史学派法学家萨维尼提出了"法律关系本座说"，国际私法理论由此进入一个新时代。萨维尼理论的提出与当时西方世界的经济发展程度和法律发展背景有深厚的关联。在萨维尼所处的时代，罗马法的精神已经深深地烙印在中欧和西欧各国的法律体系之中，各国的私法体系十分相似，几乎没有实质上的分歧和差异。因此，萨维尼认为，各国的法律都应是平等的，且已经处于一种可以互换的、和谐的国际法律社会当中，罗马法为这一法律社会提供了框架和内涵，是所有国家法律体系的共同渊源。② 在社会层面上，欧洲各国的社会风俗和伦理道德意识都深受基督教的影响，呈现出趋同的景象。萨维尼认为："即使人的所有思想看似与基督教完全无关，甚至看似与基督教相对立，然而它们事实上都被基督教所支配和渗透。"他认为基督教终将成为所有民族共同的精神纽带。③ 在这样的背景下，为了应对逐渐复杂的国际民商事往来，实现国际私法理论的完善，萨维尼基本舍弃了巴托鲁斯的单边主义方法，转而从涉外民商事法律关系本身入手，构建双边的法律选择方法。与巴托鲁斯相比，"法律关系本座说"不仅在分类上更加科学合理，其所蕴含的国际主义思想也更为纯粹和完整。萨维尼以高屋建瓴的国际主义视野寻找每种法律关系应适用的连结点，将法律关系分为人、物、债和行为等不同类别，通过对欧洲各国法律的详尽考察，并将其置于每种法律生成和演进的整个历史过程中进行深入分析，萨维尼最终寻找到与每一类法律关系具有最本质联系的地域，即法律关系的"本座"。"本座"是构成法律关系的要素，是法律关系的核心特征。"本座"的设置，脱离了国别等实际要素，也不讨论法律规范的适用空

---

① 宋晓．国际私法的实体取向［M］．武汉：武汉大学出版社，2004：18.

② 徐鹏．涉外法律适用的冲突正义：以法律关系本座说为中心［J］．法学研究，2017，39（3）：199.

③ 巴蒂福尔，拉加德．国际私法总论［M］．陈洪武，等译．北京：中国对外翻译出版公司，1989：332.

间，而是不加偏见地将所涉国家的法律放在抽象的分析框架当中，具有绝对中立性。萨维尼对各国立法之实体内容保持一种"无立场之立场"，悬搁不同国家相互冲突的立法价值准则，以寻找中立的解决方案，通过秉持中立的价值理念和对各种法律关系要素的实践考察，萨维尼寻找到的"本座"就是对各国法律地位平等理念的最佳诠释。①

　　承认各国法律体系地位平等是冲突正义得以实现的基石，但各国法律相互间的矛盾和冲突一向是国际私法理论需要直面的难题。各国立法在价值上观点不同，并都有维护一国立法主权的需要，内国法院的法官没有评价外国立法的善恶的合理立场，也就无法说明什么法律会在某种抽象的意义上满足公正的目的，只要涉外民商事争议是通过选择其中一个国家的法律来解决的，那么这种选择必定只满足了一个国家或一方当事人的需求，而损害了另一个国家或另一方当事人的公正满足感。② 因此，不对法律适用结果进行选择，不作任何立法评价而致力于建设一种客观中立的选择方案，既是没有办法的办法，又是那个时代的最佳办法。③ 另一方面，以抽象的法律关系要素作为选择法律的依据，能够最大限度地防止法官在选择准据法时带有对外国法的偏见和对本国法的偏爱，在具体的案件出现之前，法官无法对准据法的选择横加干涉。以法律关系本座说为代表的传统国际私法理论，通过限制法官的自由裁量权保证了法律适用的平等，从而进一步保证了内外国当事人法律地位的平等，在当时新兴主权国家林立的时代具有积极意义。法官自由裁量权被排除还带来了法律适用的一致性和判决结果的一致性，对保障国际经济交往的稳定和安全做出了突出贡献。

　　法律关系本座说虽然与法律实体价值无涉，但并不意味着萨维尼反对实体正义的实现。国际私法在诞生之初，就没有停止过对实质上公平正义的追求，只是在国际经济交往囿于一定的地域、商品流通尚不发达的年代，国际私法实体正义的实现是蕴含在冲突正义的实现之中的。那时人们倾向于认为，实现了"冲突正义"与"程序正义"，"实质正义"也就有了保障。④ 这是传统国际私法从产生初期就暗含的一个前提假设，在绝大多数案件中，适当的国家的法律

---

① 张春良. 美国冲突法革命的革命性理解：别于萨维尼，还是依然萨维尼 [J]. 福建江夏学院学报，2013，3（1）：57.

② 西蒙尼德斯. 20 世纪末的国际私法：进步还是退步？[A] //宋晓译，梁慧星. 民商法论丛：第 24 卷. 香港：金桥文化出版（香港）有限公司，2002：362.

③ 张春良. 美国冲突法革命的革命性理解：别于萨维尼，还是依然萨维尼 [J]. 福建江夏学院学报，2013，3（1）：57.

④ 熊育辉. 国际私法上的"冲突正义"和"实质正义"[J]. 浙江社会科学，2007（3）：90.

就是适当的法律，应当从适当的国家中寻找准据法，而不是寻找适当的法律，罔论适当的法律结果。① 萨维尼也认为，通过本座选择的准据法，也就能成为每类涉外民商事法律关系最合适的准据法。

萨维尼的理论是国际私法传统多边主义方法的代表，法律关系本座说为每种法律关系设定的唯一、固定、中立的连结点能够保障法律适用的明确性和可预见性，正符合 19 世纪立法对安全价值的需要。但随着 20 世纪以来国际社会经贸往来的进一步发展，萨维尼的理论体系愈发显现出适应不足的一面。第二次世界大战之后，各国越来越重视社会成员福祉，越来越重视人的合理需求和主张，以消除之前过于强调法律的一致性和稳定性所导致的僵化、刻板适用法律规则的弊病，减少成文法自身局限性所带来的适用结果的不合理。随着时代的变化，支撑萨维尼理论的法律和社会风俗的同一性的时代背景已经一去不复返，不仅在不同法系国家中，欧洲地区原本具有同一法源的国家在法律架设上的裂痕也不断扩大，基督教在 19 世纪之后便开始没落，受到各国文化和伊斯兰教等其他宗教的冲击。② 随着国际交往的进一步扩大，交往主体的多样化和经济往来的复杂化，使每种法律关系所设置的单一的"本座"难以应付越发多样化的涉外关系，萨维尼理论理想与现实的距离愈发遥远。严格按照法律关系本座说选择法律已经不再具备冲突正义和实质正义统一的特质，各国，尤其是美国都在寻求突破和变革。

国际私法的实体正义目标与通常所说的实体正义既有联系，又有区别。我们通常所说的实体正义仅指一国国内适用法律所要达到的正义，而国际私法的实体正义所涉范围则及数个国家，这就决定了国际私法的法官在审理案件时不能只看到本国的实体正义目标，还要考量他国的正义目标能否实现，内国法官审理涉外民商事案件时应兼顾所涉外国立法的正义观念，不得一意孤行。③ 传统国际私法理论出于维护法律适用稳定性和一致性的需要，抛却了法律选择的实体价值判断，法官仅能用极少的几种方式逃避固定连结点的适用。在 20 世纪，实体正义渐渐被各国所重视，价值取向的转变在美国掀起了冲突法革命，在欧洲则表现为对传统冲突法规则的改良。对实体正义的追求使国际私法规范灵活

---

① 西蒙尼德斯 . 20 世纪末的国际私法：进步还是退步？［A］//宋晓译，梁慧星 . 民商法论丛：第 24 卷 . 香港：金桥文化出版（香港）有限公司，2002：362.

② 徐鹏 . 涉外法律适用的冲突正义：以法律关系本座说为中心［J］. 法学研究，2017，39（3）：201.

③ 陈杰，刘仁山 . 折中主义与理想主义之辩：评西蒙尼德斯《全球冲突法立法：国际比较研究》［J］. 国际法研究，2019（3）：73.

性增加，法官自由裁量权也随之扩大。

美国法学会通过重述方式汇总冲突法革命学说并编撰完整的理论，第一、第二次冲突法重述是美国冲突法革命的重要分界。1923年，第一次冲突法重述工作启动，主要参与人员包括哈佛大学的比尔教授、耶鲁大学的劳伦森教授（Lorenzen）及芝加哥大学的比奇洛（Bigelow）教授等人。最后的成果《冲突法重述（第一次）》忠实地反映了比尔的思想理论，即建立在属地主义假定之上的既得权学说。① 比尔的既得权学说源自英国学者戴赛的既得权说，戴赛认为外国当事人根据外国法律所取得的权利是一种既得权，内国法院应当尊重这种权益，因此需要适用外国法保护当事人的既得权。比尔在此基础上认为，州法院不得制定具有域外效力的法律，对位于他州的财产和行为无权管辖，但原则上当事人据他州法得到的权利是一种事实而非法律。因此，一州法官在适用他州法时，所承认的不是他州法律本身，而是法律所规定的权利。比尔依据多边主义方法，在《冲突法重述（第一次）》中构建了庞大的多边法律选择规则体系，其中，冲突规范以既得权理论为基础，根据权利的来源寻找准据法所在地域，建立了多种固定而统一的法律选择规则。但比尔的理论很快就受到了美国现实主义法学家的攻击和质疑，除去既得权说本身所有的承认外国法律授予的权利但却不承认外国法律的逻辑悖论，美国现实主义法学家还指出，类似比尔既得权说的传统国际私法理论存在抽象、盲目和单一维度三种缺陷，导致冲突法的适用和判决结果陷入了困境。抽象，指的是传统冲突规范对实体内容一言不发，甚至对冲突正义的内容也无明确的表达；盲目，指的是法官无法预测法律适用的实体结果；单一维度，指的是即使案件和数个国家存在实质性的联系，传统的冲突规范仍然仅指向单个国家或法域的法律体系。② 《冲突法重述（第一次）》在实践中也一度落入尴尬的境地，法官在以既得权理论作为选择法律的依据时，为了避免僵化的规则造成麻烦，会使用一切可能的手段逃避固定规则的适用，如识别、公共政策、实体问题与程序问题的划分等，反致有时也会成为逃避方法之一。《冲突法重述（第一次）》中的逃避方法渐渐变得比法律选择规则更受重视。由于逃避方法的广泛使用，比尔曾经宣称的法律确定性和一致性价值也随之丧失，美国早期冲突法革命由此展开。③ 1942年，库克教授出版《冲突法的逻辑与法律基础》一书，对以《冲突法重述（第一次）》为代表

---

① 张翔宇. 现代美国国际私法学说研究［M］. 武汉：武汉大学出版社，1986：13.

② 宋晓. 20世纪国际私法的"危机"与"革命"［J］. 武大国际法评论，2004，2：183.

③ 西蒙尼德斯. 20世纪末的国际私法：进步还是退步？［A］//宋晓译，梁慧星. 民商法论丛：第24卷. 香港：金桥文化出版（香港）有限公司，2002：362.

的传统方法做了深刻的批判。他认为传统方法是一种概念主义的方法，是假定的、先验的信条。他反对以哲学家或法理学家的逻辑推理得出所适用的冲突规则，而建议通过考察、总结法院处理法律冲突的实际运作推导出处理案件的具体规则。库克是批判传统法律选择规则的首批代表人物，然而他在理论建树上不尽如人意，其所提出的"本地法说"备受批评。随后，柯里、里斯、莱弗拉尔、卡弗斯和艾伦茨威格等法学家纷纷涌现，他们的理论观点给美国冲突法理论界带来了新的生机，这一时期是美国冲突法革命理论建构的高潮期。其中，柯里和里斯的理论影响最为深远，最终成为美国《冲突法重述（第二次）》中的主要理论观念。

在对比尔的声讨浪潮中，美国现实主义法学家们提出了各种各样的理论来减少传统国际私法规则可能带来的荒谬结果。法学家柯里对传统法律选择规则加以嘲讽，认为法官适用传统规则就像使用一架机器，而不是用智识审理案件，他漠视传统国际私法所追求的判决结果一致性之价值，认为应该放弃这一目标。[①] 出于对单一法律选择规则的不信任，美国学者和法院在接下来的时间里倾向于使用法律选择方法而不是规则来处理涉外案件，"方法"类似于一种公式，它不会指出具体的处理方案，只列明法官应考虑的要素，法官需根据案件情况进行不同的具体分析。所有的方法都是开放性的，要求临时地、个案化地解决每个涉外民商事案件。[②] 法律选择方法的诞生大大扩张了法官的自由裁量权，除规定需衡量的选择标准外，方法大部分将选择法律的权力移交到法官手中，以满足每个特定案件所需的实体正义结果。但这一时期，五花八门的法律选择方法将美国冲突法体系冲击得摇摇欲坠，数个新理论的内容和采取的方法各不相同，难以达成一致，法官由此失去了判断是否应该适用某地的法律作为准据法的明确标准，由于法官对每种衡量因素的重视程度不一，实体正义的内涵也变得模糊不清。法律选择过度灵活性所造成的混乱使美国法学家们试图在天平的另一端加码，使之不至于完全倾斜。1953 年，美国法学会着手进行《冲突法重述（第二次）》的编撰工作，在新理论层出不穷的背景下，《冲突法重述（第二次）》的编撰并不被看好，以柯里为首的部分冲突法学家反对这次重述，认为美国法学会重整冲突法规则体系的努力是徒劳的。但最终，里斯和工作组的成员花费了 17 年的时光，仍然完成了《冲突法重述（第二次）》的全部工作，

---

① 克格尔，萧凯．冲突法的危机［M］．邹国勇，译．武汉：武汉大学出版社，2008：92-95.

② 西蒙尼德斯．20 世纪末的国际私法：进步还是退步？［A］//宋晓译，梁慧星．民商法论丛：第 24 卷．香港：金桥文化出版（香港）有限公司，2002：362.

于 20 世纪中后期为美国轰轰烈烈的国际私法革命做了总结。《冲突法重述（第二次）》整合了国际私法法律选择规范和美国冲突法革命的灵活法律选择方法，完成了方法上的妥协与融合，较好地统筹了冲突正义与实体正义两种重要价值。

柯里提出的"政府利益分析说"是《冲突法重述（第二次）》的主要理论来源之一，他对于传统冲突法方法的批评最为激烈，思想也最具有革命性。他主张从各州法律规则背后的"立法意图"中得出各州制定法律所要实现的"政府利益"，再分析案件与各州政府利益的联系，如果法院地州具备适当的利益联系，那么法院地州的法律即为准据法，而不论外州是否具备政府利益。如果法院查明法院地州在案件中适用法律并无利益，但外州在适用其法律方面具备利益，则法院应当适用该外州法。但若案件与所涉各州均无利益，则还是应适用法院地州的法律。可以看出，柯里的理论与单边主义方法非常类似，从分析法律本身入手，探究法律的适用范围。柯里的理论在纯粹性上甚至比巴托鲁斯的法则区别说还要更贴近单边主义方法的要求，柯里主张在司法过程中对法律进行具体分析，避免了巴托鲁斯分类方法过于笼统的问题。① 在实际运用当中，柯里的方法十分依赖法官的自由裁量，法官需要判断的内容如下：（1）该涉外案件是否要适用外州法；（2）法院地州的法律体现了法院地州的何种政策；（3）该涉外案件与法院地州是否具有事实上的联系，该联系是否与法院地州的政策有关；（4）若法院地州与案件无事实联系，或联系与法院地州的政策无关，那么外州是否与案件具有相应的联系？可见，若想要适用柯里的理论裁判案件，法官需要对本州，甚至外州的法律进行深入分析，挖掘其中可能存在的政策和利益，法官在政府利益分析方法的解释过程中享有的主观能动性，要远远大于在一般法律解释中的主观能动性。1964 年，柯里最后一次表述了他的学说，柯里后期的学说对前期理论做了一定的修正，通过对法院地州的政策和利益进行限制性解释的方式，降低法院地州法律适用的机会，削弱其前期法院地州法中心主义的倾向，使美国的州与州之间在审理涉外案件时能够采取宽容、相互尊重和妥协的态度，整体上有利于州际，甚至有利于国际范围内不同法律体系的协调，这是他在理论上的一大进步。

里斯的"最密切联系原则"是《冲突法重述（第二次）》中最重要的理论，构成了第二次重述的核心内容，《冲突法重述（第二次）》中涉及法律选择的条文共 280 条，在这 280 条所分布的侵权、合同、物权、信托、身份和代理

---

① 宋晓 . 20 世纪国际私法的"危机"与"革命"［J］. 武大国际法评论，2004，2：186-192.

等几乎所有领域中，都涉及最密切联系原则的适用，包括直接规定适用、间接指引适用和其他特殊适用的几种规定。可以说，《重述》中的具体法律选择规则均是按最密切联系原则推定的结果，各具体领域的规则必须符合最密切联系原则的内涵。里斯提出了七项因素作为法官在适用最密切联系原则时所考察的对象，其中，第二项"法院地的相关政策"、第三项"其他利害关系州的相关政策以及在决定特定问题时这些州的有关利益"和第五项"特定领域法律所依据的政策"，体现了柯里"政府利益分析说"的影响。① 最密切联系原则的七项分析因素表明了美国冲突法革命注重实体要素，包括国家政策、利益的需要和对当事人正当利益的保护。同时，要素里面也表达了里斯对冲突正义的追求，包括法律适用的确定性、一致性等，既综合了美国冲突法革命期间涌现的各种主要理论构想，又显示出维护传统国际私法的价值基础，即冲突正义。最密切联系原则给法官提供了数个分析要素，里斯并未说明这些要素的重要程度如何，全部留给法官在个案中权衡、分析，也没有对其中潜在的矛盾加以协调，可能的后果是导致法官失去可用的确定标准，从而在同类案件中对要素赋予不同的权重，导致法律适用结果难以预料。此外，相较于政府利益分析说，最密切联系原则虽然给法官提出了可供参考的要素，但仍将过多的司法任务放在了法官的肩上，并未对法官的主观意识施加足够的限制，可能会导致实践中的混乱和无序，以及促进法律适用"回家去"的兴起。但是，最密切联系原则的提出仍是美国冲突法革命的丰硕成果。时至今日，许多国家都在其国际私法规则中规定了最密切联系原则，奥地利甚至将该原则作为基本原则在《关于国际私法的联邦法》第 1 条进行规定。② 最密切联系原则在一些国际条约上也有所反映，例如1980 年欧洲共同体的《关于合同义务法律适用公约》，1985 年《国际货物销售

---

① 里斯在《冲突法重述（第二次）》中提出的七项因素分别为：（1）州际和国际体制的需要；（2）法院地州的相关政策；（3）在决定具体问题时，其他利益所涉州的相关政策及其相应的利益；（4）对当事人正当期望的保护；（5）构成特定法律领域的基本政策；（6）法律的确定性、可预见性和结果一致性之目标；（7）将予适用的法律易于确定和适用。

② 奥地利《关于国际私法的联邦法》第 1 条："最强联系的原则（一）与外国有连结的事实，在私法上，应依与该事实有最强联系的法律裁判。（二）本联邦法规（冲突法）所包括的适用法律的具体规则，应认为体现了这一原则。"

合同法律适用公约》，等等。①

美国国际私法革命的兴起源于对以比尔为代表的国际私法传统理论缺陷的批判，受美国普通法传统影响，国际私法革命理论对传统国际私法规范展开了激烈的批评，甚至主张抛弃明确的规范，法学家们越来越重视法律中"人"的要素，进而对过去形而上学的法律理论展开反思。美国现实主义法学家们认为法律选择规则不能只是冷冰冰地按照固有的规则选择最合适地域的法律，而应该考虑到适用被选择的法律会对当事人和相关法域产生何种实体上的影响。在这一时期，国际私法的实体正义得到了前所未有的重视，诞生了灵活的法律选择方法。灵活的法律选择方法很大程度上依靠法官对案件要素的分析，法官要对多种因素进行考量和权衡，并需对比可供选择外国法的适用结果，以实现实体正义目标。但完全的个案分析方法缺乏对法官主观判断的有效限制，造成了法律适用上的混乱，美国学者们渐渐认识到了冲突正义对于国际私法的价值所在，天平再一次晃动。里斯在《冲突法重述（第二次）》中做出了统合冲突正义追求与实体正义追求的努力，对传统双边主义选法方式的固定连结点进行软化处理，加入许多实体正义和冲突正义的考量因素，给法官选择法律树立标准，以限制过于宽泛的自由裁量权。

在美国冲突法革命的同一时期，欧洲地区也静悄悄地酝酿着改良的风浪，欧洲的国际私法学者以较为和平的方式改良萨维尼的理论，努力使之符合现代法律对实质正义的追求。欧洲学者对国际私法规则的改善比美国和世界其他地区要安静得多，作为传统成文法和法典化氛围浓厚的古老地区，欧洲学者并未抛弃传统法律选择规则转而投入法律选择方法的怀抱之中，而是对传统规则的缺陷进行修补和完善。在确定性迈向灵活性的进路上，欧洲国际私法学者不如美国国际私法学者那么激烈和热情，欧洲学者并不支持法律选择方法作为改革方式，他们没有放弃管辖权选择规则的基本结构，只是在传统冲突法规范的基础上加入了一定的灵活性，创立了新型法律选择规则。其中，较为典型的法律选择规则有选择性冲突规范与具有弹性连结点的法律选择规范。选择性冲突规

---

① 《国际货物销售合同法律适用公约》第 8 条第 3 款："……（三）从总的情况看，如在双方当事人的商业关系中，合同如果明显地与根据本条第一款或第二款规定将会适用于合同的法律以外的法律有着更加密切的联系，则该合同依该另一国的法律。"《关于合同义务法律适用公约》第 4 条："无选择情况下的适用法律 1. 在当事人未根据第三条的规定选择合同的适用法律的情况下，该合同应适用与它有最密切联系的国家的法律。但是，如果合同的可分割部分与另一个国家有更密切的联系，则该部分合同则可作为例外，适用那个国家的法律……"

范诞生于对传统单一、固定连结点的反思，单一连结点意味着每一类法律关系只能场所化于唯一的国家，所依据的则是法律关系中"极小部分的事实"，以"极小部分的事实"决定整个法律关系或整个案件事实的性质及其最终法律结果，其适当性令人心存疑虑。况且，学者们也没有信心能够准确无误地甄别出这具有决定性意义的"极小部分事实"。面对事实愈发复杂的涉外法律关系，在冲突规范中加入多个可选择的连结点是很有必要的，法官可以根据个案的实际情况，在多个连结点中选择最为合适的连结点作为寻找准据法的依据。具有弹性连结点的法律选择规范通常是指将传统的固定指向某一地域的连结点变为开放性的、多重指向的弹性连结点，是对连结点的软化，如规定法官应选择"最密切地"、"最强地"或是"最适当地"的连结点，此类规定赋予了法官相当大的自由裁量权。德国、瑞士和匈牙利的立法都有类似的规定，即在当事人之间缺乏有效的法律选择时，合同应适用与之有"最密切联系的"国家的法律。这里的"最密切联系原则"和美国所说的原则有所不同，它被解释为"场所意义的"，即与涉外法律关系有最密切联系的场所，和美国规定的那种政策定向或结果定向的意义正好相反。①

　　欧洲对国际私法的改良还包括规定例外条款。立法者对于千变万化的案件事实的认识是有限的，所制定的法律也无法穷尽所有可能发生的现象，有必要规定例外条款，以防止法律适用结果因个案的特殊性而与其制定的目标背道而驰的可能。于是，部分欧洲国家的立法规定了例外条款，这些条款起到立法矫正的作用。从这些条款的内容来看，可以发现最密切联系原则的影响。如 2017 年瑞士的《关于国际私法的联邦法》第 15 条规定："根据所有情况，如果案件与本法指定的法律的联系并不密切，却与另一个法律的联系明显地更为密切，则可作为例外，不适用本法所指定的法律。"加拿大魁北克省的《魁北克民法典》中也有类似的一般性例外规定。② 最密切联系原则对欧洲国际私法的影响不止于此，2008 年欧盟颁布了《罗马条例Ⅰ》，其中，第 4 条明确规定最密切联系原则法律适用的条件为，"最密切联系原则与特征履行确定推定规则共存，再

---

① 西蒙尼德斯 . 20 世纪末的国际私法：进步还是退步？［A］//宋晓译，梁慧星 . 民商法论丛：第 24 卷 . 香港：金桥文化出版（香港）有限公司，2002：362.

② 《魁北克民法典》第 3082 条："根据所有相关情势，如果有关情境显然只与本编指定的法律具有遥远的联系，而它与另一国家的法律具有更密切的联系，则例外地不适用本编指定的法律，在法律行为中指定法律的情形，本规定不适用之。"

以更密切联系为例外"①。其主要表现为具有可操作性的选法规则，只保留了例外条款这种相对弹性的手段作为法官自由裁量权的操作空间。欧洲学者们尝试在实现冲突正义和实体正义中寻找新的平衡，只是仍然钟情确定性多于灵活性，在法律选择的手段上，更多采取法律选择规则而不是方法，这与美国冲突法革命的理念相互映衬。

从美国和欧洲对传统冲突规则的改革来看，欧美学者都意识到了传统双边法律选择规范固有的不足，即为了实现法律适用和判决结果的一致，传统冲突规范过度重视确定性而限制灵活性，法官无法根据个案调整准据法的选择，最终导致国际私法实体正义的实现受到阻碍。因此，欧美学者都以增加冲突法中的灵活性以实现实体正义结果为目标对冲突法进行改造。美国现实主义法学家因普通法和法官造法的传统普遍认为，法律语言、法律概念导致法律本身的不确定性，法官面对案件做出判决的活动必须依照法律。所以，法官在审判过程中并不是以规定好的法律进行判决，而是以自己造的法进行判决。同时，美国法学家也深受经验主义法学派的影响，强调法律的实际效用和经验，从以前存在的判例中归纳推理出适用于新的案件的原则，认为法官在适用法律和解释法律时具有能动的主导地位。因此，美国的冲突法革命强调"方法"的作用，极力扩大法官的自由裁量权，期待法官在个案的审理时依据方法分析出最应适用的法律。但美国法学家们忽视了法官作为人类个体在面对客观事实时的有限理性，纯粹的个案分析法抹消了法律的确定性价值，其模糊的分析标准也进一步影响了实体正义的实现，法官常常在两种因素的轻重间左右为难。在经历方法论上的混乱之后，美国的冲突法理论和实践渐渐走向"方法"和规则的融合，只不过更倾向于方法的适用。与之相对的是，具有深厚成文法传统的欧洲法学家们选择了对传统冲突法规则进行改良，添加进一些灵活性的要素，允许法官在有限的范围内行使自由裁量权，践行立法精神，总体上仍然重视确定性大于灵活性。从 19 世纪到 20 世纪，由于国际经济社会的发展和法学思潮的转向，国际私法的改革在价值上体现为从追求冲突正义到追求实体正义，在特点上体现为由确定性到灵活性的转变，在立法上从单一固定的连结点到出现软化灵活的连结点和法律选择方法，在司法中表现为重视个案分析和法官自由裁量权限制的解放。

---

① 《罗马条例Ⅰ》第 4 条："在当事人未根据第三条的规定选择合同的适用法律的情况下，该合同应适用与它有最密切联系的国家的法律。但是，如果合同的可分割部分与另一个国家有更密切的联系，则该部分合同则可作为例外，适用那个国家的法律。"

二、中国国际私法立法上的实体取向

当代国际私法发展的总体特征和一般趋势表现为国际私法的实体取向，不局限于某个国家或地区，而是当代世界范围的国际私法理论和立法表现出来的总体特征和一般趋势。实体取向昭示当代国际私法既不认为实体正义结果应成为国际私法唯一的价值追求，也不认为实现冲突正义理念就要牺牲个人和社会的合理利益，而是这两种价值追求的统合以及平衡，在各个国家、地区和国际私法的各领域中，统合的程度和方式各不相同。[①] 各国都在寻找适合自己的方法，以求得确定性和灵活性的和谐统一。我国法律适用法也是一部体现国际私法实体取向的立法，以总—分的结构在单一向度的法律选择规范之外加入了灵活性考量，在吸收各国国际私法先进的立法经验基础上，在立法中规定最密切联系原则的补缺功能、倾向于弱者权利的保护性冲突规范以及直接适用的法和公共秩序保留等允许法官调整个案法律适用的重要规范。

整体上来看，法律适用法受最密切联系原则影响较大，在总则第 2 条中规定了最密切联系原则作为整部法律的补充原则。在分则中，该原则的重要补缺作用主要分为两类：一类是将最密切联系原则的灵活特性作为无法穷尽的现实状况的兜底，以便在法律没有明确规定的情况下寻找可适用的法律，尽力让涉外民商事法律关系得到合理解决，如第 19 条有关民事主体国籍冲突的解决；另一类则以寻找准据法存在的适当场所为目标，如第 41 条合同的法律适用，同时规定特征性履行原则和最密切联系原则，在当事人没有选择的情况下，在最密切联系方法和特征性履行方法中选择一种确定准据法。[②] 此外，法律适用法中有许多冲突规范连结点的规定，间接体现了最密切联系精神，如被广泛采用的经常居所地，以及在侵权领域、婚姻家庭领域中规定的共同国籍国等，都是应用最密切联系原则而固化的连结点。[③] 最密切联系原则的精神已经渗入我国国际私法立法，但在条文中鲜有明确规定法官可以使用最密切联系原则作为法律选择方式，因而该原则矫正法律选择，促进实体正义实现的功能难以发挥。在法律适用法颁布之前，学者提交的立法建议稿中曾包括将最密切联系作为矫正原则的条款，即"本法规定应当适用的法律与涉外民事关系联系并不密切，而明显地与另一法律有更为密切的联系，可以作为例外适用该另一法律……"。在提交

---

① 宋晓. 20 世纪国际私法的"危机"与"革命"［J］. 武大国际法评论，2004，2：206.

② 徐伟功.《涉外民事关系法律适用法》实施研究［M］. 北京：法律出版社，2019：131.

③ 刘想树. 论最密切联系的司法原则化［J］. 现代法学，2012，34（3）：138.

给第十一届全国人大常务委员会第十六次会议的审议稿中，最密切联系原则曾以基本原则的形式出现在第 3 条，作为涉外法律关系法律适用的衡量标准，但最终在正式立法中只保留了其补缺功能。① 该原则在立法过程中功能地位的变迁与我国的法律传统和司法现实有关，我国是大陆法系国家，一向遵循"全能的立法、服从的司法"模式，倾向于以明确的立法给司法以指导，而最密切联系原则的运用需要赋予法官极大的自由裁量权，与我国立法传统不符。同时，最密切联系原则的广泛适用会给予法官更多的"逃避机制"，可能在实际上提高我国法律被适用的概率，法官的司法任务也会大大增加。考虑到我国一直存在的立法与司法之间的紧张关系，法律适用法在立法环节对此进行了合理规制，避免法律规定的不稳定状态。② 同时，通过压缩弹性连结点的适用范围，也可以有效降低法官在选法环节的难度。③ 可以看出，我国学者和立法者虽然尊重最密切联系的精神并在规范中有所体现，但更看重传统选择法律规则所带来的确定性和安定性，为此在立法中只保留了最密切联系的补缺功能。作为接受大陆法系传统的国家，我国为维护冲突正义牺牲了最密切联系原则优化选法结果的功能，在大部分领域中，我国法官无法通过使用该原则寻求最优法律适用结果，导致该原则实际上未能充分满足我国国际私法实现实体正义的需求。

法律适用法对实体正义的追求明确地体现在婚姻家庭等最需要考量法律适用结果的领域中，主要表现为以弱者权利保护原则为基础的保护性冲突规范。保护性冲突规范的运用主要将原本价值中立的冲突规范连结点变为保护弱方当事人权利的价值非中立的连结点，让法官根据个案情况在列举出的连结因素中选择更符合弱方利益的连结点。具体来说，保护性冲突规范被规定在父母子女关系、扶养以及监护领域中，即法律适用法第 25 条、第 29 条和第 30 条，都是当事人之间容易出现不平等现象的民事关系领域，符合我国司法实践经验，是弱者权利保护原则以及我国国际私法立法目标的体现。立法中明确规定保护弱者是实体正义的需要，更是我国传统美德和社会风俗的立法表达。《礼记》云："使老有所终，壮有所用，幼有所长，鳏寡孤独废疾者皆有所养。"保护弱小、匡扶正义是我国有识之士的共同追求，是"天下大同"理想社会的重要价值取向。法律适用法的保护性冲突规范根植于我国文化最高的社会追求，着眼于国际社会未来的发展方向，在以选择性双边冲突规范结构表达尊重他国法律地位

---

① 《中华人民共和国涉外民事关系法律适用法（草案）（二次审议稿）》第 3 条："涉外民事关系适用的法律，应当与涉外民事关系有最密切联系。"
② 徐伟功.《涉外民事关系法律适用法》实施研究［M］. 北京：法律出版社，2019：151.
③ 刘想树. 论最密切联系的司法原则化［J］. 现代法学，2012，34（3）：135.

平等观念的同时，致力于满足符合本国文化的正义观诉求。保护性冲突规范在其内容中明确表达了价值取向，法官需要对比条款中列举的连结点指向的法律，从中找出对弱者权利保护最有利的法律，该类条款大大扩张了我国法官的自由裁量权，同时也增加了法官的负担，想要实现条款中的实体正义目标，还需要法官提高自身素质并在发挥自由裁量的理想和现实间取得平衡。

此外，法律适用法还规定了在特定情形下使用的、有助于实体正义实现的特殊条款，即公共秩序保留条款和直接适用的法。公共秩序保留在西方也被称为"逃避条款"或"逃避机制"，法官可以运用这一规范避开本应适用的法律，转而适用本国法或第三国的法律。公共秩序保留是一种有弹性的制度，在适用外国法律的判决结果与我国重大的整体社会价值、利益相冲突时，公共秩序保留赋予法官拒绝适用法律的权力，以维护本国社会秩序和价值的稳定。

各国学者对什么是要保护的公共秩序有多种看法，主要包括以下两点：第一是保障当事人利益；第二是保护弱者利益或者促进国际民商事关系正常发展。还有学者将之笼统地表述为保护实体正义或为解决国际民商事争端等。公共秩序保留最早被明确规定在 1804 年的《法国民法典》第 6 条中，表述为"个人不得以特别约定违反有关公共秩序和善良风俗的法律"。从价值层面而言，公共秩序保留是以法院地国的价值为判断标准的，与国际私法通常要维护的冲突正义正相反，但在国家法律传统和体系各自有别的时代，这种规定是有其存在必要的。在内国法院越来越频繁适用外国法的现在，我们应该意识到，在国家主权范围内的确具有可以被称为本国的公共秩序或公共利益的现实，由此产生如何维护"公共秩序"的问题是必然的，或者说是早已存在的。[1] 如在各国盛行贸易保护的时期，各国往往通过公共秩序保留这样的具体法律制度在涉外民商事案件中保护本国的贸易。各国对公共秩序内涵的解释各不相同，然而在运用上都依照内国法院适用的法律，以不得从根本上违反或损害其基本的利益这一准则为参照。各国对公共秩序保留的定义或多或少有相近之处，但目前学界还无法对公共秩序保留的定义做出明确的解释。何况一国的基本社会利益和道德，特别是基本政策会随着时间的推移而变化，若将公共利益框定在有限的内涵中，该制度反而会失去应有的作用。该制度一向需要法官的智慧，以便合理适用，既不因描述的模糊性而盲目扩大其适用范围，也不因过度慎重而丧失其保护功能。

---

[1] 任际. 国际私法中公共秩序保留的综合要素及适用趋势 [J]. 武汉大学学报（哲学社会科学版），2013，66（6）：36.

　　直接适用的法不属冲突规范范畴，是为实现国家重大社会经济利益而以类似实体法的规范直接规定涉外民商事案件当事人的权利义务，排除外国法的适用。希腊裔法国籍国际私法学者弗朗西斯卡基斯认为，在法国法院的涉外司法实践中，法院经常不适用冲突法而直接适用法国的强行法或实体法，这种无须冲突法援引而直接适用的法律规范即为"直接适用的法"。显然，直接适用的法鲜明地表现了法院地在某些特定领域中的好恶，弃案件国际性因素而不顾，表达了在这些领域维护本国正义观的决心。当然，"直接适用的法"排除外国法适用的效力需要立法和司法领域的限制，以免走至极端。弗朗西斯卡基斯于1985年首次提出了"直接适用的法"概念，源于法国司法实践中法院解决涉外争议的方法。在当时国家干涉主义思想占据主导地位的背景下，"直接适用的法"被认为相比冲突规范可以更好地保护本国利益。通常受到"直接适用的法"所规制的领域与国家政治、社会和经济的重大利益相关。并且，直接适用于涉外关系的此类规范，其内容和范围都是不明确的。直接适用的法并非真正意义上的国际私法实体规范，它起初是为调整国内民商事关系而制定的，只是延伸适用于涉外民商事关系之中。"直接适用的法"虽然具体适用法规的内容较冲突规范更加明确，但如何判断是否应以本国法律排除外国法的适用还需要法官能动地加以分析。与"政府利益分析说"类似的是，"直接适用的法"也是建立在个案分析基础之上的，通过分析本国立法隐藏的政策内涵或者说立法目的，决定是否直接适用特定的法律规范。从《司法解释（一）》的条文内容看，我国主要保护的实质正义包括公共卫生环境安全、贸易和金融安全以及劳动者的正当权益等，司法解释以"列举＋兜底条款"的方式说明，若有符合规定情形又涉及中国社会公共利益的，应适用中国法律、行政法规的规定。法官需要根据案件情况慎重判断是否会触及需要保护的社会利益，从而认定是否排除外国法的适用。

　　法律适用法中的实体取向主要体现在弱者保护原则所产生的保护性冲突规范的运用以及公共秩序保留原则和直接适用的法的方法。最密切联系原则虽然具有重要地位，但由于考虑到司法实践的现实状况和我国法官有限工作范围的传统，现行立法规定并未完整地发挥其作用，其对实现实体正义的帮助有限。总体来说，我国国际私法立法价值取向贴近欧洲国家，更注重确定性而非灵活性。与此同时，我们也要看到立法者以各种方式在维护冲突正义的基础上追求实体正义的努力，包括在总则中明确规定保护当事人合法利益的立法目标，将最密切联系原则内化为冲突规范的连结点，在相应领域规定保护性冲突规范，明确指出应保护弱者权利，以及规定公共秩序保留作为防护手段，以直接适用的法作为保护当事人合理利益的国际私法实体规范。法律适用法作为我国首部国际私法单行法，较好地体现了当代国际私法的实体取向，其规则内容反映了我国立法者寻求冲突正义和实体正义之间的平衡点，以及在立法理想和司法实践间寻求最佳方案的艰苦努力。这部法律吸收了当代国际私法革命的精华所在，是为我国立法的后发优势。

当代国际私法的发展路径虽不完全一致，但试图增进传统冲突规范的灵活性，致力于提高对实体正义的保护，已成为世界各国国际私法理论和立法的共同目标。重视实体正义一方面是对传统冲突规范单一向度、盲选法律和结果不明确弱点的必然回应，另一方面是当代法学家和立法者越来越遵循"以人为本"理念的写照。经过传统国际私法理论和 20 世纪国际私法革命理论相互激荡、相互妥协、相互融通，国际私法理论目标早已不再是单纯地追求促进国际一致性和平等看待各国法律，而是走向多元化，试图在促进国际交往的同时保护国家利益和当事人利益。

国际私法价值目标的变迁有着深厚的时代背景，经历过两次世界大战和美苏冷战，世界经济政治格局较之前产生了巨大变化，随着科技水平的提高，国家间经济形态也经过了反复动荡、变迁，经济全球化的深入发展和信息化革命的到来使人员和货物的跨境流动大幅度增加，每个国家都无法独善其身，必须思考与其他国家的相处之道。可以看到，随着国际社会越加开放，不同国家和分属不同国家个体之间的矛盾和摩擦不仅没有减少，反而增多了。国际私法所要处理的法律冲突更加激烈，所要体现的价值取向更加多元化。当代社会处于人权和后现代主义的世纪，对人权保护的追求和重视远超以往，在国际私法上表现为对实质正义的强烈追求，并且对不同国籍当事人的合理利益给予一视同仁的保护。与此同时，各国也在争端的漩涡中努力寻找平衡的可能性，试图在多元化的追求之中寻找出路，国际私法在冲突正义和实质正义两种价值之间发展成具备"实体取向"的新结构，在传统国际私法理论中不断注入灵活性规范。立法中灵活性规范的增多，让法官的自由裁量权不断扩大，新型国际私法理论要求法官在适用法律时更多地思考如何达成最佳法律适用结果，包括能否实现对当事人利益的保护和国家重大利益的保护，而非单纯地适用指定场所的法律。即使是在大陆法系传统的国家，国际私法案件中法官的地位和功能也在发生改变，法官自由裁量权的扩大是追求实体取向的必然结果，立法者无法对具体案件的法律适用做出明确规定，只能阐明法律选择规范的价值目标，需要法官在审理过程中加以考量，实现立法者所追求的实体正义目标。自由裁量权的扩大是对法官能力的挑战，尤其在我国，想要达成法律适用法的立法目的，在冲突正义和实体正义的实现之间取得平衡，一方面我国法官还需努力提升自身对法律的运用和分析解释能力，另一方面我们需对涉外民商事审判中法官自由裁量权行使的影响因素以及如何进行适当控制加以分析与理解。

第五章

我国涉外民商事审判中法官自由裁量权之运行考察

法律的生命不是逻辑，而是经验。

——【美】霍尔姆斯

在构建"人类命运共同体"、推进"一带一路"倡议以及科学技术高速发展、经济全球化深入的背景下，为了实现国际私法上的实体正义，我国法律适用法和其他国际私法立法都在不同领域、不同程度上制定了法官自由裁量权条款。我国涉外民商事审判中法官自由裁量权行使的关键在于法官如何运用、如何合理实施。也就是说，法官在行使自由裁量权的过程中，需要考虑到哪些因素以及这些因素起到何种影响。

在我国涉外民商事审判中，法官自由裁量权的影响因素是多方面的，既有立法上的考量，又有司法上和守法上的考虑。立法上的影响因素主要包括国际私法立法指导思想与立法目的、立法所体现的国际私法价值以及立法者的认识论。司法上的影响因素主要包括国际私法的基本原则以及法律选择的基本准则，另外还包括法官自身的素质因素。在守法上则体现为公民的法律理念以及外部的监督等方面的因素。其中，关于立法中的认识论，我们在第四章第一节"完全理性与有限理性"部分作了阐述。关于法官自身的素质因素问题，并不是国际私法中所要探讨的专门问题。在民事诉讼、刑事诉讼以及行政诉讼中，法官自由裁量权的正确行使一定程度上取决于法官的专业素养及职业素养。法官素质越高，立法者就越有可能赋予其自由裁量权，使之在正确合理的轨道上运行与行使；反之，则越不可能赋予法官自由裁量权。简单来说，法官素质影响到立法者授予其自由裁量权的程度。在守法上所体现的公民法律理念以及外部监督等方面的因素，对法官自由裁量权的行使起到一定的监督作用，但不是主要的影响因素。

国际私法的立法仍然是以规则为主，同时赋予法官一定的自由裁量权。如果国际私法的立法采取僵硬的做法，那么法官将无法应对复杂、生动的社会现实，无法实现国际私法所要追求的实体正义。如果国际私法的立法仅采取原则性的规定，将所有的案件交由法官自由裁量，则会极大地损害国际私法法制的统一性，损害法律的安全价值。所以，国际私法的立法必须走严格规则主义与自由裁量主义相结合的道路。国际私法立法在什么范围内以及在多大程度上赋予法官自由裁量权，对此需要根据多种考量因素，做出合理的规定。法官自由裁量权的行使取决于法官自身的专业素质以及职业素养，其拓展与法官个人的能力、品性具有极大的关联性，这无疑增加了司法维护社会公正的主观性、风险性。权力的累积和膨胀必然会导致权力腐败，进而削弱法律的权威，影响到个案公平，导致司法专横，破坏法制的统一。为了促使法官权力的行使符合社会正义的目的，维护国际私法的统一及其目的的实现，必须对自由裁量权加以必要的控制。

第一节　我国涉外民商事审判中法官自由裁量权运行的考虑因素

在我国涉外民商事审判中，法官自由裁量权的运用是综合性的，不仅涉及事实认定与诉讼程序方面的问题，也涉及实体法运用方面的问题，同时还涉及如何寻找法律，即寻找适当的准据法的问题。前两个问题不是笔者论述的主要方面。法官在寻找适当的准据法过程中，主要是运用我国的法律适用法以及其他国际私法立法上的规定。法官行使其自由裁量权寻找适当的准据法时，必须考虑法律适用法的立法指导思想、立法目的以及立法者所要体现的法律价值，也要考虑到国际私法的基本原则以及法律适用的基本准则等相关因素。

一、立法指导思想

我国涉外民商事审判中法官自由裁量权的行使需要以法律适用法立法指导思想与立法目的为导向。法律适用法的立法指导思想与立法目的是一个问题的两个方面，两者相辅相成。立法指导思想在某种程度上反映立法的目的，立法目的反过来也影响了立法指导思想。法律适用法的立法指导思想可以用四个字来表达，即"全""新""简""便"①。

（一）"全"的立法指导思想

时任全国人大常委会法制工作委员会副主任王胜明认为"全"就是完整性，就是做到有法可依，而且这里的法应该是"善法""良法"。针对法律适用法，"全"在不同的层面，具有不同的含义与不同的要求。一般来说，具有三个层面。

第一，具体法律条文的周延性。按照立法原则，一个条文对应一个具体的法律关系，解决某一法律关系所涉及的具体问题。该法律规范应该预见到所有的情况，给出解决方案。在逻辑学说中，周延性的基本含义是："如果直言命题断定了一个项的全部外延，则这个项是周延的；如果没有断定这个项的全部外延，则这个项是不周延的。"法律适用法主要是由冲突规范所构成的，因而要求每一个具体的冲突规范具有周延性。但是法律适用法中并不是每一个具体冲突规范都是周延的，而是存在不周延的情况。在冲突规范制定中，关于周延性问题主要集中在有条件选择性冲突规范的运用之中。我国法律适用法关于有条件选择性冲突规范主要运用在婚姻家庭法律适用领域，在该领域中的冲突规范立法既有周延性的，又有不周延性的。周延性条款如法律适用法第二十六条的规定，该条规定了协议离婚法律适用采取有条件的选择性冲突规范，其梯次选择包括四个选项：协议选择的法律、共同经常居所地法律、共同国籍国法律、办理离婚手续机构所在地法律。这四个选项共同构成了闭环，没有前三个选项的必定有负责办理离婚的机构。在周延性冲突规范的情况下，法官的自由裁量权就根据该条款是否做出授权来行使，如果该条款是具体明确的，法官自由裁量权就没有行使的空间；如果该条款授予了法官自由裁量权，法官就根据该条款

---

① 时任全国人大常委会法制工作委员会副主任王胜明在 2012 年发表文章指出："全""新""简"，是制定涉外民事关系法律适用法的指导思想。除此之外，还有方便当事人从事民事活动，促进国际民商事的交流和合作。"全"指的是完整性，所有民事关系的法律适用都要有依据，不能遗漏；"新"指的是先进性，既要总结我国《民法通则》等法律的实施经验，又要体现国际上这方面的优秀成果和发展趋势；"简"既有精简的含义，又有简明、简洁的意思；方便当事人从事民事活动就是当事人的事尽量交给当事人办，在立法中体现为在法律适用中大量适用当事人意思自治原则。不宜由当事人协议选择的，法律规定应当尽量符合民事活动的规律，方便当事人生活和生产经营，例如，属人法连结点的选择，选择方便当事人活动的经常居所地；促进国际民商事的交流和合作，就是要国际往来有利于各国经济发展和人民友谊，法律适用法应当加强国际往来，不应当阻碍国际往来。在立法中的体现就是采取双边冲突规范，将《涉外民事关系法律适用法》制定成一部开放的法律、包容的法律、公平合理的法律。参见王胜明.《涉外民事关系法律适用法》的指导思想 [J]. 政法论坛，2012，30（1）：2.

授权的范围行使其自由裁量权。不周延性条款，例如法律适用法第二十四条的规定，该条规定了三个选择项，即协议选择的法律、共同经常居所地法律以及共同国籍国法律。该三个选择项不是一种闭环状态，可能会出现当事人既没有选择所适用的法律，也没有共同经常居所地法律以及共同国籍国法律的情况，于是条文所规定的就出现了遗漏。针对条文的遗漏，法律适用法并没有做出明确的规定。一般来说，立法上对于遗漏的情况可以采取两种解决方法，一种是采取兜底性条款进行解决。采取兜底性条款主要是为了防止列举的遗漏。兜底性条款一般都授予法官自由裁量权，让法官根据案件具体情况做出决定。我国法律适用法没有采取兜底性条款的规定，但在《司法解释（一）》第 1 条与第 8 条对涉外民事关系的认定以及强制性规定的领域做出了兜底性规定。另一种是采取总则立法补缺条款加以解决。关于总则中的立法补缺，目前国际私法立法主要采取国际私法的基本原则与最密切联系原则两种做法。我国法律适用法采取了最密切联系原则，在第 2 条中规定了"本法和其他法律对涉外民事关系法律适用没有规定的"，采取最密切联系原则作为补缺。该条主要是对国际私法整体性做出补缺的规定，至于对具体条文的不周延性能否适用，并没有做出明确的规定。从广义上的解释来看，第 2 条也可以作为具体条文不周延性最后的解决方案。如果条文不能解决具体的涉外民商事案件，就可以视为第 2 条中本法没有规定的情况，由法官根据其自由裁量权采取最密切联系原则进行处理。

第二，某类涉外民商事法律关系的周延性。国际私法的立法目前仍然主要将萨维尼的法律关系本座说作为立法的理论依据。在立法结构上采取总则、分则与附则的立法模式，分则中的规定主要是根据法律关系不同的分类分为不同的章节。如前所述，我国法律适用法是采取"人—物"对应的结构对分则做出安排的，总共有六章的内容。在分则的每一章条文中主要采取两种安排方式：一种是"平行式"，另一种是"总分式"。"平行式"的安排方式是按照该类法律关系所涉及的不同主题进行平行排列，法律适用法主要采取这种形式，其第二章、第三章、第四章、第五章以及第七章基本上是平行安排的。例如，第三章婚姻家庭，按照"结婚—夫妻与父母子女之间的关系—离婚—收养—扶养—监护"进行平行排列，结婚又分为结婚的条件和结婚的手续两类法律适用，夫妻与父母子女之间的关系又分为夫妻人身关系、夫妻财产关系、父母子女人身与财产关系三种情况的法律适用，离婚又分为协议离婚与诉讼离婚的法律适用。如此，采取平行式的做法可能存在遗漏的风险。例如，上述第三章没有规定非婚生子准正的法律适用，第四章没有规定遗嘱解释和遗嘱形式有效性的法律适用。第七章知识产权的法律适用是按照知识产权的归属和内容、知识产权转让和许可使用以及知识产权的侵权责任三种情况分别规定法律适用的，没有按照知识产权的具体类型规定法律适用，因而也会存在三种情况之外的法律适用问题。如果存在没有规定的情况，仍然是采取法律适用法第二条的规定，赋予法官一定的自由裁量权进行具体案件具体分析。"总分式"的安排方式是按照总的一般规定与特殊规定的方式进行排列的。也就是说，先对该类法律关系的法律适用做出总的规定，对于属于该类法律关系中比较特殊的法律关系的法律适用再做出例外的规定，即采取"一般规定—特别规定"的模式。法律适用法主要是在合同法律适用与侵权法律适用中采取这种"总分式"的做法。例如，法律适用法第六章第四十一条、第四十二条、第四十三条的规定，第41条是针对所有合同法律适用做出规定，第42条与第43条是针对消费者合同、劳动合同做出例外的规定。一般来说，合同法律适用采取意思自治原则的前提是要求合同双方当事人地位平等，要有平等的意思表示。但在以上两种合同中，消费者与劳动者处于事实上不平等的地位，那么合同一般法律适用意思自治原则的前提就不复存在，而不能适用一般合同法律适用的规定。所以，法律适用法对两者进行特别的规定，限制了当事人意思自治原则的运用，并依据弱者权利保护原则对消费者和劳动者进行特别的保护。其他没有特别规定的，适用第四十一条的规定。如此，第41条、第42条、第43条具备了合同法律适用的完整性。法官正确行使这些条款所赋予的自由裁量权，无须利用自由裁量权对遗漏的法律关系进行补缺。但是，"总分式"的规定也有一些不足，即使法律适用法只是规定两种特殊的例外，也可能存在其他比较特殊的合同，如果一概适用第四十一条的规定，则会出现不合理的情况。如何解决这些不合理的情况，一般可以依照更密切联系原则。我国法律适用法之前的有关司法解释就是依照更密切联系原则，而这些司法解释目前已经失效，法律适用法也没有做出具体的规定，在司法实践中，可能还是依照更密切联系原则，这有待于法律适用法司法解释（二）进一步做出规定。

　　第三，整个国际私法立法的完整性。王胜明所说的"全"主要是这个层次上的含义，表明立法者希望制定出全面的国际私法规范，凡是能够预见到的涉外民商事法律关系，都应该在立法中加以规定。正如"第四章我国涉外民商事审判中法官自由裁量权之范畴考察第一节完全理性与有限理性"所说，人是有限理性的，不可能制定出完美且完整的国际私法立法，需要对没有的立法加以补缺，通过司法上的法官自由裁量权做出处理，才能形成完整的体系。"全"在一定程度上说明我国现行的国际私法立法仍然是坚持以严格规则主义为主的立法指导思想，法官自由裁量权只是为了弥补法律选择规则的不足。"全"一方面要求立法者尽可能地对所预见的涉外民事关系，在立法中制定具体的法律适用规则；另一方面要求立法者对没有预见的涉外民事关系法律，在立法中规定一个开放的系统，为法官处理相关的案件确立一个指导性的原则。这就需要立法者授予法官一定的自由裁量权以应对未预见的涉外民商事案件。法律适用法统筹了其内部系统与外部系统，通过第 2 条最密切联系原则的立法补缺功能，将法律适用法与外部系统相连接。如此，涉外民事审判中的法官自由裁量权成为内外连接的基本桥梁，践行立法者所要达到的"全"的指导思想。

（二）"新"的立法指导思想

"新"表明立法者希望制定与传统国际私法立法不同的国际私法规范。"新"就是要求国际私法立法吸取国际社会先进的立法经验。目前，国际社会的国际私法立法都在一定程度上规定了法官自由裁量权条款，采取灵活的法律选择方法，重视法官自由裁量权在审理涉外民商事案件中的作用。"新"主要表现为灵活的法律选择方法的运用，强调了国际私法实体上的价值取向，体现了严格规则主义与法官对自由裁量主义相结合的理念。法律适用法的立法具有后发优势，可以借鉴国际社会国际私法立法的先进经验，结合我国的实际情况做出最佳选择。法律适用法的"新"主要表现在以下几方面，特别是法官对自由裁量权条款的运用上。

首先，法律适用法的"新"体现在最密切联系原则的运用上。最密切联系原则是 20 世纪中叶以来国际私法理论与实践的最重要的成果，其运用的核心就是重视国际私法的实体正义，赋予法官一定的自由裁量权，由法官根据案件的具体情况做出合理的法律选择。一般来说，最密切联系原则在两个层面上加以运用。其一是作为国际私法的基本原则，在国际私法总则中加以规定。最密切联系原则在总则中的运用具有立法指导、立法矫正以及立法补缺等三种功能。我国法律适用法的运用仅采取了立法补缺功能，并在第二条第二款中做出了明确的规定。至于立法矫正功能，由于立法者担忧其可能影响整体立法的稳定性问题，因而舍弃了最密切联系原则的立法矫正功能。既然舍弃了最密切联系原则的立法矫正功能，也就没有必要规定最密切联系原则的立法指导功能。① 其实，从我国法律适用法的具体立法条文和立法精神来看，应该是将最密切联系原则作为立法的指针，体现了最密切联系原则选择法律的基本精神。其二是作为国际私法的基本法律选择方法，在国际私法总则或者分则的具体领域的法律适用中加以运用，主要有第 6 条、第 19 条、第 39 条、第 41 条、第 49 条等，主

---

① 王胜明 . 涉外民事关系法律适用法若干争议问题［J］. 法学研究，2012，34（2）：189.

要运用的领域包括合同的法律适用、多法域准据法的确定、国籍积极冲突的解决、有价证券的法律适用以及知识产权转让和许可使用的法律适用。国际私法学者研究认为，无论是在法律适用法颁布前还是颁布后，最密切联系方法运用最多的领域仍然是合同法律适用领域。① 总之，法律适用法中最密切联系原则的运用最大的特点就是赋予法官一定的自由裁量权，对没有规定的问题运用最密切联系原则的立法补缺功能加以解决。

其次，法律适用法的"新"体现在选择性冲突规范的运用上。法律适用法颁布前，我国国际私法立法中极少采取选择性冲突规范。而在法律适用法中则大量采用选择性冲突规范，其采用有两种形式：有条件的选择（即梯次选择）形式和无条件选择形式。

从某种意义上说，梯次选择性冲突规范是最密切联系原则的具体运用。例

---

① 黄进，连俊雅，杜焕芳. 2014 年中国国际私法司法实践述评［M］//黄进，肖永平，刘仁山. 中国国际私法与比较法年刊：第 18 卷. 北京：法律出版社，2016：265-320；黄进，童立雪，杜焕芳. 2013 年中国国际私法司法实践述评［M］//黄进，肖永平，刘仁山. 中国国际私法与比较法年刊：第 17 卷. 北京：法律出版社，2016：219-270；黄进，周园，杜焕芳. 2012 年中国国际私法司法实践述评［M］//黄进，肖永平，刘仁山. 中国国际私法与比较法年刊：第 16 卷. 北京：法律出版社，2015：403-445；黄进，傅攀峰，杜焕芳. 2011 年中国国际私法司法实践述评［M］//黄进，肖永平，刘仁山. 中国国际私法与比较法年刊：第 15 卷. 北京：北京大学出版社，2013：597-654；黄进，李何佳，杜焕芳. 2010 年中国国际私法司法实践述评［M］//黄进，肖永平，刘仁山. 中国国际私法与比较法年刊：第 14 卷. 北京：北京大学出版社，2012：355-407；黄进，杜焕芳，孙吉. 2009 年中国国际私法司法实践述评［M］//黄进，肖永平，刘仁山. 中国国际私法与比较法年刊：第 13 卷. 北京：北京大学出版社，2011：457-542；黄进，胡炜，杜焕芳. 2008 年中国国际私法司法实践述评［M］//黄进，肖永平，刘仁山. 中国国际私法与比较法年刊：第 12 卷. 北京：北京大学出版社，2009：415-479；黄进，胡炜，王青松. 2007 年中国国际私法司法实践述评［M］//黄进，肖永平，刘仁山. 中国国际私法与比较法年刊：第 11 卷. 北京：北京大学出版社，2008：433-481；黄进，李庆明. 2006 年中国国际私法司法实践述评［M］//黄进，肖永平，刘仁山. 中国国际私法与比较法年刊：第 10 卷. 北京：北京大学出版社，2007：371-414；黄进，李庆明，杜焕芳. 2005 年中国国际私法的司法实践述评［M］//黄进，肖永平，刘仁山. 中国国际私法与比较法年刊：第 9 卷. 北京：北京大学出版社，2007：469-503；黄进，李庆明，杜焕芳. 2004 年中国国际私法的司法实践述评［M］//黄进，肖永平，刘仁山. 中国国际私法与比较法年刊：第 8 卷. 北京：法律出版社，2006：76-123；黄进，杜焕芳. 2003 年中国国际私法的司法实践述评［M］//黄进，肖永平，刘仁山. 中国国际私法与比较法年刊：第 7 卷. 北京：法律出版社，2005：115-172；黄进，杜焕芳. 2002 年中国国际私法的司法实践述评［M］//黄进，肖永平，刘仁山. 中国国际私法与比较法年刊：第 6 卷. 北京：法律出版社，2003：3-51；黄进，杜焕芳. 2001 年中国国际私法的司法实践述评［M］//韩德培，等. 中国国际私法与比较法年刊：第 5 卷. 北京：法律出版社，2003：429-464.

如，法律适用法第21条结婚条件的法律适用规定了三个梯次：共同经常居所地法律、共同国籍国法律、婚姻缔结地法律。一般来说，经常居所地是一个人的生活中心，现时利益重心地是当事人经常居所地法原则的价值导向。① 也就是说，现时利益重心地成为认定经常居所地的一项标准。既然经常居所地与当事人有着密切的联系，那么共同经常居所地就是夫妻生活的中心，结婚条件受当事人的共同经常居所地就是最密切联系原则的具体体现，是当事人结婚条件法律适用的首要连结点。在没有共同经常居所地的情况下，当事人的共同国籍反映了当事人结婚条件受该国法律支配的意愿。因为国籍体现了民族性，与该国的风俗习惯、道德观念具有一种天然的联系，同时，国籍具有一定的稳定性与确定性。所以，在没有共同经常居所地的情况下，共同国籍国也反映了结婚条件与之具有最密切的联系。② 只有在没有以上两种情形的情况下，才适用一方当事人经常居所地或者国籍国缔结婚姻的婚姻缔结地法律。以上三个选项的连结点即按照与结婚条件法律关系联系的重要性的强弱加以梯次排列，并赋予了不同的权重，形成了结婚条件法律适用梯次的结构形式。当然，在梯次选择的冲突规范中，法官的自由裁量权比较小，可能在具体认定经常居所地时存在一定的自由裁量权。

无条件选择性冲突规范主要适用在法律形式要件有效性的法律选择方面，例如，结婚形式要件的法律适用、遗嘱方式的法律适用。无条件选择性冲突规

---

① 刘仁山教授提出："在确定当事人经常居所时，应以当事人现时利益重心地为依据，寻求与当事人现时利益有密切联系的地区，这些联系应按其对特定法律关系及当事人的重要程度加以衡量。为避免因坚持具体居住期限可能导致僵化后果，在要求法官综合考量自然人的居住事实时，应赋予其一定程度的自由裁量权，自主确定当事人在某地的居住期限是否足以认定该地已成为当事人的生活中心地。简而言之，即使在某地连续居住不足一年的，法官也可以根据当事人的居住意图、与该地的社会和经济以及家庭关系程度等因素综合考量，进而认定其经常居所地。"刘仁山. 现时利益重心地是惯常居所地法原则的价值导向 [J]. 法学研究，2013，35（3）：188.

② 宋晓总结了本国法主义的三项思想基础：民族主义、人格完成和精神解放。他认为：其核心是民族主义：法律是民族的，是民族精神和民族意志的集中表达，适用于民族中的任一成员；民族精神是个人人格和精神发展的最高追求，人格完成意味着个人人格与民族精神实现了贯通；位于国外的国民只要仍沐浴在母国自由、平等的民族法律的光芒之中，就能冲破封建的、保守的所在国法律的罗网而获得精神解放。据此，关乎人格尊严和精神情感的属人法事项，自然应受其本国法支配，而不管其人身处何地。而且，本国法主义认为，国籍是个人与民族国家间清晰、恒久的联系，本国法可以确定地、稳定地支配个人的属人法律关系，而不管个人在国际间如何流动，这正符合法律对于确定性和稳定性的目标追求。参见宋晓. 属人法的主义之争与中国道路 [J]. 法学研究，2013，35（3）：193.

范一般给出数个连结点，与有条件选择性冲突规范不同，这些连结点没有先后的次序之分，只要符合数个连结点中一个连结点所指向的法律，该法律关系就是有效的。我国法律适用法在第 22 条结婚手续、第 28 条收养关系的解除、第 32 条遗嘱方式以及第 33 条遗嘱效力方面，做出了无条件选择性的冲突规范。在这些无条件冲突规范中，还是存在一定的法官自由裁量权的。但是法官自由裁量权是有限制的，即法官行使自由裁量权的前提是要考虑到促进法律关系的成立，如果选择其中一个连结点所指向的法律导致该法律关系未有效成立，则需要寻找第二个，直到适用所有连结点所指向的法律均认为该法律关系未有效成立的，则该法律关系未有效成立。所以，从这个意义上说，无条件选择性冲突规范并不是"无条件"的，法官在行使其自由裁量权时，应该是适用促进该法律关系有效的法律。当然，无条件选择性冲突规范在一定程度上给法官带来了繁重的司法任务，在极端情况下要求法官只有适用全部连结点所指向的法律才能做出正确的决定。当然，在司法实践中，如果无条件选择性冲突规范所规定的连结点中，其中有一个连结点指向法院地法律，法官一般都是直接适用该连结点所指向的法院地法律，如果法院地法律认为该法律关系是有效的，则不需要法官做出进一步的分析，可以适用法院地法律认定该法律关系成立。

再次，法律适用法的"新"体现在保护性冲突规范的运用上。保护性冲突规范其实是无条件选择性冲突规范的变形，其基本架构与基本原理是相同的。两者都规定了数个连结点，都赋予法院从这些连结点选择适用的自由裁量权。不过两者的规定也有不同，无条件选择性冲突规范所规定的是价值中立的连结点，法官在行使自由裁量权时所要考虑的因素是促进法律关系的成立；保护性冲突规范所规定的是价值非中立的连结点，要求法官在行使自由裁量权时，考虑适用对弱者权利保护最有利的法律。在具体适用上，无条件选择性冲突规范并不要求法官做出比较分析，只要适用其中能够促进法律关系有效成立的法律即可；保护性冲突规范则要求法官对所有连结点所指向的法律做出比较分析，适用对弱者权利保护最有利的法律。所以，保护性冲突规范给法官带来更为繁重的比较与分析任务，法官要具有一定的比较法知识，加大了法官的司法任务。在具体适用上，法官先要判断何方当事人是弱者。如果冲突规范本身指明弱者的，法官就直接根据条文做出认定；如果冲突规范本身并没有规定何方当事人是弱者的，则需要法官行使其自由裁量权根据案件的具体情况做出决定。此后，法官再行使其自由裁量权适用对弱者权利保护最有利的法律。从立法角度来说，保护性冲突规范主要是为了保护弱者权利所做出的规定，符合国际私法实体正义的价值取向，也符合国际私法上人文主义的关怀。但是从司法实践角度来说，由于保护性冲突规范赋予了法官一定的自由裁量权，给予了法官较为繁重的比较与分析任务，且在运用过程中对法官的素质提出了较高的要求，这些与司法任务简单化的价值取向是相冲突的。所以，立法上看似完美的做法，并不一定能在司法实践中取得理想的效果。基于这一方面的考虑，其他国家的国际私法立法较少运用保护性冲突规范，我国法律适用法在父母子女人身关系与财产关系的法律适用、监护的法律适用以及扶养的法律适用等领域，采取了保护性冲突规范，其实际效果需要在后面的章节中作具体的实证分析。

最后，法律适用法的"新"体现在强制性规定直接适用的运用上。法律适用法第四条的规定了强制性规定的直接适用，该条文本身就是法官自由裁量权条款。强制性规定是国家干预经济的结果。随着资本主义经济的发展，自由资本主义经济出现了"市场失灵"的情况，① 国家在反垄断、反不正当竞争、外汇管制以及社会保障等领域做出越来越多的强制性规定。而利用国际私法上的公共秩序保留制度来规制这些领域，显得越来越力不从心，于是出现了直接适用的法的制度。直接适用的法的制度目的是保障国家的公共利益，直接排除了外国法的适用，其核心在于"除"②。目前，国际私法立法规定直接适用的法主要有两种：一种是本国的强制性规定的直接适用；另一种是外国的强制性规定的直接适用，包括准据法所属国家的强制性规定以及第三国强制性规定的直接适用。从国际私法的国际立法来看，大多数国家规定了本国强制性规定的直接适用，也有为数不少的国家规定外国的强制性规定的直接适用，但是适用的前提主要是考虑该强制性规定的性质、目的以及适用或不适用的后果。我国法律适用法仅规定了本国强制性规定的直接适用。但何为强制性规定，法律适用法第 4 条并没有做出明确的规定，需要法官根据案件的具体情况做出认定。为了指导法官行使自由裁量权去寻找强制性规定，我国《司法解释（一）》第 8 条做出了解释。该条对强制性规定的认定采取了公共利益标准与直接适用标准结合的做法，并按照关乎国计民生的相对重要性列举了五个领域：涉及劳动者权益保护的、涉及食品或公共卫生安全的、涉及环境安全的、涉及外汇管制等金融安全的，以及涉及反垄断与反倾销的。当然，这些领域中哪些规定属于强制性规定仍然需要法官根据自由裁量权做出判断。另外，第 8 条还规定了兜底性条款，即应当认定为强制性规定的其他情形，这需要法官根据案件的具体情况，

---

① 萨缪尔森，诺德豪斯 . 微观经济学 . 第 17 版［M］. 萧琛，译 . 北京：人民邮电出版社，2004：20，24.

② 徐伟功 .《涉外民事关系法律适用法》实施研究［M］. 北京：法律出版社，2019：224.

根据公共利益标准与直接适用的标准，行使其自由裁量权后做出决定。

以上立法的"新"的共同点在于都重视法官自由裁量权的作用，不过在具体适用中，所要求的法官自由裁量权的考虑因素是不一样的。

（三）"简"与"便"的立法指导思想

"简"表明立法者希望制定的国际私法规范简明扼要、通俗易懂。因为国际私法中有许多晦涩难懂的术语，所以需要用简明的语言表达国际私法规范，让法官、当事人易于把握。简明的语言一方面避免了立法上的晦涩，另一方面带来了语言在一定程度上的模糊性。例如，法律适用法改变原有住所为主的属人法连结点，采取经常居所地为主的属人法连结点。尽管对经常居所地一般人能够理解，但是在司法实践中如何进行认定，确实是比较难以把握的问题。这就需要法官根据案件的具体情况，合理运用自由裁量权进行判断。

"便"就是便利、方便当事人。法律适用法在立法中采取两种措施达到便利当事人的目的：一种是大量适用当事人意思自治原则，将当事人自己的事情交由当事人自己决定；另一种是在不适宜规定当事人协议选择法律的情形下，其连结点的选择应该是基于便利当事人的生活与生产经营活动。"便"不仅是法律适用法中的立法指导思想，也是我国涉外民商事诉讼中的立法指导思想，在涉外民商事诉讼中主要体现为不方便法院原则的运用。

法律适用法及其《司法解释（一）》在最大程度上运用意思自治原则，法官在涉外民商事审判中运用其自由裁量权时，需要在最大程度上尊重当事人选择的法律，只要是法律允许的领域都给予肯定。法律适用法在全部52条文中涉及意思自治原则的有15条之多，主要分布在私法自治比较高的领域，如合同、侵权、知识产权转让、仲裁协议等领域，甚至扩展到物权、婚姻家庭、信托、代理等私法自治程度相对较低的领域。为了贯彻当事人的事情交由当事人办理，便利当事人的思想，法律适用法对意思自治原则的运用主要存在两个层次：其一是将意思自治原则上升到基本原则的高度。法律适用法第3条直接规定了意思自治原则，即当事人可以依照法律明示选择法律。在司法实践实际运用过程中，第3条不能作为一条法律直接适用于案件，否则就违背了"禁止向原则逃逸"的基本规定。所以，有学者认为第3条其实没有必要规定，是多余的条款。[1] 然而，第三条的规定是有必要的，其起到两方面的作用：一是做出价值上的宣示，尊重当事人选择法律的自由，体现了立法便利当事人的指导思想。二

---

[1] 黄进. 中国涉外民事关系法律适用法的制定与完善［J］. 政法论坛，2011，29（3）：12.

是在一定程度上说明法官在审理涉外民商事案件行使其自由裁量权时，要考虑到便利当事人的原则。也就是说，便利当事人是法官行使自由裁量权所考虑的因素之一。其二是具体运用的层次。只要法律上允许当事人选择法律的，当事人均可以选择法律，法官即按照当事人所选择的法律处理案件，此时法官的自由裁量权几乎是不存在的。依据《司法解释（一）》第六条第二款的规定，尽管当事人没有选择法律，如果当事人在涉外民商事审判中，援引相同国家的法律且没有提出异议的，法院可以认定当事人已经就该涉外民商事关系做出了选择。此时，法官在认定当事人援引相同的法律与没有提出异议两方面的条件时，还是存在一定程度的自由裁量权的。所谓"援引相同的法律"是不是在庭审过程中援用相同的法律，是不是在起诉书与答辩书中都援引相同的法律，以及当事人援引的原因与动机是否表明当事人没有提出异议等，都需要法官根据案件的事实以及庭审的具体情况做出正确的判断。当然，法官在行使其自由裁量权时，秉承便利当事人的原则，应尽量做出当事人就该涉外民商事关系做出法律选择的有效认定。

法律适用法最大的亮点之一就是将属人法的连结点由住所为主转变为经常居所为主的做法。从国际私法上属人法连结点选择的发展历史来看，其连结点的选择经历了从早先的住所到住所与国籍并重，再到主要采取惯常居所的发展变化。经常居所是惯常居所中国式的表达。一般来说，国际私法上属人法连结点的选择考虑了多方面的因素，其中主要的三个因素是对自然人的时间持久决定性、空间密切联系性以及人身关联性。① 属人法的三个连结点或多或少地都体现了上述三个因素。在时间持久决定性方面，国籍表明一个人与国家之间具有长久的联系②以及持久地维系着忠诚与保护的关系。③ 住所表明一个人与某一地域之间存在长久的固定联系以及维系着永久的家的关系。④ 惯常居所表明一个人与某一地域之间存在着长久的生活联系以及维系着利益重心的关系。在空间联系性方面，国籍体现为与某一国家的联系，住所和惯常居所体现为与某一地域的联系。在人身关联性方面，国籍注重国家主义与民族精神，住所注重个人主义与自由精神，惯常居所注重现实主义与便利精神。但是，随着现代交通技术

---

① 王霖华. 论自然人属人法及其历史发展趋势 [J]. 广州大学学报（社会科学版），2002（4）：71.

② 沃尔夫. 国际私法 [M]. 李浩培，汤宗舜，译. 北京：法律出版社，1988：161.

③ 卢峻. 国际私法之理论与实际 [M]. 北京：中国政法大学出版社，1998：62.

④ MORRIS J H C, COLLINS L, DICEY A V. Dicey and Morris on the Conflict of Law [M]. 13th ed, London：Sweet & Maxwell, 2000：145.

的发展，人员流动的频繁，无论是国籍还是住所，作为属人法的连结点都存在一些不可克服的缺陷。住所认定的主观意思表示难以把握、认定的标准难以统一、容易造成当事人规避法律，出现法律上的住所与一个人事实上的住所不一致的情况。① 国籍阻碍了个人的自由②，对多法域国家准据法的解决无能为力，这些都是国籍作为属人法连结点的主要缺陷。更重要的是，在当今流动性很强的国际社会，一个人长期离开自己国家的现象并不少见，其法律关系仍然适用其国籍国法律，对当事人来说是不便利的，也是不公平的，无法维护当事人之间交易的安全。惯常居所是针对国际社会流动性加强的现象所做出的属人法连结点选择的变革，注重了当事人的便利性、交易的安全性以及灵活性。惯常居所不是法律上的概念，属于事实上的概念，需要法官根据案件的具体情况做出客观分析，认定当事人的惯常居所地。我国法律适用法之所以采取经常居所，与其所体现出的便利当事人以及体现当事人生活的中心与利益中心，不无关系。同时，采取经常居所地也有利于保证法律关系的稳定性与交易的安全性。所以，作为一个事实概念，经常居所具有相当的灵活性，需要法官根据案件的具体情况，正确行使其自由裁量权做出认定。刘仁山教授所提出的"现时利益重心地说"可以作为法官在司法实践中的认定标准或原则。③ 但是，《司法解释（一）》第13条对经常居所地的认定做出了解释，并采取了居住时间以及生活中心的双重标准，居住时间属于客观认定上的标准，生活中心属于主观上的标准，即当事人将其作为生活的中心。如此严格的认定标准几乎与住所的认定没有多大的区别，具有一定的僵硬性，背离了经常居所连结点所体现的灵活性与便利当事人的立法目的，可能造成法律适用上的不合理现象。所以，在司法实践中，法官应该发挥其自由裁量权，灵活地认定当事人的经常居所，最大程度上阐释与协调《司法解释（一）》第十三条的规定。

"便"不仅是法律适用法的立法指导思想，也是我国《民事诉讼法》的立法指导思想。民事诉讼中的"两便"原则体现为便利当事人的诉讼以及便利法院案件的审理。在涉外民商事诉讼中，诉讼案件涉及涉外因素，案件尤为复杂，更要体现"两便原则"，不方便法院原则在某种程度上体现了我国民事诉讼中的"两便原则"。不方便法院原则主要是英美普通法系国家在国际民事管辖权中所

① 肖永平. 国际私法中的属人法及其发展趋势 [J]. 法学杂志，1994 (3)：11.
② 巴蒂福尔，拉加德. 国际私法总论 [M]. 陈洪武，等译. 北京：中国对外翻译出版公司，1989：325-326.
③ 刘仁山. 现时利益重心地是惯常居所地法原则的价值导向 [J]. 法学研究，2013, 35 (3)：172.

采用的一项原则，在少数大陆法系国家也有不方便法院原则的实践。① 一般来说，不方便法院原则是具有广泛的法官自由裁量权原则，即法官在审理涉外民商事案件时，如果案件对于法院审理极为不方便的，即使法院具有管辖权，其有权行使自由裁量权拒绝行使管辖权，让案件到更为方便的法院进行审理的一项原则。② 我国法院在司法实践中长期适用不方便法院原则，主要是出于便利当事人诉讼与便利法院审理的角度考虑的。其后，2015 年《最高人民法院关于适用〈中华人民共和国民事诉讼法〉的解释》第 532 条做出了明确的规定，要求同时具备六种情形才能适用不方便法院原则，因而在一定程度上限制了法官较大的自由裁量权。③

"全""新""简""便"的法律适用法第 1 条就开宗明义地指出国际私法的立法目的，即明确涉外民事关系的法律适用、合理解决涉外民事争议、维护当事人的合法权益。以上三方面的具体立法目的，总的来说就是要促进国际民商事交流与合作，建立一种新型的国际民商事秩序。明确涉外民商事关系，目的就是要处理好涉外民商事案件。合理解决涉外民商事争议，就是要做到定纷止争，维护国际民商事秩序。维护当事人的合法权益，就是要对内外当事人同等对待，促进国际民商事的发展。做到以上三方面，立法者必然会在立法中赋予法官一定的自由裁量权，使其灵活地处理各种民商事案件。

为了实现以上的立法目的，立法者在具体的国际私法规范的制定上，多以双边冲突规范为主，并大量运用灵活的法律选择方法，包括最密切联系原则以及保护性冲突规范的运用。为了解决当事人之间的民商事争议，尽量让当事人自己的事情自己解决，扩大意思自治原则的适用范围。当然，为了维护国家主权，保护国家的根本利益，立法上还采取了强制性规定以及公共秩序保留原则。所以，涉外民商事审判中法官自由裁量权的行使必须充分尊重与贯彻立法指导思想和立法目的，其自由裁量权的行使不能背离立法指导思想与立法目的。

---

① BEAUMONT P R. A United Kingdom Perspective on the Proposed Hague Judgments Convention [J]. Brooklyn Journal of International Law, 1998 (1): 82.

② FAWCETT J J. Declining Jurisdiction in Private International Law: Reports to the XIVth Congress of the International Academy of Comparative Law, Athens, August 1994 [M]. Oxford: Clarendon Press, New York: Oxford University Press, 1995: 10.

③ 该司法解释继 2020 年、2022 年两次修正。2022 年修正的司法解释关于不方便法院原则的规定条文编号变为第 530 条。2024 年 1 月 1 日起施行的《中华人民共和国民事诉讼法》第 282 条新增规定了不方便法院原则的条文，对原司法解释六条件说做出了修改。

二、法律价值、基本原则与基本准则

我国涉外民商事审判中法官自由裁量权的行使需要以法律适用法体现的法律价值、国际私法的基本原则以及法律适用的基本准则为主要考虑因素，以促进"一带一路"倡议的建设和构建"人类命运共同体"为目的。

（一）法律适用法体现的法律价值

涉外民商事审判中法官自由裁量权的行使需要以实现法律适用法的法律价值取向为目的。国际私法的立法体系蕴含着立法者要实现的法律价值。从某种角度来看，法律价值就是各种利益取舍的一种判断标准。[①] 法律价值是主体对客体的一种评价，是对客体所表现的状态、功能及其属性的一种认识。法律价值体现为多样性与层次性等特征。多样性表现为法律价值多种多样，有秩序、正义、自由、安全、平等、效率等，具体到国际私法中有国际秩序的维持、当事人的正当期望、判决结果的一致性、法院地利益的保护、非法院地利益的关切、司法任务的简单化、当事人合法利益的维护等；层次性体现为法律价值的权重非一致性。由于法律价值之间存在"二律背反"定理，立法者强调与重视某一法律价值，必然会损害、牺牲另一法律价值。国际私法在立法上也是如此，强调了传统国际私法的法律适用一致性的价值，必然会限制法官的自由裁量权，因而会在一定程度上牺牲法律适用灵活性的价值。重视国际私法法律适用的合理性，强调国际私法上具体案件的公正性，必然会增强法官的自由裁量权，牺牲法律适用稳定性的价值。[②] 法律价值的"二律背反"问题是立法者面临的难题，如何在一部法律中平衡各种法律价值，需要立法者的立法技巧与立法智慧。立法者对于某一种法律价值的强调是基于该国法律发展的传统及部门法自身发展的需要，同时也考虑到国内、国际形势状态的客观要求。国际私法作为现代国际社会一个重要的法律部门，连接着一国的国内与国际市场，关乎一国的国际民商事的交往，构成一国法治建设重要的一环。在目前国际形势复杂特殊的大背景下，立法者如何进行法律价值的取舍决定着法官自由裁量权的有无及大小。

人类社会进入 21 世纪，国际私法的立法价值取向发生了变化，国际私法的

---

① 庞德. 通过法律的社会控制：法律的任务 [M]. 沈宗灵，董世忠，译. 北京：商务印书馆，1984：55.

② 徐伟功. 国际私法中的自由裁量权论纲 [J]. 华南师范大学学报（社会科学版），2002 (4)：17.

立法无法只强调某一种法律价值，并固守单一的法律选择方法。随着两大法系国家国际私法价值体系的趋同与发展，法律选择方法体系化建设得到加强，国际私法的立法都力图将多元法律选择方法融合到一部法律之中，通过授予法官一定的自由裁量权，形成多元法律选择方法的共存与融合。① 也就是说，在坚守传统国际私法冲突正义的基础上，考虑现代国际私法实体正义，② 形成了一种"双螺旋"的发展态势。③ 一方面，国际私法立法的价值取向决定法官自由裁量权的范围；另一方面，法官在行使自由裁量权时必须遵循与体现国际私法的法律价值，不能背离国际私法立法中的核心法律价值。

法律适用法总则的设计也是如此，立法者希望融传统法律价值与现代法律价值于一体，力图促进冲突正义与实体正义的和谐共处，形成有机统一的整体。其第 1 条体现了构建民商事秩序以及公正的价值，第 2 条最密切联系原则的运用体现了法律选择的灵活性，重视具体案件的公正性。当然，第 2 条最密切联系原则的运用范围是有限制的，只是采取了其立法补缺之功能。第 3 条是意思自治原则的运用，体现国际私法法律选择的自由价值以及当事人利益的正当期望。第 4 条强制性规定以及第 5 条公共秩序保留原则的规定，体现了国家主权原则，法院地国家利益的维护。在第 25 条父母关系的法律适用、第 29 条扶养的法律适用和第 30 条监护的法律适用中，均采用了保护性冲突规范，适用对弱者最有利的法律，体现了国际私法上保护弱者权利原则，体现了国际私法人文主义的关怀，促进了国际私法上的实体正义。

法律适用法按照国际私法所要体现的法律价值的重要性做出了排列性规定，希望在统一的平台上达到协调，共同促进各种法律价值的最大化。也就是说，法律适用法一方面注重国际秩序的维持，促进各国国际民商事的友好往来，促进国际民商事秩序的建立；另一方面要保护国家重大的公共利益，维护国家的基本善良风俗，促进国家经济秩序的稳定性。一方面注重传统国际私法所要追求的法律适用的统一性以及判决结果的一致性的法律价值，注重法律适用的一致性与稳定性，体现法律选择的冲突正义；另一方面注重现代国际私法所要追求的法律适用具体案件的公正性以及判决结果对当事人的合理性与公平性，注重法律适用的灵活性与公正性，体现法律选择的实体正义。一方面注重合理解决当事人之间的争议；另一方面给予弱者权利以特殊的保护。正如前文所述，

---

① 杜新丽. 当代法律选择多元方法的并存与融合［J］. 武大国际法评论，2013，16（1）：66.

② 徐伟功. 论自由裁量主义在冲突法中的渗透［J］. 环球法律评论，2009，31（6）：15.

③ 宋晓. 当代国际私法的实体取向［M］. 武汉：武汉大学出版社，2004：348.

法律价值之间存在互克性，尽管法律适用法立法做出了自身的努力，但是它们之间的冲突在所难免，这就需要法官在行使自由裁量权时考虑到立法上各种法律价值的追求，在具体案件中体现出何种法律价值最为重要，以促进该法律价值的实现。例如，在当事人协议选择法律的情况下，要尽量促使其选择的有效性；在运用最密切联系原则时，要尽量促进具体案件的公正性；在运用强制性规定时，要尽量维护国家的公共利益；在运用弱者权利保护原则时，要尽量适用对弱者最有利的法律。如此，就对法官行使自由裁量权提出了较高的素质要求，法官不仅要理解法律适用法立法的精神，还要具有精湛的专业知识和比较法知识，更需要具有良好的职业素养。这样才能将法律适用法立法上的法律价值，通过法官自由裁量权得以具体实现。所以，法官应该根据法律适用法不同条款的规定行使其自由裁量权，并探究该条款所体现的国际私法价值，以此作为其行使自由裁量权的依据。

（二）国际私法的基本原则

涉外民商事审判中法官自由裁量权的行使需要遵循国际私法的基本原则。涉外民商事案件中法官自由裁量权的行使要有利于国际民商事交往，有利于国家主权的维护，有利于内外国当事人的平等。一般来说，国际私法基本原则主要有国家主权原则、平等互利原则、国际协调与合作原则、维护当事人合法权益原则以及保护弱者原则。[①] 其中，法官在行使自由裁量权时，尤其要考虑国家主权原则、平等互利原则与保护弱者权利原则。

法国学者博丹（Bodin）在《论共和国》中提出了国家主权的概念。此后，国家主权原则就一直成为国际法上的一项基本原则。尽管早期国际私法产生于城邦之间的法律冲突，不属于严格意义上的国家之间的法律冲突，但自从荷兰法则区别说以来，国家主权原则成为国际私法上的一项基本原则。我国国际法学者周鲠生认为，主权是国家独立处理自己对内对外事务的权力，[②] 体现在国家对内的最高权和对外的独立权两方面。对内最高权表明国家具有属地优越权与属人优越权，属地优越权是指国家对其领土范围内的一切人、物、事具有管辖权，属人优越权是指国家对其公民无论是在本国领土范围内还是在本国领土范围外的，都具有管辖权。对外的独立权体现在国家之间的平等权，不受任何其他国家或组织的干预。平等者之间无管辖，作为国际私法主体的国家具有特殊性，国家及其财产享有豁免权。在当今主权林立的平权国际社会中，主权是国

---

① 　刘仁山．国际私法．第 6 版［M］．北京：中国法制出版社，2019：26–29.

② 　周鲠生．国际法［M］．北京：商务印书馆，2018：182–184.

家最为重要的权力。任何立法活动、司法活动都必须遵守国家主权原则，不得违反、损害国家主权。国家主权的维护不仅是国际法上的问题，也是国际私法上的问题。

具体到涉外民商事审判活动中，法官自由裁量权的行使首先需要遵守立法主权，法官需要根据立法授权的范围与授权程度来进行，否则就得不到承认与认可。其次，最为根本的是，国际私法立法制度本身就制定了若干保护国家主权的规范，而这些规范赋予法官一定的自由裁量权。例如，法律适用法的第4条与第5条，何为强制性规范，何为公共秩序保留，立法中并没有明确规定，因而赋予了法官极大的自由裁量权，由法官根据案件的实际情况进行判断。此外，2024年民事诉讼法第293条关于外国法院判决的承认与执行的规定中，公共秩序是拒绝承认与执行外国法院判决的一项重要的理由。之所以立法中没有具体界定强制性规定以及公共秩序，就是因为在不同的历史时期、不同的历史阶段，国家的重大利益、公共秩序是不一样的，是在变动之中的。如果不赋予法官自由裁量权，则这些制度缺乏灵活性，不利于国家主权的维护。所以，在国际私法上，国家主权的维护与法官自由裁量权行使紧密地联系在一起，这也是为何第四条与第五条规定较为模糊，赋予法官自由裁量权的缘由。在当今世界复杂的社会关系中，法官在处理涉外案件行使自由裁量权时，一方面要坚定地维护国家主权、国家安全以及国家重大的公共利益；另一方面不应以国家主权与公共利益的名义滥用自由裁量权，采取极端民族主义的主张，导致不当适用法院地法的倾向。

平等互利原则是国际法中处理国家关系的一项基本原则，同时也是国际私法中的一项基本原则。平等互利原则包含两方面的含义，平等是互利的前提，互利是平等的目的。

在国际法中，平等体现为国家无论大小、强弱、政治制度与经济制度如何，都是平等的。在国际私法中，平等是国际私法产生的基础，也是国际民商事交往的基础，没有国家之间的平等，没有国家之间承认外国法在内国的效力，也就没有所谓的国际私法。平等在国际私法上表现为三个方面：其一是国家之间的平等，这就表明在涉外民商事审判中，没有经过国家的同意，不能将国家作为诉讼的被告，也不能随便地将国家财产作为强制措施的对象。平等者之间无管辖权，国家及其财产享有豁免权。法官在行使自由裁量权时，针对涉及国家的诉讼应该具有维护国家主权与安全的态度。其二是国家之间的法律平等。国际私法的产生就是平等地对待内外国法律，解决国家法律之间的冲突。如果一味地强调内国法律的优先地位，也就无所谓国际私法，同时也无法促进国际民商事的有序开展与交流。没有各国民商事法律的平等，也就没有国际民商事法律冲突。各国民商事法律平等是国际民商事法律冲突产生的条件之一，也是适用外国法的前提基础。法官在审理涉外民商事案件行使自由裁量权时，不能有不当适用法院地法的倾向，即不当的"回家去"的趋势，而是应在内外国民商事法律平等的基础上，根据案件的具体情况，正确适用冲突规范，根据冲突规范的指引，或适用内国法，或适用外国法。不能有为了适用内国法而适用内国法的思想。内外国民商事法律平等并不是绝对的平等，而是一种相对平等。如果涉及公共秩序、善良风俗或国家在经济、安全以及社会保障等方面重大利益的，就可以排除外国法的适用或直接适用本国的强制性规定，这就是国际私法上的公共秩序保留制度与直接适用的法的制度。这两种制度并不是否定国家民商事法律平等的一般原则，而是作为例外情况存在的，其恰恰是国家民商事法律平等的有力说明与补充。国际私法主要还是关于私人利益保护的法律，私人利益保护是全面的，国家利益保护是局部的，两者并行不悖。所以，法官在行使自由裁量权时，如果涉及国家公共利益或者涉及强制性规定，就应该从维护国家主权出发，正确适用法律。如果仅涉及当事人之间的私人利益，应该从平等适用内外国法的角度出发，适用适当的法律，做出正确的处理。另外，需要说明的是，国际私法上存在"较好法律说"，这并不是否定国家民商事法律之间的平等。适用较好的法律是在各国民商事法律平等的基础上，分析与比较各国民商事法律的具体规定，选择对当事人较好的法律，这本身无可厚非。例如，法律适用法第29条关于扶养法律适用的规定，该规定采取了保护性冲突规范，给出了经常居所、国籍、财产所在地等三个主要连结点，如果当事人没有共同经常居所或者国籍的，这里可供选择的法律多达五个。法官在行使自由裁量权进行法律选择时，五个可供选择的法律都可能被适用，这体现了各国法律的平等性。但是，法官的选择必须建立在保护弱者权利的基础上，即适用对被扶养人最有利的法律，这里就体现了"较好法律说"的思想。所以，各国民商事法律的平等与"较好法律说"两者间并不存在矛盾。其三是当事人之间的平等。私法主要是调整平等主体之间的人身与财产关系，国际私法从本质上说仍然主要属于私法的性质，平等对待内外国当事人是法官应有的态度。当事人之间不仅是形式上的平等，还是事实上的平等。但是，随着国际社会的发展，事实上存在弱者的当事人，如消费者、劳动者、被监护人、被扶养人等。为了保护这些弱者的权利，就应该适用对他们最有利的法律。这并不是对平等原则的违背，而恰恰是维护了当事人之间事实上的平等。

平等与互利共同构成了平等互利原则。互利就是要对双方当事人都有利，是一种"双赢博弈"，而不是一种"零和博弈"①。法官在审理涉外民商事案件时，应该公平合理地保护内外国当事人，不能有狭隘的民族主义思想。互利不仅体现为双方当事人的互利，而且体现为各国之间的相互合作与互助。没有各国之间的合作与互助，国际私法的作用与地位是无法得以实现的。没有各国之间对于文书送达以及调查取证的协助，涉外民商事诉讼程序就难以开展。法院的判决如果得不到其他国家法院的承认与执行，国际私法就可能成为虚空的法律。维护当事人合法权益，不仅要维护本国当事人的合法权益，也要维护外国当事人的合法权益，这恰恰是平等互利原则的体现。法官在行使自由裁量权审理涉外民商事案件时，应该考虑到平等互利原则。

保护弱者权利原则是基于国际私法人文主义的关怀，对弱者给予特别的保护，其是对平等原则的例外，或者是平等原则在实质性上的运用。保护弱者权利原则已成为当代国际私法中一项重要的原则，体现了国际私法中的人文主义精神。法律适用法主要采取两种措施，以保护弱者的权利：其一，对意思自治原则的限制适用，或者赋予弱者单方选择的权利；其二，采取保护性冲突规范，选择对弱者权利保护最有利的法律。第二种措施赋予了法官极大的自由裁量权，由法官根据案件的具体情况选择对弱者最有利的法律。保护性冲突规范多采取"适用对弱者最有利的法律"的立法模式，这种条款需要法官在多个可能适用的法律中选择适用对弱者最有利的法律。在具体适用中，法官的主要工作或任务有两方面：其一，判断何方当事人是弱者。如果法律条款明确了何方当事人是弱者，法官无须做出判断。如果条款中没有明确何方当事人是弱者的，法官需要根据案件的具体情况进行判断。在父母子女关系的法律适用中，立法不可能明确何方为弱者，需要具体情况具体分析。一般来说，如果子女是未成年人，那么子女是弱者一方；如果子女是成年人，而父母没有生活来源或者体弱多病，父母则是弱者一方当事人；如果子女是成年人，父母也有一定的生活来源的，就需要综合比较他们的经济地位、家庭关系等，以决定何方为弱者一方当事人。其二，在判断何方为弱者后，法官运用其自由裁量权选择适用对弱者最有利的法律。此时法官自由裁量权并不是绝对的，其所选择的法律一般是在双方当事人属人法的范围之内。当然，法官自由裁量权的行使与司法任务简单化具有矛盾性，法官需要在立法所规定的法律范围内做出比较分析，才能判断出最有利于弱者的法律的结论。法官在分析过程中有两种繁重的工作：一是对立法规定的所有法律进行查明；二是运用比较法的方法进行比较分析。对于法官来说，

---

① 徐伟功. 冲突法的博弈分析 [M]. 北京：北京大学出版社，2011：178.

这两种工作都比较困难，所以法官自由裁量权的行使是否符合立法者之目的，仍然存在疑问。

（三）法律选择的基本准则

无论是法官根据明确具体的冲突规范，还是根据具有自由裁量权的冲突规范，最终的目的都是正确适用冲突规范，寻找恰当的法律，处理当事人之间的涉外民商事争议。无论是国际私法立法指导思想，还是国际私法体现的法律价值、基本原则，都是为了找出适当的法律。在历史上，国际私法主要回答两个主要问题：为何要适用外国法以及如何适用外国法？前者是关乎国际私法正当性的问题，后者是涉及国际私法合理性的问题。关于为何要适用外国法，国际私法学者做出了种种回答，这并不是当下国际私法研究的重点，而关于如何适用外国法，才是目前各国国际私法立法的重点。各国国际私法立法都是根据本国的实际情况，在法律选择方面采取一定的基本准则，合理选择法律关系中的连结因素。这种立法上法律选择的基本思路和路径，被称为法律选择的基本准则。

关于法律选择的基本准则问题，笔者在前面的各章节中或多或少已有所涉及，但这里仍有必要作进一步的阐述。如果法官知晓司法实践中法律选择的基本准则，这样就能对其自由裁量权的行使起到重要的帮助作用。纵观国际私法的发展历史，一般来说，适用外国法的思维进路主要有两种：一种是从法律本身的分类角度入手，将法律分为人的法则、物的法则以及混合法则，人的法则具有域外效力。但是，将法律分为人的法则和物的法则在事实上具有不可能性，因为所有的法律关系从严格意义上说都是人与人之间所形成的关系。这种寻找法律的思维进路，被国际私法学者称为单边主义方法。另一种是从法律关系的分类角度入手，将法律关系进行类型化，分为主体、婚姻家庭、继承、物权、债权等法律关系，再根据法律关系中的连结因素找出所要适用的法律，这就是萨维尼法律关系本座说的核心思想。这种从法律关系到法律的思维过程，被国际私法学者称为双边主义方法，或称为多边主义方法。

萨维尼法律关系本座说所开创的传统国际私法双边主义方法，使国际私法的立法成为可能。于是，国际私法的立法就转化为两种基本任务：一是合理划分各类法律关系；二是找出各类法律关系的"本座"。前一个任务基于民法上的研究，前人已经做出了较为合理的法律关系体系化的分类，国际私法学者无须再另起炉灶，只是在民法分类基础上作微调。后一个任务才是各国国际私法立法的主要任务。萨维尼法律选择方法的核心概念是"本座"。何为法律关系的"本座"，萨维尼认为涉外民商事法律关系虽然同时涉及两个或两个以上的国家，与这些国家发生联系，但从性质上看，任何法律关系都只能和某一特定地区保有本质的联系，这个特定的地域就是该法律关系的本座。每个法律关系都有其特有的本座，不同性质的法律关系其本座是不同的，相同性质的法律关系其本座是相同的。对于涉外民事案件，首先将其归入到某一法律关系之中，根据该法律关系自身的特点找出其本座，然后适用其本座所在地的法律。① 也就是说，萨维尼认为本座就是法律关系与法律之间"真正本质"的联系，如同自然人的住所是其生活的中心，是自然人的"家"，本座就是法律关系的"家"②。所以，萨维尼给出法律选择的基本准则，即法律关系适用其真正本质联系的法律。萨维尼所建立的法律选择方法体系是从法律关系的分类角度入手，将不同的法律关系分配到不同国家或地区的法律中。这种法律选择的范式经过美国冲突法革命的冲击及欧洲冲突法的改良，仍然是当代国际私法法律选择的基本思维与进路，法律选择方法的内核——从案件到法律的思维进路——并没有得到改变。正如我国学者张春良所言，这是一个依然萨维尼而不是别于萨维尼的时代。③ 萨维尼的思想同样也是最密切联系原则的理论起点。

　　萨维尼的法律关系本座说是从普遍主义——国际主义的立场出发，希望建立一套适用于全世界范围的统一冲突法规则体系。④ 对传统国际私法法律适用的同一性与判决结果的一致性的价值孜孜不倦的追求，使萨维尼在寻找、构建法律关系之本座时采取了一种固定、唯一、中立连结点的做法。这种构建的思维进路具有简单化与理想化的特征，简单化指的是对法律关系作简单的类型化，理想化指的是每一种法律关系只有唯一本座。其对适用法律关系本座所在地的法唯一的调整就是适用公共秩序保留制度，即涉及政治、道德、经济上的公共利益的强行法，排除适用外国法的可能性。萨维尼僵化、简单的法律选择方法体系与涉外民事关系的复杂性与生动性之间，产生了巨大的冲突与矛盾。法律关系的复杂性导致萨维尼所寻找的"固定"本座并不能很好地适应时代发展的变化，法律关系的生动性导致萨维尼所寻找的"唯一"本座并不能很好地解决具体、特殊的案件，同时"价值中立"的连结点也不能很好地解决现实生活中

---

① 萨维尼. 法律冲突与法律规则的地域和时间范围 [M]. 李双元，等译. 北京：法律出版社，1999：2.

② 萨维尼. 法律冲突与法律规则的地域和时间范围 [M]. 李双元，等译. 北京：法律出版社，1999：110-111.

③ 张春良. 美国冲突法革命的革命性理解：别于萨维尼，还是依然萨维尼 [J]. 福建江夏学院学报，2013，3（1）：53.

④ 马德才. 论萨维尼的"法律关系本座说"在国际私法发展史上的影响 [J]. 甘肃政法学院学报，2001（1）：41.

事实上存在法律关系的不平等性，例如，没有考虑到弱者当事人的利益。萨维尼法律关系的"本座"背后蕴含着适用适当的或者本质联系的法律，具有自然法的思想，但是寻找某一具体的本座却是采取地理定位，运用客观连结点的做法。真正本质联系的法律与客观连结点所指向的法律，在法律关系简单化的时代具有一致性。随着经济、科技的发展，特别是互联网的发展，涉外民商事关系越来越复杂，空间地理位置变得没有那么重要，两者之间的相异性增强。这是萨维尼法律关系本座说存在矛盾的地方，理想主义与现实主义之间存在一定的差距。所以，萨维尼的法律关系本座说遭到了美国冲突法革命的冲击以及欧洲冲突法改良的重塑。但是必须看到，萨维尼"真正本质"联系的思想核心并没有被摧毁，仍然保持旺盛的生命力，仍然是当代法律选择的基本准则。正如一些学者所说，传统萨维尼规则已经发展到精雕细琢的程度，通过一定的技术调整，其生命力得到前所未有的伸展。① 法律关系本座说会因为其历史局限性迟早淡化为历史的背景，但是它所表达和追求的思想却是永恒、不过时的，后续的理论著述只不过是在这一不朽的思想基础上对传统的具体知识积累予以进化。②

当代国际私法的立法仍然遵循着萨维尼寻找法律的路径与基本方法，只不过立法者在立法中将原来完全自己进行寻找连结点的做法改变为两种做法：一种是仍然采取具体的法律选择规则，通过具体明确的连结点指导法官选择法律；另一种是采取灵活的做法，将连结点进行软化处理，改变连结点的唯一性、固定性与中立性，在一定程度上将立法者寻找连结点的权力赋予司法者，使其通过自由裁量权发现"真正本质"联系的连结点。法官根据立法者所制定的灵活的自由裁量权条款，找出所要适用的法律，其所寻找的法律与法律关系具有真正本质的联系，是本质上所要适用的法律，也是合理的与正当的。

国际私法立法上将部分寻找连结点的权力交予法官行使，即赋予法官一定的自由裁量权，根据案件的具体情况来确定所要适用的法律，那么法官在行使其权力时，必须考虑到立法者在立法过程中所遵循的法律选择的基本准则。一般来说，立法者法律选择的基本准则是寻找适当的法律，处理当事人之间的涉外民商事争议。对此立法者可以从两个角度加以考虑：一个是从应然法的角度考虑，所寻找的法律是本质联系的法律，是恰当的法律。另一个是从实然法的

---

① 张春良. 美国冲突法革命的革命性理解：别于萨维尼，还是依然萨维尼［J］. 福建江夏学院学报，2013，3（1）：60.

② 萨维尼. 法律冲突与法律规则的地域和时间范围［M］. 李双元，等译. 北京：法律出版社，1999：329.

角度考虑，所寻找的法律是最密切联系的法律。关于最密切联系原则的立法指导功能，笔者在不同的场合都已加以阐述，这里仅就应然法角度考虑的所谓本质的法律再作必要的阐述。

无论是萨维尼认为的"本质的法律"，还是现代国际私法立法中认为的"适当的法律"，都说明了所要适用的法律与法律关系之间存在自然的联系，是该法律关系本身的法律、自体的法律。英国学者所倡导的"自体法"理论尽管首先出现在合同领域，但其核心思想就是认为适用恰当的法律、适当的法律，因而在某种程度上克服了萨维尼法律关系本座说存在的上述矛盾，是对真正本质联系的进一步阐释与发展。

自体法的英文表述为 Proper Law，其起源于合同领域，之后逐步扩展到侵权以及其他领域。我国学者对 Proper Law 有不同的译法，有自体法①、适当法②、特有法③、准据法④等。在所有的译法中，准据法并不能反映其本质的内涵，自体法或适当法最符合其本来的含义。一般来说，审理涉外民商事案件的过程是法律关系——冲突规范——法律。首先，对涉外民商事案件进行定性、分类，将其归入特定的法律范畴，其次运用冲突规范（连结点），最后找出所适用的法律。英国自体法理论将法律关系到连结点的过程，中间插入自体法，即法律关系——自体法——冲突规范——法律。自体法并不是通过冲突规范所指向的准据法，也不是双边冲突规范长期沉淀下来的系属公式。所以，认为自体法是准据法或认为自体法是无所不包的系属公式⑤的观点，有待商榷。自体法之所以发端于合同领域，后来主要扩展到侵权领域，主要是基于合同、侵权关系的复杂性，用传统固定的连结点寻找所适用的法律，可能出现偏离立法者的目的，具有一定的不适当性以及不合理性。在合同和侵权领域，需要采取灵活的冲突规范的做法。如何指导法官行使自由裁量权，需要一个总的原则或方法，自体法的理论于是应运而生。从这个意义上来说，自体法就是法律选择的基本准则，指导法官正确地行使其自由裁量权。正如我国学者吕岩峰所言："适当法"是对法律适用问题的解决提出一项原则、一个标准、一种方法，其主旨在于告诉人们应该怎样确定"准据法"，或者说应该依据什么原则和标准来确定"准据

---

①　中国大百科全书出版社编辑部. 中国大百科全书·法学卷 ［M］. 北京：中国大百科全书出版社，1984：474.

②　吕岩峰. 英国"适当法理论"之研究 ［J］. 吉林大学社会科学学报，1992（5）：17.

③　李双元. 国际私法：冲突法篇 ［M］. 武汉：武汉大学出版社，1987：344.

④　唐表明. 比较国际私法 ［M］. 广州：中山大学出版社，1987：60.

⑤　肖永平. Proper Law 的含义及其中文译法 ［J］. 比较法研究，1993（4）：420.

法"，它所追求的效应是"提高和增强准据法的适当性"①。甚至有学者将自体
法视为国际私法中的自然法，建立应然法—实体法的二元逻辑结构。② 从应然
法—实体法的二元逻辑结构来看，自体法属于应然法的范畴，作为指导法官确
定准据法的一种原则，而最密切联系原则属于实体法的范畴，作为立法的指导
原则，两者并行不悖。这也说明了为何最密切联系原则既是一种原则又是一种
法律选择方法的缘由。

　　法律适用法的立法也没有脱离萨维尼选择法律的核心思想，其采取总分结
构的立法方式，分则是按照法律关系的类型化进行主题排列。对于连结点的选
择是否采取最密切联系原则作为立法指导原则，法律适用法并没有做出正面的
回答，但是时任全国人大常委会法制工作委员会副主任王胜明在 2012 年撰文指
出，最密切联系原则的立法指导作用在立法过程中已经尽量体现在各个冲突规
范中。③ 也就是说，我国法律适用法立法中所寻找的连结点都是本着最密切联系
原则进行的，那么法官在审理涉外民商事案件时运用其自由裁量权寻找所要适
用的法律，也要基于立法上最密切联系原则。同时，法官也应该从应然法角度，
确定所要适用的法律是自体法或适当的法。如此，法官在行使自由裁量权时，
确立上述的"应然法—实体法"的二元分析结构，分别采取自体法理论与最密
切联系理论，由此作为运用自由裁量权去寻找法律的基本分析理论。当然，法
官行使其自由裁量权并不是任意的、自由的，而是受到诸多因素的影响，受到
诸多的控制。

第二节　我国涉外民商事审判中法官自由裁量权运行的控制措施

　　我国涉外民商事审判中法官自由裁量权运行的控制措施可以从立法、司法
与守法三方面加以控制：其一，可以从源头上加以控制，即从立法加以控制。
立法上的控制主要涉及两个问题：一是立法者赋予法官自由裁量权的范围，即
在哪些领域、哪些范围、哪些法律关系、哪些具体条款中赋予法官自由裁量权，
这属于法官自由裁量权条款的领域边界问题。二是立法者赋予法官自由裁量权

---

①　吕岩峰. 英国"适当法理论"之研究［J］. 吉林大学社会科学学报，1992（5）：28.
②　谭岳奇. 自体法：通向自然法之路径［J］. 武汉大学学报（社会科学版），2001（1）：
　　40.
③　王胜明. 涉外民事关系法律适用法若干争议问题［J］. 法学研究，2012，34（2）：189.

的程度问题，即立法上在多大范围内给予法官自由裁量权。前者涉及法官自由裁量权的有无问题，后者涉及法官自由裁量权的大小、程度问题。其二，可以从运用过程中加以控制，即从司法上加以控制。同样，司法上的控制主要包括以下几个问题：一是从自由裁量权的运行主体上加以考虑，即提升法官的素质，从而间接地保证法官行使自由裁量权的质量。这里涉及我国涉外民商事审判中法官的选任、法官的培训制度问题。从严格意义上说，法官素质的要求并不是对自由裁量权的控制，而是通过对行使自由裁量权主体的要求，提高自由裁量权行使的效果。二是最高人民法院对法官自由裁量权的控制，其可以通过司法解释限制法官的自由裁量权，或者可以通过典型案例对法官自由裁量权行使做出指导。三是通过法院内部制度系统设立自身监督的机制。其三，可以从运行的结果来反向推进对法官自由裁量权的控制，即从守法的角度加以控制，主要涉及法律运行的外部监督机制的设立等问题，包括舆论监督、公民监督、检察监督等。司法制度的改革、司法监督机制以及外部的监督机制，属于约束法官行使自由裁量权的一般性问题，不仅在涉外民商事审判中存在，也存在于其他的诉讼之中。这里仅就国际私法中具有特殊性的问题进行探讨。

一、自由裁量权条款的范围控制

自由裁量权条款的范围控制是立法者在立法中对法官自由裁量权条款总量上的控制，即在哪些领域中可以授予法官自由裁量权，哪些领域中应当严格限制法官自由裁量权。根据前文所述，法律适用法自由裁量权条款分布范围比较广泛。在总则中，主要有关于立法补缺、公共秩序保留与强制性规定、多法域准据法的确定，以及国籍积极冲突的解决等方面；在分则中，主要有合同的法律适用、婚姻家庭涉及弱者当事人的法律适用等。总而言之，法律适用法运用法官自由裁量权条款的领域，其无外乎在以下四个方面起到主要作用，即旨在建立一个开放的与自我调整的国际私法立法体系、建立维护国家利益及国家主权灵活应对的规则体系、建立保障复杂多变的法律关系领域中法律适用的正当性的规则体系，以及建立保护弱者权利的法律适用政策倾向性的规则体系。

（一）开放的与自我调整的国际私法立法体系

开放的与自我调整的国际私法立法体系主要是为了解决立法的滞后性与不合目的性两个问题。这两方面都是通过授予法官一定的自由裁量权得以解决的。

在国际私法立法的历史发展中，主要有两种立法模式：一种是封闭式的立法模式，即所有的涉外民商事法律关系都根据立法中的具体法律适用规则进行调整，并不考虑未来出现立法中没有预见到的涉外民商事法律关系；另一种是开放式的立法模式，即通过法官行使自由裁量权灵活处理立法中未预见的涉外民商事法律关系。是采取封闭式的立法模式还是采取开放式的立法模式，与人的认识能力有关，如果认为人能够发现绝对真理，认识能力具有至上性，具有完全理性，就会采取封闭式的立法模式。新制度经济学家认为人不是完全理性的，是有限理性的。人的认识能力具有非至上性，因而需要国际私法的立法将没有预见到的法律关系通过法律原则将其纳入法律调整的范围之内，采取开放式的立法模式。

现代国际私法的立法表明，大多数国家采取开放的国际私法立法体系。开放的国际私法立法的关键问题在于如何将国际私法的内部立法系统与外部环境进行衔接。纵观国际私法的立法，主要有两种衔接的做法：一种是采取国际私法中的基本原则的做法。例如，1998年委内瑞拉《关于国际私法的法律》第一条规定："与外国法律体系有关的案件，由与争诉有关的国际公法规范，尤其是对委内瑞拉生效的国际条约中所制定的规范调整；否则适用委内瑞拉国际私法的规定；若无此种规定，采用类推法；无类推法，则依普遍承认的国际私法原则。"这种做法赋予了法官极大的自由裁量权。何为普遍承认的国际私法原则，需要法官根据案件的具体情况加以解释，可能造成不同的法官有不同的认识。另一种是采取国际私法的最密切联系原则的做法。例如，2012年捷克共和国《关于国际私法的法律》第24条第2款规定："对于在本法适用范围内的特定法律关系或法律问题，如果不能根据其他法律的规定确定其准据法，则该法律关系或法律问题适用与其有最密切联系的国家的法律，但当事人已为其选择了法律或者已表明适用某一特定法律的除外。"同样，最密切联系原则也赋予法官极大的自由裁量权，由法官根据案件的具体情况决定最密切联系的国家的法律或最密切联系的法律。不过与普遍承认的国际私法原则相比较而言，最密切联系原则赋予法官的自由裁量权要小一些。法官根据最密切联系原则，需要依据案件各种要素的分布情况以及要素的权重加以客观分析。我国法律适用法采取的是第二种做法，其第二条第二款规定了最密切联系原则的立法补缺功能。我国法律适用法第二条第二款与2012年捷克共和国的《关于国际私法的法律》第24条第2款的规定有一定的区别，后者规定了当事人意思自治原则的例外，即当事人已为其选择了法律或者已表明适用某一特定法律的除外。对于我国是否可以采取意思自治原则作为例外，从法律适用法的第三条规定来看，还是有一定的障碍。法律适用法第三条规定当事人选择法律必须有法律上的明文规定，如果法律上没有规定就无法进行选择法律。所以，对于法律没有规定的涉外民商事关系，则无法采用意思自治原则作为例外。但依据《司法解释（一）》第六条第二款的规定，如果当事人援引相同国家的法律且未提出法律适用异议的，可适用其援引的法律。不管是采取国际私法基本原则还是采取最密切联系原则，连接外部的涉外民商事关系，其实质上都是通过立法赋予法官一定的自由裁量权，由法官根据具体情况做出合理的判断，达到处理立法上未规定的涉外民商事关系的目的。

自我调整型的国际私法立法主要是针对成文法的不合目的性而言的。国际私法的立法与其他法律的立法一样，采取了类型化的做法，将法律关系分为不同的种类，分别确定其法律适用规则。如果某一具体的法律关系适用其类型化的法律选择规则，则可能产生与立法者的立法目的相背离的情况。自我调整型的国际私法立法旨在处理具体案件法律适用中不合目的的情况。是否采取自我调整型的国际私法立法的关键在于，立法如何协调法律稳定性与变动性、法制的统一性与多样性的关系问题。这个问题与立法者的态度有关。如果立法者强调法律的稳定性与法制的统一性，则一般不会采取自我调整型的国际私法立法，而是以牺牲具体案件的公正性达到强调整体立法的稳定性与选择法律的一致性。如此，立法者一般不采取例外条款来矫正具体法律选择规则的不合理性，而是通过国际私法的其他一些手段来增强法律选择的合理性。增强准据法的正当性主要采取扩大意思自治原则的适用范围与增加连结点的数量等措施。法律适用法立法最大的特色之一就是最大限度地采用当事人意思自治原则，在全部立法条款中，涉及当事人意思自治原则的达到近三分之一。其立法规定不仅在总则中将意思自治原则提升到基本原则的地位，而且扩展到动产法律适用等诸多非合同法律适用的领域。从某种意义上说，当事人自主选择的法律可以避免法律适用上的不合目的性，于真正意义上实现"当事人的事交给当事人办"，达到维护当事人合法权益之目的。① 增加连结点的数量主要是采取选择性连结点或结合性连结点的做法，即主要是采取选择性冲突规范和结合性冲突规范的做法。选择性冲突规范主要有无条件任意性冲突规范和有条件依次选择性冲突规范两种：前者主要是规定数个连结点，由法官做出选择，只要符合其中任何一个连结点所指向的法律，法律关系即成立，其主要运用在法律形式要件方面的法律适用，目的是促进法律形式的有效性。后者主要是规定数个连结点，按照连结点的重要性做出先后次序的排列，首先适用立法者认为最为主要的连结点所指向的法律，如果没有，则依次适用后面连结点所指向的法律，以达到适用正当的法律

---

① 王胜明. 《涉外民事关系法律适用法》的指导思想 [J]. 政法论坛，2012，30（1）：2.

的目的。结合性连结点是指规定两个或两个以上的连结点，其共同指向某一法律，才能适用该法律的规定。其主要目的是增强法律适用的正当性。结合性冲突规范主要适用在产品责任法律适用等领域，例如，1973 年海牙《产品责任法律适用公约》就是采取这一做法。法律适用法主要还是采用了选择性冲突规范的做法，在法律形式要件方面多采用无条件的选择性冲突规范，在法律实质要件方面多采用梯次选择性冲突规范。

尽管国际私法的立法采取种种措施以增强法律适用的合理性与正当性，但鉴于涉外民商事关系的复杂性，仍然会出现不合目的性的情形。自我调整型的国际私法立法就是为了应对这一情形。一般来说，自我调整型国际私法立法主要采取两种做法进行调整。

一种是在总则中规定更密切联系原则对整个立法进行调整，即规定一般例外条款。例如，2017 年最新修订的瑞士《关于国际私法的联邦法》第 15 条第 1款以及 2014 年黑山共和国《关于国际私法的法律》第 8 条第 1 款，即规定法官根据案件的具体情况，如果案件明显与具体冲突规范所指引的法律仅有较为松散的联系，不适用该具体冲突规范指引的法律，改为适用更密切联系的法律。当然，采取整体上的调整方法具有极大的风险，可能导致整体的立法欠缺稳定性。如果法官根据其自由裁量权均采用更密切联系的法律，将使法制统一性无法得到保障。我国国际私法立法并没有采用这种整体性的自我调整的措施，立法者担心采取一般例外条款将导致整个国际私法的规则处于不稳定的状态，所以舍弃了最密切联系原则的立法矫正功能。正如王胜明所说，如果规定最密切联系原则的矫正功能，即例外条款，那么关于民事主体、婚姻家庭、物权、债权等各种涉外民事关系的法律适用变得不那么确定了，都有可能被推翻；同时由于最密切联系原则是灵活的原则，法官具有相当大的自由裁量权，可能出现原本是正确的法律适用，却走到错误的法律适用道路上去。[①] 除以上原因外，可能还会考虑到与瑞士、黑山等国家不同，我国是发展不均衡的国家，既存在东部发达的地区，又存在西部欠发达的地区；既存在经济发展较为繁荣的大型城市，又存在经济发展较为落后的中小城市以及广大的农村地区，一律赋予法官自由裁量权更改具体规则的规定，可能会产生一定的风险，进而损害法制的统一性。

另一种是在分则具体领域法律适用中规定更密切联系原则，对具体条款法律适用进行调整，即规定特殊例外条款。法律适用法出台之前，我国运用特殊

---

① 　王胜明. 涉外民事关系法律适用法若干争议问题 [J]. 法学研究，2012，34（2）：189.

例外条款主要是在合同法律适用领域。如果在合同当事人没有选择法律的情况下，适用最密切联系原则，对于何为最密切联系原则，可以采取特征履行说原则，再具体化特殊合同按照该原则所要适用的法律。但是如果存在更密切联系的法律，则推翻具体合同法律适用的规则，适用更密切联系的法律。如此，立法者可以在具体的法律关系中达到自我调整的目的。法律适用法对采取特殊例外条款的态度比较模糊。在有价证券法律适用（第 39 条）以及合同法律适用（第 41 条）中，采用"或者其他与该有价证券有最密切联系的法律"以及"或者其他与该合同有最密切联系的法律"。对于"或者其他"在司法实践中有不同的理解：一种是将其视为选择性冲突规范中的并列选择项；另一种是将其视为特殊的例外规定，即在有价证券法律适用中首先适用有价证券权利实现地法律，只有在其适用不合理的情况下，采取更密切联系的法律。同样在合同法律适用中，如果在适用履行义务最能体现该合同特征的一方当事人经常居所地法律不合理的情况下，才适用更密切联系的法律。

综上，在自我调整型的国际私法立法中，无论是一般例外条款还是特殊例外条款，均赋予了法官极大的自由裁量权，由此可能导致法制不统一的问题。所以，法律适用法对自我调整型的国际私法立法还是比较谨慎的。

（二）维护国家利益及国家主权灵活应对的规则体系

建立维护国家利益及国家主权灵活应对的规则体系是国际私法立法应有之义。关于国际私法的性质问题，不同的国际私法学者有不同的观点。一般来说，主要有三种观点：国际私法是国际法、国际私法是国内法、国际私法具有国际法性质又具有国内法性质。[①] 无论是国际法学派、国内法学派，还是二元论者，都没有否定国际私法基本原则包括国家主权原则，都没有否定国际私法是衔接国内市场与国际市场的一种法律制度。所以，国际私法的立法必然会涉及国家利益与国家主权维护的问题。尽管国际私法主要是关于私人利益的法律，具有私法的性质，私人利益的规定是全面的；但毕竟国际私法涉及其他国家，私人利益的背后还存在着对国家利益的保护。国家公共利益的保护是局部的，在涉及国家重大根本利益时，国际私法的立法应该做出明确的保护规定。国际私法的核心问题是解决法律冲突，以适用外国法为主要目的，但在涉及国家主权、重大利益的情况下，又要限制外国法的适用。限制外国法适用的手段主要是采取公共秩序保留原则和直接适用的法的方法，两者都是以维护国家公共利益为出发点的。所以，有学者将国际私法喻为矛盾的天平，一端是适用外国法，另

---

① 刘仁山．国际私法．第 6 版［M］．北京：中国法制出版社，2019：18-20.

一端是限制外国法的适用。① 纵观各国国际私法的立法，几乎所有国家的国际私法立法都规定公共秩序保留制度，大多数国家规定了直接适用的法的制度。本书第三章第三节"我国涉外民商事审判中法官自由裁量权之主要域外立法考察"所选择的主要国家的立法表明，选取的 12 个国家都规定了公共秩序保留制度，直接适用本国法中的强制性规定的有 7 个国家，直接适用外国法中的强制性规定的有 5 个国家。但是，所有国家的国际私法立法都没有对公共秩序保留的含义做出明确的界定，也没有国家对强制性规定做出明确的划分。之所以如此，就是因为各国为了更好地保护本国的公共利益，在立法中都赋予了法官一定的自由裁量权。② 同样，我国国际私法立法向来重视公共秩序保留制度的规定，法律适用法第 4 条又增加了直接适用的法的规定，以共同维护我国的公共利益。具体来说，法律适用法第 4 条与第 5 条从正反两方面做出了规定：第 4 条强制性规范的规定旨在直接适用我国的规定，排除了适用外国法的可能性；第 5 条公共秩序保留的规定旨在起到最后阀门的作用。前者起到"除"的作用，后者起到"堵"的作用，共同建构了维护国家利益的规则网络。但是，可以注意到这两个条款均赋予了法官较大的自由裁量权。其原因在于从国家的角度看，国家的重大利益是不同的；从历史的角度看，每一个国家在不同的历史阶段的重大利益都是不同的。法官自由裁量权可以说从国际私法起源就存在，只不过当时不具有普遍性。

（三）保障法律适用的正当性的规则体系

建立保障复杂多变的法律关系领域中法律适用的正当性的规则体系是国际经济发展的必然要求。随着国际经济的发展和经济全球化的深入，国际私法上的合同法律适用和侵权法律适用越来越复杂，需要运用灵活的法律适用规则加以应对。另外，全球范围内各国法制呈现出多种状况，既有法制统一的国家，又有法制不统一的国家，即多法域国家。多法域准据法的确定是一个比较复杂的问题，同样需要规定灵活的冲突规范。建立法律适用的正当性的规则体系，

---

① 有学者认为：国际私法赖以存在的基础之一就是在涉外民商事关系中承认外国法的域外效力并根据冲突规则适用外国法，而公共秩序则着眼外国法的适用将导致与自己国家法律与道德的基本原则相抵触的结果排除外国法的适用，这是一对矛盾。只要我们回顾国际私法的发展历史就可以发现，国际私法的发展正是在以适用外国法为一端，以排除或限制外国法的适用为另一端的矛盾天平上运行的。借用国际贸易术语来讲，国际私法是随着"法律准入"（适用外国法）和"法律准入壁垒"（公共秩序制度等）这一矛盾的彼长此消而不断向前迈进的。参见李健男，吕国民. 对公共秩序保留制度的反思与展望 [J]. 法学评论，1996（4）：17.

② 徐伟功.《涉外民事关系法律适用法》实施研究 [M]. 北京：法律出版社，2019：224.

必然在一定程度上赋予法官自由裁量权，以应对复杂多变的社会发展情势。

合同法律适用是国际私法上最复杂，也是最混乱的领域。① 随着互联网的发展、电子商务的勃兴，合同法律适用具有与以往不同的复杂性。其一，涉外合同种类繁多，不仅有众多的有名合同，还有无法归入某一合同种类的无名合同。即使是有名合同，也各具特色，各国的立法规定也无法统一。例如，我国原有的合同法规定了 15 类有名合同，在 2020 年颁布的《中华人民共和国民法典》中增加至 19 类有名合同，即（1）买卖合同；（2）供用电、水、气、热力合同；（3）赠与合同；（4）借款合同；（5）保证合同；（6）租赁合同；（7）融资租赁合同；（8）保理合同；（9）承揽合同；（10）建设工程合同；（11）运输合同（客运合同、货运合同、多式联运合同）；（12）技术合同（技术开发合同、技术转让合同和技术许可合同、技术咨询合同和技术服务合同）；（13）保管合同；（14）仓储合同；（15）委托合同；（16）物业服务合同；（17）行纪合同；（18）中介合同；（19）合伙合同。再如，2017 年最新修订的瑞士《关于国际私法的联邦法》规定了转让合同、使用权转让合同、委托合同、承揽合同、保管合同、保证合同、担保合同等。不同种类的合同既有合同共同的属性，又有其自身的特色。在合同法律适用中，不同的合同可能适用不同的法律选择规则。例如，劳动合同、消费者合同，基于弱者权利的保护，一般不适用双方当事人选择的法律。其二，即使是同一类合同，也会存在一定的差异。例如，在买卖合同中，一般的买卖合同与招投标成立的买卖合同，或者与在买方所在地按照买方条件所成立的合同是有区别的。一般买卖合同的特征履行地是在卖方营业所在地或其经常居所地，招投标合同是以买方为条件、在买方所在地成立的合同，其特征履行地在买方的营业所在地或经常居所地。其三，每个具体合同也是复杂的，涉及合同的缔结、当事人的缔约能力、合同的形式、合同的履行、合同的内容、合同的解释等问题。这里就会涉及合同法律适用的分割论与统一论之争的问题。合同法律适用的分割论着眼于合同的复杂性，将合同的不同方面进行分割，分别确定准据法。不同国家对合同不同方面的分割程度是不一样的，法律适用法是将合同分割为合同的缔约能力与合同的其他方面两大类。合同法律适用的统一论着眼于合同的整体性，对合同的所有方面统一适用某一准

---

① 确定适用于合同的法律，被认为是冲突法中最复杂、最混乱的领域之一。合同关系具有高度的人为性质，既不像身份关系那样以自然的和血缘的关系为基础，也不像物权那样具有对特定物直接的、排他的利用和支配关系，因而往往不容易判定哪一个连结因素具有决定的意义。参见李双元，蒋新苗. 国际私法学案例教程. 第 2 版 [M]. 北京：知识产权出版社，2012：260.

据法。从目前各国的立法来看，分割的做法占主导地位。经济生活的多样性与复杂性，导致合同性质的差异性，合同的特殊性凸显，立法者面对如此众多的合同以及众多的合同方面，不可能采取"一刀切"的做法，适用统一的法律适用规则，而只能授予法官一定的自由裁量权，以灵活应对不同合同的法律适用。在合同法律适用领域，主要是采取意思自治原则与最密切联系原则相结合的做法，在当事人没有选择法律的情况下，由法官根据合同的具体情况决定其所要适用的法律。我国法律适用法在合同法律适用领域与国际社会普遍的立法是一致的，在当事人没有选择法律的情况下，赋予法官自由裁量权做出灵活的应对。

　　除合同法律适用领域外，另一个自由裁量主义渗透的领域是侵权的法律适用领域。21世纪可以说是侵权的世纪，各种新型的侵权案件层出不穷，侵权案件呈现出向多样性、规模性以及复杂性方向发展的趋势。除传统的侵权外，还出现了核污染、海洋污染等大规模环境侵权案件，飞机失事等重大的空难案件，网络诽谤、网络人格权的侵权、人工智能侵权等新型网络侵权案件等。传统侵权法律适用中侵权行为地的连结因素偶然性增加、重要性下降。一方面，侵权行为地的认定有侵权行为实施地与结果发生地，如果两者不一致，就存在如何认定侵权行为地的问题；另一方面，即使能够认定侵权行为地，也可能出现无法律可以依据的情况。例如，在公海、公空上，即使能够认定侵权行为地，也无侵权方面的具体实体法可以依据。网络空间的非中心化及其虚拟性，导致侵权案件中的侵权行为地无处不在，遂出现一种所谓的"遍在侵权"（ubiquitous infringement）的案件。法官面对如此复杂的侵权案件，仅使用侵权行为地法解决侵权的法律冲突是无能为力的。为了解决争议问题，现代国际私法立法将当事人意思自治原则与最密切联系原则逐步引入侵权法律适用领域。其中，最密切联系原则的引入就是给予法官一定的自由裁量权以应对复杂的侵权案件中的法律适用。但是，我国法律适用法考虑到侵权法律适用的稳定性，并没有引入最密切联系原则，而是在第44条中引入完全的意思自治原则，在一定程度上解决了侵权法律适用的复杂性问题。

　　另外，在多法域准据法与国籍积极冲突解决中也较多地引入最密切联系原则。当法官适用冲突规范指向某一个国家的法律作为准据法时，如果所指向的法律能够确定该国家的某一地方的法律，不管该国家是不是法制统一的国家，则直接适用冲突规范所指向的具体的法律。如果所指向的法律仅仅指向该国的法律，而该国又是法制不统一的国家，这就涉及适用该国哪一地区法律的问题。这就是多法域准据法的确定问题。关于这一问题有两种解决方案，一种是用该国的区际冲突法加以解决，另一种是直接适用最密切联系原则确定所要适用的法律。在第一种方案中，如果该国存在区际冲突法，那么问题就比较容易解决；如果不存在区际冲突法，仍然需要求助于其他方法加以解决，国际私法立法中常用的方法就是最密切联系原则。之所以国际私法的立法在多法域准据法的确定方面赋予法官一定的自由裁量权，主要还是因为国际社会存在不同类型的国家，无法做出统一的规定。同理，国籍积极冲突的解决在实际国籍原则无法解决的情况下，一般也求助于最密切联系原则。

（四）法律适用政策倾向性的规则体系

建立保护弱者权益的法律适用政策倾向性的规则体系是国际私法人文主义的必然体现。一般来说，国际私法在法律适用中为保护弱者权益主要采取三种措施：第一种措施是限制当事人选择法律的权力。我国法律适用法在诸多领域运用意思自治原则，主要集中在私法自治程度比较高的领域。意思自治原则运用的前提就是双方当事人地位平等，即当事人有能够充分自主地表达意思的自由。如果当事人地位悬殊，则很难保证弱势方当事人意思表达的真实性，也很容易造成强势一方当事人利用其强势地位逼迫弱势一方当事人接受其单方意思表示的情形。这样，国际私法上的意思自治原则的基础就被打破，无法实现其原有的价值目标。保护弱者权利、限制当事人的意思自治原则，恰恰是私法自治、意思自治原则精神的体现。① 当然，限制当事人意思自治并不涉及法官自由裁量权的问题。第二种措施是采取强制性规定直接适用的做法。尽管强制性规定主要涉及国家经济干预较高的领域，但对涉及弱者的主要领域也可以规定直接适用，将对弱者的保护提升到国家公共利益保护的层面。例如，《司法解释（一）》第8条第（一）项就规定"涉及劳动者权益保护的"强制性规定直接适用，无须通过冲突规范指引。当然，"涉及劳动者权益保护的"规范并不都是强制性的，这就需要法官根据其自由裁量权做出一定的判断，属于强制性规定的就直接适用，不属于强制性规定的则应该适用冲突规范指引的法律。第三种措施是在涉及弱者的法律关系中，直接规定适用对弱者权利保护最有利的法律。这种冲突规范也被称为"有利于弱者权利保护"的冲突规范，或被称为"保护性冲突规范"。在国际社会国际私法立法上，此类冲突规范的运用并不常见，主要是因为完全交由法官自由裁量何为对弱者权利保护最有利的法律，可能导致法官所选择的法律并非对弱者权利保护最有利。不同的法官可能有不同的选择，也会导致法制统一性欠缺。另外，由于此类冲突规范的运用增加了法官的司法

---

① 徐伟功.《涉外民事关系法律适用法》实施研究［M］.北京：法律出版社，2019：219-221.

任务,对法官的素质要求比较高,法官需要有很强的比较法知识,所以在实践中,保护性冲突规范的运用可能并不体现立法者期望所要达到的目的。法律适用法在第 25 条、第 29 条、第 30 条建立保护弱者权益的法律适用政策倾向性的规则体系,此种赋予法官极大自由裁量权的规则体系效果如何,需要进一步做出实证分析。

以上是国际私法立法中所要考虑的自由裁量权条款的范围。当然,每一个国家考虑的重点是不一样的,所制定的自由裁量权条款也是不同的。这样,就可以从立法上对法官的自由裁量权行使的范围做出总体上的控制。立法者对于法官自由裁量权在总量上加以控制后,还涉及对法官自由裁量权条款程度上的控制,即在多大程度上赋予法官自由裁量权。

二、自由裁量权条款的程度控制

国际私法立法采取严格规则主义与自由裁量主义相结合的做法,在立法中赋予法官一定的自由裁量权。但立法者对法官的自由裁量权又不得不做出一定的限制,使法官自由裁量权的行使不得"溢出"。从立法语言和立法标准上对法官的自由裁量权给予一定程度的控制也是一种限制方式。

最密切联系原则中的"最"字、"更密切联系原则"中的"更"字,都是从立法语言上做出一般性限制。在具体制度运用上,采取立法语言进行控制的是公共秩序保留制度。公共秩序保留制度与适用外国法相伴相随,起到排除外国法适用的最后阀门的作用。在涉外民商事审判实践中,公共秩序保留制度曾出现滥用的现象。法国法院的法官为了实现其不合理的政治目的,曾滥用公共秩序保留制度。① 我国也曾产生不当利用公共秩序保留制度的现象,例如,在 1989 年广州海事法院审理的海南木材公司诉新加坡泰垣船务公司和达斌私人有限公司案②以及 1992 年郑州市中级人民法院裁定不予执行我国涉外仲裁机构的

---

① 法国法院过去就长期滥用公共秩序这个概念,拒绝承认外国法律规定更多的离婚自由和已婚妇女的财产权利,否认社会主义国家国有化法律的效力。参见隆茨,马雷舍娃,沙迪科夫. 国际私法 [M]. 袁振民,刘若文,译. 北京: 中国金融出版社,1987: 62.
② 在该案件中,法院运用公共秩序保留原则排除了《跟单信用证统一惯例》的适用。具体案情和分析参见胡振杰,李双元. 从我国法院的几个案例谈国际私法上公共秩序保留制度的正确运用 [J]. 政法论坛,1992 (5): 81-82.

裁决案①中，我国法院曾以我国没有相对应的民商事制度、国家对外贸易秩序等理由，排除了外国法或国际惯例的适用。公共秩序保留制度的滥用不仅损害公共秩序保留制度功能的发挥，也损害国际民商事交往的正常开展，因此，有必要对其做出必要的限制，限制的主要做法就是在立法语言上做文章，向法官传递谨慎行使其自由裁量权的立法意图。

　　各国在国际私法立法上都规定有公共秩序保留制度。早在 1804 年，《法国民法典》第 6 条②即规定，个人不得约定违反公共秩序和善良风俗的法律。尽管该条规定不属于国际私法上的公共秩序保留制度，但在法国司法实践中可以运用该项规定排除外国法的适用。③ 真正国际私法意义上的公共秩序保留制度立法当属 1856 年《意大利民法典》第三十一条的规定，即适用外国法不得违背公共秩序或良好道德的法律。1896 年《德国民法施行法》第 30 条、1898 年日本《法例》第 30 条、1979 年奥地利《关于国际私法的联邦法》第 6 条、1988 年瑞士《关于国际私法的联邦法》第 17 条等，对此也做出了规定。此后，1991 年《加拿大魁北克民法典》第 3081 条、1992 年《罗马尼亚国际私法》第 8 条、1995 年《意大利国际私法制度改革法》第 16 条、1996 年《列支敦士登国际私法》第 6 条、1998 年《突尼斯国际私法典》第 36 条、1998 年《委内瑞拉国际私法》第 8 条以及其他一些国家的国际私法立法，也都做出了类似的规定。公共秩序保留制度不仅在国内立法中被各国立法普遍接受，而且被不少国际私法条约所确立。1956 年海牙国际私法会议《儿童扶养义务法律适用公约》第 4 条④率先规定了公共秩序保留制度，此后海牙国际私法会议所制定的大多数国际私法条约也规定了此类条款。

　　公共秩序保留制度由于自身的特殊性，其在实际运用中存在巨大的风险。公共秩序内涵模糊、范围不稳定、标准不统一，其赋予法官极大的自由裁量权，容易被法官所利用，成为排除外国法适用的一项工具，造成国家的国际社会地

---

① 在该案件中，郑州市中级人民法院于 1992 年做出《民事裁定书》，不加分析地认定："依据国家现行政策、法规规定，如予以执行将严重损害国家经济利益和社会公共利益，影响国家对外贸易秩序，依照《中华人民共和国民事诉讼法》第 260 条第 2 款规定，裁定仲裁裁决不予执行。"

② 《法国民法典》第六条规定："个人不得以特别约定违反有关公共秩序和善良风俗的法律。"

③ 胡振杰，李双元. 从我国法院的几个案例谈国际私法上公共秩序保留制度的正确运用 [J]. 政法论坛，1992（5）：78.

④ 1956 年《儿童扶养义务法律适用公约》第四条的规定："经本公约规定所可适用的法律，只有当其适用显然与法院地国的公共秩序不相容时，才可以加以排除。"

位、声誉受损。所以，公共秩序保留制度的运用存在两难：一方面，为了维护国家的根本利益、善良风俗，发挥公共秩序基本的作用，就必须采取灵活的做法，赋予法官一定的自由裁量权；另一方面，公共秩序保留制度可能成为法官适用法院地法的一项工具，损害了法制的统一性，影响国家的整体形象。① 正因为此，限制或谨慎适用公共秩序保留制度成为国际社会的普遍做法。② 所以，目前各国国际私法立法都在某种程度上限制公共秩序保留制度的运用，毕竟国际私法主要还是维护当事人私人利益的法律。

在新近的国际私法立法对公共秩序保留制度的限制适用上，主要是用语言措辞向法官传递谨慎适用公共秩序保留制度的信号。立法上主要用语言强调损害或违背的程度，在"违背"或"损害"之前增加"明显地"或"显然地"等词语。也就是说，只有存在明显地、显然地违背的情况，才能适用公共秩序保留制度。例如，2014 年黑山共和国《关于国际私法的法律》第九条规定，外国法的规定，如其适用的结果显然地违反黑山共和国的公共秩序，则不予适用。2012 年捷克共和国《关于国际私法的法律》第四条的规定，依照本法规定本应适用的外国法制中的规定，如其适用的结果显然地违背公共秩序的基本原则，则不予适用。2007 年土耳其《关于国际私法与国际民事诉讼程序法的第 5718 号法律》第五条规定，如果适用于特定案件的外国法规定，明显地违背土耳其的公共秩序，则不予适用。1985 年《国际货物销售合同法律适用公约》第 16 条也规定，凡依本公约规定所适用的任何国家的法律，只有其适用明显地违背法院地的公共秩序时，方可予以拒绝适用。以上国家或国际条约在立法中使用"显然地"或"明显地"等词语，表明适用外国法违背公共秩序要达到"明显地"或"显然地"的程度。如果违背不明显，不具有显然性，则不能运用该项制度。2000 年法律出版社出版的《中华人民共和国国际私法示范法》一书中，第 14 条也是采用"明显地"的用语。另外，也可以在"公共秩序"前增加"重大""根本"等词语，强调公共秩序本身的重要性。尽管"明显地"或"显然地"仍然属于主观判断的措辞，需要法官具体问题具体分析，但毕竟立法者通过立

---

① 徐伟功.《涉外民事关系法律适用法》实施研究 [M]. 北京：法律出版社，2019：235-236.

② 沈涓教授认为："国际社会是一个以互利和公益为基础的社会。任何一个国家过分利己的行为都会受到来自国际社会的压力。而且一个国家即使仅为本国利益着想，也不愿将此种行为放纵至为所欲为的地步。现在，对公共秩序保留的运用加以限制已成为国际社会较为普遍的要求。"沈涓. 冲突法及其价值导向 [M]. 北京：中国政法大学出版社，1993：129.

法语言向法官传递谨慎运用其自由裁量权的信号；从这个意义上说，控制了法官自由裁量权行使的任意性，达到限制法官滥用公共秩序保留制度之目的。尽管法律适用法没有做出"明显地""显然地"的语言规定，但从我国的司法实践与我国推进构建"人类命运共同体"来看，实际上是采取了以上国家的做法。

除在立法语言上做出限制外，立法者还可以从立法标准上做出限制。目前国际私法立法的运用主要体现在公共秩序保留适用标准以及合同法律适用最密切联系原则的判断标准上。

公共秩序适用标准一般有主观说和客观说两种。主观说强调的是适用外国法内容违背本国的公共秩序，即其内容本身的可恶性、有害性或邪恶性。客观说强调的是适用外国法的结果违背本国的公共秩序，仅仅外国法内容本身的违背还不够，还要其适用的结果与法院地国有联系。法官在审理涉及公共秩序保留的案件中，如果采取主观说，仅仅分析外国法内容本身的违背即可。如此，法官具有极大的自由裁量权，有可能导致公共秩序保留制度的运用不当。因为在有些案件中，外国法内容违背本国的公共秩序，并不意味着其适用的结果违背本国的公共秩序。总体上说，客观说较为合理，法官的自由裁量权相对较小。其不仅要求适用法律的内容违背公共秩序，还要求适用的结果具有关联性与危害性等。如此，法官的自由裁量权就被限制在较为合理的范围之内，使公共秩序保留制度不被滥用。目前，大多数国家的国际私法立法采用客观说。法律适用法第5条的措辞是"外国法律的适用将损害"，尽管没有明确说明采取何种标准，但从语言上看采取的应该是客观说。"损害"表明外国法适用的结果与我国有联系，导致一种不好的结果。如果使用"违背"一词，还不好加以判断适用的结果是否与我国有关联。这种立法规定在一定程度上限制了法官的自由裁量权。法官适用公共秩序保留制度排除外国法的适用后，一般都是代之以适用本国法。如果在立法中强调并不一定适用本国法，或强调适用内国法的必要性，可以在一定程度上减少适用公共秩序保留制度的潜在动机。

在合同法律适用领域，如果当事人没有选择合同所要适用的法律，大多数国家依照最密切联系原则决定合同所要适用的法律，因为最密切联系原则赋予了法官极大的自由裁量权，具有非常大的灵活性。灵活性是最密切联系原则的最大优点，同时也是其最大缺点。其犹如一把双刃剑，用得不好，反而会损害法律适用的统一性，所以，各国都采取一定的措施限制其灵活性。一般来说，美国主要采取列举因素的方法进行限制，而欧洲的大陆法系国家一般采取特征履行说进行限制。也就是说，欧洲的大陆法系国家采取特征履行说明确最密切联系地，以限制其灵活性，控制法官较大的自由裁量权，保持法律适用的稳定性、一致性与确定性。特征履行说从其产生与发挥的作用来看，可以视为判定最密切联系地、限制法官自由裁量权的一种标准。特征履行说是指在当事人没有选择法律的情况下，合同适用特征履行一方当事人营业地或经常居所地的法律。运用特征履行说需要明确两个问题：确定何方的履行是特征履行，确定何方履行之后采取何种连结因素。一般来说，体现合同特殊性的一方当事人是特征履行一方当事人，例如，在买卖合同中，卖方交付产品的种类、质量等，体现合同的特殊性，而买方支付价款无法反映合同的特殊性。在确定特征履行一方当事人之后，需要确定采用何种连结点。一般情况下是选择属人法的连结因素，对自然人而言就是经常居所地，对法人而言就是营业地。如此，特征履行原则的运用在某种程度上限制了法官自由裁量权，克服了因最密切联系原则的运用所导致的不稳定与适用法律不统一的问题。当然，各国运用特征履行原则的具体方式也是不一样的，主要有以下两种运用方式：其一，直接依照特征履行原则，即在当事人未选择合同适用法律的情况下，直接根据不同的合同种类，规定适用该具体合同的特征履行一方当事人所在地的法律。采取这种做法的情况下，法官自由裁量权的范围是有限的。其二，间接采用特征履行方法，即在当事人未选择合同适用法律的情况下，规定依照最密切联系原则确定合同所要适用的法律，再采用特征履行说标准判断最密切联系地，然后规定各类具体合同的法律适用规则。① 我国之前的立法及司法解释基本上采取这一方法，并对具体规则的适用还做出了例外的规定，即适用更密切联系地法代替具体规定所指引的法律。其公式可以简单表示为："意思自治原则+最密切联系原则+按照特征性履行原则规定的合同具体法律适用规则+更密切联系原则"。我国之前的立法及司法解释可以说更为合理，经过两次软化处理，既保证了合同法律适用的明确性，限制了法官较大的自由裁量权，又保证了一定的灵活性。

　　总体上，对法官自由裁量权程度上的控制，是根据不同的领域采取不同的措施，立法者的目的是希望既保证法律选择的一定的灵活性，又希望保证这种灵活性被限制在可控的范围内。

三、自由裁量权条款的列举控制

　　为了指导法官正确行使自由裁量权，国际私法立法在某些领域会采取列举的方式加以控制。列举的方式有两种：一种是对法官行使自由裁量权所要考虑的因素进行列举；另一种是对法官行使自由裁量权的范围进行列举。前者主要

---

① 韩德培. 中国冲突法研究 [M]. 武汉：武汉大学出版社，1993：252-253.

是针对最密切联系原则的运用，后者主要是针对直接适用的法的运用。

可以说，20 世纪中后期以来，国际私法立法最大的改革就是最密切联系原则的运用。最密切联系原则一方面赋予了法官极大的自由裁量权，另一方面其灵活的法律选择也会损害法律适用的稳定性与统一性。在合同法律适用中，欧洲大陆法系国家适用特征履行原则做出必要的限制，而美国主要采取列举因素的做法。

美国主要采取总分结构的列举方式。美国《冲突法重述（第二次）》不仅在总则中规定了法律选择原则，确定选择准据法的因素，对具体适用最密切联系原则的分析起到指导作用；而且在分则具体的领域，如合同、侵权法律适用领域中针对如何运用最密切联系原则列举了具体的分析因素。美国《冲突法重述（第二次）》规则详尽、体系庞杂，其中最密切联系原则居于重要地位。其第六条规定了法律选择原则，第 1 款规定了"在接受宪法约束的前提下，法院应遵循其所在法域关于法律选择的成文法规定"。第 2 款规定在不存在第 1 款规定的情况下，有关选择准据法的七大主要因素。① 编撰者没有确定排列顺位，也没有赋予某些因素特别的权重，只是对这些因素作了简单的罗列。编纂者并没有着重考虑因素之间的内在逻辑关系，也没有重视因素之间的整体协调性。如此拼盘式的因素列举，既体现了传统国际私法所追求的法律价值，如结果的确定性、可预见性和统一性，也体现了现代国际私法所追求的法律价值，如与案件有联系法域的实体法规则背后的政策。

美国《冲突法重述（第二次）》将这些考虑因素如此毫无逻辑地置于同一条款，法官既可以考虑其中的某些因素，也可以考虑列举之外的因素，具有极大的灵活性和自由裁量权，所以，其做法遭到了美国、欧洲等国家或地区学者的激烈的批评。美国学者艾伦茨威格（Ehrenzweig）认为，最密切联系原则是看似革命的一套"虚空规则"和一种"绝望的方案"，法院实际上可以随心所欲地适用法律。在最密切联系的面纱下，将"表述真正的判决原因是发展规则的重要元素"这种努力省略了，其结果可能造成法院得出武断的判决。美国的柯里（Currie）则认为，因为最密切联系原则的分析因素如此庞杂，法官可以主观地将一些因素组合起来，达到适用自己意欲适用的法律的目的。荣格（Juenger）也认为，该原则具有模糊性和不确定性，其术语的含义不明确。欧洲学者也同

---

① 七大因素包括：（1）州际和国际秩序的需要；（2）法院地的相关政策；（3）在决定特定问题时，其他利害关系州的相关政策及其相应利益；（4）对正当期望的保护；（5）特定法律领域的基本政策；（6）结果的确定性、可预见性和统一性；（7）应适用的法律易于认定和适用。

样认为美国的做法是一种法律印象主义，会损害法制的统一性。① 尽管最密切联系原则受到了上述种种批评，但仍被认为是新旧规则更替的过渡方案，其列举因素的方法在某种程度上给法官自由裁量权的行使提供了指导。

除第六条规定的一般分析因素外，美国《冲突法重述（第二次）》第 145条、第 188 条分别在侵权和合同领域规定了适用最密切联系原则的考虑因素。第 145 条规定所考虑的因素包括：损害发生地、加害地、当事人住所、居所、国籍、成立地和营业地、当事人关系集中地，这些因素根据特定的争议的重要性来衡量。第 188 条规定所考虑的因素包括：合同签订地、合同谈判地、履行地、合同标的所在地，以及当事人的住所、居所、国籍、公司成立地和营业地等。

美国采取列举因素判断最密切联系地的做法，一方面所列举的因素不是穷尽的；另一方面所列举的因素没有内在逻辑的一致性，导致美国司法实践中，不同的法官选取的因素、给予的权重是不一致的，引起了司法实践一定的混乱与不确定性，并没有很好地限制法官的自由裁量权。我国对最密切联系原则的运用以及合同的法律适用，都没有采取这种列举因素的方式；但在强制性规定的认定以及涉外民事关系的认定方面，我国采取了列举的方法。与美国列举所考虑的因素不同，我国列举的目的主要是明确涉外民事关系的定性以及强制性规定的范围。

我国法律适用法第四条的规定了强制性规定，即"中华人民共和国法律对涉外民事关系有强制性规定的，直接适用该强制性规定。"但是该条款对强制性规定并没有做出明确的解释，法官具有较大的自由裁量权。最高人民法院在《司法解释（一）》第 8 条②中做出了指导性的解释，给定了强制性规范的范围，采取了列举性的规定，并采取兜底性的补充规定。该司法解释首先确立了强制性规范的重要性标准以及直接适用标准。关于重要性标准，在该司法解释中采用"涉及中华人民共和国社会公共利益"的判断标准，也就是说我国的司

---

① 许庆坤.美国冲突法中的最密切联系原则新探［J］.环球法律评论，2009，31（4）：78.

② 最高人民法院《关于适用〈中华人民共和国涉外民事关系法律适用法〉若干问题的解释（一）》第八条规定："有下列情形之一，涉及中华人民共和国社会公共利益、当事人不能通过约定排除适用、无需通过冲突规范指引而直接适用于涉外民事关系的法律、行政法规的规定，人民法院应当认定为涉外民事关系法律适用法第四条规定的强制性规定：（一）涉及劳动者权益保护的；（二）涉及食品或公共卫生安全的；（三）涉及环境安全的；（四）涉及外汇管制等金融安全的；（五）涉及反垄断、反倾销的；（六）应当认定为强制性规定的其他情形。"

法解释对于重要性标准的运用仅仅限制于社会公共利益的范畴。直接适用的标准即无须冲突规范的指引，直接得到适用。第八条的规定确定了强制性规定的存在领域或范围，对法律适用法第 4 条宽泛的规定做出了一定的限缩。为了防止列举存在遗漏，第 8 条第 6 项采取了兜底性规定，兜住所有遗漏的强制性规定。

无论是法律适用法第 4 条，还是《司法解释（一）》第 8 条第 6 项的兜底规定，都赋予了法官行使自由裁量权的极大空间。法官自由裁量权的行使应该采取综合因素分析方法，依据司法解释的规定，找出我国强制性规定。从法律适用法的立法本意来看，对直接适用的法的"直接适用性标准"的判断应该从立法文件中明白无误地推断出来，也就是说法律本身希望得到直接适用。在我国的经济立法以及民商事立法中都有所谓的属地性条款，① 这里需要说明的是，属地性自我限制适用的规范并不等同于强制性规范，也就是说这些规范中有的属于强制性规范，有的属于非强制性规范。反之，笔者认为强制性规范一般都是属于属地性自我限制的规范。所以，为了谨慎适用法律适用法第四条的规定，避免在司法实践中出现"法院地法至上"的倾向，我国司法实践中应该采取这样的态度，即以该实体法已经表达出的、其"希望"被直接适用的立法意向为前提。②

我国《司法解释（一）》除了第八条规定了法官行使自由裁量权确定强制性规定的范围，还对经常居所地做出解释，确立了认定的标准，一定程度上避免了因法官过大的自由裁量权而导致在类似案件中不同的处理结果。

四、司法实践中比例原则的运用

国际私法的立法主要是为了保障当事人的合法权益，而私人利益是全面的。所以，新近国际私法立法大多采用多边主义方法为主的做法。多边主义法律选择方法具有两方面的基本前提：当事人具有平等的民事法律地位，各国的民商事法律具有同等效力。尽管国际民商事活动主要体现为私人利益之间的冲突，但其背后也会体现为国家利益的冲突。为了维护国家主权和国家的社会公共利益，大多数国家在国际私法立法上也规定了单边法律选择方法，即采取强制性规范与公共秩序保留制度，主要有瑞士、黑山、捷克、土耳其、委内瑞拉、奥

---

① 例如，反垄断法第 2 条、产品质量法第 2 条、证券法第 2 条第 1 款、招标投标法第 2 条、《民法通则》第 8 条、保险法第 3 条、票据法第 2 条第 1 款、信托法第 3 条等。

② 刘仁山."直接适用的法"在我国的适用：兼评《〈涉外民事关系法律适用法〉解释（一）》第 10 条 [J]. 法商研究，2013，30（3）：78.

地利以及中国等。一般来说，各国国际私法立法规定的强制性规范都赋予了法官极大的自由裁量权。例如，2017 年修订的瑞士《关于国际私法的联邦法》第18 条规定："不论本法所指定的法律为何，因其特殊目的而适用的瑞士法律中的强制性规定，应予以保留。"第十九条规定："1. 依照瑞士法律观念值得保护且明显占优势的一方当事人利益要求考虑本法所制定的法律以外的另一法律的强制性规定时，如果案件与该另一法律有密切联系，则可考虑该另一法律的强制性规定。2. 在决定是否考虑前款所指的另一法律的强制性规定时，应根据其所要达到的目的及其适用对于做出依照瑞士法律观念为适当的判决可能产生的后果来判断。"再如，2014 年黑山共和国《关于国际私法的法律》第 10 条规定："黑山的法律规范，如遵守该种法律被视为对维护公共利益，尤其是对维护国家的政治、社会和经济组织具有决定性作用，则对属于其适用范围内的所有案件均应予以适用，而不论准据法为何。例外地，法院可考虑适用与私法关系有密切联系的另一国的强制规范。在决定是否考虑本条第 2 款所指的规范时，法院须考量该规范的性质、目的及其适用或不适用的后果。"

这里就涉及一个问题，即涉外民事审判中法官如何划分国家强制与私法自治在国际私法上的合理界限。在我国，涉外民商事审判中法官可以依据《司法解释（一）》第八条的规定适用强制性规范，对法官自由裁量权做出了一定限制；但在具体运用中，即使有第八条的规定，法官还是要遵循国际私法的比例原则，适当控制法官较大的自由裁量权，厘清私人自治与国家强制之间的界线。比例原则是公法上一项原则，是调整公权力主体和私主体之间关系并控制公权力主体过度行使权力的原则。① 其由三个子原则所构成：适当性原则、必要性原则以及均衡性原则。适当性原则要求为干预基本权利所采取的手段必须适合于目的之达成；必要性原则要求采取对基本权利干预最轻的手段；均衡性原则要求对基本权利的干预与其所追求的目的之间必须相称。② 随着国际私法上国家利益与私人利益的冲突日益加深，比例原则被逐渐运用到区分强制性规范与非强制性规范之中。在涉外民商事审判实践中，比例原则要求法官对强制性规范的认定必须以维护特定领域中的公益为限，其直接适用亦同样如此。③ 强制性规范的运用是局部的，其只能在适用的范围内直接适用，以替代冲突规范所指引的

---

① 李某平. 比例原则在民法中适用的条件和路径：以民事审判实践为中心 [J]. 法制与社会发展，2018, 24（5）: 167.
② 郑晓剑. 比例原则在民法上的适用及展开 [J]. 中国法学，2016（2）: 143-165.
③ 肖永平，龙威狄. 论中国国际私法中的强制性规范 [J]. 中国社会科学，2012（10）: 113.

准据法。其范围之外的，仍然采取多边主义的法律选择方法，通过冲突规范的指引，找到所要适用的法律。一般来说，对于法院地的强制性规范，国际私法立法并没有规定后果等方面的考虑因素。正如肖永平教授所言：比例原则对法院地强制性规范的适用还有着更高的谦抑要求，亦即在特定情况下，对于适用范围内的案件，法院地强制性规范是否适用，还须考虑其适用或不适用的后果，应考虑的因素包括但不限于强制性规范对法院地国利益、涉案当事人利益以及系争民事关系所处交易链的影响。依此要求，在无损正当公益的前提下，法院地强制性规范的适用应最大限度地便利商品、服务与资本的自由流通。① 其实，这一要求大多直接规定在外国强制性规范的适用中，如黑山共和国于 2014 年实施的《关于国际私法的法律》第 10 条第 3 款规定，在决定是否考虑外国的强制性规范时，法院应考量该规范的性质、目的及其适用或不适用的后果。瑞士《关于国际私法的联邦法》第 19 条第 2 款同样规定，在决定是否考虑外国的强制性规范时，应根据其所要达到的目的及其适用对于做出依照瑞士法律观念为适当的判决可能产生的后果来判断。在涉外民商事审判中，法官运用比例原则决定是否适用强制性规范，可以在一定程度上对其自由裁量权进行控制。

　　无论是对涉外民事审判中法官自由裁量权的范围控制还是程度控制，立法者都希望法官能够正确行使其自由裁量权。为了促进其进一步正确行使自由裁量权，有必要对法官自由裁量权在我国涉外民商事审判司法实践中的运用作进一步考察。

---

　　① 肖永平，龙威狄 . 论中国国际私法中的强制性规范 ［J］. 中国社会科学，2012（10）：114.

第六章

我国法院适用最密切联系原则之实证考察

世界由拥有领土的国家组成，其法律制度彼此独立，相互差异。事件和交易的发生、问题的产生，可能与一个以上的国家具有重要联系，因而需要有一整套特别的规则和方法加以调整和确定。

——【美】威利斯·里斯

大多数学者认为最密切联系原则的思想源于萨维尼的法律关系本座说，是对萨维尼法律关系本座说的否定之否定，是一种扬弃。① 事实上，现代意义上的最密切联系原则产生于美国的冲突法司法实践，最经典的两个判例是奥汀诉奥汀案与巴布科克诉杰克逊案。② 美国 1971 年的《冲突法重述（第二次）》吸收了最密切联系原则的思想，并在合同与侵权等领域的法律适用中贯彻了最密切联系原则。此后，无论是英美法系国家还是大陆法系国家的国际私法立法，都在一定程度上接受最密切联系原则。尽管各国在立法上的具体名称不一致，但最密切联系原则的核心要义是基本一致的，即涉外民商事关系适用与其有最密切联系的法律。我国法律适用法第 2 条、第 6 条、第 19 条、第 39 条、第 41 条、第 49 条等条文中规定了最密切联系原则，涉及法律适用法的立法补缺、多法域准据法的确定、国籍积极冲突的解决、有价证券的法律适用、合同的法律适用，以及知识产权的转让和许可使用的法律适用。本章将以总则部分第 2 条和第 6 条的实证分析作为一节。在分则具体领域的实证分析中，合同法律适用的案例数量最多，案件基数比较大，加之合同法律适用领域中的法官自由裁量权比较普遍，其自由裁量权的行使具有一定代表性与典型性，所以用一节的内容单独进行分析。分则涉及第 19 条、第 39 条、第 49 条的实证分析另作为一节。

---

① 肖永平. 肖永平论冲突法 [M]. 武汉：武汉大学出版社，2002：199.
② 黄惠康，黄进. 国际公法国际私法成案选 [M]. 武汉：武汉大学出版社，1987：325-327，329-331.

第一节   总则条款规定最密切联系原则的实证考察

我国法律适用法总则第 2 条、第六条规定了最密切联系原则，涉及法律适用法的立法补缺、多法域准据法的确定。总则中规定的最密切联系原则具有特殊性，尤其是第二条第二款的规定起到了整个立法补缺的作用。

一、最密切联系原则的立法补缺

总体上来看，最密切联系原则主要有四个方面的功能：立法指导功能、立法补缺功能、立法矫正功能以及具体法律选择方法功能。① 法律适用法并没有采纳最密切联系原则的立法指导功能以及立法矫正功能，其主要原因正如王胜明所说，立法矫正功能采用的是例外条款，即采用的是更密切联系原则的做法。这种做法赋予了法官广泛的自由裁量权，法官如果运用不当，极有可能导致整体立法的不稳定性，所以摒弃该功能。既然放弃了立法矫正功能，删去立法指

---

① 徐伟功.《涉外民事关系法律适用法》实施研究 [M]. 北京：法律出版社，2019：121.

导功能也不觉得可惜。① 所以，法律适用法主要规定了最密切联系原则的立法补缺功能与具体法律选择方法功能。关于最密切联系原则的立法补缺功能，本书第十章"我国冲突法立法之局限性及其克服——代结语"部分已从理论上作了必要的阐述，本节仅就实践中的具体运用做出分析。

（一）数据统计分析

笔者是通过 https：//alphalawyer. cn/#/app/tool/search/case？ searchType = law 检索案例的。检索设定的条件为：时间：2021 年 12 月 31 日之前；案例来源：Alpha 案例库；案由：未设置案由；检索条件：全文，本法和其他法律对涉外民事关系法律适用没有规定的，适用与该涉外民事关系有最密切联系的法律。数据采集时间：2022 年 2 月 14 日。共采集到案件数量为 224 件。删除检索结果中不属于第二条第二款的案件，总计检索到有效案件 178 件。②

---

① 王胜明认为："各国关于最密切联系原则的规定不尽一致，我国对此应如何规定？最密切联系原则应当包含三方面含义：一是确定适用的法律应当与该涉外民事关系具有最密切联系；二是确定适用的法律与该涉外民事关系不具有最密切联系的，则适用与该涉外民事关系具有最密切联系的法律；三是法律对涉外民事关系法律适用问题没有规定的，适用与该涉外民事关系有最密切联系的法律。最密切联系原则的上述内容，各自独立且相辅相成，第一层含义是确定各种涉外民事关系法律适用的指导思想，第二层和第三层含义则是不同条件下的补救条款。最密切联系原则的三方面含义曾经完整地在涉外民事关系法律适用法草案中得以体现。但是，常委会通过的涉外民事关系法律适用法仅保留了第三层含义，其他两层含义在立法过程中被删除了。删的主要考虑是第二层含义的存废。第二层含义有积极意义，因为涉外民事关系如此复杂，怎么能够保证确定适用的法律与该涉外民事关系天衣无缝呢？有了第二层含义，就能弥补缺失，有机会回到正确的法律适用道路上来。正因如此，比利时、瑞士等国的国际私法都规定了最密切联系原则的第二层含义。但是，第二层含义也是一柄双刃剑，用得不好，会妨碍正确适用涉外民事关系法律适用法。理由之一，有了第二层含义，关于民事主体、婚姻家庭、物权、债权等各种涉外民事关系的法律适用变得不那么确定了，都有可能被推翻；理由之二，由于民事关系相当复杂，对确定适用的法律与该民事关系是否有最密切联系可能理解不一，加上各种各样的人为因素，也有可能抛弃正确的法律适用，走到错误的法律适用道路上去。两相比较，在制定我国涉外民事关系法律适用法时，还是删去第二层含义更好一些。删去第二层含义，对第一层含义起到了釜底抽薪的作用。因为第一层含义的指导作用在立法过程中已经尽量体现在各个冲突规范中，第一层含义隐含的如果确定适用的法律与该涉外民事关系没有密切联系时该如何处理，恰恰是第二层含义要解决的问题。从这个意义上，可以说第一层含义是对第二层含义的铺垫，或者说第二层含义是对第一层含义的进一步明确。所以，删去了第二层含义，再删去第一层含义，就不觉得可惜了。"参见王胜明. 涉外民事关系法律适用法若干争议问题 [J]. 法学研究，2012，34（2）：189.

② 说明：中国是多法域国家，具有四个法域。为了表述方便，将中国大陆（内地）通过统一表述为中国内地，不做具体化的区分。

1. 年度案件数量

法律适用法自 2011 年 4 月 1 日实施以来，截至 2021 年 12 月 31 日，根据裁判日期，2011 年 1 件、2012 年 0 件、2013 年 1 件、2014 年 13 件、2015 年 14 件、2016 年 13 件、2017 年 19 件、2018 年 38 件、2019 年 30 件、2020 年 38 件、2021 年 11 件。在法律适用法实施的前三年，可能由于法院对第二条第二款不太熟悉，适用该条款的案件比较少。从 2014 年起，法院适用该条款的案件逐渐增多，到 2018 年达到一个峰值，2018 年、2019 年、2020 年三年是比较多的，2021 年下降相对比较大（见图 6-1）。

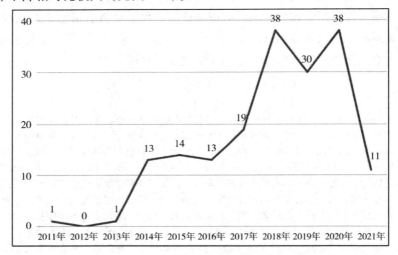

图 6-1　2021 年 12 月 31 日前每年涉及法律适用法第二条第二款案件的数量

2. 案件地域分布

在所有的 178 个案件中，案件数量排名前五的依次是广东省、上海市、江苏省、福建省、浙江省，案件主要集中在对外经济活动发达的东部沿海地区与靠近边境的省份（见图 6-2）。

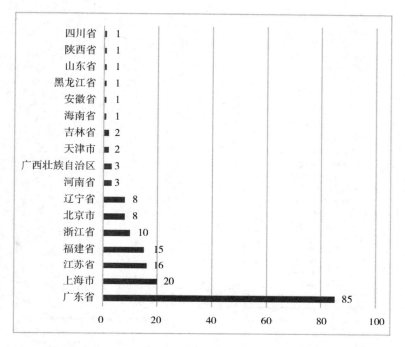

图6-2　2021年12月31日前涉及法律适用法第二条第二款案件的地域分布

3. 涉外因素

在所有的178个案件中，主要是当事人住所地、经常居所地、国籍等因素涉及境外，具体涉及中国香港地区（76件）、中国澳门地区（20件）、中国台湾地区（20件）、澳大利亚（9件）、韩国（8件）等国家和地区，而涉港澳台地区案件是主要的案件来源（见图6-3）。

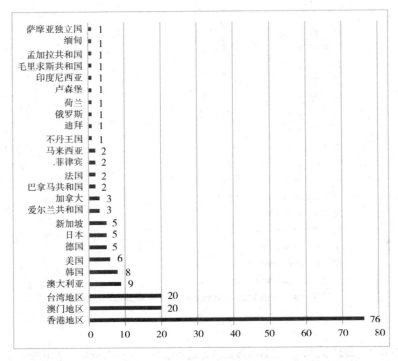

图6-3　2021年12月31日前涉及法律适用法第二条第二款案件的涉外因素国家或地区分布

4. 案由情况

在所有的178个案件中，涉及民间借贷纠纷、股权转让纠纷、案外人执行异议之诉、金融借款合同纠纷等69种案由，占比排名前三的分别是民间借贷纠纷约占12%、股权转让纠纷约占7%、案外人执行异议之诉约占6%（见表6-1）。

表6-1　2021年12月31日前涉及法律适用法第二条第二款案件的案由情况分布

序号	案由	案件计数
1	民间借贷纠纷	22
2	股权转让纠纷	12
3	案外人执行异议之诉	10
4	金融借款合同纠纷	8

续表

序号	案由	案件计数
5	买卖合同纠纷	8
6	不当得利纠纷	6
7	物业服务合同纠纷	6
8	合同纠纷	4
9	宅基地使用权纠纷	4
10	债权人撤销权纠纷	4
11	物权保护纠纷	3
12	保险人代位求偿权纠纷	3
13	房屋买卖合同纠纷	3
14	侵害集体经济组织成员权益纠纷	3
15	共同海损纠纷	3
16	海事债权确权纠纷	3
17	财产损害赔偿纠纷	3
18	追偿权纠纷	3
19	承揽合同纠纷	3
20	有限合伙纠纷	2
21	共有纠纷	2
22	返还原物纠纷	2
23	民事	2
24	执行异议之诉	2
25	股东资格确认纠纷	2
26	股东知情权纠纷	2

序号	案由	案件计数
27	房屋租赁合同纠纷	2
28	业主撤销权纠纷	2
29	建设工程施工合同纠纷	2
30	确认合同无效纠纷	2
31	第三人撤销之诉	2
32	租赁合同纠纷	2
33	物权确认纠纷	2
34	合资、合作开发房地产合同纠纷	2
35	离婚后财产纠纷	2
36	股东出资纠纷	2
37	所有权确认纠纷	1
38	公司盈余分配纠纷	1
39	同居关系析产纠纷	1
40	所有权纠纷	1
41	赠与合同纠纷	1
42	申请执行人执行异议之诉	1
43	著作权权属、侵权纠纷	1
44	损害公司利益责任纠纷	1
45	合伙协议纠纷	1
46	分期付款买卖合同纠纷	1
47	追索劳动报酬纠纷	1
48	运输合同纠纷	1

序号	案由	案件计数
49	损害股东利益责任纠纷	1
50	商标权转让合同纠纷	1
51	进出口代理合同纠纷	1
52	股东损害公司债权人利益责任纠纷	1
53	无因管理纠纷	1
54	借款合同纠纷	1
55	相邻关系纠纷	1
56	航空旅客运输合同纠纷	1
57	海上、通海水域货物运输合同纠纷	1
58	普通破产债权确认纠纷	1
59	公司解散纠纷	1
60	教育培训合同纠纷	1
61	海难救助合同纠纷	1
62	申请撤销仲裁裁决	1
63	公司决议撤销纠纷	1
64	合伙合同纠纷	1
65	海运集装箱租赁合同纠纷	1
66	劳动合同纠纷	1
67	遗嘱继承纠纷	1
68	服务合同纠纷	1
69	加工合同纠纷	1

5. 适用的法律

在所有的 178 个案件中，适用中国内地法律的有 174 件，适用香港地区法律的 3 件，适用澳门地区法律的 1 件。认定最密切联系的考虑因素有合同签订地、当事人经常居所地等，有的是单独考虑一种连结因素，有的是同时考虑几种连结因素（见表 6-2）。

表 6-2　适用第二条第二款考虑的因素

认定最密切联系地法律考虑的因素	出现的案件数
产生、变更或者消灭民事关系的主要法律事实发生地（包括合同履行地、签订地、标的交付地、侵权行为地以及侵权结果发生地等）	58
讼争的涉案标的物所在地（包括不动产所在地、争议财产所在地、股权转让协议的标的公司等）	41
当事人住所地、案涉的主要法律事实发生地	30
当事人国籍、经常居所地、住所地，企业设立地、营业地、登记注册地	25
婚姻缔结地、当事人住所地、基础法律关系的主要事实发生地	6
缔结婚姻时的共同居所地、婚姻登记地	5
当事人国籍或住所地、案涉标的物所在地	4
涉案的主要法律事实发生地、婚姻登记地	2
当事人住所地在中国，均依据中国法起诉答辩	2
无法看出是依据何种连结因素认定最密切联系地法律	2
权利被请求保护地	2
仲裁地	1

6. 适用的缘由

在所有适用第二条第二款的案件中，主要涉及两种情况：一种是法律适用法以及其他相关法律没有立法规定的情况，该类型案件有 98 件；另一种是法律适用法规定的法律条文不周延，需要引用第二条第二款进行补缺的情况，该类型案件有 80 件。这里需要说明的是，法律没有规定的情况较为明确，可以直接进行统计。但是法律条文不周延的情况应该相对较少，往往是法院自身运用自由裁量权不当所导致的，有许多情况不属于法律不周延的情况。为了简便起见，笔者将所有法律没有规定的之外的情况都归入法律不周延的情况，包括法院运用错误以及其他不当的情况。所以，虽然这种两分法并不妥当，但为了直观理解，采取了这种分类标准（见图6-4）。

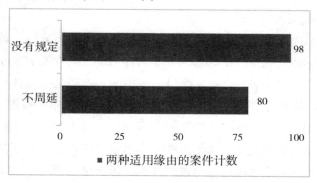

图 6-4　适用第二条第二款两种情况比例

（二）案件分析

　　最密切联系原则具有立法补缺的功能。一般来说，成文法具有立法滞后性的局限，法律一旦制定，就成为一种凝固的智慧，必然与时代的发展相脱节。为了克服国际私法成文立法滞后性的局限，大多数国家采取最密切联系原则。这就是法律适用法第二条第二款的立法缘由。该款规定如果法律适用法和其他法律没有规定的，就依照最密切联系原则处理案件。这里的本法和其他法律对涉外民事关系法律适用没有规定，应该从广义上进行解释，不仅包括立法上没有规定的情况，也包括即使立法上有规定，但是法律条文规定不周延的情况。在司法实践中，对某一法律关系的法律选择，首先根据具体的冲突规范，由于该冲突规范的不周延性导致在具体案件中无法处理案件，此时法院可以适用第二条第二款的规定来处理案件。法律适用法规定法律条文的不周延性，主要体现在梯次选择性的冲突规范上，也主要是在婚姻家庭等领域。例如，法律适用法第23条关于夫妻人身关系和第24条关于夫妻财产关系的法律适用的规定，这两条采取了梯次选择性冲突规范，仅规定了两种梯次的连结点，即共同经常居所地和共同国籍。一旦具体案件中不存在这两个梯次的连结点，就会产生没有法律依据处理案件的现象，此时法院就可以适用第二条第二款处理案件。所以，第二条第二款主要适用于两种情况：其一是本法与其他法律没有规定的情况；其二是本法与其他法律即使有规定，但规定不周延，无法处理具体案件的情况。如果在法律有规定的情况下，法院应该直接适用该具体的规定，而不能将最密切联系原则作为一般原则加以适用。本部分选取 2020 年的案件进行分析，主要是基于 2020 年案件数量比较多，法律适用法实施了一定的时间，案件呈现出的问题比较具有代表性。

1. 法律没有规定的案件

我国法律适用法对案外人或者被追加的被执行人执行异议之诉案件的法律适用没有做出具体的规定，在 2020 年的案件中有部分案件属于这种类型。

在卢某书、西门子股份公司、西门子（中国）有限公司等执行异议之诉一案中，① 原告卢某书是被执行人，提出了执行异议之诉。本案被告之一的西门子股份公司是德国公司，本案属于涉外民商事案件。在本案中，法院在列举法律适用法第二条第二款的规定后认为：鉴于本案争议焦点为卢某书是否应当作为永定区西门子公司的股东被追加为被执行人，而永定区西门子公司登记地位于中华人民共和国境内，故中华人民共和国法律应作为处理本案争议的准据法。本案法院的做法应该值得肯定，但仅仅分析最密切联系因素中的公司登记地，尚有待商榷。

在梁某安、谢某文执行异议之诉一案中，② 一审法院认为由于被告谢某文是香港特别行政区的居民，案件属于涉港案件。本案属于执行异议的案件。法院在列举法律适用法第二条第二款的规定后认为，原告的住所地在我国内地，根据最密切联系原则，应适用中国内地的法律。法院的做法有两点值得肯定：其一是直接指出依据最密切联系原则；其二，采取了原告住所地的分析因素。二审法院认为当事人对适用中国内地法律作为准据法均无异议，所以并没有进行法律适用的分析。

在蔡某洪与中国建设银行股份有限公司佛山三水支行、北京天和润丰投资咨询有限公司、三水区芦花建筑装饰材料厂有限公司案外人执行异议之诉案中，③ 法院在适用第二条第二款时认为涉案商铺所在地，即不动产所在地是案件法律关系最密切联系地。在马某兰与谢某儿、广州农村商业银行股份有限公司白云支行案外人执行异议之诉一案④与孙某兰、孔某军执行异议之诉一案中，⑤ 法院分析最密切联系的因素同样是采取标的物所在地。但在马某兰一案中，法

---

① （2020）浙 06 民初 112 号民事判决书。
② （2018）粤 0391 民初 5400 号民事判决书；（2020）粤 03 民终 8098 号民事判决书。
③ （2019）粤 06 民初 110 号民事判决书。
④ （2019）粤 0104 民初 40659 号民事判决书。
⑤ （2019）辽 01 民终 14639 号民事判决书；（2018）辽 0192 民初 3 号民事判决书。

院明确表示在本案中对该案的法律适用法律没有规定。法院在此案中强调法律没有规定的这一点是值得肯定的。

在郑某娇与石狮市宝盖镇郑厝村民委员会、石狮市宝盖镇郑厝村第一村民小组侵害集体经济组织成员权益纠纷案①、郑某安与石狮市宝盖镇郑厝村民委员会、石狮市宝盖镇郑厝村第一村民小组侵害集体经济组织成员权益纠纷案②，以及郑某莲与石狮市宝盖镇郑厝村民委员会、石狮市宝盖镇郑厝村第一村民小组侵害集体经济组织成员权益纠纷案③中，审理法院均是福建省石狮市人民法院，法院的判决基本相同，均认为案件属于涉港或涉澳案件，属于区际私法的案件，参照法律适用法的规定。法院在判决书中没有任何说理的过程，直接写道："依据《中华人民共和国涉外民事关系法律适用法》第二条规定，本案适用中华人民共和国内地法律。"

在崔某姬与金某淑、蒋某子、金某元、金某官、金某梅共有纠纷一案中，④一审法院吉林省延边朝鲜族自治州中级人民法院直接适用最密切联系原则，没有指明是依据法律适用法第二条第二款的规定。二审法院吉林省高级人民法院则在一审法院判决的基础上，阐明了本案因当事人为分割赔偿金所产生，属于共有纠纷，当事人死亡的事实、赔偿金的产生以及共有关系的产生原因均发生在韩国，所以本案属于涉外民商事案件。二审法院与一审法院一致认为，本案的当事人都是中国当事人，适用中国法律更有利于保障各方当事人权益，所以与本案有最密切联系地为中国，应适用中国法律进行调整。

在投资 2234 海外第七号基金公司与南京长恒实业有限公司债权人撤销权纠纷一案中，⑤ 原告投资 2234 海外第七号基金公司是荷兰公司。本案属于债权人撤销权纠纷的案件，一审法院在列举法律适用法第二条第二款的内容后认为，本案申请撤销的担保行为、债权转让都在中国境内发生，所以中国法律与案件最密切，确认其作为准据法。二审没有对法律适用做出阐述。

根据以上案件分析可知，法院在适用法律适用法第二条第二款运用其自由裁量权时还是比较合理的，分析最密切联系的因素多为标的物所在地或者当事人的属人法连结点，有的采取住所地，有的采取国籍。当然，法院的分析仍然是采取单边与中国内地（法院地）有关因素的方法，没有全面考虑所有相关的

---

① （2020）闽 0581 民初 5760 号民事判决书。
② （2020）闽 0581 民初 5761 号民事判决书。
③ （2020）闽 0581 民初 3712 号民事判决书。
④ （2020）吉民终 157 号民事判决书；（2018）吉 24 民初 151 号民事判决书。
⑤ （2018）苏民终 51 号民事判决书；（2014）宁商外初字第 24 号民事判决书。

因素并采取比较分析的方法。

2. 法律规定不周延的案件

正如前文所述，法律规定不周延的案件主要集中在婚姻家庭领域，也主要是采取梯次选择性冲突规范的案件。严格来说，此类案件不是特别多。在检索到的2020年的案件中，只有一个案件属于这种严格意义上法律不周延的案件。还有一个案件尽管法官没有明确说明，也应该归入此种类型。

在朝恒投资有限公司与高某兴、郭某燕不当得利纠纷一案中，① 原告朝恒投资有限公司是香港特别行政区的公司，被告高某兴（案件主要事实发生时曾用名高某星）系香港特别行政区居民、被告郭某燕系中国内地居民。被告高某星是香港卫视国际传媒集团有限公司的股东，并任董事局主席。其邀请原告入股投资，占49%股份。被告高某星谎称其他51%的股份由其代国家有关部门持股，需要朝恒公司将每年投资收益的20%支付给高某星以应付此项开支。原告与被告高某星于2009年签订《投资香港卫视收益分配协议书》，其中，约定原告将其投资收益的20%分配给被告高某星。原告转让自己持有的原始股份获得投资回报，并将其中20%的投资收益（人民币14 875 710元）支付给高某星。此后，原告发现被告高某星的骗局，要求被告高某星返还投资收益。于是，被告高某星与原告签订《备忘录》，确认《投资香港卫视收益分配协议书》无效，并多次向原告出具还款承诺书，但被告以无力偿还为由，至今未能退还其非法占有原告的投资收益。被告高某星与被告郭某燕系夫妻关系。法院认为本案涉及两个民事法律关系，即原告与被告高某星之间的债权法律关系以及被告高某星的债务是不是夫妻共同债务，涉及夫妻财产法律关系。关于本案的法律适用问题，法院的说理应该是充分合理的。法院首先依据《司法解释》（2012年）第十三条的规定，即"案件涉及两个或者两个以上的涉外民事关系时，人民法院应当分别确定应当适用的法律"，对于上述两个法律关系分别确定准据法。对于前一个法律关系，法院认为《备忘录》以及还款承诺书是双方当事人合意的结果，具有合同效力。法院依据法律适用法第四十七条的规定以及第四十一条的规定，确认当事人可以协议选择法律。在本案的审理过程中，双方当事人均同意适用中国内地法律，所以法院适用中国内地法律作为准据法。对于后一个法律关系，法院在列举了法律适用法第二十四条的规定后，认为被告高某星是香港特别行政区居民，被告郭某燕是中国内地居民，两者的身份指向不同的法域，同时没有证据证明两者在中国内地有共同经常居所地。原告认为适用中国内地的法律，

---

① （2018）粤0391民初3931号民事判决书。

两被告认为适用香港特别行政区的法律。最后，法院在列举了法律适用法第二条第二款后认为：依据上述规定，应适用与涉案的债权债务关系有最密切联系的法律。本案的高某星与朝恒公司之间的债务是基于收购香港卫视而产生，朝恒公司系在香港特别行政区注册成立的公司，高某星、案涉协议的另两个主体欣某、江某生均系香港特别行政区居民，朝恒公司支付给高某星的款项亦是通过出售香港卫视的股权所得，高某星亦承诺用出售香港卫视的股权所得款项用以支付朝恒公司。故依据该条规定的最密切联系原则，对于两被告夫妻共同债务的认定，应适用香港特别行政区的法律。

本案属于典型的法律不周延导致适用法律适用法第二条第二款运用最密切联系的案件。纵观法院的说理过程，应该是正确且较为充分的，其有以下几方面值得称道的地方：其一，本案涉及两个民事法律关系，法院正确进行了区分，并依据《司法解释（一）》的规定分别确认所要适用的法律。其二，对于原告与被告的债权法律关系，适用法律适用法第四十七条与第四十一条的规定，应该是比较正确的。当然，关于该法律关系的法律适用，法院可以再做进一步分析与说理。法院可以首先认定其为不当得利法律关系，但是由于当事人之间对于不当得利进行约定的，可以认为转化为合同法律关系。法院应该只要适用其中一个条文即可，没有必要两个条文都列举，否则会被误解为两个法律关系。另外，法院适用双方当事人共同同意的中国内地法律，应该要说明是依据《司法解释（一）》中的有关规定做出认定的。其三，对于夫妻财产关系的法律适用，法院首先适用了法律适用法第二十四条规定。第24条有三个梯次的冲突规范连结点，即当事人协议选择、共同经常居所地、共同国籍。对于当事人协议选择，法院认为原告主张适用中国内地法律，两被告主张适用香港特别行政区法律。也就是说，法院的说理中蕴含着双方当事人既没有协议选择法律，也没有同意适用某一法律，所以当事人并没有对准据法达成一致。对于共同经常居所地，法院认为没有证据证明两被告具有中国内地的经常居所地。当然，法院说理也隐含了两被告也不具有香港特别行政区的经常居所地。所以，从法院的说理来看，两被告没有共同经常居所地。对于共同国籍，由于本案属于涉港民商事案件，准用法律适用法的规定，但是中国内地的居民与中国香港特别行政区的居民都是中国公民，同具有中华人民共和国的国籍。如果认为具有共同的国籍，本案法律适用具有不可能性。所以，法院的说明隐含着"区籍"的概念，即被告高某星是香港特别行政区的居民，被告郭某燕是中国内地的居民。法院还特别强调了两者的身份指向的法域不同，说明法院特别注意国际私法与区际私法案件的区别，特别采用"身份"与"法域"等词语，避免涉及中国主权的敏感问题。法院采用的"身份"基本上等同于"区籍",采用的"法域"概念则表明案件属于主权国家内部不同区域的法律冲突问题。其四,法院在具体适用法律适用法第二条第二款最密切联系原则时,其分析的因素比较全面、具体,不仅分析原告公司的注册成立地,也分析案涉协议的另外主体,以及股权转让所得所涉及的香港卫视等方面的因素。如果法院再分析案件与中国内地的因素仅仅是被告郭某燕的经常居所地,并且与案件的联系不大,这样或许就更加完善了。

在张某姝与叶某等所有权纠纷一案中,① 上诉人(原审被告)张某姝具有德国国籍,住在德国。被上诉人(原审原告)叶某具有德国国籍,住在德国。被上诉人(原审被告)厉某恒具有中国国籍,住在上海市,在德国拥有永久居留权。在本案中,厉某恒与叶某于 2002 年结婚,2017 年 7 月 24 日离婚。厉某恒与张某姝于 2017 年 10 月 17 日结婚,2018 年 6 月 11 日离婚。在厉某恒与叶某离婚前,即 2017 年 4 月至 2017 年 6 月 26 日,厉某恒分别向张某姝打款人民币 5 万元、25 万元、30 万元、15 万元以及 9000 欧元。在厉某恒与叶某离婚后,即 2017 年 9 月 28 日与 9 月 29 日,厉某恒分别向张某姝打款 33500 欧元、人民币 10 万元。原审法院并没有分析法律适用问题,直接依据《民法通则》以及婚姻法的规定,认为张某姝应返还在厉某恒与叶某离婚前厉某恒向张某姝所打的款项,且厉某恒表示同意上述钱款归叶某所有。至于厉某恒与叶某离婚后厉某恒向张某姝所打的款项不予返还。二审法院分析了法律适用问题,但是并没有在说理过程中引用法律适用法的相关条文,而是直接写道:本案当事人叶某、张某姝现为德国国籍,所涉民事关系应认定为涉外民事关系。但本案中另一当事人厉某恒为中国国籍,三方当事人并未就处理本案选择哪国实体法协商一致,故人民法院有权结合本案实际情况依法予以判定。其实际情况是,本案为婚姻家庭财产纠纷,处理发生于各方当事人之间两段婚姻期间的财产纠葛。无论是厉某恒、叶某还是厉某恒、张某姝之间,其结婚缔结地、协议离婚所在地均在中国。同时,从本案争议财产钱款的主要来源及贡献予以考量,亦能指向所涉涉外民事关系最密切联系地为中国。因此,本院依法适用与该涉外民事关系有最密切联系的我国法律进行审理裁判。但是,法院在最后写道:"据此,依照《中华人民共和国涉外民事关系法律适用法》第二条……判决如下"。这就说明法院依据法律适用法第二条规定确定准据法,再根据前文说理部分依照最密切联系原则进行法律适用,这就说明法院具体适用了法律适用法第二条第二款的

---

① (2019)沪 01 民终 8580 号民事判决书;(2018)沪 0115 民初 62368 号民事判决书。

规定。但是，法院没有具体、明确地说明为何适用该条款的规定，只是模糊地说："法院有权结合本案实际情况依法予以判定"。

其实，本案所涉及的问题实际上是判定所打钱款是否属于夫妻共同财产的问题，离婚后所打钱款肯定不属于夫妻共同财产，离婚前所打钱款是否属于夫妻共同财产，需要确定所要适用的法律。如前述案件一样，本案准据法的确定应该依据法律适用法第二十四条规定的三个梯次，即当事人选择的法律、共同经常居所地法律、共同国籍国法律。由于法院在判决中没有具体说明，笔者只能根据该判决书的内容作分析。首先，当事人没有选择法律，如判决书所述："三方当事人并未就处理本案选择哪国实体法协商一致"。其次，有无共同经常居所地法律。尽管上诉人张某姝称各方长期居住于德国，但不能判定厉某恒的经常居所地是否在德国。最后，有无共同国籍国法律。叶某为德国人，厉某恒为中国人，所以无法认定他们具有共同的国籍。由于判决书没有具体说明当事人取得国籍的时间，也没有说明当事人的经常居所地在何地，所以上述后两方面只能是推断出来的。如果事实符合我们推断的情况，法院适用第二条第二款作为确定准据法的依据就是合理的，即为了应对法律不周延导致无冲突规范可以依据的情况，可以适用最密切联系原则。在本案中，法院运用最密切联系原则分析的因素有婚姻缔结地、协议离婚所在地、争议财产钱款主要来源地及贡献。本案与上一个案件相比较，尽管都是一线发达城市法院所做出的判决，深圳前海合作区人民法院所做判决的质量似比上海市第一中级人民法院所做判决的质量高。

（三）法院存在的主要问题

上面所述案件说明，法官适用法律适用法第二条第二款、运用其自由裁量权的水平尽管有高有低，但基本上还是比较合理的。在某些案件中，法官自由裁量权的运用存在着一定的问题，或者存在不合理地适用法律适用法第二条第二款规定的情况。具体来讲，法院主要存在以下几方面的问题。

1. 法院没有说理过程

在有些案件中，法官没有任何说理过程，无法反映其行使自由裁量权的理由。

在张某梅与番禺区石楼镇莲花山莲翠苑民事纠纷一案中，[①] 上诉人（原审原告）张某梅是香港特别行政区居民，被上诉人（原审被告）番禺区石楼镇莲花山莲翠苑、翠莲花园小区业主委员会是广州某小区及其业主委员会。一审法

---

① （2020）粤 01 民终 4432 号民事裁定书；（2019）粤 0115 民初 1335 号民事判决书。

院认为本案是涉港纠纷案件，应当参照涉外案件处理。其在列举第二条第二款的规定后认为，根据最密切联系原则，适用中国内地法律。假设一审法院受理本案并认定本案属于民事案件是正确的，确实法律适用法没有规定此类问题的法律适用，其适用第二条第二款应该没有问题；但是没有阐明任何适用的理由，没有列举最密切联系的分析因素，这是不妥当的。当然，一审法院认定本案属于涉港民事案件是不正确的，本案是因业主大会以及业主委员会成立、选举产生的纠纷，是业主自治范围内的事项，不属于法院受理的范围，当事人可以向有关行政主管部门申请解决。据此，二审法院做出了纠正。

在曹某与苏州永业管桩有限公司、孙建明公司盈余分配纠纷一案中，[1] 原告曹某具有美国国籍。在本案中，法院几乎没有分析，只是认为：本案原告曹某系美国国籍，依据《中华人民共和国涉外民事关系法律适用法》规定，由于本案主要争议涉及设立在中华人民共和国境内公司的盈余分配纠纷，故本案应适用中华人民共和国法律。法院在最后写道："依照《中华人民共和国涉外民事关系法律适用法》第二条……判决如下"。这说明判决书正文部分关于法律适用确定准据法的依据是第二条的规定。法院的说理过程既没有提及所要适用法律适用法具体条文的内容，也没有具体说明是适用最密切联系原则，更没有分析适用第二条第二款的前提条件，即法律没有规定。其仅仅指出争议涉及中国公司的盈余分配纠纷，法院行使其自由裁量权具有任意性与随意性。

2. 法院不应适用法律适用法第二条第二款

在有些案件中，法官可以适用具体的冲突规范的规定，或者可以直接适用我国的法律，然而法官错误地适用了法律适用法第二条第二款的规定。

在曾某香与关某远、尹某不当得利纠纷，[2] 曾某香与关某远、熊某伟不当得利纠纷[3]以及曾某香与关某远、郭某平不当得利纠纷[4]等系列案件中，其判决书内容基本上差不多。这三个案件均是关于不当得利的案件，被上诉人（原审原告）关某远是香港特别行政区的居民，因而属于涉港民事案件。一审法院依据法律适用法第二条第二款，认为标的物在内地，确定中国内地的法律作为准据法。一审法院适用第二条第二款是错误的，因为该条款适用的前提是本法和其他法律没有规定的情况，广义上也包括有规定，但法律条文不周延导致无法处理案件的情况。本案属于不当得利的纠纷，也涉及不动产继承的问题，关于这

① （2019）苏 05 民初 291 号民事判决书。
② （2020）粤 19 民终 6251 号民事判决书；（2019）粤 1973 民初 13047 号民事判决书。
③ （2020）粤 19 民终 6250 号民事判决书；（2019）粤 1973 民初 13046 号民事判决书。
④ （2020）粤 19 民终 6252 号民事判决书；（2019）粤 1973 民初 13048 号民事判决书。

两种民事法律关系的法律适用在法律适用法中都有明确的规定，而且所规定的条文具有周延性，不会存在找不到法律的情况。所幸二审法院对一审法院法律适用问题做出了更正，即适用了法律适用法第 31 条关于继承法律适用的规定以及第 47 条关于不当得利法律适用的规定，前者适用不动产所在地法律，后者适用不当得利发生地法律，均为中国内地的法律。

在朱某祥与东莞永诚制造厂有限公司无因管理纠纷一案中，① 原告是香港特别行政区居民。本案与上述系列案件均是广东省东莞市第三人民法院所做的一审判决，其与上述系列案件都是同样错误地适用了法律适用法第二条第二款的规定。由于本案被告无正当理由拒不到庭，因而是缺席审理。关于本案没有检索到二审判决，大概率是没有提起上诉，法院错误的法律适用没有得到上诉法院的更正。

在林某阳与胡某伏承揽合同纠纷、② 林某阳与邓某英承揽合同纠纷、③ 林某阳与雷某光承揽合同纠纷④等系列案件中，原告林某阳是香港特别行政区居民，案件属于涉港承揽合同纠纷的案件。法院依据法律适用法第二条第二款的规定，认为双方当事人没有约定法律，但合同履行地在中国内地，根据最密切联系原则，适用中国内地的法律。同样，法院没有考虑到该条款适用的前提条件。关于合同的法律适用，法律适用法采取了总分结构的形式进行立法，即第四十一条规定了一般合同的法律适用，第 42 条、第 43 条分别规定了消费者合同和劳动合同的法律适用。本系列案件不属于消费者合同和劳动合同的纠纷，因而应该适用一般合同法律适用的规定，即第四十一条的规定。依据该条规定，当事人没有选择法律的，依照特征履行原则或最密切联系原则。尽管本系列案件适用了最密切联系原则，与适用第 41 条得出适用中国内地法律同样的结论，但是法官行使自由裁量权还是存在一定问题的。同样，在张某龙与谢某股权转让纠纷一案中，⑤ 法院认为张某龙是香港特别行政区居民，本案属于涉港案件。本案属于股权转让纠纷，参照法律适用法第二条第二款的规定，适用最密切联系的法律。由于被告的经常居所地、诉争款项发生地以及案涉股份所属公司所在地等均在内地，所以适用中国内地的法律。法院分析最密切联系原则的因素还是可行的，但是法院犯了与前述案件审理同样的错误。本案属于股权转让纠纷，

---

① （2019）粤 1973 民初 14315 号民事判决书。
② （2019）粤 0605 民初 30621 号民事一审判决书。
③ （2019）粤 0605 民初 30601 号民事一审判决书。
④ （2019）粤 0605 民初 30628 号民事一审判决书。
⑤ （2020）沪 0104 民初 5512 号民事判决书。

理应适用第四十一条的规定，没有必要适用第二条第二款的规定。

3. 法院将法律适用法第 2 条与其他条款混合适用的问题

在某些案件中，存在法院将第 2 条与其他条款混合适用的现象。具体来说，法院有两种情况：其一，法院将第二条第二款与其他条款混合适用；其二，法院是将第 2 条第 1 款与其他条款混合适用（包括法院只是列举第 2 条条文的内容，没有具体指明适用第 1 款，事实上是第 1 款与其他条款混合适用的情况）。前者的情况比较少，法院的做法存在一定的错误；后者的情况相对比较多，法院的做法有待商榷。

在孙某刚与 Tshering Wangmo、Pema Dechen 追偿权纠纷一案中，[①] 原告是中国公民，被告是不丹王国公民。本案是于买卖合同法律关系的基础上再成立的委托法律关系，属于追偿权纠纷。法院再根据法律适用法第二条第二款规定，认为本案当事人没有约定所适用的法律，合同履行地在中国，根据最密切联系原则，适用中国法律。事实上，法院是将第二条第二款与第 41 条进行了混合适用。正如前文所述，第二条第二款适用的前提是法律没有规定，起到立法补缺的作用。然而，在法律有具体规定的情况下，是不能适用第二条第二款的。

法院将第 2 条第 1 款与其他条款混合适用主要有以下几种情形。

第一种情形是法院判决书正文中仅仅引用其他相关的条文，但在判决依据说明中列明第 2 条。例如，在刘某荣与陈某寿追索劳动报酬纠纷一案中，[②] 法院判决书正文中说明是依据法律适用法第四十一条的规定，但在判决依据中说明是依据法律适用法第 2 条与第 41 条。再如，在娱乐壹英国有限公司、艾斯利贝克戴维斯有限公司等与合肥弘若昕商贸有限公司著作权权属、侵权纠纷一案中，[③] 法院正文中说明是依据法律适用法第五十条的规定，但在判决依据中说明是依据法律适用法第 2 条。

第二种情形是法院判决书正文中引用第 2 条，具体说理又是依据其他的冲突规范，但是在判决依据中说明是依据第二条的规定。例如，在广州信联智通实业股份有限公司与姚某芸、黄某强股东资格确认纠纷一案中，[④] 法院依据法律适用法第 2 条认为："因与该案有最密切联系之一及履行义务最能体现该合同特征的一方当事人信联股份公司登记在内地，故本案可以内地法律作为解决双方当事人争议适用的准据法"。法院的说理部分隐含着适用第四十一条规定的

---

① （2019）粤 0605 民初 12218 号民事判决书。

② （2020）闽 0803 民初 793 号民事判决书。

③ （2020）皖 0191 民初 376 号民事判决书。

④ （2020）粤 0112 民撤 1 号民事判决书。

意思。

第三种情形是法院判决书正文和判决依据中都说明依据法律适用法第 2 条和其他条文。例如，在隆尧县固城镇衡翔重汽配件厂与吴某育债权人撤销权纠纷一案中，① 法院认为当事人没有选择合同所适用的法律，依据法律适用法第 2 条与第 41 条，按照最密切联系原则，适用中国内地法律。再如，在深圳市麦莎莎餐饮管理有限公司与刘某损害公司利益责任纠纷一案中，② 法院在判决书正文和判决依据中都说明依据法律适用法第 2 条与第 44 条。

第四种情形是法院判决书正文说明依据法律适用法第 2 条与其他条文，但判决依据不做说明。例如，在姚某玄、马某军股权转让纠纷一案中，③ 二审法院在判决书正文中说明依据法律适用法第 2 条、第 3 条以及第 10 条，但在判决依据中对法律适用依据只字不提。本案属于股权转让纠纷，可以适用法律适用法第四十一条的规定。法院在审理本案中有三方面问题：其一，第 2 条一般不能与其他条款混合适用；其二，第 3 条是意思自治原则宣示性条款，根据禁止向原则逃逸的司法原则，法院不能直接适用该条款；其三，第 10 条是关于外国法查明的问题，需要首先确定准据法是外国法，然后根据该条款查明外国法。

第五种情形是法院明确依据法律适用法第 2 条第 1 款与其他条文。上述四种情形均是笼统地依据第二条的规定，有的还将第 2 条的内容全部列举出来。在该情形下，法院是直接说明依据第 2 条第 1 款，仅仅列举第 1 款的内容。这种情形的案件相对较多，包括：（1）张某坚与李某丽、广东尚佳物业管理有限公司物业服务合同纠纷案；④（2）张某红与李某丽、广东尚佳物业管理有限公司物业服务合同纠纷案；⑤（3）卢某明与李某丽、广东尚佳物业管理有限公司物业服务合同纠纷案；⑥（4）郭某娣与李某丽、广东尚佳物业管理有限公司物业服务合同纠纷案；⑦（5）黄某祥与钟某威宅基地使用权纠纷案；⑧（6）陈某娟与林某佳、方某琴民间借贷纠纷案。⑨ 前面四个案件属于系列案件，在同一法院审理，判决书基本一致。关于法律适用问题，法院在列举第 2 条第 1 款与第 41

---

① （2019）闽 04 民初 124 号民事判决书。

② （2020）粤 0391 民初 1855 号民事判决书。

③ （2020）豫民终 171 号民事判决书；（2018）豫 01 民初 4718 号民事判决书。

④ （2020）粤 1973 民初 14842 号民事判决书。

⑤ （2020）粤 1973 民初 14832 号民事判决书。

⑥ （2020）粤 1973 民初 14836 号民事判决书。

⑦ （2020）粤 1973 民初 14845 号民事判决书。

⑧ （2019）粤 1973 民初 1069 号民事判决书。

⑨ （2019）粤 05 民终 1129 号民事判决书；（2017）粤 0511 民初 2550 号民事判决书。

条的条款内容后，认为应适用中国内地法律。在第（5）案件中，法院在列举第2条第1款和第36条的条款内容后，认为应适用中国内地法律。特别值得一提的是第（6）案件，一审法院对法律适用没有做出分析，直接适用中国内地法律。二审法院则对于法律适用做出了详细的分析，分析了借款合同的准据法、诉讼程序所适用的法律、诉讼时效所适用的法律以及夫妻共同债务所适用的法律，其分析是具体、充分的。但在分析借款合同准据法时，是将法律适用法第2条第1款与第41条一起进行分析的。

总之，法院在审理案件中存在以上几种情况，不能说法院适用法律存在明显的错误，但没有必要依据第2条第1款的规定，再来适用具体的冲突规范，这些有待商榷。法律适用法第2条有两个条款：第1款规定涉外民事关系适用的法律依照法律适用法以及其他法律确定；第2款是法律没有规定的，适用最密切联系原则，起到补缺的作用。第1款的规定只是起到宣示性的作用，其立法本意并不是要求法院首先依据该款的规定，再确定准据法。以上各种情形中，法官的基本思路是：首先，依据第1款规定，法院应适用法律适用法确定准据法；其次，再依据法律适用法规定的具体冲突规范，确定准据法。笔者认为法院的做法没有明显的错误，但多此一举。

二、多法域准据法的确定

笔者通过 https：//alphalawyer. cn/#/app/tool/search/case？ searchType = law 检索案例。检索设定的条件为：时间：2021 年 12 月 31 日之前；案例来源：Alpha 案例库；案由：未设置案由；检索条件：全文。涉外民事关系适用外国法律，该国不同区域实施不同法律的，适用与该涉外民事关系有最密切联系区域的法律。数据采集时间：2022 年 2 月 14 日。共采集到案件数量为 6 件。

（一）案件概况

表6-3 2021年12月31日前涉及法律适用法第6条的总体情况

序号	审理法院	案号	案由	涉外因素	涉及的法律	适用的法律	适用第6条的考虑因素
1	北京市第一中级人民法院	（2019）京01民终5350号	继承纠纷	当事人系澳大利亚国籍	澳大利亚法律、中国内地法律	澳大利亚新南威尔士法律	本案被继承人属于澳大利亚国公民,死亡地点为澳大利亚新南威尔士州,应该适用澳大利亚国法律确定遗嘱效力。又因为澳大利亚各州有不同的法律体系,死亡地均为澳大利亚区域的因被继承人居住地,故确定最密切联系法律为新南威尔士州,法律为新南威尔士州继承系区域的法律规范。
2	上海市第二中级人民法院	（2017）沪02民终1359号	法定继承纠纷	上诉人系美国国籍	美国法律、中国内地法律	美国《纽约州遗产、权力和信托法》	由于被继承人于2002年立遗嘱的相关时点已为美国人,经常居住地在美国纽约州,故适用美国纽约州法律。
3	上海市静安区人民法院	（2015）静民四(商)初字第S906号	继承纠纷	原告系台湾地区居民,涉案被继承人经常居住地位于美国	台湾地区法律、中国内地法律	美国华盛顿州法律	被继承人死亡时经常居住在美国华盛顿州西雅图,而争议适用的存款又储蓄于被继承人处,所以适用美国华盛顿州继承法。
4	上海市浦东新区人民法院	（2015）浦民二(商)初字第S3733号	合同纠纷	原告住所地位于萨摩亚群岛	萨摩亚群岛法律、中国内地法律	中国内地法律	涉案争议标的位于中国内地,中国内地法律是最密切联系地法律。

续表

序号	审理法院	案号	案由	涉外因素	涉及的法律	适用的法律	适用第 6 条的考虑因素
5	上海市闵行区人民法院	（2018）沪 0112 民初 31439 号	合同纠纷	被告系澳门特别行政区居民	澳门特别行政区法律、中国内地法律	中国内地法律	本案所涉民间借贷的法律关系发生在内地，根据最密切联系原则，本案应适用中国内地法律处理。
6	广州海事法院	（2012）广海法初字第 1081 号	民间借贷纠纷	原告住所地位于加拿大温哥华	加拿大法律、中国内地法律	中国内地法律	涉案合同在广州达成，且多项委托事宜都发生在广州，所以广州与涉案合同具有最密切联系。

（二）案件说明

由于案件比较少，笔者将所有检索到的案件做一简要说明。

1. 吴某 2 等继承纠纷案

本案是关于继承纠纷的案件，一审法院是北京市海淀区人民法院，① 二审法院是北京市第一中级人民法院，并于 2019 年 7 月 29 日做出驳回上诉，维持原判的判决书。②

本案原告吴某 4，澳大利亚国籍，住澳大利亚新南威尔士州。被告吴某 3，澳大利亚国籍，住澳大利亚新南威尔士州。被告赵某 1，澳大利亚国籍，住澳大利亚新南威尔士州。被告高某、吴某 1、吴某 2 住河南省洛阳市涧西区。

本案的基本事实：吴某 5 与赵某 2 是夫妻，共生有吴某 4、吴某 3、吴某 6、赵某 1 三子一女。吴某 6 与高某是夫妻，婚后生有吴某 1、吴某 2 一子一女。吴某 5 与赵某 2 于 1992 年取得澳大利亚国籍。赵某 2 于 2010 年在澳大利亚去世，吴某 5 于 2014 年在澳大利亚去世，吴某 6 于 2018 年去世。本案继承人是四位子女，即吴某 4、吴某 3、吴某 6 和赵某 1。由于在被继承人死亡后，遗产分割之前，继承人吴某 6 去世，其继承的份额由其继承人，即高某、吴某 1、吴某 2 代位继承。1995 年，吴某 5 在澳大利亚订立《这是临终遗嘱》。本案所涉房屋是吴某 5 自其单位分得，后购买，于 2009 年 12 月 4 日取得房产证，登记在吴某 5 名下。

本案的争议焦点是：（1）吴某 5 在澳大利亚订立的遗嘱形式有效性问题；（2）该遗嘱效力问题；（3）该遗嘱的解释问题，遗嘱中的英文 "said son"，是指所有的三个儿子，还是专门指吴某 4；（4）遗嘱是 1995 年订立的，是否包含 1995 年以后取得的房产。

一审法院北京市海淀区人民法院首先确定案件属于涉外民商事案件，其次依据法律适用法第 32 条、第 33 条，确定适用澳大利亚法律为准据法。由于澳大利亚不同区域实施不同的法律，应当适用与该涉外民事关系有最密切联系区域的法律，故本案应当适用澳大利亚新南威尔士州法律进行审理。

二审法院北京市第一中级人民法院首先对遗嘱争议问题进行了识别，认为本案的问题是遗嘱的效力问题。其次，依据法律适用法第三十三条、第五十一条的规定，应该适用澳大利亚国法律确定遗嘱效力。最后，依据法律适用法第六条规定，涉外民事关系适用外国法律，该国不同区域实施不同法律的，适用

---

① （2015）海民初字第 43956 号民事判决书。

② （2019）京 01 民终 5350 号民事判决书。

与该涉外民事关系有最密切联系区域的法律。澳大利亚各州有不同的法律体系，因吴某5、赵某2居住地、死亡地均为澳大利亚新南威尔士州，故确定最密切联系区域的法律为新南威尔士州继承法律规范。经法院询问，双方当事人对上述法律规范的适用无异议。诉讼中，吴某4向法院提供了经公证认证的新南威尔士州《2006年继承法》，吴某3、赵某1对该法案的真实有效性不持异议，故本案的具体准据法应确定为该法案。一审法院对外国法的查明准确，二审法院予以确认。

本案一审法院与二审法院的认定意见既有值得称道的地方，也有值得反思的地方，即两级法院对于法律适用法第6条的运用都有值得商榷的地方。一般来说，法律选择的过程主要是：（1）确定案件属于涉外民商事案件；（2）案件的定性，即国际私法上的识别问题；（3）适用本国的冲突规范；（4）如果依据本国冲突规范适用外国法，该国属于多法域国家，则需要依据法律适用法第六条规定的最密切联系原则，确定所适用具体法域的法律。

一审法院首先直接引用2012年《司法解释（一）》第1条第4款条文的内容，确定案件是涉外民商事案件，然后直接适用法律适用法第三十二条、第三十三条的规定，认定本案适用澳大利亚的法律，最后直接引用第六条的规定，确定适用澳大利亚新南威尔士州的法律。二审法院在认定本案是涉外民商事案件的前提条件下，首先阐述了国际私法上的识别，认定本案属于遗嘱的效力问题，并分析了国际私法上的反致制度和转致制度，然后适用法律适用法第三十三条的规定。值得一提的是，二审法院考虑到国际私法时际法律冲突问题，即适用法律适用法第五十一条的规定。最后依据法律适用法第六条的规定，适用澳大利亚新南威尔士州的法律。在适用第6条最密切联系原则时，法院所考虑的因素包括被继承人的居所地、死亡地等因素。两审法院均考虑到国际私法上的相关法律制度，这是值得称赞的。但是，两审法院在适用第六条的规定时均存在错误或者不当的地方。

其一，无论是一审法院适用法律适用法第32条、第33条，还是二审法院适用第33条，都没有必要适用第六条的规定，即本案事实上不存在多法域准据法的确定问题。法律适用法第32条是无条件的选择性冲突规范，可以直接适用遗嘱人立遗嘱时或者死亡时经常居所地法律，或者直接适用遗嘱行为地法律，直接确定适用澳大利亚新南威尔士州的法律。第33条是可以直接适用遗嘱人立遗嘱时或者死亡时经常居所地法律，也可以直接确定适用澳大利亚新南威尔士州的法律。也就是说，法院没有必要再适用第六条的规定来确定多法域的准据法。

其二，即使适用第六条的规定，一审法院没有分析适用最密切联系原则的因素，二审法院分析的因素也是不全面的。法院在适用最密切联系原则时运用其自由裁量权具有一定的随意性，因素分析方法运用不彻底。

2. 周某1、王某某等与周某2、张某2法定继承纠纷案

本案与前述"吴某2等继承纠纷案"基本一样，也是属于继承纠纷的案件。一审法院是上海市静安区人民法院，[①] 二审法院是上海市第二中级人民法院，并于2018年7月12日做出撤销一审法院（2015）静民一（民）初字第1476号民事判决。[②]

本案二审上诉人（原审被告）周某1，户籍地上海市，居住在美国。上诉人王某某居住在美国。上诉人张1，居住在上海市黄浦区。被上诉人（原审原告）周某2，居住在美国。被上诉人（原审被告）张某2，居住在吉林省辽源市。

被继承人周某萍与张某原婚后生有周某2、周某1、张某玉、张某2四位子女。被继承人周某萍与张某原于1959年离婚。在二审过程中，张某玉于2018年死亡，法院依法追加张某玉的法定继承人王某某、张1作为上诉人参加诉讼。根据上海市中级人民法院（83）沪中民字第24号民事判决书，被继承人周某萍取得上海市长乐路XXX号房屋一定的份额。1990年，周某萍立有遗嘱一份，并经上海市浦江律师事务所见证，将其享有的系争房屋的产权留由周某2一人继承。后周某萍加入美国国籍，并于2002年在美国立有一份遗嘱，将其享有的系争房屋的产权由四位子女均分。2004年，周某萍出具委托书，明确表示其于1990年所立遗嘱继续有效。2005年，周某萍在美国去世。周某2向上海市静安区人民法院提起一审诉讼，要求按照1990年的遗嘱继承所涉房产。一审法院做出了被继承人周某萍享有的上海市长乐路XXX号房屋的产权份额由周某2继承的判决。周某1、王某某、张1不服一审法院的判决，向上海市第二中级人民法院提起上诉。

本案的争议焦点是：（1）被继承人周某萍于2002年在美国立有的遗嘱是否有效；（2）周某萍于2004年出具的委托书是否具有遗嘱的效力。关于这两个问题，上海市静安区人民法院认为：遗嘱方式，符合遗嘱人立遗嘱时或者死亡时经常居所地法律、国籍国法律或者遗嘱行为地法律的，遗嘱均为成立；遗嘱效力，适用遗嘱人立遗嘱时或者死亡时经常居所地法律或者国籍国法律。周某萍

① （2015）静民一（民）初字第1476号民事判决书。
② （2017）沪02民终1359号民事判决书。

在 2002 年立遗嘱时系美国人，居住在美国，在美国纽约州立下遗嘱，在纽约州死亡，故对于张某玉、周某 1 主张周某萍 2002 年所立遗嘱是否有效，应适用美国纽约州的法律，法院予以确认。

一审法院根据《纽约州遗产、权力和信托法》，认定 2002 年的遗嘱无效。二审法院在审理过程中，委托华东政法大学外国法查明中心就本案所涉据以判断周某萍 2002 年所立遗嘱效力的美国纽约州法律及该遗嘱的效力问题提供法律意见。该中心出具了《法律意见书》，认为该遗嘱自有效认证之后成立，在形式要件上符合纽约州《纽约州遗产、权力与信托法》的规定。上海市第二中级人民法院认为：依据法律适用法第三十二条、第三十三条的规定，对案件争议焦点的评判应适用美国纽约州法律，并通过 2002 年所立遗嘱是否成立、是否有效两个层面分析，得出该遗嘱成立、有效。最后，二审法院依照法律适用法第 6 条、第 32 条、第 33 条、《司法解释（一）》第 18 条以及《民事诉讼法》第 170 条第 1 款第 2 项之规定，撤销了一审判决。

在本案中，一审法院并没有阐述多法域准据法确定的问题，而是直接依据法律适用法第三十二条、第三十三条的规定，适用美国纽约州的法律。但是二审法院在法律依据的阐述中列举了法律适用法第六条的规定，但其判决书中并没有具体阐述是如何运用第六条规定的最密切联系原则。其实，二审法院犯了与前述第一个案件同样的错误，即没有必要对多法域准据法确定问题做出判断，其可以直接根据第 32 条和第 33 条确定美国纽约州的法律作为准据法，正如华东政法大学外国法查明中心出具的《法律意见书》所言：本案所涉的是一个纽约州遗嘱的效力问题。依据《涉外民事法律关系适用法》第 32 条之规定，"遗嘱方式，符合遗嘱人立遗嘱时或者死亡时经常居住地法律、国籍国法律或者遗嘱行为地法律的，遗嘱均为成立"。第三十三条规定，"遗嘱效力，适用遗嘱人立遗嘱时或者死亡时经常居所地法律或者国籍国法律"。本案中的立遗嘱人周某萍在 2002 年订立遗嘱时系美国人，立遗嘱时和死亡时的经常居住地在美国纽约州，因此，遗嘱的方式和效力问题应当依据美国纽约州法律及相关判例来认定。

3. 李刘某华法定继承纠纷案

本案是关于法定继承的纠纷。原告李刘某华，住台湾地区台北市。被告汇丰银行（中国）有限公司上海国际贵都大饭店支行，住所地上海市静安区延安西路。上海市静安区人民法院于 2015 年 11 月 23 日做出民事判决书。①

在本案中，原告是刘某森唯一的姐姐。刘某森于 2013 年在美国死亡，其无

---

① （2015）静民四（商）初字第 S906 号民事判决书。

配偶、无子女，无其他兄弟姐妹，父母、祖父母、外祖父母已经在其之前死亡。原告为继承刘某森在中国内地的遗产，从 2013 年起，在美国以及中国台湾地区办理了各种公证和认证，并由上海市静安公证处做出公证，确认上海宋园路房屋由原告继承。原告持公证书向被告请求支付刘某森在被告处的存款，遭到被告拒绝。原告于是向上海市静安区人民法院提起诉讼，要求确认原告对存款的所有权并要求被告支付存款及利息。

本案看似简单，实则涉及两个法律关系：其一，原告是否具有继承权的问题；其二，被告是否应该支付存款及利息给原告，即储蓄存款合同的法律关系。后一个法律关系的确立是以前一个法律关系的确立为前提。对于合同的法律适用，上海市静安区人民法院认为依据法律适用法第四十一条的规定，合同的订立、履行地均在中国内地，本案适用与该合同有最密切联系的法律，即中国内地的法律。对于动产的法定继承的法律适用，上海市静安区人民法院认为，依据法律适用法第三十一条的规定，适用被继承人死亡时经常居所地法律。由于被继承人死亡时的经常居所地在美国华盛顿州西雅图，所以依据法律适用法第六条的规定，适用美国华盛顿州的法律。

上海市静安区人民法院在审理本案时，根据不同的法律关系，分别确定各自的准据法，这点是值得称道的。因为依据《司法解释（一）》的第十一条规定，案件涉及两个或者两个以上的涉外民事关系时，人民法院应当分别确定应当适用的法律。但是，其无论是适用法律适用法第 41 条第 2 款中的最密切联系原则，还是适用第 6 条中的最密切联系原则，均有不妥当的地方。对于合同的法律适用，第 41 条第 2 款是规定适用履行义务最能体现该合同特征的一方当事人经常居所地法律或者其他与该合同有最密切联系的法律。法院在没有根据特征履行原则确定准据法的情况下，直接最密切联系原则确定合同的准据法，关于其中存在的问题，笔者将在后一节中做详细的阐述。对于动产法定继承的法律适用，法院依据第三十一条的规定，直接适用被继承人死亡时的经常居所地法律，即美国华盛顿州的法律，无须再依据第六条的规定确定多法域的准据法。

4. 上海珍惠实业有限公司与奥捷五金（江苏）有限公司、施某溪民间借贷纠纷案

本案属于民间借贷纠纷案件。原告上海珍惠实业有限公司，住所地上海市闵行区。被告施某溪、奥捷五金（江苏）有限公司，住所地江苏省昆山市。上海市闵行区人民法院于 2019 年 5 月 20 日做出一审判决。① 2017 年，原告作为出

---

① （2018）沪 0112 民初 31439 号民事判决书。

借人、施某溪作为借款人、奥捷公司作为保证人签订保证担保借款合同。因被告施某溪未按期足额还款，原告向上海市闵行区人民法院提起诉讼。

在本案中，法院认为被告施某溪系澳门特别行政区居民，案件属于涉澳纠纷案件。因本案所涉民间借贷的法律关系发生在内地，根据最密切联系原则，本案应适用中国内地法律处理。于是，法院参照法律适用法第 6 条，并依照合同法第 196 条、第 206 条、第 207 条，担保法第 18 条，民事诉讼法第 144 条，《最高人民法院关于审理民间借贷案件适用法律若干问题的规定》第 29 条，《司法解释（一）》第十九条规定，做出判决。

本案属于借款合同纠纷的案件，应该适用法律适用法第四十一条的规定，即如果当事人没有选择法律的，适用履行义务最能体现该合同特征的一方当事人经常居所地法律或者其他与该合同有最密切联系的法律。上海市闵行区人民法院根据最密切联系原则，适用中国内地的法律，应该没有犯原则性的错误。法院在判决书最后的法律依据部分指出，适用《司法解释（一）》第十九条规定，可以适用法律适用法处理涉港澳台案件。法院的这一思路是正确的。但是令人困惑的是，法院为何参照法律适用法第六条的规定，不知道是法院的笔误，还是法院本来就存在运用不当的问题。如果法院认为确实适用第六条的规定，一种可能的解释是我国是多法域国家，需要确定适用哪一法域的法律。如果这样，法院存在两方面的重大错误：其一，第六条规定是针对适用外国法律的情况，如果案件适用我国法律，没有必要适用第六条的规定；其二，根据最密切联系原则，可以直接认定所要适用具体法域的法律，而没有必要适用第六条规定。

5. 陈某民、陈某萍与广州远诚国际货运代理有限公司海上货运代理合同纠纷案

本案属于货运代理合同纠纷案件。原告陈某民、陈某萍，被告广州远诚国际货运代理有限公司，住所地在广东省广州市黄埔区。广州海事法院于 2013 年 7 月 11 日做出判决。[①]

本案原告在广州购买一批家具，由被告负责海上运输及报关、清关业务，将家具运送至加拿大温哥华市。因原被告关于家具是否分批托运、家具的包装、家具的损坏产生争议，原告向广州海事法院提起诉讼。广州海事法院认为："涉案合同在广州达成，且多项委托事宜都发生在广州，所以，广州与涉案合同具有最密切联系，根据《中华人民共和国涉外民事关系法律适用法》第六条'涉

---

① （2012）广海法初字第 1081 号民事判决书。

外民事关系适用外国法律，该国不同区域实施不同法律的，适用与该涉外民事关系有最密切联系区域的法律'的规定，本案应适用中华人民共和国法律处理本案纠纷。"同理，本案法院犯了与前述案件 4 同样的两大错误。

6. 其他合同纠纷案

本案属于合同纠纷案件。原告是 Good Stone Group Corp，住所地在萨摩亚群岛。被告上海江隆进出口有限公司，住所地在上海市浦东新区。上海市浦东新区人民法院于 2016 年 4 月 5 日做出判决。[①]

原告是一家从事布料采购业务的境外公司，拥有丰富的生产工厂和国外客户资源，被告为一家专门从事进出口的贸易公司。双方为了拓展业务，就布料货物出口事宜开展合作。双方具体交易流程为：原告负责联系国外客户，确定货物的种类、数量、价格、运输和付款方式等事宜。国外客户将上述内容以订单的方式发送给被告，原告依照订单的内容发送给国内的工厂组织生产，货物交给被告办理出口事宜，被告负责支付工厂货款。原、被告双方约定，被告办理货物出口事宜，并购买中国出口信用保险公司的出口保险。国外客户按约定的时间（发货后 90 日内）将货款汇至被告的账户。双方约定，被告扣除交易前期的成本（支付给工厂的货款、国外客户 90 天付款产生的利息、购买出口保险的保费、办理出口的报关成本等），被告分得应向工厂和国外客户收取的代理费（比例为 1%），其余利润归原告所有。原告因被告未按照约定支付款项，向上海市浦东新区人民法院提起诉讼。被告辩称，其与原告之间从未有业务往来，而是与原告法定代表人名下的龙余公司发生涉案订单交易。被告与龙余公司并非合作关系，而是出口代理关系，被告仅获得 1% 的代理费。

上海市浦东新区人民法院认为："本案原告住所地位于萨摩亚群岛，故本案系涉外合同纠纷。就本案涉外民事关系适用的法律，当事人未做出明示选择，《中华人民共和国涉外民事法律关系适用法》和其他法律亦没有规定，故应适用与该涉外民事关系有最密切联系的法律。本案纠纷产生于货物出口后，外贸款项资金如何分配。款项目前在被告处，即在中华人民共和国境内，故与本案合同法律关系有最密切联系的法律应为中华人民共和国法律。本院据此确定本案争议的处理适用中华人民共和国法律。""综上，依照《中华人民共和国涉外民事关系法律适用法》第六条，《中华人民共和国民事诉讼法》第六十四条，《最高人民法院关于民事诉讼证据的若干规定》第二条之规定"，做出判决。同理，本案法院犯了与前述案件 4 同样的两大错误。

---

① （2015）浦民二（商）初字第 S3733 号民事判决书。

（三）综合分析

从法律适用法自 2011 年 4 月 1 日生效实施到 2021 年 12 月 31 日，超过十年时间，我们总共检索到六个关于多法域准据法确定的案件。根据前文的分析，事实上是没有一个案件需要适用法律适用法第六条规定，前面三个案件可以直接依据冲突规范确定具体的准据法，后面三个案件是错误地适用第六条规定。或许因为检索的方法限制，或者因为数据库不全面，可能遗漏了一些案件，但还是说明了涉及第 6 条的案件是非常少的。上述六个案件都是由一线城市上海、北京、广州的法院审理的，其中，上海有 4 件，北京、广州各 1 件，但是没有一个法院能够正确合理地适用第六条的规定。按理说，上海、北京、广州作为中国最发达的城市，法官的素质应该是代表着中国的最高水准，但是其审理涉外民商事案件在适用第六条规定时，还是存在这样或那样的问题，法官自由裁量权的运用也有不合理的地方。

法律适用法第 6 条是关于多法域准据法的确定，其采用了最密切联系原则。法院在审理涉外民商事案件时，根据冲突规范的规定，适用某一国家的法律作为准据法时，如果该国家是法制统一的国家，则直接适用该国的法律；如果该国是法制不统一的国家，即多法域的国家，就会产生到底适用哪一法域法律的问题。这就是多法域国家准据法确定的问题。如果法院根据冲突规范指向多法域国家，是否都存在多法域国家准据法的确定问题，或者说在什么情况下存在多法域国家准据法的确认问题，需要具体情况具体分析。

首先，多法域国家准据法的确定出现在适用外国法的情况下，如果法院是适用本国法律（法院地法律），就不存在确定多法域国家的准据法问题。例如，我国内地法院在审理涉外民商事案件时，如果根据我的冲突规范适用法院地法（中国内地法律），即使中国是多法域的国家，也不会存在确定到底适用哪一法域的法律，而是适用法院地法，即中国内地的法律。上述案件 4、5、6 都属于涉外合同案件，法院依据法律适用法第 41 条第 2 款，运用最密切联系原则确定适用我国的法律，此时法院已经能够确定适用我国内地的法律（法院地法律），何必再画蛇添足地适用第六条规定。所以，上述案件 4、5、6 都不存在多法域国家准据法确定的问题。

其次，法院根据本国的冲突规范指向适用多法域国家的法律，也不一定存在多法域国家准据法的问题。一般来说，多法域国家或者称为"法制不统一国家"，主要是指一个国家内部存在不同地区实施独特法律制度的情况。① 法院在

---

① 徐伟功.《涉外民事关系法律适用法》实施研究［M］.北京：法律出版社，2019：284.

适用冲突规范指向某一国家法律时，主要是根据冲突规范的连结点，将案件与某一国家或某一地域连接起来。冲突规范中的连结点大多是空间连结点，或者是地理定位的连结点。这种地理定位的连结点主要有两种：一种是能够确定具体地理位置的连结点。大多数连结点属于此类，例如，物之所在地、侵权行为地、婚姻举行地、合同缔结地、合同履行地、仲裁地、仲裁机构所在地、住所地、经常居所地等。法院在运用含有这些连结点的冲突规范时，即使指向一个多法域的国家，但这些连结点可以直接指向某一具体的法域，法院可以直接适用该法域的法律，就无所谓多法域国家准据法的确定的问题。例如，前述的案件3，动产法律继承适用被继承人死亡时的经常居所地的法律，这是能够指向具体法域的，所以不需要适用法律适用法第六条的规定。另一种是能够确定某一国家的法律，但是不能确定某一国家某一具体法域的法律，这类连结点主要有国籍。作为连结点，国籍具有一定的政治色彩，其所指向的并不是具体的地理位置，而是抽象的国家，或者说是政治意义上的国家。每一个国家都有其行使主权的物理空间，从这个意义上说，国籍仍然属于空间性的连结点。但是，其指向并不能确定该国不同的法域。所以，采取国籍作为属人法的连结点，如果指向一个多法域的国家，就需要确定适用该多法域国家哪一个具体法域的法律。类似国籍的连结点可能还有船旗国、登记国等。①

最后，在现代法律选择方法的指引下，各国国际私法立法普遍采纳意思自治原则、最密切联系原则、选择性冲突规范以及保护性冲突规范，因而多法域国家准据法的确定制度的适用机会越来越少。

意思自治原则赋予了当事人选择法律的权力，如果当事人选择法律是具体明确的，或者选择某一法域的法律，或者选择具体的法律，这样则不会产生多法域准据法的确定问题。如果当事人用语较为抽象，例如，选择美国法律、澳大利亚的法律，则无法明确指向具体法域的具体法律。针对这种约定不清且抽象的情况，法院应该根据案件情况具体问题具体分析。如果可以通过合同、语言、行为、法律关系的履行，推断出当事人的约定意欲适用具体的法律，法官则可以根据其自由裁量权，确定当事人所要选择的法律。如果法官无法推断，当然也可以要求当事人在法官审理案件的过程中加以明确，以确定具体所要选择的法律。如果当事人无法明确的，法官可以认定当事人选择法律无效，或者认定当事人没有选择法律。在司法实践中，当事人如果选择了法律，法院则可

---

① 徐伟功.《涉外民事关系法律适用法》实施研究［M］.北京：法律出版社，2019：284-286.

以要求当事人明确所选择的法律，通常当事人都是可以确定的，所以多法域准据法的确定在意思自治原则运用的情况下，几乎是不存在的。

最密切联系原则赋予法官广泛的自由裁量权，法官可以根据案件的具体情况，确定法院所要适用的法律。在国际私法立法上关于最密切联系的对象主要有三种。① 其一，与法律的联系，即最密切联系的法律。在这种立法例的情况下，法官根据其自由裁量权，可以直接确定具体的法律。其二，与地理位置的联系，即最密切联系地的法律，或者最密切联系区域的法律。在这种立法例下，法官可以直接确定所要适用的具体法律。其三，与国家的联系，即最密切联系国家的法律。在这种立法例下，有可能存在法官先确定适用某一多法域国家的法律，然后再确定具体法域的法律。但是，笔者认为即使在这种立法例情况下，法官在运用自由裁量权分析最密切联系的联系因素时，大多是根据地理定位的因素就能够直接确定具体所要适用的法律，没有必要经过两次分析，再来确定多法域国家的准据法。

选择性冲突规范主要有两种：一种是无条件任意选择性冲突规范；另一种是有条件梯次选择性冲突规范。一般来说，选择性冲突规范在婚姻家庭法律适用领域中运用较多，其可供选择的连结点大多是属人法的连结点，如住所地、国籍国、经常居所地（惯常居所地）等。例如，法律适用法第三十三条规定有经常居所地和国籍国，第 32 条有经常居所地、国籍国、行为地等。无论是无条件任意性冲突规范还是有条件选择性冲突规范，如果可供选择的连结点中有国籍，就有可能存在多法域国家准据法的确定问题。

法院在适用无条件任意性冲突规范时，如果选择了国籍连结点指引的法律，就存在多法域准据法确定的问题。但是，从司法实践来看，这种情形应该是非常少见的。因为无条件任意选择性冲突规范的主要目的是促进法律形式的有效性，只要符合其中任意连结点所指向的法律要求即可，所以法官首先会考虑适用法院地法（如果有的话）；其次，可以考虑国籍外的连结点所指向的法律，法官没有必要使自己陷入确定多法域准据法的困境中。例如，前文所述的案件 1、2 中，主要适用了法律适用法第三十三条的规定，即遗嘱效力，适用遗嘱人立遗嘱时或者死亡时经常居所地法律或者国籍国法律。在案例 1 中，被继承人国籍是澳大利亚，经常居所地是澳大利亚新南威尔士州，立遗嘱地在澳大利亚新南威尔士州。在该案中，一审法院北京市海淀区人民法院与二审法院北京市第一中级人民法院均适用法律适用法第 6 条来确定多法域的准据法。其实，法院在

---

① 徐伟功.《涉外民事关系法律适用法》实施研究［M］. 北京：法律出版社，2019：139.

具体适用法律适用法第33条时，没有必要适用第六条的规定，即法院可以根据经常居所地、立遗嘱地等连结点直接适用澳大利亚新南威尔士州的法律，没有必要多此一举。

法院在适用有条件选择性冲突规范时，如果其选择的梯次恰好是国籍连结点，就可能会存在多法域准据法的确定问题。例如，法律适用法第二十三条规定，即"夫妻人身关系，适用共同经常居所地法律；没有共同经常居所地的，适用共同国籍国法律"。法院在适用该条时，如果没有共同经常居所地，但有共同的国籍，而该国又是多法域的国家，此时，法院就必须确定多法域国家的准据法。当然，这种情况在司法实践中是不多见的。从我们检索到的案件来看，还没有出现这种情况。

根据上述分析，多法域国家准据法的确定一是要求法院审理案件所要适用的法律是外国法律，而且该国是多法域国家；二是要求冲突规范连结点，主要是国籍，其所指向具有抽象性、模糊性，即指向该多法域国家整体。在我国法律适用法立法特点以及司法实践法律适用"回家去"趋势的影响下，法院所审理的涉及第6条的案件应该是比较少见的。

其一，我国在属人法连结点的选择上，法律适用法确立了经常居所地作为属人法连结点的核心地位。国籍作为连结点的作用大大下降，其只是在婚姻家庭等法律适用领域中起到辅助或者补充的作用。在其他连结点的选择上，除选择地理定位的连结点外，多允许当事人协议选择法律或者赋予法官一定的自由裁量权确定所要适用的法律。正如前面的分析，一旦在立法上采取这些连结点和灵活的法律选择方法，适用法律适用法第6条的机会就应该较少。这一点从我们检索到有限的几个案件即可得到了佐证。

其二，法律适用法规定了为数不少的自由裁量权条款，这些灵活的法律适用条款给法官适用本国法带来了机会，法官可以行使其自由裁量权，适用我国的法律。这就是国际私法司法实践中"回家去"的趋势。既然我国法院处理涉外民商事案件大多是适用我国的法律，那么适用第6条确定多法域国家准据法的情形肯定是比较少的。

总之，我国法院法官在适用法律适用法第6条运用其自由裁量权时，存在直接引用条文以及说理不清或者不深入等问题，导致对第6条的错误适用。

第二节　合同法律适用中规定的最密切联系原则实证考察

法律适用法第 41 条第 1 款规定了意思自治原则，第 2 款规定了特征履行原则和最密切联系原则。可以说，我国法院处理涉外民商事案件中大多数是合同法律适用的案件，这与我国对外经济贸易往来的频繁程度是相适应的。

笔者通过 https：//alphalawyer. cn/#/app/tool/search/case？ searchType = law 检索案例。检索设定的条件为：时间：2021 年 10 月 31 日之前；案例来源：Alpha 案例库；案由：未设置案由；检索条件：全文，《中华人民共和国涉外民事关系法律适用法》第 41 条。在采集到的所有案件中，除去非合同的案由，勾选合同纠纷的案由，共采集到案件数量为 29873 件。在全部 29873 件的检索结果中，全文输入"当事人没有选择的，适用履行义务最能体现该合同特征的一方当事人经常居所地法律或者其他与该合同有最密切联系的法律"，共筛选出当事人未选择合同准据法的涉外合同纠纷案件数量为 13348 件。涉外合同当事人未选择法律的占比为 44. 68%。在前项当事人未约定合同准据法的检索结果中，继续输入关键词"缺席审理"，因被告未到庭而缺席审理结案的有 3763 件，占当事人未约定合同准据法案件总量的 28%。再分别输入关键词"香港""澳门""台湾"，在当事人未约定准据法的 13348 篇裁判文书中，案涉香港因素案件有 7403 篇、涉及澳门因素案件有 3365 篇、涉及台湾因素案件有 1974 篇，表明区际私法案件的数量占大多数。数据采集时间：2021 年 10 月 31 日。

需要说明的是，本研究将援引特征性履行方法或最密切联系原则的非合同类案由剔除，且排除当事人事先选择合同适用法律的情形，排除未审结及未公开上网的判决书，本检索结果不排除因检索关键词设置不同而导致数据会产生略小差异的可能性。

一、数据统计分析

根据检索的案件总体情况，笔者考虑时间、地域分布、涉外因素、案由、审理期限以及适用的法律等因素，对基本数据做出简要的分析。

（一）年度案件数量

从检索到的案件来看，2013 年之前案件数量较少，从 2013 年到 2015 年逐年上升。从 2016 年起案件数量有了快速增长，2016 年超过了 1000 件，2017 年、

2018年、2019年、2020年这四年案件均超过2000件，此后有所下降。这与2020年新冠疫情、中美贸易摩擦以及美国单边主义抬头、单边经济制裁不无关系（见图6-5）。

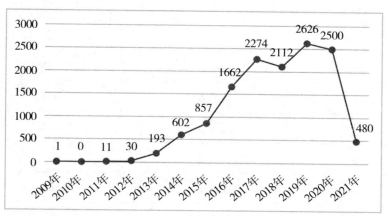

图6-5　涉外合同纠纷中适用特征性履行方法或最密切联系原则的案件数量变化趋势

（二）案件地域分布

在检索到的案件总数中，数量排名前三的依次是广东省、福建省、浙江省，分别占比49.76%、16.35%、6.09%。不过，广东省的相关案件数量多是涉港、澳案件，导致参照适用法律适用法第41条第2款规定审理的案件数量较多（见表6-4）。

表6-4　涉外合同纠纷运用特征履行方法或最密切联系原则案件的地域分布

数量排名	裁判文书来源	裁判文书数量（件）
1	广东省	6642
2	福建省	2182
3	浙江省	813
4	北京市	732
5	上海市	641
6	江苏省	469
7	广西壮族自治区	385

数量排名	裁判文书来源	裁判文书数量（件）
8	重庆市	156
9	湖北省	153
10	海南省	138
11	安徽省	137
12	辽宁省	121
13	四川省	113
14	天津市	84
15	云南省	81
16	吉林省	72
17	陕西省	71
18	湖南省	67
19	江西省	66
20	山东省	61
21	河南省	58
22	贵州省	31
23	河北省	30
24	新疆维吾尔自治区	21
25	最高人民法院	11
26	黑龙某省	5
27	山西省	2
28	青海省	2
29	内蒙古自治区	1

续表

数量排名	裁判文书来源	裁判文书数量（件）
30	宁夏回族自治区	1
31	甘肃省	1
32	西藏自治区	1
合计		13348

（三）案由情况

在检索到的案件总数中，最主要的案由是借款合同纠纷类、其他无名合同纠纷、买卖合同纠纷、房屋买卖合同纠纷、承揽合同纠纷、委托合同纠纷、租赁合同纠纷、银行卡纠纷等，合同类案由总计 35 种（见图 6-6）。

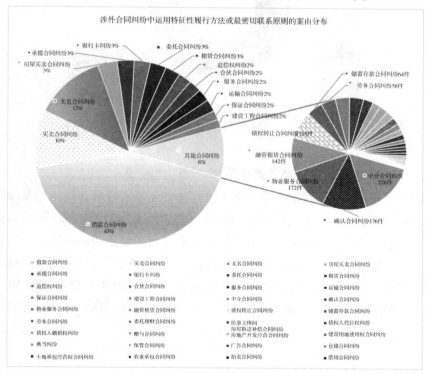

图 6-6　案由分布

（四）审理期限

总体上看，审理时间多处在 6 个月至 1 年之间，平均周期为 253 天，涉外合同纠纷案件因多涉及域外送达、域外取证、涉外法律文书的翻译与认证等而导致审理期限整体高于国内案件审理期限（见图 6-7）。

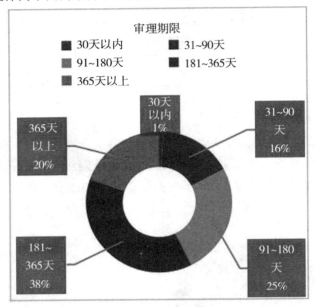

图 6-7　审理期限

二、2007 年《规定》适用数据分析

2007 年最高人民法院颁布了《关于审理涉外民事或商事合同纠纷案件法律适用若干问题的规定》（以下简称 2007 年《规定》），该《规定》于 2013 年 4 月 8 日废止。2007 年《规定》与法律适用法有一段重复适用的时期，在该重复期间内，法院既可以适用法律适用法第四十一条的规定，也可以适用 2007 年《规定》的有关条款。但从 2013 年 4 月 8 日以后，法院就不能适用 2007 年《规定》了。2007 年《规定》第五条规定了运用特征性履行方法来寻找与合同具有

最密切联系地的法律。① 尽管 2007 年《规定》失效后，仍然有部分法院适用该《规定》，不过呈现下降趋势。2014 年的引用数量达到最高峰，有些裁判文书因案件事实发生在该规定失效前，故还存在大量合法适用情况。2013 年 4 月 9 日至 2021 年 10 月 31 日的涉外合同纠纷中援引该司法解释第 5 条第 1 款的案件有 74 例，援引第 5 条第 2 款适用情况的有 114 例案件。目前仍有少量法律事实发生在该司法解释失效之后的案件，法院在审理过程中继续引用该失效的司法解释进行说理或作为判决依据（见图 6-8）。

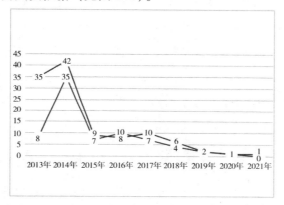

图 6-8　2007 年《规定》第 5 条第 1 款与第 2 款涉案数量变化趋势
（注：上线是第 2 款的数量变化趋势，下线是第 1 款的数量变化趋势。）

---

① 2007 年最高人民法院《关于审理涉外民事或商事合同纠纷案件法律适用若干问题的规定》第五条规定："当事人未选择合同争议应适用的法律的，适用与合同有最密切联系的国家或者地区的法律。人民法院根据最密切联系原则确定合同争议应适用的法律时，应根据合同的特殊性质，以及某一方当事人履行的义务最能体现合同的本质特性等因素，确定与合同有最密切联系的国家或者地区的法律作为合同的准据法。（一）买卖合同，适用合同订立时卖方住所地法；如果合同是在买方住所地谈判并订立的，或者合同明确规定卖方须在买方住所地履行交货义务的，适用买方住所地法。（二）来料加工、来件装配以及其他各种加工承揽合同，适用加工承揽人住所地法。（三）成套设备供应合同，适用设备安装地法。（四）不动产买卖、租赁或者抵押合同，适用不动产所在地法。（五）动产租赁合同，适用出租人住所地法。（六）动产质押合同，适用质权人住所地法。（七）借款合同，适用贷款人住所地法。（八）保险合同，适用保险人住所地法。（九）融资租赁合同，适用承租人住所地法。（十）建设工程合同，适用建设工程所在地法。（十一）仓储、保管合同，适用仓储、保管人住所地法。（十二）保证合同，适用保证人住所地法。（十三）委托合同，适用受托人住所地法。（十四）债券的发行、销售和转让合同，分别适用债券发行地法、债券销售地法和债券转让地法。（十五）拍卖合同，适用拍卖举行地法。（十六）行纪合同，适用行纪人住所地法。（十七）居间合同，适用居间人住所地法。如果上述合同明显与另一国家或者地区有更密切联系的，适用该另一国家或者地区的法律。"

通过 Alpha 案例库，检索最高人民法院《关于审理涉外民事或商事合同纠纷案件法律适用若干问题的规定》第 5 条第 1 款、第 2 款在 2013 年 4 月 8 日失效后继续引用的判决书，除去 2014 年的部分受理案件事实发生在失效之前的判决，选取 2015 年至今的判例如下，数据采集时间是 2021 年 10 月 31 日（见表6-5）。

表 6-5　引用 2007 年《规定》的裁判文书

案件受理年份	裁判文书来源法院	案号
2015 年	北京市第三中级人民法院	（2015）三中民终字第 08328 号
2015 年	上海市黄浦区人民法院	（2015）黄浦民五（商）初字第 s9330 号
2015 年	广东省江门市蓬江区人民法院	（2015）江蓬法民一初字第 407 号
2015 年	山东省烟台市中级人民法院	（2015）烟民涉初字第 35 号
2016 年	广东省江门市蓬江区人民法院	（2016）粤 0703 民初 4077 号
2016 年	广西壮族自治区桂林市中级人民法院	（2016）桂 03 民初 73 号
2016 年	北京市朝阳区人民法院	（2016）京 0105 民初 41323 号
2016 年	山东省烟台市中级人民法院	（2016）鲁 06 民初 524 号
2016 年	广东省江门市蓬江区人民法院	（2016）粤 0703 民初 6529 号
2016 年	浙江省瑞安市人民法院	（2016）浙 0381 民初 10512 号
2017 年	上海市浦东新区人民法院	（2017）沪 0115 民初 58061 号
2017 年	广西壮族自治区桂林市中级人民法院	（2017）桂 03 民初 91 号
2017 年	广东省阳江市中级人民法院	（2017）粤 17 民初 2 号
2017 年	上海市第一中级人民法院	（2017）沪 01 民终 12354 号
2018 年	安徽省六安市中级人民法院	（2018）皖 15 民终 1057 号
2019 年	石家庄市中级人民法院	（2019）冀 01 民初 853 号
2020 年	石家庄市中级人民法院	（2020）冀 01 民初 293 号
2021 年	广东省东莞市第一人民法院	（2021）粤 1971 民初 4676 号

三、抽样数据分析

笔者在当事人未约定准据法的涉外合同纠纷案件中，筛选出具有代表性的

50 个法院案例，对法院适用特征性履行方法或最密切联系原则的实践特征进行类型化的实证分析。对于该 50 个案例的选择主要体现出以下 5 个分类特征：其一，这 50 个案例所反映的现状特点并非个案，而是有大量案例都存在类似特点的类型化代表；其二，注重不同层级法院审理案件的选择；其三，注重选取不同案由来审视不同类型案件适用情况；其四，选取了全国东、中、西部各地法院的判决以区分地域差异；其五，考虑了法院选择法律的准确性、说理的充分性，同时也选取了法院说理不充分的案件。尽量使抽样案例能够多样、类型化地反映法律适用法第 41 条第 2 款在司法实践中的真实状况。

（一）法院说理现状类型抽样分析

笔者主要从法院说理、最密切联系地法律的认定标准、法律选择过程等方面，呈现涉外合同纠纷中当事人未约定准据法情形下的司法实践特征（见表 6-6）。

表 6-6 法院说理方面的现状类型抽样分析

法院说理特点	当事人及案由	审理法院及案号	涉案国家或地区	法院认为
运用特征性履行方法分析与合同有最密切联系合同的法律且说理比较充分类型	丁某玲与东莞横沥田头创英玩具厂、创英公司买卖合同纠纷	东莞市第三人民法院（2012）东三法民四初字第100号	香港	由于当事人没有选择处理合同争议所适用的准据法，根据法律适用法第 41 条应适用与合同有最密切联系地的法律。依据2007 年《关于审理涉外民事或商事合同纠纷案件法律适用若干问题的规定》第 5 条第 2 款第 1 项的规定，本案卖方的营业所在地即原告的住所地为与合同有最密切联系地的法律在东莞市，故应确定中国内地的法律为本案准据法
双方当事人就适用不同准据法产生激烈争议，法院将此作为争议焦点对各连接点作对照式分析回应	唐某奇与唐京某佳民间借贷纠纷	江西省高级人民法院（2012）赣民四终字第 9 号	奥地利	关于本案应适用的准据法是奥地利籍华人，但本案借款合同系在我国境内签订、履行地都是奥地利籍华人，根据 2007 年《关于审理涉外民事或商事合同纠纷案件法律适用若干问题的规定》第 5 条第 2 款规定，依照最密切联系原则，相较其他国家法律，中国法律与本案联系最为密切，故应适用中国法律为本案准据法
	天威新能源股份有限公司与达维民律师事务所法律服务合同纠纷	北京市高级人民法院（2014）高民（商）初字第04917 号	美国	本案应适用 2007 年《关于审理涉外民事或商事合同纠纷案件法律适用若干问题的规定》第 5 条第 2 款规定。本案被告是在美国注册的律师事务所，提供与跨境收购相关的美国法律服务，法律服务指向的交易是收购美国上市公司且交易行为的标准评判其所提供的法律服务是在美国完成的文割完成是美国法。此外，被告亦认为本案法律服务合同本质特性，与本案有最密切联系的法律是美国法。综上，最能体现本案的法律是美国法律，本案的准据法是美国法
未作任何连接点说明或者比较任由最密切联系的考量因素分析	邹某与陈某猛、刘某芬民间借贷纠纷	福州市仓山区人民法院（2017）闽0104 民初 4007号案	香港	本案是涉港民商事案件，依照法律适用法第 41 条、《法律适用法若干问题的解释（一）》第 19 条的规定，依照最密切联系原则，本案适用内地法律为准据法

续表

法院说理特点	当事人及案由	审理法院及案号	涉案国家或地区	法院认为
未作任何连接点说明或者比较任何最密切联系因素型	任某、纪某辉运输合同纠纷	福建省福州市中级人民法院（2021）闽01民终2249号	意大利	本案是涉外民商事案件，依照法律适用法第41条的规定，本案应适用中国法律为准据法
	贺某与韩某某民间借贷纠纷	吉林省延边朝鲜族自治州中级人民法院（2019）吉24民初306号	大韩民国	本案为涉外民事纠纷案件，依据法律适用法第41条的规定，合同最密切联系地为中国，故本院确认中国法律为审理本案的准据法
	玛某某与袁某某民间借贷纠纷	云南省瑞丽市人民法院（2020）云3102民初1497号	缅甸	本案系民间借贷纠纷，依据法律适用法第41条规定，本院确定本案适用中国法律
仅对所选法域的连接点数量作简单罗列，并没有将未选法域的数量分布、连结点的数量分布、质量情况对照式分析说理	哈尔滨供水集团有限责任公司与哈尔滨市房地产开发有限公司合同纠纷	黑龙江省哈尔滨市中级人民法院（2019）黑01民初926号	开曼群岛	根据法律适用法第41条规定，本案系供水集团以与中财公司签订的《协议书》所产生的合同纠纷为由提起的诉讼，案涉协议未约定法律适用问题，因合同双方当事人住所地、合同履行地均在中国，故本案适用中国法律
	吕某哈与周某辉、周某芬民间借贷纠纷	广东省珠海横琴新区人民法院（2016）粤0491民初272号	香港	本案两被告的住所地均在内地，故本案应适用内地法律作为解决本案争议的准据法

续表

法院说理特点	当事人及案由	审理法院及案号	涉案国家或地区	法院认为
仅对所选法域的连接点数量作简单罗列,并没有将未选法域的连接点的数量分布、质量情况对照作分析说理	顾某明诉中国农业银行股份有限公司上海静安支行储蓄存款合同纠纷	上海市第二中级人民法院（2016）沪02民终949号案	德意志联邦共和国	原告系德意志联邦共和国籍公民。原告以储蓄存款合同纠纷提起诉讼,履行均在中国境内。依据法律适用与该合同有最密切联系合同的处理适用即中国法律
	新疆国际经济合作公司与阿格拉兰公司国际货物买卖合同纠纷	新疆维吾尔自治区高级人民法院（2017）新民终308号	哈萨克斯坦共和国	本案系不同国籍民事主体之间发生的合同纠纷,系涉外民事纠纷。依照法律适用法第41条的规定,本案被告住所所在地在中国新疆乌鲁木齐市,且本案双方当事人对本案适用中国法律不持异议,按照最密切联系原则,本案应适用我国法律作为准据法
	银川通城置业房地产公司与宁夏翰通智能系统公司、朴某洙等企业借贷纠纷	宁夏回族自治区高级人民法院（2019）宁民终287号	大韩民国	因系涉合同签订地,履行地及借款人所在地均为中国,有最密切联系的法律应为中国法律,故中国法律是本案的准据法

续表

法院说理特点	当事人及案由	审理法院及案号	涉案国家或地区	法院认为
双方未选择适用的法律,但因双方当事人庭审中均同意援引中国法律作为诉辩依据且未提出法律适用异议,规避了运用最密切联系原则和特征性履行方法的说理	陈某亮、克拉斯彼得瑞丁民间借贷纠纷	最高人民法院(2018)最高法民终1112号案	瑞典	原告与被告未就法律适用问题达成协议,但双方当事人在本案诉讼过程中均援引中国法律,且均同意适用中国法律作为解决双方争议的准据法,依据《法律适用法若干问题的解释(一)》第 8 条,本案适用中国法律作为解决双方争议的准据法
	哈特纳有限责任公司与沈阳市泰达科技贸易有限公司国际货物买卖纠纷	辽宁省沈阳市中级人民法院(2018)辽 01 民终 13634 号	德国	本案中原、被告均同意受中国法律约束,且本案的货物买卖受买人系中国企业,货物的实际使用方亦为中国企业,故本案审理应适用中国相关法律

269

根据上述表格，从法律选择过程的正当性说理论证方面的 5 种现状类型中可以发现，有说理比较充分的，同时也存在说理论证不佳的现象。根据说理充分程度由高到低依次排列。第一，是双方当事人就适用不同准据法产生激烈争议，法院将此作为争议焦点对各连结点作对照式分析回应的类型。这一类案件比较少，法院将各方当事人所要求适用的不同准据法作为争议焦点，由双方当事人进行充分的辩论以反映各个连结点法律的密切程度，同时也能更方便法院有深度地进行对照式分析说理。第二，是运用特征性履行方法确定最密切联系地法律且说理比较充分的类型。这类判决书的说理大部分是参考 2013 年 4 月 8 日已经失效的 2007 年《规定》第五条规定的具体合同特征履行方住所地，因其法律选择过程有细化的标准，遂使其正当性论证过程较为充分及合理，该种说理方法在法律适用的可预测性、确定性价值方面符合学界的主流思想；但因 2007 年《规定》失效导致其不具备合法性。第三，是双方未事先约定合同适用的法律，但因双方当事人庭审中均援引中国法律作为诉辩依据或经法庭释明对适用中国法律均无异议，规避了运用特征性履行方法或最密切联系原则的说理类型，该种说理方式的选法依据通常是法律适用法第 41 条第 1 款的意思自治选法或者是依据《司法解释（一）》第 8 条，既具备了较强的可操作性与合法性基础，也因当事人自愿，较难被视为违反公平原则。第四，是仅对所选法域的连结点数量作简单罗列，却不将未选法域的连结点的数量分布、质量情况为何不具有密切联系作对照式的分析说理，尤其是仅罗列了一个连结点的案件完全体现不出将各要素进行比较、择优的筛选过程，从可接受性角度而言将受到质疑。第五，是未做任何连结点说明或者比较任何最密切联系的考量因素的类型。即未说明任何选法过程及选法依据，直接用因果倒置方式完成法律选择正当性的论证，显然这种类型的说理方式影响了裁判文书对合理性和公正性的宣示，① 裁判文书释法说理效果的可接受性自然是最差的。

综上，我国法院在合同中适用最密切联系原则并非如想象中差，总体上还是合理的，这与我国重视合同法律适用的立法不无关系。应该说，我国很早就对合同法律适用进行立法，1985 年《涉外经济合同法》第 5 条就规定了涉外合同的法律适用。② 其第 5 条就确立了意思自治原则和最密切联系原则，将合同法

---

① 肖永平．肖永平论冲突法［M］．武汉：武汉大学出版社，2002：180.

② 《涉外经济合同法》第五条规定："合同当事人可以选择处理合同争议所适用的法律。当事人没有选择的，适用与合同有最密切联系的国家的法律。在中华人民共和国境内履行的中外合资经营企业合同、中外合作经营企业合同、中外合作勘探开发自然资源合同，适用中华人民共和国法律。中华人民共和国法律未作规定的，可以适用国际惯例。"

律适用的主观理论与客观理论相结合，即以意思自治原则为主，最密切联系原则为辅，同时对在我国境内履行的三类合同限制当事人选择法律。所以早在 20 世纪 80 年代后期，法院就有适用最密切联系原则的司法实践。但是《涉外经济合同法》所确立的最密切联系原则赋予了法官极大的自由裁量权，在司法实践中可能出现法官无所适从或者随意决断的情况。为了对法官行使自由裁量权予以指导，1987 年最高人民法院做出了司法解释，进一步对行使最密切联系原则做出规定，即 1987 年《关于适用〈涉外经济合同法〉若干问题的解答》。其第 2 条解释了 13 类合同运用最密切联系原则的具体做法，其主要是根据合同特征履行原则加以认定的。① 如此，法院在司法实践中有了运用最密切联系原则的方向。1986 年我国《民法通则》第 145 条又进一步明确合同在当事人未约定所要适用的准据法时，采取最密切联系原则加以确定。② 1999 年，合同法第 126 条承继了上述立法的规定。③ 2007 年最高人民法院印发的《关于审理涉外民事或商事合同纠纷案件法律适用若干问题的规定》又继承了《涉外经济合同法》的司法解释的规定，对最密切联系原则采取特征性履行方法进行具体化。根据本

---

① 1987 年最高人民法院《关于适用〈涉外经济合同法〉若干问题的解答》第二条规定："关于处理涉外经济合同争议的法律适用问题……（六）如果当事人未选择合同所适用的法律时，对于下列涉外经济合同，人民法院按照最密切联系原则确定所应适用的法律，在通常情况下是：1. 国际货物买卖合同，适用合同订立时卖方营业所所在地的法律。如果合同是在买方营业所所在地谈判并订立的，或者合同主要是依买方确定的条件并应买方发出的招标订立的，或者合同明确规定卖方须在买方营业所所在地履行交货义务的，是适用合同订立时买方营业所所在地的法律。2. 银行贷款或者担保合同，适用贷款银行或担保银行所在地的法律。3. 保险合同，适用保险人营业所所在地的法律。4. 加工承揽合同，适用加工承揽人营业所所在地的法律。5. 技术转让合同，适用受让人营业所所在地的法律。6. 工程承包合同，适用工程所在地的法律。7. 科技咨询或设计合同，适用委托人营业所所在地的法律。8. 劳务合同，适用劳务实施地的法律。9. 成套设备供应合同，适用设备安装运转地的法律。10. 代理合同，适用代理人营业所所在地的法律。11. 关于不动产租赁、买卖或抵押的合同，适用不动产所在地的法律。12. 动产租赁合同，适用出租人营业所所在地的法律。13. 仓储保管合同，适用仓储保管人营业所所在地的法律。但是，合同明显地与另一国家或者地区的法律具有更密切的关系，人民法院应以另一国家或者地区的法律作为处理合同争议的依据。"

② 《民法通则》第 145 条规定："涉外合同的当事人可以选择处理合同争议所适用的法律，法律另有规定的除外。涉外合同的当事人没有选择的，适用与合同有最密切联系的国家的法律。"

③ 合同法第 126 条规定："涉外合同的当事人可以选择处理合同争议所适用的法律，但法律另有规定的除外。涉外合同的当事人没有选择的，适用与合同有最密切联系的国家的法律。在中华人民共和国境内履行的中外合资经营企业合同、中外合作经营企业合同、中外合作勘探开发自然资源合同，适用中华人民共和国法律。"

节"2007年《规定》适用数据分析",尽管2007年《规定》于2013年4月8日被废止,但法院出于惯性思维继续采取2007年《规定》的分析方法,甚至还有的直接采用2007年的《规定》。表6-5也表明了2015年以来,每年都有适用2007年《规定》的案件。随着民法典的实施以及2007年《规定》的废止,目前合同法律适用只能适用法律适用法第四十一条的规定。但是,该条规定在具体设计与运用上还是与以往的立法与司法解释存在一定的差异。之前的规定是采取"意思自治原则+最密切联系原则+特征性履行原则(以确定最密切联系地)+更密切联系原则(软化特性履行原则的僵硬性)"的做法,最密切联系原则的分析采取特征性履行原则,法官自由裁量权在较小的空间内行使,司法实践差异不大。但法律适用法第41条采取的是"意思自治原则+特征性履行原则或最密切联系原则"的模式,将特征性履行原则与最密切联系原则并列规定为选择项,如此就造成了司法实践一定程度上的混乱,再加上立法历史传统的惯性,法官裁判就呈现出上述不同的情况。如果要彻底解决法官运用其自由裁量权不一致的情况,期望最高人民法院出台《司法解释(二)》,给予法官运用其自由裁量权一定的指导。

(二)法院认定最密切联系地因素抽样分析(见表6-7)

表6-7　法院认定最密切联系地的因素

案由	审理法院及案号	认定最密切联系地法律的连结因素	适用准据法
借款合同纠纷	北京市高级人民法院(2021)京民终18号	双方借款行为的发生地及双方当事人的经常居所地	中国内地法
	西藏自治区高级人民法院(2021)藏民终17号	双方经常居住地、案涉合同的签订地、履行地	中国内地法
	西安市中级人民法院(2021)陕01民初669号	合同签订地和合同履行地	中国内地法
	昆明市中级人民法院(2019)云01民终1686号	被告经常居所地及本案借款合同的履行地	中国内地法
	乌鲁木齐市中级人民法院(2017)新01民初258号	被告住所地	中国内地法
国际货物买卖合同纠纷	北京市第四中级人民法院(2021)京04民初183号	货物收货地及被告的住所地	中国内地法
	青岛市中级人民法院(2019)鲁02民初272号	合同的履行地	中国内地法
	长沙市中级人民法院(2016)湘01民初1589号	被告收款银行及发货港口	中国内地法

续表

案由	审理法院及案号	认定最密切联系地法律的连结因素	适用准据法
房屋买卖合同纠纷	贵阳市中级人民法院（2020）黔 01 民终 237 号	涉案合同的签订地、合同实际履行地	中国内地法
	贵阳市中级人民法院（2019）黔 01 民初 1166 号	涉案合同签订地、被告住所地	中国内地法
	北京市第三中级人民法院（2018）京 03 民终 2600 号	案涉房屋及各方当事人的住所地	中国内地法
	广州市越秀区人民法院（2021）粤 0104 民初 15024 号	不动产所在地	中国内地法
	广西壮族自治区高级人民法院（2020）桂民终 783 号	不动产所在地、合同履行地均位于中华人民共和国领域内	中国内地法
租赁合同纠纷	广州市越秀区人民法院（2020）粤 0104 民初 37315 号	案涉租赁争议物业所在地	中国内地法
	柳州市中级人民法院（2020）桂 02 民初 94 号之一	租赁合同关系的发生、履行、租赁标的物所在地	中国内地法
	江西省高级人民法院（2020）赣民终 112 号	合同履行地	中国内地法
	海口市中级人民法院（2019）琼 01 民终 150 号	合同的签订地、履行地	中国内地法
委托合同纠纷	广州市越秀区人民法院（2019）粤 0104 民初 6808 号	合同形成及履行地	中国内地法
	湖北省高级人民法院（2018）鄂民终 1135 号	被告公司住所地及合同履行地	中国内地法
运输合同纠纷	深圳前海合作区人民法院（2019）粤 0391 民初 3539 号	双方当事人住所地、案涉合同订立地、货物的起运地	中国内地法
	沈阳市中级人民法院（2020）辽 01 民终 13153 号	双方当事人均为我国公民	中国内地法
	太仓市人民法院（2018）苏 0585 民初 327 号	原告作为承运人最能体现该合同特征，其住所地在中国内地地区	中国内地法

根据表 6-7，法官分析因素几乎囊括了合同有关的所有因素，主要包括：合同签订地、合同履行地、行为发生地、当事人经常居所地、当事人住所地、不动产所在地、合同关系发生地、货物起运地、港口、银行所在地等。法官在适用最密切联系原则行使其自由裁量权时，需要具备较强的法律素质和专业能力。在具体的案件中，案件情况不一、法官素质高低不等，导致我国法院在审理案件中有以下几种分析方法：其一，单边法院地因素的分析。我国大多数案件采用这一做法。所谓单边法院地因素的分析，是指法官在考虑最密切联系因素时只从与法院有关的因素出发，通常表述为"合同签订地、合同履行地

在中国（如果是区际私法案件表述为中国内地），所以中国（内地）与本案有最密切联系，适用中国（内地）法律作为合同的准据法"。其二，单边域外因素的分析。这类案件比较少，主要在区际私法案件中，通常表述为"合同签订地、货物所在地在某某国家（或中国香港特别行政区等），所以该国（地区）与案件有最密切联系，适用该国（地区）的法律作为合同准据法"。其三，双边（多边）法域因素的分析。这类案件很少，主要是因为要求法官须具备较强的比较法知识，还可能是因为法官认为只要分析单边即可，没有必要进行比较分析。此外，如果从考虑因素的多寡来看，可以分为单一因素的分析与复合因素的分析。单一因素的分析在我国司法实践中有，但比较少。单一因素考虑说明该因素在合同中具有绝对的支配地位，具有绝对的重要性，否则不会用单一因素的分析方法。一般来说，我国法院考虑的单一因素主要有不动产所在地、合同履行地等。我国司法实践中，法院大多采取复合因素的分析方法。但是法院一般不阐明其选择何种因素的原因，这就会造成法官随意选择与法院地（因为大多数案件是适用中国法）有关的因素，而不考虑其是否具有重要性。如果将以上两种分类结合起来，就有单边法院地单一因素分析、单边法院地复合因素分析、单边域外单一因素分析、单边域外复合因素分析、双边复合因素分析（既然是双边的，就不可能存在单一因素了）。根据检索到的案件，我国司法实践大多数是单边法院地复合因素的分析。

法官在选取某些有关的因素后，应该对这些因素做进一步质的分析，分析其对合同具有的相对重要性。但是，我国法官主要是采取列举的方式，列举了与法院地有关的因素，然后得出适用中国（内地）法律的结论。这是一种数量的分析方法，也隐含有质量的分析方法。为了提高我国法官行使自由裁量权的合理性、正当性，可以综合采取最密切联系原则数量和质量分析方法。

综上，关于最密切联系地法的认定，我国法官在选择连结因素方面存在较大的弹性空间。同一类合同中没有统一的操作规范，有的单独考察一个连结因素，有的同时考察几个连结因素。对于不同种类的合同而言也存在差异化的连结因素，对于合同履行义务特征性明显的租赁合同、房屋买卖合同，大多是合同履行地和涉案不动产所在地，如此也便于判决的执行。运输合同又有其特殊的考虑因素，如当事人国籍、货物起运地、目的地等。不过，绝大部分裁判文书所罗列的连结因素大都倾向于为适用法院地法做准备，而未在裁判文书中直接书面体现出分布在外国的连结因素的"分量"如何。此外，在所有涉外合同纠纷中，合同履行地是作为最密切联系地被认定最多的连结因素，这也印证了沈涓教授所提到的"履行地一般高于其他连结点的质量"的观点。①

（三）法院法律选择过程的实践现状（见表6-8）

---

① 沈涓. 合同准据法理论的解释 [M]. 北京：法律出版社，2000：138.

表6-8　法律选择过程的实践现状类型抽样分析

法律选择过程	当事人及案由	审理院及案号	选法依据
未说明选法依据，即未经冲突规则的指引而直接适用中国法	中国长城资产管理股份有限公司甘肃省分公司与青海黄河有色金属有限公司北京鑫恒铝业有限公司等金融借款合同纠纷	青海省高级人民法院（2018）青民初126号	在本院认为部分，完全未说明选法过程，在判决结果中直接依据法律适用法第41条裁判
	中国长城资产管理股份有限公司甘肃省分公司与青海浏阳鑫达有色金属有限公司,北京鑫恒铝业有限公司等金融借款合同纠纷	青海省高级人民法院（2018）青民初127号	在本院认为部分，完全未说明选法过程，在判决结果中直接依据法律适用法第41条裁判
	中国光大银行股份有限公司北京宣武支行,郑某署与冯某署等房屋买卖合同纠纷	北京市第三中级人民法院（2017）京03民终9004号案	未引用任何冲突法依据
单独运用最密切联系法选择准据法	上海伽姆普实业有限公司诉MoraglisSA承揽合同纠纷	上海市高级人民法院（2012）沪高民二（商）终字第4号	法律适用法第41条,《最高人民法院关于审理涉外民事或商事合同纠纷案件法律适用若干问题的规定》(失效)第5条
	蒋某明与魏某羽,王某宇民间借贷纠纷	广西壮族自治区北海市中级人民法院（2017）桂05民初128号	法律适用法第41条
单独运用特征性履行方法选择准据法	邱某友,舒某英国际货物买卖合同纠纷	浙江省金华市中级人民法院（2020）浙07民终2651号	法律适用法第41条
运用特征性履行方法辅助推导出最密切联系的法律	四川春飞日化股份有限公司与深圳某分公司,周某委托合同纠纷	四川省高级人民法院（2019）川民终952号	法律适用法第41条
	联某快递（中国）有限公司深圳分公司与深圳前海合作区航空货物运输合同纠纷	深圳前海合作区人民法院（2016）粤0391民初864号案	法律适用法第41条

法律选择过程	当事人及案由	审理法院及案号	选法依据
并未明确区分最密切联系及特征性履行方法,笼统地将二者混合在一起适用	孔某钧、孟某芬等民间借贷纠纷	沈阳高新技术产业开发区人民法院(2020)辽0192民初437号	法律适用法第41条
当事人未选择合同争议应适用的法律,但均援引同一国家或者同地区的法律且未提出法律适用异议的,视为当事人已经就合同争议应适用的法律做出选择	胡某国与尹某借款合同纠纷	重庆自由贸易试验区人民法院(2020)渝0192民初10311号案	法律适用法第41条,最高人民法院关于适用法律适用法若干问题的解释(一)第8条
	萨拉平克曼公司、广东劳特斯公司国际货物买卖合同纠纷	广东省高级人民法院(2018)粤民终1424号案	
当事人未选择准据法,经法庭询问及释明之后同意适用中国国内地法律	威顿斯太(北京)食品公司、意大利克瑞克司公司国际货物买卖合同纠纷	北京市第四中级人民法院(2018)京04民初422号	法律适用法第41条
	黄某文与方某买卖合同纠纷	上海市第二中级人民法院(2019)沪02民终6677号案	
	杨某与梁某晓、黎某成合同合同纠纷	南宁市中级人民法院(2020)桂01民初88号案	
	李某军、罗某保等与尚某成合同纠纷	浙江省台州市中级人民法院(2019)浙10民初418号案	

在当事人未约定合同适用的准据法的情况下，不同法院在选法论证环节援引法律适用法第 41 条的合同冲突规范时，呈现出表格中七种不同的法律选择过程。其中，对于同一类合同争议有些依据特征性履行方法来确定最密切联系法律，有的单独运用特征性履行方法，但对于特征性履行方法的确定大多依据失效的 2007 年《规定》第五条规定。有些则直接依据最密切联系原则，未对选法过程进行说理并给出选法的依据和标准。有的未明确区分而混合在一起笼统适用，有的在庭审中向当事人释明法律适用问题后，双方当事人同意适用中国法而将其视为意思自治的选法结果。不过，不同选法论证过程的最终选法结果多数都指向了中国内地法，绝大部分案件当事人未明确主张适用外国法还是中国内地法，还有一些当事人于法院主动释明之后均愿意适用中国内地法，只有少数案件中的当事人主张适用外国法并进行了激烈辩论。

四、法院存在的主要问题

我国学者根据法院合同法律适用的司法实践，认为我国法院存在以下六方面的问题：（1）未根据法律规定直接适用法院地法；（2）未适用当事人合意选择的法律；（3）未适用特殊合同的冲突规则；（4）未正确适用特征性履行规定；（5）未正确选择联系密切的法域；（6）直接适用最密切联系原则。[①] 所以，该学者得出结论：从目前的司法实践情况来看，裁量权的运用不是很理想。虽然有一些成功的案例，但法官滥用裁量权的现象还时有发生。[②] 总结以上问题，为了促进法官正确行使其自由裁量权，合理处理合同法律适用问题，需要法官处理好以下四方面的关系。

（一）最密切联系原则的数量分析方法与质量分析方法的关系

最密切联系原则的分析方法主要有：法律关系量的分析、法律关系质的分析以及它们的综合。在司法实践中到底是采取数量分析法，还是采取质量分析法，抑或是根据案件的具体情况具体分析，最好将两者结合起来。

通常而言，定量分析属于对法律关系客观性联系状况的分析，相对容易，只需要考虑到与合同有关因素的数量之地域性分布。具体来说，定量分析要求法院在司法实践中将与合同有关的因素进行列举，看哪一个法域与这些因素联

---

① 郝泽愚. 法律选择上的最密切联系原则研究［M］. 北京：中国政法大学出版社，2020：140-150.

② 郝泽愚. 法律选择上的最密切联系原则研究［M］. 北京：中国政法大学出版社，2020：150.

系更多，联系更为集中。联系集中的法域就是最密切联系地。例如，美国巴布科克诉杰克逊案就是采取这种方法，认为与案件有关的要素中仅只有侵权行为地在加拿大安大略省，而且是一个偶然性的因素；其他因素包括：双方当事人州籍（即都是美国纽约州的居民）、住所、汽车牌照、汽车的购买、车主的驾照、车险、出发地以及终点地等，这些均在美国纽约州。所以，纽约州是该侵权法律关系集聚地，安大略省只不过是侵权偶然发生地，与本案没有实质性的联系。所以，与加拿大安大略省相较而言，美国纽约州与本案具有最密切的联系。① 我国法院在司法实践中也主要采取定量分析方法，只不过法院主要采取的是单边分析方法，没有进行对比分析。运用这种单边方法也无可厚非，法院于潜意识中对与合同联系集中的法域（一般是中国内地法律）做出分析，其本身也反映了法院的认定。当然一般情况下，如果一个法域与合同联系更多、联系更广泛，则表明该法域与合同具有重要的联系。但是，在有些特殊的案件或者特殊的合同中，联系的因素多并不能代表联系的重要性，也可能会存在联系大体相当的情况。此时用定量分析方法就不恰当了，法院就需要采取定性的分析方法，分析在这种特殊的合同案件中，哪一个或哪几个因素在合同法律关系中具有相对重要性。具体来说，法院在司法实践中可以确定具有一定重要性的因素，然后分析其在合同法律关系中的重要性，并对有关涉及的因素进行法律价值评估，根据因素所体现的法律价值重要性的程度，赋予不同要素以不同的权重，最后确定与合同有最密切联系的法域。与定量分析方法注重合同法律关系的客观状况不同，定性分析方法注重的是对合同法律关系的重要性。这种重要性的认识并不是立法上就明确的，需要法官行使其自由裁量权作出认定，带有强烈的主观色彩，要求法官根据合同的特殊性，考虑到合同所要达到的目的，也要考虑到立法的目的、立法的指导思想、立法所体现的价值取向、立法的政策、法院地国家的利益，以及当事人的正当期望等因素。例如，美国《冲突法

---

① 黄惠康，黄进. 国际公法国际私法成案选 [M]. 武汉：武汉大学出版社，1987：329-331.

重述（第二次）》第 6 条所规定的七大考虑因素①以及第 188 条②规定的当事人没有选择合同准据法时适用最密切联系原则考虑的因素，可以为我国法院进行质的分析提供一定的借鉴。同时，我国法律适用法立法指导思想、立法目的、法律价值等方面的因素，均可以适用到最密切联系质的分析中。所以，我国在司法实践中，一般情况下可以采取定量的分析方法，只不过需要法官尽可能多地分析与合同有关的因素，不要仅仅分析一两个因素就决定与合同法律关系的最密切联系地。在特殊的案件中，法官要根据案件的具体情况，对法律关系要素进行分析，将量的分析与质的分析有机结合起来，既要进行定量分析，也要进行定性分析，进行主观与客观的综合分析。③

（二）特征性履行原则与最密切联系原则的关系

尽管最密切联系原则的理论源头可以追溯到萨维尼的法律关系本座说，④ 但其产生并发展于美国的司法实践中，美国司法实践中的奥汀诉奥汀案⑤和巴布科克诉杰克逊案⑥确立了最密切联系原则。由于美国司法体制的原因，最密切联系原则从产生时起就具有极大的灵活性，赋予法官相当大的自由裁量权。欧洲成文法国家对于最密切联系原则的灵活性持有特别谨慎的态度，一般不直接将最密切联系原则原封不动地搬过来，而是进行一定程度的改造，减少其灵活性，增强其确定性。其中，最主要的措施就是在立法中确立了特征性履行原则。

从特征性履行原则的产生与功能来看，其作用就是为了限制最密切联系原

---

① 美国 1971 年《冲突法重述（第二次）》第六条规定考虑的因素有以下七方面：（1）州际和国际秩序的需要；（2）法院地相关政策；（3）在决定特定问题时，其他利害关系州的相关政策及其相应利益；（4）对正当期望的保护；（5）特定法律领域的基本政策；（6）法律的确定性、可预见性和一致性；（7）将予适用的法律易于确定和适用。

② 美国 1971 年《冲突法重述（第二次）》第 188 条规定："当事人未作有效选择时的准据法。1. 当事人与合同某个问题有关的权利义务，依在该问题上，按照第六条规定的原则，与该交易及当事人有重要联系的那个州的本地法。2. 当事人未对法律作有效选择时，适用第 6 条原则以确定准据法时应考虑的联系因素包括：（1）合同缔结地；（2）合同谈判地；（3）合同履行地；（4）合同标的物所在地；以及（5）当事人的住所、居所、国籍、公司成立地及营业地。对这些联系因素应按照其对该特定问题的重要程度加以衡量。"

③ 徐伟功 .《涉外民事关系法律适用法》实施研究［M］. 北京：法律出版社，2019：140-141.

④ 肖永平 . 肖永平论冲突法［M］. 武汉：武汉大学出版社，2002：199.

⑤ 黄惠康，黄进 . 国际公法国际私法成案选［M］. 武汉：武汉大学出版社，1987：325-327.

⑥ 黄惠康，黄进 . 国际公法国际私法成案选［M］. 武汉：武汉大学出版社，1987：329-331.

则的灵活性，甚至可以认为其是为了确定最密切联系地而设立的一项普遍标准。正如前文所述，对最密切联系原则有定量与定性两种分析方法，对特征性履行原则的分析方法则是定性的，只不过是特征性履行一方当事人有关的因素赋予绝对的权重，而舍弃了其他的因素。另外，也将由法官进行自由裁量的做法改为由立法上加以明确。法官在确定最密切联系地时，只要确定特征性履行一方当事人的有关连结因素就可以确定最密切联系地。例如，在一般的买卖合同中，买方的付款行为不具有特殊性，因为所有的买卖合同都存在普遍的付款行为。而卖方的交付行为具有一定的特殊性，交付何种产品以及交付产品的质量等，反映了合同的特殊性，所以卖方是特征性履行一方当事人。后者就是在确定特征性履行一方当事人之后，选择与当事人具有一定联系的连结点，一般是当事人的属人法。如此，特征性履行原则的运用就在一定程度上限制了法官的自由裁量权，克服了最密切联系原则的不稳定性与极大的灵活性。当然，不同的运用方式对法官自由裁量权的限制程度也不一样，具体有以下几种立法或运用方式。

第一种，采取"意思自治原则+特征性履行方法"的立法模式。在当事人没有选择法律的情况下，立法上直接根据不同合同的种类，按照它们的性质确定特征性履行一方当事人所在地的法律。1926年波兰国际私法的立法就是采取这种方法。

第二种，采取"意思自治原则+具体规则（特征性履行方法具体化，并在总则中明确符合最密切联系原则的立法思想）"的立法模式。这种立法方式与前一种方法基本一致，只不过前一种方式并没有表明特征性履行的具体规定符合最密切联系原则，后一种则在总则中做出了强调。1979年奥地利《关于国际私法的联邦法》采取了这种立法模式：首先在第一条规定所有的具体规则都体现了最密切联系原则；其次规定在当事人没有选择法律或选择法律没有被承认的情况下，依据该法第36条至第49条①的规定选择具体合同所要适用的法律，其规定的连结因素是合同特征性履行一方当事人的居所、营业地或行为地等。

第三种，采取了"意思自治原则+最密切联系原则+特征性履行方法的推定+具体合同的法律适用规则"的立法模式。即首先在当事人没有选择法律的情况下，明确规定适用最密切联系原则。对何为最密切联系地则采用特征性履行

---

① 《奥地利联邦国际私法法规》第36条至第49条分别规定了由一方负担金钱支付的双条契约、片条契约、银行与保险契约、交易所及类似业务的契约、拍卖、消费者契约、使用不动产契约、关于无体财产的契约、雇佣契约等应适用的法律。

地的判断标准，即合同适用特征性履行一方当事人的惯常居所地法律，然后再具体规定不同种类合同的法律适用规则。① 我国原有的立法及司法解释基本上是采取这种方式。而且，对于具体规则的适用还做出了例外的规定，即适用更密切联系地法代替具体规定所指引的法律。其公式可以简单表示为："意思自治原则+最密切联系原则+按照特征性履行原则规定的合同具体法律适用规则+更密切联系原则"。我国之前的立法可以说更为合理，经过两次软化处理，既保证了合同法律适用的明确性，又保证了一定的灵活性。

第四种，采取"意思自治原则+特征性履行原则或最密切联系原则"的立法模式。在当事人没有选择法律的情况下，采取选择性冲突规范的方式，或选择特征性履行方法确定合同所适用的法律，或采取最密切联系方法确定合同所适用的法律。将特征性履行原则与最密切联系原则并行规定的立法方式，实不多见。这是我国《涉外民事关系法律适用法》第41条②的立法做法。

我国法律适用法的这种立法模式引发了特征性履行原则与最密切联系原则的关系问题。在涉外合同纠纷中当事人未约定准据法的情况下，法律适用法第41条第2款中的合同冲突规则用"或者"进行并列式的连接，这表明两种法律选择方法不具有先后之分，而是可任选的两种独立选法依据，即特征性履行原则不再作为最密切联系原则的具体化依据，刘仁山教授认为"这一规定是对我国涉外合同领域既有立法及实践的颠覆"③。经过多年司法实践的检验，发现其缺陷是割裂了特征性履行方法与最密切联系原则相互制约的逻辑关系，未明确反映出法律选择的确定性与灵活性之间的协调机制，致使当事人难以预测法官的最终选择结果。④ 但是，该条中"或者其他"的表述似乎从立法语境上又暗含了最密切联系原则是例外补充的意思。这种措辞结构赋予法官较大的自由裁量空间，也给法官选择法律带来了混乱和不必要的困惑。⑤

目前，国际私法学界的主流观点仍认为合同的特征性履行方的经常居住地

---

① 韩德培. 中国冲突法研究 ［M］. 武汉：武汉大学出版社，1993：252-253.
② 《涉外民事关系法律适用法》第四十一条规定："当事人可以协议选择合同适用的法律。当事人没有选择的，适用履行义务最能体现该合同特征的一方当事人经常居所地法律或者其他与该合同有最密切联系的法律。"
③ 刘仁山. 国际私法与人类命运共同体之构建——以涉外民事关系法律适用法实施为据 ［M］. 北京：法律出版社，2019：180.
④ 肖永平，丁汉韬. 论法律适用法中无条件选择性冲突规范的适用 ［J］. 法律科学（西北政法大学学报），2017，35（4）：179.
⑤ 徐伟功. 《涉外民事关系法律适用法》实施研究 ［M］. 北京：法律出版社，2019：149.

是辅助最密切联系原则应用的具体化方法。① 在实务中，最高人民法院关于法律适用法第 41 条的条文理解与适用所做出的解释②，仍认为可以参照 2007 年《规定》中的特征性履行方法来确定各类具体合同的最密切联系地。此外，也有学者认为法律适用法第 41 条并未削弱最密切联系原则在合同冲突规则领域的地位，恰是通过立法明确了特征性履行方法在最密切联系原则领域的具体应用，使最密切联系地这个抽象连结点具备更强的确定性和可预见性。③

也有学者提出了新的认识，许庆坤教授提出如果将特征性履行原则与最密切联系原则之间的关系简单地理解为一方完全从属于另一方，就如同对特征性履行原则本身的理解一样偏狭。他认为两种原则并不是简单的依附关系，而是存在一种既相互独立又彼此依存的动态关联，理由是我国 2007 年《规定》曾参照 1980 年《罗马公约》的规定将该规则依附于最密切联系原则，但《罗马公约》已经被欧盟 2008 年实施的《罗马条例 I》所取代，而《罗马条例 I》改变了特征性履行原则的附庸地位，最密切联系原则降格为例外条款和补充条款；我国法律适用法第 41 条采用"或者"将两个原则相提并论，也为未来司法解释正确界定特征性履行原则的独立地位提供了法律依据。④

（三）法院地法与外国（外域）法的关系

从司法角度看，在法院地法的司法惯性下处理域内外法律之间的比较适用问题增加了法官审判工作的难度。司法实践中，如何确定与合同具有最密切联系的法律，显然需要对不同法域的法律因素做比较分析后，才能指明"优法"的来源并奠定"优法"的合理性基础，⑤ 而法律选择的正当化过程主要依赖于域外法的查明情况和法官的冲突法素养、比较法研究素养、勤勉尽责程度。法官在适用法院地法处理内国案件之时或许是资深专家，但在涉外案件中找寻最密切联系地法律过程，需先查明所有相关域内外法律的实质内容，并进行比较与评估，这其中任何一项工作都具有一定复杂性，加上域外法的查明机制尚需完善，因而其无法像适用法院地法一样游刃有余。现行司法体制下，大部分法官并未接受过相关域外法专业的学习，也未接触过相关域外法管辖的社会环境

---

①　徐冬根. 国际私法 [M]. 北京：北京大学出版社，2013：133.

②　万鄂湘. 中华人民共和国涉外民事关系法律适用法条文理解与适用 [M]. 北京：中国法制出版社，2011：300.

③　秦瑞亭. 中国国际私法实证研究 [M]. 天津：南开大学出版社，2017：238.

④　许庆坤. 涉外民事关系法律适用法的司法解释问题研究 [M]. 北京：法律出版社，2019：217-212.

⑤　茨威格特，克茨. 比较法总论 [M]. 潘汉典，等译. 北京：法律出版社，2004：109.

及相关立法背景，特别是判例法系国家除了成文法还有众多的先例遵循制度，因此法官无法灵活地运用多法域的法律思维对相同法律事实做比较法分析，即便最终适用域外法也可能是仅根据文字的表面意思做出判决。这样，在如何查明与适用域外法本身已是涉外司法实践难题①的情况下，还要将域内外法进行比较与择优的过程充分展现，显然会增加司法负担并降低司法效率。即便法官们有能力完成这一系列工作，但当其遇到审判质效方面的考核压力之时，加上最密切联系原则的适用过程存在自由裁量空间，也很容易导致法官在找法过程和法律选择正当化过程中回避对域外法的论证，直接适用法院地法快速结案，所以在实践上克服法官适用法院地法的司法惯性并非易事。

从当事人角度看，适用域外法的诉讼成本以及能否正确适用域外法来保障其利益也是不容忽视的影响因素。前文所述中大数据显示，关于涉外合同纠纷中当事人未约定准据法案件的审理周期平均时间为 253 天，大部分案件因适用中国内地法还并不涉及查明域外法的期间。从深圳市蓝海法律查明中心公布的域外法查明信息来看，域外法的查明需要耗费较多的时间成本与经济成本，且该中心主要业务来源均是当事人主动选择适用域外法律才委托其查明域外法的情形，② 案件审理期限被拖延之后也导致当事人的维权时间成本增加。从前文统计的当事人未约定准据法案件大数据中也可以看出，仅少量案件双方当事人对合同应适用的准据法产生激烈抗辩，一部分案件当事人经过法庭释明之后同意适用中国法，而从绝大部分裁判文书内容中亦无法看出当事人对适用中国内地法是否有异议。

综上，虽然国际私法中传统意义上的法律适用的属地性早已被突破，③ 但当事人将涉外合同纠纷诉诸各国国内法院来审理的时候，各国法院在选择和法律适用上也难以彻底克服受内向性的司法惯性的影响。

（四）法律选择性的确定性与灵活性的关系

法律一方面要求具备"确定性、可预见性，另一方面要具有灵活性"④，然而实现了法的确定性价值也可能会牺牲法律的灵活性价值，法律价值的互克性

---

① 叶竹盛. 寻找"更有利的法"：比较型冲突规范的司法困境及出路 [J]. 现代法学，2017，39（5）：147.

② 深圳市蓝海法律查明和商事调解中心. 蓝海查明知多少？[EB/OL].［2023-09-23］，http：//www. bcisz. org/html/cmcjwd/.

③ 沈涓. 法院地法的纵与限：兼论中国国际私法的态度 [J]. 清华法学，2013，7（4）：161.

④ 徐冬根. 论国际私法规范的柔性化与刚性化 [J]. 法制与社会发展，2003（3）：29.

是摆在立法者和司法者面前的一道取舍难题。国际私法作为法律的一个分支，其所要体现的法律价值之间存在互竞性。例如，传统国际私法注重的法律适用结果的一致性与现代国际私法注重的具体案件的公正性，法院地国家利益的维护与国际社会民商事秩序的要求，等等，同样存在着这种冲突与矛盾。① 而法律选择方法的运用也表达着国际私法的价值追求，此种追求也很自然地随着法律制度和时代的不同而发生变化。19 世纪之后，德国历史法学派的巨匠萨维尼通过将民事关系类型化提出法律关系本座说理论，推进了国际私法成文化的历史进程，该理论注重法律选择的一致性、确定性，追求国际私法的冲突正义。但是，该理论后期也遭到了当时学者的强烈批评，如机械与呆板的法律选择方法排除了人的主观能动性，忽略所选择法律对当事人是否合理、正当、公平，使法官成为僵化适用规则的机器。从 20 世纪中叶开始，就出现了美国国际私法革命中的规则与方法之争，在批判传统国际私法的形式主义的基础上，有学者强调法律适用的公正性与具体案件的正义性，以实现国际私法实质正义的法律价值。同时，欧洲国际私法的改良重心也是针对传统国际私法的概念化，通过改变连结点的中立性或增加连结点数量来增强法律适用的合理性。到了 20 世纪中后期，各国都力图在立法中融入实质正义与冲突正义的需求，有学者提出了国际私法立法中的"生态平衡"理论，② 即在立法中融合传统与现代的做法，构建多种法律选择方法的有机统一体系。国际私法发展到 21 世纪的今天，英美普通法系国家与欧洲大陆法系国家已无法固守单一的法律选择方法，都力图在立法中使法律选择的多元方法得到融合，于注重传统国际私法冲突正义的同时，也注重其实质正义。因此，立法者在体系化设计过程中，难以将每种法律价值进行最大化，只是在不同的阶段根据其所追求法律价值的不同而有所侧重，赋予每一种法律价值的不同地位，并将之置于体系化中的恰当位置上。③

在我国法律适用法的法律选择方法体系中，确定性与灵活性之间的张力设计，也对应着国际私法所追求的形式正义与实质正义的价值选择，实际上也体现了国际私法中规则主义与自由裁量主义对立统一的关系问题。④ 在立法层面，

---

① 徐伟功. 国际私法中的自由裁量权论纲 [J]. 华南师范大学学报（社会科学版），2002（4）：15.

② 杜新丽. 当代法律选择多元方法的并存与融合 [J]. 武大国际法评论，2013，16（1）：66.

③ 王慧. 论我国涉外民事关系法律选择方法的构建基础与体系展开 [J]. 法学评论，2015，33（5）：51

④ 徐伟功.《涉外民事关系法律适用法》实施研究 [M]. 北京：法律出版社，2019：116.

如何将冲突正义与实质正义融合在一起，最密切联系原则中灵活性价值的适当运用恰恰可以成为两种正义融通的桥梁，但需要立法者有高超的立法技巧与立法艺术。考察最高人民法院在《中华人民共和国涉外民事关系法律适用法条文理解与适用》中对第41条做出的条文适用解释①以及参与本立法过程的黄进教授等人主编的《中华人民共和国涉外民事关系法律适用法释义与分析》中关于第41条的条文释义分析，可以发现立法者对于法律适用法第41条的立法原意是将"合同领域的最密切联系原则作为意思自治原则的补充性原则，除非存在明显更密切联系，否则应以特征性履行方法来确定最密切联系法律"②。此外，陈卫佐教授曾对法律适用法第41条的合同冲突规则给予过较高的评价："该条沿袭了《民法通则》在涉外合同准据法适用方面的司法实践，也与《民法通则》第145条、原《合同法》第126条的立法宗旨一脉相承，该条还首次将特征性给付说正式引进我国涉外民事关系法律适用法，这是对现行司法解释的相关冲突规则的制定法化。"③ 由此可见，我国立法者为了克服传统与现代冲突规范中机械、呆板、僵硬、滞后、随意、不确定等局限性做出了不懈努力，既在立法上采取以特征性履行方法为代表的规则主义立法，又有以最密切联系原则为代表的自由裁量主义立法，无非是希望达到法律选择的确定性和灵活性的统一，协调国际私法上的冲突正义与实质正义。然而，司法实践中法律适用法第41条关于规则主义与自由裁量主义价值目标的实际融通效果并不明显、也不彻底。

　　一方面，法律适用法第41条第2款中的特征性履行方法缺乏相对应的、合法有效的各类具体合同法律适用规则，因而导致直接适用特征性履行方法的可行性较弱，即处在有法不宜用的悬置困境。虽然以黄进教授为代表的国际私法

---

① 最高人民法院民事审判第四庭. 中华人民共和国涉外民事关系法律适用法条文理解与适用 [M]. 北京：中国法制出版社，2011：300. 其中，关于第41条的条文理解与适用是这样解释的："以特征性履行方法来具体运用最密切联系原则，人民法院仍参考2007年实施的《最高人民法院关于审理涉外民事或商事合同纠纷案件法律适用若干问题的规定》规定的17类合同确定准据法的方法。"由此明显可以看出，最高人民法院当时也是希望通过这种具体合同适用规则的运用确定与合同有最密切联系的法律，既保证法律适用的稳定性和可操作性，又补充了法律适用的灵活性。

② 黄进，姜茹娇. 中华人民共和国涉外民事关系法律适用法释义与分析 [M]. 北京：法律出版社，2011：229.

③ 陈卫佐. 比较国际私法：涉外民事关系法律适用法的立法、规则、原理的比较研究 [M]. 北京：法律出版社，2012：260.

学者在立法建议稿中曾经提出过 17 类合同具体法律适用规则的建议，① 但立法者在现行法律适用法中并未吸收该建议，而是在各类具体合同法律适用规则领域留下了空白，仅抽象地确定了特征性履行原则；也没有预料到 2007 年《规定》中按照特征性履行原则规定的 17 类合同具体法律适用规则被废止之后，就使特征性履行方法彻底失去了合法有效的各类合同具体法律适用规则。此后，在当事人未约定合同准据法的情况下，因特征性履行方法缺乏具体合同法律适用规则，恰恰法律适用法第 41 条第 2 款对两种选法依据又无顺序适用的强制要求，所以各地人民法院的法官实际上并没有选择，而是跳过特征性履行方法的选法论证过程，最终绝大多数案件都是习惯性地直接运用最密切联系原则做出准据法的选择，而并非如学界和立法界最初所期盼的是最密切联系原则补缺作用的体现。涉外合同领域用特征性履行方法确定准据法的案件大部分发生在 2007 年《规定》废止之前，从 2014 年起至今仅有少数案件将其引用于裁判文书说理部分，但不作为判决结果的法律依据，因引用失效的司法解释作为判决结果的依据也会使裁判文书不具备合法性。甚至有的案件②直接笼统地把两者混合在一起来确定案涉合同的准据法，未明确区分到底是运用何种法律选择方式。从前文所述的实践效果大数据现状来看，显然可以发现在新的司法解释出台来弥补这一漏洞之前，特征性履行方法的确定性指引功能仍处于悬置状态。

另一方面，最密切联系原则的内涵具有较强的不确定性，遂使该法律选择方法的适用主要依赖于法官的自由裁量权、冲突法素养及比较法思维，源于人的有限理性也会面临有法用不好的困境。从前文大数据统计结果中就可以看出，不同地域的裁判文书对于相同案由下案件的选法过程、说理充分性程度、最密切联系地法律的认定标准都有所差异，有的裁判文书未经比较潜在的准据法或仅简单论证即完成选法过程，从有的裁判文书中可以看出是法官释明后促成当事人援引共同法律从而回避选法过程，这些无疑对司法实践的统一性、法律内在秩序的稳定性、确定性目标构成威胁。虽然学界和最高人民法院都强调认定最密切联系地法律时要考虑连结点数量，同时也不能忽视连结点质量，但事实上对于连结点数量的分布统计较为容易，对连结点质量说理则缺乏规范依据、实践经验等可操作的方法论指引。法律适用法实施至今十多年里，在各个国家

---

① 黄进 . 中华人民共和国涉外民事关系法律适用法建议稿及说明［M］. 北京：中国人民大学出版社，2011：100-101.

② （2020）辽 0192 民初 437 号民事判决书。

均尝试用不同措施将最密切联系原则细化的时代背景下,① 从中国合同冲突规则领域对最密切联系原则具体化的立法进程来看,并未及时回应法律实践需求。学界早已有许多学者从立法控制模式、裁判文书推理规范等角度提出各种完善我国最密切联系原则的法律适用方法,② 核心主张都是对其灵活性做必要的限制来发挥其应有的作用。③ 但对照实践现状而言,学界的主张似乎也未引起立法及司法实践的过多回应。

综上,学界和立法者力图运用特征性履行方法克服最密切联系原则过分灵活性的缺点,在实践中似乎与其原有的立法初衷出现了偏差,在自由裁量主义与规则主义的平衡过程中,似乎自由裁量主义占了上风。

五、司法实践的改进

在法律适用法第 41 条第 2 款中法律选择的灵活性与确定性之间的协调机制失衡情况下,如何规范司法自由裁量行为、统一裁判尺度、确保法律正确适用来实现立法者所期望的法律价值,是一项系统且复杂的工程。这既涉及立法与司法解释等规范依据的完善,也涉及法院审判管理体制的革新、司法人员的选拔与培训、司法内部监督机制与外部机制的创建、法律科技的支撑等各方面。

（一）完善规范依据的载体形式

在国内外过往的合同冲突法经验中,理论界并不缺乏关于最密切联系原则的理论研究成果,但少有从实证角度探索通过何种规范形式来解决法律适用法第 41 条第 2 款的实际操作效果与立法者原意脱节的问题。当现行法律存在漏洞或法律规定可操作性较差导致裁判尺度不统一,而当下又无修法必要或者立法计划暂未跟上时,需要最高人民法院加强对现实情况的调查研究,吸收冲突法领域的专家参与该过程,严格依照法律规定及时制定合同冲突法司法解释,对法律实践需求做出回应,澄清其模糊之处,修补立法与实践之间的缝隙。当然,有时可能因法律或法规对制定司法解释的过程有严格要求,使司法解释的出台时间太长,而问题出现的初期既不好把握,又有即时性的法律实践需求,最高

---

① 田洪鋆,张雪媛. 失去控制的灵活性:最密切联系原则在我国的适用及反思 [J]. 社会科学战线,2019（8）:221.
② 学者们就限制最密切联系运用过程中的自由裁量权滥用提出了立法模式上的具体建议。参见肖永平. 法理学视野下的冲突法 [M]. 北京:高等教育出版社,2008:46;田洪鋆. 最密切联系原则控制模式欧美比较研究 [J]. 社会科学辑刊,2020（1）:102.
③ 孙建. 论我国国际私法法律适用的确定性与灵活性 [J]. 法学评论,2012,30（2）:115.

人民法院前大法官杜万华曾言，此时可先通过会议纪要或指导意见等形式来规范裁判尺度，随着问题逐渐清晰和发展之后，再将这些会议纪要的精神吸收进司法解释来赋予其合法的裁判依据地位。与此同时，今后在涉外案件指导案例中应该加强合同冲突法指导案例的选取，以切实规范指引合同准据法选择过程的裁判说理。因受制于法官专业素养和审判体制等多方面因素，案例指导制度迄今尚未在冲突法领域彰显成效，截至 2021 年 11 月，在最高人民法院发布的现行 30 批指导案例以及第 1 批、第 2 批涉"一带一路"建设典型案例中，所提炼的涉外案件都是着重解决实体法领域的疑难问题，并非侧重于合同准据法选择过程中比较与说理方面的裁判指引。

（二）重构特征性履行原则的细化规则

想要通过解决特征性履行方法的可操作性来突破其处在有法不宜用的悬置困境，可以斟酌过往实践与理论中列举具体各种合同种类适用的冲突规则的合理经验部分。比如，吸收 2007 年《规定》中的合理规定，该司法解释除了选择准据法的"住所地"连结点与 2010 年法律适用法的"经常居所地"连结点不一致，其他部分内容仍具备相当程度的可行性，通过司法解释将连结点不一致问题加以解决，也破解了现仍有部分判决书继续援引失效的 2007 年《规定》进行裁判说理的合法性问题，以解司法实践的燃眉之急。同样是当事人未约定合同准据法的情形，也可借鉴欧盟合同冲突规则领域里的《罗马条例 I》（2008）第 4 条根据特征性履行方法列举 8 种常用合同的冲突规则的做法，① 以实现特征性履行原则应有的确定性指引功能。

（三）厘清特征性履行原则与最密切联系原则的关系

应尽快明晰特征性履行原则与最密切联系原则适用过程中的先后顺序地位，方可使法律选择的确定性与灵活性之间的协调机制恢复正常运行。首先，无论特征性履行方法是依附于最密切联系原则的具体化方案，还是处于相对独立的冲突规则，因本质上都是为了解决法律选择的确定性与灵活性之间的平衡问题，所以均可规定优先适用特征性履行原则确定的具体合同冲突规则，缓解实践中法官不加选择直接适用最密切联系原则所带来的灵活性失控问题。其次，对于没有列举的合同种类则适用最密切联系原则确定。最后，如相较于具体合同冲突规则确定的法律，仍存在其他更为密切联系的法律，则例外适用该"更密切的法律"，以此兜底补充满足案件法律适用的灵活性需要。通过总结以往司法解

---

① 邹国勇. 欧盟合同冲突法的新发展：《罗马条例 I》述评 [J]. 广西社会科学，2012（7）：67.

释的成功经验和借鉴国外的先进立法经验可以发现，一般合同冲突规则中较为合理的做法是采取"意思自治原则+最密切联系原则+按照特征性履行原则规定的合同具体法律适用规则+更密切联系原则"的立法模式，这样既考虑了合同准据法选择的确定性，又赋予了选法操作上的灵活性，能够较好地促进国际私法中冲突正义与实质正义的有机融合。对此，通过比较裁判文书大数据中是否援引 2007 年《规定》相关规定来对选法过程进行论证说理的效果，就明显可以看出援引该规定的裁判文书在选法论证环节能较好地协调法律选择的确定性与灵活性。

（四）规范最密切联系地的认定标准

虽然涉外民事司法实践有时需要法官基于相关实体法的价值取向灵活行事方可稳妥地解决相关争议，但"法官的自由裁量权毫无限制又是不令人放心的"①，故需立法者将最密切联系原则的具体操作细节规范化，来引导法官恰当地运用自由裁量权。最密切联系原则的规定本身具有一定的原则性，应不断地在司法实践中提炼出最适合时代要求的客观因素来满足其可操作性的实践需要。首先，给出确定最密切联系地的考虑因素，包括具体法律关系所涉及的合同签订地、合同履行地、标的物所在地、当事人住所地等常见连结因素。将有关的因素列举出来，分析与哪些地方存在联系。除考虑这些因素外，也需要考虑法律价值层面上的因素，比如，当事人正当权益的保护、国家公共利益的维护、国家法律政策的稳定、个案的公正性、国际秩序的需要、当事人的正当期望、司法便利以及裁判结果的确定性、可预见性和一致性等。最高人民法院可以给予各级人民法院一定的指导意见，根据法律适用法所体现的立法目的与立法价值取向，适当考虑某些因素。② 其次，法官在审理案件过程中可将合同应适用的准据法作为争议焦点让双方当事人充分辩论，在具体选法论证过程中尽量就不同法域与合同的密切程度进行对照式说理，详细说明确定准据法的比较与筛选过程。

---

① 宋连斌，陈静．重读里斯《法律选择：规则还是方法》：兼及中国国际私法的立法取向［M］//黄进，肖永平，刘仁山．中国国际私法与比较法年刊：第 11 卷．北京：北京大学出版社，2008：256-257.
② 徐伟功．《涉外民事关系法律适用法》实施研究［M］．北京：法律出版社，2019：154.

第三节　非合同领域法律适用中规定的最密切联系原则实证考察

我国法律适用法分则除第 41 条外，还在第 19 条、第 39 条、第 49 条等条文中规定了最密切联系原则，涉及法律适用法国籍积极冲突的解决、有价证券的法律适用以及知识产权转让和许可使用的法律适用。特别指出的是关于知识产权转让和许可使用的法律适用首先适用当事人选择的法律，当事人没有选择的，适用法律适用法第四十一条的规定。笔者将其归入非合同领域，主要是指除第 41 条合同法律适用之外涉及最密切联系原则所有的条文，并非严格意义上所讲的非合同领域。

一、国籍积极冲突的解决

笔者通过 https：//alphalawyer. cn/#/app/tool/search/case？ searchType = law 检索案例。检索设定的条件为：时间：2021 年 12 月 31 日之前；案例来源：Alpha 案例库；案由：未设置案由；检索条件为参照级别：普通案例。引用法条：中华人民共和国涉外民事关系法律适用法第 19 条。数据采集时间：2022 年 2 月 14 日。案件数量：10 件。但是所采集到的 10 个案件均不属于严格意义上法律适用法第 19 条的案件。

（一）案件情况

1. 广州市白云建设开发有限公司、胡某怡等请求变更公司登记纠纷案①

在该案中，法院认为，本案为涉澳民商事案件，应参照涉外民商事案件处理。因白云建设公司系在我国内地登记设立的公司，一审法院依据法律适用法第十九条的规定认定我国内地法律作为处理本案的准据法适用法律正确。法院可能将法律适用法第 19 条与《司法解释（一）》第 19 条混同，或者是笔误，或者是上传裁判文书有误，本案不涉及第十九条规定的问题。

2. 刘某群、陈某嵩等民间借贷纠纷案②

本案属于合同法律适用的案件，双方当事人均为我国公民，但是法律事实发生在我国领域外，属于涉外民商事案件。对于该案件的法律适用问题，法院认为，涉案争议系刘某群以《借条》向杨某珍、陈某嵩主张转让超市尚欠的转

---

① （2021）粤 01 民终 17939 号民事判决书；（2020）粤 0104 民初 14119 号民事判决书。
② （2020）闽 0302 民初 6249 号民事判决书。

让款产生的争议，该法律事实发生在中华人民共和国领域外，本案属于涉外民商事案件。双方当事人均具有中国国籍，刘某群在本案庭审中选择适用中华人民共和国法律处理争议，依据法律适用法第三条、第十九条、第四十一条的规定，确认以中华人民共和国法律作为解决本案争议的准据法。法院运用意思自治原则适用当事人选择的法律。法院没有任何的说理过程，直接引用相关的法律规定。其思维过程存在的问题主要有：其一，引用第十九条的规定与本案毫无联系，本案不存在双重国籍、无国籍以及国籍不明的问题，分析不出法院引用的理由。其二，即使要适用当事人庭审中选择的法律，或许适用《司法解释（一）》第六条第二款更为恰当。其三，一般来说，法律适用法第三条的规定是宣示性条款，属于一般原则条款。根据禁止向原则逃逸的原理，法院原则上不能直接引用该条款直接确定所要适用的法律。

3. 李某与王某菡民间借贷纠纷案①

本案原告为新加坡公民，被告为中国公民。法院认为，本案原告李某系新加坡公民，本案案由为民间借贷纠纷，故本案为涉外民商事纠纷。依据法律适用法第十九条的规定，王某菡为中国公民，故本案适用中华人民共和国法律处理。法律适用法第 19 条是为了解决国籍积极冲突与消极冲突的，其基本的含义是依照法律适用法规定适用国籍法的，如果当事人存在多国籍、无国籍或者国籍不明的，则适用本条规定解决这一问题，确定国籍国法律。但是在本案中，法官的思维是非常奇怪独特的。首先，法官认定案件是涉外民商事案件，案由是民间借贷，应该适用国籍国法律。其次，因为第十九条规定是适用国籍国法律，被告是中国公民，所以适用中国法律。法官犯了如此低级的错误，似乎没有国际私法的基本素养以及对第 19 条没有基本的认识与理解。本案与第 19 条毫无关系。

4. 李某与深圳市兴北海电子科技有限公司买卖合同纠纷案②

本案裁定书尾部写道："综上，依据《中华人民共和国涉外民事关系法律适用法》第十四条第一款、第十九条、第四十一条，《中华人民共和国民事诉讼法》第一百一十九条、第一百五十四条之规定，裁定如下……"这里第 19 条应该是书写时的疏忽，因为本裁决书正文中写道："根据《中华人民共和国涉外民事关系法律适用法》第十四条第一款'法人及其分支机构的民事权利能力、民事行为能力、组织机构、股东权利义务等事项，适用登记地法律'及《最高人

---

① （2020）皖 0191 民初 1006 号民事判决书。
② （2019）粤 0391 民初 246 号民事裁定书。

民法院关于适用〈中华人民共和国涉外民事关系法律适用法〉若干问题的解释（一）》第十九条'涉及香港特别行政区、澳门特别行政区的民事关系的法律适用问题，参照适用本规定'之规定。"所以，本案与第 19 条也无任何关联，裁定书存在笔误。

5. 吴某、杨某德赠与合同纠纷案①

本案是涉及我国香港特别行政区的案件，属于区际私法案件。在本案中，一审法院与二审法院都认为依据《司法解释（一）》第十九条的规定，法院适用冲突规范以及判决书不存在什么问题。问题主要是因为在判决书当事人辩称中有"根据涉外民事关系法律适用法第十九条、第二十四条的规定，其夫妻财产关系应适用香港特别行政区法律"，所以本案是当事人混淆了法律适用法第 19 条与《司法解释（一）》第 19 条，本案也与法律适用法第 19 条无关。

6. 谢某、黄某 1 遗嘱继承纠纷案②

与上一个案件一样，本案是涉及我国香港特别行政区的案件，属于区际私法案件。法院在适用法律方面没有多大的问题，只是在判决书中写道："依照最高人民法院关于适用《中华人民共和国涉外民事关系法律适用法》第 19 条之规定"。这里并没有正确地写完整，有可能被误认为是适用法律适用法第十九条的规定，法院应该写全称："《最高人民法院关于适用〈中华人民共和国涉外民事关系法律适用法〉若干问题的解释（一）》"。所以，本案与法律适用法第 19 条无关。

7. 深圳市兆驰股份有限公司、稳瑞得有限公司发明专利实施许可合同纠纷案③

本案是关于管辖权异议的案件。法院没有涉及法律适用法第 19 条的适用，只是上诉人在上诉中称：依据法律适用法第三条、第十条、第十九条的规定，稳瑞得公司负有提供和查明准据法的义务，其应举证证明涉案纠纷解决条款合法有效，并依据相关约定确定管辖机构。本案同样也可能是当事人的笔误，与法律适用法第 19 条无关。

8. 钟某敏、武汉聚义典当有限责任公司借款合同纠纷、保证合同纠纷案④

在本案中，法院认为：另因借款人郑某伟系澳门特别行政区居民，依据法律适用法第十九条的规定，"涉及香港特别行政区、澳门特别行政区的民事关系

---

① （2018）闽 02 民终 3586 号民事判决书；（2016）闽 0203 民初 6146 号民事判决书。
② （2017）闽 05 民终 6970 号民事判决书；（2016）闽 0524 民初 5878 号民事判决书。
③ （2017）粤民辖终 627 号民事裁定书；（2017）粤 03 民初 690 号民事裁定书。
④ （2017）鄂民终 1053 号民事判决书；（2016）鄂 01 民初 1233 号民事判决书。

的法律适用问题，参照适用本规定"；该法第四十一条规定，"当事人可以协议选择合同适用的法律。当事人没有选择的，适用履行义务最能体现该合同特征的一方当事人经常居所地法律或者其他与该合同有最密切联系的法律。"其中，明显是适用《司法解释（一）》第十九条规定，而不是法律适用法第十九条规定，应该是法院判决书中的笔误。

9. 伍某长、黄某初等与谭某坚委托合同纠纷案①

本案也同样涉及《司法解释（一）》第十九条的规定，而不是法律适用法第十九条的规定。

10. 香港维新纺织有限公司、咸宁市国有资产经营有限责任公司企业出售合同纠纷案②

法院于判决书中写道：另《中华人民共和国涉外民事关系法律适用法》第19规定，"涉及香港特别行政区、澳门特别行政区的民事关系的法律适用问题，参照适用本规定"。同样，本案也应该是法院判决书中的笔误。

（二）简要分析

综上，在检索到的10个案件中，第1、4、5、6、7、8、9、10个案件应该属于笔误，是将《司法解释（一）》第19条写成法律适用法第十九条的规定；第2个案件无法分析法官适用的理由；第3个案件是法院对于第19条的理解严重错误。所以，检索到的10个案件没有一个属于法律适用法第19条所规定的问题。

为了防止检索的遗漏，笔者将上述的检索条件换成："检索条件：全文：在所有国籍国均无经常居所的，适用与其有最密切联系的国籍国法律。"检索到一个案件，即许某1等与杨某等继承纠纷案。③ 在本案中，法院适用法律适用法中的规定没有涉及第十九条的规定，只是当事人在陈述中提及该条款的规定，而且这种提及可能是不合理的。或许因为检索的方法、条件以及其他方面的原因，检索到的案件几乎与法律适用法第19条无关。但是，这也反映了法律适用法第十九条的规定，在我国涉外民商事案件的司法实践中，几乎没有适用的机会。其原因主要有以下几方面：其一，法律适用法主要是将经常居所地作为属人法的连结点，将国籍作为连结点的比较少，且是作为辅助（第二）连结点，法院适用国籍连结点的机会本来就非常少。其二，法律适用法第19条是为解决多国

---

① （2016）粤0608民初4112号民事判决书。

② （2017）鄂民终210号民事判决书；（2015）鄂咸宁中民初字第34号民事判决书。

③ （2018）粤0113民初9367号民事判决书。

籍、无国籍或者国籍不明时，确定哪一个国籍作为连结点的问题而设置的。尽管国际社会存在国籍积极冲突和消极冲突的问题，但是多国籍、无国籍、国籍不明的人为数不多。涉及此类问题确定连结点的案件应该是非常罕见的。所以，法律适用法第 19 条的立法规定在司法实践中适用的概率是极低的。

二、有价证券的法律适用

笔者通过 https：//alphalawyer. cn/#/app/tool/search/case？ searchType = law 检索案例。检索设定的条件为：时间：2021 年 12 月 31 日之前；案例来源：Alpha 案例库；案由：未设置案由；检索条件为全文，有价证券，适用有价证券权利实现地法律或者其他与该有价证券有最密切联系的法律;① 数据采集时间：2022 年 2 月 14 日。共采集到案件数量为 27 件。除去重复的两件、一审与二审合并为一个案件的，共计有 24 个案件。

（一）案件概况

1. 案件概况

为了研究的方便与快速了解基本情况，笔者将案件的总体概况列表如下（见表 6-9）。

---

① 法律适用法第三十九条规定："有价证券，适用有价证券权利实现地法律或者其他与该有价证券有最密切联系的法律。"

表 6—9　2021 年 12 月 31 日前涉及法律适用法第 39 条的总体情况

序号	审理法院	案号	案由	涉外因素	涉及的法律	适用的法律	适用第 39 条的考虑因素
1	广东省广州市中级人民法院	（2015）穗中法民四终字第124号	执行分配方案异议之诉	当事人住所地位于澳门地区	澳门地区法、中国内地法	中国内地法	有价证券的权利实现地在中国内地
2	广东省中山市第一人民法院	（2015）中一法民三初字第56号	票据追索案纠纷	当事人住所地位于澳门地区	澳门地区法、中国内地法	中国内地法	涉案票据的出票地、付款地以及背书、承兑等行为均发生在内地
3	上海市浦东新区人民法院	（2018）沪0115民初12675号	所有权确认纠纷	当事人住所地位于美国	美国法、中国内地法	中国内地法	新南洋公司的股票实现地位于中国境内,且涉案股份的购买地及登记地均位于中国境内,本案的密切联系地也在中国
4	上海市第一中级人民法院	（2020）沪01民终2383号	所有权确认纠纷	当事人住所地位于美国	美国法、中国内地法	中国内地法	证券权利实现地在中华人民共和国境内,且审理中各方当事人均同意适用中华人民共和国法律
5	上海市浦东新区人民法院	（2018）沪0115民初12673号	所有权确认纠纷	当事人住所地位于美国	美国法、中国内地法	中国内地法	新南洋公司的股票实现地位于中国境内,且涉案股份的购买地及登记地均位于中国境内,故本案应适用中华人民共和国法律审理

续表

序号	审理法院	案号	案由	涉外因素	涉及的法律	适用的法律	适用第39条的考虑因素
6	上海市浦东新区人民法院	（2018）沪0115民初12674号	所有权确认纠纷	当事人住所地位于美国	美国法、中国内地法	中国内地法	新南洋公司的股票权利实现地位于中国境内，且涉案股份的购买地及登记地均位于中国境内，本案的密切联系地也在中国，故本案应适用中华人民共和国国法律审理
7	上海市浦东新区人民法院	（2018）沪0115民初12665号	所有权确认纠纷	当事人住所地位于美国	美国法、中国内地法	中国内地法	本案中，新南洋公司的股票权利实现地于中国境内，且涉案股份的购买地及登记地均位于中国境内，本案的密切联系地也在中国，故本案应适用中华人民共和国国法律审理
8	上海市杨浦区人民法院	（2015）杨民二（商）初字第S1458号	股票权利确认纠纷	当事人住所地位于美国	美国法、中国内地法	中国内地法	本案系争证券的发行、交易以及存管、过户等均在我国，故本案适用中华人民共和国法律
9	上海市浦东新区人民法院	（2018）沪0115民初12672号	所有权确认纠纷	当事人住所地位于美国	美国法、中国内地法	中国内地法	本案中，新南洋公司的股票权利实现地于中国境内，且涉案股份的购买地及登记地均位于中国境内，本案的密切联系地也在中国，故本案应适用中华人民共和国国法律审理

续表

序号	审理法院	案号	案由	涉外因素	涉及的法律	适用的法律	适用第39条的考虑因素
10	广东省江门市新会区人民法院	（2017）粤 0705 民初 582 号	票据付款请求权纠纷	当事人住所地位于港地区	香港地区法、中国内地法	中国内地法	由于涉案票据的权利实现地点在中国内地，内地法律与该票据权利行使有最密切联系，故本案适用中国内地法律调整
11	上海市浦东新区人民法院	（2018）沪 0115 民初 12670 号	所有权确认纠纷	当事人住所地位于美国	美国法、中国内地法	中国内地法	本案中，新南洋公司的股票权利实现地位于中国境内，且涉案股份的购买地及登记地均位于中国境内，本案的密切联系地也在中国，故本案应适用中华人民共和国法律审理
12	河南省高级人民法院	（2015）豫法民三终字第 00175 号	股权转让纠纷	当事人住所地位于加拿大	加拿大法、中国内地法	中国内地法	案涉股权实现地在中华人民共和国，故本案应适用中华人民共和国法律
13	广东省深圳市中级人民法院	（2017）粤 03 民中 423 号	法定继承纠纷	当事人住所地位于美国	美国法、中国内地法	中国内地法	本案中，新南洋公司的股票权利实现地位于中国境内，且涉案股份的购买地及登记地均位于中国境内，本案的密切联系地也在中国，故本案应适用中华人民共和国法律审理

续表

序号	审理法院	案号	案由	涉外因素	涉及的法律	适用的法律	适用第39条的考虑因素
14	上海市浦东新区人民法院	（2018）沪0115民初12669号	所有权确认纠纷	当事人住所地位于美国	美国法、中国内地法	中国内地法	本案中当事人为中国国籍，在中国居住，涉案系列文件均系在国内签署，故适用中国法
15	河南省高级人民法院	（2020）豫民终171号	股权转让纠纷	当事人住所所地位于美国	美国法、中国内地法	中国内地法	本案中，新南洋公司的股票股份的购买地及登记地均位于中国境内，本案的密切联系地也在中国，故本案应适用中华人民共和国国内法审理
16	上海市浦东新区人民法院	（2018）沪0115民初12666号	所有权确认纠纷	当事人住所所地位于澳门地区	澳门地区法、中国内地法	中国内地法	该有价证券的权利实现地法律是在一审法院的辖区内实现的，故在法律适用上应适用中华人民共和国法律作为准据法
17	福建省龙岩市中级人民法院	（2015）岩民初字第198号	票据纠纷	当事人住所地位于香港地区	香港地区法、中国内地法	中国内地法	应适用票据合同权利实现地法律，且涉本案汇系兑义务黄某体现该合同特征，同时被告黄某强的经常居所地在本院辖区范围内，因此本案应适用中华人民共和国法律

续表

序号	审理法院	案号	案由	涉外因素	涉及的法律	适用的法律	适用第39条的考虑因素
18	上海市浦东新区人民法院	（2018）沪0115民初12671号	所有权确认纠纷	当事人住所地位于美国	美国法、中国内地法	中国内地法	本案中，新南洋公司的股票权利实现地位于中国境内，且涉案股份的购买地及登记地均位于中国境内，本案的密切联系地也在中国，故本案应适用中华人民共和国法律审理
19	贵州省贵阳市中级人民法院	（2019）黔01民初1445号	证券返还纠纷	当事人住所地位于香港地区	香港地区法、中国内地法	中国内地法	案涉股票在我国内地发行交易，应适用我国内地相关法律
20	北京市高级人民法院	（2012）高民终字第1879号	证券纠纷	当事人住所地位于美国	美国法、中国内地法	中国内地法	关于本案实体处理中的准据法适用问题，因本案系合同纠纷，当事人在协议中并未选择解决纠纷所适用的准据法，依据《中华人民共和国民法通则》第145条第2款关于适用与合同最密切联系的国家的法律的规定，因本案所涉《股票期权协议》系在中华人民共和国境内签订，与合同有最密切联系的国家为中华人民共和国法律，因此，本案在实体处理方面应适用中华人民共和国法律

续表

序号	审理法院	案号	案由	涉外因素	涉及的法律	适用的法律	适用第39条的考虑因素
21	上海市浦东新区人民法院	（2018）沪0115民初12664号	所有权确认纠纷	当事人住所地位于美国	美国法、中国内地法	中国内地法	本案中，新南洋公司的股票权利实现地于中国境内，且涉案股份的购买地及登记地均位于中国境内，本案的密切联系地也在中国，故本案应适用中华人民共和国法律审理
22	上海市浦东新区人民法院	（2018）沪0115民初12667号	所有权确认纠纷	当事人住所地位于美国	美国法、中国内地法	中国内地法	本案中，新南洋公司的股票权利实现地于中国境内，且涉案股份的购买地及登记地均位于中国境内，本案的密切联系地也在中国，故本案应适用中华人民共和国法律审理
23	上海市浦东新区人民法院	（2018）沪0115民初12668号	所有权确认纠纷	当事人住所地位于美国	美国法、中国内地法	中国内地法	本案中，新南洋公司的股票权利实现地于中国境内，且涉案股份的购买地及登记地均位于中国境内，本案的密切联系地也在中国，故本案应适用中华人民共和国法律审理

续表

序号	审理法院	案号	案由	涉外因素	涉及的法律	适用的法律	适用第39条的考虑因素
24	广东省深圳市前海合作区人民法院	（2015）深前法涉外初字第475号	票据付款请求权纠纷	当事人住所地位于香港地区	香港地区法、中国内地法	中国内地法	本案为涉香港特别行政区票据付款请求权纠纷，虽然被告是香港特别行政区居民，但支票的出票地、票据的背书、承兑、付款行为等均在中华人民共和国内地，根据最密切联系原则，应适用中华人民共和国内地法律，作为准据法进行审理

2. 年度案件数量

法律适用法自 2011 年 4 月 1 日实施以来，截至 2021 年 12 月 31 日，根据裁判日期对案件数量进行统计，2011 年 0 件、2012 年 1 件、2013 年 0 件、2014 年 0 件、2015 年 2 件、2016 年 3 件、2017 年 2 件、2018 年 0 件、2019 年 14 件、2020 年 2 件、2021 年 0 件。以上数据说明 2019 年案件数量最多，但是大多为类似案件（见图 6-9）。

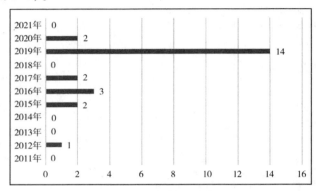

图 6-9　2021 年 12 月 31 日前涉及法律适用法第 39 条历年案件数

3. 案件地域分布

在所有的 24 个案件中，上海市占 14 件、广东省占 5 件、河南省 2 件、北京市 1 件、福建省 1 件、贵州省 1 件。以上数据说明沿海发达地区案件占案件总量的绝大多数（见图 6-10）。

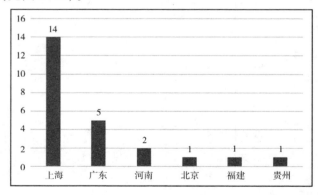

图 6-10　2021 年 12 月 31 日前涉及法律适用法第 39 条案件的地域分布

4. 涉外因素

在所有的 24 个案件中，涉及中国澳门地区的 2 件、中国香港地区 4 件、加拿大 1 件、美国 17 件。以上数据说明案件主要涉及我国港澳地区以及美国（见图 6-11）。

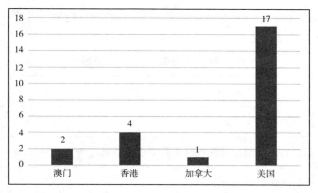

图 6-11　2021 年 12 月 31 日前涉及法律适用法第 39 条案件的涉外因素国家或地区分布

5. 案由情况

在所有的 24 个案件中，物权纠纷案由有 13 件，与公司证券、保险、票据相关的民事纠纷案由 10 件，特殊诉讼程序案件案由 1 件。以上数据说明案由主要是物权纠纷以及票据等方面的纠纷（见图 6-12）。

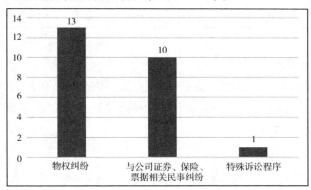

图 6-12　2021 年 12 月 31 日前涉及法律适用法第 39 条案件的案由情况分布

6. 适用的法律

在所有的 24 个案件中，全部适用了中国（内地）法律。其中，适用第 39 条中最密切联系原则时所考虑的连结因素包括"有价证券的权利实现地是中国内地""涉案票据的出票地、付款地以及背书、承兑等行为均发生在中国内地""涉案股份的购买地及登记地亦均位于中国境内""审理中各方当事人均同意本案准据法适用中国法律""涉案证券的发行、交易以及存管、过户等均在中国境内""涉案当事人系中国国籍且经常居所地在中国""涉案系列文件均系在中国境内签署""本案中系争资金账户和证券账户均开设在中华人民共和国境内"。当然,这些因素有时在一个案件中会被全部考虑,有时在一个案件中仅考虑其中部分因素(见表6-10)。

表6-10 适用第39条考虑的因素

序号	适用第 39 条考虑的因素	案件数
1	有价证券的权利实现地	19
2	涉案票据的出票地、付款地以及背书、承兑等行为发生地	2
3	涉案股份的购买地及登记地	11
4	审理中各方当事人均同意本案准据法适用中国法律	2
5	涉案证券的发行、交易以及存管、过户等行为发生地	2
6	涉案当事人系中国国籍及经常居所地在中国	1
7	涉案系列文件均系在中国境内签署地	1
8	本案中系争资金账户和证券账户的开设地	1

(二)法院说理的类型

在检索到的24个案件中,法院关于适用法律适用法第39条的说理有不同的做法,有的适用有价证券实现地法律,有的采取最密切联系原则,因此,法官运用其自由裁量权的方式不一。

1. 有价证券权利实现地

法律适用法第39条的结构与第41条第2款的结构基本一致。第39条是权利实现地法律与最密切联系的法律并列,第41条第2款是履行义务最能体现该合同特征的一方当事人经常居所地法律与最密切联系的法律并列,两者之间用"或者其他"进行连接。对于"或者其他"有两种理解:其一是两者之间是并列关系。"或者"表示法院有自由裁量权进行选择,可以选择前者,也可以选择后者。选择前者的,适用权利实现地法律。而权利实现地也是最密切联系的法律的表现形式。其二,两者是递进的关系。"其他"表明对前者的补充,即在适用权利实现地法律不是最密切联系的法律时,适用最密切联系的法律。笔者在本章前一节梳理了第41条第2款的关系问题,应该理解为递进的关系。如此,

第 39 条的立法也具有同样的理解。由于法律适用法在立法上并没有明确两者的关系，导致法院在适用第 39 条时存在一定程度上的混乱。

在南洋商业银行（中国）有限公司广州分行与羊城（集团）有限公司、广州大乘贸易发展有限公司执行分配方案异议一案中，[①] 一审法院在列举第三十九条的规定后认为："该有价证券的权利实现地法律是在一审法院的辖区内实现的，故在法律适用上应适用中华人民共和国法律作为准据法。"

在河南现代交通工程有限公司、闫天德股权转让纠纷一案中，[②] 一审法院认为，依据法律适用法第三十九条的规定，案涉股权实现地在中国，所以适用中国的法律。但是二审法院认为，原审法院依据中国法审理案件正确，符合法律适用法第四十一条的规定。本案一审法院与二审法院适用法律适用法不同的条款，主要是因为法院对本案法律关系有不同的理解，即对有价证券有不同的理解。无论是 2014 年的《中华人民共和国证券法》，还是 2013 年的《中华人民共和国公司法》，抑或 2004 年的《中华人民共和国票据法》，均没有使用有价证券的术语，也没有解释有价证券的内涵。三部法律都是采取列举式的做法，证券法规定的证券包括股票、公司债券以及国务院依法认定的其他证券，[③] 公司法规定公司债券是有价证券的一种，[④] 票据法规定的票据包括汇票、本票和支票。一般而言，有价证券是一种记载和表明相关权利的凭证，凭证持有人（或权利人）可以依据凭证的记载实现有关权利。[⑤] 根据此定义，表明商品物权的凭证就是商品证券，例如，海运提单、运单、仓单等；表明一定数量货币的凭证就是货币证券，例如，汇票、本票、支票等；表明一定份额的投资凭证就是资本证券，

---

① （2015）穗中法民四终字第 124 号民事裁定书；（2014）穗越法民二初字第 1029 号民事判决书。

② （2015）豫法民三终字第 00175 号民事判决书；（2014）新中民三初字第 41 号民事判决书。

③ 2014 年修正的《中华人民共和国证券法》第二条规定："在中华人民共和国境内，股票、公司债券和国务院依法认定的其他证券的发行和交易，适用本法；本法未规定的，适用《中华人民共和国公司法》和其他法律、行政法规的规定。政府债券、证券投资基金份额的上市交易，适用本法；其他法律、行政法规另有规定的，适用其规定。证券衍生品种发行、交易的管理办法，由国务院依照本法的原则规定。"

④ 2013 年修正的《中华人民共和国公司法》第 153 条规定："本法所称公司债券，是指公司依照法定程序发行、约定在一定期限还本付息的有价证券。公司发行公司债券应当符合《中华人民共和国证券法》规定的发行条件。"

⑤ 《现代汉语词典》将有价证券定义为：表示对货币、资本、商品或其他资产等有价物具有一定权利的凭证，如股票、债券、各种票据、提单、仓库营业者出具的存货栈单等。参见中国社会科学院语言研究所词典编辑室.现代汉语词典·大字本［M］.北京：商务印书馆，2006：1652.

例如，股票等。我国《海商法》中规定的提单与《民用航空法》规定的运单均属于商品证券的范畴，票据法规定的各种票据属于货币证券，证券法和公司法规定的股票、公司债券则一般属于资本证券。法律适用法第 39 条并没有明确有价证券的范围。有关货币证券（汇票、本票以及支票）的法律适用，我国票据法第五章"涉外票据的法律适用"第 94 条至第 101 条专门做出了规定。① 尽管在我国《海商法》和《民用航空法》中没有专门的条款规定提单和运单的法律适用，但是从司法实践来看，基本上是将这两部法律规定的有关法律适用条款扩及运用到提单和运单的法律适用问题。那么，法律适用法第三十九条的规定是否意味着仅仅限制在资本证券的范畴，这还是有疑问的。根据前述法律适用法与其他法律的关系来看，商事领域法律的特别规定应该优先适用；没有规定的，适用法律适用法的规定。如此，也不能断然地认为第三十九条规定的有价证券仅仅是资本证券的范畴。② 股权和股票二者本质不同，不能混为一谈，本案一审法院认定股权为有价证券有待商榷，二审法院认定股权转让为合同关系，应该是比较合理的。

在兴业银行股份有限公司龙岩分行与福建泰德视讯数码科技有限公司、福建创先光电光伏科技有限公司、黄某强、黄某山、蔡某气票据纠纷一案中，③ 法院认为："根据《中华人民共和国涉外民事关系法律适用法》第八条、第三十九条、第四十一条之规定，本案涉案合同属票据合同且未对法律适用作约定，应适用票据合同实现地法律，且涉本案汇票承兑义务最能体现该合同特征，同时被告黄某强的经常居所地在本院辖区范围内，因此本案应适用中华人民共和国法律。"本案涉及商业汇票问题，双方当事人签订了《商业汇票银行承兑合同》，法院同时适用了第四十一条和第三十九条的规定。法院的做法有待商榷，其不能笼统地适用法律适用法两个或两个以上的条文，法院首先应该识别该法律关系是有价证券的法律关系还是合同的法律关系，然后再根据不同的法律关系适用不同的冲突规范。

---

① 票据法第五章第 94 条至第 101 条分别对涉外票据进行了界定，并且就适用国际条约，票据债务人的行为能力的法律适用，票据记载事项的法律适用，票据的背书、承兑、付款和保证行为的法律适用，票据追索权的行使期限的法律适用，票据的提示期限、有关拒绝证明的方式、出具拒绝证明的期限的法律适用，以及票据丧失时失票人请求保全票据权利的程序的法律适用等，做出了明确的规定。

② 徐伟功.《涉外民事关系法律适用法》实施研究 ［M］. 北京：法律出版社，2019：400-401.

③ （2015）岩民初字第 198 号民事判决书。

在吴某展与冯某琪所有权确认纠纷一案中，① 一审法院在列举法律适用法第8条、第39条、第41条后认为："本案中系争资金账户和证券账户均开设在中华人民共和国境内，证券权利实现地在中华人民共和国境内，且审理中各方当事人均同意本案准据法适用中华人民共和国法律，故本院确定本案准据法应适用中华人民共和国法律。"本案涉及账户中的股票与资金，法院同时适用第8条、第39条以及第41条，与前一个案件存在同样值得商榷的地方。另外，法院在适用权利实现地法律时，还强调了当事人同意适用中国法律。

2. 有价证券权利实现地与最密切联系原则混合适用

上海市浦东新区人民法院在12个系列类案中采取这一做法。这12个案件是：（1）吴某所有权确认纠纷案；②（2）蒋某宝所有权确认纠纷案；③（3）张某琴所有权确认纠纷案；④（4）朱某初所有权确认纠纷案；⑤（5）奚某所有权确认纠纷案；⑥（6）徐某民所有权确认纠纷案；⑦（7）庞某勤所有权确认纠纷案；⑧（8）黄某勇所有权确认纠纷案；⑨（9）赵某杰所有权确认纠纷案；⑩（10）王某玉所有权确认纠纷案；⑪（11）葛某豪所有权确认纠纷案；⑫（12）秦某所有权确认纠纷案。⑬ 这12个案件只是原告不同，被告是相同的，即上工申贝（集团）股份有限公司与宝丽来亚太有限责任公司，前者是中国公司，后者是美国公司。上海申贝办公机械有限公司和被告宝丽来亚太公司合资成立了宝丽来影像公司，原告系宝丽来影像公司的员工。原告以宝丽来影像公司名义购买另一家公司的法人股，因宝丽来影像公司解散并注销，未分配上述股票。上海申贝办公机械有限公司因被被告吸收合并而注销。原告请求法院确认登记在宝丽来影像公司名下的股票系原告所有。上海市浦东新区人民法院认为本案属于所有权确认纠纷，因被告宝丽来亚太有限责任公司注册于美国，本案属于涉

---

① （2018）沪 0104 民初 15053 号民事判决书；（2020）沪 01 民终 2383 号民事判决书。
② （2018）沪 0115 民初 12675 号民事判决书。
③ （2018）沪 0115 民初 12673 号民事判决书。
④ （2018）沪 0115 民初 12674 号民事判决书。
⑤ （2018）沪 0115 民初 12665 号民事判决书。
⑥ （2018）沪 0115 民初 12672 号民事判决书。
⑦ （2018）沪 0115 民初 12670 号民事判决书。
⑧ （2018）沪 0115 民初 12669 号民事判决书。
⑨ （2018）沪 0115 民初 12666 号民事判决书。
⑩ （2018）沪 0115 民初 12671 号民事判决书。
⑪ （2018）沪 0115 民初 12664 号民事判决书。
⑫ （2018）沪 0115 民初 12667 号民事判决书。
⑬ （2018）沪 0115 民初 12668 号民事判决书。

外民商事案件。关于法律适用问题，法院在列举法律适用法第三十九条的规定后认为："本案中，新南洋公司的股票权利实现地位于中国境内，且涉案股份的购买地及登记地亦均位于中国境内，本案的最密切联系地也在中国，故本案应适用中华人民共和国法律审理。"以上系列案件中，法院不仅认为权利实现地在中国，而且认为股份购买地以及登记地等因素亦在中国，因此认定最密切联系地也是在中国。上海市浦东新区人民法院的说理还是可行的。

除上述系列案件外，在张某棠与新会区罗坑镇盈博金属制品厂、林某莲票据付款请求权纠纷一案中，[①] 原告张某棠系中国内地人，被告新会区罗坑镇盈博金属制品厂是中国公司，被告林某莲是香港特别行政区居民。本案系涉港民商事案件。本案系票据（支票）付款请求权纠纷。关于法律适用问题，广东省江门市新会区人民法院认为："由于涉案票据的权利实现地点在内地，内地法律与该票据权利行使有最密切联系，故本案适用内地法律调整。"本案法院的说理思路与上面系列案件相同，稍微有区别的是本案法院考虑最密切联系原则的分析因素仅仅是权利实现地。另外，本案适用法律适用法第39条还有待商榷。尽管票据属于有价证券，但是关于票据的法律适用，我国票据法第五章"涉外票据的法律适用"做出了专门的规定。根据特别法优于一般法原则，本案应该适用票据法的有关规定，即依据票据法第九十八条的规定，适用行为地法。

3. 最密切联系原则的运用

在所有的24个案件中，法院直接说明适用最密切联系原则的只有1个案件，另有其他3个案件尽管没有直接说明适用最密切联系原则，但采取最密切联系原则的要素分析方法，间接表明是适用了最密切联系原则。

在黄某源与潘某红票据付款请求权纠纷一案中，[②] 深圳前海合作区人民法院依据法律适用法第三十九条的规定，认为"本案为涉香港特别行政区票据付款请求权纠纷，虽然被告是香港特别行政区居民，但支票的出票地、票据的背书、承兑、付款行为等均在中华人民共和国内地，根据最密切联系原则，应适用中华人民共和国内地法律作为准据法进行审理"。与前述案件一样，尽管法院在运用最密切联系原则时采取了要素的分析方法，较为合理地行使其自由裁量权，但本案是适用法律适用法的规定，还是适用票据法第五章有关条文的规定，尚有待商榷。

---

① （2017）粤0705民初582号民事判决书。
② （2015）深前法涉外初字第475号民事判决书。

在陈某华与陆某琳票据追索权纠纷一案中,[①] 原告陈某华系澳门特别行政区居民, 被告陆某琳系中国内地居民。本案属于票据（支票）追索权纠纷案件, 因被告账户存款不足, 原告无法承兑其出具的支票。关于法律适用问题, 广东省中山市第一人民法院认为, 依据法律适用法第三十九条的规定, 涉案票据的出票地、付款地以及背书、承兑等行为均发生在内地, 本案票据追索纠纷应适用内地法律作为准据法进行裁决。尽管法院没有直接说明适用的是最密切联系原则, 但实际上是采取了最密切联系原则的数量分析法, 分析与中国内地有关的要素。同样, 本案也存在是适用法律适用法的规定还是适用票据法的规定这一值得商榷的问题。

在宋某平、宋某红等与上海同济建设有限公司股票权利确认纠纷一案中,[②] 四名原告中有一名不具有中国国籍, 本案属于涉外股票权利确认纠纷。关于法律适用问题, 法院认为, 依据法律适用法第三十九条规定, 本案系争证券的发行、交易以及存管、过户等均在我国, 故本案应适用中华人民共和国法律。

在郑某、庄某珊等与郑某赟证券返还纠纷一案中,[③] 原告郑某、庄某珊系香港特别行政区居民, 被告郑某赟系我国内地居民, 第三人贵阳银行股份有限公司系中国内地公司。本案属于证券返还纠纷案件。贵州省贵阳市中级人民法院认为, 依据法律适用法第三十九条的规定, 案涉股票在我国发行交易, 应适用我国内地相关法律。

总体上看, 法院在审理涉外有价证券法律适用的案件时, 具有一定的说理性, 自由裁量权的运用较为合理, 对于最密切联系原则的要素分析也是基本可行的；但是, 法院在处理关于票据案件时, 没有考虑到票据法第五章的相关规定。

三、知识产权的转让和许可使用的法律适用

笔者通过 https://alphalawyer.cn/#/app/tool/search/case? searchType = law 进行检索案例。检索设定的条件为: 时间: 2021 年 12 月 31 日之前; 案例来源: Alpha 案例库; 案由: 未设置案由; 参照级别: 普通案件; 全文: 当事人没有选择的, 适用本法对合同的有关规定;[④] 数据采集时间: 2022 年 2 月 14 日。共采

[①]　(2015) 中一法民三初字第 56 号民事判决书。

[②]　(2015) 杨民二 (商) 初字第 S1458 号民事判决书。

[③]　(2019) 黔 01 民初 1445 号民事判决书。

[④]　法律适用法第 49 条规定: "当事人可以协议选择知识产权转让和许可使用适用的法律。当事人没有选择的, 适用本法对合同的有关规定。"

集到案件数量为 11 件。除去重复的 1 件，共计有 10 个案件。由于法院裁判文书引用第 49 条的全文，其中，有 4 个案件适用当事人选择的法律或者在庭审过程中当事人一致同意适用法院地法，不属于第 49 条第 2 款的情况。除去该 4 个案件，属于第 49 条第 2 款情况的案件共计 6 件。另外，需要说明的是由于第 49 条第 2 款是指引条款，即当事人没有选择的指引适用法律适用法第 41 条的有关规定。在法律适用法第 41 条中，当事人未选择法律的，适用履行义务最能体现该合同特征的一方当事人经常居所地法律或者其他与该合同有最密切联系的法律。所以，当事人未选择法律的，关于知识产权的转让和许可使用的法律适用，法院均列举了第四十一条的规定。关于第 41 条当事人未选择法律的，其合同法律适用的具体情况在前一节已经做过具体的阐述。前一节的有关分析结论同样适用于本部分。至于为何检索到的案件比较少，其原因不得而知。可能是检索方法有一定的欠缺或者法院直接适用法律适用法第四十一条的规定，而将其归入合同纠纷的案件之中。

（一）案件概况

为了研究的方便以及快速了解基本情况，笔者将案件的总体概况列表如下（见表 6-11）。

表6-11　2021年12月31日前涉及法律适用法第49条第2款的总体情况

序号	审理法院	案号	案由	涉外因素	涉及的法律	适用的法律	适用第49条的考虑因素
1	江苏省高级人民法院	（2014）苏知民辖终字第0038号	网络域名合同纠纷	一方当事人住所地系香港地区	香港地区法律、中国内地法律	中国内地法	合同履行地
2	四川省成都市中级人民法院	（2017）川01民初1110号	合同纠纷	一方当事人系美国籍公民	美国法律、中国内地法	中国内地法	涉案专利注册登记地、涉案公司工商登记地，可能的合同履行地均在中国内地，与本案有最密切联系的法律为中国内地法
3	广东省高级人民法院	（2013）粤高法民三终字第305号	标准必要专利使用费纠纷	当事人住所地位于美国	美国法律、中国内地法	中国内地法	双方争议标的、华为公司住所地、主要经营场所、涉案专利实施地、谈判协商地均在中国内地，按照最密切联系原则，本案应适用中国内地法
4	湖北省高级人民法院	（2015）鄂民三终字第00646号	技术转让合同纠纷	一方当事人系加拿大国籍公民	加拿大法律、中国内地法	中国内地法	合同的主要内容及特征涉及技术的委托开发及转让，而履行技术研发及转让义务的一方当事人经常居住地位于上海，中国内地法是本案最密切联系的法律
5	山东省高级人民法院	（2013）鲁民三终字第33号	知识产权纠纷	一方当事人住所地位于台湾地区	台湾地区法、中国内地法	中国内地法	涉案合同的履行地在中国内地，所以中国内地法律系与涉案合同有最密切联系的法律

续表

序号	审理法院	案号	案由	涉外因素	涉及的法律	适用的法律	适用第 49 条的考虑因素
6	广东省东莞市第三人民法院	（2016）粤 1973 民初 6246 号	特许经营合同纠纷	一方当事人住所地位于香港地区	香港地区法、中国内地法	中国内地法	本案原告、被告、第三人的住所地在中国内地，第三人履行地亦在中国内地，中国内地法应以中国内地有最密切联系，故应以中国内地法律作为本案争议适用的准据法

（二）案件说明

由于案件比较少，笔者将所有检索到的案件做一简要说明。

1. 何某跃与深商投（香港）商用置业有限公司网络域名合同纠纷案

本案属于网络域名合同纠纷案件。上诉人（原审被告）深商投（香港）商用置业有限公司是香港公司，被上诉人（原审原告）是何某跃。一审法院是江苏省南京市中级人民法院。[①] 二审法院是江苏省高级人民法院，于2014年8月4日做出民事裁定书。[②] 双方当事人签订《域名交易约定承诺书》，被上诉人因上诉人违背约定遭受损失，向江苏省南京市中级人民法院提起诉讼。上诉人提出管辖权异议，一审法院做出裁定书，认为其有管辖权。上诉人不服一审民事裁定书，向江苏省高级人民法院提起上诉。按理说，本案民事裁定书应该不涉及法律适用问题，但是一审法院将法律适用问题与管辖权问题混为一谈，对法律适用也做出了认定。其思路是依据法律适用法第四十一条、第四十九条规定以及《司法解释（一）》第十九条规定，认定本案属于网络域名合同纠纷，双方没有约定解决争议的管辖法院。又依据民事诉讼法第二十三条规定，认定合同履行地的法院具有管辖权。二审法院尽管维持了原裁定，但其是直接依据民事诉讼法的规定进行认定的。所以严格来讲，本案管辖权的异议应该不涉及法律适用问题，一审法院的做法是画蛇添足。即使其做出认定，也没有具体地说理。其对于法律适用法第49条的分析没有多大价值。

2. 王某龙与彭某合同纠纷案

本案属于专利转让合同纠纷案件。原告王某龙，美国人。被告彭某，中国人。四川省成都市中级人民法院于2017年12月8日做出民事判决书。[③] 双方当事人签订《转让协议》，原告将股权与发明专利转让给被告。关于本案的法律适用问题，法院认为依据法律适用法第四十一条、第四十九条的规定，由于双方当事人没有在《转让协议》中选择本案适用的法律，而本案涉案专利注册登记地、涉案公司工商登记地、可能的合同履行地均在中国，与本案有最密切联系的法律为中国法律。本案审理法院适用的法律是正确的，但是适用第四十一条的规定仍有待商榷。其一，如前一节所述，法院对于第41条的理解问题。第四十一条规定当事人没有选择法律的，适用履行义务最能体现该合同特征的一方当事人经常居所地法律或者其他与该合同有最密切联系的法律。这里的"或者"

---

① （2014）宁知民辖初字第14号民事裁定书。
② （2014）苏知民辖终字第0038号民事裁定书。
③ （2017）川01民初1110号民事判决书。

是并列关系还是递进关系，需要在今后的司法解释中进一步明确。从法律的文义解释来看，条文中的"其他"隐含着首先适用特征履行原则。而法院往往根据该条赋予法官的自由裁量权而直接采取最密切联系原则。其二，法院在运用其自由裁量权时也往往采取单边因素的分析方法，即分析与法院地（中国）相关的因素，仅分析与我国有关的因素，没有综合分析所有的因素，也看不出法院的分析是否采取质量分析法。

3. 交互数字通信有限公司、交互数字技术公司、交互数字专利控股公司、IPR 许可公司与华为技术有限公司标准必要专利使用费纠纷案

本案属于标准必要专利使用费纠纷案件。原告（被上诉人）华为技术有限公司是中国公司（以下简称"华为公司"），被告（上诉人）交互数字通信有限公司、交互数字技术公司、交互数字专利控股公司、IPR 许可公司均为美国公司（四被告以下简称"IDC 公司"）。一审法院是广东省深圳市中级人民法院，① 二审法院是广东省高级人民法院，其于 2013 年 10 月 16 日做出民事判决书。② 一审法院认为本案属于标准必要专利使用费纠纷。关于原告的请求权基础，原告认为："IDC 公司作为标准必要专利持有人负有以符合 FRAND（即公平、合理、无歧视）条件对华为公司进行中国标准必要专利授权的义务，IDC 公司向华为公司所提出的四次专利许可报价及条件均违反了 FRAND 义务，请求人民法院就 IDC 公司的全部中国标准必要专利，按照 FRAND 条件，判决确定许可华为公司费率或费率范围。"一审法院总结本案的焦点为："IDC 公司就其中国标准必要专利是否负有以 FRAND 条件对华为公司授权的义务；IDC 公司向华为公司所提出的专利许可报价及条件是否有违 FRAND 义务；IDC 公司全部中国标准必要专利许可华为公司，怎样的许可费率或费率范围符合 FRAND 条件。"关于本案的法律适用，一审法院首先列举了法律适用法第 49 条以及第四十一条的规定，并认为本案没有证据证明双方当事人协议选择本案所适用的法律。一审法院认为："双方争议标的、华为公司住所地、主要经营场所、涉案专利实施地、谈判协商地均在中国内地，按照最密切联系原则，本案应适用中国内地法律。"二审法院认为一审法院法律适用正确，并采取同样的分析方法。本案法院适用的法律是正确的，但是其运用自由裁量权存在与前述案件一样的值得商榷的地方。

---

① （2011）深中法知民初字第 857 号民事判决书。
② （2013）粤高法民三终字第 305 号民事判决书。

4. 赵某庆、黄某璋等与螺霸压缩机有限公司技术委托开发合同纠纷、技术转让合同纠纷案

本案属于技术转让合同纠纷案件。原告（被上诉人）赵某庆系加拿大人，住所地在中国，经常居所地在上海。原告黄某璋（被上诉人）系中国人，经常居所地在上海。被告（上诉人）螺霸压缩机有限公司住所地在湖北省襄阳市。一审法院是湖北省襄阳市中级人民法院，[①] 二审法院是湖北省高级人民法院，于2016年8月9日做出民事判决书。[②] 双方当事人于2012年签订一份《技术转让及产品研发合同》。关于本案的法律适用问题，一审法院认为本案当事人赵某庆系加拿大人，因此本案属于国际私法案件。法院在列举法律适用法第41条以及第49条后认为："本案双方在合同中未协议选择合同适用的法律，本案为技术委托开发合同和技术转让合同纠纷，合同的主要内容及特征涉及技术的委托开发及转让，而履行技术研发及转让义务的一方当事人即赵某庆、黄某璋，其经常居住地位于上海，故依据上述条款的规定，本案应适用赵某庆、黄某璋经常居住地法律即适用中华人民共和国法律，该法律主要包括《中华人民共和国合同法》和《最高人民法院关于审理技术合同纠纷案件适用法律若干问题的解释》的相关规定。"二审过程中，当事人对法律适用没有提出异议，对实体问题的处理提出异议。湖北省高级人民法院认为原审法院适用法律正确，驳回上诉，维持原判。本案尽管不是我国沿海发达地区法院所做出的判决，但是其说理是值得称道的，对于法律适用法的理解应该是符合立法本义的，即当事人没有选择法律的，首先适用特征性履行原则。

5. 许某翔与上海鼎茶实业有限公司、路某知识产权纠纷案

本案属于知识产权合同纠纷案件。原告（被上诉人）许某翔系台湾地区居民，被告（上诉人）上海鼎茶实业有限公司系中国公司，原审被告路某。一审法院是山东省济南市中级人民法院，[③] 二审法院是山东省高级人民法院，于2013年11月13日做出民事判决书。[④] 本案涉及两方面的法律关系，即商标侵权法律关系与商标许可合同法律关系。一审法院没有认定案件是否属于涉外民商事案件，而直接适用我国的法律进行审理。二审法院认为许某翔系台湾地区居民，本案属于涉外案件。对于法律适用问题，二审法院认为关于商标侵权责任，依据法律适用法第五十条的规定，即适用被请求保护地法，即中国内地的法律。

---

① （2015）鄂襄阳中民初字第00001号民事判决书。
② （2015）鄂民三终字第00646号民事判决书。
③ （2012）济民三初字第105号民事判决书。
④ （2013）鲁民三终字第33号民事判决书。

关于商标许可合同，法院依据法律适用法第四十一条和第四十九条的规定，认为：当事人未选择合同适用的法律，而涉案合同的履行地在中华人民共和国，所以中华人民共和国法律系与涉案合同有最密切联系的法律，涉案合同应当适用中华人民共和国法律。本案二审法院适用的法律是正确的，但是其运用自由裁量权存在与前述案件 2 与案件 3 一样值得商榷的地方。

6. 李某与东莞市耳康实业投资有限公司特许经营合同纠纷案

本案是特许经营合同纠纷案件。原告李某住所在中国，被告东莞市耳康实业投资有限公司，住所地在广东省东莞市。第三人陈某军住所在中国，第三人梁某衡系香港特别行政区居民。广东省东莞市第三人民法院于 2016 年 12 月 13 日做出一审民事判决书。① 原告与被告签订《耳康实业城市代理商合作合同》一份，约定被告授权原告作为佛山区域代理商，在该区域使用"耳道"代理被告开展业务的权利，使用被告的商标、商号。原告与第三人之间是合伙关系。关于法律适用问题，法院在列举法律适用法第四十一条、第四十九条规定后认为，"本案原告、被告、第三人陈某军的住所地在中国内地，合同履行地亦在中国内地，中国内地法律与合同有最密切联系，故应以中华人民共和国内地法律作为本案争议适用的准据法。"本案法院适用的法律是正确的，但是其运用自由裁量权存在与前述案件2、案件3与案件5一样的值得商榷的地方。

以上 6 个案件，第 1 个案件属于管辖权的异议，原本不涉及法律适用问题。其他 5 个案件，第 4 个案件是采用了特征性履行原则，第 2、3、5、6 案件是直接采用最密切联系原则。知识产权的转让和许可使用的法律适用采取与合同的法律适用一致的做法，前一节分析的法院在适用法律适用法第 41 条第 2 款时所存在的问题，在该领域同样存在。法院运用其自由裁量权适用最密切联系原则仍然有某些值得改进的地方，关于这一问题前一节已经详细地阐述了，本节不再赘述。

最密切联系原则在我国涉外民商事审判司法实践中的运用具有广泛性，其目的在于促进具体案件的公正性，促进法律选择的灵活性，解决法律选择的滞后性等问题。但国际私法不仅涉及私人利益，还涉及国家的社会公共利益。法院在涉外民商事审判中，一旦案件涉及国家的社会公共利益，法院如何行使其自由裁量权，对此需要作必要的实证考察。

---

① （2016）粤 1973 民初 6246 号民事判决书。

第七章

我国法院适用排除外国法原则之实证考察

> 法院不应将外国法拒之门外，除非适用该外国法将会与正义的重大原则、道德的基本观念或事关大众福祉的传统相抵触。
>
> ——【美】本杰明·内森·卡多佐

本书第二章第二节"我国涉外民商事审判中法官自由裁量权条款之特征与类型"，阐述了我国涉外民商事审判中法官自由裁量权的类型。其中，如果以立法保护利益的不同为标准，可以分为与国家公共利益有关的自由裁量权条款和与私人利益有关的自由裁量权条款。本书所阐述的涉外民商事审判中的法官自由裁量权主要集中在与私人利益有关的法律选择方面，本章涉及国家公共利益方面的法官自由裁量权的行使，与第九章共同构成了本书特有的两章内容。

国际私法主要还是属于私法的范畴，涉及私人利益。但是，私人利益的背后反映出国家的公共利益，一旦适用外国法与国家的公共利益相冲突，外国法的适用就让位于国家的公共利益，因而排除了外国法的适用。这就是国际私法上的强制性规定的直接适用制度和公共秩序保留制度。其实，国际私法学本身就充满着矛盾：单边主义方法与多边主义方法的对立、属人主义路线与属地主义路线的分歧、多元法律体系与法律共同体的共存、普遍主义与特殊主义的斗争、国内法性质与国际法性质的交织，特别是适用外国法与排除外国法适用，这些都构成了国际私法发展的主线。适用外国法与排除外国法适用犹如矛盾的天平，构成了国际私法特有的现象。① 排除外国法的适用不仅取决于立法上的规定与重视，更重要的取决于司法实践中法官自由裁量权的行使。

在立法上，我国一直重视对国家公共秩序的保护，无论是《民法通则》、民事诉讼法、仲裁法还是法律适用法，都在强化对这一制度的合理运用，而且法律适用法第 4 条首次规定了强制性规定的直接适用，将直接适用的法原则引入立法总则之中，第 4 条与第 5 条共同构成了我国排除外国法适用的基本制度。法律适用法整体上形成了适用外国法与排除外国法适用的二元立法结构，其天平之一的端点是以最密切联系原则、意思自治原则以及冲突规范的基本制度为核心，不仅赋予当事人选择法律的权力与自由，也在广泛的层面赋予法官一定的自由裁量权。可以说，私法程度越高的领域，当事人选择法律的自由度就越大；涉外民商事法律关系越复杂的领域，法官的自由裁量权也就越灵活。无论是当事人选法的自由还是法官选法的自由，都旨在共同实现国际私法实体正义与冲突正义的协调。天平的另一端点是以直接适用的法原则与公共秩序保留原则为基础，从正反两方面来共同维护国家的公共利益。由于国家公共利益具有历史性、抽象性以及变动性，立法不可能、也没有必要将之明确化、具体化，这就赋予了法官极大的自由裁量权，让法官根据具体情况做出灵活的应对。但是，过分强调法官在适用这些制度中的自由裁量权，可能导致法官对这些制度的滥用，造成对国际民商事秩序的损害。所以，我国法官在运用直接适用的法与公共秩序保留制度时，应当持谨慎的态度，既要维护我国重大的、根本性的利益，又要促进国际民商事秩序的发展。因此，有必要从法院的司法实践中重新审视这些制度，促进法官合理地行使其自由裁量权。

第一节　公共秩序保留适用的实证考察

笔者通过 https：//alphalawyer. cn/#/app/tool/search/case？ searchType = law

① 有学者认为，国际私法赖以存在的基础之一就是在涉外民商事关系中承认外国法的域外效力并根据冲突规则适用外国法，而公共秩序则着眼外国法的适用将导致与自己国家法律与道德的基本原则相抵触的结果排除外国法的适用，这是一对矛盾。只要我们回顾国际私法的发展历史就可以发现，国际私法的发展正是在以适用外国法为一端，以排除或限制外国法的适用为另一端的矛盾天平上运行的。借用国际贸易术语来讲，国际私法是随着"法律准入"（适用外国法）和"法律准入壁垒"（公共秩序制度等）这一矛盾的彼长此消而不断向前迈进的。参见李健男，吕国民. 对公共秩序保留制度的反思与展望 [J]. 法学评论，1996（4）：17.

检索案例。检索设定的条件为：时间：2021 年 12 月 31 日之前；案例来源：Alpha 案例库；案由：未设置案由；检索条件：全文，外国法律的适用将损害中华人民共和国社会公共利益的，适用中华人民共和国法律。数据采集时间：2022 年 2 月 14 日。共采集到案件数量为 49 件。删除检索结果中不属于第 5 条的 4 个案件，检索到有效案件总计 45 件。

一、数据统计分析

以下从时间、地域分布、涉外因素、案由、适用的法律以及考虑的因素等方面，对基本数据做简要的分析。

（一）年度案件数量

法律适用法自 2011 年 4 月 1 日实施以来，截至 2021 年 12 月 31 日，根据裁判日期对案件数量进行统计，2011 年 0 件、2012 年 1 件、2013 年 0 件、2014 年 4 件、2015 年 2 件、2016 年 1 件、2017 年 6 件、2018 年 6 件、2019 年 12 件、2020 年 11 件、2021 年 2 件。每年的案件数量均不高，反映了我国对公共秩序保留制度的运用是非常谨慎的（见图 7-1）。

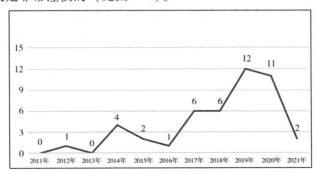

图 7-1　2021 年 12 月 31 日前涉及法律适用法第 5 条的历年案件数量

（二）案件地域分布

在所有的 45 个案件中，案件数量最多的是广东省，主要是涉港、涉澳案件，这与广东省毗连香港特别行政区、澳门特别行政区不无关系。

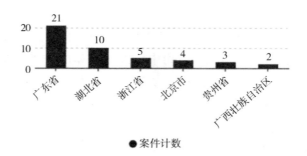

图 7-2　2021 年 12 月 31 日前涉及法律适用法第 5 条案件的地域分布

（三）涉外因素

在所有的 45 个案件中，主要是当事人住所地、经常居所地、国籍等因素涉外或产生、变更、消灭民事关系的法律事实涉外。其中，占比最多的涉及澳门地区、香港地区。由于我国实行的是"一国两制"，我国区际法律冲突比其他国家更为特殊，所以在区际民商事案件中，公共秩序保留原则仍然起到作用。在这些案件中，涉及澳门的主要是因赌博产生的借贷案件，涉及香港地区的主要是跨境担保案件，需要遵守外汇管理规定。此外，涉及其他国家的案件主要涉及跨国代孕协议的伦理道德，旁系三代以内当事人规避我国婚姻法在国外登记结婚等方面（见图 7-3）。

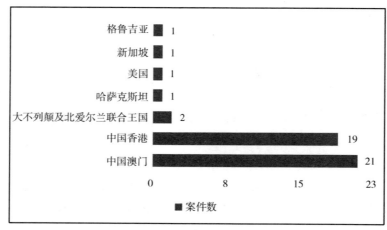

图 7-3　2021 年 12 月 31 日前涉及法律适用法第 5 条案件的涉外因素国家或地区分布

（四）案由情况

在所有的 45 个案件中，涉及民间借贷纠纷、融资租赁合同纠纷等 23 种案由，而其中的民间借贷纠纷全部是涉及澳门赌博产生的借贷债权纠纷，融资租赁纠纷主要涉及香港跨境担保方面的争议（见图7-4）。

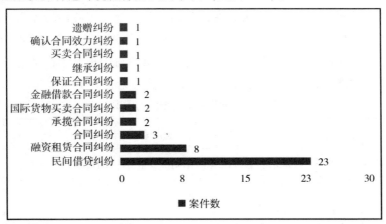

图 7-4 2021 年 12 月 31 日前涉及法律适用法第 5 条案件的案由情况分布

（五）适用的法律

在所有的 45 个案件中，适用中国内地法律的有 35 件，适用香港地区法律的 8 件，适用大不列颠及北爱尔兰联合王国法律的 2 件。其中，适用香港地区法律和大不列颠及北爱尔兰联合王国法律的原因是法院认定未损害中国内地的社会公共利益，可以依据冲突规范指向香港地区或大不列颠及北爱尔兰联合王国的准据法适用。而适用中国内地法律的这 35 个案件，全部是因为法院认定适用域外法违反了中国的社会公共利益（见图7-5）。

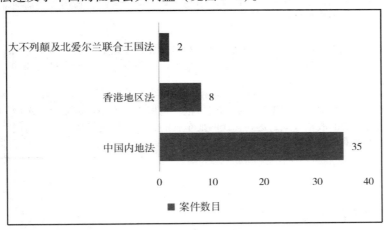

图 7-5 适用不同法律的案件数目

（六）考虑的因素

在所有的 45 个案件中，法院认定违反中国社会公共利益的案件有以下 6 种情形，其中最多的首先是当事人在澳门的赌博行为违反了我国治安管理法等法律明令禁止赌博的规定，如支持为赌博而借款的债权，势必在鼓励赌博行为，违背了社会公序良俗。其次是当事人在跨境担保纠纷中规避了内地对外担保的审批、登记制度，有损中华人民共和国公共利益（见表 7-1）。

表 7-1　适用第 5 条考虑的因素

序号	适用第 5 条的考虑因素	案件数
1	赌博行为违反了我国治安管理法等法律明令禁止赌博的规定，如支持为赌博而借款的债权，势必在鼓励赌博行为，违背了社会公序良俗	18
2	法院认定未损害中国内地的社会公共利益	11
3	规避了内地对外担保的审批、登记制度，有损中华人民共和国公共利益	9
4	转码行为在澳门特别行政区属于博彩中介服务的一种，内地则系为赌博提供直接帮助的行为，若承认其合法并对其提供保护，显然与我国内地的社会公共秩序和善良风俗相违背	3
5	当事人系三代以内的旁系血亲，其在国外缔结婚姻关系，违反《中华人民共和国婚姻法》关于三代以内的旁系血亲禁止结婚的强制性规定，违背中国婚姻道德伦理规范	1
6	对代孕行为的法律评价涉及女性身体权、婚姻家庭关系等问题，代孕过程中产生的终止妊娠、子女抚养、弃养、亲子关系认定等问题，均触及我国法律的基本原则及社会的基本道德伦理，属于法院在适用外国法时应予公共秩序保留的范围	1
7	当事人在中国境内登记结婚后，再次在境外登记结婚的行为，与中华人民共和国法律规定相悖，该境外再次登记婚姻关系不受中华人民共和国法律保护	1
8	粤港两地车牌的使用需经相关部门审批，当事人通过变更粤港两地车牌拥有公司的股权方式，达到转让两地车牌的目的，规避了相关职能部门对于粤港两地车牌的管理	1

二、典型案例

根据上述适用法律适用法第 5 条考虑的因素，笔者将案件主要分为以下几种类型。

（一）涉及担保的案件

有关担保的案件都是涉港案件。这些案件主要有两种情况：其一，适用法律适用法第 5 条排除了香港法律的适用情况；其二，适用法律适用法第 5 条没有排除香港法律的适用。其理由有的是担保人是香港特别行政区的居民，有的是根据中国内地涉外担保制度的变化，认为涉外担保核准、登记、备案属于管理性行为，不属于效力性行为，担保合同有效，不属于公共秩序保留的范畴。

1. 适用法律适用法第 5 条排除香港法适用的案件

（1）日立金融（香港）有限公司与佳联有限公司、东莞市虹旭塑胶制品有限公司融资租赁合同纠纷案[①]

本案属于涉港融资租赁合同纠纷案件。本案原告日立金融（香港）有限公司与被告佳联有限公司是中国香港特别行政区公司，被告东莞市虹旭塑胶制品有限公司是中国内地公司，被告唐某清、夏某、龙某是中国内地公民。2013 年，原告日立金融（香港）有限公司与被告佳联有限公司签订一份《融资租赁协议》，约定由原告以融资租赁方式将设备出租给被告佳联有限公司。双方在协议中约定该协议受香港法律管辖。被告佳联有限公司将设备存放在被告东莞市虹旭塑胶制品有限公司处，供其使用。同时，三方签订《权益确认书》，确认了设备所有权，并由被告东莞市虹旭塑胶制品有限公司、唐某清、夏某、龙某出具了《担保书》，提供不可撤销及无条件的担保，承担连带责任。《担保书》中均载明该担保书受香港特别行政区法律管辖。因被告佳联有限公司未缴纳全部租金，原告向广东省东莞市第三人民法院提起诉讼，法院于 2015 年做出判决。本案的法律适用涉及两个方面：原告日立金融（香港）有限公司与被告佳联有限公司签订的《融资租赁协议》的法律适用；被告东莞市虹旭塑胶制品有限公司、唐某清、夏某、龙某出具的《担保书》的法律适用。针对《融资租赁协议》，法院认为根据法律适用法第四十一条的规定，当事人可以协议选择法律，只要该约定没有违反我国强制性或禁止性法律规范。所以，因该协议产生的纠纷适用香港特别行政区法律。对于被告出具的《担保书》，法院认为，虽然原告日立公司与被告虹旭公司、唐某清、夏某、龙某也对解决因《担保书》产生的纠纷所适用的准据法约定为香港特别行政区法律，但是由于我国内地实行外汇管制制度，作为内地法人的被告虹旭公司和作为内地居民的被告唐某清、夏某、龙某，在为香港企业即被告佳联公司向境外金融机构即原告日立公司承诺履行担

[①]　（2014）东三法民四初字第 121 号民事判决书。

保义务时，必须经外汇管理部门批准、登记。被告虹旭公司、唐某清、夏某、龙某签署的《担保书》约定适用香港特别行政区法律，规避了内地对外担保的审批、登记制度，有损中华人民共和国公共利益，依照《中华人民共和国涉外民事关系法律适用法》第5条关于"外国法律的适用将损害中华人民共和国社会公共利益的，适用中华人民共和国法律"的规定，审理被告虹旭公司、唐某清、夏某、龙某为被告佳联公司提供的担保问题时应该适用中华人民共和国内地的法律。此后，广东省东莞市第三人民法院审理了类似的案件，即日立金融（香港）有限公司与鑫宇投资股份有限公司、东莞市鑫宇五金制品有限公司融资租赁合同纠纷案。① 原告仍然是日立金融（香港）有限公司，同样的业务流程，同样的《担保书》，同样的判决理由，同样采用法律适用法第5条公共秩序保留制度。

　　判决说理几乎一致的类似案件还有：1）东亚银行有限公司与展跃光电（香港）实业有限公司、东莞市展跃光电科技有限公司融资租赁合同纠纷案；② 2）大新银行有限公司与丰明有限公司、东莞市卓尔毛织制衣有限公司融资租赁合同纠纷案；③ 3）东亚银行有限公司与香港赛尔贸易有限欧诺公司、东莞市驭达光电有限公司融资租赁合同纠纷案；④ 4）大新银行有限公司与香港千帆印刷公司、厦门千帆印刷有限公司等融资租赁合同纠纷案。⑤

　　（2）中信银行国际有限公司与惠州惠嘉宏业家电有限公司、显嘉实业（集团）有限公司借款合同纠纷案⑥

　　本案与前面案件有所不同，前面案件属于融资租赁担保案件，本案属于融资借款担保案件。但从本质上来说，都是对外担保问题，涉及我国（内地）外汇管制制度，提供对外担保必须经外汇管理部门批准、登记。本案原告中信银行国际有限公司与被告显嘉实业（集团）有限公司也是香港特别行政区的公司，被告惠州惠嘉宏业家电有限公司是中国内地公司。被告显嘉实业（集团）有限公司向原告融资借款，达成一系列协议，约定适用香港法律。被告惠州惠嘉宏业家电有限公司提供担保，向原告签发了《担保及弥偿保证契约》，约定受香港法律管辖。关于该担保关系的法律适用，法院认为尽管担保协议约定适用香港

---

① （2015）东三法民四初字第136号民事判决书。
② （2016）粤1973民初5986号民事判决书。
③ （2015）东中法民四初字第25号民事判决书。
④ （2014）东二法民四初字第96号民事判决书。
⑤ （2014）厦民初字第110号民事判决书。
⑥ （2011）惠中法民四初字第20号民事判决书。

法律，但依据法律适用法第四条与第五条的规定，应该排除香港法律的适用，直接适用中国内地法律，该对外担保合同无效。

本案法院说理的部分与前面案件的也有所不同，前面的案件法院仅仅是依据法律适用法第五条的规定，即依照公共秩序保留原则。本案法院混合适用了第 4 条与第 5 条，看不出法院到底适用何种原则和制度。

2. 适用法律适用法第 5 条未排除香港法适用的案件

（1）欧力士（亚洲）有限公司与金浩实业有限公司、东莞宏华塑胶制品等有限公司融资租赁合同纠纷案①

本案属于融资租赁合同纠纷案件。原告欧力士（亚洲）有限公司与被告金浩实业有限公司是香港特别行政区公司，被告东莞宏华塑胶制品有限公司、重庆前卫宏华科技有限责任公司、东莞市东大机械有限公司是中国内地公司，被告袁某华、陈某娣是香港特别行政区居民。原告与被告金浩实业有限公司签订《租赁协议》，原告按照被告金浩实业有限公司的要求向东莞市东大机械有限公司购买设备，租赁设备供被告东莞宏华塑胶制品有限公司使用，协议约定适用香港法律。原告与金浩实业有限公司、东莞宏华塑胶制品有限公司共同签订《融资租赁权益确认协议书》。被告袁某华、陈某娣作为担保人分别为被告金浩实业有限公司在《租赁协议》项下的义务出具了《担保和弥偿保证》，约定适用香港法律。在履约过程中，东莞宏华塑胶制品有限公司将租赁设备搬离到重庆前卫宏华科技有限责任公司处。原告向广东省东莞市第三人民法院提起诉讼，诉请解除租赁协议、返还设备、支付租金及利息、担保人承担连带责任等。关于担保的法律适用，法院认为：保证人袁某华、陈某娣均系香港特别行政区居民，二人为在香港特别行政区注册的金浩公司进行担保，并约定该保证书适用香港特别行政区法律，并未违反我国法律的强制性规定，故涉及该保证书中的担保问题时应该适用香港特别行政区的法律。

本案与前述案件不同，担保人是香港特别行政区公民，不是中国内地的公民，不涉及中国内地外汇管理部门批准、登记等事项。

（2）深圳安琪食品有限公司、欧力士（亚洲）有限公司保证合同纠纷案②

本案属于保证合同纠纷案件。本案上诉人（原审被告）深圳安琪食品有限公司（以下简称"深圳安琪公司"）是中国内地公司，被上诉人（原审原告）欧力士（亚洲）有限公司（以下简称"欧力士公司"）与原审被告白兰氏（太

---

① （2013）东三法民四初字第 249 号民事判决书。

② （2018）粤 03 民终 4478 号民事判决书；（2016）粤 0391 民初 891 号民事判决书。

平洋）有限公司（以下简称"白兰氏公司"）是香港特别行政区公司，原审被告梁某辉是香港特别行政区居民，原审被告安琪国际（亚洲）实业有限公司（以下简称"安琪国际公司"）是香港特别行政区公司，原审被告梁某胜是中国内地居民。白兰氏公司向欧力士公司发起融资租赁交易申请，与深圳安琪公司、安琪国际公司、梁某胜、梁某辉共同签署《申请书》，拟以回租模式与欧力士公司进行融资租赁交易，即白兰氏公司向欧力士公司出售设备，再由欧力士公司将设备出租给白兰氏公司。欧力士公司与白兰氏公司签订《租赁协议》，约定将设备出租给白兰氏公司，由深圳安琪公司使用，并约定协议受香港法律管辖。担保人深圳安琪公司、安琪国际公司、梁某胜、梁某辉亦分别为白兰氏公司在《租赁协议》项下的债务向欧力士公司出具了《担保和弥偿保证》，并约定其受香港法律管辖。关于法律适用问题，一审法院没有对《租赁协议》和《担保和弥偿保证》分别进行阐述，而是笼统地进行阐述。一审法院依据法律适用法第41条、第4条、第5条，《司法解释（一）》第19条（现第17条）、第10条（现第8条）的规定，认为应当确定香港特别行政区法律作为本案的准据法。同时一审法院在担保责任承担的说理部分，详细地说明了跨境担保合同的效力问题。法院阐述道："由于本案是涉港融资租赁法律关系中的跨境担保，因此对于担保合同效力，除了进行最基本的合同效力审查，还应当审查其是否违反我国外汇管制的强制性规定。国家外汇管理局于2014年5月12日发布并自同年6月1日起实施的《跨境担保外汇管理规定》中明确，跨境担保是指担保人向债权人书面做出的、具有法律约束力、承诺按照担保合同约定履行相关付款义务并可能产生资金跨境收付或资产所有权跨境转移等国际收支交易的担保行为。欧力士公司、白兰氏公司注册地均在香港特别行政区，而担保人均在内地，担保人提供的跨境担保属于《跨境担保外汇管理规定》中的内保外贷情形。上述管理规定第九条第三款规定，担保人为非银行金融机构或企业的，应在签订担保合同后15个工作日内到所在地外汇局办理内保外贷签约登记手续。同时第二十九条和第三十一条又分别规定，外汇局对跨境担保合同的核准、登记或备案情况以及本规定明确的其他管理事项与管理要求，不构成跨境担保合同的生效要件。对未按本规定及相关规定办理跨境担保业务的，外汇局根据《中华人民共和国外汇管理条例》处罚。由此可见，跨境担保的登记或备案手续不是效力性规定，而是管理性规定，本案当事人未就跨境担保合同进行登记或备案不影响担保合同的效力。"二审法院认为，本案系涉港融资租赁、保证合同纠纷，因双方当事人对原审法院管辖本案和适用中华人民共和国香港特别行政区法律解决本案纠纷无异议，二审法院予以确认。

本案尽管与前文所述的日立金融（香港）有限公司与佳联有限公司、东莞市虹旭塑胶制品有限公司融资租赁合同纠纷等案件业务流程基本一致，但对于担保合同适用的法律认定不一致。也就是说，法院就国家外汇管理局颁布实施的《跨境担保外汇管理规定》前后态度是不同的。在此之前，这类跨境担保合同都被法院认为违反了中国内地的公共秩序而排除适用香港的法律。在 2014 年6 月 1 日之后，法院大多认为在跨境担保中，登记、备案属于管理性行为，当事人违反管理性行为可以进行行政处罚，但是登记、备案等规定不属于效力性规范，不影响担保合同的效力。

与本案类似的案件还有：华侨永亨银行有限公司与宝文集团有限公司、东莞市海迪精机有限公司融资租赁合同纠纷案，[1] 香港上海汇丰银行有限公司与鸿某国际包装制品有限公司、高新鸿发塑胶制造（深圳）有限公司金融借款合同纠纷案。[2]

（3）华侨永亨银行有限公司与中扩永威实业有限公司、中扩赠品玩具有限公司等金融借款合同纠纷案[3]

本案属于金融借款合同纠纷案件。原告华侨永亨银行有限公司是香港特别行政区公司，被告中扩永威实业有限公司（以下简称"被告一"）、中扩赠品玩具有限公司（以下简称"被告二"）是香港特别行政区公司，被告洛宁富盈玩具有限公司（以下简称"被告三"）、中扩赠品玩具（洛宁）有限公司（以下简称"被告四"）以及东莞佳畅玩具有限公司（以下简称"被告五"）是中国内地公司，被告胡某诺（以下简称"被告六"）、周某华（以下简称"被告七"）、胡某豪（以下简称"被告八"）与邱某（以下简称"被告九"）是香港特别行政区永久性居民。原告与被告一、被告二签署了七份具有连续性的《银行信贷函》，被告一与被告二分别给对方出具《保证书》，被告三、四、五、六、七、八、九分别给被告一、被告二出具《保证书》。案件所涉的银行信贷函、申请书、抵押和信托收据以及保证书等各种合同与法律文件均约定或表示受香港法律管辖。法院关于本案的法律适用问题，其阐述是非常详细的。法院阐述的基本思路是：首先，法院认为本案属于涉港案件，属于涉外民商事案件。其次，法院依据《民法通则》第 145 条第 1 款、法律适用法第 3 条、《司法解释（一）》第 19 条（现第 17 条），认为本案当事人可以选择本案适用的法律。再

---

① （2016）粤 1973 民初 448 号民事判决书。
② （2016）粤 0391 民初 611 号民事判决书。
③ （2016）粤 0391 民初 521 号民事判决书。

次，法院在列举了法律适用法第 4 条、第五条规定的内容后，认为原告提供的证据表明当事人约定了适用香港法律，被告主张适用中国内地法律，但没有提供双方约定内地法律的证据，也没有举证证明中国内地法律对本案法律关系存在强制性规定以及适用香港法律将损害中国内地社会公共利益而排除适用的情形，所以对被告适用内地法律的主张不予支持。最后，法院根据法律适用法第十条的规定，分析香港法的查明问题。综上，法院认为本案应适用香港法为准据法。

本案法院的说理涉及一个问题，即法律适用法第五条的规定是由法院主动适用，还是由当事人举证证明适用。第 5 条排除了外国（域）法适用的制度，其运用有一个基本的前提：该法律关系根据冲突规范的指引，适用外国的法律。如果适用了法院地法，就没有必要适用第五条规定。对于国家主权、安全、法律的基本原则、道德的基本准则等方面公共秩序，法院有义务维护，所以在审理涉外民商事案件时，法院应该积极主动审查适用外国法是否损害中国的社会公共利益，而不是由当事人来举证证明。

以上涉港担保案件，法院的说理涉及以下几方面的问题：1）一般来说，区际私法案件中较少运用公共秩序保留制度，为何我国在区际私法案件中，适用公共秩序保留制度。2）公共秩序是历史性的概念，上述案件中在不同的时间阶段，法院可能做出不同的认定。这就需要法官正确理解公共秩序的内涵，掌握社会发展的动态，做出合理的决定。3）法院在某些案件中，往往是同时列举了法律适用法第四条、第五条的规定，甚至还列举了《司法解释（一）》第 9 条（原第 11 条）法律规避的规定。其实，法院全部列举是一种偷懒的做法，因为强制性规定的直接适用、公共秩序保留、法律规避三种制度，尽管都涉及国家的社会公共利益，但三者之间有着本质的区别。法院在具体案件中可能难以做出正确的判断，一种偷懒的做法就是将这些条文都加以列举，案件中的法律适用肯定可以归入其中的一个规范（制度）之中，因而省却了法院做出区分这一过程具体判断。为了能提高法官行使自由裁量权的能力，还是有必要在理论上与实践上厘清三者之间的关系及适用的先后顺序。

以上种种问题，也可能在后面类型的案例中出现，笔者将在下一部分详细地进行阐述。

（二）涉及赌博的案件

这类案件主要是以民间借贷方式出现的，主要有两种情况：其一，没有实际现金的借贷，而是通过转码行为产生的借贷关系。例如，张三给李四用于赌博的筹码，李四开具了同等价值的货币单位的借据，双方当事人存在着民间借贷的法律关系。为了规避法律风险，借据上往往写明：借款人收到现金，应该全部用于生产经营和合法消费等，不能用于违法用途。法院如果能够查明实际上是转码行为，尽管转码行为在澳门特别行政区是合法的，属于博彩中介服务的一种，但作为为赌博提供直接帮助的行为，有违中国内地的善良风俗和社会公共秩序。其二，直接提供赌资而产生的借贷关系。在面对提供资金进行赌博的借贷关系时，法院有时候需要做出判断。在社会实际生活中，可能有许多种情况，需要法官根据具体案件作具体分析。如果出借人明知道或应该知道借款人借款的目的是赌博，该情况下可认定违反中国内地的公共秩序和善良风俗，借款合同无效是没有问题的。如果借款人以种种理由欺骗出借人借款解决其燃眉之急，实际上是用于赌博，此时法院可能认为借款合同有效。

1. 转码行为的民间借贷案件

湖北省汉川市人民法院作为一审法院、湖北省孝感市中级人民法院作为二审法院，审理了系列关于转码行为的民间借贷案件，主要包括：（1）吴某与尧某影民间借贷纠纷案；①（2）罗某与田某民间借贷纠纷案；②（3）吴某与韩某辰民间借贷纠纷案；③（4）吴某与曾某丽民间借贷纠纷案；④（5）罗某与许某川民间借贷纠纷案。⑤ 这些案件事实基本一样：被告到澳门游玩，经人介绍向原告借到一定价值的筹码用于赌博。被告向原告出具借据。一般情况下，原告都是草拟好借据模板让被告抄写。主要内容包括借款人借到出借人人民币多少元，借款人已经收到全部现金，该借款只能用于生产经营和合法消费，不能用于违法用途。发生纠纷双方可向原告户籍所在地法院起诉。最后约定还款日期。对于此类案件，法院一般是认定为涉外民商事案件，因为民事法律关系的产生事实发生在澳门。关于法律适用问题，法院一般是依据法律适用法第 41 条关于合同法律适用的规定，认定应该适用澳门法律。但又依据法律适用法第五条的规定，认为赌博行为有违中国内地的善良风俗和损害中国内地的社会公共利益，所以适用中国内地的法律处理民间借贷关系。针对这些系列案件法院依据中国内地的法律，认定此种借贷合同无效，但因无效合同取得的财产应当返还或折价补偿，一般是判决被告返还借据上金额，但不计算利息。二审法院都是驳回上诉，维持原判。这些系列案件的判决在法律适用问题上的阐述与其他地区法

---

① （2018）鄂 0984 民初 2833 号民事判决书；（2019）鄂 09 民终 363 号民事判决书。
② （2018）鄂 0984 民初 2886 号民事判决书；（2019）鄂 09 民终 1204 号民事判决书。
③ （2019）鄂 0984 民初 1715 号民事判决书；（2020）鄂 09 民终 242 号民事判决书。
④ （2019）鄂 0984 民初 1477 号民事判决书；（2020）鄂 09 民终 344 号民事判决书。
⑤ （2018）鄂 0984 民初 3297 号民事判决书；（2019）鄂 09 民终 364 号民事判决书。

院的基本一致，但对于实体上的判决差距比较大，其他地区的法院一般是不认可借贷关系，驳回诉讼请求。这反映在下面资金形式的民间借贷关系的案件中。

2. 资金形式的民间借贷案件

（1）罗某与谷某鸣、韩某英民间借贷纠纷案①

这是湖北省汉川市人民法院审理的系列案件之一，与上述案件涉及转码形式的民间借贷不同，本案属于现金形式的民间借贷案件。原告罗某，被告谷某鸣、韩某英都是中国内地人，被告到澳门酒店玩牌期间认识案外人董某，其向被告借了 2 万港币。后两被告经董某介绍向原告借了 20 万元港币（折合人民币 18 万元）用于赌博。被告向原告出具借条，借条内容为：被告借到原告人民币 18 万元，被告已经全部收到现金，借款只能用于生产经营和合法消费，不能用于违法用途，借款利率为年 24%，具体的还款日期，以及发生纠纷向出借人（原告）户籍所在地法院起诉。关于法律适用，法院认为本案依据法律适用法第四十一条规定，应该适用澳门法律，但依据第五条规定，适用澳门法律有违内地的公共秩序，所以排除澳门的法律，适用中国内地的法律，认定借款合同无效。在实体上，法院认为所借的款项应当返还，但不能计算利息。此类案件还有一个问题：借条上约定的是如双方发生纠纷由出借人户籍所在地人民法院管辖，既然借款合同被认定无效，那么管辖权条款是否无效？如果无效，湖北省汉川市人民法院是否具有管辖权？

（2）严某香与姜某华民间借贷纠纷案②

本案同样是涉及赌博的民间借贷纠纷案件。原告（上诉人）严某香是澳门特别行政区居民，被告姜某华是深圳居民。本案借款是现金还是筹码，原被告各执一词。法院可以认定的事实是：有借款借据、还款协议书，原告借款时知晓被告借款用于澳门赌博，尽管借款借据以及还款协议书中载明了借款的用途，但不能改变涉案款项出借时用途为赌博的事实。关于法律适用问题，一审法院依据法律适用法第四十一条的规定，认为适用中国内地的法律。一审法院驳回原告的诉讼请求，即没有支持返还借款，这与湖北省汉川市人民法院审理的系列案件关于是否返回借款的态度是不同的。二审法院则依据法律适用法第四十一条和第五条的规定，认为"由于赌博在我国内地为明令禁止的违法行为，如若承认涉案 300 万元用于赌博的借款合法并对其提供保护，显然与我国内地的公共秩序及公共利益相违背。一审法院以中华人民共和国内地法律作为准据法

---

① （2019）鄂 0984 民初 1486 号民事判决书。

② （2019）粤 03 民终 359 号民事判决书；（2018）粤 0391 民初 594 号民事判决书。

并无不当，本院予以确认"。无论是一审法院还是二审法院都没有具体深入地分析法律适用问题，主要是列举条文后认为适用中国内地法律。二审法院尽管分析了赌博有违中国内地的公共秩序，但其对于适用法律适用法第 41 条是以澳门法律还是中国内地法律作为准据法没有说明。从判决书来看，二审法院的思维是：适用法律适用法第四十一条的规定，应该适用中国内地法律。而且依据第五条规定，即使是适用澳门法律也应排除适用，而适用内地的法律。

（3）石某军与陈某宏民间借贷纠纷案①

被告陈某宏在澳门参与博彩业娱乐，在澳门向原告借款人民币 300 万元，原告对被告借钱赌博事实并不否认，被告向原告出具借条两张，合计人民币 300 万元。至于是 300 万的筹码还是现金，法院没有做出认定。法院认为原、被告之间债权债务关系明确，本案产生民事关系的法律事实发生在澳门，属于涉澳民事案件。关于法律适用问题，法院认为"本案为借款合同纠纷，根据我国法律规定，合同双方没有约定处理合同争议所适用的法律，适用与合同有最密切联系地的法律。在本案中双方没有就法律适用做出约定，故理应适用最密切联系地区的法律，即澳门的法律；但根据澳门法律规定，为赌博而借款亦构成法定债务之渊源，博彩业在澳门当地虽为合法，但根据我国内地法律规定，赌博行为违反了我国治安管理法等法律明令禁止赌博的规定，如支持为赌博而借款的债权，势必会鼓励赌博行为，违背了社会公共利益。现原告在我国内地法院提起诉讼，根据我国法律树立的公共秩序保留原则，本案不应适用澳门法律，应适用我国内地法律。"本案实体问题上，法院驳回原告的诉讼请求。法院审理的相类似的案件还有吴某峰诉陈某宏民间借贷纠纷案②以及蔡某归与吴某雪民间借贷纠纷案。③

需要特别强调的是，有的法院不仅认定赌博是非法的，借款合同无效，还对有关组织赌博的人员涉嫌犯罪的，先行移送公安机关处理，例如，李某庆、汤某兵民间借贷纠纷一案。④有的对借款后用于赌博活动进行了惩戒，例如，郑某刚民间借贷纠纷案⑤、金某江民间借贷纠纷案⑥、马某平民间借贷纠纷案。⑦

---

① （2013）南法民二初字第 288 号民事判决书。
② （2014）南法民二初字第 329 号民事判决书。
③ （2020）浙 03 民初 273 号民事判决书。
④ （2020）浙 05 民终 289 号民事裁定书。
⑤ （2020）浙 06 司惩复 13 号之一民事决定书。
⑥ （2020）浙 06 司惩复 17 号民事决定书。
⑦ （2020）浙 06 司惩复 16 号民事决定书。

另外，有的案件尽管不是直接涉及参与赌博的，而是涉及借款到澳门投资博彩业转码的，法院也根据同样的理由，认定借款合同无效，例如，贵州铭都酒店管理有限公司与徐某民间借贷纠纷案。①

综上，涉及澳门赌博所产生的民间借贷，一般依据法律适用法第五条的规定，排除澳门法律的适用，适用内地法律。对于是否返还借款，法院态度不一。

（三）涉及婚姻家庭的案件

1. 涉及重婚的案件

一夫一妻是我国婚姻法的基本原则。在谭某诉易某遗赠纠纷一案中，② 上诉人（原审原告）谭某、李某 1 为中国公民，被上诉人（原审被告）易某是新加坡共和国公民，住台湾省台北市。原审被告李某 2 是台湾地区居民，住台湾省台北市，原审被告李某 3 是美国公民，现居住美国，原审被告李某 4、李某 5 是台湾地区居民，住台湾省台北市。在本案中，被继承人李某 7 与谭某 2000 年 11 月 14 日生子李某 1，并于 2000 年 11 月 15 日登记结婚。2002 年 12 月 13 日，李某 7 与易某在新加坡登记结婚，无子女。李某 7 于 2009 年在台湾地区病逝，并有一份代书遗嘱，其中载明在上海三套房产是与易某共有，本人份额全部给易某，大陆银行存款亦给易某。关于本案的法律适用，关于两次婚姻效力准据法的问题，一审法院认为李某 7 与易某结婚登记日期迟于李某 7 与谭某，本案未能查明李某 7 与易某的婚姻登记是否合法有效，所以本案依法确定李某 7 与谭某的婚姻关系为合法有效的。关于继承人的范围问题，一审法院适用法律适用法第 31 条，确定了大陆继承法为准据法。对于遗嘱效力，一审法院适用法律适用法第三十三条规定，适用台湾地区的法律。一审法院对于婚姻效力的认定是根据结婚登记时间以及后一个婚姻效力无法查明，确认了李某 7 与谭某的婚姻关系合法有效。二审法院的说理与一审法院的基本相同，但对于婚姻效力的认定，其说理是不同的。二审法院认为根据法律适用法第五条规定，李某 7 与易某在新加坡登记结婚，其再次登记结婚的行为与中国大陆法律规定相悖，其与易某的婚姻关系不受中国大陆法律保护。

2. 涉及近亲结婚的案件

我国婚姻法规定结婚的禁止性条件中包括三代以内的旁系血亲不得结婚。在张某 1、林某继承纠纷一案中，③ 上诉人（原审被告）张某 1 住福建福州市，

---

① （2018）黔 01 民初 615 号民事判决书；（2019）黔 01 民初 1923 号民事判决书。
② （2017）沪 01 民终 11681 号民事判决书；（2016）沪 0105 民初 20332 号民事判决书。
③ （2019）闽 01 民终 1631 号民事判决书；（2018）闽 0104 民初 3329 号民事判决书。

被上诉人（原审原告）林某住美国。张某本与前妻生有一子张某 1，此后张某本又与徐某结婚并离婚，此后张某本与林某在美国登记结婚，未生育子女。2017 年，张某本与案外人刘某祥之间发生交通事故，造成张某本摔伤后死亡，刘某祥同意赔偿张某本 62 万元。本案属于法定继承案件，一审法院认为张某 1 与林某作为第一顺位继承人，各得遗产的二分之一。关于林某与张某本的婚姻关系的效力问题，一审法院认为应另案提起诉讼。二审法院认为本案应该对张某本与林某的婚姻关系的效力做出认定。依据法律适用法第二十二条的规定，其结婚手续符合美国法律规定。依据法律适用法第二十一条规定，结婚条件适用共同经常居所地法，没有共同经常居所地法，适用共同国籍国法律。张某本与林某没有共同经常居所地，所以适用共同国籍国法律，即中国法律。法院又依据法律适用法第五条规定，认为林某与张某本是三代以内的旁系血亲，其在美国缔结婚姻关系，违反《中华人民共和国婚姻法》关于三代以内的旁系血亲禁止结婚的强制性规定，违背中国婚姻道德伦理规范，其在美国所缔结的婚姻关系在中国境内应认定为无效。因此，林某不能在中国境内以张某本的合法配偶身份主张继承权。

3. 涉及代孕的案件

关于代孕行为是否被禁止，我国法律没有明确规定。国家卫生部于 2001 年颁布的《人类辅助生殖技术管理办法》规定"禁止以任何形式买卖配子、合子、胚胎。医疗机构和医务人员不得实施任何形式的代孕技术"。《人类辅助生殖技术和人类精子库伦理原则》规定"医务人员不得实施代孕技术"。在我国社会公共认知的领域，代孕行为是被禁止的，这已经成了基本伦理关系与道德标准。

在夏某与优宝医疗健康咨询（深圳）有限公司、高某娜合同纠纷一案中，①原告夏某是香港特别行政区居民，住在广东省深圳市。被告优宝医疗健康咨询（深圳）有限公司是中国内地公司，被告高某娜住所地是广东省深圳市。2019 年，原告与 You Baby Medical 和 Fertility Center Inc 先后签订了两份《辅助生殖信息咨询服务合同》，合同约定在哈萨克斯坦境内提供代孕服务，并约定适用格鲁吉亚法律。因哈萨克斯坦取消对个人（单身）的代孕服务，该合同终止。被告确认针对个人（单身）的代孕服务在哈萨克斯坦境内不合法。You Baby Medical 和 Fertility Center Inc 授权高某娜为中国区域内的代理人，高某娜是优宝医疗健康咨询（深圳）有限公司唯一股东。两被告协助原告到格鲁吉亚通过第三方代孕方式提供生殖服务。关于法律适用问题，法院依据法律适用法第三条、第五

---

① （2020）粤 0391 民初 1886 号民事判决书。

条规定，认为合同约定适用格鲁吉亚法律无效，应该适用中国法律。法院阐述的理由是公共秩序保留是一项被世界各国所广泛承认的制度，它是指一国法院依其冲突规范本应适用外国法时，因其适用会与法院地国的重大利益、基本政策、道德基本观念或法律的基本原则相抵触而排除适用的一种保留制度。本案中，两份《辅助生殖信息咨询服务合同》均约定适用格鲁吉亚法律。被告称You Baby Medical 和 Fertility Center Inc 在格鲁吉亚对个人提供代孕的咨询服务不违反当地的法律规定。法院认为，涉案《辅助生殖信息咨询服务合同》并非单纯的财产型契约，"缔约自由原则"不能当然适用，该合同约定的标的为甲方向乙方提供代孕的信息咨询及中介服务，而对代孕行为的法律评价涉及女性身体权、婚姻家庭关系等问题，代孕过程中产生的终止妊娠、子女抚养、弃养、亲子关系认定等问题，均触及我国法律的基本原则及社会的基本道德伦理，属于法院在适用外国法时应予公共秩序保留的范围。

（四）其他类型的案件

在检索到的所有案件中，主要是上述三种类型的案件涉及公共秩序保留制度的运用，只有一个案件不属于上述类型，即李某峰与张某、张某华等买卖合同纠纷案。[①] 本案原告李某峰是中国内地居民，被告张某是中国内地居民，被告张某华、刘某继是香港特别行政区居民，被告惠理（香港）有限公司是香港特别行政区公司。本案通过变更股权的方式，达到粤港两地车辆转让的目的。原告与被告张某签订《中港两地车牌转让协议》，原告委托张某办理股权转让及协助完成车辆过户并取得通往内地与香港的权限。关于法律适用问题，法院认为本案属于涉港民事关系，委托协议应适用香港法律。但因粤港两地车牌的使用需经相关部门审批，当事人通过变更股权方式，达到转让两地车牌的目的，规避了相关职能部门对于粤港两地车牌的管理。于是，法院依据法律适用法第五条的规定，认为该协议应适用中国内地法律。

在一些案件中，当事人约定了适用外国（域）法，法官行使其自由裁量权认定他们的选择没有违反公共秩序而未排除该外国（域）法的适用，主要理由是案件不存在违反我国法律的强制性规定及公共秩序的情形。这类案件主要有：（1）中农众沃生态科技（北京）有限公司与兰塞姆斯·杰克布森有限公司国际货物买卖合同纠纷案；[②]（2）杨某涛、深圳市雅仕达印务有限公司承揽合同纠

---

① （2018）粤 0391 民初 257 号民事判决书。
② （2021）京民终 204 号民事判决书；（2019）京 04 民初 85 号民事判决书。

纷案;① （3）深圳市金汇投资发展集团有限公司与容某耀、浩兴国际有限公司、东莞市寮步房地产开发总公司民间借贷纠纷案;② （4）李某与翁某义民间借贷纠纷案;③ （5）深圳市金汇投资发展集团有限公司与容某耀、浩兴国际有限公司民间借贷纠纷案。④

三、综合分析

根据对上述典型案件的分析可以得出，我国内地法院适用法律适用法第 5 条公共秩序保留制度是相当谨慎的，法官自由裁量权的行使基本上也是正当与合理的。上述案件主要体现如下几方面的特点：其一，随着社会的发展，公共秩序的内涵将会发生变化，以前被认定为属于我国公共秩序范围的，可能因为政策与法律的变化，不属于公共秩序的范围。这主要反映在涉港跨境担保的案件中。在跨境担保的案件中，2014 年 6 月 1 日前，担保合同的效力因违反外汇管制的强制性规定而无效。尽管当事人在担保合同中选择香港法律作为准据法，但法院通常会依据法律适用法第五条的规定，否定当事人选择的法律。国家外汇管理局于 2014 年 6 月 1 日实施了《跨境担保外汇管理规定》，该规定明确了跨境担保合同不因为没有登记、核准、备案而无效。依据《跨境担保外汇管理规定》第九条规定，对于内保外贷合同登记的，分两种情况进行办理：对于担保人为银行的，需要由担保人通过数据接口程序或其他方式向外汇局报送内保外贷相关数据；对于非银行金融机构或企业的，应在签订担保合同后 15 个工作日到所在地外汇局办理内保外贷签约登记手续。其第 29 条明确规定，外汇局对跨境担保合同的核准、登记或备案情况以及本规定明确的其他管理事项与管理要求，不构成跨境担保合同的生效要件。这就说明了即使当事人没有经过外汇局核准、登记或备案，也不能认定担保合同无效，这也不属于中国内地公共秩序保留的范畴。在这种情况下，当事人承担的是行政责任，即第三十一条规定外汇局可以依据《中华人民共和国外汇管理条例》进行处罚。从理论上讲，该管理规定将强制性规定做出了管理性强制规定与效力性强制规定的区分，管理性强制规定不属于法律适用法第 4 条强制性规定以及第 5 条公共秩序保留的范畴。只有对于效力性强制规定才能依据法律适用法第四条或第五条的规定，排

---

① （2018）粤 03 民终 11928 号民事判决书；（2017）粤 0391 民初 443 号民事判决书。
② （2018）粤 03 民终 22915 号民事判决书；（2017）粤 0391 民初 2314 号民事判决书。
③ （2018）粤 03 民终 591 号民事判决书；（2016）粤 0391 民初 944 号民事判决书。
④ （2017）粤 0391 民初 2314 号民事判决书。

除外国（域）法的适用。所以，涉港跨境担保案件中将不再运用公共秩序保留制度。可以预见的是，今后涉港案件中运用该制度的应该越来越少。其二，案件多是区际私法的案件，主要是涉港与涉澳民事案件。涉港民商事案件主要集中在跨境担保问题上，涉澳民商事案件主要集中在与澳门博彩娱乐业有关的民间借贷问题上。我国公共秩序保留制度之适用集中在区际私法案件中，这与我国区际法律冲突的特殊性不无关系，是"一国两制"原则在涉港与涉澳民商事案件中的具体体现。其三，中国内地法院在审理涉及社会公共利益的案件时，往往会采取列举多个条文的方式，即一般会列举法律适用法第四条、第五条的规定以及法律关系本身冲突规范的规定，有时还会列举《司法解释（一）》第8条（原第10条）的规定，有时还在说理过程中提及法律规避或者列举《司法解释（一）》第9条（原第11条）的规定。法院之所以如此，可能有两方面的原因：一是法官可能对于法律适用法第4条、第5条以及《司法解释（一）》第8条、第9条的关系无法把握，无法确定适用这些条文的先后顺序。这些条文涉及国际私法中的三个基本制度，即直接适用的法制度、公共秩序保留制度以及法律规避制度，这三者都涉及社会公共利益的问题。二是法官由于审判工作烦琐，案件数量比较多，撰写判决书的任务重，无法保证撰写的时间，因而无法仔细分析三种制度的关系。如果将所涉及的条文都加以列举，总可以适用其中的一个条文，排除外国（域）法的适用。此时，法院就可能避免因说理偏差而致适用错误或不恰当的法律条文。其四，除涉港跨境担保合同和涉澳与博彩有关的民间借贷外，在跨国民商事案件中，公共保留制度主要运用在婚姻家庭领域。一般来说，有关的跨国继承案件，可能涉及继承的前提是婚姻的有效性等问题。我国婚姻法所确立的婚姻基本原则，禁止重婚（一夫一妻制），禁止近亲结婚（三代以内旁系血亲不能结婚）以及实践中所形成的禁止代孕，这些是我国婚姻家庭领域中的基本伦理关系与道德标准，关系到我国的善良风俗。但是，随着社会的发展以及立法、政策的变化，有可能某些现在属于善良风俗的，在今后可能会被社会所接受，如同性婚姻、代孕、旁系血亲的婚姻，在某些国家或地区是被认可的或已经在立法上做出了合法化的规定。所以，法官如要合理地行使其自由裁量权，正确适用法律适用法第五条的规定就应该做到：准确理解公共秩序的内涵及其历史属性；充分认识"一国两制"原则及我国区际法律冲突的特殊性；正确厘清法律适用法第4条、第5条以及《司法解释（一）》第9条之间的关系；合理区分国内民法中的公共秩序和国际私法中的公共秩序，尤其是婚姻家庭领域中国际私法含义与民法含义的强制性规定。

（一）准确理解公共秩序的内涵及其历史属性

何为公共秩序，如何适用公共秩序，无论是在理论上还是立法上都没有说清楚。正如德国学者魏斯（Philipp Friedrich Weis）所说，法官有适用公共秩序的广泛自由裁量权。① 国际私法上的公共秩序保留制度与适用外国法相伴而生、共同发展，形成了国际私法发展天平的两个端点：排除外国法的适用与适用外国法。国际私法的历史发展表明，适用外国法是国际社会发展的必然要求，但各国对于适用外国法的担忧，催生出公共秩序保留制度。所以，对于国际私法中公共秩序保留制度，无论是国内法还是国际私法条约，无论是英美国家还是大陆法国家，无不重视该项制度。只不过各国在立法与理论研究中可能冠以不同的名称。例如，英美普通法国家通常用"公共政策"一词，大陆法国家则一般用"公共秩序"，立法上称为"保留条款"或"排除条款"。我国理论界通常采用"公共秩序保留"，立法上常用"社会公共利益""法律的基本原则""主权、安全"等。②

对于何为公共秩序保留，学者往往根据于不同的领域其所发挥的功能加以描述。在外国法院判决的承认与执行领域中，公共秩序是拒绝承认与执行外国法院的理由之一，在国际商事仲裁裁决承认与执行以及撤销领域中，其亦发挥着否定的作用。本节主要是研究法律适用中的公共秩序保留，其一般是指适用外国法与内国公共秩序相违背，从而排除外国法适用的一项制度。③ 例如，刘仁山在其主编的《国际私法》教材中指出：公共秩序保留，是指法院在依内国冲突规范本应适用外国法作为准据法时，如其适用将与法院国的重大利益、道德准则、法律原则相抵触而排除其适用的一种保留制度。④ 该定义仍然没有具体指出公共秩序的内涵，也忽视了公共秩序保留另一方面的作用。一般来说，公共秩序保留具有反向排除的作用，即消极否定的作用。这就是上述定义中所描述的作用。冲突规范，尤其是双边冲突规范，具有一种潜在的危险，即法院没有审理具体案件之前，不知道其将指向何国的法律。一旦指引的法律与本国的善

---

① 正如德国学者安得利·魏斯所说："要赋予公共秩序以一定的范围，会遇到难以克服的困难。在什么限度内适用公共秩序，法官有广泛的裁量权。"杨贤坤. 国际私法教程 [M]. 广州：中山大学出版社，1990：99.

② 刘仁山. 国际私法. 第6版 [M]. 北京：中国法制出版社，2019：177.

③ 例如，肖永平认为，国际私法上的公共秩序保留是指一国法院依其冲突规范本应适用外国法时，因适用外国法会与法院地国的重大利益、基本政策、道德的基本观念或法律的基本原则相抵触而排除其适用的一种保留制度。参见肖永平. 国际私法原理 [M]. 北京：法律出版社，2003：127.

④ 刘仁山. 国际私法. 第6版 [M]. 北京：中国法制出版社，2019：177.

良风俗相悖，就必须建立一种制度防止这种情况发生，公共秩序保留由此应运而生。所以说，公共秩序保留是起到反向排除外国法的作用。但上述定义忽视了公共秩序保留的正向排除作用，即积极的肯定作用。也就是说，对于国内某些涉及国家重大利益、法律的基本原则等领域，只能适用内国法，不能适用外国法，从而正面排除外国法的适用。①

为了发挥上述两种作用，公共秩序保留制度在立法上具有两种不同的立法方式：一种是直接限制的立法方式，即根据本国冲突规范的指引，如果适用外国法损害（违背）内国的公共秩序，将排除适用。法律适用法第 5 条就是这种立法方式。法官在适用该条时，其适用的前提是根据本国的冲突规范指引适用外国法。如果根据本国冲突规范没有指引适用外国法，则无须适用第五条的规定。另一种是间接限制立法方式，即具体明确内国的某些法律须绝对适用，如1804 年《法国民法典》第三条规定的警察与公共治安的法律。法律适用法没有规定这一立法方式。因为随着社会的发展，这类具有公法性质的规范越来越多，于是国际私法构建了直接适用的法这一新的制度。当然，直接适用的法的作用与公共秩序保留的积极肯定的作用虽然具有一定的不同，但两者容易被混淆。所以，在司法实践中法官往往无法进行区分，只好将两者的立法条文都列举出来。

各国对于公共秩序保留的立法都是采取模糊的做法，不可能也没有必要将其内涵进行界定。为了发挥公共秩序保留制度的作用，就必须赋予法官极大的自由裁量权，让法官根据具体的案件进行灵活应对。其内涵的模糊性正是该制度灵活性所需要的，如果一旦界定了公共秩序保留的内涵，法官就无法灵活应对。况且，各国的公共秩序保留制度具有民族性、地域性以及历史性。民族性体现了不同民族之间的差异性，地域性体现了不同地域之间的特殊性，历史性体现了不同历史阶段的变动性。一国国际私法的立法具有相对稳定性，而公共秩序保留的历史属性预示着其在不同的历史阶段和历史时期的变动性。例如，上述涉港案件中的跨境担保问题前后适用公共秩序保留制度的变化，婚姻家庭领域对于近亲结婚规定的变化，都反映了公共秩序保留的历史属性。所以，各国在立法上不可能、也无法对适用该制度的具体条件加以明确化与量化。② 正因为公共秩序保留内涵的模糊性以及历史的变动性，才需要法官正确行使其自由裁量权，根据案件的具体情况以及历史的发展变化，做出具体合理的分析。

---

① 刘仁山. 国际私法. 第 6 版［M］. 北京：中国法制出版社，2019：177.
② 徐伟功.《涉外民事关系法律适用法》实施研究［M］. 北京：法律出版社，2019：234.

（二）充分认识"一国两制"及我国区际法律冲突的特殊性

在检索有效的 45 个案件中，涉港和涉澳的案件占 40 件，占案件总数近九成。也就是说，我国大多数涉及公共秩序保留的案件属于区际私法案件。这与其他国家或地区主要体现在国际法律冲突领域不同，我国主要体现在区际法律冲突领域。这与我国区际法律冲突的特殊性以及"一国两制"具有极大的关系。

"一国两制"是我国为了解决香港、澳门问题所提出的基本国策。所谓"一国两制"，顾名思义就是一个国家，两种制度。具体而言，在中国内地实行社会主义制度，在香港特别行政区和澳门特别行政区实行资本主义制度。"一国两制"中"一国"是前提与根本，说明只有一个统一的中华人民共和国，只能有一个由中华人民共和国代表的国家主权，香港特别行政区和澳门特别行政区是中国不可分割的神圣领土。维护国家主权，实现祖国统一，是我国一贯坚持的基本政策，我们必须始终坚持香港、澳门以及台湾地区是中国领土不可分割的组成部分。在处理涉外民商事案件时，如果适用外国法会侵害国家主权、破坏祖国统一，因此要坚决适用法律适用法第 5 条排除其适用。国家主权神圣不可侵犯，祖国统一决心不可动摇。但是法官在具体处理涉外民商事案件时，需要正确理解国际私法上"外"的含义。国际私法上的涉外的"外"并不意味着将香港特别行政区与澳门特别行政区作为一个国家看待，这里的"外"是广义上的、国际私法上的，不仅包括外国主权国家，也包括一国主权国家内的不同法域。例如，在胡某某与江某某离婚后财产纠纷一案中，① 原、被告均是台湾地区居民，被告在庭审过程中声称台湾是中国的一部分，所以案件不属于"涉外"案件，不能适用法律适用法。对于被告的错误认识，审理法官做出了正面回应，阐述了适用法律适用法的基本理由："从法律层面上讲'涉外'是指外法域，即施行与大陆不同的法律体系的地区，包括香港、澳门和台湾。《最高人民法院关于适用〈中华人民共和国涉外民事关系法律适用法〉若干问题的解释（一）》第十九条规定，涉及香港、澳门的民事关系的法律适用问题，参照适用本规定。原告故意将主权概念和法律概念混为一谈，将法律适用上升到政治层面，系严重错误。"

如此，"一国两制"中的"两制"是我国产生区际法律冲突的根本缘由。"两制"的基本内涵就是在一个国家的前提下，香港和澳门地区可以与我国内地实行不同的制度，包括政治制度、经济制度以及法律制度。这两种制度长期共存，和平共处，共同发展。这不仅在中国历史上，就是在世界历史上也是绝无

---

① （2017）沪 0104 民初 11893 号民事判决书。

仅有的。① 由于"一国两制"基本国策的实施，我国成为一个多法域的单一制国家，形成了不同于其他多法域国家的强烈的区际法律冲突。其一，我国的区际法律冲突，存在着不同社会制度下的法律冲突。除相同的社会制度的法律冲突之外（香港地区、澳门地区与台湾地区之间的区际法律冲突），更多的是不同社会制度之间的法律冲突。我国内地（大陆）法院处理的涉港、涉澳、涉台民商事案件，均属于不同社会制度下的法律冲突，这就预示着区际法律冲突的范围更广、程度更为激烈。原本主要运用在国际民商事法律冲突中的公共秩序保留制度，在我国区际法律冲突中运用得更加广泛。这也是我国区际法律冲突中的一种特殊现象，针对上述案件的数据分析也体现了这一点。不仅如此，我国区际法律冲突还表现为不同法系之间的冲突。我国各法域所采取的法系是不一致的，有英美法系的法域，有大陆法系的法域，有社会主义法系的法域。尽管澳门地区与台湾地区都属于大陆成文法系，但澳门地区受到葡萄牙法律的影响深远，台湾地区受到了德国与日本法律的一定影响，近来又在一定程度上受到了美国法律的影响。此外，我国区际法律冲突还体现为各法域的本地法与其他地区适用的国际条约以及各法域所适用国际条约之间的冲突，不仅体现为司法权方面的冲突，还体现为立法权方面的冲突。总之，我国区际法律冲突具有相当的独特性。②

正因为我国区际法律冲突的特殊性，在我国各种安排中都有公共秩序保留制度的规定。这些安排主要有最高人民法院发布的：（1）2000 年《关于内地与香港特别行政区相互执行仲裁裁决的安排》；③（2）2007 年《内地与香港特别行政区法院相互认可和执行当事人协议管辖的民商事案件判决的安排》；④（3）2006 年《内地与澳门特别行政区关于相互认可和执行民商事判决的安排》；⑤

---

① 肖蔚云. 一国两制与香港基本法律制度 ［M］. 北京：北京大学出版社，1990：3-4.

② 刘仁山. 国际私法. 第 6 版 ［M］. 北京：中国法制出版社，2019：548-550.

③ 《关于内地与香港特别行政区相互执行仲裁裁决的安排》第 7 条第 3 款规定："内地法院认定在内地执行该仲裁裁决违反内地社会公共利益，或者香港特区法院决定在香港特区执行该仲裁裁决违反香港特区的公共政策，则可不予执行该裁决。"

④ 《内地与香港特别行政区法院相互认可和执行当事人协议管辖的民商事案件判决的安排》第 9 条第 2 款规定："内地人民法院认为在内地执行香港特别行政区法院判决违反内地社会公共利益，或者香港特别行政区法院认为在香港特别行政区执行内地人民法院判决违反香港特别行政区公共政策的，不予认可和执行。"

⑤ 《内地与澳门特别行政区关于相互认可和执行民商事判决的安排》第 11 条第 6 项规定："被请求方法院经审查核实存在下列情形之一的，裁定不予认可：……（六）在内地认可和执行判决将违反内地法律的基本原则或者社会公共利益；在澳门特别行政区认可和执行判决将违反澳门特别行政区法律的基本原则或者公共秩序。"

（4）2007年《关于内地与澳门特别行政区相互认可和执行仲裁裁决的安排》。①

（三）正确厘清法律适用法第4条、第5条以及《司法解释（一）》第9条之间的关系

我国法院在处理涉及社会公共利益、主权、安全、法律的基本原则等涉外民商事案件时，往往会将有关条文都列举出来，而并没有正确厘清法律适用法第4条、第5条以及《司法解释（一）》第9条之间的关系。我国法院其实没有必要将这些条文全部列举出来，而应该在正确厘清法律关系的前提下，适用其中一个条文即可。

1. 法律适用法第4条与第5条之间的关系

法律适用法第4条及其司法解释（《司法解释（一）》第8条）是关于强制性规定直接适用的制度，在国际私法学界也被称为"直接适用的法的制度"。第5条是关于公共秩序保留制度的规定。在具体案件适用中，两者都关涉到国家的社会公共利益，所以两者在制度上有着紧密的联系，共同承担着维护法院地社会公共利益的重任。在国际私法实践中，如果案件同时符合适用两者的条件，谁先适用谁后适用，还是有必要加以明确的。如此，就必须准确地认识两种制度的关系。

正如前文所述，公共秩序保留制度具有两种作用，对应着两种立法方式，消极的否定作用对应着直接限制立法方式，积极的肯定作用对应着间接限制立法方式。尽管法律适用法第5条采取了直接限制立法方式，但法官在审理涉外民商事案件时，对公共秩序保留制度的理解仍然会持积极肯定作用的观点，毕竟我国国际私法的传统教学中基本上是这样阐述的，法官头脑中可能潜意识地存在间接限制立法方式的认识。间接限制立法方式的公共秩序保留制度与直接适用的法制度具有高度的类似性，两者的立法目的、立法方式、适用的范围都基本一致。就立法目的而言，两者均是为了排除外国法的适用；就立法方式而言，两者均具有直接适用性，直接适用国内的强制性规范；就适用的范围而言，两者均适用于与社会公共利益有关的领域。但是两者毕竟是两种不同的制度，主要有以下几方面的区别。②

---

① 《关于内地与澳门特别行政区相互认可和执行仲裁裁决的安排》第7条第3款规定："内地法院认定在内地认可和执行该仲裁裁决违反内地法律的基本原则或者社会公共利益，澳门特别行政区法院认定在澳门特别行政区认可和执行该仲裁裁决违反澳门特别行政区法律的基本原则或者公共秩序，不予认可和执行该裁决。"

② 徐伟功.《涉外民事关系法律适用法》实施研究［M］.北京：法律出版社，2019：265-270.

第一，具体的范围不同。间接限制立法模式下的公共秩序保留制度是有明确的立法范围的，在立法上都是明确表明出来的，主要集中于某些特殊的公法领域，例如，法国立法上的警察法与治安法等。而直接适用的法立法上并没有具体指出其适用的范围，因而具有一定广泛性，主要是集中在国家干预较强的经济领域的立法，例如，外汇管制立法、反垄断立法、反不正当竞争立法、环境安全的立法以及食品卫生的立法等，需要法官行使其自由裁量权在这些领域中去寻找。当然，法官并不是漫无目的地去寻找，其主要是根据社会公共利益标准以及直接适用的标准进行。

第二，法律选择的方法不同。从国际私法理论发展史来看，主要有两种法律选择方法，即单边主义方法和多边主义方法。单边主义方法以巴托鲁斯为代表的"法则区别说"为理论依据，从法律的分类角度出发，寻找所要适用的法律。[①] 直接适用的法可以说是新单边主义方法的运用，即将法律分为强制性法律和任意性法律，强制性法律直接适用，任意性法律通过冲突规范指引适用。多边主义方法以萨维尼的"法律关系本座说"为理论依据，从法律关系的分类角度出发，寻找所要适用的法律。其寻找的主要方法是通过连结点的指引，间接寻找所要适用的法律。[②] 公共秩序保留制度是在多边主义方法下运用的，间接限制模式下的公共秩序保留通常在立法上以单边冲突规范的形式出现。不管是单边冲突规范还是双边冲突规范，其都是多边主义方法的具体运用，都能起到国际私法上间接调整的作用。

第三，强制性规定的范围不同。尽管我国法律适用法第4条仅仅规定了法院地（我国）强制性规定，但是从理论上看，其还包括准据法所属国、第三国的强制性规定。而间接限制模式下的公共秩序保留仅仅是法院地（我国）的某些强制性规定。

所以，公共秩序保留制度已经无法涵盖直接适用的法，后者已经成为国际私法独立的制度。

我国法律适用法第5条是采取直接限制的立法模式，因此应该还要具体比较第4条与第五条规定的区别，主要有以下几方面。

第一，作用各有侧重。第5条的作用主要在于"防"，即起到最后的防火墙的作用。也就是说，适用法律适用法具体冲突规范是首要的，只有在冲突规范指引的外国法律损害我国的公共秩序时，才排除其适用。其作用就是为了防止

---

①　刘仁山 . 国际私法 . 第6版［M］. 北京：中国法制出版社，2019：35-40.

②　刘仁山 . 国际私法 . 第6版［M］. 北京：中国法制出版社，2019：40-42.

冲突规范的某种危险，主要任务及着眼点在于"堵"。第 4 条的作用主要在于"除"，具有正面积极排除外国法的作用，无须通过冲突规范的指引。也就是说，前者的作用具有事后性的"防"或"堵"，后者的作用具有事先性的"除"或"排"。

第二，方法各有不同。方法不同在前面已经做出阐述。也就是说，第 4 条是单边主义方法的运用，具有直接适用性，无须援引国际私法规则，当事人也不能通过约定排除。① 第 5 条是多边主义方法的运用，法院在司法实践中，不能直接依据第 5 条排除外国法的适用，其首先必须适用法律适用法中的具体冲突规范，如果冲突规范指引到法院地法，就没有适用第 5 条的必要性。只有在冲突规范指引到外国（域）法的情况下，才有可能适用其规定。所以，第 5 条适用的前提是该法律关系（案件）适用外国（域）法律。

第三，判断标准不一。第 5 条的判断标准在立法上已经明确，即损害社会公共利益的标准。第 4 条的判断标准为直接适用的标准。由于直接适用的标准过于模糊，针对第 4 条的司法解释，即《司法解释（一）》第八条规定的是将直接适用的标准与社会公共利益的标准相结合。第 5 条的社会公共利益标准需要判断外国法适用的损害性。第 4 条适用的社会公共利益标准，无须判断外国法适用的结果是否具有损害性，只需要判断本国的立法涉及社会公共利益的领域，强调的是强制适用性。②

第四，体现领域各异。正因为第 5 条侧重于"防"，其体现的范围是全面的，具有一般性，覆盖整个国际私法的领域。第 4 条侧重于"除"，其体现的范围是局部的，涉及国家重要的国计民生领域，即涉及重大的社会公共利益领域，通常是国家经济干预比较强的领域。

第五，自由裁量权大小不一。适用第 5 条时，需要法官更多主观上的判断，其自由裁量权可能更大一点。适用第 4 条时原本法官自由裁量权也是比较大的，但由于司法解释的规定，其自由裁量权受到了一定程度的限制。

第六，体现的意图有所不同。两者都体现了立法者和司法者的意图，但侧重点有所不同。第 5 条更多的是需要司法者发挥其作用，由法官运用其自由裁量权决定违反公共秩序的情况。第 4 条则更多地体现立法者的意图，透过法律法规的规定，表达其需要强制性适用的意图。当然，无论是立法者还是司法者，

---

① 刘仁山．"直接适用的法"在我国的适用：兼评《〈涉外民事关系法律适用法〉解释（一）》第 10 条 [J]．法商研究，2013，30（3）：76．

② 刘仁山．"直接适用的法"在我国的适用：兼评《〈涉外民事关系法律适用法〉解释（一）》第 10 条 [J]．法商研究，2013，30（3）：79．

原则上两者的意图具有一致性。也就是说，司法者的活动应尽量满足立法者的意图，而立法者也应尽量满足司法者便于司法的需求；但两者毕竟还是有一定距离的。第 5 条与第 4 条在各自运用中，侧重点是不同的。①

根据以上阐述，并从法律适用法的立法意图来看，在具体案件均可以适用两者时，应该首先适用第四条的规定；如果不能适用第四条，再适用第五条的规定。作为排除外国法适用的两种"武器"，第 4 条属于"攻击型"武器，直接排除外国法；第 5 条属于"防御性"武器，只有在不得已的情况下，才起到最后的防御作用，作为维护国家的社会公共利益的最后一道防线发挥作用。②

2. 法律适用法第 4 条、第 5 条与《司法解释（一）》第 9 条之间的关系

《司法解释（一）》第 9 条是法律规避制度的规定。关于法律规避制度是国际私法上一项独立的制度还是属于公共秩序保留制度的范畴，我国学界的观点并不一致。正因如此，法律适用法没有做出规定。③ 国际私法上的法律规避与国

---

① 蔡鑫．"直接适用的法"与公共秩序保留制度比较研究［J］．河南司法警官职业学院学报，2005（4）：110-113.

② 刘仁山教授指出，对具体案件中所牵涉的公法性政策与私法性政策进行区分也是必要的，即某一涉外民事关系所适用的准据法与法院地的重大私法政策相悖时，不宜采用公共秩序保留制度加以排除，而应采用"直接适用的法"制度排除外国法的适用。因为国际私法之所以存在并得以发展，实乃基于当今世界各国的实体私法具有平等性和互换性（亦称"等价性"），法院地国不宜单凭本国公共秩序保留制度干涉某一特定的涉外民事关系……在一般情形下，只要涉外民事关系所适用准据法之结果并非违背法院地的公法性规范所蕴含的社会正义观念，特别是未与人权法上价值观相悖时，就应当先适用"直接适用的法"制度，而无须运用公共秩序保留制度来排除外国法的适用。参见刘仁山．"直接适用的法"在我国的适用：兼评《〈涉外民事关系法律适用法〉解释（一）》第 10 条［J］．法商研究，2013，30（3）：79-80.

③ 王胜明认为，在有强制性规定、公共秩序保留制度的前提下，《涉外民事关系法律适用法》似乎没有必要对法律规避做出明确规定，理由如下：首先，法律规避与强制性规定和公共秩序保留制度的关联性在于法律规避的对象是强制性规定。其规避的强制性规定与第 4 条强制性规定是有所不同的，既包括行政法、经济法中的强制性规定，也包括民商事法中的强制性规定。规避行政法、经济法中的强制性规定是无效的，这一点涉外民事关系法律适用法第 4 条已经明确规定。问题是，规避民商事法中的强制性规定，如有关婚姻、继承、物权、公司、证券等方面的强制性规定，是一律无效，还是有所区分，需要慎重研究。其次，法律规避是当事人故意改变连结点所导致的，在形式上是合法的，实质上是否合法，查明起来相当困难。最后，对于法律规避排除有利的法律适用如何处理的问题相当复杂，规避国内法的处理都有争论，何况规避外国法。所以，《涉外民事关系法律适用法》对规避未作明确规定。对现实中的规避行为，可管可不管的，一般不管；对个别情节恶劣、影响较大的，只要查明连结因素是"故意"改变的，不能适用行为人企图适用的法律，而应当适用真实连结因素确定的法律，甚至可以通过公共秩序保留制度予以处理。参见王胜明．涉外民事关系法律适用法若干争议问题［J］．法学研究，2012，34（2）：191.

内法的法律规避有着不同的内涵：国内法上的法律规避是指当事人的欺诈行为，具有违法性；国际私法上的法律规避是在多边主义方法下，当事人通过改变连结点，达到规避本应适用的强制性法律的目的，而适用对其有利的法律的一种现象。由于当事人是通过改变冲突规范中的动态连结点，而达到改变适用法律的目的，学者对其是否有效有一定的争议。《司法解释（一）》第九条的规定在一定程度上消除了学者之间的争议，但产生了其与第 4 条与第 5 条之间的关系问题。

对三者之间的关系问题，应该具体情况具体分析。如果当事人规避的是行政法、经济法中的强制性规定，则直接适用第四条的规定，无须适用法律规避制度。如果当事人规避的是民商事法中的强制性规定，则需要看具体情况：（1）当事人规避的强制性规定没有归入第 4 条的范围，则适用最高人民法院《司法解释（一）》第九条的规定；（2）当事人规避的强制性规定属于第 4 条的范围，也就是说直接适用的法制度以及法律规避制度均具有适用条件，应该适用第四条的规定。因为法律规避的主观要素，即当事人规避法律的意图难以查明，适用第四条的规定可以避免法院运用法律规避制度说理性不强的尴尬。[①]

综上，关于第 4 条、第 5 条及《司法解释（一）》第 9 条适用的顺序是：首先，适用第 4 条；其次，适用《司法解释（一）》第 9 条；最后，适用第 5 条。

（四）合理区分国内民法上的公共秩序和国际私法上的公共秩序

国内民法上的公共秩序与国际私法上的公共秩序并不完全相同，两者在维护国家重大利益与道德准则、法律基本原则上具有一致作用，但除此之外，国际私法尚需要将各国实体私法的平等性价值以及其他国际层面的利益纳入考量，不能完全依照国内民法的强行性规范排除外国法的适用。

国内民法与国际私法上公共秩序的区分在一些立法中有所体现，如于 1982 年泛美会议通过的《布斯塔曼特法典》将各缔约国的现行法律和规则分为三类：国内公共秩序法、国际公共秩序法和任意法；并在第八条规定，依照本法典各规则所取得的权利在缔约国各国内具有充分的域外效力，但任何此种权利的效力或其后果如与"国际公共秩序"的规则抵触时，则不在此列。又如加拿大《魁北克民法典》第 3081 条规定，"明显违背在国际关系意义上理解的公共秩序，不得适用外国法的规定"，其将"国际关系意义上理解的公共秩序"作为是

---

① 徐伟功.《涉外民事关系法律适用法》实施研究［M］. 北京：法律出版社，2019：272-273.

否适用外国法的考量。再如《突尼斯国际私法典》第 36 条第 4 款规定，排除外国法律的适用，仅限于其与突尼斯国际私法上的公共秩序相冲突的范围之内，而按照该条第 1 款的规定，其所谓"国际私法上的公共秩序"应为"突尼斯法律体系的基本精髓"①。

萨维尼曾对公共秩序保留做出简要的系统化概述，其指出公共秩序保留适用于两种情形：其一是存在一种"严格意义上积极且强制性的法律"，因此与不顾国家的限制而适用法律的自由相抵触；其二是存在根本无法得到内国法院承认的外国体制，自然不能要求内国法院的保护，如奴隶制国家。其后，欧洲学者在萨维尼学说的基础上对公共秩序保留进行了扩展和澄清，将公共秩序分为三类，即"国内公共秩序"（ordre public interne）、"国际公共秩序"（ordre publicinternationa）以及"跨国公共秩序"（ordre public universel）。②

其中，国内公共秩序指的是纯粹的国内强行法，其仅规制国内的社会关系，无法在选择外国准据法的情形下适用。国际公共秩序实际上是国家性的而非一般意义上的国际性，"国际性"一词仅指法院地规则对其他与案件相关法域的规则及政策的影响，即指法院地规则的影响超出了一国范围。有学者指出，按通说，该类别应命名为"法院地公共秩序"。③ 法院地公共秩序将某些国内法律规范提升至国际层面，凌驾于与案件有联系的其他国家的政策和法律之上，以排除外国准据法的适用。法院地公共秩序的范围不同于国内公共秩序，其范围狭窄，主要是为了确保法院地的基本法律原则和道德准则等在涉外民商事案件中能够得以实现。④ 跨国公共秩序包含的是不源于任何特定国家政策或法律的真正跨国利益，一般称为"国际公共秩序"，指的是国际公法、本国的国际承诺以及国际法律普遍承认的正义观，国际公共秩序也能够排除外国准据法的适用。

---

① 《突尼斯国际私法典》第 36 条："以公共秩序为由排除外国法律的适用，只能由法官在外国法律的规定与突尼斯法律体系的基本精髓相抵触时提出。法官在根据公共秩序排除外国法律的适用时，无须考虑争议当事人的国籍。根据公共秩序排除外国法律的适用，不取决于争议与突尼斯法律秩序所具有的联系的紧密程度。排除外国法律的适用，仅限于其与突尼斯国际私法上的公共秩序相冲突的范围之内。排除外国法律某些规定的适用时，法官应适用突尼斯法律的有关规定。"

② BURGER, CLIFFORD D. Transnational Public Policy as a Factor in Choice of Law Analysis [J]. New York Law School Journal of International and Comparative Law, 1984 (5): 2.

③ 许耀明. 欧盟国际私法上的公共秩序问题：上 [J]. 政大法学评论, 2008, 102 (2): 223–256.

④ 按照学者 Szaszey 的解释，法院地公共秩序更为完整的定义是"法院地的根本伦理、价值、社会经济、文化标准，或公平、正义观念，又或是基本法律构成"，并且，法院地公共秩序保证体现这些内容的规范无条件地绝对适用。

可见，国内民法中的公共秩序与国际私法中的公共秩序区分的根本在于公共性的范围。国内民法将公共性局限于本国范围内，只关注如何在国内维护公共秩序，法官审理案件意图实现的也是一国范围内的公共利益，无须考虑与他国法律或政策的利益冲突。而国际私法中的公共秩序立足于国际视野，各国实体私法均具有平等性及等价性，① 与案件有密切联系的外国法律及政策的利益也需要得到平等的考量，不能轻易用国内民法的公共秩序排除外国法适用。由此，国际私法中公共秩序的公共性扩大到一国之外，在涉外案件牵扯多国利益的情形下，国际私法中的公共秩序剔除了纯粹规制国内事项的公共秩序，仅在外国法与本国重大国家利益、根本道德准则以及基本法律原则相冲突时，才能够排除外国法的适用。在司法实践中，法官在解释国际私法的公共秩序时，不应只基于保护本国公共利益的目标，还应体现对于他国利益的尊重。此外，国际私法的公共秩序还包括更为广阔的国际公共秩序，有学者进一步指出，在全球化带来各国传统公共秩序激烈冲突的背景下，积极提倡保护国际社会的基本价值追求也许能够为冲突的解决提供新的思路。②

第二节 强制性规定直接适用的实证考察

法律适用法第四条的规定了直接适用的法制度，《司法解释（一）》第 10 条对其适用做出了解释。《司法解释（一）》由最高人民法院在 2012 年 12 月 10 日通过，2013 年 1 月 7 日起施行，2020 年 12 月 23 日进行了修正。现《司法解释（一）》第 10 条的序号已经改为第 8 条，但内容完全不变。③ 为了便于统计，笔者将法院适用法律适用法第 4 条与《司法解释（一）》第 8 条（原第 10 条）分别进行统计。在法院的司法实践中，法院有时候是单独适用第四条的规定，有时候是将第 4 条与原《司法解释（一）》第 10 条搭配适用，有时候是将第 4 条、第 5 条、原《司法解释》第 10 条混合适用。其中，涉及劳动者权益保

---

① 刘仁山．"直接适用的法"在我国的适用：兼评《〈涉外民事关系法律适用法〉解释（一）》第 10 条 [J]．法商研究，2013，30（3）：79．
② 王艺．外国判决承认中公共秩序保留的怪圈与突围：以一起跨国代孕案件为中心 [J]．法商研究，2018，35（1）：179．
③ 最高人民法院关于适用《中华人民共和国涉外民事关系法律适用法》若干问题的解释（一）（2020 修正），发文日期 2020 年 12 月 29 日，发文字号：法释〔2020〕18 号，2021 年 1 月 1 日施行．

护方面，有时会将法律适用法第四十三条的规定一起搭配适用。所以有部分案件会存在重合的情形，但本书重点研究各法条适用的情况，因此对于上述案件就不再另行做出区分。

一、数据统计分析

（一）法律适用法第 4 条的适用情况

笔者通过 https：//alphalawyer. cn/#/app/tool/search/case？ searchType = law 检索案例。检索设定的条件为：时间：2021 年 12 月 31 日之前；案例来源：Alpha 案例库；案由：未设置案由；检索条件：中华人民共和国法律对涉外民事关系有强制性规定的，直接适用该强制性规定。数据采集时间：2022 年 2 月 14 日。共采集到案件数量为 118 件。删除检索结果中实际不适用第 4 条的 3 个案件，检索到有效案件总计 115 件。

1. 年度案件数量

法律适用法自 2011 年 4 月 1 日实施以来，截至 2021 年 12 月 31 日，根据裁判日期对案件数量进行统计，2011 年 0 件、2012 年 5 件、2013 年 4 件、2014 年 11 件、2015 年 12 件、2016 年 12 件、2017 年 22 件、2018 年 25 件、2019 年 13 件、2020 年 9 件、2021 年 2 件（见图 7-6）。

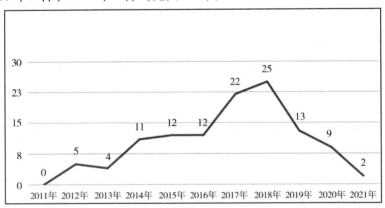

图 7-6 2021 年 12 月 31 日前涉及法律适用法第 4 条案件的历年数量

2. 案件地域分布

在所有的 115 个案件中，案件数量排名前五的依次是广东省、北京市、浙江省、江苏省、上海市，案件主要集中在对外经济活动发达的东部沿海地区与靠近边境的省份（见图 7-7）。

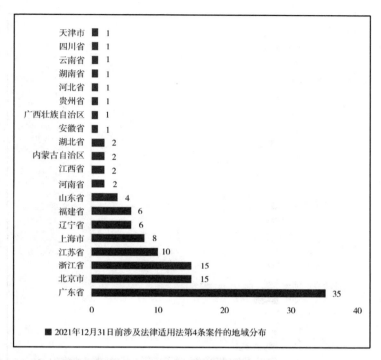

图 7-7　2021 年 12 月 31 日前涉及法律适用法第 4 条案件的地域分布

3. 涉外因素

在所有的 115 个案件中，主要是当事人住所地、经常居所地、国籍等因素涉及境外或产生、变更、消灭民事关系的法律事实发生在境外，具体涉及中国香港地区，以及乌克兰共和国、希腊共和国等 21 个国家和地区，而涉港地区案件是主要来源的案件（见图 7-8）。

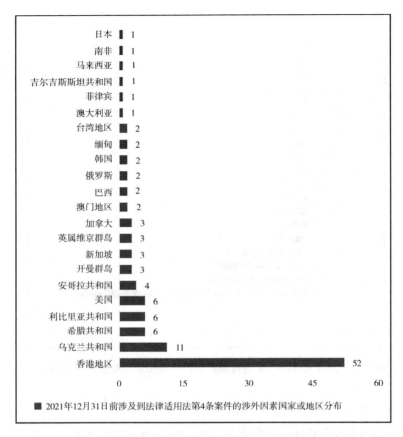

图 7-8　2021 年 12 月 31 日前涉及法律适用法第 4 条案件的涉外因素国家或地区分布

4. 案由情况

在所有的 115 个案件中，涉及融资租赁合同纠纷、船员劳务合同纠纷、劳动争议等 27 种案由，占比排名前 3 的分别是融资租赁合同纠纷占 25%、船员劳务合同纠纷占 12%、劳动争议占 7%（见表 7-2）。

表 7-2　2021 年 12 月 31 日前涉及法律适用法第 4 条案件的案由情况分布

序号	案由	案件数
1	融资租赁合同纠纷	29
2	船员劳务合同纠纷	14
3	劳动争议	8

序号	案由	案件数
4	股权转让纠纷	7
5	保证合同纠纷	5
6	金融借款合同纠纷	5
7	股东知情权纠纷	5
8	合同纠纷	5
9	借款合同纠纷	5
10	民间借贷纠纷	4
11	提供劳务者受害责任纠纷	4
12	股东资格确认纠纷	3
13	保险纠纷	2
14	公司解散纠纷	2
15	公司决议撤销纠纷	2
16	继承纠纷	2
17	劳动合同纠纷	2
18	租赁合同纠纷	2
19	承揽合同纠纷	1
20	辞退纠纷	1
21	抵押合同纠纷	1
22	公司盈余分配纠纷	1
23	股东出资纠纷	1
24	离婚纠纷	1
25	人事争议	1

续表

序号	案由	案件数
26	申请认可和执行澳门特别行政区法院民事判决	1
27	生命权、健康权、身体权纠纷	1
合计		115

5. 适用的法律

在所有的 115 个案件中，法院认定违反中国内地法律强制性规定而直接适用该强制性规定的案件有 109 件，法院认定不违反法律的强制性规定和社会公共利益而适用香港地区法律的案件有 6 件。其中，认定违反中国内地法律强制性规定的考虑因素排前三的是涉及外汇管制等金融安全、涉及劳动者权益保护、涉及中外合资经营企业及外商投资等的强制性法律规定强制性法律规定（见表7-3）。

表 7-3　适用第 4 条考虑的因素

序号	适用第 4 条的考虑因素	案件数
1	涉及外汇管制等金融安全	48
2	涉及劳动者权益保护	29
3	涉及中外合资经营企业及外商投资等的强制性法律规定	21
4	不违反我国法律的强制性规定及社会公共利益	6
5	未列明违反何种强制性规定	6
6	涉及涉外继承的强制性法律规定	2
7	涉及中国内地从事保险活动的强制法律性规定	2
8	诉讼离婚适用法院地法的强制性法律规定	1
合计		115

（二）原《司法解释（一）》第 10 条的适用情况

笔者重新将原《司法解释（一）》第 10 条的全文内容作为关键词搜索，检索的审理期限限定在 2021 年 12 月 31 日之前，采集到的案件数量是 60 件。删除了检索结果中实际不适用该《司法解释（一）》第 10 条内容的 1 个案件，检索到有效案件总计 59 件。

1. 年度案件数量

《司法解释（一）》自 2013 年 1 月 7 日实施以来，截至 2021 年 12 月 31 日，根据裁判日期对案件数量进行统计，2013 年 1 件、2014 年 5 件、2015 年 7 件、2016 年 5 件、2017 年 9 件、2018 年 19 件、2019 年 7 件、2020 年 6 件、2021 年 0 件（见图 7-9）。

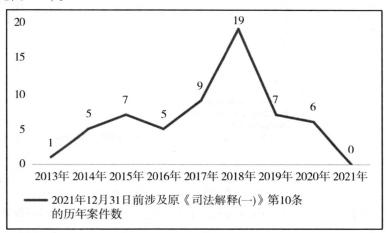

图 7-9　2021 年 12 月 31 日前涉及《司法解释（一）》第 10 条的历年案件数

2. 案件地域分布

在所有的 59 个案件中，广东省占 23 件、浙江省占 13 件、江苏省占 6 件、云南省占 5 件、北京市 4 件、福建省占 3 件、内蒙古自治区占 2 件、安徽省占 1 件、贵州省占 1 件、湖南省占 1 件（见图 7-10）。

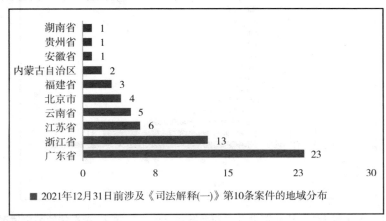

图 7-10　2021 年 12 月 31 日前涉及《司法解释（一）》第 10 条案件的地域分布

3. 涉外因素

在所有的 59 个案件中，主要是因案件主体或法律事实方面具有涉外因素，涉及最多的是香港地区（见图 7-11）。

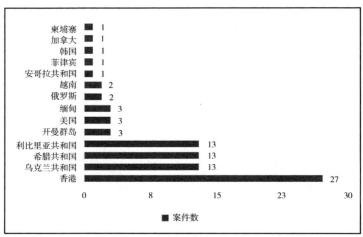

图 7-11 2021 年 12 月 31 日前涉及《司法解释（一）》第 10 条案件的涉外因素国家或地区分布

4. 案由情况

在所有的 59 个案件中，涉及的案由有 15 个，排名前三的是船员劳务合同纠纷、融资租赁合同纠纷、民间借贷纠纷（见图 7-12）。

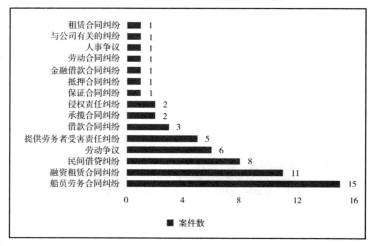

图 7-12 2021 年 12 月 31 日前涉及《司法解释（一）》第 10 条案件的案由情况分布

5. 适用的法律

在所有的 59 个案件中，适用中国内地法律的有 53 件，适用香港地区法律的有 6 件。适用香港地区法律的原因是法院认定适用香港地区的法律未违反我国法律的强制性规定及社会公共利益；反之，则全部适用了中国内地的法律。其中，法院认定违反原《司法解释（一）》第 10 条中强制性法律规定的考虑因素涉及劳动者权益保护的有 30 件、涉及外汇管制等金融安全的有 23 件（见图 7-13）。

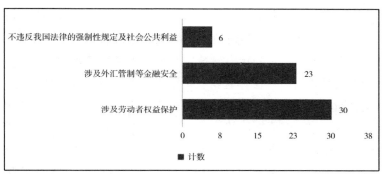

图 7-13　适用原《司法解释（一）》第 10 条的考虑因素

二、典型案件

根据上述统计，无论是适用第 4 条还是适用原《司法解释（一）》第 10 条,① 我国法院适用该两条主要集中在涉及"外汇管制等金融安全的"以及涉及"劳动者权益保护的"这两方面，除去认定不违反我国强制性规定的 6 件案件，就全部是属于这两方面的案件。按理说最高人民法院的司法解释应该经过法院的调研，原《司法解释（一）》第 10 条列举的 5 种具体的情形应该都是比较普遍的。但从我们检索到的案件来看，涉及食品或公共卫生安全、环境安全、反垄断与反倾销的案件几乎没有。或许我们检索案件的方法存在一定的偏差，没有检索到与这几类有关的案件，但还是反映了我国法院适用强制性规定主要是在外汇管制以及劳动者权益保护方面。所以，笔者从以下几方面选取典型案件。

（一）涉及外汇管制等金融安全的案件

根据检索到的案件总数来看，大多数案件属于涉及外汇管制等方面的金融

---

① 两者之间有部分重复的，为了研究每一条的具体情况，没有专门将重复部分进行区分，这不影响我们的分析以及研究结论。

安全的案件。在这些案件中，大多数又是涉港跨境担保方面的案件。司法实践中法院适用法律方式不一，主要有以下几种类型。

1. 仅适用法律适用法第 4 条

在日立公司诉香港爱颖公司、开平爱颖公司、李某娥租赁合同纠纷一案中，① 原告日立金融（香港）有限公司（以下简称"日立公司"）以及被告爱颖实业有限公司（以下简称"香港爱颖"）是香港特别行政区的公司，被告开平爱颖纺织制衣有限公司（以下简称"开平爱颖"）是中国内地的公司，被告李某娥是香港特别行政区的居民。原告日立公司与被告香港爱颖签订了《融资租赁协议》，约定原告按照香港爱颖选定的供应商购买设备，并租赁给香港爱颖，设备用于香港爱颖指定的地方。被告开平爱颖和李某娥向原告出具《担保书》并接受香港特别行政区法律管辖。关于担保合同的法律适用问题，法院认为，作为从合同的担保合同，被告开平爱颖公司签订的《担保书》虽约定适用香港特别行政区法律，但依据法律适用法第四条的规定，我国外汇管理条例要求对外担保需通过外汇管理机关的批准及登记，故判定作为国内法人的被告开平爱颖公司在为被告香港爱颖公司向境外公司即原告提供担保的效力问题上，应直接适用中华人民共和国内地的法律规定。

2. 法律适用法第 4 条与原《司法解释（一）》第 10 条一起适用

在东亚银行有限公司与奥思睿电子科技集团有限公司、东莞市奥思睿德世浦电子科技有限公司等融资租赁合同纠纷一案中，② 原告东亚银行有限公司（以下简称"东亚银行"）与被告奥思睿电子科技集团有限公司（以下简称"香港奥思睿"）是香港特别行政区的公司，被告东莞市奥思睿德世浦电子科技有限公司（以下简称"东莞奥思睿"）与被告奥思睿电子科技（北京）有限公司（以下简称"北京奥思睿"）是中国内地的公司，被告刘某俊与被告张某是中国内地的居民。

原告东亚银行与被告香港奥思睿双方签署《租赁申请书》，协商以"回租模式"进行融资租赁交易，由被告香港奥思睿将其所有的机器设备出让给原告，再由原告将该批机器出租给被告香港奥思睿。原告东亚银行与被告香港奥思睿签订《销售协议》《租赁协议附表》，被告东莞奥思睿、北京奥思睿、刘某俊以及张某作为担保人在《租赁申请书》《租赁协议附表》中作为担保人签字盖章，承担不可撤销的连带担保责任。关于租赁协议中有关担保内容部分的法律适用

---

① （2013）江开法民四初字第 4 号民事判决书。
② （2015）东一法民四初字第 44 号民事判决书。

问题，法院认为：虽然原告与被告东莞奥思睿公司、北京奥思睿公司、张某、刘某俊在租赁协议中明确约定适用香港特别行政区的法律，但因原告是在香港特别行政区登记成立的银行，故被告东莞奥思睿公司、北京奥思睿公司、张某、刘某俊提供的担保属于对外担保。依据《最高人民法院关于适用〈中华人民共和国涉外民事关系法律适用法〉若干问题的解释（一）》第 10 条第 4 项的规定，对外担保必须经外汇管理部门审批系属强制性规定。因此，依据《中华人民共和国涉外民事关系法律适用法》第四条的规定，涉案担保合同关系应以内地法律作为准据法。

3. 法律适用法第 4 条、第 5 条以及原《司法解释（一）》第 10 条混合适用

在东亚银行有限公司诉亨通国际有限公司、深圳市柏菲特精工塑胶制品有限公司、郑某妹、钟某兰融资租赁合同纠纷一案中，① 原告东亚银行有限公司（以下简称"东亚银行"）与被告亨通国际有限公司（以下简称"亨通公司"）是香港特别行政区的公司，被告深圳市柏菲特精工塑胶制品有限公司（以下简称"柏菲特公司"）是中国内地的公司，被告郑某妹和被告钟某兰是中国内地的居民。原告东亚银行与被告亨通公司签订《租赁协议》，约定原告按照亨通公司指定的供应商，购买设备并租赁给亨通公司，设备用于亨通指示的地方。原告东亚银行与被告柏菲特公司、郑某妹和钟某兰签订了《租赁协议附表》《租赁协议条款》，约定被告柏菲特公司、郑某妹和钟某兰承担不可撤销及无条件的担保责任，协议应依据香港特别行政区法律解释。法院在列举法律适用法第 4 条、第 5 条以及原《司法解释（一）》第十条的规定后，认为"本案属于涉港融资租赁、担保合同纠纷，不属于禁止当事人明示选择涉外民事关系适用法律的情形，本案当事人约定租赁协议由香港特别行政区法律解释，不违反中华人民共和国内地法律对涉外民事关系的强制性规定，且适用香港特别行政区相关法律处理本案符合中华人民共和国关于维护公平竞争、诚实信用的市场环境的基本法治要求，也不损害中华人民共和国社会公共利益。因此，本案查明的香港特别行政区相关法律可以作为裁判本案的依据"。

关于跨境担保等涉及外汇管制等金融安全的案件，主要涉及法律适用法第 4 条、第 5 条的关系问题，这一问题在前一节已经做出阐述，这里不再赘述。

---

① （2015）深前法涉外初字第 226 号民事判决书。

（二）涉及劳动者权益保护的案件

1. 船员劳务合同纠纷系列案件（外国船员）

宁波海事法院审理了系列涉外船员劳务合同案件。这些案件的被告都是阿若艾尼亚海运公司（以下简称"阿若公司"）、奥维乐蒙娜斯航运公司（以下简称"奥维乐公司"），前者是希腊公司，后者是利比亚公司。原告是 13 名乌克兰船员，分别是科列斯尼克·亚罗斯拉夫、切尼雪夫·奥列克山大、梅尔尼克·维塔利、霍尔科夫·安东、梅尔尼科夫·弗洛迪米、科瑞乐屋·奥列克山大、穆赫西诺夫·萨利姆、扎多若兹尼·鲁斯兰、科好肯·奥列克塞、塔拉林肯·瓦蒂姆、马里森尼·米古拉、科瓦尔·麦克塞姆、巴晨科·奥列克山大。系列案件的基本事实是一致的，宁波海事法院做出了相同的判决。①

被告奥维乐公司所有并由阿若公司运营的"奥维乐蒙"轮驶入太平洋海洋工程（舟山）有限公司（以下简称"太平洋公司"）进行修理时，案外人因特吉斯有限公司根据（2015）甬海法舟保字第 37 号民事裁定申请扣押该轮船。2016 年，因未支付给太平洋公司的修理费，太平洋公司根据（2016）浙 72 财保 53 号民事裁定对该轮船同样进行了扣押，并向中国海事仲裁委员会提起仲裁。仲裁庭于 2018 年做出裁决，裁决阿若公司向太平洋公司支付各种费用，并确认了太平洋公司对该轮船享有船舶留置权。太平洋公司向法院申请强制执行，因被告未提供担保，该轮船一直被法院扣押。

2017 年，被告阿若公司与十几名乌克兰船员签订雇佣合同，但两被告一直没有支付船员的工资，因该轮船长期断水、断电、缺少食物，船员工作与生存条件艰难。宁波海事法院裁定拍卖该轮船后，包括原告在内的船员已被遣返回国，被告阿若公司还应负担船员的食宿费、遣返费等。针对上述工资、食宿费、遣返费，船员对"奥维乐蒙"轮享有船舶优先权，有权从该轮船拍卖价款中优先受偿。原告遂诉至法院。

宁波海事法院认为本案是涉外船员劳务合同纠纷。关于法律适用问题，法院认为，依据法律适用法第 4 条以及原《司法解释（一）》第 10 条第 1 款（现第 8 条第 1 款）的规定，涉及劳动者权益保护的，直接适用法律适用法第 43 条的强制性规定，即"劳动合同，适用劳动者工作地法律"。法院于是适用中国的法律支持了原告的主张，原告的工资、利息以及其他各种费用的给付请求，具有船舶优先权。

_____

① （2018）浙 72 民初 510 号、511 号、512 号、513 号、514 号、515 号、516 号、517 号、518 号、519 号、579 号、580 号、581 号民事判决书。

尽管在该系列案件中，宁波海事法院适用中国法律是正确的、所做出的判决是合理的，但是其法律选择的思维过程是值得商榷的。宁波海事法院的思维过程是，首先，涉及劳动者权益保护的，属于法律适用法第 4 条强制性规定直接适用的范围；其次，再依据原《司法解释（一）》第 10 条第 1 款的规定，直接适用强制性规定；最后，法律适用法第 43 条是强制性规定，即"劳动合同，适用劳动者工作地法律"。最终确定中国法律为准据法。法院在法律选择过程中主要有以下几方面的问题：其一，法律适用法第 4 条与原《司法解释（一）》第 10 条第 1 款所述的强制性规定具体是指什么？何为强制性规定？强制性规定确定的标准是什么？其二，法律适用法第 4 条与第 43 条的适用关系是什么？为何法院将第 43 条视为第 4 条所指的强制性规定？其三，强制性规定是实体问题上的强制性规定，还是包括冲突规范在内的强制性规定？宁波海事法院对这些问题是缺乏正确理解的，后文再做详细分析。

2. 船员劳务合同纠纷案件（中国船员）

一般来说，有关外国船员与外国船公司之间的雇佣协议在中国法院提起诉讼的不是特别多，我国法院甚至可以运用本书第九章涉及的不方便法院原则，拒绝案件在中国法院审理。我国法院，尤其是海事法院更多审理的是涉及中国船员劳务合同纠纷案件。原《司法解释（一）》第 10 条在阐明法律适用法第 4 条强制性规定的范围时，其将第 1 款"涉及劳动者权益的"放在首位，体现了最高人民法院的人文关怀，贯彻了国际私法上的保护弱者权利原则。尽管我国劳动合同法规定了对劳动者权益保护的强制性规定，但是如果当事人的约定高于劳动合同法的，应当以当事人的约定为准；如果案件准据法的规定标准比法院地规定更高，是否要排除准据法的适用？这里涉及法律适用法第 4 条与第 43 条之间的关系及两者规定的立法目的等问题。

孙某诉厦门中远海运劳务合作有限公司、东方海外货柜航运有限公司船员劳务合同纠纷一案，是关于涉外船员劳务合同纠纷的典型案件。① 该案法院的判决不仅涉及强制性规定的识别，还涉及当事人意思自治原则能否适用等问题。

在本案中，原告中国公民孙某与被告厦门中远海运劳务合作有限公司（以下简称"厦门中远"）签订《船员服务协议》，介绍原告到被告东方海外货柜航运有限公司（以下简称"东方海外"）所属或管理的船舶工作。之后，原告到东方比利时轮船上工作，并与该船舶所有人及被告东方海外签订《船员雇佣协议》，约定合同期限、工资数额，还约定东方海外与香港航业海员合并工会、

---

① （2018）闽 72 民初 880 号民事判决书。

海员工会、商船高级船员协会（以下简称"三会"）签订的《集体谈判协议》的条款规定适用于《船员雇佣协议》。《集体谈判协议》中的船员病休条款及病休待遇为：船员因病或因伤而无法胜任工作，被遣返回雇佣港口的，东方海外公司应承担医疗、护理费用，但最长不超过自受伤或患病之日起112天；该船员在医疗护理期间有权享有同基本工资相等的病假工资。2016年，原告在工作期间因病向东方海外申请回国就医并获同意，原告在国内医院诊断为弥漫性筋膜炎并陆续住院治疗。法院认为，本案属于涉外船员劳务合同纠纷，是主体涉港、事实涉外的案件，双方当事人均主张适用中国法律处理案件。依据法律适用法第41条以及原《司法解释（一）》第十九条的规定，当事人可以协议选择合同所适用的法律，所以法院适用中国法律。

法院总结本案的主要焦点是我国劳动合同法是否适用本案。法院认为，原告与被告厦门中远签订的《船员服务协议》是船员服务合同，不属于劳动合同，不适用劳动合同法的规定。原告与被告东方海外签订的《船员雇佣协议》在性质上属于劳动合同，但依据劳动合同法第二条的规定，该法仅适用于中华人民共和国境内的企业等组织与劳动者之间的劳动合同，因东方海外系我国香港特别行政区的法人，故其与孙某签订的《船员雇佣协议》不适用劳动合同法的规定。综上，法院认为孙某分别与两被告签订的合同，是平等民事主体之间的法律行为，应适用合同法及合同的约定确定各方当事人的权利和义务。

本案的判决并没有直接关系到法律适用法第四条的规定，但法官在分析焦点问题时提及该问题，其撰写的评论和法律适用思维导图，充分反映了法官审理本案适用法律的思维过程。

关于强制性规范的识别，法官认为法律适用法第四条的规定的强制性规定不应该将劳动合同法笼统地都识别为强制性规范，只有涉及劳动保护、职业安全卫生、职业灾害责任、社会保障及反歧视等领域的规定为强制性规范。所以，在现有法律框架下，劳动基准法才能属于强制性规定。本案所涉及的是劳动者病休工资，该事项属于劳动者社会保障范畴，故我国法律关于劳动者病休待遇的最低标准应作为强制性规范适用。

关于保护性强制性规范的适用，法官认为涉及劳动者权益保障的强制性规范多是为劳动者保护设定一个基准和底线，其在具体适用上并不直接排除准据法的适用，而是通过比较判断准据法提供的保护标准是否高于强制性规范，当准据法的适用结果比法院地国的强制性规范更有利于保护劳动者时，应优先适用较高保护标准。

关于强制性规范的域外效力，法官认为本案所涉劳动者是我国公民，其有权获得我国劳动法强制性规范提供的保护，我国劳动者权益保障的强制性规范应在该案中适用。

关于当事人意思自治原则的适用，法院认为第 43 条对当事人意思自治的限制意在保护劳动者的权益，但其规定在实践中并不一定真正对劳动者有利。在船员劳务外派司法实践中，一些高端劳动者具有较强的与雇主谈判的能力，应允许船员与境外雇主合意选择合同适用的准据法。

关于国际条约的国内法效力，法官认为涉外劳动纠纷的法律适用问题往往还涉及国际条约的适用。如本案涉及的《2006 海事劳工公约》，该公约在我国已经生效，其仅在国际法层面对国家具有约束力，如果要在国内发生法律效力，还需要在国内法层面进行转化或纳入，否则无法直接在本案中适用。

法官给出了本案适用法律的思维导图：第一，当事人选择中国法律，但劳动合同法第二条的规定仅适用于中国境内的企业等组织与劳动者之间的劳动合同。本案的雇主是香港法人，所以不能适用劳动合同法的规定。第二，虽然不适用劳动合同法，但应考虑劳动者保护基准的强制性规定，考察国内法所提供的保护标准。第三，本案劳动者是我国公民，有权获得我国劳动法强制性规范提供的保护，所以劳动者权益保障的强制性规范应在本案中直接适用。第四，当事人的约定高于劳动合同法强制性规定的标准，应该适用当事人约定的标准；如果案件准据法对劳动者权益的保护标准高于法院地的强制性规定的标准，应该适用准据法的保护标准。第五，关于国际条约的适用，应考虑该条约的国内法适用方式。

本案尽管事实比较简单，因当事人选择适用中国法律而使得法律选择过程并不复杂，但是从法官的判决思维流程来看，本案涉及以下几方面重要理论问题：其一，第 4 条的强制性规定如何进行判断；其二，能否以意思自治改变第 43 条的冲突规范；其三，如何保护劳动者权益，如果强制性规定的标准低于准据法规定的标准，是否有必要直接适用该强制性规定。

在厦门海事法院审理的陈某卿与中泉国际经济技术合作（集团）有限公司船员劳务合同纠纷一案中，[①] 原告陈某卿是中国公民，被告泉州中泉国际经济技术合作（集团）有限公司（以下简称"中泉公司"）是中国公司，其分支机构中泉国际经济技术合作（集团）有限公司船务分公司（以下简称"船务公司"）不具备企业法人资格。原告先后与中泉公司及其船务公司签订了《海员外派合同》《海员外派劳务协议书》《海员中介服务合同》（以下统称"合

---

① （2015）厦海法商初字第 486 号民事判决书。

同"）等22份外派合同，约定中泉公司聘用原告作为海员劳务人员，外派至境外船东所属船舶。外派合同约定从境外船东及中泉公司处领到工资，由家汇款、船发薪水、休假金三部分构成。2003年12月至2013年11月，原告外派地点为太古公司所属船舶。每次外派上船前，中泉公司均应太古公司要求，在与太古公司协商一致的基础上制作《船员薪水单》，中泉公司以代理机构见证人的身份与原告一同签字确认。《船员薪水单》显示，原告的工资包括家汇款、船发薪水、休假金以及社会福利费（其余汇款）四部分，即比外派合同约定及原告实际领到的工资多了一笔每月160美元左右的社会福利费（其余汇款）。太古公司已如数支付《船员薪水单》列明的工资项目，其中，2003年12月至2013年11月，社会福利费14 028.36美元，中泉公司收取后没有直接将该费用支付给原告或为原告办理社会保险。

法院认为立案案由是船员劳务合同，本案所涉及的社会福利费是基于中泉公司与太古公司之间的合同而产生，但中泉公司收取太古公司支付的社会福利费并未给原告或用于缴纳五险一金，原告的主张本质上系请求中泉公司返还不当得利，属于不当得利的纠纷。因原告根据合同受派境外工作，产生不当得利关系的部分事实发生在新加坡，所以本案所涉合同是涉外合同。涉外民事关系的法律适用，依据法律关系发生时的法律规定确定。案涉合同签订前后长达20年。依据《司法解释（一）》第二条规定，可以参照法律适用法规定处理。由于当事人没有选择法律，依据法律适用法第四十七条规定，不当得利适用当事人共同经常居所地法，即中国法律。依据法律适用法第8条，本案原告与被告中泉公司在1989年2月至2010年10月签订的合同属于劳动法规定的劳动合同。由于争议问题涉及劳动者社会保险，关系到劳动者权益，依据法律适用法第4条和原《司法解释（一）》第10条第1款的规定，应该以中国法为准据法。双方当事人在2010年12月2日及此后所签的合同则明确，中泉公司作为外派企业只是介绍工作和提供外派服务，不是用人和用工单位，合同性质属于船员外派服务合同，非劳动合同。所以，依据《民法通则》第一百四十五条以及法律适用法第四十一条的规定，因双方同为中国当事人，中国法与合同争议权利义务内容具有最密切联系，均适用中国法处理。

本案案由定为船员劳务合同纠纷，事实上是涉及社会福利的返还，即不当得利的法律关系问题。也就是说，本案涉及劳动者权益保护的强制性规定在有关法律关系中是否适用的问题。

3. 一般劳动争议案件（非船员）

在一般非船员劳动争议案件中，虽说没有船员劳动争议案件复杂，但也有不少特殊的情况，有的涉及一般劳动争议，有的涉及与劳动争议有关的人事、提供劳务者受害责任纠纷等。

在刘某汉与美团公司等劳动争议一案中，① 原告刘某汉是中国公民，被告北京三快科技有限公司是中国公司（以下简称"北京三快"），被告美团公司是开曼群岛公司。被告美团公司与北京三快存在层层控股等关系。原告在 2011 年与北京三快签订了劳动合同。同年，美团公司向刘某汉做出《美团公司—2011 年股权激励计划—股票期权授予通知》，为了激励其更好地在北京三快取得业绩，决定授予原告股票期权。原告提起诉讼要求行使股票期权的权利。法院在本案审理中将股票期权争议纳入劳动争议案件的审理范畴，认定被告美团公司是适格的被告。关于法律适用问题，法院认为，被告美团公司是外国公司，案件属于涉外民商事案件。依据法律适用法第 4 条以及原《司法解释（一）》第 10 条第 1 款的规定，法院认为："本案期权争议涉及劳动者权益保护，故美团公司据期权协议中的约定管辖条款主张适用美国加利福尼亚州法律的理由不能成立，本案应适用中华人民共和国法律。"本案法院适用的是劳动合同法第三条的规定，即合法、公平、平等自愿、协商一致以及诚实信用的原则，因原告违反竞业禁止，法院驳回原告的诉讼请求。在包某婷与美团公司等劳动争议案中，② 北京市海淀区人民法院做出了同样的判决。在张某与新浪网技术（中国）有限公司劳动争议一案中，③ 法院关于法律适用的问题，其审判思路与上述案件基本一致，但是以原告未积极行使其股票期权，驳回原告的诉讼请求。这几个案件都直接适用中国法律，但是并没有具体说明劳动合同法的强制性规定是什么。

在赵某与江苏省质量和标准化研究院人事争议一案中，④ 原告赵某是加拿大人，被告江苏省质量和标准化研究院住所地在中国江苏省南京市。1991 年，原告被调动到被告单位，后被借调到江苏技术监督杂志社（以下简称"杂志社"）。1999 年 4 月 1 日至 8 月 31 日，经杂志社批准请假去美国探亲，同年 9 月 1 日再次请假未被批准。1999 年 11 月，被告停发原告的工资并停止缴纳公积金。2009 年，原告注销公积金账户并取出全部公积金，支取原因是出国定居，被告盖章确认。原告加拿大护照有效期是 2014 年 3 月 26 日至 2024 年 3 月 26 日。原告于 2014 年 8 月领取二代身份证。2018 年 1 月 22 日，原告以被告为被申请人申请劳动仲裁，要求被告补发工资、办理档案转出手续、办理退休手续、

---

① （2018）京 0108 民初 33956 号民事判决书。
② （2018）京 0108 民初 33962 号民事判决书。
③ （2016）京 0108 民初 14687 号民事判决书。
④ （2018）苏 01 民终 10876 号民事判决书；（2018）苏 0104 民初 1176 号民事判决书。

赔偿损失等，仲裁机构做出不予受理决定，原告于是向法院提起诉讼。本案的焦点有两个，即原告的国籍问题与本案的法律适用问题。关于原告的国籍，依据《中华人民共和国国籍法》的规定，中国不承认双重国籍，原告具有加拿大国籍，所以本案属于涉外民商事案件。关于法律适用问题，依据法律适用法第4条以及原《司法解释（一）》第10条第1款的规定，本案人事争议涉及劳动权益保护问题，应适用中国法律处理。所以，法院根据中国的人事、档案以及其他相关的规定，驳回原告的诉讼请求。本案法院的审理表明，有关人事、档案等适用我国相关的强制性规定。

在张某福、张某群提供劳务者受害责任纠纷一案中，① 原告张某群、被告张某福均是中国公民。被告张某福与缅甸一家公司签订矿山开采协议书，联合开发矿山，约定被告在施工过程中的个人事故以及矿点事故，由被告承担责任。被告与汪某平、王某勇签订矿山开采合作协议，约定按股份投资合作开采。2012年5月，万某厚、万某爱等十余人相互邀约到该矿上做工，由万某厚负责与被告张某福联系具体工作、劳动报酬、生活事宜，所得工钱按工种、劳动量的不同进行分配。2012年12月，万某爱驾驶被告车辆外出买菜，发生事故，造成万某爱当场死亡。在当地派出所主持下原、被告达成赔偿协议，并履行完毕。2013年，原告作为万某爱的配偶提起赔偿诉讼。本案涉及劳动合同关系、扶养关系、侵权关系，一审法院认为："涉外合同的当事人可以选择处理合同案件所适用的法律，涉外合同的当事人没有选择的，也可以适用当事人本国法律或者住所地法律。侵权行为的损害赔偿，适用侵权行为地法律。当事人双方国籍相同或者在同一国家有住所的，也可以适用当事人本国法律或者住所地法律。扶养适用与被扶养人有最密切联系的国家的法律。"二审法院认为，依据法律适用法第44条（关于侵权法律适用的规定）以及第4条、原《司法解释（一）》第10条第1款的规定，维持原判。从本案判决可以看出，本案尽管涉及的法律关系比较多，但如果法院做出正确定位，将本案定性为侵权，不需要依据法律适用法第4条以及《司法解释（一）》的规定，依据第四十四条的规定适用中国法律即可。

总之，我国法官在审理与劳动有关的争议时，往往会直接依据法律适用法第4条以及原《司法解释（一）》第10条第1款（现第8条第1款）的规定，直接适用中国的法律。

---

① （2015）曲中民终字第352号民事判决书；（2014）师民初字第678号民事判决书。

（三）涉及中外合资、合作和外商投资企业的案件

涉及中外合资、合作和外商投资企业的案件，也就是所谓的"三资企业"的案件，主要案由有投资合同争议、股东知情权争议、公司决议撤销纠纷、股权转让纠纷、股东资格确认纠纷、股东出资纠纷、公司解散纠纷、公司盈余分配等方面。我国立法一直强调在我国境内履行的三类特殊合同适用我国法律，①例如，1999 年合同法第 126 条第 2 款的规定。② 法律适用法并没有废除合同法的规定，如果涉及第 126 条第 2 款的三类合同，依然要适用中国的法律。2007 年，最高人民法院印发的《关于审理涉外民事或商事合同纠纷案件法律适用若干问题的规定》对当事人意思自治原则的限制进行了扩大解释，其第八条规定除上述三类合同外，还增加了五类合同。③ 法官在运用自由裁量权适用法律适用法第四条的规定时，往往认定合同法第 126 条第 2 款是强制性规定，这在理论上是存在瑕疵的。由于 2007 年的司法解释已经失效，今后法院如何处理案件，期待进一步发布新的司法解释。

在上诉人香港忠联集团有限公司与被上诉人达波尔物业投资管理集团有限公司、第三人达波尔酒店物业管理（大连）有限公司股权转让纠纷一案中，④原告香港忠联集团有限公司是香港特别行政区公司（以下简称"香港忠联公司"），被告达波尔物业投资管理集团有限公司是美国公司（以下简称"美国达波尔公司"），第三人达波尔酒店物业管理（大连）有限公司（以下简称"大连达波尔公司"）是中国公司。大连达波尔是外商独资企业，股东是美国达

---

① 包括在中华人民共和国境内履行的中外合资经营企业合同、合作经营企业合同以及中外合作勘探开发自然资源合同。

② 1999 年合同法第 126 条第 2 款规定："在中华人民共和国境内履行的中外合资经营企业合同、中外合作经营企业合同、中外合作勘探开发自然资源合同，适用中华人民共和国法律。"

③ 2007 年最高人民法院《关于审理涉外民事或商事合同纠纷案件法律适用若干问题的规定》第八条规定："在中华人民共和国领域内履行的下列合同，适用中华人民共和国法律：（一）中外合资经营企业合同；（二）中外合作经营企业合同；（三）中外合作勘探、开发自然资源合同；（四）中外合资经营企业、中外合作经营企业、外商独资企业股份转让合同；（五）外国自然人、法人或者其他组织承包经营在中华人民共和国领域内设立的中外合资经营企业、中外合作经营企业的合同；（六）外国自然人、法人或者其他组织购买中华人民共和国领域内的非外商投资企业股东的股权的合同；（七）外国自然人、法人或者其他组织认购中华人民共和国领域内的非外商投资有限责任公司或者股份有限公司增资的合同；（八）外国自然人、法人或者其他组织购买中华人民共和国领域内的非外商投资企业资产的合同；（九）中华人民共和国法律、行政法规规定应适用中华人民共和国法律的其他合同。"

④ （2015）辽民三终字第 00343 号民事判决书；（2015）大民四初字第 8 号民事判决书。

波尔公司。2010年，经批准美国达波尔公司将30%股权转让给香港中联国际发展集团有限公司。2011年，美国达波尔公司、香港艾斯汀投资控股有限公司、香港忠联公司、香港中联国际发展集团有限公司共同签订《股权转让协议》，约定美国达波尔公司将40%转让给香港艾斯汀投资控股有限公司，30%转让给香港忠联公司，协议约定适用中国法律。因股权转让争议，香港忠联公司提起诉讼。关于法律适用问题，一审法院认为，本案属于涉外股权转让纠纷，依据法律适用法第四十一条规定，《股权转让协议》约定适用中国法律，所以以中国法律为准据法。二审法院说理比较详细，其认为，依据法律适用法第4条及原《司法解释（一）》第十条的规定，直接适用中国法律的强制性规定。依据《中华人民共和国外资企业法》第10条、《中华人民共和国外资企业法实施细则》第17条，外资企业分立、合并或由于其他原因导致资本发生重大变动，需经审批机关批准并向工商行政管理机关办理变更登记手续。依据《中华人民共和国外资企业法》第4条、《中华人民共和国外资企业法实施细则》第2条，外资企业受中国法律的管辖和保护，须遵守中国的法律法规，不得损害中国的社会公共利益。依据最高人民法院《关于审理外商投资企业纠纷案件若干问题的规定（一）》第1条，当事人在外商投资企业设立、变更等过程中订立的合同，应当经审批的，自批准之日起生效。故从我国有关外资企业的审批制度来看，其与中外合资、合作企业相同，均是我国法律强制适用的范畴。依据《中华人民共和国合同法》第126条第2款，在中华人民共和国境内履行的中外合资、合作合同适用中华人民共和国法律，则在中华人民共和国境内履行的外资企业合同纠纷也应适用中华人民共和国法律。所以，本案应以中国法律为准据法。

本案二审法院的说理是值得称道的，但是还需要进一步思考的问题主要有：其一，当事人在协议中约定了所适用的法律，即使当事人约定的法律与适用强制性规定是一致的，能否适用当事人约定的法律。其二，法律适用法第四条的规定的性质，是单边冲突规范，还是具有特殊的性质。其三，法律适用法第4条与合同法第126条第2款的关系问题，能否在同一案件中共同适用。其四，股权转让的审批制度是效力性规范还是管理性规范，如果是管理性规范是否属于法律适用法第4条的强制性规定。以上问题将在本节后文中做详细阐述。

在新乡市恒科科技发展有限公司、研光通商株式会社股权转让纠纷一案中，[①] 原告研光通商株式会社是日本公司（以下简称"研光会社"），被告新乡市恒科科技发展有限公司（以下简称"恒科公司"）、第三人辉县市宏泰食品

---

① （2015）豫法民三终字第240号民事判决书；（2013）新中民三初字第52号民事判决书。

化工有限公司（以下简称"宏泰公司"）是中国公司。研光会社与宏泰公司于2007年成立中外合资企业研光宏泰（新乡）生物制品有限公司（以下简称"研光宏泰公司"），2012年，研光会社、宏泰公司与恒科公司三方签订了《股权收购合同》，约定恒科公司收购全部的股权。一审法院（原审法院）认为，本案属于涉外股权转让纠纷，依据法律适用法第四十一条的规定，因合同签订地在中国，与合同有最密切联系的法律为中国法律。二审法院认为，依据《中华人民共和国中外合资经营企业法实施条例》第2条及第20条第1款的规定，中外合资企业股权转让需报审批机构批准，向登记管理机构办理变更登记手续。又依据法律适用法第四条的规定，中外合资企业股权转让批准程序为实质性的审批程序，所以应适用中国法律。原审法院适用中国法律并无不当，但理由不妥。同样，本案与上一案件类似，存在上述需进一步思考的地方。

（四）其他案件

其他类型的案件主要是涉及婚姻家庭继承和侵权的案件，法院适用法律适用法第4条及其具体规定的冲突规范指引中国法律处理案件，应该是不当适用第4条的情形。

在陈某1与B某、陈某2等遗嘱继承纠纷一案中，① 原告陈某1是中国公民，被告B某是加拿大公民，被告陈某2、陈某3以及第三人林某系澳门特别行政区居民。被继承人陈某系澳门特别行政区居民，与B某在澳门登记结婚。被继承人陈某与前妻生育有陈某2、陈某3。2014年，被继承人陈某留有两份"平安纸"，一份说明广州的两处房产一处由林某与陈某1接管，另一处由陈某1接管。另一份声明：澳门四处房产由陈某2、陈某3接管，香港中信银行账户由陈某3接管，广州的一处房产由林某与陈某1接管（与上一份平安纸中的重复）。两份"平安纸"均有三名见证人以及医师清醒状态证明。关于法律适用问题，法院认为，依据法律适用法第2条第1款、第4条、第31条、第36条、第51条，《司法解释（一）》第19条，继承法第36条第1款的规定，本案适用中国内地法律。本案法院将所有涉及的法律条文都加以列举，法院在本案中有两个问题有待商榷：其一，有关法律适用法第2条第1款的适用问题。该问题在上一章已经做了阐述；其二，将法律适用法第4条与其他冲突规范条文混合适用确定准据法是不当的。

---

① （2018）粤0106民初3705号民事判决书。

在陈某与林某离婚纠纷一案中，① 原告陈某是香港特别行政区居民，被告林某是中国内地居民，原、被告均住广东省佛山市。一审法院对法律适用没有阐述。二审法院认为，虽然法律适用法第三条规定当事人可以选择法律，但第四条的规定直接适用强制性规定，排除了当事人意思自治。依据法律适用法第二十七条规定，诉讼离婚适用法院地法律，所以适用中国内地法律。在本案中，法官的思维逻辑存在一定的问题：法律适用法第 3 条是宣示性条款，在具体案件中一般不适用，而且第三条的规定仅仅是宣示性说明法律规定允许当事人选择法律，当事人可以选择法律。但是诉讼离婚当事人是不能选择法律的，所以没有必要强调第三条的规定。另外，将第 4 条与第 27 条混合适用也存在问题，离婚适用法院地法是双边冲突规范的结果，第四条的规定不存在冲突规范指引的法律问题，是直接适用中国法的强制性规定。

在叶甫盖尼与向某生命权、健康权、身体权纠纷一案中，② 原告叶甫盖尼是吉尔吉斯斯坦共和国公民，住云南省石林彝族自治县。被告向某是中国公民，住云南省石林彝族自治县。原告在其租住的小区附近路边上喝啤酒听音乐，被告因语言不通产生误解，用刀将原告砍伤，被告因刑事责任在监狱服刑。原告提起民事诉讼，要求赔偿医疗费、误工费等费用。法院认为，依据法律适用法第 4 条以及《民法通则》第 146 条的规定，适用中国法律。其实，本案属于涉外侵权案件，法官适用法律适用法第 44 条规定的冲突规范指引的法律即可，将法律适用法第 4 条与《民法通则》第 146 条混合适用是没有必要的。另外，适用《民法通则》第 146 条也是不对的。因为依据法律适用法第五十一条规定，《民法通则》第 146 条与该法规定不一致的，适用法律适用法第四十四条的规定。

三、综合分析

根据上述典型案件的分析可以看出，我国内地法院在适用法律适用法第 4 条以及原《司法解释（一）》第 10 条（现第 8 条）直接适用的法时，其自由裁量权的行使比较合理，总体思路也是比较清晰的。但某些法院也存在对直接适用的法的性质认识不清、界定标准不明、与其他法律条文关系处理不当等问题。

---

① （2014）佛中法民一终字第 1221 号民事判决书；（2013）佛城法榨民初字第 310 号民事判决书。

② （2018）云 0126 民初 1416 号民事判决书。

（一）直接适用的法的性质

公共秩序保留与国际私法相伴而生，并随着国际私法的发展而发展。但是直接适用的法制度，即法律适用法第四条的规定的制度，其产生与发展是近几十年的事情，最早提出这一概念的是希腊裔法国学者弗朗西斯卡基斯。① 各学者在研究中对此给出了种种称谓，其中法国学者常用的"直接适用的法"被我国学者所接受，② 英美国家学者常用的"强制性规范"被我国立法所接受。③ 不管学者如何进行定义，其认识直接适用的法有两个方面是一致的：直接适用性与内国具有强制效力的规范，该制度的目的主要是维护国家的重大社会公共利益。

我国法院在运用直接适用的法的制度时，法官往往将法律适用法第四条的规定等同于 1999 年合同法第 126 条第 2 款的规定，认为两者的性质基本一致。其实两者有着重要的差异，需要对其性质有清醒的认识。一般来说，国际私法法律选择方法主要有单边主义方法与多边主义方法。从本质上来说，直接适用的法属于单边主义方法，合同法第 126 条第 2 款的规定是单边冲突规范，属于多边主义方法的运用。同时，法律适用法第五条规定的公共秩序保留制度也应该属于多边主义方法下的一项基本制度。

单边主义方法起源于巴托鲁斯法则区别说。巴托鲁斯从法则的区别入手，将法则进行分类，分为人的法则、物的法则以及混合法则等。直接适用的法是将法律分为强制性规定和任意性规定。从这一点看，直接适用的法方法与单边主义方法理念是基本一致的。多边主义方法起源于萨维尼的法律关系本座说。萨维尼从法律关系的分类入手，将法律关系进行分类，通过连结点指引到某一法律。所以，多边主义方法是通过冲突规范寻找所要适用的法律，这种方法是一种间接方法。如果适用外国法与法院地国的公共秩序相违背，为了维护法院地国家的公共利益，公共秩序保留制度应运而生。

直接适用的法是自由资本主义转向垄断资本主义过程中的产物。随着国家干预经济能力的增强，其在经济各个环节，即生产、交换、消费、分配等做出干预，并制定具有公法性质的外汇管制法、贸易管制法、反不正当竞争法、反

---

① 希腊裔法国籍国际私法学者弗朗西斯卡基斯 1958 年在于巴黎发表的《反致理论与国际私法中的体系冲突》一文中正式提出了"直接适用的法"（loid' application immédiate）的概念。参见冰青，陈立虎．"直接适用的法"之解析［J］．法商研究（中南政法学院学报），2002（1）：102.

② 刘细良，陈丹．"直接适用的法"的界定与评析［J］．现代情报，2003（2）：172.

③ 卜璐．国际私法中强制性规范的界定：兼评《关于适用〈涉外民事关系法律适用法〉若干问题的解释（一）》第 10 条［J］．现代法学，2013，35（3）：152-153.

垄断法、社会保障法、环境保护法、食品安全卫生法等，以维护国家重大的经济利益和社会利益。传统的公共秩序保留制度已经容纳不了这些规范，其运用越来越力不从心，于是产生了直接适用的法的制度。直接适用的法的制度重新定义了单边主义方法。所以，法院法官在适用该项制度时，其自由裁量权的运用应该从单边主义方法入手，首先要寻找到有关领域中的强制性规定，然后再适用该强制性规定，而不是首先认定案件归入某一具有公法范畴的法律，然后再去适用该法律。也就是说，法官应该具有综合的思维能力，要认识到某一法律领域中的强制性规定，如果案件属于该强制性规范调整，就直接适用该强制性规范。

但是作为新单边主义的方法，其还面临着如何寻找出该强制性规定这一重要问题，即适用直接适用的法的标准是什么，这是适用法律适用法第4条关键所在。由于第四条的规定具有模糊性，所以最高人民法院在原《司法解释（一）》第10条给出了寻找法律的范围。

（二）直接适用的法的界定标准

不同的学者对于直接适用的法有不同的认识，对于界定标准的侧重点也是不一样的。巴蒂福和拉加德侧重于"社会利益重要性"的标准；奥迪特、托马斯·古德（Thomas Goode）与西蒙尼德斯（Symeonides）侧重于排除冲突规范、"直接适用"的标准；我国学者韩德培先生侧重于"国家利益"的重要性；李双元先生则着眼于排除冲突规范的"排他性"；刘仁山教授与肖永平教授既强调国家利益标准，又强调直接适用、排除冲突规范指引的标准。无论何种认识，其界定标准主要有直接适用性标准与社会公共利益标准两种。

1. 直接适用性标准

法律适用法第4条并没有强调社会公共利益标准，只是强调了直接适用性。直接适用性强调的是排除冲突规范的指引，正如原《司法解释（一）》第10条中所规定的："当事人不能通过约定排除适用、无需通过冲突规范指引而直接适用"。也就是说，排除了当事人的意思自治与冲突规范的指引。这里就涉及两个问题：其一，直接适用的法与单边冲突规范的关系？其二，直接适用的法与当事人意思自治的关系？

我国法院常常将直接适用的法等同于单边冲突规范，这与我国学者关于直接适用的法的性质认识的争议有着密切的关联。我国学者有的认为其是"自我限定"的规范;① 还有的认为其是"边缘性"法律规范;② 还有的认为其是一种"特殊"的冲突规范。③ 如果将其界定为特殊的冲突规范,法院就可能将其与单边冲突规范相混淆。正如前面所述,直接适用的法是新单边主义方法,与多边主义方法有着本质的区别。冲突规范是多边主义方法下的产物,即主要是将法律关系进行分类,并通过连结点指引到某一法律来处理案件。法官的基本思路是对法律关系进行分类、适用冲突规范(连结点)、适用具体的实体法。单边冲突规范也是如此,首先确定法律关系,然后通过连结点指引适用具体的实体法,只不过单边冲突规范的连结点是具体的、非抽象的,直接指向某一具体的法律,例如,我国 1999 年合同法第 126 条第 2 款的规定。而直接适用的法无须冲突规范的指引,具有直接适用性,其思维过程是将法律分为强制性法律和任意性法律,强制性法律具有直接适用性。所以,法官行使其自由裁量权的主要任务就是找出这些强制性规定。

学者对于直接适用的法的性质认识的偏差,导致司法实践中错误的运用。例如,在上述叶甫盖尼与向某生命权、健康权、身体权纠纷一案中,④ 法院的推理思路是首先依据法律适用法第四条的规定,认定其应直接适用强制性规定,《民法通则》第 146 条是强制性规定,所以适用第 146 条的规定。其他案件如陈某 1 与 B 某、陈某 2 等遗嘱继承纠纷案、⑤ 陈某与林某离婚纠纷案,⑥ 以及杨某

---

① 徐冬根认为,直接适用的法和冲突规范是两种不同的调整涉外民事法律关系的方法。直接适用的法与冲突规范具有相反的适用思维,其无须冲突规范的援引,所以法官在处理涉外案件时,不是根据案件的法律关系适用冲突规范来援引准据法,而是直接考虑有关的法律,考察这些可以直接适用的法律自我限定的适用范围是否适合支配该法律关系。参见徐冬根.论"直接适用的法"与冲突规范的关系 [J].中国法学,1990 (3):87-88.

② 谭民、付文佚、舒旻认为,直接适用的法与冲突规范和实体规范之间既有联系又有区别,既体现了冲突规范的特征又具有某些实体规范的特征,所以得出结论:直接适用的法是介于实体规范和冲突规范之间的边缘性法律规范。参见谭民,付文佚,舒旻."直接适用的法"之理论分析 [J].云南财经大学学报,2006 (4):47.

③ 林燕萍认为,"直接适用的法"具有独特的属性,但其本身的特征和性质更多地仍偏向冲突规范,所以《涉外民事关系法律适用法》第 4 条更像是一条准冲突规范,其主要功能还是指引作用,引出某一强制性规范,让法官可以直接适用该强制性规定。参见林燕萍.《涉外民事关系法律适用法》第 4 条及其司法解释之规范目的 [J].法学,2013 (11):70.

④ (2018)云 0126 民初 1416 号民事判决书。

⑤ (2018)粤 0106 民初 3705 号民事判决书。

⑥ (2014)佛中法民一终字第 1221 号民事判决书;(2013)佛城法民初字第 310 号民事判决书。

诉被告钟某、古某、王某等海上人身损害责任纠纷案中，① 法官都犯了同样的错误：将法律适用法中规定的冲突规范视为法律适用法第4条所指的强制性规定。需要特别强调的是，尽管法律适用法所规定的条文是强制性规定，但我国法院在处理涉外民商事案件寻找所要适用的法律时，必须适用我国的冲突规范，但其并不是第4条所指的强制性规定。第4条所指的强制性规定是指能够确定当事人具体权利义务的实体法律规范。

另外，直接适用的法排除了当事人意思自治。从法律适用法总则体系来看，其第3条的立法目的具有宣示性，强调的是当事人选择法律的自由。但是，这种选择法律的自由不是没有限制的，其限制是要有法律规定的允许。我国法律适用法在广泛程度上采纳了意思自治原则，正如王胜明所说，当事人的事尽量交给当事人办，在立法中体现为在法律适用中大量适用当事人意思自治原则。② 只要立法上允许，当事人就可以适用意思自治原则选择法律。但是，法律没有规定的，当事人不能够选择法律，尤其是涉及第4条强制性规定的范围。所以，第三条规定是全面的，第四条的规定是局部的。第3条与第4条对立统一于法律适用法中，两者相互制约。前者体现了契约自由、私法自治的精神，通过保障主体充分的自由权利，进而保护私人的合法权益。后者则体现了国家主义，从国家利益的角度进行规定。第3条的运用不能触碰到第4条强制性规范，也就是说第4条的范围是第3条不可侵犯的领域。反之，第四条的规定不能泛化，不能毫无节制地将触角延伸到私法自治的领域。③ 随着法律适用法的实施，第3条和第4条的对立关系会比较紧张。对于第3条与第4条的划分，学者提出了国际私法的比例原则，所谓比例原则实质上是划分国家强制与私法自治的合理边界。就法律适用法而言，其要求第4条的实施必须在合理限度范围内，以维护特定领域中的社会公共利益为限，以直接适用的范围内的事项为限。④ 因此，按照比例原则适用强制性规范，谨慎地适用第四条的规定，对第3条的实施具有重要意义。

但是，法官在具体案件中无须适用第三条的规定，应该直接适用具体的冲突规范。也不能因为具体条文没有允许当事人选择法律，就认为是属于第4条

① （2011）广海法初字第 373 号民事判决书。
② 王胜明.《涉外民事关系法律适用法》的指导思想 [J]. 政法论坛，2012，30（1）：2.
③ 王慧. 论我国涉外民事关系法律选择方法的构建基础与体系展开 [J]. 法学评论，2015，33（5）：51.
④ 肖永平，龙威狄. 论中国国际私法中的强制性规范 [J]. 中国社会科学，2012（10）：114.

的范围。也就是说，第四条的规定是不允许当事人选择的范畴，即当事人不能通过选择排除，但法律不允许当事人选择的，并不是当然属于第四条的规定的范畴。例如，在陈某与林某离婚纠纷一案中，① 法院认为，虽然法律适用法第三条规定当事人可以选择法律，但第四条的规定直接适用强制性规定，排除了当事人意思自治。依据法律适用法第二十七条规定，诉讼离婚适用法院地法律，所以适用中国内地法律。在本案中，法官就是犯了上述错误。另外，在我国司法实践中，还可能出现一种情况，当事人选择的法律与法律适用法直接适用的法具有一致性。例如，在上诉人香港忠联集团有限公司与被上诉人达波尔物业投资管理集团有限公司、第三人达波尔酒店物业管理（大连）有限公司股权转让纠纷一案中，② 当事人约定适用中国法律。一审法院依据法律适用法第 41 条，适用当事人约定的法律，但二审法院依据法律适用法第 4 条及原《司法解释（一）》第十条的规定，直接适用中国法律的强制性规定。尽管案件最终都是适用中国的法律，适用的结果是一致的，但是一审法院的做法是有问题的，与《司法解释（一）》排除当事人选择的规定相违背。

在司法实践中，可能存在当事人选择的法律对弱者权益保护标准更高的情况。原《司法解释（一）》第 10 条第 1 款规定是涉及劳动者权益的，直接适用我国强制性规定，但是如果当事人选择某一国家法律作为准据法，该国法律对于劳动者权益保护的标准更高，是否适用当事人选择的法律。在孙某诉厦门中远海运劳务合作有限公司、东方海外货柜航运有限公司船员劳务合同纠纷一案中，③ 法官在其判决总结中评价道：法律适用法第 43 条对当事人意思自治的限制以保护对劳动者的权益，但其规定在实践中并不一定真正对劳动者有利。在船员劳务外派司法实践中，一些高端劳动者具有较强的与雇主谈判的能力，应允许船员与境外雇主合意选择合同适用的准据法。关于这一问题，并不是司法实践所产生的，而是立法规定有待于完善，规定更加有利于保护劳动者权益的冲突规范。

2. 社会公共利益标准

法律适用法第 4 条并没有规定社会公共利益标准，在原《司法解释（一）》第 10 条中则强调了社会公共利益的标准，即"涉及中华人民共和国社会公共利益"。但是，该司法解释并没有具体界定何为社会公共利益。与法律适用法第 5

---

① （2014）佛中法民一终字第 1221 号民事判决书；（2013）佛城法民初字第 310 号民事判决书。
② （2015）辽民三终字第 00343 号民事判决书；（2015）大民四初字第 8 号民事判决书。
③ （2018）闽 72 民初 880 号民事判决书。

条一样，立法上无法界定社会公共利益（公共秩序、公共政策、善良风俗、法律的基本原则）。该司法解释采取了列举的形式，列举了五种领域，最后采取兜底性规定，即"应当认定为强制性规定的其他情形"。列举的五种领域是否都属于社会公共利益的范畴，还是有疑问的。最高人民法院民四庭负责人就该司法解释答记者问时言，列举主要是按照与民生相关程度进行排序的。① 法律适用法第 4 条以及原《司法解释（一）》第 10 条并没有给法官提供判断社会公共利益的标准，因而导致在司法实践中存在一定程度上的混乱。对于社会公共利益的标准，法官运用其自由裁量权应注意以下几点。②

第一，谨慎行使自由裁量权。法律适用法第 4 条及其司法解释都赋予了法官极大的自由裁量权，法官自由裁量权的行使应符合法律适用法的立法目的，不能随意运用，也不能随意扩大范围。毕竟法律适用法主要是为了促进国际民商事秩序的良性发展，促进我国对外民商事交往。如果法官利用其自由裁量权运用第 4 条及其司法解释的规定，无限制地适用中国法律，则不利于法律适用法的正确实施。

第二，采取综合因素分析方法。法官在分析是否适用法律适用法第四条的规定时，应采取综合因素的分析方法，既要分析社会公共利益、国家安全、经济安全等方面的因素，也要分析对弱者的权益保护、善良风俗等方面的因素。法官在判决文书中应该尽量说理全面一些、深入一些，不能在没有任何说理的情况下，仅根据法律条文就直接适用我国的法律，应该根据该规范所涉的各种要素进行综合考虑。③

第三，意识到社会公共利益的可变性。正如第一节所述，社会公共利益具有历史属性，其位于不同历史时代、不同历史阶段体现是不同的。法官应该根据时代的发展做出正确的判断。例如，关于跨境担保问题，之前我国规定属于强制性规定，排除了适用外国法的可能性。但从 2014 年以后，我国法律明确了跨境担保没有登记、备案的，不影响担保合同的效力，因为登记、备案属于管理性规范，不是效力性规范，不因未登记、备案导致担保合同无效。

（三）第 4 条与其他条款的关系

关于法律适用法第 4 条与第 5 条、第 3 条以及原《司法解释（一）》第 11

---

① 最高人民法院民四庭负责人就《关于适用〈中华人民共和国涉外民事关系法律适用法〉若干问题的解释（一）》答记者问 [EB/OL]. (2013-04-23) [2023-09-23].
② 徐伟功.《涉外民事关系法律适用法》实施研究 [M]. 北京：法律出版社，2019：234.
③ 肖永平，龙威狄. 论中国国际私法中的强制性规范 [J]. 中国社会科学，2012（10）：122.

条（现第 9 条）的关系，在前面已经具体阐述。这里仅就其与第 43 条的关系做一个说明。原《司法解释（一）》第 10 条第 1 款将"涉及劳动者权益保护的"纳入第 4 条强制性规定的范畴。如此，法院在司法实践中可能会遇到是适用法律适用法第四十三条的规定，还是适用第 4 条及其司法解释的规定的问题。在大多数案件中，法官是将该两个条文与司法解释的规定都加以列举，并没有阐明这两者的关系，即两者适用的先后顺序。

在孙某诉厦门中远海运劳务合作有限公司、东方海外货柜航运有限公司船员劳务合同纠纷一案中，① 审判法官评论道：可能存在当事人选择的法律高于我国保护劳动者权益的标准的情形。不同的案件，如果适用第 43 条可能出现不同的情况：准据法所属国的法律规定的保护水平高于中国、低于中国、大体相当。如果高于中国或者大体相当，也没有必要适用第 4 条进行排除，低于中国的保护标准的适用第 4 条才有意义。

对于第 4 条与第 43 条的关系，主要有四种认识：（1）独立说。两者各有其适用范围，第 4 条侧重于社会公共利益，第 43 条着重于私人利益。（2）重复说。第 4 条与第 43 条有重复的方面，即都包含强制性规范。（3）优先说。首先适用第四十三条的规定，只有没有规定的情况，适用第四条的规定。（4）更高标准说。适用标准更高的条款。②

从法律适用法的立法目的与法律选择方法的关系来看，优先说和更高标准说较为合理，也就是说先适用第四十三条的规定，如果指引的法律是中国法律，也没有必要适用第四条的规定；如果指引到外国法律，其保护标准更高，就适用该国的法律；其保护标准更低，就依据第四条的规定，适用我国更高保护标准的强制性规定。关于两者的关系问题，期待今后的司法解释或者立法做出更加完善的规定。

总体而言，我国法官在适用第 4 条、第 5 条及其司法解释时，其自由裁量权运用相对合理、合法，但法官也需要进一步进行司法说理，使其自由裁量权的行使更加符合立法的规定和期望。在涉外民商事审判司法实践中，法院不仅要考虑到国家的社会公共利益，也要对某些特殊的群体，即国际私法上的弱者给予特殊的保护，法官如何行使其自由裁量权对弱者给予特殊的保护，将在下一章作实证考察。

---

① （2018）闽 72 民初 880 号民事判决书。
② 卜璐. 国际私法中强制性规范的界定：兼评《关于适用〈涉外民事关系法律适用法〉若干问题的解释（一）》第 10 条 [J]. 现代法学，2013，35（3）：152.

第八章

我国法院适用弱者保护原则之实证考察

在解决冲突法领域的问题时，公正和社会利益应成为主导性的、决定性的考虑因素。而且，在许多案件中，公正和社会利益已经成为主导性的、决定性的因素。

——【美】大卫·卡弗斯

不同的法学流派对法的本质有不同的回答。西方古典自然法学流派从价值判断入手，提出了良法论。其基本公式是"公理+假设"。公理是不言自明的。古典自然法学流派认为法体现了人类的理性与良知，体现了公平与正义。假设是对人类之初的自然状态的认识。古典自然法学流派对于人类之初的自然状态具有三种不同的假设：人之初，性本善，即卢梭的"黄金时代论"的假设；人之初，性本恶，即霍布斯的"丛林法则"的假设；人之初，既有好的一面，也有坏的一面，即洛克的"亦好亦坏论"的假设。不管如何假设，人都是将自己的部分权力交给国家，与国家之间形成了社会契约。不同的假设前提对应了不同的国家政体，即小资产阶级民主共和政体、大资产阶级专政政体以及君主立宪制政体；西方实证主义法学流派从形式判断入手，提出了法是主权者的命令，甚至奥斯丁还提出了"恶法亦法"的名言，认为"法=主权者+命令+制裁"。其基本的公式是"逻辑+推理"，即根据法律规范的规定，从而推导出当事人所享有的权利与承担的义务。

法律适用法作为我国的部门法，首先是由各种法律规范所构成的，其中冲突规范作为一种特殊的法律规范，起到了寻找准据法这一非常重要的作用。制定冲突规范的核心任务就是选择恰当的连结因素，这个连结因素在国际私法上被冠以独特的术语——连结点。传统连结点的选择遵循着萨维尼"法律关系本座说"的精神，从法律关系诸要素中挑选出反映了该法律关系本质的要素。连结点的选择本着客观中立的态度，不带有情感与价值判断，是价值中立的连结点，其主要是采取地理定位的连结因素，例如，合同缔结地、行为地、国籍国、住所地、居所地等。如此，连结点的选择具有形式上判断的色彩。依循客观中立的连结点寻找法律，一般情况下符合立法上的要求，能够处理该具体涉外民商事纠纷。其实，客观中立连结点的选择存在一个假设前提：涉外民商事法律关系的主体具有平等性。平等性假设是所有私法领域中的基本前提，私法就是关于个人福利的法律，其调整的是平等主体之间的人身和财产关系。

英国著名法学家梅因在考察古代社会与其所处的社会差异后提出其著名的命题——"从身份到契约"①。身份社会以血缘关系为纽带，强调的是家长绝对的权威以及长子的继承权；契约社会是以契约关系为纽带，强调的是个人的自由与合意。契约关系蕴含着平等的假设，没有平等就没有个人的自由与合意。随着社会的发展，现代社会出现逆梅因命题的现象，于是某些法学家发出了"契约死亡"的呐喊，提出了"从契约到身份"反方向运动的逆命题，民法社会化的趋势预示着梅因命题在现代社会的困境。在涉外民商事领域，消费者、劳动者、未成年子女、无收入的配偶一方、没有生活来源的父母，这些弱势群体都深深打下了现代生活中的身份烙印，无不从某种程度上反映了这一逆命题。其实，现代契约社会并没有失去其旺盛的生命力，"从契约到身份"的逆运动，并不是对梅因命题的否定，而是在更高层次上的发展，共同推动了现代社会的发展。② 现代社会中的弱者如何得到保护，从形式上平等到实质上平等，从强调个体自由到强调社会正义，法律适用法做出了强有力的回应，对弱者表示强烈的人文关怀，似乎是古典自然法学流派价值判断的回归。法律适用法的立法精神贯彻了弱者权利保护原则，在婚姻家庭领域中多采取保护性冲突规范。保护性冲突规范的核心就是改变传统连结点客观中立的地位，明确表示适用对弱者最有利的法律，具有强烈的价值倾向。立法上体现了人本主义的精神，不仅强调冲突正义，还强调实质正义，不仅冲突规范本身体现了对弱者权利的保护，而且要求在比较相关的各国实体法后，选择适用对弱者最有利的法律。立法上

---

① 英国著名法学家梅因在《古代法》中这样写道："所有进步社会的运动，到此处为止，是一个从'身份到契约'的运动"。梅因认为，古代社会是以家族为组织单位，现代社会是以个人为组织单位。两种社会的组织原则和方法是不同的，即"用以逐步代替源自'家族'各种权利义务那种相互关系形成的……就是'契约'。在以前，'人'的一切关系都是被概括在'家族'中的，把这种社会状态作为历史上的一个起点，从这一起点开始，我们似乎是在不断地向着一种新的社会秩序状态移动，在这新的社会秩序中，所有这些关系都是因'个人'的合意而产生的"。梅因.古代法[M].沈景一，译.北京：商务印书馆，1996：97，72，96.

② 余煜刚."从契约到身份"命题的法理解读[J].中山大学法律评论.2012，10（1）：26-67.

对弱者权利保护之目的的追求需要通过司法才得以实现，立法的精神需要通过法官自由裁量权的正确行使才得以体现。于是，涉外婚姻家庭关系审判中法官自由裁量权就成为实现弱者权利保护的重要保障。不过，立法者所要强调的立法目的如果得以实现，法官就需承担繁重的司法任务。在相互冲突的法律中寻找对弱者最有利的法律并非一件容易的事情，这也与法官司法任务简单化背道而驰。法律适用法第 30 条、第 29 条、第 25 条分别在涉外监护、涉外扶养、涉外父母子女人身关系和财产关系中规定了保护性冲突规范。第 25 条属于有条件依次选择性冲突规范，首先适用共同经常居所地法，只有在没有共同经常居所地的情况下，才能适用对弱者一方最有利的法律。第 2 款的规定并没有明确何方当事人是弱者一方当事人，这需要法官根据案件的实际情况做出判断。判断的标准主要包括经济地位、年龄因素、身体因素等。一般而言，如果父母年龄较大、行动不便、无生活来源，而子女已经成年并有固定的收入，那么父母是弱者一方当事人；如果子女是未成年人、无生活来源，父母有固定的收入，那么子女是弱者一方当事人。有利于弱者法律的选择范围是一方当事人的属人法，包括国籍国法以及经常居所地法。第 29 条与第 30 条则明确了弱者一方当事人，即被扶养人与被监护人。与第 25 条第 2 款一样，选择法律的范围是一方当事人的国籍国法或者经常居所地法。纵观我国的司法实践，我国法院适用弱者权利保护原则的现实状况不容乐观，自由裁量权往往成为法官选择法院地法（我国法律）的工具，无法实现立法者保护弱者权利之根本目的。本章前三节对法律适用法第 30 条、第 29 条、第 25 条第 2 款分别作实证考察。由于以上三个条款基本架构和适用的原理是基本一致的，法官行使自由裁量权所存在的问题也大同小异，所以在第四节统一分析法官在适用保护性冲突规范行使其自由裁量权时所存在的问题。

第一节　法律适用法第 **30** 条之实证考察

　　笔者通过 https：//alphalawyer. cn/#/app/tool/search/case？searchType = law 检索案例。检索设定的条件为：时间：2021 年 12 月 31 日之前；案例来源：Alpha 案例库；案由：未设置案由；检索条件：（1）引用法条：中华人民共和国涉外民事关系法律适用法第 30 条。① （2）参照级别：普通案例。数据采集时间：2022 年 2 月 14 日。共采集到案件数量为 15 个。我国学者秦红嫚发表在《武大国际法评论》2021 年第 2 期的论文《我国法院适用"有利于保护被监护人权益的法律"之实证分析》一文，截至 2020 年 4 月 20 日，收录到的案件样本为 12 件，其中，以第 30 条为检索条件的有 6 件。② 秦红嫚发表在《国际法与比较法论丛》第二十七辑的论文《我国涉外监护法律适用的特点、问题及改进建议——基于 56 份裁判文书的实证分析》一文，截至 2020 年 6 月 20 日，收录了 56 个案件样本。其案件的收集来源为中国裁判文书网、部分省市法院的官网。其中，以第 30 条为检索条件的有 8 件。其他一些案件与涉外监护有关联，但没有直接适用第三十条的规定。另外，在部分省市官网上收集到的案件有 18 件。③

　　法律适用法自 2011 年 4 月 1 日起实施，到目前已十年有余。从目前收集到的案例情况来看，与第 30 条有关的案件数量是非常少的。其主要原因可能有以下几方面：第一，我国裁判文书建库时间比较短，建库资源并不完善，可能存在有些案件并没有输入数据库中而被遗漏的情况。第二，由于我国法院案由设置并非合理，可能存在法官没有进行法律选择，直接适用我国实体法的情况。根据我们的检索条件，这部分案件是无法检索到的。第三，依据 2016 年《最高人民法院关于人民法院在互联网公布裁判文书的规定》第 4 条第 4 款的规定，不在互联网公布包括离婚诉讼或者涉及未成年子女抚养、监护等案件。这就使涉外监护案件不能上网有了法律依据，各地法院也就无法将相关的涉外监护案件上网公布。尽管如此，我们还是收集到 15 个案例。由于我们仅对适用法律适用法第 30 条作考察，并不是对于整个涉外监护有关案件进行考察，排除了适用其他条文以及没有适用条文的案件，所以收集到的案例比较少。尽管如此，仍然可以管中窥豹，抓住典型案例，分析法官在适用法律适用法第 30 条行使其自由裁量权时所存在的普遍问题，探讨其解决的可行方案。

---

① 法律适用法第三十条规定："监护，适用一方当事人经常居所地法律或者国籍国法律中有利于保护被监护人权益的法律。"
② 秦红嫚. 我国法院适用"有利于保护被监护人权益的法律"之实证分析 [J]. 武大国际法评论，2021，5（2）：94.
③ 秦红嫚. 我国涉外监护法律适用的特点、问题及改进建议——基于 56 份裁判文书的实证分析 [M] //李双元. 国际法与比较法论丛. 武汉：武汉大学出版社，2022：3-41.

一、案件概况及数据总体分析

（一）案件概况

为了研究方便以及快速了解基本情况，笔者将案件的总体概况列表如下（见表8-1）。

表8-1　2021年12月31日前涉及法律适用法第30条的总体情况

序号	审理法院	案号	案由	涉外因素	审理程序	适用法律
1	广东省中山市第二人民法院	(2021)粤2072民特619号	申请确定监护人	申请人系澳门特别行政区居民	特别程序	中国内地法
2	新疆乌鲁木齐市沙依巴克区人民法院	(2019)新0103民特390号	申请变更监护人	被申请人系吉尔吉斯共和国国籍公民	特别程序	中国内地法
3	浙江省杭州市西湖区人民法院	(2019)浙0106民特422号	认定公民无民事行为能力	申请人系美国国籍公民	特别程序	中国内地法
4	广东省佛山市中级人民法院	(2018)粤06民终2839号	抚养费纠纷	双方当事人均系爱尔兰国籍公民	二审	中国内地法
5	广东省佛山市顺德区人民法院	(2016)粤0606民初13061号	同居关系子女抚养纠纷	被告系马来西亚国籍公民	一审	中国内地法
6	广东省珠海横琴新区人民法院	(2016)粤0491民特1号	申请变更监护人	被申请人严某萍系澳门特别行政区居民	特别程序	中国内地法
7	广东省珠海横琴新区人民法院	(2015)珠横法民特字第1号	申请变更监护人	申请人系港港特别行政区居民	特别程序	中国内地法
8	上海市闵行区人民法院	(2015)闵民一(民)初字第13042号	离婚纠纷	原、被告登记结婚地为西班牙	一审	中国内地法

续表

序号	审理法院	案号	案由	涉外因素	审理程序	适用法律
9	广东省梅州市梅县区人民法院	（2014）梅县法民一初字第169号	离婚纠纷	被告系贝宁国籍公民	一审	中国内地法
10	上海市闵行区人民法院	（2015）闵民一（民）特字第39号	申请撤销监护人资格	申请人系加拿大国籍公民	特别程序	中国内地法
11	广东省广州市白云区人民法院	（2014）穗云法江民初字第563号	抚养纠纷	被告系香港特别行政区居民	一审	中国内地法
12	浙江省杭州市西湖区人民法院	（2014）杭西民特字第24号	宣告公民无民事行为能力	申请人系美国国籍公民	特别程序	中国内地法
13	浙江省杭州市西湖区人民法院	（2014）杭西民特字第17号	宣告公民无民事行为能力	申请人系德意志联邦共和国国籍公民	特别程序	中国内地法
14	浙江省杭州市西湖区人民法院	（2014）杭西民特字第16号	宣告公民无民事行为能力	申请人系德意志联邦共和国国籍公民	特别程序	中国内地法
15	海南省高级人民法院	（2012）琼民三终字第41号	同居关系纠纷	被上诉人系新加坡国籍公民	二审	中国内地法

（二）数据统计分析

根据上述总体情况，现以时间、地域分布、涉外因素、案由、审理程序以及适用的法律等因素，对基本数据作简要分析。

1. 年度案件数量

法律适用法自 2011 年 4 月 1 日实施以来，截至 2021 年 12 月 31 日，根据裁判日期对案件数量进行统计，2012 年 1 件、2013 年 0 件、2014 年 4 件、2015 年 3 件、2016 年 2 件、2017 年 1 件、2018 年 1 件、2019 年 2 件、2020 年 0 件、2021 年 1 件。依据 2016 年《最高人民法院关于人民法院在互联网公布裁判文书的规定》第 4 条第 4 款的规定，关于离婚、抚养、监护案件不能上网公开。尽管 2016 年前可以上网公开，但 2016 年之前案件的绝对数量还是相当低的，最多的年份（2014 年）也只有 4 件。以上说明涉外监护案件在我国涉外民商事案件总量中，并不是主要的案件来源（见图 8-1）。

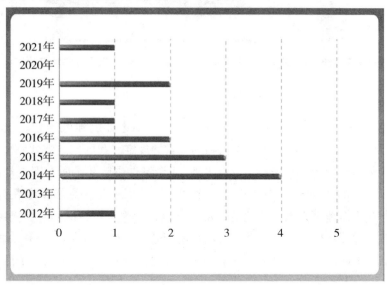

图 8-1　2021 年 12 月 31 日前涉及法律适用法第 30 条案件的每年数量

2. 案件地域分布

在所有 15 个案件中，广东省 7 件、浙江省 4 件、上海市 2 件、海南省 1 件、新疆维吾尔自治区 1 件，分别占比 46.67%、26.67%、13.33%、6.67%、6.67%。从上述数据可以得知，我国涉及涉外监护方面的案件地域分布比较集中，主要集中在东部以及南部沿海发达地区，但也有 1 个案件是在西部边境地区。在广东省的 7 个案件中，有 4 个案件属于区际私法的案件，主要涉及澳门特别行政区、香港特别行政区的案件。这与广东省毗邻我国香港特别行政区和澳门特别行政区不无关系（见图8-2）。

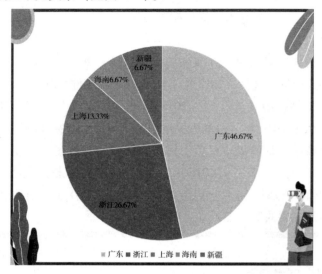

图 8-2　2021 年 12 月 31 日前涉及法律适用法第 30 条案件的地域分布

3. 涉外因素

在所有 15 个案件中，主要是考虑法律关系中主体的涉外因素。依据我国《司法解释（一）》的第 1 条第 1 款和第 2 款的规定，我国判定涉外民事关系的主体因素包括国籍和经常居所地。在上述 15 个案件中，几乎所有案件都涉及国外的当事人，即使表 8-1 中的第 8 个案件，涉外因素是婚姻缔结地在西班牙，但也是存在主体涉外因素的。从所涉及国家或者地区分布情况来看，美国 2 件、德国 2 件、香港特别行政区 2 件、澳门特别行政区 2 件、爱尔兰 1 件、加拿大 1 件、西班牙 1 件、新加坡 1 件、贝宁 1 件、吉尔吉斯 1 件、马来西亚 1 件（见图 8-3）。

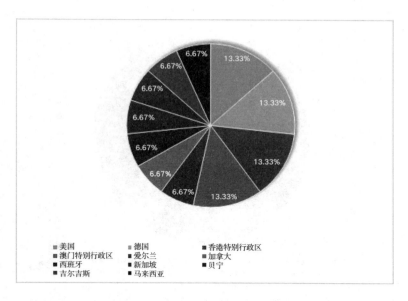

图 8-3　2021 年 12 月 31 日前涉及法律适用法第 30 条案件的涉外因素国家或地区分布

4. 案由情况

一般来说，监护包括未成年人的监护和成年人的监护。对于未成年人的监护主要纠纷在于监护权的确立与变更，同时也包含在抚养、离婚等婚姻家庭纠纷之中，即对于未成年人的抚养纠纷、离婚中子女的监护权纠纷等；对于成年人的监护主要涉及成年人的民事行为能力，即宣告成年人为无民事行为能力人或限制民事行为能力人。在 15 个案件中，宣告公民无民事行为能力为案由的 4 件、离婚纠纷为案由的 2 件、同居关系子女抚养权纠纷为案由的 2 件、抚养纠纷和抚养费纠纷为案由的 2 件、申请变更监护人为案由的 4 件（表 8-1 中第 1 件案件法院认定的案由是申请确定监护人，其实就是申请变更监护人）、申请撤销监护人资格为案由的 1 件（见图 8-4）。

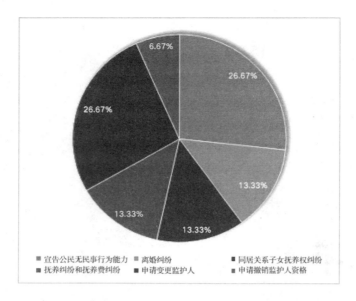

图 8-4　2021 年 12 月 31 日前涉及法律适用法第 30 条案件的案由情况分布

5. 审理程序

一般来说，审理程序包括普通程序和特别程序。在 15 个案件中：特别程序为 9 件，其中，包括申请宣告公民无民事行为能力的 4 件、申请变更监护人的 4 件以及申请撤销监护人资格的 1 件；普通程序为 6 件，一审的案例有 4 件，二审的案例有 2 件（见图 8-5）。

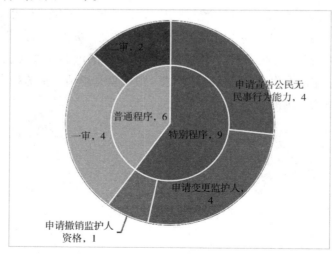

图 8-5　2021 年 12 月 31 日前涉及法律适用法第 30 条案件的适用程序

6. 适用的法律

在 15 个案件中，法院的定性、案由等方面存在差异，案情也各不相同，涉及不同的国家或地区。不管是简单地进行说理还是没有任何说理，法院最终适用的准据法都是中国内地的法律。也就是说，法院认为中国内地的法律是对被监护人（弱者）最有利的法律。其中，有 9 个案件法院适用中国内地的法律，其考虑的因素是居住地或者经常居住地，有 6 个案件法院没有明确说明所要考虑的因素，直接引用条文认为适用中国内地的法律（见图 8-6）。

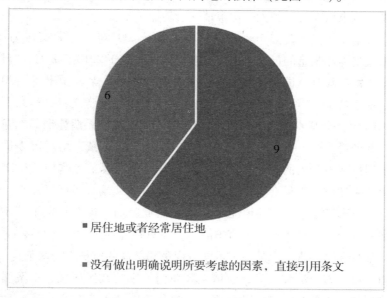

■居住地或者经常居住地

■没有做出明确说明所要考虑的因素，直接引用条文

图 8-6　适用中国内地法律考虑因素

二、典型案件分析

典型案例的选择主要考虑到案件的影响力、案件的审级以及裁判日期。考虑到法律适用法已经实施十余年，法院应该积累了一定的审理涉外民商事案件的司法经验，在司法实践中，也不断提高了自身自由裁量权行使的水平，所以，案件的选取应更多地关注最近几年的案件。

（一）廖某爱申请变更监护人案

廖某爱申请变更监护人案是广东省中山市第二人民法院审理的案件，法院于 2021 年 10 月 14 日做出了判决书。① 本案申请人是廖某爱，被申请人是邓某

---

① （2021）粤 2072 民特 619 号民事判决书。

堂和程某，申请人提出了变更监护人的请求。申请人廖某爱系澳门特别行政区居民，是被申请人邓某堂的母亲，现住在广东省中山市。申请人称被申请人邓某堂和程某于 2007 年 11 月 23 日有一非婚生女儿邓某盈，一直由两被申请人抚养。被申请人邓某堂于 2012 年被中山市中级人民法院判处无期徒刑，被申请人程某自被申请人邓某堂刑事拘留后，拒绝承担抚养责任，去向不明，未支付抚养费。邓某盈自 2010 年一直与申请人生活在一起，并实际上由申请人承担抚养责任。申请人认为其与邓某盈之间建立了深厚的感情，为了使其有一个稳定的生活环境，特申请变更监护人，由申请人行使监护权。

中山市第二人民法院经审理查明：邓某盈于 2007 年出生，父母为邓某堂、程某，廖某爱为邓某堂的母亲。中山市第二人民法院于 2010 年 8 月 27 日，针对原告程某与被告邓某堂同居关系析产、子女抚养纠纷一案，做出了（2010）中二法民一初字第 1145 号民事调解书，约定邓某盈由邓某堂抚养，程某不承担抚养费。2010 年，邓某堂被刑事拘留，2012 年，其被判处无期徒刑，剥夺政治权利终身，并处没收个人全部财产。2013 年，中山市古镇镇六坊村民委员会出具证明，证明被两申请人的女儿邓某盈、邓卓婷一直由廖某爱监护。2021 年，中山市古镇镇六坊村民委员会再次出具证明，证明邓某盈、邓卓婷一直与廖某爱共同生活，由廖某爱抚养，并说明邓某堂在监狱服刑，程某长期下落不明。同时，申请人有一定的经济能力和监护能力，愿意担任邓某盈、邓卓婷的监护人。此外，邓某盈、邓某堂、程某均表示同意变更邓某盈的监护人为廖某爱。

中山市第二人民法院认为，申请人系澳门特别行政区居民，本案属于涉澳变更监护纠纷，应参照涉外案件处理。法院认为申请人廖某爱与被监护人邓某盈均住在中山市古镇镇，依据法律适用法第三十条的规定，适用中国内地的法律作为审理案件的准据法。法院依据《中华人民共和国民法典》第 27 条第 2 款的规定，按照最有利于邓某盈成长与教育的原则，认为由与邓某盈一直共同生活的祖母廖某爱担任其监护人为宜。所以，法院支持了申请人廖某爱要求变更监护人的请求。

这是典型的涉外监护纠纷的案例。中山市第二人民法院在本案审理中，基本上做到了公正合理地审理案件，具有审理涉外民商事案件的基本思维，法官自由裁量权的行使也基本合理。本案中，中山市第二人民法院考虑的问题及其基本思维主要有以下几方面。

第一，本案涉外民事关系的认定问题。法院在审理涉外民商事案件时，首先要考虑案件是不是涉外民商事案件。如果不是涉外民商事案件，而属于国内民商事案件，法院就可以直接适用国内的实体法处理相关案件。如果是涉外民商事案件，法院则根据冲突规范寻找所要适用的法律。在本案中，申请人是澳门特别行政区居民，不属于国际民商事案件。由于中国内地没有统一的区际冲突法，依据 2012 年《司法解释（一）》第十九条的规定，对涉及香港特别行政区、澳门特别行政区的民商事案件参照适用国际私法的规定。① 申请人申请变更监护人属于涉外监护案件，依据法律适用法的规定，应该适用第三十条的规定，即适用对被监护人最有利的法律。

第二，法律适用法第 30 条的运用问题。法律适用法第三十条的规定赋予了法官极大的自由裁量权，由法官根据案件的具体情况来判断适用有利于保护被监护人的法律。第 30 条是国际私法上弱者保护原则的具体运用，采取的是保护性冲突规范的做法。法院在运用其自由裁量权时需要判断何为对被监护人有利的法律，即如何确立"有利于"被监护人的标准，是根据冲突规范本身的推断，还是根据实体法进行推断。我国有学者认为，既要结合实体法中"有利于被监护人保护"的原则进行判断，又要在冲突规范给予的法律范围内，对所给予的法律进行比较分析与权衡，选择对被监护人最有利的法律。② 在本案中，中山市第二人民法院认为选择法律的基本思路是，依据法律适用法第三十条规定，申请人与被申请人共同生活在中山市，所以适用中国内地的法律。法院又依据《中华人民共和国民法典》第 27 条第 2 款的规定，按照有利于被监护人成长和教育的原则，由申请人担任监护人。

中山市第二人民法院的做法是值得称道的。原则上来说，法官运用其自由裁量权较为合理。但是，从法律适用法第 30 条立法的基本原理来看，中山市第二人民法院的做法还需要进一步完善。立法者之所以规定保护性冲突规范，其根本目的在于保护弱者的利益，将涉外民商事法律关系置于实质性平等的地位。这种立法体现了对于弱者的人文关怀，是人本主义在我国法律适用法中的具体落实。

（二）B 抚养费纠纷案

B 抚养费纠纷案是广东省佛山市中级人民法院审理的关于涉外抚养费纠纷

---

① 2012 年最高人民法院《关于适用〈中华人民共和国涉外民事关系法律适用法〉若干问题的解释（一）》第十七条规定："涉及香港特别行政区、澳门特别行政区的民事关系的法律适用问题，参照适用本规定。"

② 张丽珍. 涉外扶养案件法律适用的实证考察：以《法律适用法》实施以来的案例为研究对象［M］//黄进，等. 中国国际私法与比较法年刊. 第 19 卷. 北京：法律出版社，2017：81.

的案件，法院于 2018 年 5 月 2 日做出二审民事判决书。①

上诉人 B 是原审被告，系爱尔兰公民，居住在广东省佛山市顺德区。被上诉人 R 是原审原告，亦系爱尔兰公民，是上诉人 B 的女儿，居住在上海市松江区。一审法院广东省佛山市顺德区人民法院，于 2017 年做出了（2017）粤 0606 民初 9485 号民事判决书。

上诉人 B 与中国公民 L 婚后于 2013 年生有一女 R。B 与 L 于 2016 年协议离婚，约定 R 由 L 抚养，B 每月支付抚养费人民币 5 000 元，每月 5 日前支付。2016 年 12 月前的抚养费人民币 4 万元于 2017 年 2 月 28 日前支付。抚养费每年递增 10%，直到 R 大学毕业。之后的费用双方协商决定。B 与 L 解除婚姻关系后，R 一直与 L 在上海生活。B 支付 2017 年 1 月和 2 月的抚养费人民币 1 万元后，没有再支付抚养费。B 在广东碧桂园学校担任英语教师，税后年薪为人民币 251 460 元。于是，R 向广东省佛山市顺德区人民法院提起抚养费之诉，要求 B 支付应承担的抚养费。

一审法院认为，本案双方当事人均系爱尔兰公民，属于涉外民商事案件。依据民事诉讼法第二十一条规定，一审法院具有管辖权。一审法院还认为，依据法律适用法第三十条规定，被抚养人 R 一直在上海市居住，适用中国法律有利于保护其利益，所以本案适用中国法律进行审理。一审法院根据中国的法律认可了《离婚协议书》的效力，B 应该按照协议书的约定支付抚养费。至于增加抚养费的请求，一审法院依据《最高人民法院关于人民法院审理离婚案件处理子女抚养问题的若干具体意见》第 7 条的规定，认为 R 的请求不符合法定情形，不予支持。

B 不服一审判决，向广东省佛山市中级人民法院提请上诉，认为《离婚协议书》不是其真实的意思表示，并认为其经济状况无力承担每月人民币 5 000 元的抚养费，要求改判为每月支付抚养费人民币 2 000 元至 2 500 元。

二审法院认为，一审判决认定事实清楚，适用法律正确，应予维持。故而二审法院驳回上诉，维持原判。

本案并不属于典型的涉外监护纠纷的案件。一般来说，涉外监护纠纷与婚姻家庭领域其他纠纷交织在一起。在离婚诉讼中，不仅涉及夫妻身份关系的解除和财产的分割等问题，而且可能涉及对于未成年子女的监护以及抚养等问题；在父母子女诉讼中，通常也会涉及对未成年子女的责任问题，即父母责任问题；在抚养诉讼中，也会涉及对未成年子女的照顾以及监护问题。所以，涉外监护

---

① （2018）粤 06 民终 2839 号民事判决书。

纠纷的法律适用与其他婚姻家庭领域的法律适用往往会产生交叉，需要法院对涉外民商事关系进行准确的定性，适用正确的冲突规范。如何正确处理法律适用法第 30 条与第 29 条以及第 25 条第 2 款，是法院在审理涉外监护纠纷时必须考虑的问题。在本案中，广东省佛山市顺德区人民法院和广东省佛山市中级人民法院适用第三十条规定的做法，值得我们进一步思考。

第一，关于涉外监护的识别问题。由于涉外监护与婚姻家庭领域其他问题交织在一起，涉外监护的识别显得尤为重要。依据我国法律适用法第八条的规定，由法院地法律，即由我国法律规定识别是否属于监护的案件。关于监护的基本内涵，我国理论界没有形成统一的意见，我国的立法也没有做出明确的界定。① 尽管我国民法典在第一编总则第二章自然人第二节监护中，从第 26 条至第 39 条用了 14 条规定了监护内容，但没有直接规定监护的概念。但从第二十六条的规定来看，对未成年人的监护采取广义的认识，将亲子关系的法律关系也包含在监护的范畴里。② 这不仅与我国婚姻家庭领域中关于抚养与赡养的规定产生混淆，也容易与我国法律适用法的规定产生冲突。我国法律适用法第三十条规定了监护的法律适用，同时第二十九条规定了扶养的法律适用。从我国国际私法的基本原理来看，扶养不仅包括父母对子女的抚养，也包括子女对父母的赡养，同时还包括夫妻之间以及兄弟姐妹之间等方面的扶养，属于广义上的扶养。所以，本案根据我国实体法上的法律概念进行识别，可能会识别为监护案件，也可能识别为抚养案件；根据我国国际私法进行识别，则识别为扶养案件。我国法律适用法第 8 条以法院地法进行识别，应该不仅包括法院地的实体法，也包括法院地的冲突法。③ 根据上述分析，本案属于涉外抚养案件，理应适用第二十九条规定。第 29 条同样是保护性冲突规范，但是所选择法律的范围比第 30 条广泛一些，除第三十条规定的一方当事人经常居所地法律或者国籍国法律外，还增加了主要财产所在地法律。即使最终法院都会适用我国的法律，但是法院法官的识别仍然存在不当之处。

第二，关于有利法律的判断问题。本案一审法院法官认为被抚养人一直在上海居住，隐含地认为被抚养人经常居所地的法律是有利于保护被抚养人的法律，所以判定中国法律是有利于保护被扶养人的法律。法院法官根据保护性冲突规范认定准据法，享有极大的自由裁量权，可能导致两种倾向：一种是导致

① 秦红嫚. 涉外监护法律适用理论与实证研究［M］. 北京：法律出版社，2020：31–35.
② 《中华人民共和国民法典》第 26 条："父母对未成年子女负有抚养、教育和保护的义务。成年子女对父母负有赡养、扶助和保护的义务。"
③ 徐伟功.《涉外民事关系法律适用法》实施研究［M］. 北京：法律出版社，2019：283.

适用法院地法的倾向；另一种是导致相同的案件或相似的案件产生不同的审判结果，损害了法制的同一性。在立法上，法律适用法规定保护性冲突规范主要考虑到法律适用的灵活性，让法官根据案件的具体情况判断对弱者最有利的法律。如果限制法官行使自由裁量权，具体规定出有利于弱者的考量因素，则会使法律适用失去其灵活性。如何平衡法律适用的灵活性与确定性是目前司法实践中必须解决的难题。由于各国的历史文化传统、风俗习惯、家庭观念等存在着一定的差异，因而无法规定有利于弱者（被监护人）判定的统一标准。加之涉外监护案件无论是主体还是案件的具体情况都具有特殊性，因而很难制定符合所有情况的具体客观的标准。所以，一方面要保持法律适用的灵活性，另一方面也要在司法实践中给出有利于弱者保护的指导性考量因素。如此，才能既做到保持法律适用适度的灵活性，又做到给予法官自由裁量权一定的限制，防止法官自由裁量权的滥用，达到灵活性与确定性的平衡。①

　　第三，法律适用上的有利于弱者原则和实体法上有利于弱者原则的运用问题。一方面两者有共同点，即案件审理的结果应该对弱者最有利，体现对弱者利益的最大化。这种利益最大化，不仅要考虑弱者的物质利益，也要考虑弱者情感等方面的精神利益。另一方面两者也有不同点，即前者着眼点法律选择上的考虑，后者注重实体法上适用的考虑。也就是说，前者立法上要求法官在司法实践中采用比较的方法，比较相关国家的实体法，找出对弱者最有利的法律；后者是在准据法确定的情况下，根据案件的具体情况决定具体权利义务的承担。前者属于法律选择上的法官自由裁量权，后者属于实体法运用上的法官自由裁量权。但是，人类思维具有复杂性，在具体案件中很难将两者分开。同时，法律适用上的有利于弱者原则的运用，施予法官繁重的司法任务，需要法官在相关数个法律间进行比较分析，进而找出最有利于弱者的法律。因此，法官就需要查明所有相关国家的法律，而查明外国法的具体内容是法官比较分析的前提。但是，外国法的查明问题是一件耗时耗力的事情，甚至是非常困难的事情，这一直是我国涉外民商事审判实践中的瓶颈问题。② 外国法难以查明降低了法官比较分析外国法的积极性，导致在司法实践中法官直接根据当事人的经常居所地或者国籍等因素，适用法院地法，从而避免了外国法的查明问题。这样便背离了法律适用法规定保护性冲突规范的本意。

---

① 秦红嫚. 涉外监护法律适用理论与实证研究［M］. 北京：法律出版社，2020：347-348.

② 林燕萍，黄艳如. 外国法为何难以查明：基于《涉外民事关系法律适用法》第 10 条的实证分析［J］. 法学，2014（10）：116.

第四，关于法律适用法第 30 条与其他相关条文的关系问题。监护与父母子女关系具有密切的联系。父母子女关系包括父母子女的人身关系与财产关系，涉及父母的责任。如果在涉外民商事案件中，出现父母子女关系与监护竞合的情况，应该首先适用第三十条的规定，不能适用第 30 条的，则适用第 25 条关于父母子女关系的法律适用的规定。关于第 30 条与第 29 条的关系，法院应当深刻理解我国实体法上的规定，监护侧重于监护人对被监护人人身与财产的保护，扶养侧重于扶养人为被扶养人提供全方位的精神与经济支持。法官应该根据案件的具体情况进行精准识别，才能准确地适用冲突规范。①

第二节　法律适用法第 29 条之实证考察

笔者通过 https：//alphalawyer. cn/#/app/tool/search/case？ searchType = law 检索案例。检索设定的条件为：时间：2021 年 12 月 31 日之前；案例来源：Alpha 案例库；案由：未设置案由；检索条件：（1）引用法条：中华人民共和国涉外民事关系法律适用法第 29 条。②（2）参照级别：普通案例。（3）数据采集时间：2022 年 2 月 14 日。共采集到案件数量为 18 个。排除了检索结果中不属于适用第 29 条的 2 件案件，总计检索到有效案件 16 个。由于将一审与二审案件分别进行统计，所以实际上检索到的案件不到 16 个。

同样由于我国裁判文书建库时间比较短以及 2016 年《最高人民法院关于人民法院在互联网公布裁判文书的规定》第 4 条第 4 款的限制，我们仅收集到 16 个案件。下文的内容根据该 16 个案件做出分析，总体上也能反映我国法官的审理情况。

---

① 秦红嫚. 涉外监护法律适用理论与实证研究［M］. 北京：法律出版社，2020：351-354.

② 法律适用法第二十九条规定："扶养，适用一方当事人经常居所地法律、国籍国法律或者主要财产所在地法律中有利于保护被扶养人权益的法律。"

一、案件概况及数据总体分析

（一）案件概况

为了研究方便以及快速了解基本情况，笔者将案件的总体概况列表如下（见表8-2）。

表8-2 2021年12月31日前涉及法律适用法第29条的总体情况

序号	审理法院	案号	案由	涉外因素	审理程序	适用法律
1	广东省东莞市第三人民法院	（2020）粤1973民初2353号	赡养费纠纷	原告为香港特别行政区居民	一审	中国内地法
2	广东省佛山市中级人民法院	（2020）粤06民终19号	赡养纠纷	被上诉人是澳门特别行政区居民	二审	中国内地法
3	广东省佛山市南海区人民法院	（2019）粤0605民初15154号	赡养纠纷	被告系澳门特别行政区居民	一审	中国内地法
4	吉林省延边朝鲜族自治州中级人民法院	（2018）吉24民初128号	赡养费纠纷	原告是朝鲜公民	一审	中国内地法
5	广东省江门市新会区人民法院	（2016）粤0705民初1719号	抚养费纠纷	原告为澳门特别行政区居民	一审	中国内地法
6	浙江省杭州市中级人民法院	（2016）浙01民终593号	抚养费纠纷	被上诉人经常居住地在澳大利亚联邦	二审	中国内地法
7	浙江省杭州市西湖区人民法院	（2015）杭西民初字第2496号	抚养费纠纷	原告经常居住地在澳大利亚联邦	一审	中国内地法
8	北京市房山区人民法院	（2014）房民初字第12322号	抚养费纠纷	原告系德国公民	一审	中国内地法
9	广东省梅州市梅县区人民法院	（2014）梅县法民一初字第169号	离婚纠纷	被告系贝宁国籍公民	一审	中国内地法

续表

序号	审理法院	案号	案由	涉外因素	审理程序	适用法律
10	北京市第二中级人民法院	（2014）二中少民终字第08865号	抚养费纠纷	上诉人系德国公民	二审	中国内地法
11	福建省高级人民法院	（2014）闽民申字第1223号	抚养纠纷	再审申请人系美国公民	再审	中国内地法
12	广东省广州市白云区人民法院	（2014）穗云法江民初字第563号	抚养纠纷	被告系系香港特别行政区居民	一审	中国内地法
13	浙江省杭州市中级人民法院	（2012）浙杭民终字第1743号	抚养费纠纷	上诉人系加拿大人	二审	中国内地法
14	广东省江门市中级人民法院	（2013）江中法民一终字第285号	赡养费纠纷	被上诉人系香港特别行政区居民	二审	中国内地法
15	海南省高级人民法院	（2012）琼民三终字第41号	同居关系纠纷	被申请人系新加坡籍公民	二审	中国内地法
16	浙江省杭州市下城区人民法院	（2011）杭下民初字第863号	抚养费纠纷	被告系加拿大国籍公民	一审	中国内地法

（二）数据统计分析

根据上述总体情况，笔者以时间、地域分布、涉外因素、案由、审理程序以及适用的法律等因素，对基本数据作简要分析。

1. 年度案件数量

法律适用法自 2011 年 4 月 1 日实施以来，截至 2021 年 12 月 31 日，在已公布案件中，根据裁判日期对案件数量进行统计，2012 年 2 件、2013 年 2 件、2014 年 1 件、2015 年 5 件、2016 年 2 件、2017 年 0 件、2018 年 1 件、2019 年 1 件、2020 年 2 件、2021 年 0 件。以上说明涉外扶养案件在我国涉外民商事案件总量中，并不是主要的案件来源（见图 8-7）。

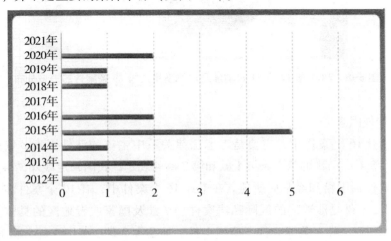

图 8-7　2021 年 12 月 31 日前涉及法律适用法第 29 条案件的每年数量

2. 案件地域分布

在所有 16 个案件中，广东省 7 件、浙江省 4 件、北京市 2 件、海南省 1 件、吉林省 1 件、福建省 1 件，分别占比 43.75%、25%、12.5%、6.25%、6.25%、6.25%。从上述数据可知，我国涉及涉外扶养方面的案件地域分布比较集中，主要集中在东部以及南部沿海发达地区，也有 1 个案件是在东北边境地区。在广东省的 7 个案件中，有 6 个案件属于区际私法的案件，主要是涉及澳门特别行政区、香港特别行政区的案件。这与广东省毗邻香港特别行政区、澳门特别行政区不无关系（见图 8-8）。

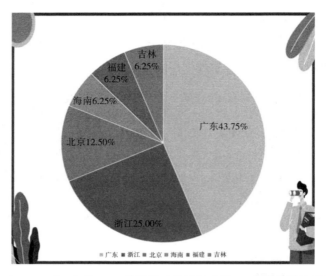

图 8-8　2021 年 12 月 31 日前涉及法律适用法第 29 条案件的地域分布

3. 涉外因素

在所有 16 个案件中，主要是考虑法律关系中主体的涉外因素。依据我国《司法解释（一）》的第 1 条第 1 款和第 2 款的规定，我国判定涉外民事关系的主体因素包括国籍和经常居所地。在上述 16 个案件中，有 10 个案件涉及国外的当事人，6 件是涉港澳的区际私法案件。从涉及国家或者地区的具体分布来看，澳大利亚 2 件、美国 2 件、德国 1 件、加拿大 2 件、美国 1 件、朝鲜 1 件、新加坡 1 件、贝宁 1 件、香港特别行政区 3 件、澳门特别行政区 3 件（见图 8-9）。

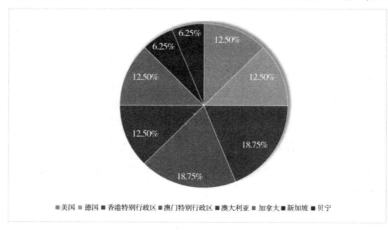

图 8-9　2021 年 12 月 31 日前涉及法律适用法第 29 条案件的涉外因素国家或地区分布

4. 案由情况

在所有 16 个案件中，以抚养费纠纷为案由的 7 件、赡养费纠纷为案由的 3 件、赡养纠纷为案由的 2 件、同居关系子女抚养权纠纷为案由的 1 件、抚养纠纷为案由的 2 件、离婚纠纷为案由的 1 件（见图 8-10）。

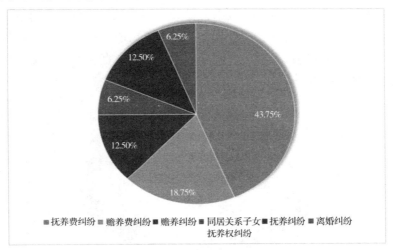

图 8-10　2021 年 12 月 31 日前涉及法律适用法第 29 条案件的案由情况分布

5. 审理程序

在所有的 16 个案件中，审理程序分布状况为：一审案件有 6 件，二审案件有 9 件，再审案件有 1 件（见图 8-11）。

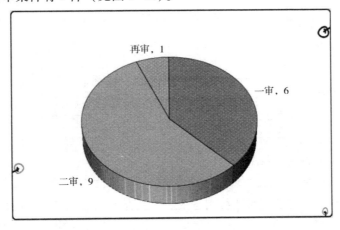

图 8-11　2021 年 12 月 31 日前涉及法律适用法第 29 条案件的适用程序

6. 适用的法律

尽管在所有 16 个案件中，法院的定性、案由等方面存在差异，案情也各不相同，涉及不同的国家或地区，不管是简单地进行说理还是没有任何说理，最终的准据法都是中国内地的法律。也就是说，法院认为中国内地的法律是对被扶养人（弱者）最有利的法律。其中，有 13 个案件法院适用中国内地法律的考虑因素是当事人经常居所地、国籍或主要财产所在地中有利于保护弱者权益的法律，有 3 个案件法院没有明确说明所考虑的因素，直接引用条文认为适用中国内地的法律（见图 8-12）。

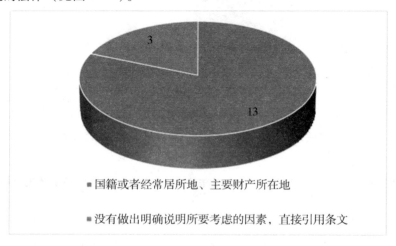

图 8-12　适用中国内地法律考虑因素

二、典型案件分析

典型案例的选择主要考虑到案件的影响力、案件的审级以及裁判日期，主要关注近期的案件。

（一）邹某英与李某香、李某君赡养费纠纷案

本案是广东省东莞市第三人民法院审理的关于赡养费纠纷的案件。[①] 原告邹某英是香港特别行政区居民，被告李某香的户籍所在地在广东省东莞市，第三人李某君是香港特别行政区居民。

原告是被告和第三人的母亲。原告的配偶李某桂是香港特别行政区居民，原告及其配偶现均居住于香港特别行政区。原告于 2020 年 2 月 13 日搬出其配偶住处，在香港特别行政区单独租房居住。原告需每月支付房租港币 4000 元以及

---

① （2020）粤 1973 民初 2353 号民事判决书。

补药的费用，原告每月可以领取香港特别行政区发放的综援港币3700元，看病有公立医院报销补助，配偶的住房是免除房租的。原告的房屋租金由第三人支付，并每月给予生活费港币500元，第三人收入为每月一万多元港币。被告每月工资为人民币2190元，被告的配偶每月工资人民币3000元左右，但其需要长期看病与吃药。被告另提交住院诊断证明书、出院记录等证实其与罗某雄需长期看病、吃药。被告有一子，正在上大学。双方当事人确认，原告及其配偶将两套房产分别给予被告与第三人，被告所得的是旧房屋，第三人所得的是新房屋。

东莞市第三人民法院认为，原告为香港特别行政区居民，案件属于涉港赡养费纠纷，应按照涉外纠纷处理。依据法律适用法第二十九条规定，案涉被告住所地在中华人民共和国内地，故应以中华人民共和国内地的法律作为解决本案争议的准据法。

本案属于典型的涉外扶养纠纷的案件。东莞市第三人民法院首先认定案件是涉港案件，按照涉外民商事案件进行处理。也就是说，我国没有统一的区际冲突法，我国内地采取的是参照国际私法进行处理的做法，适用法律适用法的规定是合理的。从这点来看，法院的做法是值得称道的。但是，东莞市第三人民法院的判决有些方面还值得进一步思考。

第一，东莞市第三人民法院法官自由裁量权的运用还需要进一步深入。法院的判决在列举第29条的内容后，仅因被告住所地在中国内地，便认为中国内地的法律是有利于保护被扶养人权益的法律。法律适用法第二十九条规定适用法律的范围是"一方当事人经常居所地法律、国籍国法律或者主要财产所在地法律"。在本案中，原告、被告以及第三人的经常居所地分别在中国香港特别行政区以及内地，国籍、主要财产所在地均没有明确说明。这里就涉及中国香港特别行政区的法律和中国内地的法律，法官在没有任何比较的情况下，就直接认定中国内地的法律是有利于被扶养人权益的法律，没有任何说理过程，其准据法选择的合理性是值得怀疑的。

第二，法律适用法第二十九条规定是适用"一方当事人"的法律。一方当事人应该包括原告、被告，甚至可以考虑第三人。在本案中，法官并没有说明"一方当事人"是原告还是被告，只是笼统地认为"案涉被告住所地在中华人民共和国内地"，以说明法官认为适用被告住所地法律。但是，法院并没有具体阐明适用被告住所地法律的具体理由。

（二）邓某玲与黄某权、黄某嫦、黄某权等赡养费纠纷案

本案一审法院是广东省佛山市南海区人民法院，[①] 二审法院是广东省佛山市中级人民法院。[②]

本案原告邓某玲，被告黄某嫦、黄某嫦、黄某权、黄某权。其中，被告黄某权是澳门特别行政区居民。原告是四被告的母亲，年近 77 岁，无生活来源，在敬老院生活。原告需支付敬老院的费用每月人民币 3400 元以及各种医药费、生活开支等。原告因积蓄所剩无几，无力继续维持生活。经过当地各种组织进行协调，四被告仍拒绝支付赡养费，原告特提起诉讼。

广东佛山市南海区人民法院认为，被告黄某权是澳门特别行政区居民，案件属于涉澳民事案件。原告的住所地在佛山市南海区，依据法律适用法第二十九条规定，应适用我国内地法律作为解决争议的准据法。同时，法院指出："赡养父母既是中华民族的传统美德，又是每个子女应尽的义务。"据此，法院依据我国内地的法律判决四被告每月支付原告赡养费人民币 1200 元。

被告黄某嫦不服广东佛山市南海区人民法院的一审判决，向广东省佛山市中级人民法院提起上诉。二审法院认为：原审判决认定事实清楚，适用法律正确，处理结果妥当，本院予以维持。黄某嫦的上诉请求缺乏事实和法律依据，本院不予支持。于是二审法院驳回上诉，维持原判。

本案是涉澳门特别行政区扶养纠纷的案件。本案被告之一是澳门特别行政区的居民，案件应按照涉外民商事案件处理。本案的审理思路基本上与邹某英与李某香、李某君赡养费纠纷案一致，对法官自由裁量权的运用也没有做出较为详细的阐述。本案不同之处在于，法院指明原告的住所地在中国内地，适用中国内地的法律是有利于保护被扶养人权益的法律。两案都指出了赡养父母是子女应尽的义务，这点是值得称道的。

（三）林某甲与林某乙抚养费纠纷案

本案一审法院是浙江省杭州市西湖区人民法院，[③] 二审法院是浙江省杭州市中级人民法院。[④]

本案原告林某甲，与其母亲在澳大利亚生活，正在读书。被告林某乙。原告是被告的亲生子。2010 年，原告母亲与被告协议离婚，约定原告由母亲抚养，

---

① （2019）粤 0605 民初 15154 号民事判决书。
② （2020）粤 06 民终 19 号民事判决书。
③ （2015）杭西民初字第 2496 号民事判决书。
④ （2016）浙 01 民终 593 号民事判决书。

被告支付抚养费每月人民币 5000 元。由于被告拖欠抚养费，原告母亲虽再婚，但无力承担原告的学费，所以诉请被告支付拖欠的抚养费。被告于 2011 年再婚，现任妻子罹患鼻咽癌。

浙江省杭州市西湖区人民法院认为，本案原告经常居住地是澳大利亚，案件属于涉外民事案件。依据法律适用法第二十九条规定，因原、被告均是中国公民，所以适用中国法律处理案件的纠纷。法院认为，父母子女关系不因父母离婚而消除。离婚后，父母仍然有抚养和教育的权利与义务，不与子女共同生活的一方有承担子女抚养费的义务。在本案中，被告与原告的母亲达成一致的协议，如果父母双方的负担能力以及子女学习的需要没有发生重大变化，应按照约定履行。根据离婚协议，被告承担每月人民币 5000 元的抚养费，符合澳大利亚的生活条件，也兼顾了被告的负担能力。但是，被告因再婚妻子罹患重病导致其经济状况出现较大变化，法院根据原告的实际需要、当地的实际生活水平，以及被告的负担能力，酌情调整为被告每月支付 2500 元。

被告不服浙江省杭州市西湖区人民法院的一审判决，向浙江省杭州市中级人民法院提起上诉。被告称离婚后其经济状况发生重大变化，除再婚妻子罹患重病外，还因单位破产，致使被告离婚后多年生活困难。同时被告同意一审判决中的支付总额，但要求适当延期进行支付，要求期限为一年。浙江省杭州市中级人民法院认为，一审法院认定事实清楚，处理得当，上诉人（被告）以其支付能力受限为由要求在一年内履行给付义务，缺乏法律依据。于是二审法院驳回上诉，维持原判。

本案与前两个案件不同，前两个案件是属于区际私法的案件，其法律适用准用国际私法的规定，即参照法律适用法的相关规定进行处理，而本案属于国际私法的案件。依据《司法解释（一）》第一条的规定以及《民诉法解释》第532 条的规定，因为本案的原告经常住所地在澳大利亚，本案属于典型的涉外扶养纠纷的案件。与上述两个案件相比较，法官在运用其自由裁量权适用法律适用法第二十九条规定时有所不同。本案与上述两个案件法官的基本思路是相同的，即列举了第二十九条规定后，认定我国法律是有利于保护被扶养人权益的法律。只不过，上述第一个案件是依据被告住所地来确定适用我国内地的法律，第二个案件是依据原告住所地来确定适用我国内地的法律，本案则是依据原、被告的国籍来确定适用我国的法律。从中可以得知，法官在运用其自由裁量权时具有适用法院地法的倾向。因为在涉外扶养的案件中，总会有一方当事人与我国（或内地）具有某种联系，要么具有我国的国籍，要么具有我国（或内地）的住所或经常居所。法院可以根据这些联系因素，认定我国（或内地）的法律是有利于保护弱者权益的法律。如此，法官就避免了外国法查明的麻烦。法官适用法院地法的倾向，不能说是错误的，但是法官在没有比较分析、没有具体说理的情况下，适用我国（或内地）的法律作为案件的准据法，其正当性与合理性还是值得怀疑的。

第三节　法律适用法第 25 条第 2 款之实证考察

笔者通过 https：//alphalawyer.cn/#/app/tool/search/case? searchType = law 检索案例。检索设定的条件为：时间：2021 年 12 月 31 日之前；案例来源：Alpha 案例库；案由：未设置案由；检索条件：全文：适用一方当事人经常居所地法律或者国籍国法律中有利于保护弱者权益的法律;[1] 数据采集时间：2022 年 2 月 14 日。共采集到案件数量为 34 个。排除了检索结果中不属于第 25 条第 2 款的案件，检索到有效案件 31 个。由于将一审与二审案件分别进行统计，所以实际检索到的案件不到 31 个。

同样由于我国裁判文书建库时间比较短以及 2016 年《最高人民法院关于人民法院在互联网公布裁判文书的规定》第 4 条第 4 款的限制，我们仅收集到 31 个案件。下文的内容根据该 31 个案件做出分析，总体上也能反映我国法官审理案件的基本情况。

一、案件概况及数据总体分析

（一）案件概况

为了研究方便以及快速了解基本情况，笔者将案件的总体概况列表如下（见表 8-3）。

---

[1]　法律适用法第二十五条规定："父母子女人身、财产关系，适用共同经常居所地法律；没有共同经常居所地的，适用一方当事人经常居所地法律或者国籍国法律中有利于保护弱者权益的法律。"

表8-3 2021年12月31日前涉及法律适用法第25案第2款的总体情况

序号	审理法院	案号	案由	涉外因素	审理程序	适用法律
1	上海市第一中级人民法院	（2020）沪01民终7796号	排除妨害纠纷	上诉人系法兰西和国国籍公民	二审	中国内地法
2	浙江省东阳市人民法院	（2020）浙0783民初7019号	离婚后财产纠纷	原告系大韩民国公民	一审	中国内地法
3	广东省珠海横琴新区人民法院	（2020）粤0491民初2038号	分家析产纠纷	原告系澳门特别行政区居民	一审	中国内地法
4	广东省深圳市南山区人民法院	（2019）粤0305民初14086号	侵权责任纠纷	原告系香港特别行政区居民	一审	中国内地法
5	广东省中山市中级人民法院	（2019）粤20民终6869号	房屋买卖合同纠纷	被上诉人系香港特别行政区居民	二审	中国内地法
6	广东省珠海市中级人民法院	（2019）粤04民终878号	继承纠纷	上诉人系加拿大国籍公民	二审	中国内地法
7	福建省莆田市涵江区人民法院	（2019）闽0303民初57号	赡养费纠纷	被告系香港特别行政区居民	一审	中国内地法
8	重庆市第五中级人民法院	（2018）渝05民终1121号	探望权纠纷	上诉人系新西兰公民	二审	中国内地法
9	福建省厦门市海沧区人民法院	（2018）闽0205民初2330号	同居关系子女抚养纠纷	被告系台湾地区居民	一审	中国内地法

续表

序号	审理法院	案号	案由	涉外因素	审理程序	适用法律
10	福建省莆田市涵江区人民法院	（2018）闽 0303 民初 1297 号	赡养纠纷	被告系香港特别行政区居民	一审	中国内地法
11	福建省莆田市中级人民法院	（2018）闽 03 民终 2181 号	赡养费纠纷	上诉人系香港特别行政区居民	二审	中国内地法
12	福建省福州市中级人民法院	（2017）闽 01 民终 1156 号	同居关系子女抚养纠纷	被上诉人系香港特别行政区居民	二审	中国内地法
13	广东省江门市新会区人民法院	（2016）粤 0705 民初 942 号	赡养费纠纷	被告经常居住地为澳大利亚	一审	中国内地法
14	北京市第一中级人民法院	（2016）京 01 民辖终 289 号	申请撤销监护人资格	双方当事人均为德意志联邦共和国国籍	二审	中国内地法
15	广东省广州市中级人民法院	（2016）粤 01 民再 131 号	抚养纠纷	被申请人为香港特别行政区居民	再审	中国内地法
16	北京市昌平区人民法院	（2016）京 0114 民初 16858 号	变更抚养关系纠纷	被告系美国公民	一审	中国内地法
17	北京市第一中级人民法院	（2016）京 01 民辖终 288 号	监护权纠纷	上诉人系德意志联邦共和国国籍公民	二审	中国内地法
18	湖南省益阳市南县人民法院	（2015）南法民一初字第 805 号	离婚纠纷	被告经常居住地在美国	一审	中国内地法

续表

序号	审理法院	案号	案由	涉外因素	审理程序	适用法律
19	广东省开平市人民法院	（2015）江开法民四初字第391号	同居关系子女抚养费纠纷	被告经常居住地在多米尼加共和国	一审	中国内地法
20	广东省珠海市横琴新区人民法院	（2015）珠横法民初字第101号	抚养费纠纷	原告系澳门特别行政区居民	一审	中国内地法
21	四川省成都市中级人民法院	（2015）成民终字第2731号	继承纠纷	被上诉人系美国人	二审	中国内地法
22	福建省福州市中级人民法院	（2015）榕民终字第1624号	同居关系子女抚养纠纷	本案所涉及的非婚生子女出生在香港，系香港居民	二审	中国内地法
23	广东省佛山市顺德区人民法院	（2015）佛顺法民一初字第473号	同居关系子女抚养纠纷	原告系澳门地区居民，被告系台湾地区居民	一审	中国内地法
24	福建省厦门市海沧区人民法院	（2015）海民初字第1579号	婚姻家庭纠纷	被告系台湾地区居民	一审	中国内地法
25	福建省厦门市海沧区人民法院	（2015）海民初字第533号	抚养纠纷	被告系台湾地区居民	一审	中国内地法
26	广东省广州市白云区人民法院	（2014）穗云法江初字第563号	抚养纠纷	被告系香港地区居民	一审	中国内地法
27	北京市第二中级人民法院	（2014）二中少民终字第08865号	抚养费纠纷	上诉人系德国籍公民	二审	中国内地法

续表

序号	审理法院	案号	案由	涉外因素	审理程序	适用法律
28	广东省江门市新会区人民法院	(2014)江新法民四初字第88号	同居关系子女抚养纠纷	原告系香港地区居民	一审	中国内地法
29	北京市朝阳区人民法院	(2014)朝民初字第40766号	探望权纠纷	被告系澳大利亚国籍公民	一审	中国内地法
30	广东省江门市新会区人民法院	(2014)江新法民四初字第38号	同居关系子女抚养纠纷	被告系台湾地区居民	一审	中国内地法
31	福建省厦门市海沧区人民法院	(2013)海民初字第2406号	婚姻家庭纠纷	被告系台湾地区居民	一审	中国内地法

（二）数据统计分析

根据上述总体情况，笔者根据时间、地域分布、涉外因素、案由、审理程序以及适用的法律等因素，对基本数据作简要分析。

1. 年度案件数量

法律适用法自 2011 年 4 月 1 日实施以来，截至 2021 年 12 月 31 日，根据裁判日期对案件数量进行统计，2014 年 4 件、2015 年 7 件、2016 年 6 件、2017 年 3 件、2018 年 4 件、2019 年 3 件、2020 年 3 件、2021 年 1 件。尽管在 2016 年《最高人民法院关于人民法院在互联网公布裁判文书的规定》第 4 条第 4 款规定关于离婚、抚养、监护案件不上网公开，但是在 2016 年以前，此类案件的绝对数量也是相当低的，最多的年份（2015 年）也只有 7 件（见图 8-13）。

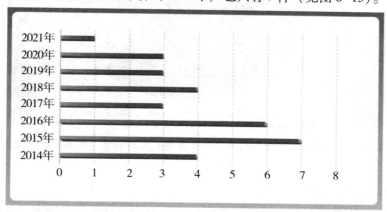

图 8-13　2021 年 12 月 31 日前涉及法律适用法第 25 条第 2 款案件的每年数量

2. 案件地域分布

在所有 31 个案件中，广东省 12 件、福建省 9 件、北京市 5 件、浙江省 1 件、上海市 1 件、重庆市 1 件、湖南省 1 件、四川省 1 件，分别占比 38.71%、29.03%、16.13%、3.23%、3.23%、3.23%、3.23%、3.23%。从上述数据可以得知，我国涉及涉外父母子女关系方面的案件地域分布比较集中，主要集中在东部以及南部沿海发达地区。有 18 个案件属于区际私法的案件，主要涉及澳门特别行政区、香港特别行政区、台湾地区的案件（见图 8-14）。

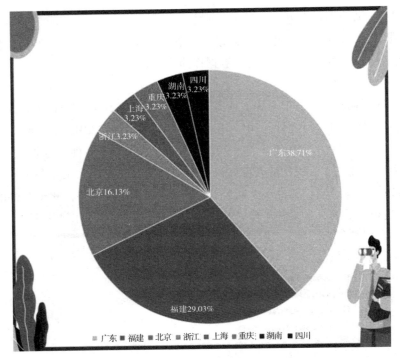

图8-14　2021年12月31日前涉及法律适用法第25条第2款案件的地域分布

3. 涉外因素

在所有31个案件中，主要是考虑法律关系中主体的涉外因素。依据我国《司法解释（一）》第1条第1款和第2款的规定，我国判定涉外民事关系的主体因素包括国籍和经常居所地。在上述31个案件中，13个案件涉及国外的当事人，18个是涉及港澳台因素的当事人。从具体涉及国家或者地区分布来看，法国1件、美国3件、加拿大1件、德国3件、澳大利亚2件、新西兰1件、韩国1件、多米尼加共和国1件、中国香港特别行政区10件、中国澳门特别行政区3件、中国台湾地区5件。以上数据中的案件，有的案件涉及澳门与台湾因素，有的涉及香港与澳门因素（见图8-15）。

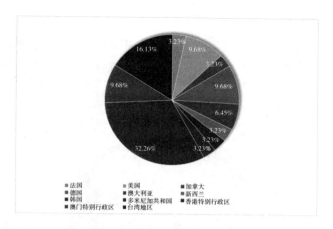

图 8-15　2021 年 12 月 31 日前涉及法律适用法第 25 条第 2 款案件的涉外因素国家或地区分布

4. 案由情况

在所有 31 个案件中，赡养费纠纷 4 件、排除妨害纠纷 1 件、离婚后财产纠纷 1 件、分家析产纠纷 1 件、侵权责任纠纷 1 件、房屋买卖合同纠纷 1 件、继承纠纷 2 件、婚姻家庭纠纷 2 件、同居关系子女抚养纠纷 7 件、探望权纠纷 2 件、抚养费纠纷 2 件、离婚纠纷 1 件、监护权纠纷 2 件（包含申请撤销监护人资格案件）、抚养纠纷 4 件（包括变更抚养关系纠纷案件）。由此可见，案由主要涉及未成年子女的抚养、老年父母的赡养争议（见图 8-16）。

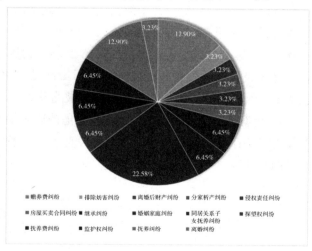

图 8-16　2021 年 12 月 31 日前涉及法律适用法第 25 条第 2 款案件的案由情况分布

5. 审理程序

在所有的 31 个案件中，二审的 12 件，一审 18 件，再审 1 件。可以反映出 40% 左右的案件当事人对于一审判决存在较大争议（见图 8-17）。

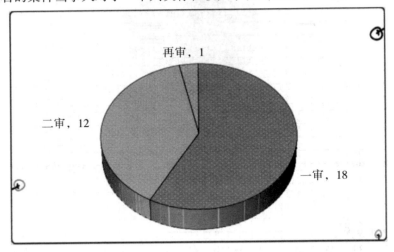

图 8-17 2021 年 12 月 31 日前涉及法律适用法第 25 条第 2 款案件的适用程序

6. 适用的法律

31 个案件全部是排除了错误适用法律适用法第 25 条的全部案件，比如，北京市第三中级人民法院做出的（2020）京 03 民终 12907 号民事判决书，案件本身涉及生命权、身体权、健康权纠纷，并未涉及父母子女之间的人身财产关系，法院也笼统地将法律适用法第 25 条作为说理依据。对于所有 31 个案件，法院在定性、案由等方面存在差异，案情也各不相同，涉及不同的国家或地区，不管是简单地进行说理还是没有任何说理，最终的准据法都是中国内地的法律。也就是说，法院认为中国内地的法律是对被抚养人、被赡养人（弱者）最有利的法律。其中，有 28 个案件法院适用中国内地法律考虑的因素是经常居住地或国籍，有 3 个案件法院没有明确说明所考虑的因素，直接引用条文认为适用中国内地的法律（见图 8-18）。

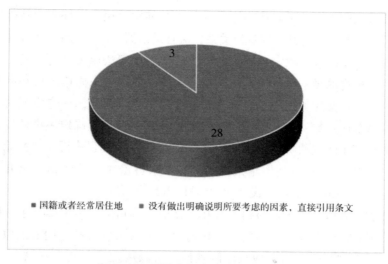

图 8-18　适用中国内地法律考虑因素

二、典型案件分析

典型案例的选择主要考虑到案件的影响力、案件的审级以及裁判日期，主要关注近期的案件。

（一）崔某 1、吴某离婚后财产纠纷案

本案是浙江省东阳市人民法院审理的关于离婚后的财产纠纷案，涉及父母子女的人身关系问题。①

原告崔某 1 是韩国公民，住在浙江省义乌市。被告吴某，住在浙江省东阳市。原告与被告结婚后育有一子崔某 2，婚姻存续期间，原告以医疗费、学费、生活费等名义通过银行向被告转账人民币 238710 元。2015 年，双方当事人协议离婚，儿子由吴某抚养，随吴某生活，抚养费由崔某 1 全部负责，直到崔某 2 大学毕业。离婚后，原告崔某 1 以学费、生活费、医疗费等名义向被告转账人民币 351800 元，向儿子的学校转账人民币 63000 元。经原告申请，由两鉴定机构分别做出鉴定，排除了原告为崔某 2 的生物学的父亲。经原被告申请，由另一鉴定机构进行鉴定，亦得出同样的结果。原告遂提起诉讼，要求被告返还婚姻存续期间以及离婚后转账的款项，要求被告赔偿原告精神损害抚慰金并承担鉴定费。

---

① （2020）浙 0783 民初 7019 号民事判决书。

浙江省东阳市人民法院认为原告崔某 1 是韩国公民，案件属于涉外民事纠纷案。关于崔某 1 与崔某 2 的身份关系，法官是依据法律适用法第 8 条进行定性以及第二十五条的规定确定准据法的。法院认为本案法律关系为离婚后损害责任纠纷，且被告的经常居所地在法院辖区，所以浙江省东阳市人民法院对本案享有管辖权，本案应适用中华人民共和国法律审理。据此，法院依照《中华人民共和国婚姻法》第 4 条、第 46 条，《最高人民法院关于确定民事侵权精神损害赔偿责任若干问题的解释》第 1 条，《中华人民共和国民事诉讼法》第 64 条，《最高人民法院关于适用〈中华人民共和国民事诉讼法〉的解释》第九十条的规定，做出（2020）浙 0783 民初 7019 号民事判决书。

浙江省东阳市人民法院的判决有几点是值得称道的：一是确立了法院的管辖权。依据我国民事诉讼法的规定，普通管辖采取原告就被告住所地原则。但在本案中，被告的经常居所地在法院辖区，所以法院认定其有管辖权。当然，法院的分析还是有一定问题，我国普通管辖的依据是被告住所地，而不是被告的经常居所地。一般而言，被告的住所地以其户籍所在地为标准，经常居所地与住所地不一致的，以其经常居所地为其住所。法院认定管辖权应该是没有太大问题，只是说理需要更加清晰。二是对案件做出了定性。依据法律适用法第八条的规定，定性适用法院地法，即依据中国法律认定案件的性质。法院分析了定性的问题，认为本案法律关系是离婚后的损害责任纠纷；但是法院在案件定性和准据法的确定等方面还需要作进一步思考。

第一，关于本案的定性问题。法院适用法律适用第八条规定，运用中国法律进行定性，应该是正确的。但是法院在具体的定性方面仍需深入思考。本案属于损失的返还纠纷。如果要求被告返还婚姻存续期间的费用以及离婚后抚养子女的费用，就首先要确定原告与崔某 2 之间有无父母子女人身关系。如果存在父母子女人身关系，则返还不予支持；如果不存在，则可以要求返还。所以，父母子女人身关系是本案的前提条件。关于先决问题的法律适用，依据《司法解释（一）》第十条的规定，涉外民事争议的解决需以另一涉外民事关系的确认为前提时，人民法院应当根据该先决问题自身的性质确定其应当适用的法律。也就是说，法院将父母子女关系的认定作为单独的问题确定其准据法。法院在分析具体案件情况后，适用法律适用法第二十五条的规定来确定父母子女关系是正确的。至于返还费用的法律关系认定问题，应当有其自身的准据法。在本案中，法院将案件认定为离婚后的损害责任纠纷。如果按照法院的认定，必须适用其自身的冲突规范，确定准据法。法院在本案中并没有确定其适用的冲突规范。如果属于侵权案件，就应该适用法律适用法第四十四条的规定。当然，法院的定性仍然存在一定的问题。当事人请求返还的不仅包括离婚后支付子女的费用，也包括离婚前支付的费用，所以认定是离婚后的损害责任纠纷，就明显先入为主地排除了离婚前这一部分的费用。在本案中，如果原告能够明确在婚姻存续期间用于子女的教育等费用不是作为家庭的共同生活费用，其是可以要求返还的。一般而言，原告承担婚姻存续期间以及离婚后子女的费用是以存在父母子女人身关系为基础的。根据本案的实际情况，原告与崔某2并不存在父母子女人身关系，所以其没有义务承担子女在婚姻存续期间以及离婚后费用的义务，上述费用应该属于被告的不当得利。如果认定为不当得利的法律关系，则应该适用法律适用法第四十七条的规定确定准据法。尽管无论适用法律适用法第四十四条的规定还是适用第四十七条的规定，最终的结果都是适用中国的法律，但是法院没有做出正确的认定、没有适用任何冲突规范而直接适用中国法律，此种做法还是有待商榷的。

第二，法官在具体适用法律适用法时还需要进一步说理。法律适用法第25条有两款规定，第1款是适用共同经常居所地法律，第2款是适用一方当事人经常居所地法律或者国籍国法律中有利于保护弱者权益的法律。法官仅是列举了第二十五条的规定，认为被告的经常居所地在法院辖区，所以适用中国的法律。法院的推理存在一定偏差。首先法院应该明确指出，是适用第1款的规定还是第2款的规定。如果是第1款的规定，就必须说明本案双方当事人有共同的经常居所地。如果当事人不存在共同经常居所地，则应该适用第2款的规定。如果法院适用第2款的规定，则首先要确定哪一方当事人是弱者。在本案中，父母子女人身关系的认定是先决问题。崔某2并不是本案的当事人，能否认定崔某2为弱者一方当事人是需要进一步考虑的问题。如果认定崔某1为弱者一方当事人，那么，法院认定的依据是什么，对此需要进一步说明。在本案中，适用一方当事人经常居所地法律或者国籍国法律中有利于保护弱者权益的法律，其具体的法律范围是韩国的法律和中国的法律。法院需要比较分析韩国与中国法律的具体规定后，才能得出何国法律是有利于保护弱者的法律。这就需要法院确定有利于保护弱者权益法律的分析因素。

（二）蒋某甲与蒋某乙抚养纠纷案

本案是厦门市海沧区人民法院审理的一审案件。[①] 原告蒋某甲，被告蒋某乙系台湾地区居民。原告称其母亲黄某乙在厦门医院生下蒋某甲，《出生医学证明》载明蒋某乙是其父亲。蒋某乙未支付2013年的抚养费。2014年，蒋某乙与

---

① （2015）海民初字第533号民事判决书。

黄某乙登记结婚。原告蒋某甲是蒋某乙与黄某乙结婚前所生，无法确认是否亲生，因而请求法院明确蒋某甲与蒋某乙之间的亲生关系，要求被告支付2013年度的抚养费。法院经审理查明，由《出生医学证明》以及黄某乙和蒋某乙共同委托的鉴定机构证明，蒋某甲与蒋某乙存在亲生血缘关系，是蒋某乙的亲生子女。被告蒋某乙不持异议。另法院查明，被告蒋某乙未支付2013年的抚养费，蒋某乙于2013年起租住厦门市思明区。

法院认为，被告蒋某乙是台湾地区居民，本案为涉台抚养纠纷，应当参照涉外案件处理。本案被告蒋某乙经常居住地在福建省厦门市，且本案属厦门市中级人民法院指定本院集中管辖的涉台案件，本院对此案有管辖权。依据法律适用法第二十五条的规定，本案应当适用中华人民共和国内地法律。于是法院支持了原告的全部诉讼请求。

本案的案情非常简单，双方当事人对案件的事实情况也没有异议。厦门市海沧区人民法院的做法有值得称道的地方：一是关于是不是涉外案件的定性问题。法院认为被告是台湾地区的居民，属于涉台抚养纠纷案件，应当参照涉外案件处理。二是关于法院的管辖权问题。法院认为蒋某乙经常居所地在厦门市，法院又是指定集中管辖的法院，所以厦门市海沧区人民法院对案件具有管辖权。但是，法院对于法律关系的认定以及准据法的确定过于简单。

第一，关于法律关系的认定问题。法院认定案件是涉台抚养案件，但是又依据法律适用法第25条确定准据法。一般来说，第二十五条的规定属于父母子女人身关系与财产关系的法律适用，抚养的法律适用应该适用法律适用法第二十九条规定。其实本案原告的诉讼请求属于两个不同的法律关系。原告的第一项诉讼请求是要求明确原告与被告之间存在父母子女关系，属于确认之诉。第二项请求是要求被告给付2013年的抚养费，属于给付之诉。前一个法律关系是父母子女人身的法律关系，后一个法律关系是扶养的法律关系。对于两个不同的法律关系，应该分别确定各自的准据法。依据《司法解释（一）》第十一条的规定，案件涉及两个或者两个以上的涉外民事关系时，人民法院应当分别确定应当适用的法律，即本案应该适用法律适用法第二十五条以及第二十九条的规定，分别确定准据法。

第二，关于第25条的适用问题。法律适用法第25条属于有条件的选择性的冲突规范，只有在没有共同经常居所地法律的情况下，适用一方当事人经常居所地法律或者国籍国法律中有利于保护弱者权益的法律。但是，法院在没有任何分析的情况下，适用中国大陆的法律。根据本案的具体情况，原告与被告的经常居所地均在中国内地，适用中国大陆的法律是正确的。但是，如果本案被告经常居所地不在中国内地，法院则要根据第 25 条第 2 款的规定确定准据法。由于本条款并没有规定何为弱者，需要法官根据案件的具体情况来认定。在本案中，法官可以认定原告为弱者一方当事人。至于何为有利于保护弱者权益的法律，就需要法官正确行使其自由裁量权加以确定。

第四节　法律适用法中保护性冲突规范之适用分析

法律适用法第二十五条第二款、第二十九条、第三十条的规定均是典型的保护性冲突规范，其立法根本目的在于保护弱者的权益，适用对弱者最有利的法律。传统冲突法连结点的选择是遵循萨维尼"法律关系本座说"的思想，连结点具有唯一性、固定性与中立性。保护性冲突规范打破了传统连结点选择的思想，连结点不再具有唯一性、固定性与中立性。也就是说，保护性冲突规范中规定了多个连结点，连结点也不固定。更为重要的是，连结点具有非中立性，具有某种价值的倾向，即适用对弱者最有利的法律，体现了国际私法上的弱者权利保护原则。从立法的角度来看，保护性冲突规范体现了国际私法上的实体正义，重视法官的自由裁量权，期望实现对弱者实质性的公平与正义。但是从我国的司法实践来看，前三节检索到的案件，即适用法律适用法第 30 条的有 15 个案件、适用第 29 条的有 16 个案件、适用第 25 条第 2 款的有 31 个案件，毫无例外地都是适用中国（内地或大陆）的法律。而且法院在适用过程中，针对大多数案件仅仅说明当事人的经常居所或住所或国籍在中国，就确定中国（内地或大陆）的法律作为准据法。甚至有少数案件在没有任何说理的情况下，就直接认定中国（内地或大陆）的法律是对当事人最有利的法律。立法的理想与司法的现实之间存在着较大的反差，这是立法的问题还是司法的问题，如何解决立法的理想主义与司法的现实主义的冲突，值得我们进一步思考。

一、保护性冲突规范立法的理想主义

本书在第四章第三节中详细阐述了国际私法的冲突正义与实体正义。当代国际私法呈现出实体价值的取向，具体原则体现为弱者权利保护原则，具体方法体现为限制当事人的意思自治以及保护性冲突规范的运用。

弱者权利保护原则是古典自然法学流派公平正义在现代社会的回归，是其在现代社会的发展。古典自然法学流派公平正义的价值观是建立在"法律面前人人平等"基本理念基础上的，体现了人的平等性。正如本章前文所述，在当

代社会里，由于科学技术的发展、社会关系的复杂，出现了现代社会"身份"的烙印，出现了事实上不平等的现象。民法的社会化、国际法上弱者人权的保护、国际经济法上对于劳工的保护，无不是对这种事实上不平等的一种法律回应，试图对弱者在法律上给予特殊的保护，试图将这种不平等的现象通过法律上特殊的规定，将之拉回到事实上平等的状态。国际私法立法制度的发展也不例外。弱者权利保护原则在第二次世界大战之后逐渐成为国际私法上的一项原则。国际私法上的弱者权利保护原则，其主要目的是在法律选择的过程中，注入实体上价值的考虑，即无论是在立法的制定上还是在司法实践的运用上，都应该注重国际民商事关系中弱者一方当事人的合法权益，以矫正表面上公平而事实上不公平的现象。也就是说，"法律不仅借助抽象人格对全体社会成员提供一体保护，而且根据人所处的具体社会关系，界定某一群体基于社会弱者的地位，再由法律予以倾斜或特殊保护。"①

弱者权利保护原则在国际私法立法上运用的具体措施主要体现在以下几方面。

其一，体现在合同法律适用领域限制当事人的意思自治，即限制当事人选择法律的自由，以达到实质上的公平。一般而言，合同是平等当事人合意的结果，是当事人意思表示的自由。在国际私法中，当事人意思自治原则是普遍接受法律选择的原则，体现为当事人的自由主义，即双方当事人不仅有订立合同的自由，也有选择法律处理他们之间争议的自由。但是，这种选择往往会受到弱者权利保护原则的制约与限制。在某些特殊的合同中，由于缔约双方当事人的地位悬殊，一般是不允许当事人选择法律的。例如，法律适用法第四十三条的规定，在劳动合同法律适用中排除了当事人选择法律的自由，达到对劳动者合法权益的保护。因为在劳动合同领域，由于现代社会的发展，出现许多跨国企业或大型的互联网企业，这些企业具有强势地位，甚至堪比中小国家。如果允许双方当事人选择合同所适用的法律，强势一方的企业可能采取格式性的法律选择条款，逼迫劳动者不得不接受该条款。这就无法反映劳动者真实的选择法律意思。即使劳动者有选择法律的权力，其也不能像大的企业有专门的法律团队，其选择的法律也可能对自己不利。当然在晚近国际私法的立法中，有的立法也直接赋予了弱者选择法律的权力，由弱者单方进行选择。从国际私法上意思自治原则的本意来看，这种单方选择法律的方式并不属于严格意义上意思自治原则的运用，或者说是一种特殊的意思自治，抑或说是意思自治原则的变

① 刘仁山. 国际私法. 第6版［M］. 北京：中国法制出版社，2019：28-29.

异。弱者一方当事人选择法律的方式主要有两种：一种是单方定向选择法律，一种是单方无定向选择法律。前者中弱者选择的法律具有一定的范围，立法者已经在立法上做出了限制。例如，法律适用法第 42 条关于消费者合同法律适用的规定，即使允许消费者选择法律，也只能选择适用商品、服务提供地法律。之所以限定弱者选择法律的范围，是因为弱者本身选择法律的辨别能力较为薄弱，立法上将选择限制在与弱者密切相关法律的范围内，旨在保护弱者一方当事人的权益。后者中弱者选择的法律没有范围限制，各国的国际私法立法极少采取这一做法。通过保护弱者原则限制当事人选择法律的自由，并没有赋予法官自由裁量权，在司法实践中运用的问题还不突出。

其二，体现在婚姻家庭领域运用保护性冲突规范，即适用有利于弱者权益的法律，以达到对弱者实质上的保护。限制当事人选择法律，主要从消极防范的角度出发，不赋予当事人选择法律的自由，将当事人事实上不平等的地位拉回到平等的状态。而保护性冲突规范的运用则不同，其直接表明适用有利于弱者权益的法律。保护性冲突规范是国际私法领域中人文主义精神的具体体现。当代国际社会国际私法的立法对弱者权益的保护反映了国际私法的实质价值取向，体现了对人文关怀和实质公平的价值追求。

保护性冲突规范重点在于对弱者权利进行保护，其在实际运用过程中一般都会赋予法官一定的自由裁量权，期望通过法官的主观能动性实现国际私法中的实质正义。[①] 保护性冲突规范主要从积极意义的角度出发，采取价值非中立的连结点，其在立法上采取"法律关系+适用……有利于保护弱者的法律"的模式。一定程度上说，保护性冲突规范是选择性冲突规范的一种特殊类型。

冲突规范主要有单边冲突规范、双边冲突规范、重叠性冲突规范与选择性冲突规范四种类型，目前国际私法立法越来越多地采用选择性冲突规范。[②] 选择性冲突规范根据选择的方式可以分为无条件选择性冲突规范与有条件选择性冲突规范。保护性冲突规范与无条件选择性冲突规范的基本结构与适用原理大体一致。例如，法律适用法第二十二条规定，结婚手续，符合婚姻缔结地法律、一方当事人经常居所地法律或者国籍国法律的，均为有效。这是一条典型的无条件选择性冲突规范，其目的在于促进法律关系形式要件的有效性。法律适用法第三十条规定，监护，适用一方当事人经常居所地法律或者国籍国法律中有

---

① 徐伟功.《涉外民事关系法律适用法》实施研究 [M]. 北京：法律出版社，2019：339-342.

② 刘仁山. 国际私法. 第 6 版 [M]. 北京：中国法制出版社，2019：86-90.

利于保护被监护人权益的法律。这是一条典型的保护性冲突规范，其目的在于保护弱者的权益。两者的相同点在于都规定了两个或两个以上的连结点，法官可以选择其中的一个连结点所指引的法律作为准据法。所以，从这一角度讲，保护性冲突规范应该属于无条件选择性冲突规范的一种类型。但两者还是有较大差异：无条件选择性冲突规范的连结点具有价值中立性，只要能促进法律关系形式的有效性，适用其中一个连结点指引的法律均可以。保护性冲突规范的连结点不具有价值中立性，是非中立的、是有价值倾向的，即有利于弱者权益的保护。连结点价值是否中立导致两者在法院具体适用中是不一致的。在运用选择性冲突规范时，法官可以任意选择一个连结点指引的法律来确定法律关系形式的有效性，一旦有效，该选择就结束。如果没有效力，再选择其他连结点指引的法律，直到其中有一个连结点指引的法律认为有效为止。如果所有连结点指引的法律均认为无效，则该法律关系形式要件就是无效的，这种情况是比较罕见的。在司法实践中，无条件选择性冲突规范的适用思路较为简单，司法任务应该不是特别繁重。一般情况下，无条件选择性冲突规范所规定的连结点，其中有一个连结点会指向我国的法律，法官首先会适用我国的法律判断该法律关系的有效性，一旦有效，法律选择的程序便结束，就没有必要再适用其他连结点指向的外国法，也不涉及外国法的查明问题，更不涉及各种法律之间的比较问题。在运用保护性冲突规范时，需要适用有利于弱者权益的法律，法官不能任意性选择其中一个连结点所指向的法律。此时法官需要做到以下两点：一方面，如果法律条文没有明确规定何方当事人是弱者当事人时，法官需要确定何方为弱者当事人。当然，如果法律条文明确了弱者一方当事人的，法官无须自己来认定。另一方面，法官适用有利于保护弱者权益的法律。从立法本意来看，有利于保护弱者权益的法律，是要对所有连结点指向的法律进行比较才能得出的。如果法官选择其中一个连结点所指向的法律，就认为其是有利于保护弱者权益的法律，这种选择过程在逻辑上是存在问题的："有利于"这一词语本身蕴含着比较，如果在保护性冲突规范所规定的法律范围内没有进行比较分析，法官很难知晓何种法律是最有利于弱者权益保护的法律。

为了实现保护弱者权益的目的，国际私法的立法必须赋予法官一定的自由裁量权，运用比较的方法，分析所有能够适用的法律。这无疑加重了法官的司法任务，法官不仅要查明法律规定的所有可能适用的外国法，还要进行比较分析，找出最为有利的法律。这不仅要求法官充分发挥其主观能动性，还需要法官具有极高的专业素养；其不仅要精通本国的法律规定、熟悉有关的外国法律的规定，还要具有娴熟的比较法知识。这对我国法官提出了极高的要求。① 立法者的价值追求与司法者的实施现实之间是存在一定差距的。根据前三节的分析，法官在行使其自由裁量权时主要是采取拷贝条文的方法，径直适用我国法律。即使有简单的分析，也存在法律选择不明、说理不清、论证不足等现象。在司法实践中，法官主要存在以下几方面的问题：识别混乱、法律关系分析不清、有利于弱者权益保护分析因素缺乏、强行适用中国法等。②

二、保护性冲突规范司法的现实主义

保护性冲突规范司法的现实主义是国际私法领域诸多因素综合作用的结果，其中，外国法查明困难与法院地法适用倾向是两个主要原因。

立法上保护性冲突规范的运用要求法官比较分析所有相关的法律，包括外国或者港澳台的法律，这就首先要查明外国法。依据法律适用法第十条的规定，外国法查明的主体包括人民法院、仲裁机构或者行政机关以及当事人。显而易见，在诉讼中仲裁机构、行政机关不是外国法的查明主体。另外，当事人作为外国法查明的主体是有条件限制的，即存在当事人选择外国法的情况。但是，在涉外监护、扶养以及父母子女关系案件法律适用中，是不允许当事人选择法律的。所以，以上三种涉外法律关系中的外国法查明主体只能是法院。根据前三节的分析，我国法官在处理此类相关案件时，基于司法任务简单化的考虑，基本上不会采取比较分析的方法，最终都适用法官熟悉的法院地法。

法院在审理涉外监护、涉外扶养等案件过程中，一般会涉及两个或两个以上国家（域外）的法律。在已收集到涉外监护的 15 个案件和涉外扶养的 16 个案件中，其涉及相关法律的基本情况如表 8-4、表 8-5。

---

① 徐伟功.《涉外民事关系法律适用法》实施研究［M］. 北京：法律出版社，2019：381-382.

② 秦红嫚. 涉外监护法律适用理论与实证研究［M］. 北京：法律出版社，2020：307-325.

表 8-4　适用法律适用法第 30 条案件中涉及的法律

序号	审理法院	案号	裁判时间	涉及的法律	适用法律
1	广东省中山市第二人民法院	（2021）粤 2072 民特 619 号	2021-10-14	澳门特别行政区法、中国内地法	中国内地法
2	新疆乌鲁木齐市沙依巴克区人民法院	（2019）新 0103 民特 390 号	2019-08-28	吉尔吉斯共和国法、中国内地法	中国内地法
3	浙江省杭州市西湖区人民法院	（2019）浙 0106 民特 422 号	2019-06-14	美国法、中国内地法	中国内地法
4	广东省佛山市中级人民法院	（2018）粤 06 民终 2839 号	2018-05-02	爱尔兰法、中国内地法	中国内地法
5	广东省佛山市顺德区人民法院	（2016）粤 0606 民初 13061 号	2017-03-23	马来西亚法、中国内地法	中国内地法
6	广东省珠海横琴新区人民法院	（2016）粤 0491 民特 1 号	2016-09-20	澳门特别行政区法、中国内地法	中国内地法
7	广东省珠海横琴新区人民法院	（2015）珠横法民特字第 1 号	2016-04-15	香港特别行政区法、中国内地法	中国内地法
8	上海市闵行区人民法院	（2015）闵民一（民）初字第 13042 号	2015-12-30	西班牙法、中国内地法	中国内地法
9	广东省梅州市梅县区人民法院	（2014）梅县法民一初字第 169 号	2015-08-13	贝宁国法、中国内地法	中国内地法

续表

序号	审理法院	案号	裁判时间	涉及的法律	适用法律
10	上海市闵行区人民法院	（2015）闵民一（民）特字第39号	2015-07-31	加拿大法、中国内地法	中国内地法
11	广东省广州市白云区人民法院	（2014）穗云法江民初字第563号	2014-11-05	香港特别行政区法、中国内地法	中国内地法
12	浙江省杭州市西湖区人民法院	（2014）杭西民特字第24号	2014-09-12	美国法、中国内地法	中国内地法
13	浙江省杭州市西湖区人民法院	（2014）杭西民特字第17号	2014-06-30	德国法、中国内地法	中国内地法
14	浙江省杭州市西湖区人民法院	（2014）杭西民特字第16号	2014-06-30	德国法、中国内地法	中国内地法
15	海南省高级人民法院	（2012）琼民三终字第41号	2012-09-21	新加坡法、中国内地法	中国内地法

表 8-5 适用法律适用法第 29 条案件中涉及的法律

序号	审理法院	案号	裁判时间	涉及的法律	适用法律
1	广东省东莞市第三人民法院	（2020）粤 1973 民初 2353 号	2020-08-25	香港特别行政区法、中国内地法	中国内地法
2	广东省佛山市中级人民法院	（2020）粤 06 民终 19 号	2020-05-26	澳门特别行政区法、中国内地法	中国内地法
3	广东省佛山市南海区人民法院	（2019）粤 0605 民初 15154 号	2019-10-16	澳门特别行政区法、中国内地法	中国内地法
4	吉林省延边朝鲜族自治州中级人民法院	（2018）吉 24 民初 128 号	2018-10-16	朝鲜民主主义人民共和国法、中国内地法	中国内地法
5	广东省江门市新会区人民法院	（2016）粤 0705 民初 1719 号	2016-06-30	澳门特别行政区法、中国内地法	中国内地法
6	浙江省杭州市中级人民法院	（2016）浙 01 民终 593 号	2016-03-09	澳大利亚法、中国内地法	中国内地法
7	浙江省杭州市西湖区人民法院	（2015）杭西民初字第 2496 号	2015-12-21	澳大利亚法、中国内地法	中国内地法
8	北京市房山区人民法院	（2014）房民初字第 12322 号	2015-12-18	德国法、中国内地法	中国内地法
9	广东省梅州市梅县区人民法院	（2014）梅县法民一初字第 169 号	2015-08-13	贝宁国法、中国内地法	中国内地法

续表

序号	审理法院	案号	裁判时间	涉及的法律	适用法律
10	北京市第二中级人民法院	(2014)二中少民终字第08865号	2015-01-20	德国法、中国内地法	中国内地法
11	福建省高级人民法院	(2014)闽民申字第1223号	2015-01-20	美国法、中国内地法	中国内地法
12	广东省广州市白云区人民法院	(2014)穗云法江民初字第563号	2014-11-05	香港特别行政区法、中国内地法	中国内地法
13	浙江省杭州市中级人民法院	(2012)浙杭民终字第1743号	2013-10-14	加拿大法、中国内地法	中国内地法
14	广东省江门市中级人民法院	(2013)江中法民一终字第285号	2013-07-29	香港特别行政区法、中国内地法	中国内地法
15	海南省高级人民法院	(2012)琼民三终字第41号	2012-09-21	新加坡法、中国内地法	中国内地法
16	浙江省杭州市下城区人民法院	(2011)杭下民初字第863号	2012-05-21	加拿大法、中国内地法	中国内地法

根据表 8-4 和表 8-5，其中所涉及的法律范围包括我国澳门特别行政区法、香港特别行政区法，以及吉尔吉斯共和国法、美国法、爱尔兰法、马来西亚法、西班牙法、贝宁国法、加拿大法、德国法、新加坡法、朝鲜民主主义人民共和国法、澳大利亚法等。在这些法律中，有我国特别行政区的法律，也有其他国家的法律；有英美普通法系的法律，也有大陆法系的法律；有发达国家的法律，也有发展中国家的法律。所以，如果要查明外国法，法院面临一定的困难。如此，法官可以利用保护性冲突规范所赋予法官的自由裁量权，适用中国内地的法律。法官基于司法便利的考虑，具有适用法院地法的倾向。

法院地法是国际私法中一个重要的系属公式。国际私法一方面要求法院适用外国法，另一方面要限制外国法的适用。国际私法就是在适用外国法与限制适用外国法的矛盾天平上运行和发展的。20 世纪中后期，国际私法适用法院地法的倾向有所扩大，出现了"回家去的趋势"（home trend）这一现象。适用法院地法有其深刻的缘由，对国家主权的维护、司法适用便利性的考量、特殊利益的保护，都会增加适用法院地法的概率。① 保护性冲突规范的立法之所以赋予法官一定的自由裁量权，是因要求法官根据案件的具体情况，实现对弱者权益的保护，体现立法上的人文关怀。立法上的理想主义建立在法官高素质的基础之上，要求法官不仅要有深厚的国际私法基本理论知识，还应有比较法的思维和对公平正义孜孜不倦的追求。但是，法官在审理涉外民商事案件时，通常会涉及两个或两个以上国家的法律。保护性冲突规范不仅要求法官正确地查明外国法，还要求法官熟练地运用外国法。这无疑增加了法官适用法律的难度，使法官不愿适用外国法。根据前三节收集的案例，法官利用保护性冲突规范适用法院地法主要有两种情况：一种是列举法律适用法中的有关条文，直接适用法院地法（中国内地的法律）。这种情况占比不高，只有少数法官这样做。另一种情况是列举法律适用法中的有关条文，再认为当事人（或者原告，或者被告）经常居所地或者国籍在中国，认定中国内地法律是有利于弱者权益保护的法律。后一种情况下，法官的分析思维与国际私法上最密切联系原则运用的思维基本一致。

最密切联系原则赋予法官一定的自由裁量权，法官可以根据案件的具体情况，适用与法律关系有最密切联系的法律。最密切联系原则是从地理定位的连结点走向了社会定位的连结点，即将立法者选择连结点的权力交予司法者，从

---

① 徐伟功. 美国法律适用中"回家去的趋势"及我国法律适用中的法院地法倾向［J］. 河南财经政法大学学报，2013，28（5）：69.

而实现选择法律的正当性，使法院的司法活动成为立法活动的延伸。我国法院在运用保护性冲突规范时，也是根据其所规定连结点的范围，选择其中一个连结点所指向的法院地法律，认为所选择的法院地法应该是与该案件具有最密切联系的。但在司法实践中，最密切联系的法律与有利于弱者权益保护的法律是否具有一致性，这有待考究。最密切联系原则与保护弱者原则（保护性冲突规范）的运用，两者具有不同的价值取向。前者注重法律适用的灵活性，以达到法律适用的合理性；后者注重实质上的公平，以达到对弱者权益的保护。所以，在某些特殊的情况下，两者并不一致。其实，我国法官在审理涉外婚姻家庭领域的案件时，适用法院地法也是无可厚非的。一方面，涉外婚姻家庭领域的案件，一般都会涉及本国当事人的利益，从而关乎本国社会利益，适用法院地法也是为了尊重与维护法院地利益的需要。同时，各国都非常重视涉外婚姻家庭的管辖权，法院一旦确定管辖权，基本上是适用法院地法，以此达到法律选择规则与管辖权规则的立法政策的协调。①

另外，法官在运用保护性冲突规范时，还涉及法律选择上的自由裁量权与实体法上的自由裁量权之间关系的问题。严格来讲，两种自由裁量权是有区别的。在适用保护性冲突规范时，法官自由裁量权的目的在于如何找到对弱者权益保护最有利的法律；在适用实体法时，法官自由裁量权的目的在于如何确定当事人的权利义务，做出对弱者权益保护最为有利的决定。前者法官应该在实体法比较的基础上，适用最有利的法律；后者是在决定当事人具体权利义务的过程中，做出对弱者最有利的裁判。但是由于人类思维的复杂性，两者在具体运用中存在交叉与重复，无法截然分开。由于婚姻家庭制度的复杂性，立法上往往采取宽泛的语言。例如，在监护制度的规定上，常常采用"儿童利益最大化"等语言，同时没有规定具体的考量因素，因而法律赋予法官相当大的自由裁量权。② 所以，法律选择上自由裁量权考虑的因素与实体法上法官自由裁量权考虑的因素具有一定的重复性，最终目的都是保护弱者的权益，实现弱者利益保护的最大化。

我国民法典的规定同样是采取了宽泛的语言。我国民法典并没有在总则中规定儿童利益最大化原则，也没有规定弱者权利保护原则，只是在第六条规定公平原则，合理确定各方的权利与义务。该条款应该蕴含着对弱者权利的保护，以达到实质上的公平。在监护制度规定上，第31条第2款确立了监护人指定中

---

① 秦红嫚. 涉外监护法律适用理论与实证研究 ［M］. 北京：法律出版社，2020：159.

② 秦红嫚. 涉外监护法律适用理论与实证研究 ［M］. 北京：法律出版社，2020：161.

最有利于被监护人的原则，即应该尊重被监护人的真实意愿，按照最有利于被监护人的原则进行指定。第 35 条第 1 款确立了监护责任履行中最有利于被监护人的原则，即监护人应当按照最有利于被监护人的原则履行监护职责。我国民法典规定的监护不仅包括未成年人的监护，也包括成年人的意定监护，这说明被监护人的对象包括未成年人以及特定情况下的成年人。最有利于被监护人原则是儿童利益最大化原则以及成年人监护的最佳利益原则的综合表达。在扶养制度上，我国民法典并没有单独规定，而是将其归入监护制度里。其第 26 条规定了父母对未成年子女负有抚养、教育和保护的义务。成年子女对父母负有赡养、扶助和保护的义务。这说明我国民法典采取了较为广义的监护概念。另外，民法典第 1059 条规定了夫妻有相互扶养的义务；第 1067 条规定了父母子女之间的扶养义务；第 1074 条规定祖父母、外祖父母与孙子女、外孙子女之间的扶养义务；第 1075 条规定了兄弟姐妹之间的扶养义务。关于父母子女关系与其他近亲属关系，民法典第五编"婚姻家庭"第三章"家庭关系"第二节"父母子女关系和其他近亲属关系"，在第 1067 条到 1075 条中做出了规定。依据我国民法典的有关规定，法律适用法第 30 条、第 29 条以及第二十五条规定的三种法律关系，即涉外监护、涉外扶养以及涉外父母子女关系，在实体法中均存在交叉与重复的问题，造成了一定的识别混乱。关于三者的识别问题，法官应该以法律适用法（国际私法）来进行识别更为合理。

儿童利益最大化原则与成年人监护、扶养最佳利益原则，不仅体现在各国立法中，也体现在联合国和海牙国际私法会议等国际组织制定的有关条约中。1948 年联合国《世界人权宣言》明确宣布儿童有权享受特别照料，1959 年《儿童权利宣言》要求各国应以儿童的最大利益为首要考虑，1989 年《儿童权利公约》具体规定儿童的权利。联合国还制定并发布了《少年司法最低限度标准规则》《保护被剥夺自由少年规则》《预防少年犯罪规则》以及各种宣言、决议。联合国还通过其专门的儿童工作机构——联合国儿童权利委员会及联合国儿童基金会，监督世界各国执行联合国公约等法律文件的情况，并促进各国儿童权利保护事业的发展。[1] 在海牙国际私法会议缔结的国际条约中，有关儿童权利保护的公约占相当大的分量。例如，1902 年的《关于未成年人监护的公约》、1956 年的《关于抚养子女义务的准据法公约》、1958 年的《关于承认与执行抚养义务判决的公约》、1980 年的《关于国际性非法诱拐儿童民事方面的公约》、1993 年的《跨国收养方面保护儿童及合作公约》，以及 1996 年的《关于父母责

---

① 李双元，李娟. 儿童权利的国际法律保护 ［M］. 武汉：武汉大学出版社，2016：287.

任和保护儿童措施的管辖权、法律适用、承认、执行与合作公约》（以下简称"1996 年《父母责任公约》"）等。这些公约均对儿童权利给予特别的保护，例如，1996 年《父母责任公约》明确规定，确认儿童最佳利益是主要的考虑因素。不仅在未成年人权益保护方面提倡儿童利益保护，有关成年人的国际公约也倡导保护特定成年人的利益。例如，1999 年海牙《成年人国际保护公约》是专门为心智丧失以及精神耗弱的成年人权益给予保护的公约，其明确规定了无论是管辖权的确定还是法律适用以及其他保护措施，必须以保护需要给予保护的成年人的最佳利益为原则。①

无论是国内立法还是国际条约，无论是实体法领域还是法律适用领域，对于儿童以及成年的弱者都给予特别的保护，弱者权利保护原则成为一项被普遍接受的原则。也就是说，国际私法中某些领域，特别是婚姻家庭领域，存在趋同化现象。国际私法的趋同化，是指各国国际私法随着国际民商事关系的迅猛发展，逐渐相互吸收、相互渗透，从而趋于接近，甚至趋于一致的现象。② 由此，就产生我国法院在适用法律适用法第 29 条、第 30 条以及第 25 条采取法院地法，是否具有一定的合理性的问题。一般来说，我国法院在处理上述案件时，是将法律适用法与实体法上的法官自由裁量权进行混同，根据案件的具体情况对弱者的权益给予特殊的保护，这似乎不存在较大的问题。但是，国际私法的趋同化（实体法弱者保护原则的运用）只是一种倾向、一种走向协调或一致的趋势，并不是各国的国际私法（民法）的民族的、历史的、经济的及社会的种种差异已完全不复存在。③ 所以，我国法官在适用保护性冲突规范时，还是要考虑有关国家实体上的立法。

如何对保护性冲突规范立法上的理想主义与司法上的现实主义进行协调，是我国立法与司法需要解决的问题。

三、理想主义与现实主义之间的架构桥梁

立法的理想主义取决于法官自由裁量权的运用。保护性冲突规范采取"法律关系+适用……有利于保护弱者的法律"的结构形式，赋予了法官极大的自由裁量权。法官在行使其自由裁量权时，应该以弱者权利保护原则为核心，选择

---

① 秦红嫚. 涉外监护法律适用理论与实证研究 [M]. 北京：法律出版社，2020：182.
② 李双元. 中国与国际私法统一化进程. 修订版 [M]. 武汉：武汉大学出版社，2016：148.
③ 李双元. 中国与国际私法统一化进程. 修订版 [M]. 武汉：武汉大学出版社，2016：148.

法律和适用实体法的过程都应该体现对弱者权利的保护。这就对法官提出了极高的要求，要求法官不仅具有精湛的专业基础知识和高超的审判技巧，更要求法官具有良好的职业操守与道德修养，将公平正义作为自己职业的追求。但是，法官的司法任务简单化与此种价值追求存在矛盾，这导致法官适用法院地法的现实主义，法官或能力上达不到立法的要求，或不愿花时间精力对个案做出详尽的分析。况且我国实体法上也贯彻了弱者权利保护原则，采取法院地法的做法也不总是对弱者不利的。这也使法官失去比较分析各种有关实体法的动力。如何协调或者如何架构立法的理想主义与司法的现实主义之间的桥梁，关键还是在于法官自由裁量权的运用。也就是说，理想主义与现实主义的连接桥梁是法官。其架构的路径要么要求法官达到立法者所期望的能力与水平，即要求法官向立法者的要求靠拢；要么要求司法部门基于现实的考虑，给予法官一定的指导，即要求立法向司法现实靠拢。基于目前我国立法现状和司法现状，一方面要求修改立法的可能性不大，另一方面要求大幅度提高法官的审判能力也非一日之功，这就需要发挥最高人民法院的功能。

最高人民法院可以通过典型案例指导、司法解释等各种途径，以增强法官适用保护性冲突规范的司法说理性。

最高人民法院于 2010 年制定了《关于案例指导工作的规定》，并于 2015 年颁布了《〈关于案例指导工作的规定〉实施细则》。正如时任最高人民法院副院长苏泽林指出的："发布案例、编纂案例就是沟通司法与社会，沟通法律与现实，充分发挥司法社会功能的主要方式。""案例指导制度的建立，正是充分总结了人民司法实践中所形成的历史经验，将以更加健全的制度、更加完善的机制、更加专门的机构保证指导性案例的典型性、及时性、针对性，必将发挥更大的社会作用。"① 鉴于涉外婚姻家庭领域保护性冲突规范适用较为混乱以及说理性不强的现状，最高人民法院应该加强涉及保护性冲突规范运用案例的总结，以提高涉外监护、涉外扶养等案件的审判质量，统一法律适用标准，促进司法公平，实现对弱者权益真实意义上的保护。同时，案例指导制度的设立，可以在一定程度上提高我国涉外审判中法官的司法能力与水平，逐步实现立法者所要求保护弱者权利之理想主义。

在适用保护性冲突规范的司法实践中，由于该规范赋予法官一定的自由裁量权，因而往往会导致法官因外国法查明困难而不愿比较分析相关的法律，进

---

① 苏泽林．充分发挥中国特色案例指导制度作用　积极履行人民法院历史使命［J］．法律适用，2011（7）：4．

而适用法院地法。前三节所收集到的案件毫无例外地都适用法院地法，没有一件案件适用外国（域外）的法律便是例证。根据目前司法实践的这一现状，最高人民法院今后如果要对涉及的保护性冲突规范进行司法解释，可以暂时不要求法官采取比较分析方法，而是直接确立有利于弱者权利保护的法律认定标准，然后再分析有利于弱者权利保护的考量因素。

法律适用法第 25 条、第 29 条、第 30 条主要规定适用当事人属人法范围中有利于弱者的法律。也就说，需要在这些法律中做出比较分析，找出有利于弱者权利保护的法律。其实，每一个国家关于婚姻家庭的法律都具有其民族性、历史性、经济性以及社会性，考虑的侧重点有所不同。有的可能考虑到儿童的精神需求，有的可能考虑到儿童的成长环境。所谓对弱者权利保护最有利的法律，也是相对而言的。如此，可以考虑属人法中与弱者之间密切联系的法律，可以将儿童惯常居所地（儿童经常居所地）或者弱者惯常居所地（弱者一方当事人经常居所地）作为确认有利法律的依据。其实，在海牙关于儿童保护方面的公约中，大多是采用儿童惯常居所地法律来确定准据法的。例如，1996 年《父母责任公约》确立儿童惯常居所地国行使采取保护儿童措施的管辖权的基本原则，同时也规定父母责任适用儿童惯常居所地法律。《父母责任公约》明确规定，产生于法律直接规定的不受司法或行政机关干预的父母责任的归属或消灭，由儿童惯常居所地法支配。如果父母责任基于协定或单方行为而产生，其归属或消灭的准据法则为协定或单方行为发生效力时的儿童惯常居所地法。父母责任的实施同样受儿童惯常居所地法支配，如果儿童惯常居所地发生变化，准据法为新的惯常居所地法。[①] 所以，最高人民法院可以通过司法解释，确认所谓有利于弱者权益的法律，是指儿童经常居所地法律或者弱者一方当事人的经常居所地法律。对于成年弱者经常居所地，可以依据《司法解释（一）》第十三条的规定进行认定。对于儿童惯常居所地的认定，鉴于其特殊性，司法解释可以单独做出规定。在认定的因素上，可以考虑对儿童的实际保护，考虑儿童的实际生活环境、是否利于儿童的成长、是否利于儿童的家庭生活、是否利于儿童的隐私保护、是否利于儿童的心智健全等方面问题，不能将其经常居所地附属于成年监护人的身上，从而实现儿童的利益最大化。[②]

以儿童惯常居所地或弱者一方当事人经常居所地作为确定有利于弱者权益

---

① 李双元，李娟. 儿童权利的国际法律保护 [M]. 武汉：武汉大学出版社，2016：362.

② 刘仁山. 现时利益重心地是惯常居所地法原则的价值导向 [J]. 法学研究，2013，35（3）：172.

保护的法律的连结因素，可以省却法官比较分析相关国家法律的繁重任务。当然法官在确定准据法时或者适用具体实体法时，应该由最高人民法院通过司法解释，确定法官需要考虑的因素，起到对法官审理个案的指导作用。何为弱者最佳利益，各国尚未有统一的规定。一般来说，可以从弱者所处的地理环境、社会环境、弱者的情感需求、经济状况以及信仰和价值观等方面进行考量。各国在立法中尝试列举最佳利益的考虑因素，通常被称为"最佳利益清单"。例如，2005 年英国的《意思能力法》第 4 条列举了若干考虑的因素，主要包括：（1）非歧视和平等考虑；（2）监护事项；（3）恢复的可能性；（4）能力欠缺人参与决定；（5）能力欠缺人的情感、信念、价值观以及意愿。① 英国的《1989年儿童法》的 S.1（3）条款要求法院注意各种因素的"法定核对清单"，主要包括：（1）根据其年龄和理解力，儿童的可探知的愿望和情感；（2）情况的改变对儿童可能产生的影响；（3）儿童的年龄、性别、背景以及其他任何特征；（4）儿童所遭受的任何伤害或伤害风险；（5）儿童的父母和法院认为有关的其他人满足儿童需要的能力；（6）依据《1989 年儿童法》，法院在诉讼中的权力范围。② 再如，2015 年英国的《儿童和家庭关系法》明确规定了儿童最佳利益原则，其第 65 条规定了法院在判断时的 11 项因素，主要包括：父母与儿童的关系以及有利程度，即何方与未成年子女关系更密切，对儿童的抚养最有利；儿童的意愿；儿童的需求，包括情感、精神以及经济等方面；儿童的年龄、发展阶段以及环境改变的影响；儿童抚养的历史；儿童的宗教信仰、文化以及精神的需求；儿童成长所需要的社会、教育以及智力的需求；儿童的年龄、任何特殊性格；儿童曾遭受的伤害或遭受伤害的风险；等等。③

我国最高人民法院可以针对法律适用法不同的条文进行司法解释。针对第30 条涉外监护法律适用的规定，如果是未成年的监护，可以考虑以下因素：（1）未成年子女父母的意见；（2）根据其年龄以及理解力，未成年子女意愿；（3）未成年子女的成长环境；（4）环境变化对未成年子女的影响；（5）未成年子女的年龄、特殊的性格；（6）未成年子女心理和身体状况；（7）未成年子女与父母及其他近亲属的关系；（8）监护人的经济状况、生活环境以及心理、身体状况。如果是成年人监护，可以考虑以下因素：（1）成年被监护人在具有意思能力时的期望；（2）鼓励成年被监护人参与决策；（3）成年被监护人的生活

---

① 秦红嫚. 涉外监护法律适用理论与实证研究［M］. 北京：法律出版社，2020：189 - 190.

② 李双元，李娟. 儿童权利的国际法律保护［M］. 武汉：武汉大学出版社，2016：479.

③ 秦红嫚. 涉外监护法律适用理论与实证研究［M］. 北京：法律出版社，2020：195.

历史；（4）成年被监护人的情感、信仰、价值观；（5）成年被监护人的身体状况；（6）成年被监护人的生活环境；（7）成年被监护人照顾的需要；（8）成年被监护人的家属以及护理人员等的意见。针对第 29 条涉外扶养法律适用的规定，可以考虑以下因素：（1）扶养义务人的经济状况；（2）扶养义务人的家庭状况；（3）扶养义务人的身体状况；（4）被扶养人的经济状况；（5）被扶养人的身体状况；（6）被扶养人所在地区的生活水平；（7）被扶养人教育、生活的需求。法律适用法第 25 条关于父母子女人身关系和财产关系的法律适用，采取了梯次选择性冲突规范，首先适用当事人的共同经常居所地法律。只有在当事人没有共同经常居所地时，才采取保护性冲突规范确定准据法。如果第二十五条的规定与第二十九条、第三十条的规定存在竞合的情况，则首先适用第二十九条与第三十条的规定，其所考虑的因素与这两条一致。如果需要适用第 25 条第 2 款，可以考虑以下因素：（1）弱者当事人的经济状况；（2）弱者当事人的生活需求；（3）财产分割对当事人的影响。

在我国涉外民商事审判中，法官自由裁量权的行使主要集中在法律选择领域，其他领域中的法官自由裁量权的行使与国内民商事审判中的基本一致。但在国际民商事管辖权制度中，有一项原则是非常特殊的，即不方便法院原则。该原则赋予了法官极为广泛的自由裁量权，本书也对该原则在司法实践中的运用作了实证考察。

第九章

我国法院适用不方便法院原则之实证考察

> 不方便法院原则提出了一个广义和根本性的问题：一个法院依据其面临的案件情形，在多大程度上有自由裁量权来全部或部分地拒绝行使司法管辖权？
>
> ——【美】阿瑟·冯迈伦

本章内容与前面所有章节均有所不同。正如前文所述，涉外民商事审判中法官自由裁量权涉及三方面：法律选择、实体民商事法律的适用以及国际民商事诉讼程序等领域。因为实体民商事法律的适用以及国际民商事程序领域中法官自由裁量权的运用，与国内民事诉讼中法官自由裁量权的运用基本一致，所以本书前面的章节都是围绕法律适用领域中法官自由裁量权的运用而展开。在国际民商事管辖领域中，不方便法院原则具有独特性，是国内民商事诉讼中所没有的制度。我国国际民商事诉讼实践中接受了该项原则，该原则赋予了法官较为广泛的自由裁量权，因此有必要对我国涉外民商事审判中不方便法院原则的运用加以实证考察，以推动我国法院正确合理地运用不方便法院原则。

不方便法院原则英文表述为 The Doctrine of Forum Non Conveniens，通常认为其最早起源于苏格兰，[①] 目前主要运用于英美法系国家，例如，美国、英格兰、加拿大、澳大利亚、新西兰等国家。[②] 一些大陆法系国家认为该原则与宪法上拒绝司法的规定相背离，通常不被接受，但在少数大陆法系国家以及混合法制地区也有不方便法院原则的成文立法或类似的司法实践，例如，日本、美国的路易斯安那州、加拿大魁北克省等。所谓不方便法院原则是指法院在处理涉外民商事案件时，尽管法院对案件具有管辖权，但法院审理案件极其不方便，是审理案件不适当的法院，如果在外国存在一个审理案件更适当的法院，法院拒绝

---

① BRAUCHER R. The Inconvenient Federal Forum [J]. Harvard Law Review, 1947 (6): 908–909.

② BEAUMONT P R. A United Kingdom Perspective on the Proposed Hague Judgments Convention [J]. Brooklyn Journal of International Law, 1998 (1): 82.

行使其管辖权审理案件的一种制度。① 不方便法院原则赋予了法官极为广泛的自由裁量权，所以各国对是否接受该原则具有不同的态度。

我国基本上继承了大陆法系国家的传统，早期也没有接受不方便法院原则。但从 20 世纪 90 年代以来，我国出现类似不方便法院原则运用的司法实践。一般认为我国运用不方便法院原则的第一案是东鹏贸易公司诉东亚银行信用证纠纷案。本案一审法院和二审法院均驳回被告的管辖权异议，没有支持被告提出适用不方便法院原则的主张。本案被告对管辖权异议提出了再审，在再审程序中，再审法院广东省高级人民法院向最高人民法院提请咨询，最高人民法院批复认为，从方便诉讼的原则出发，案件应该由当事人约定的香港法院管辖。② 尽管最高人民法院没有具体阐述不方便法院原则，但实际上运用了该项原则处理案件。此后，我国法院陆续有不方便法院原则的实践，于是最高人民法院在 2004 年《涉外商事海事审判实务问题解答（一）》第七方面，专门回答了审判实践中不方便法院原则运用的基本条件。③ 2005 年，最高人民法院将不方便法院原则的运用规定在《第二次全国涉外商事海事审判工作会议纪要》（以下简称

---

① FAWCETT J J. Declining Jurisdiction in Private International Law：Reports to the XIVth Congress of the International Academy of Comparative Law，Athens，August 1994 ［M］. Oxford：Clarendon Press，New York：Oxford University Press，1995：10.

② （1995）粤法经二监字第 3 号民事裁定书。最高人民法院的批复是："本案双方当事人已经明确约定服从香港法院的非专属性管辖，且本案双方当事人均为香港法人，其纠纷的产生也与内地无关，从方便诉讼的原则出发，该案应按当事人的约定，由香港法院管辖。"

③ 2004 年《涉外商事海事审判实务问题解答（一）》第七方面提到，如何理解和掌握"不方便法院原则"？答：我国民事诉讼法没有规定"不方便法院原则"。在审判实践中，一方当事人就其争议向人民法院提起诉讼时，另一方当事人往往以我国法院为不方便法院为由要求我国法院不行使管辖权。如果人民法院依据我国法律规定对某涉外商事案件具有管辖权，但由于双方当事人均为外国当事人，主要案件事实与我国没有任何联系，人民法院在认定案件事实和适用法律方面存在重大困难且需要到外国执行的，人民法院不必一定行使管辖权，可适用"不方便法院原则"放弃行使司法管辖权。

《会议纪要》）第 11 条中，规定其适用的七个条件。① 经过十多年的发展，不方便法院原则在我国做出了具体的成文规定。2015 年，《最高人民法院关于适用〈中华人民共和国民事诉讼法〉的解释》（以下简称《民诉法解释》）第 532 条规定了适用不方便法院原则的六个基本条件。② 我国法院运用不方便法院原则的司法实践以 2015 年《民诉法解释》为时间节点分为两个阶段，法官行使自由裁量权所考虑的因素有细微的差别。③

第一节　司法解释前的不方便法院原则运用之实证考察

本节选取的案例是 2015 年 2 月 4 日《民诉法解释》实施前的案例。在《民诉法解释》实施之前，法院运用不方便法院原则是没有法律上的依据的。基于我国司法实践中出现运用不方便法院原则的情况，2004 年最高人民法院发布了《涉外商事海事审判实务问题解答（一）》，对于运用不方便法院原则做出了说明，即在审判实践中，法院适用不方便法院原则拒绝管辖权的基本条件包括：

---

① 最高人民法院于 2005 年印发的《第二次全国涉外商事海事审判工作会议纪要》（法发〔2005〕26 号）第 11 条：我国法院在审理涉外商事纠纷案件过程中，如发现案件存在不方便管辖的因素，可以根据"不方便法院原则"裁定驳回原告的起诉。"不方便法院原则"的适用应符合下列条件：（1）被告提出适用"不方便法院原则"的请求，或者提出管辖异议而受诉法院认为可以考虑适用"不方便法院原则"；（2）受理案件的我国法院对案件享有管辖权；（3）当事人之间不存在选择我国法院管辖的协议；（4）案件不属于我国法院专属管辖；（5）案件不涉及我国公民、法人或者其他组织的利益；（6）案件争议发生的主要事实不在我国境内且不适用我国法律，我国法院若受理案件在认定事实和适用法律方面存在重大困难；（7）外国法院对案件享有管辖权且审理该案件更加方便。

② 2015 年《最高人民法院关于适用〈中华人民共和国民事诉讼法〉的解释》第 532 条："涉外民事案件同时符合下列情形的，人民法院可以裁定驳回原告的起诉，告知其向更方便的外国法院提起诉讼：（一）被告提出案件应由更方便外国法院管辖的请求，或者提出管辖异议；（二）当事人之间不存在选择中华人民共和国法院管辖的协议；（三）案件不属于中华人民共和国法院专属管辖；（四）案件不涉及中华人民共和国国家、公民、法人或者其他组织的利益；（五）案件争议的主要事实不是发生在中华人民共和国境内，且案件不适用中华人民共和国法律，人民法院审理案件在认定事实和适用法律方面存在重大困难；（六）外国法院对案件享有管辖权，且审理该案件更加方便。"

③ 该司法解释经 2020 年、2022 年两次修正。2020 年修正的司法解释关于不方便法院原则的规定条文编号变为第 530 条。2024 年 1 月 1 日起施行的《中华人民共和国民事诉讼法》第 282 条规定了不方便法院原则。本章是对法院 2024 年前的案件进行梳理，还是采用原司法解释的规定。

（1）我国法院根据我国的法律规定具有管辖权；（2）不方便法院请求由当事人提出；（3）当事人均为外国当事人；（4）主要案件事实与我国没有任何联系；（5）法院在认定案件事实和适用法律方面存在重大困难；（6）判决需要到国外执行。当然，该解答仅仅具有指导作用，并不具有法律约束力。2005 年 11 月 15 日—16 日，最高人民法院召开了第二次全国涉外商事海事审判工作会议，公布了《第二次全国涉外商事海事审判工作会议纪要》。其第十一条规定了适用不方便法院原则的具体条件。尽管该纪要不是严格意义上的法律或司法解释，但在实践中人民法院往往会依据该纪要的规定，所以对 2005 年 11 月以后的案件可以对照该纪要做研究分析。最高人民法院于 2014 年 12 月 18 日通过了《民诉法解释》并于 2015 年 2 月 4 日起施行，所以笔者检索的时间设定为 2015 年 2 月 4 日之前。笔者检索的网址是 https：//alphalawyer. cn/#/app/tool/search/case？searchType＝law。检索设定的条件为：时间：2015 年 2 月 4 日之前；案例来源：中国裁判文书网案例库；案由：未设置案由；检索条件：不方便法院（全文）。数据采集时间：2021 年 9 月 28 日。共采集到案件数量为 56 件，删除不属于以及一审、二审重复（一审二审只算二审的案件，不重复计算一审的案件）和重复的不方便法院原则的案件，采集到的有效案件数量为 45 件。除郭某律师行诉厦门华洋彩印公司代理合同纠纷管辖权异议案是 2003 年的之外，其他案件均是 2008 年之后的。由于数据库建设的时间以及检索条件设置的因素，可能存在遗漏的检索案件，但总体上不影响案件的分析。

一、案件概况及数据总体分析

（一）案件概况

为了研究方便和快速了解 2015 年 2 月 4 日前的基本情况，笔者将案件的总体概况列表如下（见表 9-1）。

表9-1 2015年2月4日前涉及不方便法院原则案件的总体情况

序号	案件名称	审理法院	案号	裁判时间	案由	审理程序	文书类型	是否提示方便法院
1	郭某律师诉厦门华洋彩印公司代理合同纠纷管辖权异议案	福建省厦门市中级人民法院	(2003)厦经初字第146号	2003-08-13	代理合同	一审	裁定书	否
2	第一PMF银行与无锡三和塑料制品有限公司信用证议付纠纷上诉案	广东省高级人民法院	(2008)粤高法立民终字第400号	2008-12-01	信用证议付	二审	裁定书	否
3	陈某钰与南洋商业银行(中国)有限公司广州分行借款合同纠纷上诉案	广东省高级人民法院	(2009)粤高法立民终字第4号	2009-03-18	借款合同	二审	裁定书	否
4	蔡某渊与溥光纤维株式会社债务纠纷上诉案	山东省高级人民法院	(2009)鲁民四终字第15号	2009-04-29	买卖合同	二审	判决书	否
5	巴某摩托车有限公司与美顺国际货运有限公司海上货物运输合同纠纷上诉案	浙江省高级人民法院	(2009)浙辖终字第81号	2009-05-05	运输合同	二审	裁定书	是
6	巴某摩托车有限公司与美顺国际货运有限公司海上货物运输合同纠纷上诉案	浙江省高级人民法院	(2009)浙辖终字第78号	2009-05-05	运输合同	二审	裁定书	是
7	巴某摩托车有限公司与美顺国际货物运输合同纠纷上诉案	浙江省高级人民法院	(2009)浙辖终字第77号	2009-05-05	运输合同	二审	裁定书	是
8	捷腾电子有限公司与时毅电子有限公司买卖合同纠纷上诉案	上海市高级人民法院	(2009)沪高民四(商)终字第59号	2009-08-05	买卖合同	二审	裁定书	是

续表

序号	案件名称	审理法院	案号	裁判时间	案由	审理程序	文书类型	是否是不方便法院
9	武汉长伟国际航运实业有限公司与中国人民财产保险股份有限公司福清支公司管辖权纠纷上诉案	福建省高级人民法院	(2010)闽民终字第83号	2010-01-19	运输合同	二审	裁定书	否
10	A.P. 穆勒-马士基有限公司与马士基内加尔公司海上货物运输合同纠纷上诉案	广东省高级人民法院	(2010)粤高法立民终字第52号	2010-03-24	运输合同	二审	裁定书	否
11	汉城工业株式会社与宇岩涂料株式会社票据追索权纠纷上诉案	江苏省高级人民法院	(2010)苏商外终字第0027号	2010-06-02	票据	二审	裁定书	是
12	艾肯化工株式会社与宇岩涂料株式会社票据追索权纠纷上诉案	江苏省高级人民法院	(2010)苏商外终字第0026号	2010-06-02	票据	二审	裁定书	是
13	大浩化工株式会社与宇岩涂料株式会社买卖合同纠纷上诉案	江苏省高级人民法院	(2010)苏商外终字第0053号	2010-07-19	买卖合同	二审	裁定书	是
14	三星重工业株式会社、三星物产株式会社与河北××船务有限公司船舶碰撞损害赔偿纠纷上诉案	浙江省高级人民法院	(2010)浙辖终字第135号	2011-02-10	船舶碰撞损害赔偿	二审	裁定书	是

续表

序号	案件名称	审理法院	案号	裁判时间	案由	审理程序	文书类型	是否是不方便法院
15	三星重工业株式会社、三星物产株式会社与1992年国际××油××金船舶污染损害追偿纠纷上诉案	浙江省高级人民法院	(2010)浙辖终字第136号	2011-02-10	船舶污染损害追偿	二审	裁定书	是
16	李某之、上海班提酒业有限公司与CASTEL-FRER ESSAE、徐某木等侵犯商标专用权纠纷上诉案	浙江省高级人民法院	(2011)浙辖终字第9号	2011-02-14	不正当竞争	二审	裁定书	否
17	姚某锋与香港投资集团有限公司管辖权异议纠纷上诉案	福建省高级人民法院	(2011)闽民终字第208号	2011-03-15	股权转让	二审	裁定书	否
18	田××与深圳××建筑装饰工程有限公司因装修合同纠纷上诉案	广东省深圳市中级人民法院	(2011)深中法民四终字第260号	2011-05-12	居间合同	二审	裁定书	是
19	林某珠、林某腾、陈洋不动产转让合同纠纷再审案	最高人民法院	(2011)民申字第1012号	2011-08-24	不动产转让合同	再审	裁定书	否
20	特克德美柯公司与中美实业有限公司合同纠纷上诉案	广东省高级人民法院	(2011)粤高法立民终字第312号	2011-12-08	合同	二审	裁定书	否

续表

序号	案件名称	审理法院	案号	裁判时间	案由	审理程序	文书类型	是否不方便法院
21	Eastgate Advisors Limited 诉朱某等营业信托纠纷上诉案	上海市第一中级人民法院	（2012）沪一中民六（商）终字第 S205 号	2012-12-04	营业信托	二审	裁定书	是
22	株式会社海眼综合建筑事务所,金诚国际集团有限公司、江阴金晟大酒店有限公司担保追偿纠纷再审案	最高人民法院	（2012）民提字第 182 号	2012-12-24	担保权	再审	裁定书	否
23	李xx与黄xx股权转让纠纷上诉案	广东省江门市中级人民法院	（2013）江中法民终字第 153 号	2013-06-09	股权转让	二审	裁定书	否
24	全洋海运股份有限公司与台湾产物保险股份有限公司及原审被告阳明海运股份有限公司、林某熙,张某船舶碰撞损害赔偿纠纷上诉案	广东省高级人民法院	（2013）粤高法民终字第 400 号	2013-10-22	船舶碰撞损害赔偿	二审	裁定书	否
25	海湾船用石油有限公司与跨洋航运有限公司合同纠纷上诉案	浙江省高级人民法院	（2013）浙辖终字第 96 号	2013-11-05	买卖合同	二审	裁定书	否
26	韦斯米奇与安特卫普钻石银行保证合同纠纷上诉案	广东省高级人民法院	（2013）粤高法民终字第 467 号	2013-11-21	保证合同	二审	裁定书	是

续表

序号	案件名称	审理法院	案号	裁判时间	案由	审理程序	文书类型	是否是不方便法院
27	波兰国家公路及高速路管理局与中铁隧道集团有限公司以及原审被告中国银行股份有限公司河南省分行侵权责任上诉案	河南省高级人民法院	(2012)豫法民管字第00133号	2013-12-09	侵权责任	二审	裁定书	否
28	泰国国家石油股份有限公司海上、通海水域货物运输合同纠纷上诉案	上海市高级人民法院	(2014)沪高民四(海)终字第6号	2014-01-22	运输合同	二审	裁定书	否
29	曹某、沈某波等合伙协议纠纷案	上海市闵行区人民法院	(2013)闵民二(商)初字第S2227号	2014-03-05	合伙协议	一审	裁定书	否
30	宝力威(香港)有限公司与陈某明买卖合同纠纷上诉案	广东省深圳市中级人民法院	(2014)深中法涉外终字第12号	2014-03-18	买卖合同	二审	裁定书	否
31	轩辉国际物流有限公司海上、通海水域货物运输合同纠纷上诉案	上海市高级人民法院	(2014)沪高民四(海)终字第30号	2014-04-08	货物运输合同	二审	裁定书	否
32	环保钢铁有限公司、中环钢铁(澳门离岸商业服务)有限公司等追偿权纠纷上诉案	广东省高级人民法院	(2014)粤高法立民终字第957号	2014-06-13	追偿权	二审	裁定书	否
33	李某芳与罗某祥、周某彬合同纠纷案	云南省德宏傣族景颇族自治州中级人民法院	(2014)德民二初字第12号	2014-06-18	合同	一审	判决书	否

续表

序号	案件名称	审理法院	案号	裁判时间	案由	审理程序	文书类型	是否是不方便法院
34	陈某昌诉翁某贞等退伙纠纷案	上海市第一中级人民法院	(2013)沪一中民四(商)初字第S3号	2014-08-01	退伙	一审	判决书	否
35	张某钧,山东中凯不锈钢有限公司,淄博中凯再生资源有限公司,山东中普铜业有限公司,山东中铭铜业有限公司与汇盈新材料科技有限公司与立盛有限公司保证合同纠纷上诉案	最高人民法院	(2014)民四终字第27号	2014-09-04	保证合同	二审	裁定书	否
36	华懋金融服务有限公司与世纪创投有限公司、北京市地石律师事务所一般委托合同纠纷上诉案	最高人民法院	(2014)民四终字第29号	2014-09-29	委托合同	二审	裁定书	否
37	陈某、卢某明与徐某干股权转让纠纷上诉案	浙江省杭州市中级人民法院	(2014)浙杭商外终字第14号	2014-11-05	股权转让	二审	判决书	否
38	蔚氏县凯华皮革有限公司与得斯威保险有限公司上诉案	山东省高级人民法院	(2014)鲁民辖终字第444号	2014-11-13	海上保险合同	二审	裁定书	否
39	Suntech Power Holdings Cold诉Suntech Power Investment Pteltd企业借贷纠纷案	上海市第一中级人民法院	(2014)沪一中民四(商)初字第S17号	2014-12-09	企业借贷	一审	裁定书	是

续表

序号	案件名称	审理法院	案号	裁判时间	案由	审理程序	文书类型	是否是不方便法院
40	Power Solar System Coltd 诉 Suntech Power Investment Pteltd 企业借贷纠纷案 联合海湾塑料制品有限公司与商船三井株式会社运输合同纠纷上诉案	上海市第一中级人民法院	(2014) 沪一中民四 (商) 初字第 S5 号	2014-12-09	企业借贷	一审	裁定书	是
41	联合海湾塑料制品有限公司与商船三井株式会社运输合同纠纷上诉案	浙江省高级人民法院	(2015) 浙辖终字第 23 号	2015-01-20	运输合同	二审	裁定书	否
42	中信银行 (国际) 有限公司,佛山市顺德区耀德金属工程有限公司融资租赁合同纠纷上诉案	广东省佛山市中级人民法院	(2015) 佛中法立民终字第 68 号	2015-01-28	融资租赁合同	二审	裁定书	否
43	中信银行 (国际) 有限公司,佛山市顺德区耀德金属工程有限公司融资租赁合同纠纷上诉案	广东省佛山市中级人民法院	(2015) 佛中法立民终字第 69 号	2015-01-28	融资租赁合同	二审	裁定书	否
44	中信银行 (国际) 有限公司,佛山市顺德区耀德金属工程有限公司融资租赁合同纠纷上诉案	广东省佛山市中级人民法院	(2015) 佛中法立民终字第 70 号	2015-01-28	融资租赁合同	二审	裁定书	否
45	罗某祥与张某孝,原审被告瑞丽鼎源矿业有限公司合作开发合同上诉案	云南省高级人民法院	(2014) 云高民三终字	2015-02-03	合作开发合同	二审	判决书	否

（二）数据总体分析

根据上述总体情况，笔者以时间、法院类型、审级、地域分布、文书类型、案由、上诉情况、是否接受不方便法院原则以及考虑的因素为基础，对基本数据作简要分析。

因为最高人民法院于 2004 年发布了《涉外商事海事审判实务问题解答（一）》以及于 2005 年公布了《会议纪要》后，我国不方便法院原则的运用才有指导性意见，所以排除了 2003 年的郭某律师行诉厦门华洋彩印公司代理合同纠纷管辖权异议案。根据图 9-1，从时间上来看，每年涉及不方便法院的数量分别是：2008 年 1 件、2009 年 6 件、2010 年 5 件、2011 年 7 件、2012 年 2 件、2013 年 5 件、2014 年 13 件、2015 年 2 月 4 日前 5 件，每年案件的绝对数量不高，不方便法院原则的运用并不频繁，基本上反映了这一期间我国运用不方便法院原则的实际情况（见图 9-1）。

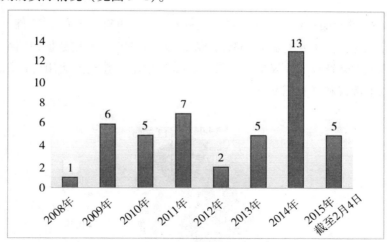

图 9-1　2015 年 2 月 4 日前涉及不方便法院原则案件的历年数量

在所有 45 个案件中，基层法院审结的案件 1 件，中级人民法院审结的案件 13 件，高级人民法院审结的案件 27 件，最高人民法院审结的案件 4 件（包括 2 件二审、2 件再审），分别约占 2%、29%、60%、9%。根据我国国际民商事管辖权制度关于审级的规定，大多数涉外案件一审法院是中级人民法院，二审的法院是高级人民法院，所以上述数据反映出当时高级人民法院审结的案件最多（见图 9-2）。

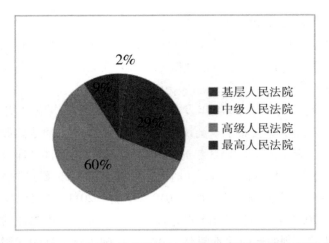

图 9-2 2015 年 2 月 4 日前涉及不方便法院原则案件的法院类型

在所有 45 个案件中，一审审结的案件 6 件，二审审结的案件 37 件，再审审结的案件 2 件，占比分别是 13.33%、82.22%、4.44%。上述数据说明绝大多数案件当事人对管辖权的异议提出上诉或再审的请求，并充分运用诉讼制度赋予当事人以上诉权利（见图 9-3）。

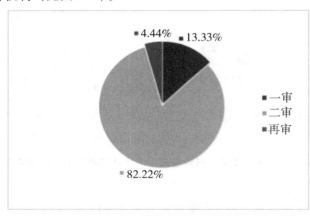

图 9-3 2015 年 2 月 4 日前涉及不方便法院原则案件的审级情况

在所有 45 个案件中，广东省 13 件、浙江省 9 件、上海市 8 件、北京市（最高人民法院）4 件、江苏省 3 件、福建省 3 件、山东省 2 件、云南省 2 件、河南省 1 件。以上数据说明绝大多数案件是东部沿海发达地区的案件，与这些省份是我国对外开放前沿阵地不无关系。值得注意的是云南省也有 2 件，这与云南省是我国边境省份不无关系，一定程度上反映了我国内陆地区边境贸易往来的情况（见图9-4）。

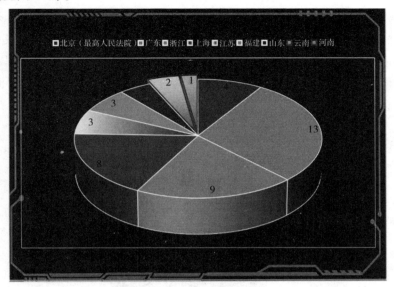

图9-4　2015年2月4日前涉及不方便法院原则案件的地域分布

在所有45个案件中，文书采取裁定书类型的有40件，采取判决书类型的有5件，占比分别是89%、11%。以上数据表明，根据我国国际民商事诉讼程序，对于管辖权异议的，当事人可以在诉讼程序中提出，人民法院以裁定书形式做出。当事人不服一审裁定的，可以提出上诉。当然，也有的人民法院在判决书中将实体问题以及管辖权问题的争议一并在判决书做出。无论对于判决书实体问题还是管辖权问题，都可以通过上诉解决，二审法院可以以判决书的形式做出（见图9-5）。

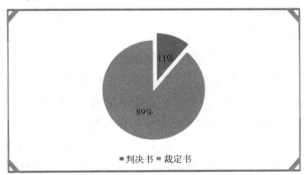

图9-5　2015年2月4日前涉及不方便法院原则案件的文书类型

在所有 45 个案件中，各类合同的争议 27 件、船舶碰撞与船舶污染损害赔偿 3 件、信用证议付 1 件、票据与担保等追索权 4 件、不正当竞争 1 件、股权转让 3 件、营业信托 1 件、侵权 1 件、合伙与退伙 2 件、企业借贷 2 件。其中，合同案件占比 60%，其他各种争议分布比较广，总计占比 40%。以上数据表明涉及不方便法院原则的案件主要是各类合同的争议，即使是其他类型的争议，大多也与合同有关联性（见图 9-6）。

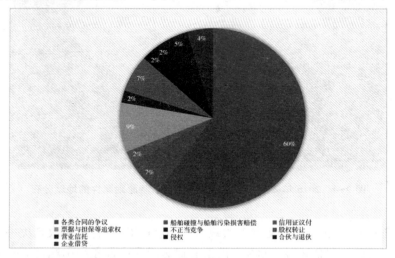

图 9-6 2015 年 2 月 4 日前涉及不方便法院原则案件的案由情况

在所有 45 个案件中，根据数据库检索的案例（可能存在一定的误差）有 39 件案件经过二审，其中有 2 个案件经过再审。除去 2 个再审的案件，在剩余的 37 个二审案件中，有 31 个案件是驳回上诉，维持原审裁定，其中，有 9 个是维持原审法院不方便法院的认定，有 22 个维持原审法院否定不方便法院的认定；有 5 个案件撤销原审法院裁定，其中有 1 个案件撤销后移送武汉海事法院处理（肯定了原审法院关于不方便法院的否定认定），有 3 个案件撤销原审法院的裁定，驳回当事人的起诉（肯定了不方便法院），有 1 个案件撤销原审法院的裁定，指定人民法院审理案件（否定了不方便法院）；有 1 件案件比较特殊，即最高人民法院二审的华懋金融服务有限公司与世纪创投有限公司、北京市地石律师事务所一般委托合同纠纷上诉案，撤销了原审法院北京市高级人民法院的民事裁定，肯定了北京市高级人民法院对世纪创投有限公司诉华懋金融服务有限公司委托合同纠纷案的管辖权，由北京市高级人民法院将北京市地石律师事务所诉华懋金融服务有限公司诉讼代理合同纠纷案移送至北京市第一中级人民法院管辖，驳回华懋金融服务有限公司对世纪创投有限公司诉华懋金融服务有限公司委托合同纠纷案的管辖权异议（维持了原审法院否定不方便法院的认定）。在2个再审案件中：1件最高人民法院驳回当事人的再审请求，拒绝了当事人不方便法院的请求；1件最高人民法院撤销原审、二审法院的裁定，指定江苏省无锡市中级人民法院审理（最高人民法院改变了原审、二审不方便法院的认定，认为我国法院不是不方便法院）。以上数据总体上表明了原审法院裁判结果大多得到二审法院的支持，二审和再审案件有34件支持了原审案件关于不方便法院的判断（包括1件案件撤销后移送武汉海事法院、1件最高人民法院驳回当事人的管辖权异议），有5件改变了原审案件关于不方便法院的判断，分别占比87.18%、12.82%。也就是说，大约有90%案件原审法院是认定正确的，表明了一审法院法官自由裁量权的运用还是比较合理的（见图9-7、图9-8）。

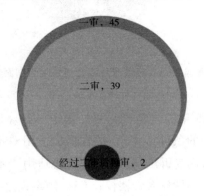

图9-7　2015年2月4日前涉及不方便法院原则案件的上诉情况

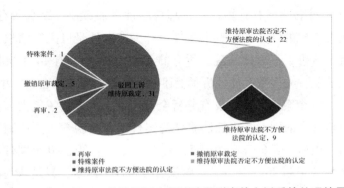

图9-8　2015年2月4日前涉及不方便法院原则案件上诉后的处理结果情况

无论是一审、二审，还是再审，在所有 45 个案件中，认定不方便法院的案件有 14 个，否定不方便法院的案件有 31 个，分别占比 31%、69%。以上数据表明，当事人提出不方便法院的异议约有三成多一点得到支持，七成少一点的案件没有得到支持（见图9-9）。

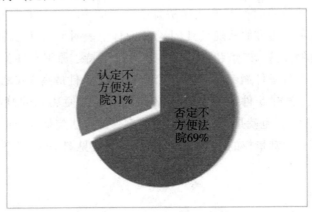

图9-9 2015年2月4日前涉及不方便法院原则案件的裁判结果

最高人民法院 2005 年的《会议纪要》第十一条规定了在认定不方便法院时，考虑如下七个方面的条件：（1）被告提出适用"不方便法院原则"的请求，或者提出管辖异议而受诉法院认为可以考虑适用"不方便法院原则"；（2）受理案件的我国法院对案件享有管辖权；（3）当事人之间不存在选择我国法院管辖的协议；（4）案件不属于我国法院专属管辖；（5）案件不涉及我国公民、法人或者其他组织的利益；（6）案件争议发生的主要事实不在我国境内且不适用我国法律，我国法院若受理案件在认定事实和适用法律方面存在重大困难；（7）外国法院对案件享有管辖权且审理该案件更加方便。纵观所有的 45 个案件，法院主要考虑的因素是后五个条件，有少数案件是以无管辖权为由拒绝管辖的，客观上认可了不方便法院。所有的 45 个案件中，有 14 个案件是法院认定为不方便法院，大多数案件分析了上述七个因素，例如，表9-2 中第 11、12、13、14、15、18 个案件，即使没有分析全部因素，也分析了绝大多数因素。之所以没有分析其中的因素，可能法官认为案件的事实隐含了这些因素，没有必要做出分析，例如，表9-2 中的第 5、6、7、8、21、39、40 个案件。只有 1 个案件，即表9-2 中第 26 个案件，法院没有分析以上因素，只是认为法院没有管辖权，驳回当事人的诉讼。有 31 个案件拒绝了当事人不方便法院的请求，法院通常的做法并不是分析以上所有的因素，只是指出案件不符合其中某一个或某几个条件，即做出否定的认定。当然，也有的法院采取其他原因，拒绝了当事人不方便法院的请求，例如，表9-2中第37个案件，法院认为当事人在一审中没有提出管辖权异议，那么在二审中就无权提出不方便法院的请求，因为当事人在一审中放弃了管辖权的异议，二审中不予审查。再如，表9-2中第4个案件，法院认为当事人在一审中已经放弃了不方便法院的抗辩，在二审阶段就不能再提出，这类似于"禁反言"制度。也有3个案件，即表9-2中第23、33、35个案件，法院只是笼统地认为当事人的请求不符合以上七个条件，不加以任何分析。因法院所分析的因素与《民诉法解释》后没有本质上的区别，关于法院认定不方便法院的具体条件中的自由裁量权问题，将在本章第二节中做出分析。

表9-2 2015年2月4日前涉及不方便法院原则案件的考虑因素

序号	案件名称	A	B	C	D	E	F	G	H
1	郭某律师行诉厦门华洋彩印公司管辖权异议案			√					
2	第一 PMF 银行与无锡三和塑料制品有限公司上诉案			√					
3	陈某钰与南洋商业银行（中国）有限公司广州分行借款合同纠纷上诉案				√				
4	蔡某渊与溥光纤维株式会社债务纠纷上诉案								放弃
5	巴某摩托车有限公司与美顺国际货运有限公司海上货物运输合同纠纷上诉案	√	√	√	√				
6	巴某摩托车有限公司与美顺国际货运有限公司海上货物运输合同纠纷上诉案	√	√	√	√				
7	巴某摩托车有限公司与美顺国际货运有限公司海上货物运输合同纠纷上诉案	√	√	√	√				
8	捷腾电子有限公司与时毅电子有限公司上诉案			√	√	√			
9	武汉长伟国际航运实业有限公司与中国人民财产保险股份有限公司福清支公司管辖权纠纷上诉案		√	√	√				
10	A. P. 穆勒-马士基有限公司与马士基塞内加尔公司海上货物运输合同纠纷上诉案		√	√					

续表

序号	案件名称	A	B	C	D	E	F	G	H
11	汉城工业株式会社与宇岩涂料株式会社、内奥特钢株式会社票据追索权纠纷上诉案	√	√	√	√	√	√		
12	艾肯化工株式会社与宇岩涂料株式会社、内奥特钢株式会社票据追索权纠纷上诉案	√	√	√	√	√	√		
13	大浩化工株式会社与宇岩涂料株式会社、内奥特钢株式会社买卖合同纠纷上诉案	√	√	√	√	√	√		
14	三星重工业株式会社、三星物产株式会社与河北××船务有限公司船舶碰撞损害赔偿纠纷上诉案	√	√	√	√	√	√		
15	三星重工业株式会社、三星物产株式会社与1992年国××油××金船舶污染损害追偿纠纷上诉案	√	√	√	√	√	√		
16	李某之、上海班提酒业有限公司与CASTELFRER-ESSAE、徐某木等侵犯商标专用权纠纷上诉案			√	√				
17	姚某锋与香港投资集团有限公司管辖权异议上诉案			√	√	√			
18	田××与深圳××建筑装饰工程有限公司上诉案	√	√	√	√	√	√		
19	林某珠、林某腾、林某婷、陈某再审案			√	√				
20	特克德美柯公司与中美实业有限公司合同纠纷上诉案			√	√				
21	Eastgate Advisors Limited诉朱某等上诉案	√	√		√	√	√		
22	株式会社海眼综合建筑师事务所、金诚国际集团有限公司、江阴金晟大酒店有限公司担保追偿权纠纷再审案				√				
23	李××与黄××股权转让纠纷上诉案								笼统
24	全洋海运股份有限公司与台湾产物保险股份有限公司及原审被告阳明海运股份有限公司、林某熙、张某船舶碰撞损害赔偿纠纷上诉案			√		√			
25	海湾船用石油有限公司与跨洋航运有限公司上诉案		√		√	√			

续表

序号	案件名称	A	B	C	D	E	F	G	H
26	韦斯米琦与安特卫普钻石银行保证合同纠纷上诉案							√	
27	波兰国家公路及高速路管理局与中铁隧道集团有限公司以及原审被告中国银行股份有限公司河南省分行侵权责任上诉案				√				
28	泰国国家石油股份有限公司海上、通海水域货物运输合同纠纷上诉案		√		√				
29	曹某、沈某波等合伙协议纠纷案			√					
30	宝力威（香港）有限公司与陈某明买卖合同纠纷上诉案				√	√	√		
31	轩辉国际物流有限公司海上、通海水域货物运输合同纠纷上诉案				√				
32	环保钢铁有限公司、中环钢铁（澳门离岸商业服务）有限公司等追偿权纠纷上诉案				√				
33	李某芳与罗某样、周某彬合同纠纷案								笼统
34	陈某昌诉翁某贞等退伙纠纷案				√				
35	张某钧、山东中凯不锈钢有限公司、淄博中凯再生资源有限公司、山东中铭铜业有限公司、山东中普铜业有限公司、山东汇盈新材料科技有限公司与立盛有限公司保证合同纠纷上诉案								笼统
36	华懋金融服务有限公司与世纪创投有限公司、北京市地石律师事务所一般委托合同纠纷上诉案				√				
37	陈某、卢某明与徐某于股权转让纠纷上诉案			√	√				未提出
38	尉氏县凯华皮革有限公司与得斯威保险有限公司上诉案		√		√				
39	Suntech Power Holdings Coltd 诉 Suntech Power Investment Pteltd 企业借贷纠纷案	√		√	√	√	√		

续表

序号	案件名称	A	B	C	D	E	F	G	H
40	Power Solar System Coltd 诉 Suntech Power Investment Pteltd 企业借贷纠纷案	√		√	√	√	√		
41	联合海湾塑料制品有限公司与商船三井株式会社运输合同纠纷上诉案	√			√				
42	中信银行（国际）有限公司与耀德金属工程有限公司、佛山市顺德区耀德金属装饰工程有限公司融资租赁合同纠纷上诉案				√				
43	中信银行（国际）有限公司与耀德金属工程有限公司、佛山市顺德区耀德金属装饰工程有限公司融资租赁合同纠纷上诉案				√				
44	中信银行（国际）有限公司与耀德金属工程有限公司、佛山市顺德区耀德金属装饰工程有限公司融资租赁合同纠纷上诉案				√				
45	罗某祥与张某孝、原审被告瑞丽鼎源矿业有限公司合作开发合同上诉案			√					

注：A 表示选择我国法院的管辖协议因素，B 表示人民法院的专属管辖因素，C 表示当事人的利益因素，D 表示主要事实认定因素，E 表示适用法律因素，F 表示存在有管辖权的方便法院，G 表示其他因素，H 表示说明。

二、典型案件分析

典型案例的选择主要考虑到案件的影响力、案件的审级、案件裁判的结果（是否认定不方便法院）以及案件审理法院的地区等各方面因素。

（一）《会议纪要》前的案例

尽管东鹏贸易公司诉东亚银行信用证纠纷案被认为是我国运用不方便法院原则的第一案，但是在该案件中最高人民法院批复也仅是表明从方便诉讼的原则出发，由香港法院管辖①，没有明确是否适用不方便法院原则。因为我国的诉讼法规定了诉讼的两便原则，便利当事人诉讼以及便利法院审理案件，从这个角度上说该案应该是两便原则的实际运用。最高人民法院于 2004 年发布《涉外商事海事审判实务问题解答（一）》以及于 2005 年公布《会议纪要》前，

---

① （1995）粤法经二监字第 3 号民事裁定书。

福建省厦门市中级人民法院（以下简称"厦门中院"）审理的郭某律师行诉厦门华洋彩印公司代理合同纠纷管辖权异议案①，对《解答》以及《会议纪要》中关于不方便法院原则的规定起到了重要的作用。

该案原告是住所在香港的郭某律师行，被告是住所在厦门的福建省厦门华洋彩色印刷有限公司。原告与被告签订《聘任书》，约定由原告为被告在香港上市的保荐人和承销商提供法律服务，被告支付原告法律服务费用。被告在香港上市失败，也没有支付原告的服务费用，原告于 2003 年向福建省厦门市中级人民法院提起诉讼。被告提出了管辖权的异议，认为原告提供的虚假证据是在香港制作，可能触犯香港的刑事法律，厦门中院调查事实困难，《聘任书》约定适用香港法律，厦门中院适用香港法具有一定的困难。同时，原告也已经向香港法院提起诉讼，属于重复诉讼，造成了一事两诉。所以，案件应该归香港法院管辖。厦门中院经审理查明被告注册地在厦门、在香港没有办公场所以及财产，原告在香港对被告以及其他当事人提起诉讼，被告尚未收到香港法院的司法文书。厦门中院认为，本案被告提出的管辖权异议涉及两方面的问题：国际民事诉讼中的平行诉讼和不方便法院。

厦门中院在（2003）厦经初字第 146 号裁定书中，具体阐述了国际民事诉讼中的平行诉讼以及不方便法院的问题。对于前者，其认为平行诉讼即一事两诉，是相同当事人、相同标的在不同国家或不同地区的法院进行的诉讼。其认为我国司法实践允许平行诉讼，其他国家或地区的诉讼不影响我国法院的管辖权。对于后者，其认为："不方便法院的问题，是指依照本国法律或国际条约规定，受案法院对某一国际民事诉讼享有管辖权，但该管辖权的实际行使，将给当事人和法院的工作带来种种不便，无法保障司法公正，也不能使争议得到迅速有效的解决，当别国法院对这一诉讼同样享有管辖权时，受案法院即可以自身属不方便法院为由，依职权或者根据被告的请求，裁定拒绝行使管辖权。这说明，这种国际民事诉讼不仅受案法院享有管辖权，还应当有一个以上可替代受案法院的别国法院同样享有管辖权。受案法院能否以自身是不方便法院为由

---

① （2003）厦经初字第 146 号裁定书。本案在裁判文书网以及最高人民法院公报（ht-tp：//gongbao. court. gov. cn/Details/9b3bd6ae54ac28e48249b18135571e. html？sw＝郭某律师）上均没有给出具体的案号，笔者所收集到涉及该案的学者文章也没有标明具体的案号。因为疫情，笔者委托在福建工作的杨小强同学以及厦门大学法学院徐崇利教授帮助查找，在此表示衷心的感谢。徐崇利教授回信说道：这个案件的代理律师是李智，我曾就不方便法院原则向法院提供了法律意见，但没有继续跟踪。如果你要进一步了解这个案件，可以联系李智。由此说明该案中不方便法院原则的运用得到了专家的帮助。

拒绝行使管辖权，通常考虑的因素有：（1）原告选择该法院起诉的理由；（2）被告到该法院应诉是否方便；（3）争议行为或交易的发生地位于何处；（4）证据可否取得；（5）适用法律的查明是否方便；（6）可否完成对所有当事人的送达；（7）判决可否执行；（8）语言交流是否方便；（9）本院案件积压情况；等等。还应当指出，尽管被告有权以'不方便法院'为由抗辩原告的起诉，但受案法院是否采纳，应当由受案法院根据案件的具体情况，从及时、有效和最大限度地保护当事人合法权益出发，自由裁量。"

厦门中院在阐述了不方便法院的基本认识后，认为依据我国的民事诉讼法中普通管辖"原告就被告住所地"的规定，认为其对案件具有管辖权。其同时认为当事人约定适用香港法律由香港法院行使非排他性的管辖权，且合同的履行地在香港，也认可了香港法院的管辖权。但是，由于被告的住所地和财产所在地在内地，即使香港法院做出裁决，仍需要在内地重新诉讼，才能得到承认与执行。为了避免当事人重复诉讼，及时有效地保障当事人的合法权益，厦门中院是审理案件适合的法院，不能以不方便法院为由拒绝行使管辖权。

本案厦门中院做出裁定后，当事人没有提出上诉。本案管辖权的异议在一审阶段得到了解决。

本案的意义非常重大，不仅阐述了不方便法院原则的基本含义，而且具体给出了分析不方便法院的考虑因素，也特别指出了不方便法院原则的价值功能。通过本案的分析，可以得出以下几方面的认识。

第一，不方便法院原则并不能仅从字面上进行理解，认为该原则只是要求涉外民商事案件到诉讼更为方便的法院解决。正如本案裁定书中所言，不方便法院原则的主要目的是保障司法公正和保护当事人的合法权益。这从不方便法院原则产生的历史中可以得知。英美普通法系国家和大陆法系国家类似不方便法院原则产生之初，其主要的目的就是维护当事人的利益以及正义。苏格兰法院在 1886 年的 Clements v. Macaulay 案中，检视了受案法院审理案件的正当性，认为法院不能轻易拒绝管辖权，除非受案法院是不适当的法院，拒绝管辖是为了所有的当事人的利益以及正义的目的，便利因素的考虑并不起到决定性的作用。[1] 在 1892 年的 Sim v. Robinow 案中，苏格兰法院认为如果案件相关因素表明在审理中不能提供公平正义，法院可以拒绝管辖。[2] 在 1925 年的 Societe du Gaz de Paris v. Societe Anonyme de Navigation "Les Armateurs Francais" Paris 案

---

[1]　参见 Clements v. Macaulay, (1886) 1-218-1。

[2]　参见 Sim v. Robinow, 19R. 655, (1892)。

中，苏格兰法院认为便利与否不是案件考虑的充分依据，而是要考虑到当事人的利益是否在替代法院能够实现，争议是否在替代法院得以解决。① 尽管不方便法院原则在英美普通法系国家得到不同程度的发展，所采取的判断标准也不尽一致，但为了当事人利益以及正义的目的，这一功能没有本质上的变化。美国联邦最高法院在 1947 年 Gulf Oil Corp. v. Gilbert② 与 1981 年 Piper Aircraft Co. v. Reyno③ 两案中所建立的"最适当法院"的标准，也没有完全排除当事人利益的衡量，只是美国的不方便法院原则赋予了法官极大的自由裁量权，由法官根据案件的具体情况进行利益衡量判断，具有极大的灵活性。英国法院在 The Abidin Daver④ 案和 Spiliada Maritime Corp. v. Cansulex Ltd. ⑤两案中建立的"更适当法院"的标准，核心就是为了当事人的利益和正义的目的，考虑"本质法院"（natural court）为正义的目的审理案件。澳大利亚高等法院在 1990 年 Voth v. Manildra Flour Mills Pty. Ltd⑥ 案中建立的"明显不适当法院"的判断标准，其本身就是考虑不要轻易拒绝司法，损害当事人的诉讼权利。所以，从不方便法院原则本质上说，其考虑的重点是当事人的利益和正义的目的。

　　第二，不方便法院原则是注重法官自由裁量权的一项原则。正如本案中所强调的："受案法院是否采纳，应当由受案法院根据案件的具体情况，从及时、有效和最大限度地保护当事人合法权益出发，自由裁量。"因为不方便法院原则具有维护当事人的利益与正义的目的，每个案件的具体情况不一，具有一定的特殊性，所以法官运用该原则所考虑的因素是不可能一致的。同时，不方便法院原则还起到宽泛管辖权平衡器、防止挑选法院、避免一事两诉中的矛盾判决等作用，⑦ 所以如果要发挥不方便法院原则的作用，就必须赋予法官一定的自由裁量权。不过，每一个国家在具体运用不方便法院原则时对待法官自由裁量权的态度是不一样的。一般来说，英美普通法系国家给予法官自由裁量权比较大，正如美国学者罗伯逊所言，不方便法院原则赋予法官太多的自由裁量权，缺乏明确性。⑧ 美国在司法实践中，主要是采取平衡公共利益因素与私人利益因素的

---

① 参见 Sess Cas 13.（1925—1926）。

② 参见 330 U. S. 501（1947）。

③ 参见 454 U. S. 248-256（1981）。

④ 参见 A. C. 398（1984）。

⑤ 参见 A. C. 460（1987）。

⑥ 参见 165 A. L. J. R. 83（1990）。

⑦ 徐伟功. 不方便法院原则研究［M］. 长春：吉林人民出版社，2002：11-14.

⑧ DAVID W. Robertson. Forum Non Conveniens in America and England：A Rather Fantastic Fiction［J］. Law Quarterly Review，1987（3）：399.

做法。但是，美国司法实践拒绝给出具体的判断标准，每个案件考虑的因素有所不同。例如，在1947年Gulf Oil Corp. v. Gilbert案中，美国联邦最高法院考虑的因素多达11个①，更有甚者，加利福尼亚州法院在不方便法院案件中列举了多达25个考虑因素。② 美国司法实践之所以重视法官自由裁量权，正如美国联邦最高法院在1981年Piper Aircraft Co. v. Reyno案中强调的，灵活性是不方便法院原则的价值所在，不应建立严格的规则控制法官自由裁量权。③ 大陆法系国家出于法律确定性价值以及不得拒绝司法的考虑，对法官自由裁量权持有非常谨慎的态度。厦门中院在本案中列举了九大因素，应该是采纳了学者的建议与研究，但是在具体分析案件时又没有充分结合这些因素进行分析。总体上说，我国国际民商事管辖权制度还是比较合理的，从不方便法院原则的案件数量看，运用该原则的机会不是特别多，理应做出严格的限制。

（二）《会议纪要》后的案例

2005年最高人民法院公布《会议纪要》后，收集到44个案件，可能由于裁判文书上网的时间原因，从2008年起才有涉及不方便法院原则的案件。除2014年外，每年的数量也只有不到10件，其中，认定不方便法院的案件有14件，即表9-1中第5、6、7、8、11、12、13、14、15、18、21、26、39、40个案件，其中第5、6、7个案件，第11、12、13个案件，第14、15个案件，第39、40个案件为四组系列案件。四组案件每组案情基本相同，审理的法院和法官也是一致的，法院审理的结果也完全一致。第一组与第三组都是浙江省高级人民法院审理的，观点基本一致。第四组是由上海市第一中级人民法院做出一审裁定书的，强调的是我国民事诉讼法第2条的两便原则，其分析的因素与其他案件也是基本相同的。笔者在第二组以及第三组中各选择一个案件进行阐述。另外，还选择最高人民法院一个再审案件，即表9-1中第22个案件。一审与二审都认可了不方便法院原则，但是最高人民法院推翻了一审与二审的裁定书，该案件具有一定的意义。

1. 江苏省高级人民法院审理的典型案例

江苏省高级人民法院（以下简称"江苏高院"）于2010年分别审理了艾肯化工株式会社与宇岩涂料株式会社、内奥特钢株式会社票据追索权纠纷上诉案④，汉城工业株式会社与宇岩涂料株式会社、内奥特钢株式会社票据追索权纠

---

① 参见330 U. S. 501（1947）。

② 徐伟功. 不方便法院原则研究［M］. 长春：吉林人民出版社，2002：98-99.

③ 参见454 U. S. 255（1981）。

④ （2010）苏商外终字第0026号民事裁定书。

纷上诉案①以及大浩化工株式会社与宇岩涂料株式会社、内奥特钢株式会社买卖合同纠纷上诉案。②

在艾肯化工株式会社与宇岩涂料株式会社、内奥特钢株式会社票据追索权纠纷上诉案中，上诉人（原审原告）艾肯化工株式会社（以下简称"艾肯化工"）、被上诉人（原审被告）宇岩涂料株式会社（以下简称"宇岩涂料"）、被上诉人（原审被告）内奥特钢株式会社（以下简称"内奥特钢"）均是住所在韩国的企业。艾肯化工与宇岩涂料、内奥特钢存在多年业务关系，由艾肯化工向宇岩涂料提供化学用品，宇岩涂料制成涂料后提供给内奥特钢。2006 年至 2007 年，宇岩涂料向艾肯化工购买总金额 1 142 508 584 韩元的化学用品，内奥特钢向宇岩涂料开出了总额为 900 338 157 韩元的信用票据，后者将之背书转让给艾肯化工，遭到了银行拒付。宇岩涂料在苏州设立了外商独资企业，内奥特钢与宇岩涂料在苏州设立了中外合资企业。2007 年，内奥特钢、宇岩涂料在韩国提起回生程序，前者在 2009 年被注销，后者在 2008 年重整。因宇岩涂料、内奥特钢在苏州市有可供扣押的财产，所以艾肯化工向苏州市中级人民法院（以下简称"苏州中院"）提起诉讼。苏州中院做出了（2007）苏中民三初字第 0154 号民事裁定书，一审法院根据不方便法院原则，驳回了艾肯化工起诉，艾肯化工随即上诉到江苏省高级人民法院。

尽管江苏高院在裁决书中没有明确表明适用《会议纪要》第十一条的规定，但是其在裁定书中所列举的因素与第十一条的规定完全一致，事实上是采取第十一条的规定。值得注意的是，江苏高院所阐述的不方便法院原则的含义与厦门中院是有区别的。厦门中院强调了保证司法公正以及合理运用法官自由裁量权，江苏省高级人民法院仅仅强调的是方便与法官的自由裁量权，即"不方便法院原则，是指法院在处理涉外民商事案件时，尽管受案法院对案件具有管辖权，但如果法院发现其是审理案件的不适当法院且有审理案件的适当法院时，法院有权自由裁量拒绝行使管辖权"。或许是因为保障司法公正和保护当事人利益的目的，赋予了法官极大的自由裁量权，不同的案件考虑的因素是不同的，法官无法把握，就舍弃了这一目的。但是，在本案中对审理案件适当法院的强调，与英国建立的"更适当法院"标准具有一定的一致性，从这个侧面一定程度上保障了案件的公正性。在本案中，法院认为案件符合所有列举的条件，即（1）本案一审被告提出管辖权异议，应该由韩国法院行使管辖；（2）本案当事

---

① （2010）苏商外终字第 0027 号民事裁定书。

② （2010）苏商外终字第 0053 号民事裁定书。

人之间的争议属于票据追索权纠纷，没有法院选择条款，没有选择我国法院进行管辖；（3）本案不属于我国法院的专属管辖；（4）本案的当事人均是韩国当事人，不涉及我国公民、法人或者其他组织的利益；（5）本案的主要事实，包括票据的出票、背书、付款以及一审被告的破产、重整、当事人行为能力的认定等，都发生在韩国，案件适用韩国法律，我国法院在认定事实以及适用法律方面均存在困难；（6）因为当事人的住所以及其他与案件有关的各种因素都集中在韩国，韩国法院是更方便与适当的法院。据此，江苏高院做出了（2010）苏商外终字第 0026 号裁定书，认为上诉人的上诉主张及理由不能成立，驳回上诉人的上诉，维持了一审法院关于不方便法院的原裁定。

2. 浙江省高级人民法院审理的典型案例

浙江省高级人民法院（以下简称"浙江高院"）于 2011 年分别审理了三星重工业株式会社（韩国公司，以下简称"三星重工"）、三星物产株式会社（韩国公司，以下简称"三星物产"）与河北××船务有限公司（香港地区公司，以下简称"河北船务"）船舶碰撞损害赔偿纠纷上诉案①，以及三星重工业株式会社、三星物产株式会社与 1992 年国××油××金船舶污染损害追偿纠纷上诉案。② 两案的一审法院是宁波海事法院。宁波海事法院分别做出了（2009）甬海法事初字第 10-1 号民事裁定书和（2009）甬海法事初字第 11-1 号民事裁定书。本案的事实比较简单，一审原告的船舶在韩国大山港按照指示锚泊于大山港二号锚地时，被三星物产所有、三星重工租赁和经营管理的拖航船队撞击，造成原告船舶货、油舱破裂并致使该轮船所载的原油大量泄漏，造成船舶损害及油污赔偿的经济损失约 2 亿美元及利息。在一审中，宁波海事法院认为被告三星重工在宁波有可供扣押的财产，依据我国民事诉讼法的规定，法院具有管辖权。宁波海事法院还认为虽然其审理案件具有一定的困难，但没有达到重大困难的程度，而且原告是我国香港地区的法人，所以案件不适用不方便法院原则。二审浙江高院认为，一审法院依据我国民事诉讼法第 241 条来确定管辖是正确的，宁波海事法院对案件具有管辖权。关于案件是否适用不方便法院原则，浙江高院则直接引用了《会议纪要》中关于不方便法院考虑的七项因素，认为：（1）依据我国民事诉讼法的规定，我国法院具有管辖权；（2）案件主要事实，即船舶碰撞和油污损害发生在韩国，证据材料是用韩文记载的，依据我国《海商法》第 273 条的规定，适用的法律是韩国法，法院存在认定事实和适用法律

---

① （2010）浙辖终字第 135 号裁定书。
② （2010）浙辖终字第 136 号裁定书。

的重大困难；（3）韩国法院是审理案件更为方便的法院，因为相关的刑事案件和民事案件正在韩国法院审理或者已经做出判决，三星重工与河北船务在韩国申请设立了油污损害赔偿责任限制基金和海事赔偿责任限制基金；（4）案件不属于我国法院专属管辖；（5）不存在当事人选择我国法院管辖的协议；（6）案件不涉及我国（内地）当事人的利益，也没有证据证明韩国法院审理案件会损害河北船务的利益。尽管法院没有分析《会议纪要》的第一项考虑因素，但事实上不方便法院的申请是由被告提出的，所以，该案件中法院事实上分析了《会议纪要》中所有的七项要素，做出了不方便法院的认定。特别需要注意的是，浙江高院强调了没有证据证明韩国法院审理案件会损害河北船务的利益，说明了替代法院具有公正性，能够保障当事人的合法权益。

3. 最高人民法院审理的再审案例

最高人民法院审理了株式会社海眼综合建筑师事务所、金诚国际集团有限公司、江阴金晟大酒店有限公司担保追偿权纠纷再审案，于 2012 年 12 月 24 日做出了民事裁定书。[①]

本案当事人有株式会社海眼综合建筑师事务所（一审原告、二审上诉人、再审申请人，以下简称"海眼事务所"）、金诚国际集团有限公司（一审被告、二审被上诉人、再审被申请人，以下简称"金诚公司"）、江阴金晟大酒店有限公司（一审被告、二审被上诉人、再审被申请人，以下简称"金晟大酒店"）。本案的基本事实如下：金晟大酒店与海眼事务所于 2009 年订立了一份《工程设计合同》，合同约定由海眼事务所负责金晟大酒店的工程设计，设计总价款为 5 316 万元，其中 20%的设计款即人民币 1 063.2 万元于签订合同时支付。《工程设计合同》第 22 条还约定了争议解决方式：首先，由双方当事人根据大韩民国相关机关的官方解释或惯例协商解决；其次，如果协商不成，依据大韩民国《建筑法》第 88 条规定，提请建筑纷争调解委员会调解；最后，对建筑纷争调解委员会的调解不服时，可由首尔地方法院一审管辖法院审理解决。第 23 条还约定，在海眼事务所开出备用信用证 7 天内，金晟大酒店以现金支付定金。该备用信用证用途是为金诚公司向香港中信嘉华银行有限公司（以下简称"中信银行"）申请贷款提供担保。2009 年，经海眼事务所申请，韩国国民银行开立了以中信银行为受益人金额为 155.7 万美元的不可撤销备用信用证。2010 年 2 月 9 日，三方当事人签订一份《特约条件》，约定金晟大酒店有义务向中信银行偿还贷款 1 200 万美元，同时为执行金晟大酒店设计服务而要支付海眼事务所的

---

① （2012）民提字第 182 号民事裁定书。

合同定金（155.7 万美元）以开设 6 个月期限的备用信用证为支付条件，金晟大酒店或金某姬自海眼事务所的备用信用证开设日起 3 个月内把相当于该金额的另外资金存入由海眼事务所与金晟大酒店共同管理的账户上，备用信用证到期时，用该存款资金支付劳务费用。《特约条件》是《工程设计合同》的附件。2011 年 1 月 13 日，海眼事务所以其已根据备用信用证的要求向中信银行支付了金诚公司所欠债务为由，向江苏省无锡市中级人民法院（以下简称"无锡中院"）提起诉讼。

无锡中院认为根据信用证独立性原则，该案法律关系为开立信用证关系，并非担保追偿关系。《特约条件》对此做出了约定，同时其又是《工程设计合同》的附件。《工程设计合同》明确约定了争议解决条款，该约定管辖条款有效，所以法院对该案没有管辖权。即使该案属于担保追偿权纠纷，因为案件的主要事实发生在韩国或者香港，受益人是中信银行，适用香港法律，韩国或者香港是更加方便的法院，所以，无锡中院做出（2011）锡商外初字第 0007 号 -1 民事裁定书，驳回当事人的起诉。无锡中院的说理过程分为两方面：一是从案件的性质入手，认为是案件的性质属于信用证关系纠纷，理应受到主合同争议解决条款的约束，无锡中院没有管辖权；二是从后退一步的角度说理，即使属于担保追偿权案件，也应该适用不方便法院原则。海眼事务所不服一审裁定，向江苏省高级人民法院（以下简称"江苏高院"）提起上诉。江苏高院从《工程设计合同》争议解决条款出发，认可了无锡中院的裁定书，做出了（2011）苏商外辖终字第 0008 号民事裁定，维持一审的裁定。海眼事务所不服上述裁定，向最高人民法院申请再审。

最高人民法院认为本案属于担保追偿纠纷，并非信用证纠纷。《工程设计合同》与《特约条件》主要约定的是因工程设计服务而产生的法律关系，尽管提及申请开立信用证事宜，但海眼事务所在承担了备用信用证项下的责任后向主债务人追偿并不属于该两份合同调整的范围。所以，《工程设计合同》中的争议解决条款对本案不具有拘束力。而且，《工程设计合同》约定的韩国建筑纷争调解委员会也无法处理当事人之间的债务担保追偿纠纷。无锡中院作为被告住所地及可供扣押财产所在地的法院，对本案都享有管辖权。所以，最高人民法院做出终审裁定，撤销一审和二审法院的裁定，案件由江苏省无锡市中级人民法院审理。

在一审中，无锡中院认为本案即使属于担保追偿纠纷，也可适用不方便法院原则拒绝管辖。二审江苏高院仅仅从合同管辖权角度出发，认为当事人管辖权的协议具有约束力，法院没有管辖权。最高人民法院则从案件的性质入手，认为属于担保追偿纠纷，不受管辖协议的约束，但是回避了不方便法院原则的问题。

第二节　司法解释后的不方便法院原则运用之实证考察

本节选取的案例是 2015 年 2 月 4 日《民诉法解释》实施后的案例。尽管《会议纪要》第十一条规定了不方便法院考虑的七个条件，但是《会议纪要》的性质有待商榷。根据《会议纪要》的序言所说，地方人民法院应该遵守执行该会议纪要，其事实上具有法律拘束力。但是该《会议纪要》仅是最高人民法院重要会议的记录，其本身并不属于司法解释，似乎又不应该具有法律约束力。① 所以，《会议纪要》性质不明，仅起到权威性的指导作用。在 2015 年《民诉法解释》实施后，法院再处理涉及不方便法院原则的案件就有了明确的法律依据。比较《会议纪要》与《民诉法解释》中的有关规定，后者除没有规定"受理案件的我国法院享有管辖权"条件外，其他规定几乎与前者一致，是将前者的规定上升到司法解释的地位，明确其具有法律约束力。一般来说，如果我国法院对案件没有管辖权，就不需要借助不方便法院原则拒绝管辖权，可以直接拒绝管辖。如果我国法院对案件具有管辖权，当事人可以提出不方便法院的请求或管辖权的异议，法院可以依据《民诉法解释》第 532 条的规定进行认定。所以，删去《会议纪要》中的第 2 个条件，几乎是没有影响的。本节对法官审理不方便法院的案件所享有的自由裁量权的分析，同样可以适用于上一节。这也是上一节没有做出具体分析的原因。

笔者通过 https://alphalawyer.cn/#/app/tool/search/case? searchType = law 进行案例检索。检索设定的条件为：时间：2021 年 9 月 28 日之前；案例来源：中国裁判文书网案例库；案由：未设置案由；检索条件：最高人民法院关于适用《中华人民共和国民事诉讼法》的解释第 532 条；全文：告知其向更方便的外国法院提起诉讼。数据采集时间：2021 年 9 月 28 日。共采集到案件数量为 175 件，一审与二审分别计算，删除重复的不方便法院原则的案件，有效案件数量为 161 件。由于检索条件设置的原因，可能存在遗漏的案件，一审与二审也可能分别出现在不同的年份，但是不影响案件总体上的分析。

---

① 涂广建. 再论我国的"不方便法院"原则 [J]. 武大国际法评论，2021，16（1）：114.

一、案件数据年度分析

2015 年《民诉法解释》第 532 条规定了适用不方便法院原则的六个基本条件后，我国不方便法院原则的运用具有法律适用上的明确规定，人民法院也具有适用不方便法院原则的具体法律依据。从 2015 年 2 月 4 日后，我国法院涉及不方便法院原则的案件数量、法院类型、审级、地域、案由都出现了一些新的变化。

根据图 9-10，从时间上来看，每年涉及不方便法院案件的数量分别是：2015 年 22 件、2016 年 21 件、2017 年 32 件、2018 年 24 件、2019 年 13 件、2020 年 41 件、2021 年 8 件。2015 年是从 2 月 4 日后开始计算的，总体上影响不大。如果加上 2 月 4 日之前的 5 件，则总计 27 件。2021 年是截至 9 月 28 日的，一般在 9 月以后的结案数量会有所提高，对 2021 年总体数量影响比较大，所以分析可以忽略 2021 年案件的具体数量，对整体上的分析也不会产生重要的影响。其中，2019 年的数量偏少，但是 2020 年的数量有显著增长。除去 2021 年，从 2015 年（包含 2015 年 2 月 4 日之前的 5 个案件）到 2020 年期间，案件总计有 158 件，年均案件数量超过 26 件，比 2008 年到 2015 年期间平均每年不到 6 件，增长了 20 多件。说明 2015 年我国法院在最高人民法院出台《民诉法解释》后，运用不方便法院原则态度明确，当事人也会利用该项原则提出申请。由于每年的案件数量比较多，笔者着重分析每年的案件地域分布、案由、是否适用不方便法院原则以及分析的主要因素。

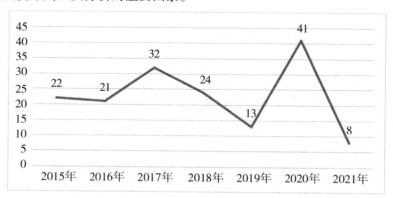

图 9-10 2015 年 2 月 4 日后涉及不方便法院原则案件的每年数量

（一）2015 年度数据分析

在 2015 年 22 个案件中，广东省 12 件、吉林省 3 件、辽宁省 2 件、重庆市 1

件、山东省1件、江苏省1件、云南省1件、新疆维吾尔自治区1件。广东省涉及的案件占总案件数近55%（见图9-11）。

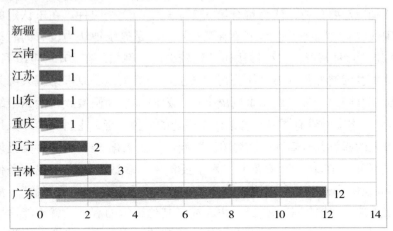

图9-11 2015年涉及不方便法院原则案件的地域分析

在所有22个案件中，各类合同的争议16件、离婚2件、返还原物2件、继承1件、劳动争议1件。涉及合同的争议约占总案件数的73%，表明涉及不方便法院原则的案件主要是各类合同的争议（见图9-12）。

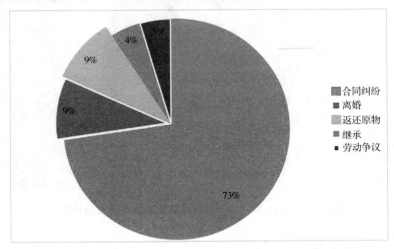

图9-12 2015年涉及不方便法院原则案件的案由情况

在所有22个案件中，认定我国法院是不方便法院的案件数量仅有4件，占比约18%；未认定的高达18件，占比约82%。这表明当事人提出不方便法院的请求大多数没有得到支持。在认定的案件中，我国法院基本的分析思路是将2015年《民诉法解释》第532条规定的适用不方便法院原则的六个基本条件进行列举并加以简要分析，认为符合第532条规定的六个要件。在未认定的案件中，我国法院基本的分析思路主要有两种：一种是笼统地认为没有同时符合第532条规定的六种情形。这种做法还是比较少的，例如，在2015年10月28日上诉人福贡县腾鸿外贸有限责任公司与被上诉人陈某顶、原审第三人练某胜建设工程施工合同纠纷案二审民事判决书中，云南省怒江傈僳族自治州中级人民法院认为："本案并没有同时符合该法条规定的六种情形，上诉人要求人民法院驳回当事人的起诉并告知其向缅甸国法院起诉于法无据。"① 另一种是具体分析不符合的情形。在第532条规定的六个要件中，多数涉及第4款的条件，即"案件不涉及中华人民共和国国家、公民、法人或者其他组织的利益"。法院只要证明案件涉及我国国家、公民、法人或者其他组织的利益，就不能适用不方便法院原则，这极大地限制了不方便法院原则的适用范围，也在一定程度上限制了法官的自由裁量权（见图9-13）。

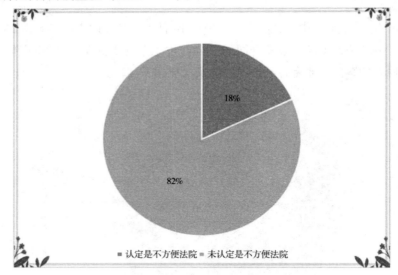

图9-13 2015年涉及不方便法院原则案件的裁判结果

（二）2016年度数据分析

在2016年21个案件中，广东省5件、上海市4件、江苏省3件、安徽省3

① （2015）怒中民三终字第3号民事判决书。

件、北京市 2 件（含最高人民法院 1 件）、山东省 2 件、湖北省 1 件、广西壮族
自治区 1 件，分别占比 23.81%、19%、14.29%、14.29%、9.52%、9.52%、
4.76%、4.76%。与 2015 年广东省占一半以上不同，2016 年案件数量地区分布
较为均匀（见图 9-14）。

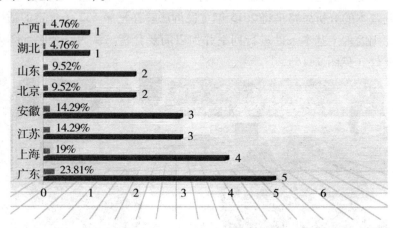

图 9-14　2016 年涉及不方便法院原则案件的地域分析

　　在所有 21 个案件中，各类合同的争议 13 件，与公司相关的纠纷、民间借
贷、特殊程序、继承、金融衍生品、股权转让、公司决策效力以及返还原物各 1
件。可见，与 2015 年一样，与各类合同有关的争议仍然占大多数（见图 9-
15）。

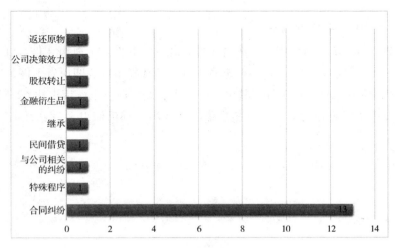

图 9-15　2016 年涉及不方便法院原则案件的案由情况

在所有 21 个案件中，认定我国法院是不方便法院的案件数量达到 8 件，占比 38%。其中，安徽肥东县人民法院就类似的劳务合同纠纷就认定了 3 件。[①] 这表明不方便法院原则不仅仅在东部沿海发达地区的法院得到运用，也在其他地区的基层法院得到运用；未认定的 13 件，占比 62%。同样，在认定的案件中，我国法院基本的分析思路是将 2015 年《民诉法解释》第 532 条规定的适用不方便法院原则的六个基本条件进行列举并加以简要分析，认为符合第 532 条规定的六个要件（见图 9-16）。

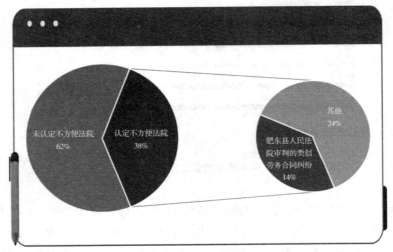

图 9-16　2016 年涉及不方便法院原则案件的裁判结果

（三）2017 年度数据分析

在 2017 年 32 个案件中，广东省 8 件、北京市 8 件、上海市 4 件、辽宁省 3 件、山东省 2 件、福建省 2 件、江苏省 1 件、浙江省 1 件、四川省 1 件、贵州省 1 件、新疆维吾尔自治区 1 件。其中，广东省、北京市、上海市占比 62.5%。这说明不方便法院原则的运用主要还是集中在我国东部沿海以及发达地区（见图 9-17）。

---

① （2016）皖 0122 民初 308 号民事裁定书；　（2016）皖 0122 民初 309 号民事裁定书；（2016）皖 0122 民初 310 号民事裁定书。

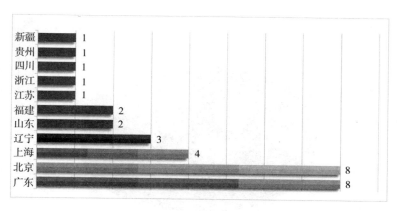

图 9-17　2017 年涉及不方便法院原则案件的地域分析

　　在所有 32 个案件中，各类合同的争议 20 件、离婚财产 3 件、民间借贷 2 件、扶养 2 件，以及公司债券交易、物权确认、金融衍生品、股权转让、返还原物各 1 件。不方便法院原则的案件主要还是各类合同的争议，占比 62.5%（见图 9-18）。

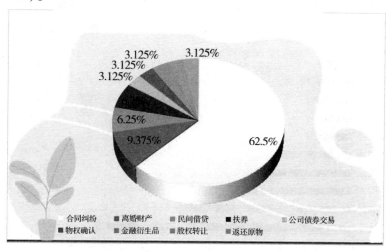

图 9-18　2017 年涉及不方便法院原则案件的案由情况

　　在所有 32 个案件中，认定我国法院是不方便法院的案件数量有 7 件，含二审维持一审认定不方便法院的 1 件，占比 21.875%；未认定的有 25 件，占比 78.125%（见图 9-19）。

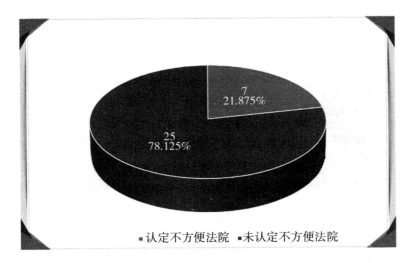

图 9-19　2017 年涉及不方便法院原则案件的裁判结果

（四）2018 年度数据分析

在 2018 年 24 个案件中，辽宁省 7 件、浙江省 5 件、广东省 3 件、北京市 3 件（含最高人民法院 2 件）、上海市 2 件、江苏省 1 件、四川省 1 件、天津市 1 件、吉林省 1 件。在 2018 年度，辽宁省审理的涉及不方便法院原则的案件数量最多（见图 9-20）。

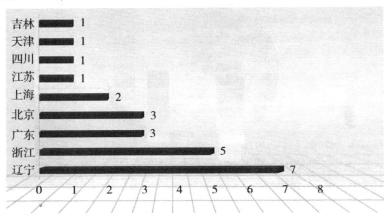

图 9-20　2018 年涉及不方便法院原则案件的地域分析

在所有 24 个案件中，各类合同的争议 8 件、返还原物 7 件、股权转让 6 件、民间借贷 2 件、金融衍生品 1 件。2018 年涉及的不方便法院原则的案由比较集中，主要集中在合同、返还原物以及股权转让，占比高达 87.5%（见图 9-21）。

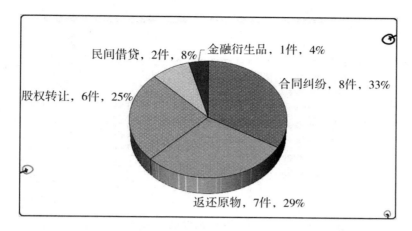

图9-21　2018年涉及不方便法院原则案件的案由情况

在所有24个案件中，认定我国法院是不方便法院的案件数量有12件，未认定的有12件，各占一半（见图9-22）。

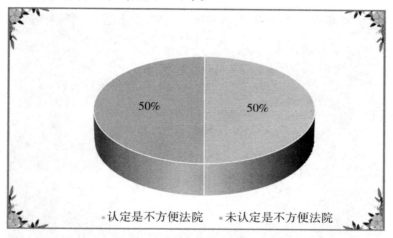

图9-22　2018年涉及不方便法院原则案件的裁判结果

（五）2019年度数据分析

在2019年13个案件中，广东省4件、福建省2件、山东省2件、吉林省1件、湖北省1件、北京市1件、海南省1件、陕西省1件。2019年度涉及不方便法院原则的案件较少，原因不明（见图9-23）。

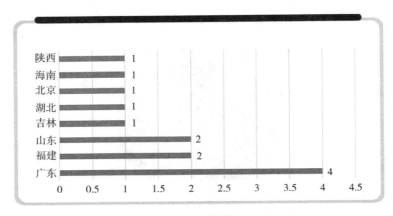

图 9-23　2019 年涉及不方便法院原则案件的地域分析

在所有 13 个案件中，各类合同的争议 8 件，股权转让 2 件，民间借贷、析产以及与公司有关的纠纷各 1 件。各类合同的争议仍然占大多数，占比 61.5%（见图 9-24）。

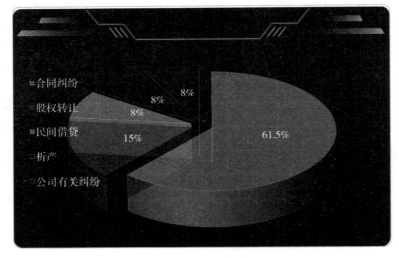

图 9-24　2019 年涉及不方便法院原则案件的案由情况

在所有 13 个案件中，认定我国法院是不方便法院的案件数量仅有 3 件，占比 23%；未认定的有 10 件，占比约 77%。这表明当事人提出不方便法院的请求大多数没有得到支持（见图 9-25）。

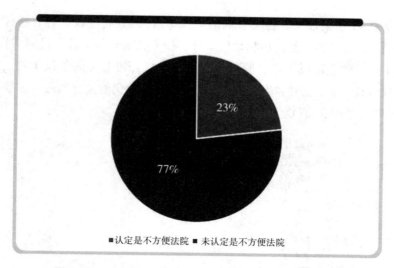

图 9-25　2019 年涉及不方便法院原则案件的裁判结果

（六）2020 年度数据分析

在 2020 年 41 个案件中，北京市 10 件（含最高人民法院 8 件）、广东省 9 件、江苏省 4 件、上海市 4 件、吉林省 3 件、天津市 2 件、江西省 2 件、福建省 2 件、河北省 1 件、山东省 1 件、河南省 1 件、湖南省 1 件、安徽省 1 件。仍然是北京市、广东省、江苏省、上海市占六成以上（见图 9-26）。

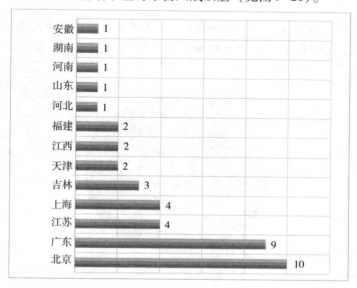

图 9-26　2020 年涉及不方便法院原则案件的地域分析

在所有 41 个案件中，各类合同的争议 18 件、专利侵权 5 件、特殊程序 3 件、离婚后析产 2 件、滥用市场地位 2 件、损害股东利益 2 件、民间借贷 1 件、探望权 1 件、商业诋毁 1 件、股权转让 1 件、与公司有关的争议 1 件、继承 1 件、债权转让 1 件、公司盈余分配 1 件、共有 1 件。仍然是合同占大多数，占比约 43.90%（见图 9-27）。

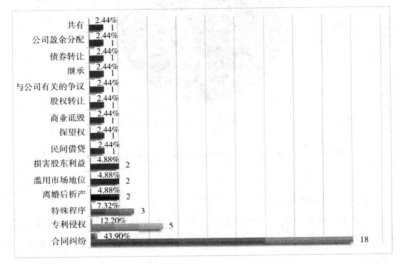

图 9-27　2020 年涉及不方便法院原则案件的案由情况

在所有 41 个案件中，认定我国法院是不方便法院的案件数量有 8 件，占比约 20%；未认定的有 33 件，占比约 80%（见图 9-28）。

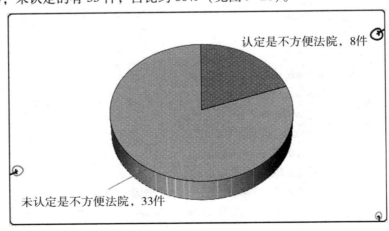

图 9-28　2015 年涉及不方便法院原则案件的裁判结果

（七）2021 年度数据分析

在 2021 年 8 个案件中，广东省 3 件、北京市 2 件（含最高人民法院 1 件）、河南省 1 件、四川省 1 件、山东省 1 件。因为 2021 年数据收集截至 2021 年 9 月 28 日，所以不能反映 2021 年的全部情况，但可以作为一定的参考（见图 9-29）。

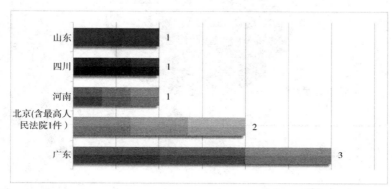

图 9-29　2021 年涉及不方便法院原则案件的地域分析

在所有 8 个案件中，各类合同的争议 5 件、民间借贷 2 件、侵害专利发明 1 件，分别占比为 62.5%、25%、12.5%。合同仍然是占大多数（见图 9-30）。

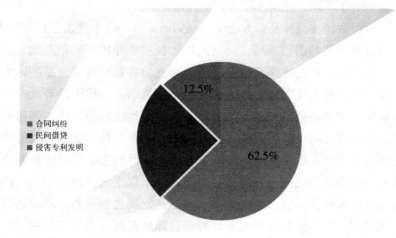

图 9-30　2021 年涉及不方便法院原则案件的案由情况

在所有 8 个案件中，认定我国法院是不方便法院的案件数量有 2 件，占比 25%；未认定的有 6 件，占比 75%（见图 9-31）。

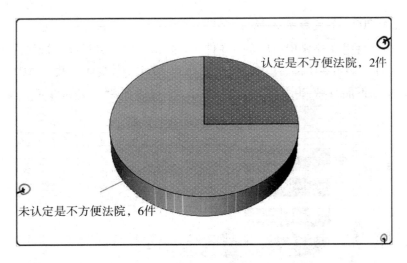

认定是不方便法院，2件

未认定是不方便法院，6件

图 9-31　2021 年涉及不方便法院原则案件的裁判结果

根据上述年度统计，从 2015 年 2 月 4 日至 2021 年 9 月 28 日，共计检索到有效案件数量为 161 件，其中，涉及不方便法院原则案件省份最多的是广东省，共计 44 件，占比约 27%；涉及不方便法院原则案件案由最多的是合同，共计 88 件，占比约 55%；涉及不方便法院原则案件的裁判结果是 44 件，认定不方便法院、未认定的有 117 件，分别占比约 27%、73%。

总体上看，我国法院涉及不方便法院原则的案件，广东约占三成。一方面，广东是我国改革开放的前沿阵地，经济发达，各类涉外民商事纠纷比较多；另一方面，广东省紧靠我国的香港特别行政区和澳门特别行政区，是我国大湾区重要的省份，涉及两个特别行政区的民商事案件特别多。我国没有统一的区际冲突法，依据《司法解释（一）》的规定，我国内地法院审理涉香港特别行政区和澳门特别行政区的民商事案件，视为涉外民商事案件，适用内地的冲突规范确定准据法。当然，我国内地法院应该适用民事诉讼法及其司法解释决定案件的管辖权，包括是否适用不方便法院原则。基于以上两方面的原因，广东省占比比较高是由客观实际情况所决定的。但是从发展趋势来看，我国法院运用不方便法院原则的地域分布呈现发散性特征，即从东部向中西部延展，从边境省份向非边境省份扩展，不过这两种趋势并不十分明显。至于涉及的案由，各类合同是最多的，占五成以上。这与我国对外贸易的发展具有一定的关联性。但是，随着我国民事交往越来越频繁，涉及继承、婚姻、劳务争议以及民间借贷的也不在少数，这说明不方便法院原则的运用不仅存在于合同、公司等商事领域，也存在于传统的民事领域。至于法院是否接受不方便法院的认定，案件数量分别是 44 件、117 件，占比约 27%、73%。尽管认定的有 44 件，但有为数不少的属于类似的案件，属于同一法院做出相同的裁决。从这个意义上说，我国法院认定不方便法院的案件比例并不高。这说明 2015 年《民诉法解释》第532 条确实起到了排除与我国无关案件、节约我国司法资源的作用。此外可以发现，有的当事人也有利用 2015 年《民诉法解释》第 532 条的规定拖延诉讼的嫌疑。

二、典型案件及其分析

典型案例的选择主要考虑到案件的审级、案件的裁判结果、案件的影响力以及案件审理法院的地区分布等各方面因素。

（一）萧某瀛诉张某莲离婚案

萧某瀛诉张某莲离婚案①是北京市朝阳区人民法院审理的一起涉及不方便法院原则的典型案件。

原告萧某瀛与被告张某莲均系加拿大国籍。原告萧某瀛住在北京市朝阳区，被告住在天津市南开区。2005 年 2 月 24 日，原、被告在加拿大安大略省多伦多市举行婚礼，于同年 2 月 26 日登记结婚。2005 年，双方在加拿大生育一子，该子系加拿大国籍。2008 年，双方在香港生育一女，该女系加拿大国籍，香港特别行政区永久居民。原告称 2010 年双方携带子女回北京生活，2012 年，被告擅自将子女带到天津生活。2012 年，被告以夫妻感情破裂为由向北京市顺义区人民法院诉请离婚，但被法院驳回。因为双方当事人一直分居，关系没有得到改善，加上被告对子女抚养不负责任，致使原告在北京独立抚养子女。于是原告向北京市朝阳区人民法院诉请离婚，子女由原告抚养，被告承担一定的抚养费，并要求位于加拿大房屋的产权归原告所有，分割位于加拿大别克银色商务车一辆以及对被告母亲的债权 24 万元港币。被告辩称夫妻感情没有破裂，不同意离婚，并提出了不方便法院的请求，认为双方当事人均系加拿大国籍，在加拿大登记结婚，子女也是加拿大国籍，案件所涉的主要财产亦在加拿大。所以，依据中国的法律规定，案件争议的主要财产及主要事实均在加拿大，加拿大是更为方便的法院，请求法院裁定驳回原告的诉讼。法院经审理查明，双方当事人均系加拿大国籍，在加拿大登记结婚，双方当事人均认为从 2012 年开始分居，双方均认可在加拿大的房产和别克银色商务车一辆，双方均主张对婚生子女的抚养权。依据民事诉讼法第 154 条，《民诉法解释》第 522 条、第 532 条之规

---

① （2016）京 0105 民初 40959 号民事裁定书。

定，北京市朝阳区人民法院认为，当事人具有加拿大国籍，本案属于涉外民商事案件。法院在列举了2015年《民诉法解释》第532条规定的适用不方便法院原则的全部六项情形后，认为本案原、被告均系加拿大国籍，在加拿大登记结婚，双方婚生子女也均系加拿大国籍，双方主要共同财产亦位于加拿大，故案件争议的主要事实均不发生在我国境内，此案由加拿大法院管辖更为适宜，原告可向更方便的加拿大法院提起诉讼。法院于2017年10月9日做出裁决，驳回原告的起诉。

在本案中，北京市朝阳区人民法院采取了列举加简单分析的方法，得出了不方便法院的结论，驳回了原告的起诉。这种列举加简单分析的方法是目前我国法院最常见的一种分析方法。我国《民诉法解释》第532条规定了适用不方便法院同时要符合的六种情形。在本案中，被告提出了不方便法院的请求，符合《民诉法解释》第532条规定的第一种情形。鉴于第532条并没有具体规定提出不方便法院或管辖权异议的形式要求，所以当事人可以在答辩中提出不方便法院的请求或提出管辖权异议。但在本案中，被告既提出了不方便法院的请求，也对实体问题做出了答辩，是否认为当事人就实质问题进行答辩，属于接受了法院的管辖权。从本案的法院认定来看，法院做出了否定的回答，即当事人既提出了不方便法院的请求或提出了管辖权异议，也就实质问题做出了答辩，并不影响当事人不方便法院的请求。也就是说，当事人的实质答辩并不构成当事人接受法院管辖的依据，也不是一种默示管辖，不构成当事人选择我国法院管辖的协议。在本案中，法院并没有分析当事人之间是否存在选择我国法院管辖的协议。我国民事诉讼法对涉外民商事案件的协议管辖并没有做出具体规定，依据其第259条的规定，适用民事诉讼法的其他有关规定。依据其第34条和《民诉法解释》第531条的规定，协议管辖的范围是合同或者其他财产权益纠纷。显然本案属于离婚诉讼，不属于协议管辖的范围。所以，法院并没有做出具体分析，自然而然地认为本案符合《民诉法解释》第532条的第二种情形。至于第532条规定的第三种情形，法院也没有做出分析。依据民事诉讼法第33条和第266条规定，我国法院专属管辖的案件包括不动产诉讼、港口作业诉讼、继承遗产诉讼，以及因在中华人民共和国履行中外合资经营企业合同、中外合作经营企业合同、中外合作勘探开发自然资源合同发生纠纷提起的诉讼。显然离婚诉讼并不属于我国法院的专属管辖，本案符合第532条规定的第三种情形。对第四种情形，即案件不涉及我国国家、公民、法人或者其他组织的利益，法院在裁判文书中仅仅写道：原、被告均系加拿大国籍，在加拿大登记结婚，双方婚生子女也均系加拿大国籍，双方主要共同财产亦位于加拿大。可以从该文字表述推断出，法院认为双方当事人不属于我国公民，离婚所涉及抚养的子女也不属于我国公民，主要财产也没有位于我国境内，所以不涉及我国当事人的利益。对第五种情形，法院以上述同样的理由认为案件争议的主要事实均不发生在我国境内。法院并没有说明认定事实存在一定的困难，而是被告辩称，原告证据显示该房产已于 2015 年 7 月 13 日还清全部贷款，故该房产也不存在债务。关于别克车辆，因发生过两次重大交通事故，该车现还在修理厂，故其市值也无法评估。因为房屋与车辆均位于加拿大，法院在认定事实上是存在一定的困难。法院对是否存在认定事实的重大困难没有做出说明，这应该属于法院法官自由裁量的范围。另外，法院对于第五种情形中适用外国法律与适用法律存在困难并没有做出具体说明。本案属于离婚诉讼，依据我国法律适用法第二十七条的规定，诉讼离婚适用法院地法律。本案在北京市朝阳区人民法院诉请离婚，理应适用我国的法律规定。从法律适用来看，似乎不能以不方便法院拒绝管辖。即使本案涉及夫妻财产关系和子女的抚养关系，依据法律适用法第二十四条和第二十九条规定，也不一定适用加拿大的法律。所以，本案是否符合《民诉法解释》第 532 条第五种情形还是存疑的。对第 532 条中的第六种情形，法院在没有分析的情况下断然认为加拿大法院管辖更为适宜、更为方便。

综上所述，我国法院认定不方便法院是采取列举第 532 条的规定，然后再做出简单分析的做法。不过，法官在运用其自由裁量权时，其说理并不深入，存在简单化的倾向。在某种程度上，也存在先入为主认定不方便法院的嫌疑。

（二）王某程诉杨某谋及第三人上联国际（制造）股份有限公司委托合同案

原告王某程系我国台湾地区居民，住我国台湾地区台北市士林区；被告杨某谋系香港特别行政区居民，住我国香港特别行政区；第三人上联国际（制造）股份有限公司系住所地在我国香港特别行政区的公司，代表人是王某程。原告王某程与被告杨某谋于 2001 年 12 月 14 日签订一份《协议书》，原告使用被告香港公司地址，并委托被告代办香港部分业务，每月代办费原则上为港币 2 万元。《协议书》写在抬头为"联质企业公司香港北角英皇道 351-353 号银辉中心 9 楼 A 座"的纸张上。被告称该协议书在香港特别行政区签订，原告主张签订于广东省东莞市石碣镇，但未提供证据证明。原告王某程向法院提交了银行交易凭证、交易往来账单，并表示银行交易和交易往来账单均形成于香港特别行政区，被告杨某谋对于该材料的形成地未有异议。被告杨某谋在内地没有住所地，但其于广东省东莞市第一人民法院受理的（2018）粤 1971 执 697 号案件中作为申请执行人请求执行王某程的财产。2019 年 7 月 19 日，王某程为（2018）

粤 1971 执 697 号案的债务向广东省东莞市第一人民法院指定的执行账户转入相应的执行款。王某程于 2019 年 7 月 23 日依据民事诉讼法第 265 条向广东省东莞市第一人民法院提起诉讼，请求判决杨某谋向王某程退还多收代办费港币 111.5 万元，并申请查封、扣押、冻结杨某谋相应价值 94 万元的财产。广东省东莞市第一人民法院于 2019 年 7 月 24 日做出（2019）粤 1971 民初 24283 号民事裁定书，并依据该裁定书冻结杨某谋于（2018）粤 1971 执 697 号案的执行款 94 万元。广东省东莞市第一人民法院受理案件后，做出了（2019）粤 1971 民初 24283 号之一民事裁定书。① 广东省东莞市第一人民法院针对本案的管辖权做出如下分析。

第一，关于合同的签订地和合同的履行地问题。针对合同的签订地，广东省东莞市第一人民法院认为双方当事人对合同签订地有分歧，原告王某程认为《协议书》签订于广东省东莞市，被告杨某谋予以否认。因为《协议书》的纸张抬头是"联质企业公司香港北角英皇道 351-353 号银辉中心 9 楼 A 座"，法院认为抬头初步表征该协议形成于我国香港特别行政区，所以原告王某程承担举证义务，证明涉案《协议书》签订于广东省东莞市。因为原告王某程没有提供充分的证据证明涉案《协议书》签订于东莞市，所以广东省东莞市第一人民法院没有采信原告的主张。针对合同的履行地，广东省东莞市第一人民法院认为原告认可涉案银行交易凭证及交易往来账目形成于香港特别行政区，委托事项也是围绕在香港特别行政区登记注册的上联国际（制造）股份有限公司所开展，所以内地并不是涉案委托合同的履行地。

第二，关于对本案是否具有管辖权问题，关键在于被告杨某谋于一审的执行款是否属于可供扣押财产。广东省东莞市第一人民法院认为虽然（2018）粤 1971 执 697 号案件执行款中的 94 万元暂停划扣予杨某谋，但从性质上该笔款项是属于杨某谋的执行受领款，即属于被告杨某谋的财产。原告王某程有权依据民事诉讼法第 265 条所规定的管辖权提起诉讼，广东省东莞市第一人民法院依法对本案享有管辖权。

第三，关于本案是不是不方便法院的认定。广东省东莞市第一人民法院在列举了民诉法解释第 532 条规定的内容后认为：（1）原告提起诉讼后，被告提出了管辖权异议；（2）原告与被告之间不存在选择内地法院管辖权的协议；（3）依据民事诉讼法第三十三条的规定，本案不属于内地法院专属管辖的案件范畴；（4）本案系两自然人之间的私权纠纷，未涉及国家、公民、法人或者其

---

① （2019）粤 1971 民初 24283 号之一民事裁定书。

他组织的利益；（5）案件争议的主要事实并非发生在内地，委托合同内容与在香港特别行政区登记注册的上联国际（制造）股份有限公司密切相关，且与委托合同相关的银行交易凭证、交易往来账目均形成于香港特别行政区，参照法律适用法第 41 条及《司法解释（一）》第九条的规定，涉案合同应以最密切联系地即香港特别行政区的法律作为准据法，法院审理案件在认定事实和适用法律方面存在重大困难；（6）如法院依据民事诉讼法第 265 条的规定，对本案享有管辖权，但本案三方诉讼主体中的两方即杨某谋和上联国际（制造）股份有限公司的住所地均在香港特别行政区，且委托合同的履行行为发生在香港特别行政区，对上联国际（制造）股份有限公司进行查账、审计等事项以及双方交易情况的查明，在香港特别行政区进行诉讼显然更为方便，且诉讼在香港特别行政区进行有利于避免增加公证认证、翻译等手续所需的时间成本和经济成本。

综上，广东省东莞市第一人民法院一审法院认为，杨某谋基于《民诉法解释》第 532 条的规定而提出管辖权异议成立，王某程应向香港特别行政区的法院提起诉讼。广东省东莞市第一人民法院做出裁定，驳回王某程的起诉。

原告王某程不服广东省东莞市第一人民法院（2019）粤 1971 民初 24283 号之一民事裁定书，向广东省东莞市中级人民法院提起上诉。

首先，广东省东莞市中级人民法院审理的基本思路与一审法院基本一致。与一审法院不同的是，广东省东莞市中级人民法院先认定本案属于涉外民商事案件。其认为本案属于涉香港居民及台湾地区居民的委托合同纠纷，双方当事人的住所地也并不在内地。依据《民诉法解释》第 551 条的规定，人民法院审理涉及香港、澳门特别行政区和台湾地区的民事诉讼案件时，可以参照适用涉外民事诉讼程序的特别规定。其次，广东省东莞市中级人民法院依据民事诉讼法第 265 条的规定，认为一审法院具有管辖权。最后，广东省东莞市中级人民法院依据《民诉法解释》第 532 条的规定，做出了不方便法院的认定。于是，其做出了（2020）粤 19 民终 1358 号民事裁定书，驳回上诉，维持原裁定。[①]

一审法院广东省东莞市第一人民法院与二审法院广东省东莞市中级人民法院，对不方便法院原则的运用还是值得称赞的。尽管两法院与北京市朝阳区人民法院审理的萧某瀛诉张某莲离婚案[②]的分析思路基本一致，但两法院的分析更加深入与透彻，主要体现在以下几方面。

其一，广东省东莞市中级人民法院首先对案件是否属于涉外民商事案件做

---

① （2020）粤 19 民终 1358 号民事裁定书。
② （2016）京 0105 民初 40959 号民事裁定书。

出认定。本案属于区际私法的案件。在我国内地，没有所谓的区际冲突法或区际私法的立法。依据国际私法和民事诉讼法的司法解释，涉我国香港、澳门特别行政区以及我国台湾地区的案件，法律选择可以参照适用法律适用法及其司法解释的规定，程序可以参照适用民事诉讼法及其司法解释的规定。广东省东莞市中级人民法院首先认定了案件属于涉香港与台湾地区的案件，属于广义上的涉外民商事案件，奠定了本案适用《民诉法解释》第 532 条的基础。

其二，在我国，当事人有时将不方便法院的请求与管辖权的异议一起提出。一般来说，如果我国法院对涉外民商事案件没有管辖权，法院会径直依据我国民事诉讼法的规定，拒绝案件的管辖权。如果我国法院对涉外民商事案件具有管辖权，才会考虑《民诉法解释》第 532 条的规定，决定是否适用不方便法院原则。所以，在我国适用不方便法院原则的前提是我国法院对某一涉外民商事案件具有管辖权。无论是广东省东莞市第一人民法院还是广东省东莞市中级人民法院，对法院的管辖权都做出了详细的分析，这点是值得称赞的。

其三，在本案中，法院根据案件的具体情况分析《民诉法解释》第 532 条前三款的情形是合理的。但是对第 532 条第 4 项关于"案件不涉及中华人民共和国国家、公民、法人或者其他组织的利益"的分析是不充分的。第 532 条第 4 项给予法官在运用不方便法院原则时一定的自由裁量权，法院仅仅在裁决书中写道："本案系两自然人之间的私权纠纷，未涉及国家、公民、法人或者其他组织的利益。"本案当事人之间的纠纷为何没有涉及我国国家、公民、法人或者其他组织的利益，法院没有进行充分说理。关于第 532 条第 4 项的情形，法院往往只给出结论，不做分析。这恰恰是法院运用自由裁量权不合理的地方。

其四，法院对于《民诉法解释》第 532 条第 6 项情形做出了一定的分析，但是对于替代法院是否适当，是不是更为方便的法院没有做出分析。这也是我国法院在运用不方便法院原则时不足的地方。

（三）最高人民法院金士顿科技有限公司、金士顿电子股份有限公司等侵害发明专利权纠纷系列案

本系列案件的基本法律事实与诉讼请求基本一致，只是案件涉及的专利不同，分别进行了审理。

系列案件的原告赫尔辛基内存技术有限公司（以下简称"赫尔辛基内存"）住所地在芬兰。被告金士顿科技有限公司（以下简称"金士顿科技"）住所地在中国北京市；被告金士顿电子股份有限公司（以下简称"金士顿电子"）住所地在中国台湾省新竹县；被告上海赞禾英泰信息科技股份有限公司（以下简称"赞禾英泰"）住所地在中国上海市。原告在上海知识产权法院对

被告提起诉讼，起诉被告侵犯了原告的发明专利权。被告金士顿科技提出管辖权异议。上海知识产权法院于 2020 年 8 月 18 日分别做出了（2020）沪 73 知民初 575 号民事裁定书、（2020）沪 73 知民初 576 号民事裁定书、（2020）沪 73 知民初 577 号民事裁定书和（2020）沪 73 知民初 578 号民事裁定书。被告金士顿科技、金士顿电子不服上海知识产权法院的上述裁定书，向最高人民法院提起上诉。最高人民法院于 2020 年 12 月 17 日、12 月 18 日分别做出了（2020）最高法知民辖终 498 号民事裁定书、（2020）最高法知民辖终 485 号民事裁定书、（2020）最高法知民辖终 488 号民事裁定书、（2020）最高法知民辖终 484 号民事裁定书。最高人民法院的四份民事裁定书的主要内容是一致的。

上诉人金士顿科技认为本案被诉侵权产品制造地在台湾省，货源地在香港特别行政区，销售商是赞禾英泰，案外人运营 www.kingston.com/cn 网站。现有证据无法证明其制造、参与制造、进口、销售、许诺销售了被诉侵权产品。其许可赞禾英泰使用其商标进行销售，不代表其具有制造、销售被诉侵权产品的行为。所以，上诉人金士顿科技没有在原审法院管辖地实施或与其他被告共同实施被诉侵权行为，本案应进行分案审理。其请求撤销原审裁定，将与其有关的案件移送至北京知识产权法院审理。

上诉人金士顿电子认为，其与金士顿科技分别依据不同法律在不同地区注册成立，相互独立，在生产经营及人员管理上并不存在混同的情况。同时，www.kingston.com/cn 网站由案外人所有并运营，被诉侵权产品货源地在香港特别行政区，且系从赞禾英泰公司处购买，产品包装上标注金士顿电子公司的英文名称，仅用以标识生产来源，故本案没有证据表明金士顿电子与金士顿科技或赞禾英泰共同实施了被诉侵权行为。依据《民诉法解释》第 532 条、第 551 条的规定，本案符合适用不方便法院原则的条件。金士顿电子和赫尔辛基内存均不属于中国内地的民事主体，二者不存在选择中国内地法院管辖的协议，双方案件争议的主要事实不是发生在中国内地，无法适用中国内地的法律，且本案不属于中国内地境内法院专属管辖。金士顿电子为台湾省的企业，被诉侵权产品的生产活动仅发生在台湾省，相关出口、销售和许诺销售等行为主要发生在台湾省，故本案符合适用不方便法院原则的条件，由台湾省的法院审理更为方便。金士顿电子请求最高人民法院撤销原审裁定，驳回赫尔辛基内存对金士顿电子的起诉。

最高人民法院认为案件焦点主要有两方面，即原审法院是否具有管辖权以及案件是否适用不方便法院原则。

关于原审法院的管辖权问题。赫尔辛基内存公司主张金士顿科技和金士顿电子以分工合作方式生产、进口、销售和许诺销售产品的行为，以及赞禾英泰公司参与销售产品的行为，侵害了其发明专利权，要求金士顿科技、金士顿电子和赞禾英泰承担相应责任。最高人民法院认为赫尔辛基内存提供的初步证据显示，金士顿科技授权赞禾英泰为中国区总代理，在中国内地范围内销售包括被诉侵权产品在内的金士顿品牌全线产品，赞禾英泰公司销售的被诉侵权产品外包装上标注有金士顿电子的英文名称"Kingston Solutions，Inc"。所以，金士顿科技、金士顿电子、赞禾英泰与案件被诉侵权事实具有形式上的关联性，对赫尔辛基内存公司的诉讼请求应当一并审理，不宜分案处理。至于金士顿科技、金士顿电子是否实施了制造、进口、销售和许诺销售被诉侵权产品的行为，金士顿科技、金士顿电子、赞禾英泰是否构成共同侵权，属于应在案件实体审理中予以审查的问题，不影响本案管辖连结点的判断和管辖法院的确定。依据2017年民事诉讼法第21条①、第28条②与第35条③的规定，案件可以以赞禾英泰的住所地作为管辖连结点，确定管辖法院。《最高人民法院关于北京、上海、广州知识产权法院案件管辖的规定》一条第（一）项规定，上海市辖区内的专利民事第一审案件由上海知识产权法院管辖。赞禾英泰公司的住所地位于上海市宝山区，赫尔辛基内存公司选择向上海知识产权法院提起诉讼符合法律规定，故原审法院对本案具有管辖权。

关于案件是否适用不方便法院原则问题。最高人民法院首先列举了《民诉法解释》第532条的规定后，认为适用"不方便法院原则"必须同时具备第532条规定的六项条件，缺一不可。最高人民法院认为案件不符合两方面的条件：（1）金士顿科技、赞禾英泰均系在中国内地注册成立的企业法人，赫尔辛基内存公司的诉讼请求包括要求两公司停止侵权、赔偿维权合理开支等，案件涉及中国内地企业法人金士顿科技、赞禾英泰的利益，即案件不符合第532条第4项的规定；（2）根据案件的初步证据显示，被诉侵权产品的销售行为发生在中国内地境内，侵权与否的判断等应适用中国法律，即案件不符合第五百三十二条第（五）项的规定。所以，最高人民法院认为当事人的上诉理由不成立，

① 第二十一条规定："对法人或者其他组织提起的民事诉讼，由被告住所地人民法院管辖。同一诉讼的几个被告住所地、经常居住地在两个以上人民法院辖区的，各该人民法院都有管辖权。"
② 第二十八条规定："因侵权行为提起的诉讼，由侵权行为地或者被告住所地人民法院管辖。"
③ 第三十五条规定："两个以上人民法院都有管辖权的诉讼，原告可以向其中一个人民法院起诉。"

不予以支持，驳回当事人的上诉。

最高人民法院的系列裁定书体现了以下两方面：第一，无论当事人对管辖权的异议，还是提起不方便法院的请求，其首要的就是要分析法院自身是否具有管辖权。如果法院没有管辖权，也就没有适用不方便原则的前提，法院可以直接驳回当事人的诉讼。如果法院有管辖权，法院需要进一步审查当事人不方便法院请求是否成立。在本系列案件中，最高人民法院首先依据民事诉讼法的相关规定对原审法院的管辖权做出判断，认为原审法院具有管辖权。第二，在原审法院具有管辖权的基础上，最高人民法院阐述了是否适用不方便法院原则的理由。最高人民法院认为只要不符合《民诉法解释》第532条中的任何一个条件，就否定当事人不方便法院的请求。最高人民法院对于第532条中规定的第4项情形采取了我国当事人的判断标准，只要案件中有我国当事人的，就认为不能适用不方便法院原则。在本案中，金士顿科技、赞禾英泰均是中国内地的企业法人，就必然涉及第4项中国当事人的利益。最高人民法院还认为侵权行为地发生在中国内地，主要的案件事实在中国内地，而且适用中国内地的法律。但是最高人民法院并没有仔细分析为何适用中国大陆的法律。一般来说，分析是否适用中国内地的法律，需要依据我国的法律适用法中的冲突规范做出判断。依据该法律第44条的侵权行为适用侵权行为地法的规定，本案适用中国内地的法律。所以，本案也不符合第五百三十二条第（五）项的情形。

（四）崔某姬与金某淑等共有纠纷案

本案原告金某淑、蒋某子、金某官住中华人民共和国吉林省延吉市。原告金某元住中华人民共和国吉林省和龙市。被告金某梅住中华人民共和国吉林省延吉市。第三人崔某姬住中华人民共和国吉林省延吉市。本案中，蒋某子和金某协系夫妻关系，共有金某哲、金某元、金某淑、金某官四名子女。金某梅系死者金某哲的女儿，第三人崔某姬与死者金某哲生前系同居关系。

金某哲生前系大韩民国（株）诚信会社员工，因在施工中死亡，由该会社经与金某梅及崔某姬签订《协议书》，向金某梅支付1.9亿韩元作为死亡赔偿金，其中包括遗属抚恤金、遗失收益、抚慰金等。金某哲父亲金某协于案件审理过程中死亡。原告蒋某子、金某元、金某淑、金某官向中华人民共和国吉林省延边朝鲜族自治州中级人民法院（以下简称"延边中院"）提起诉讼，请求在原告与被告金某梅之间分割死亡赔偿金，第三人无权分得死亡赔偿金。

延边中院经审理，做出了（2018）吉24民初151号民事判决书。延边中院认为，依据《司法解释（一）》第1条第4项的规定，本案产生的民事关系的法律事实发生在中华人民共和国领域外，所以本案被认定为涉外民事案件。对于法律适用问题，延边中院认为本案系共有纠纷，本案各方当事人均系中华人民共和国公民，适用中华人民共和国法律调整本案更有利于保障各方当事人权益，故与本案共有关系最密切联系地应为中华人民共和国，应适用中华人民共和国法律进行调整。延边中院依据我国的法律规定，认为第三人崔某姬与金某哲事实婚姻不能成立，其无法作为近亲属参与死亡赔偿金的分配。

上诉人崔某姬不服延边中院做出的（2018）吉24民初151号民事判决书，向吉林省高级人民法院（以下简称"吉林高院"）提起上诉，请求撤销原判决并依据韩国法律进行改判。上诉人崔某姬认为原审法院部分事实不清，适用法律不当，并依据《民诉法解释》第532条提出不方便法院的请求，要求案件由韩国法院审理。对于法律适用问题，上诉人崔某姬认为本案应适用韩国法律。主要有两方面的理由：其一，从侵权的角度来看，本案的标的形成于韩国，系受害人金某哲在韩国劳务过程中因安全问题从韩国公司依据韩国法律规定得到的损害赔偿协议金。依据《民法通则》第146条的规定，侵权行为的损害赔偿，适用侵权行为地的法律。因此本案应适用韩国法律。其二，从分配损害赔偿金的角度来看，在处理死亡赔偿金时，参照遗产处理。本案既然已经诉至我国法院，按照上述处理原则，应当根据法律适用法第三十一条的规定，适用被继承人死亡时经常居所地法律。金某哲在韩国已经居住4年之余，事发时本案全部当事人都在韩国，因此应当适用韩国法律。对于不方便法院原则，上诉人崔某姬在列举《民诉法解释》第532条后，认为在原审法院已经提出本案在韩国有管辖权的法院审理更方便，本案是因为受害人金某哲在韩国劳务过程中死亡引起赔偿金的纠纷，主要事实都发生在韩国，当时全部当事人都在韩国，理应适用韩国法律，或裁定驳回原告的起诉，告知其向更方便的外国法院提起诉讼，所以本案应由韩国具有管辖权的法院审理。

吉林高院做出了（2020）吉民终157号民事判决书，认为本案是共有纠纷。依据法律适用法第二条第二款规定的最密切联系原则，认为本案当事人均系中华人民共和国公民，且标的物即案涉钱款在中华人民共和国境内，适用中华人民共和国法律调整本案更有利于保障各方当事人权益，所以与本案共有关系最密切联系地应为中华人民共和国，应当适用中国的法律。对于是否适用不方便法院原则，吉林高院在列举了《民诉法解释》第532条后认为，本案当事人均为中华人民共和国公民，因金某淑、蒋某子、金某元、金某官起诉时已选择中华人民共和国法院作为本案的受理法院，且中华人民共和国人民法院审理此案时在认定事实和适用法律方面不存在重大困难，本案不符合《民诉法解释》规定的可以裁定驳回原告起诉的法定条件。所以吉林高院驳回当事人的上诉，维持原审的判决。

本案无论是一审法院的判决书还是二审法院的判决书均体现出以下几方面：第一，上诉人崔某姬在一审中提出了不方便法院的请求，一审法院并没有对管辖权单独做出裁定书，而是将该问题与实体问题一并做出判决书。一般来说，我国大多数法院对于不方便法院的请求做出裁定书进行单独阐释，本案是在判决书中加以说明的。第二，本案不方便法院请求涉及法律适用问题。上诉人崔某姬认为本案应该适用韩国法律，存在适用法律的困难。吉林高院则认为本案适用中国法律，不存在适用法律上的困难。《民诉法解释》第五百三十二条第（五）项与法律适用问题有关，这就必然涉及案件的定性问题。在涉外民商事案件中，定性也称为"识别"，是法院正确适用冲突规范的前提条件。一般来说，识别是指法官在审理涉外民商事案件时，对案件或事实进行分析，按照一定的法律观念，将其分配到特定的法律关系中，旨在正确适用冲突规范的一种思维过程。① 在本案中，上诉人崔某姬将案件定性为涉外侵权案件，或者根据一审法院参照继承原则分配死亡赔偿金，亦可以视为涉外继承案件。一审法院和二审法院均没有认可上诉人崔某姬的看法，认为本案是因赔偿请求权人对死亡赔偿金进行分配而产生的纠纷，并不是赔偿请求权人向造成死亡的行为人索要赔偿金产生的纠纷，不属于侵权案件。法院还认为无论从我国法律还是从韩国法律来看，死亡赔偿金不属于遗产，所以法院将此案认定为共有纠纷。对于涉外共有关系的法律适用，我国法律适用法并没有做出明确规定。法院依据该法律的第二条第二款最密切联系原则的规定，认定我国是与该民事关系具有最密切联系的国家，于是适用了中国的法律。既然适用我国的法律，也就不存在《民诉法解释》第532条第4项的情形。第三，吉林高院关于不方便法院请求的分析，采取了列举加概括式的否定方式。尽管吉林高院指出了本案当事人均为中国的当事人，并选择中国法院审理案件，中国法院在认定事实与适用法律上不存在重大困难，但是其判决书中并没有明确指出第532条中的哪一项，只是笼统地指出案件不符合《民诉法解释》规定的可以裁定驳回原告起诉的法定条件。

三、第 532 条不方便法院分析的因素

《民诉法解释》第 532 条规定了不方便法院的六项情形，其中有几项与法官自由裁量权关系不大，有几项则与法官自由裁量权有着较大的关联。

---

① 徐伟功.《涉外民事关系法律适用法》实施研究［M］. 北京：法律出版社，2019：275.

（一）与法官自由裁量权关系不大的因素

在2015年《民诉法解释》第532条中，前三项情形应该是比较明确的，较少涉及法官的自由裁量权。

对于第一项情形，无论从上一节的案例还是从本节的案例看，人民法院不方便法院的启动都是基于当事人提出的不方便法院的动议或请求，或者提出管辖权的异议。我国法院在这一点上的认定是比较明确的，是不存在疑问的，也较少存在法官自由裁量权的问题。关于不方便法院动议提起的主体，美国、澳大利亚法律规定在特定的案件中可以由法院自己提出。美国在28U.S.C.1404（a）规定，为了便利当事人和证人以及在公平利益的情况下，一个联邦地区法院可以移送任何民事诉讼到任何可以审理此案的其他联邦地区法院或其分庭。法院可以根据自己的动议移送案件。美国路易斯安那州议会在1986年提出了不方便法院的议案，认为地区法院可以根据当事人的不方便法院的动议或根据法院自己的动议，为了便利当事人和证人以及在正义利益的情况下，当法院认为在州外存在一个更为方便的法院时，可以拒绝诉讼。与美国28U.S.C.1404（a）一样，澳大利亚1987年《交叉授权管辖权法》规定了联邦法院、家庭法院、西澳大利亚家庭法院以及各州或领土的最高法院之间的案件移送问题。依据《交叉授权管辖权法》第五条的规定，法院可以根据当事人的申请，也可以根据法院自己的动议，决定是否保留管辖权或是否将案件转移到另一适当的法院。尽管在美国、澳大利亚等国移送案件制度中，法院可以根据自己的动议提出移送案件，但是在国际民商事诉讼中，不方便法院的动议一般只能由诉讼当事人提出，也就是由被告提出。法院自己本身不能根据自己的动议，以不方便法院为理由拒绝诉讼。

对于第二项情形，当事人之间不存在选择中华人民共和国法院管辖的协议，还是比较容易认定的。依据我国民事诉讼法第34条的规定，协议管辖需要满足以下几个条件：（1）当事人选择法院的范围是合同或者其他财产权益纠纷；（2）当事人需要采取书面形式；（3）当事人选择的人民法院必须与案件具有实际联系，即当事人可以选择与主体有关的联系地点，包括原告住所地、被告住所地，可以选择与合同有关的联系地点，包括合同履行地、合同签订地，也可以选择与客体有关的联系地点，包括标的物所在地等；（4）协议管辖不得违反我国的级别管辖与专属管辖。《民诉法解释》第531条还专门对涉外民商事案件当事人选择外国法院做出了解释，条件与民事诉讼法第三十四条规定基本一致。法院在认定当事人是否存在选择我国法院的管辖协议时，主要思维方式是：第一，先判断当事人有无选择我国法院的书面协议。一般来说，书面协议还是比较容易判断的，如果当事人在合同争议解决条款中明确选择我国法院，或者当事人专门签订了管辖协议，法院通常会认定当事人之间存在书面协议。随着现代科技的发展，书面形式呈现出复杂性的一面。对于书面形式，一般都做扩充性解释，即包括合同书、信件、电报、电传、传真、电子数据交换和电子邮件等可以有形地表现所载内容的形式。第二，法院如果判断存在选择我国法院的书面协议，还需要进一步认定管辖协议的有效性。除书面形式的要求外，还需要依据第三十四条规定的条件进一步做出判断。

对于第三项情形，案件不属于中华人民共和国法院专属管辖，也是比较明确的。我国法院的专属管辖本身就意味着案件涉及我国的重要利益，法院必须管辖，不能适用不方便法院原则加以排除。依据我国民事诉讼法第三十三条的规定，不动产纠纷、港口作业中发生的纠纷以及继承遗产纠纷，属于我国人民法院的专属管辖。依据民事诉讼法第 266 条的规定，三类特殊类型的合同纠纷，即因在中华人民共和国境内履行的中外合资经营企业合同、中外合作经营企业合同、中外合作勘探开发自然资源合同发生纠纷提起的诉讼，由中华人民共和国人民法院管辖。

所以，"六条件说"中"被告提出案件应由更方便外国法院管辖的请求或者提出管辖异议"，"当事人之间不存在选择中华人民共和国法院管辖的协议"，以及"案件不属于中华人民共和国法院专属管辖"的认定不会引发过多争议。[1]

（二）与法官自由裁量权相关的因素

我国法院无论是拒绝不方便法院的请求，还是认可不方便法院的请求，被学者诟病的是与法官自由裁量权相关的后面三个因素。例如，陈南睿认为，我国运用不方便法院原则存在的主要问题包括：缺乏对不方便法院原则适用前提的论证，不方便法院判断标准模糊、弹性大、门槛高，同时符合六个条件过于严苛。[2] 黄志慧则认为，人民法院的司法实践表明，不方便法院原则的适用较为混乱，导致诸多问题，如产生司法沙文主义的嫌疑，弱化不方便法院原则减少诉累的功能，难以妥善解决平行诉讼与判决不一致。[3] 上述学者认为的标准模糊与弹性大主要是针对第 532 条的第 4 项，门槛高主要是针对不方便法院的请求

---

[1] 黄志慧. 人民法院适用不方便法院原则现状反思：从"六条件说"到"两阶段说"[J]. 法商研究，2017，34（6）：162.

[2] 陈南睿. 不方便法院原则在中国法院的适用及完善：以 125 例裁判文书为视角 [J]. 武大国际法评论，2021，5（2）：121.

[3] 黄志慧. 人民法院适用不方便法院原则现状反思：从"六条件说"到"两阶段说"[J]. 法商研究，2017，34（6）：156.

要同时符合第 532 条的六个条件。司法沙文主义主要是针对第 532 条第 4 项的情形，只要我国法院认为案件涉及我国国家、公民、法人与其他组织利益的，就可以拒绝当事人不方便法院的请求，较少考虑不方便法院原则之目的，即为了保障司法公正以及保护当事人的合法权益。同时也较少比较域外法院与我国法院审理案件的合理性与便利性。不方便法院原则产生之初主要是为了当事人的争议在合适的法院处理案件，随着涉外民商事案件增多，法院的负担越来越重，不方便法院原则在某种情况下承担减轻法院负担的作用。不方便法院原则在美国的发展就起到这一作用，早在 1929 年美国学者布莱尔（Blair）就指出，不方便法院是减轻法院负担的一种有力的工具。① 在 20 世纪 70 年代的美国，减轻法院的负担是采取灵活的不方便法院原则的重要分析因素。② 在目前我国的司法实践中，不方便法院原则难以担负起解决平行诉讼和冲突判决问题的重任。无论是《民诉法解释》第 532 条中考虑的因素，还是司法实践中对于平行诉讼的态度，都不会特别地考虑外国法院正在进行的诉讼。

1. 利益

《民诉法解释》第 532 条第 4 项的情形，涉及利益判断问题。该条款中的利益主要有两个层面：一是我国国家利益；二是我国当事人的利益，包括公民、法人或者其他组织的利益。纵观收集到的案例，绝大多数法院判断第 4 项中的利益，主要是从当事人的利益角度进行的，一般没有分析我国国家的利益。即使对我国当事人利益的判断，也是主要采取国籍判断标准或登记注册地标准。对于自然人的判断是具有我国的国籍，对于法人的判断是在我国登记注册。一般来说，法院只要认定当事人具有我国的国籍或在我国登记注册，就会认定不符合第 4 项情形，驳回被告不方便法院的请求，不会进一步做出分析。当然，有的法院也会分析其他否定的情形，例如，认定事实和适用法律没有困难。其实，第 4 项所规定的条件，赋予了法官了极大的自由裁量权，是否涉及我国国家和当事人的利益，需要法官根据案件的实际情况进行自由裁量后做出判断。但是，从收集到的案件来看，我国法官自由裁量权的行使主要取决于国籍的判断，尽管这种判断使法官自由裁量权的行使具有明确的标准，但造成了不方便法院原则的运用过于僵化与严格。

利益推动着人们从事法律活动。在中国古代，对于利益就有深刻的探讨。

---

① BLAIR P. The Doctrine of Forum Non Conveniens in Anglo-American Law [J]. Columbia Law Review, 1929 (1): 1-34.

② PRINCE P, BHOPAL, BOUGAINVILLE, et al. Why Australia's Forum Non Conveniens Approach is Better [J]. International and Comparative Law Quarterly, 1998 (3): 573-598.

早在公元前 7 世纪，管仲就在其著作《管子·禁藏》中写道："夫凡人之情，见利莫能勿就，见害莫能勿避。其商人通贾，倍道兼行，夜以续日，千里而不远者，利在前也。渔人之入海，海深万仞，就波逆流，乘危百里，宿夜不出者，利在水也。故利之所在，虽千仞之山，无所不上；深源之下，无所不入焉"。墨子在《墨子·大取篇》中也写道："断指以存腕，利之中取大，害之中取小也……利之中取大，非不得已也；害之中取小，不得已也。"关于利益，马克思在《1844 年经济学哲学手稿》和《关于林木盗窃法的辩论》中做了详细的分析和论述。依照马克思的观点，利益所表示的是对人存在和发展的肯定，而不是否定。这种肯定不是主体与外界隔绝的自我确证，而是客体对主体的一种肯定关系，是人本质的现象化，是人的本质需要在与客体的结合中得到的满足。人也只有在与客体的关系中，才能确证、表现和发展自己，而法律体现为一定利益的确认形式和利益的调整工具。利益对人们言行的决定作用带有必然性和规律性，利益比法律原则更有力量，在利益同法律原则的斗争中，总是利益占上风。人们奋斗所争取的一切，都同他们的利益有关。

不方便法院原则是涉外民商事诉讼管辖权中的一项原则。涉外民商事活动主要体现了私人利益的冲突，但私人利益的冲突背后也会体现国家利益的冲突。或者从涉外民商事诉讼角度来说，其不仅涉及当事人之间的私人利益，也涉及适用法律、法院审理案件的负担等方面的公共利益。

在涉外民商事诉讼中，案件的处理，对于国家来说，就是公共利益实现的程度；对于当事人来说，就是其利益实现的程度。在国家利益中，最为重要的是国家主权。主权是一个国家的根本属性，对内体现为最高权，对外体现为独立权和平等权。所以，国家有权确定何种涉外民商事案件属于自己国家法院管辖，司法主权不容干涉。国家对于处在本国境内的外国人有权要求其遵守本国的法律和规章制度，不允许危害本国的公共利益。国家也有权决定一旦适用外国法律时违背本国的公共秩序、法律的基本原则、安全，即可以拒绝适用该外国的法律。国家司法机关在处理涉外民商事案件时适用本国程序法的规定。也就是说，公共利益的冲突表现为国家人格利益冲突、国家安全利益冲突、国家物质利益冲突、国家基本政策冲突，以及国家法律原则和道德的基本观念冲突等。在司法实践运用中，不方便法院原则一般不能被运用到以下领域：第一，不方便法院原则的运用不能侵入一个国家的专属管辖领域。专属管辖制度设置本身就体现了这些领域对国家利益的重要性，这就是《民诉法解释》第 532 条第 3 项规定的缘由。第二，不方便法院原则的运用不能用于涉及公共秩序保留原则的涉外民商事案件。关于公共秩序的名称，英美法系国家多采用"公共政策"，大陆法系国家多采用"公共秩序"，我国多采用"公共秩序保留"，立法上多采用"社会公共利益""法律的基本原则""主权、安全"等。凡是涉及我国善良风俗的涉外民商事案件，不能适用外国法处理案件，一定要适用我国的法律处理案件。涉及我国公共秩序必然表明案件与我国存在较为重要的联系，并适用我国法律处理案件，一般是不能运用不方便法院原则拒绝管辖权的。第三，不方便法院原则的运用不能适用于我国强制性规定领域的涉外民商事案件。我国法律适用法第四条的规定，我国对涉外民事关系有强制性规定的，直接适用该强制性规定。如果涉及我国强制性规定的领域，这与《民诉法解释》第五百三十二条第（五）项要求不适用我国法律相悖，不能适用不方便法院原则拒绝管辖。依据我国《司法解释（一）》第八条的规定，涉及我国社会公共利益、当事人不能通过约定排除适用、直接适用我国法律的领域包括：涉及劳动者权益保护的、食品或公共卫生安全的、环境安全的、外汇管制等金融安全的、反垄断与反倾销的，以及应当认定为强制性规定的其他情形。这些都是涉及国家核心的利益，是任何涉外民商事诉讼中我国法院必须坚守的底线。总而言之，法院适用不方便法院原则所要考虑的公共利益包括：法律选择、法院负担以及法院相关利益等。

　　法律选择问题是不方便法院原则分析中一个较为复杂的问题，我国《民诉法解释》第五百三十二条第（五）项规定了案件不适用我国法律作为认可不方便法院请求的条件之一。一般来说，无论是涉外民商事案件管辖权的根据，还是法律选择中的连结点，都是由与案件有关的因素所构成的。但是两者选择因素的理念是不一致的，管辖权中的根据选择是基于案件与法院地具有一定的联系即可，法律选择中的连结点选择是基于案件与某地具有密切的联系。所以，连结点一定是管辖权的根据。反之，管辖权的根据则不一定是法律选择中的连结点。如果案件适用我国法律，表明了案件与我国具有重要的关系，一般不能以不方便法院原则拒绝诉讼。如果案件将适用外国或外域法律，适用不方便法院原则的可能性大为增加。例如，在1981年Piper Aircraft Co. v. Reyno案中，美国联邦最高法院指出，如果原告选择的法院将需要适用外国实体法，那么陪审员将会感到困惑，法院对适用的外国法律缺乏了解。① 当然，法院也承认如果其他因素表明原告的法院选择是正当的，适用外国法的需要这一单独的因素不足以使法院拒绝诉讼。适用外国法并不是适用不方便法院原则的充分条件，只是其中考虑的一个条件。再如，在前述王某程诉杨某谋及第三人上联国际（制

---

① 参见 454 U. S. 260（1981）。

造）股份有限公司委托合同案中，广东省东莞市第一人民法院和广东省东莞市中级人民法院均认为，案件争议的主要事实并非发生在内地，委托合同内容与在香港特别行政区登记注册的上联国际（制造）股份有限公司密切相关，且与委托合同相关的银行交易凭证、交易往来账目均形成于香港特别行政区，参照法律适用法第41条及《司法解释（一）》第九条的规定，涉案合同应以最密切联系地即香港特别行政区的法律作为准据法，法院审理案件在认定事实和适用法律方面存在重大困难。① 这里必须指出的是，在涉外民商事案件中，是否适用外国或外域法律，是法院根据本国的冲突规范指引所决定的。如果冲突规范指引到外国或外域法律，法院通过当事人或者自身查明该外国法，并适用外国法律处理案件。如果适用外国法律成为不方便法院原则适用的充分条件，那么也无所谓存在适用外国法的问题了，所以适用外国法只是不方便法院原则考虑的因素之一。此外，法院还需要平衡其他的公共利益与私人利益。

不方便法院原则产生之初是为了当事人的利益和正义的目的，让案件到本质法院进行处理。随着不方便法院原则的发展，美国将其作为减轻法院负担的一种手段与工具。在1981年Piper Aircraft Co. v. Reyno案中，为了反对外国原告广泛地挑选美国法院，减轻法院负担，美国联邦最高法院认为替代法院更少有利法律的变化并不能完全阻碍不方便法院原则的运用。② 在目前的司法实践中，美国法院常常以法院司法任务繁重为理由，赋予被告不方便法院的动议，拒绝由外国原告在美国提起的诉讼。它们认为如果允许外国原告利用本来就紧张的司法资源，到诉讼堆积如山的美国法院诉讼，这对美国的公民来说是不公平的，因为美国法院由美国纳税人支付费用且陪审员由美国公民担任，他们不得不放下日常工作去帮助审理案件。如在Ministry of Health案中，美国法院就拒绝了加拿大原告的诉讼，理由就是诉讼由外国原告提起，由加拿大法院负担该案的审理是合理的。③ 当然，法院负担问题也并非必然导致拒绝诉讼，法院在不方便法院分析中还会考虑其他一些因素。如果法院不是当事人的本地法院或证人、证据大多数位于法院地外，美国法院此时就会考虑到法院负担、法院经费以及陪审员承担的义务问题。相反，如果私人利益因素表明原告选择的法院是便利的且美国法院有着较为重要的地方利益，此时美国法院就会认为由其承担诉讼是合理的。在我国司法实践中，我国法院较少考虑到法院负担这一因素，

---

① （2019）粤1971民初24283号之一民事裁定书；（2020）粤19民终1358号民事裁定书。
② 参见454 U. S. 259-261（1981）。
③ 参见858 F. Supp. 1442。

《民诉法解释》第 532 条也没有将之作为适用不方便法院原则考虑的一个因素。所以，我国学者认为我国的做法弱化了不方便法院原则减少诉累的功能。人民法院往往出于不同原因之考虑而不愿放弃针对案件的管辖权，特别是在《民诉法解释》第 532 条对不方便法院原则的适用采"六条件说"的情况下，人民法院可以以其中任何一个条件不符为由，拒绝当事人基于不方便法院原则提出的管辖抗辩。但在对涉外民商事案件享有管辖权的人民法院面临繁重的司法审判任务的情势下，不方便法院原则是人民法院据之拒绝管辖案件并由此减少诉累的一种有效途径。然而，人民法院不方便法院原则适用的司法实践实际上并未充分发挥其减少诉累的重要功能。①

在不方便法院原则分析中，平衡法院地与外国法院之间的利益也是一个重要的方面。我国《民诉法解释》第 532 条主要是从我国角度做出的规定，较少考虑到利益的平衡，衡量中外法院之间的利益。其只是在第 6 项中要求有管辖权的替代法院更加方便。其实，每一个法院在审理案件中都有相类似的利益，法院都有保护本国当事人的利益以及维护国际民商事正常交往的利益。例如，在产品责任案件中，外国法院在保护本国公民免受不安全产品伤害方面具有更大的利益，本国法院在阻止本国的公司出口不安全产品中有更大的利益。早在1947 年美国建立联邦普通法的不方便法院原则的典型案例——Gulf Oil Corp. v. Gilbert 中，美国联邦最高法院将法院利益表述为："本地法院处理具有地方化争议中的地方利益。"② 在 1981 年 Piper Aircraft Co. v. Reyno 案中，美国联邦最高法院就比较了美国法院利益与替代法院的利益，认为美国法院的利益在于阻止美国公司在外国的有害行为，替代法院的利益在于处理具有地方化争议的利益，即保护本国公民免受不安全产品的伤害。法院认为相比较而言，替代法院具有更为重要的利益。因为案件起因是在替代法院地，原告也是替代法院国家的公民，替代法院对案件的结果具有较强的利益。③ 不方便法院案件中使用的"利益"这一术语与法律选择中的"利益"还是有一定的区别。在不方便法院案件中，法院利益主要在于决定法院是否保留管辖权问题，即为何有管辖权的法院决定不处理案件或由哪一个法院处理案件的问题。在法律选择中，法院的管辖权已经决定下来了，主要问题是哪一个国家与案件有较强的利益，以此决定适用何国的法律。相较而言，不方便法院分析的法院利益应该更为复杂。当然，

---

① 黄志慧. 人民法院适用不方便法院原则现状反思：从"六条件说"到"两阶段说"［J］. 法商研究，2017，34（6）：159.

② 参见 330 U. S. 508-509（1947）。

③ 参见 454 U. S. 259-261（1981）。

在不方便法院分析法院利益因素时，常常借用冲突法中的"重力中心地"或者"最密切联系"的方法，来决定哪一个法院与案件具有更强的利益。一般而言，诉讼与法院地的联系越强，法院就越会发现其存在着充分的法院利益。

在不方便法院原则的分析中，私人利益也是考虑的重要因素。原告之所以选择某一国家法院，主要是基于自身利益的考虑。原告或者基于该法院的便利、证据便于得到、法院地的诉讼程序、被告在法院地有可以执行的财产、法院的判决能够得到执行等方面的原因做出选择，这本身是无可厚非的。原告如果基于在该法院诉讼对被告来说是极为"烦扰""压迫"的，迫使被告接受原告的和解条件，这是不方便法院原则所要考虑的因素。我国《民诉法解释》第532条对于私人利益的考虑只是在其第4项中简单地规定案件不涉及我国公民、法人或者其他组织的利益。这项规定也仅仅是从我国当事人的角度制定的，没有平衡中外当事人之间的私人利益。其第5项关于事实的认定也是从我国法院的角度做出的，即不存在法院认定事实上的重大困难。一般来说，私人利益因素主要集中在案件审理的公平与方便两个方面。具体而言，主要包括诉讼关系因素、第三方当事人、执行法院判决的可行性等几方面，法官在具体分析时具有一定的自由裁量权。

诉讼关系因素就是涉及诉讼便利和诉讼程序等方面的因素，主要体现在两方面：一是证据因素，二是调查和强制程序等民事程序方面的因素。前者主要涉及证据的可得性问题，主要包括各种证据的地点、证据语言、证人的便利等。在具体的不方便法院案件诉讼中，无论是原告还是被告，都应该尽可能地使法院确信证据的便利性将支持其方便法院或不方便法院的主张。如果证据主要在法院地，证人也主要在法院地，这表明案件的主要事实发生在法院地，案件与法院地具有较为重要的联系，不方便法院的请求将难以得到支持。如果证据和证人有在法院地的，也有在替代法院的，两者没有明显的差距，没有明显的轻重之区分，法院拒绝管辖权的决定就不会轻易做出。如果证据和证人大多处于替代法院的，法院就有极大的可能性允许当事人的不方便法院的请求。这就是我国《民诉法解释》第五百三十二条第（五）项规定的事实认定具有重大困难的情形。此外，关于举证的费用和翻译的费用，也会起到一定的作用，但是不占特别高的权重。因为在涉外民商事案件中，既然原告在法院地提起诉讼，其就承担举证的责任，承担相关的费用，这些方面就不成为法院主要考虑的因素。至于翻译问题，无论是在哪国法院进行诉讼，都会使一方当事人承担翻译的责任。例如，如果案件在我国法院诉讼，就需要将材料翻译成中文；如果案件在某一外国法院诉讼，就需要将材料翻译为该国的语言文字。所以，不管案件在我国法院还是在替代法院审理，都需要将案件材料等翻译为法院地的语言文字。当然在当今的涉外民商事诉讼中，由于现代科学技术的发展、交通运输的便捷、互联网以及电子信息技术的运用，证据地理位置的作用在逐步下降，证据可以通过电子方式举证，证人可以通过视频方式作证。后者民事程序方面则主要包括调查制度和强制程序等。我国《民诉法解释》第五百三十二条第（五）项事实认定重大困难，就内含着法院调查事实的困难和强制证人出庭作证的困难。但在目前我国的民事诉讼制度下，除非有必要，法院一般不主动收集证据，将举证责任归于当事人。至于强制程序，主要是作为使不愿出庭作证的证人到正在诉讼法院作证的一种工具。这有两种情况：一种是外国证人可能要到我国法院作证；另一种是在我国的证人可能要到外国法院作证。所以，关于强制程序的可适用性还是要做一定的考虑，尤其当证人证言起关键作用的时候。

在私人利益因素考虑中，第三方当事人的因素主要涉及诉讼的效率和平行诉讼的问题。如果当事人在法院地诉讼，可以将所有的当事人集中进行审理，这就避免了不必要的重复和不完全诉讼，提高了诉讼效率，节省了诉讼资源。那么，法院一般不会准许当事人不方便法院的请求。例如，在美国 Piper Aircraft Co. v. Reyno 案中，法院认为被告不能对第三方当事人提起诉讼而强烈地倾向拒绝诉讼。[1] 美国在此后的 Kilvert 案中也是持这一观点。[2] 在该案中，原告是英国受害者，被告是一家美国公司，其在英国设立一家子公司。英国的子公司生产医用止血棉球，并且负责全部英国市场的开发与广告。原告在使用该止血棉球时遭受致命的中毒，于是在美国法院提起了严格产品责任的诉讼。法院在该案中指出，因为其对英国的子公司没有管辖权，被告无法对第三方当事人提起诉讼。法院得出结论，缺乏对直接生产与销售有缺陷产品的第三方当事人的管辖权是强烈导致拒绝诉讼的一个因素。在第三方当事人因素中，还存在另一种情况，即在外国法院正在进行的相关联的诉讼。这种情况属于广义上的平行诉讼问题，不方便法院原则的一项主要功能就是解决管辖权的冲突，协调平行诉讼问题。如果在外国法院正在进行相关诉讼的审理，本国法院就具有强烈的拒绝诉讼的倾向。因为将所有相关的诉讼集中到一个法院审理，不仅可以避免因重复诉讼而导致当事人诉讼费用的增加，而且可以避免产生相矛盾的判决。[3] 我国不方便法院案件的司法实践一般不会考虑到第三方当事人因素，正如我国学者

---

① 参见 454 U. S. 259-261（1981）。

② 参见 906 F. Supp. 790（S. D. N. Y. 1995）。

③ 如果存在强烈的美国利益，美国法院也会保留诉讼的。在解决平行诉讼的措施中，除运用不方便法院拒绝诉讼，美国还有禁止当事人在外国进行诉讼的做法，即禁诉命令。

黄志慧指出的："在为数不少的案件中,① 人民法院在外法域法院业已受理案件或做出判决的情况下,仍然认为此种情形并不影响人民法院依法享有的管辖权,并实际上针对案件行使管辖权。由此产生的结果是,不同国家或地区之间存在平行诉讼并由此导致相互冲突的判决不可避免。"

私人利益因素中执行法院的判决具有重要的意义。国际民事管辖权、法律适用以及外国法院判决的承认与执行,构成了涉外民事诉讼程序中的三大支柱。② 国际民事管辖权是法院审理涉外民事案件的前提条件;法律适用是法院寻找实体法决定当事人具体权利与义务的基础;外国法院判决的承认与执行是国际民事诉讼程序的最终归宿。只有法院在国际民事诉讼中所做出的判决得到执行,当事人之间的争议才能得以解决,其合法权益才能实现。否则,法院的诉讼程序就失去了实际意义。③ 法院判决的承认与执行是相互的,我国法院做出的判决有时需要得到外国法院承认与执行。反之,外国法院做出的判决有时也需要得到我国法院承认与执行。但是,一国法院所做出的判决原则上只能在其本国领域内有效,而无域外效力。各国基于种种考虑,在一定条件下相互承认与执行外国法院的判决,不仅使有关涉外民商事争议得以解决,确实保护当事人的合法权益,也符合诉讼所追求的公平和效率的价值目标。依据我国民事诉讼法第287条、第288条的规定,国际条约和互惠原则是我国承认与执行外国法院判决的法律依据。一方面,我国并没有加入相关多边国际条约,所缔结的双边民商事司法协助协定也只有三十余项,依据双边民商事司法协助协定承认与执行外国法院判决的案件只有几件;另一方面,我国在立法中并没有对互惠原则做出具体规定,这导致在司法实践中的运用出现了诸多不确定的因素。④ 海牙国际私法会议一直致力于推动关于外国法院判决承认与执行的全球性国际公约的制定,尽管如此,目前国际社会的努力仍然没有1958年制定的《外国仲裁裁决承认与执行公约》(简称1958年《纽约公约》)那么成功。所以,在不方便法院原则运用方面,如果我国法院做出的判决需要得到外国法院承认与执行,而

---

① 例如,人民法院在"陈桓某等与陈维某等借款合同纠纷案"〔(2015)二中民(商)终字第6718号民事裁定书〕、"华懋金融服务有限公司与世纪创投有限公司、北京市地石律师事务所一般委托合同纠纷案"〔(2014)民四终字第29号民事裁定书〕、"全洋海运股份有限公司、台湾产物保险股份有限公司与阳明海运股份有限公司、林某熙、张某船舶碰撞损害赔偿纠纷案"〔(2013)粤高法立民终字第400号民事裁定书〕中的做法。

② 刘仁山.国际私法〔M〕.北京:中国法制出版社,2012:7-9.

③ 韩德培.国际私法新论〔M〕.武汉:武汉大学出版社,2003:486.

④ 徐伟功.我国承认与执行外国法院判决制度的构建路径:兼论我国认定互惠关系态度的转变〔J〕.法商研究,2018,35(2):172.

具有可执行的财产的该外国法院又是更为方便的法院，我国法院就具有认可当事人不方便法院请求的潜在动力。可惜的是，我国《民诉法解释》第 532 条并没有明确规定这方面的考虑因素，只是简单地规定案件不涉及我国公民、法人以及其他组织的利益。至于第 5 项中的事实认定和适用法律的问题，也包含在上述的公共利益与私人利益的分析中。

2. 替代法院

从不方便法院原则的定义中可以得知，不方便法院对应的是有一个更为方便的法院，表明必须存在一个替代法院。我国《民诉法解释》第 532 条第 6 项是关于替代法院的，该规定要求替代法院具有两个方面的条件：一是替代法院对案件具有管辖权，二是替代法院审理案件更加方便。但是从我国司法实践来看，我国法官对于替代法院的分析过于简单。例如，在萧某瀛诉张某莲离婚案中，北京市朝阳区人民法院只是简单地写道：此案由加拿大法院管辖更为适宜，原告可向更方便的加拿大法院提起诉讼。① 关于替代法院的考虑因素，美国不方便法院原则发展历程中的系列典型案例具有一定的借鉴意义。

美国联邦最高法院在 1947 年的 Gulf Oil Corp. v. Gilbert 案中，对替代法院只是要求其对案件具有管辖权，没有提出适当性的要求。② 因为 Gulf Oil Corp. v. Gilbert 案属于州际案件，不是国际案件，所以对替代法院的适当性没有提出要求。美国国会 1948 年通过的 28U. S. C 1404（a）是关于国内案件的移送问题，同样对被移送的法院也仅仅要求具有管辖权即可，没有指出适当性的要求。1971 年美国《冲突法重述（第二次）》第 84 条规定了拒绝管辖权应该有对原告更为适当的法院，但是该《重述》没有说明适当性法院的具体要求。美国联邦最高法院在 1981 年的 Piper Aircraft Co. v. Reyno 案中，确立了替代法院适当性的两个标准：被告接受替代法院的管辖权以及替代法院的救济对原告并不是明显的不适当或者不满意的。替代法院适用法律的变化对原告的不利变化，只有实际上剥夺了原告的救济，否则不能认定为替代法院的不适当性。③

关于第一项标准，在司法实践中一般不存在问题。毕竟是被告提出了不方便法院的请求，要求案件到替代法院进行诉讼。如果原告在替代法院重新提起诉讼，被告又以时效等种种理由拒绝接受替代法院的诉讼，这将使原告无法向法院提起诉讼。所以，被告服从替代法院的程序是基本的要求。但是，替代法

---

① （2016）京 0105 民初 40959 号民事裁定书。

② 参见 330 U. S. 501，507（1947）。

③ 参见 454 U. S. 254（1981）。

院的管辖权并不是毫无问题的，如果因为原告在不方便法院提起诉讼，致使其向替代法院提起诉讼超过了诉讼时效，此时法院就会要求被告接受替代法院的管辖权，不能以诉讼时效作为管辖权抗辩的理由。

关于第二项标准，适当补偿的有效性问题属于不方便法院原则之核心，这对法官提出了很高的素质要求，不仅要求法官分析替代法院的实体法，还要知晓替代法院的程序问题以及政治障碍。① 美国联邦最高法院在 Piper Aircraft Co. v. Reyno 案中表明，如果替代法院给予的救济是明显不适当的，那么替代法院就不是适当的法院。② 这种极端情况是比较罕见的。例如，在 Phoenix-Canada Oil Co. v. Texaco, Inc. ③ 案中，替代法院是厄瓜多尔的法院，但由于当时厄瓜多尔被军政府控制，无法保障对被告的管辖，也不能提供程序保护，所以，即使被告同意接受厄瓜多尔法院的管辖，替代法院也是不适当的。法院可以在下述情况下认定替代法院的不适当性：（1）替代法院不能提供救济；（2）替代法院严重腐败，原告无法得到公平诉讼；（3）替代法院无法保障原告获得或执行判决；（4）其他特别导致原告无法提起诉讼的情形。尽管美国在司法实践中确立了适当补偿有效性标准，但也存在不明确的一面。正因为适当补偿的有效性是一个复杂的问题，所以才会引起美国联邦下级法院实践中某种程度的混乱。但到了20世纪90年代，美国法院一般认为外国替代法院是适当的。我国法院在分析不方便法院的请求时，尽管法院在说理时会涉及第532条第6项的规定，但都是蜻蜓点水，没有做出详细的分析。

关于替代法院的举证责任问题，我国并没有做出明确的规定。尽管美国联邦最高法院也没有阐述替代法院举证责任分担的问题，但绝大多数联邦巡回法院认为由被告承担举证责任，例如，Ziptel v. Halliburton Co. ④、Bowling v. Richardson-Merrell, Inc. ⑤ 等判例。如果被告不能举证证明替代法院的存在，法院就会拒绝被告的不方便法院的动议。如果被告举证成功，那么原告必须举证证明替代法院的不适当性。如果举证不能，法院就不会分析替代法院的适当性问题。在我国的司法实践中，一般由被告举证证明替代法院的存在。但这不是必需的，如果被告没有提供证据，从我国的司法实践来看，也不是当然拒绝被告的请求。

总而言之，我国法院适用不方便法院原则的主要问题是司法说理过于简单，

---

① 参见 454 U. S. 35-254（1981）。
② 参见 454 U. S. 255（1981）。
③ 参见 78 F. R. D. 445（D. Del, 1978）。
④ 参见 832 F. 2d. 1477, 1484（9th Cir 1987）。
⑤ 参见 727 F. 2d. 608（6th Cir 1984）。

没有立足于不方便法院原则为了当事人利益以及正义的目的这一本质功能，对我国公民、法人或其他组织利益边界的分析模糊不清，对替代法院是否更加方便的问题几乎不加分析。这些问题都与法官自由裁量权有关。另外，我国法院适用不方便法院原则还存在两个方面的问题：一是同时符合六个条件比较严格；二是驳回起诉式地拒绝管辖，而不是根据实际情况中止诉讼，这种"一刀切"的做法缺乏应有的灵活性。这两个问题与《民诉法解释》的具体规定有关。总体上来看，我国《民诉法解释》的规定还是相对合理的，主要问题在于法官如何正确合理地行使其自由裁量权，做出较为理性的分析，恰当地运用不方便法院原则。

第十章

我国冲突法立法之局限性及其克服
——代结语

社会的需要和社会的意见常常是或多或少地走在法律的前面，我们可能非常接近地达到它们之间缺口的接合处，但永远存在的趋向是要把这缺口重新打开来，因为法律是稳定的，而我们谈到的社会是前进的。

——【英】梅因

本书的主要目的有两个：其一，研究我国涉外民商事审判中法官自由裁量权，以促进我国法院在涉外民商事审判中正确合理地运用自由裁量权，公平地处理涉外民商事案件；其二，通过对该问题的研究，促进我国国际私法法典化的进程。在我国国际私法法典化的进程中，我国冲突法立法之局限性及其克服，是其中一个重要且非常关键的问题。作为结语，本章既是对前面研究的总结，也是对我国未来国际私法法典化的展望。所以，本章内容与前面的章节存在一定的重复。这种重复是必要的，再次强调了我国涉外民商事审判中法官自由裁量权的重要性。

法律的局限性是法律基于其防范人性弱点工具的特质在取得积极价值的同时不可避免地要付出的代价，是法律由于其技术上的特点不能完善地实现其目的的情况。成文法的局限性主要有滞后性、不合目的性、不周延性以及模糊性。① 同样，我国冲突法的立法也明显具有成文法的主要局限性。冲突法成文立法的不周延性可以通过解决滞后性的方法，或者通过立法和司法解释上的兜底性规定得以解决；模糊性可以通过立法的释义或者明确标准得以克服。这两方面局限性的克服不是研究的重点，本章仅对滞后性与不合目的性加以阐述。

我国冲突法的立法经历了从附属到独立、分散到集中的过程，其形式越来越完善、内容越来越丰富、法律选择方法越来越灵活。法律适用法的颁布标志

---

① 徐国栋. 西方立法思想与立法史略（上）：以自由裁量与严格规则的消长为线索 [J].
比较法研究，1992（1）：5.

着我国冲突法立法迈上了一个新的台阶。法律适用法在克服成文法的局限性方面做出了诸多努力。《中华人民共和国民法典》的制定与实施，再一次点燃了我国国际私法学者推动国际私法法典编纂的热情。2019 年 12 月 20 日、2020 年 12 月 20 日中国国际私法学会分别在广西钦州、陕西西安召开中国国际私法法典（学会建议稿）编纂工作会议，启动了我国国际私法法典民间编纂工作。我国国际私法法典的编纂涉及方方面面的问题，如何克服我国冲突法立法的局限性是一项重要的任务。对此，我们必须面对以下四方面的问题：冲突法立法的局限性的缘由是什么？冲突法立法采取什么方法避免其局限性？我国法律适用法采取什么措施解决其局限性？今后我国国际私法的立法如何克服这些局限性？解决这些问题关键在于冲突法立法上法官自由裁量权条款的构建。

第一节　冲突法立法之滞后性及其克服

与成文法的滞后性一样，冲突法立法的滞后性是客观存在的，是冲突法的稳定性与涉外民商事法律关系的变动性之间张力的结果。冲突法的滞后性主要是运用普遍承认的国际私法原则或运用最密切联系原则的立法补缺功能得以解决的。我国法律适用法第二条第二款主要是采取最密切联系原则的立法补缺功能。我国未来国际私法法典可以采取"应然法—实体法"的二元逻辑结构形式，将自体法理论与最密切联系原则相结合，并适当考虑当事人选择法律的自由，即强调当事人意思自治原则在解决冲突法滞后性中的补充作用。无论我国今后的国际私法法典采取何种解决方式，鉴于滞后性这一局限，都应该重视法官自由裁量权的作用。

一、冲突法立法滞后性的缘由

法律的滞后性是法律的稳定性与社会的生动性之间矛盾的必然结果。法律对安全性、权威性的价值追求，必然要求法律具有确定性。法律的确定性是通过法律规范的明确性体现出来的，法律规范的结构主要由三部分组成，即法律规范适用的前提条件、行为模式及法律后果。行为模式告诉人们可以做什么、不可以做什么以及必须做什么。[①] 人们在社会活动中通过法律规范，可以预见其法律行为的后果。因此，法律必须具有一定的稳定性，不能朝令夕改。但是，

---

① 张文显 . 法理学 . 第 5 版［M］. 北京：高等教育出版社，2018：116-117.

社会生活又是生动的，其随着社会的发展不断出现新的现象、新的情况，呈现出多样性、特殊性以及生动性的诸多特征。法律一经制定，就落后于时代的发展要求，成为一种凝固的智慧。所以，法律的供给与法律的需求之间不可能达到完美的匹配，供给与需求之间永远存在着缝隙，立法者的主要任务是尽可能缩小它们之间的缝隙。正如梅因所说："社会的需要和社会的意见常常是或多或少地走在法律的前面，我们可能非常接近地达到它们之间缺口的接合处，但永远存在的趋向是要把这缺口重新打开来，因为法律是稳定的，而我们谈到的社会是前进的。"①

立法者如何弥补法律与现实的缺口取决于其对于缺口的认识程度。这就涉及立法者的理性问题。在文艺复兴时代，理性主义的高扬、立法者对人的认识能力至上性狂热的自信，导致封闭与复杂的法典诞生，如 1804 年《法国民法典》就是那个时代理性主义的产物。甚至在古典经济学中，完全理性的假设成为其理论的前提。亚当·斯密的名著《国民财富的性质和原因的研究》（又名《国富论》）中蕴含着完全理性人的假设，认为人是全知全能的、无所不知的。② 新制度经济学的研究表明，人不是完全理性的，而是有限理性的。美国诺贝尔经济学奖获得者 K. 阿罗率先提出了人的有限理性，认为人的行为是意识理性，但这种意识理性又是有限的。另一位美国诺贝尔经济学奖获得者诺思则从主客体两方面，即客观环境的不确定性、复杂性所导致的信息的不完全性以及人的计算能力与认识能力的有限性，来说明人的有限理性。③ 无论是哲学上的研究，还是新制度经济学上的研究，人的有限理性是目前普遍的认识。因为从主体角度来看，人的大脑资源是稀缺的。即便是目前人工智能的发展也无法解决大脑资源稀缺性的问题。这就决定了决策主体能力的有限性，包括决策信息搜寻能力、决策分析能力与计算能力的有限性，而无法达到完美的决策。从客体角度来看，客体世界，无论是自然社会还是人类社会，都具有复杂性、不确定性与多样性，这使主体无法完全对客体进行感知、认识、理解与把握。

从主体认识客体的过程来看，其存在着信息悖论的问题。一方面，主体认识客体，需要信息的搜寻、分析、比较、甄别与计算，才能做出合理的决策，而决策的过程是需要成本且特别昂贵的；另一方面，主体在信息搜寻、分析与计算之前，无法预知信息自身的价值，无法预测信息搜寻所需要的程度，即做

---

① 梅因. 古代法 [M]. 沈景一，译. 北京：商务印书馆，1984：15.
② 斯密. 国民财富的性质和原因的研究 [M]. 郭大力，王亚南，译. 北京：商务印书馆，1972：14.
③ 卢现祥. 西方新制度经济学. 修订版 [M]. 北京：中国发展出版社，2003：16.

出决策的临界点所在。同时，主体也无法得知其搜寻信息的预期成本与收益，而达到最合理的状态。所以，信息搜寻是主体从无知到有知不断进行的过程，一旦开始收集信息，就产生了成本与费用，而这些成本与费用是无法逆转的。信息悖论的存在往往阻碍了人们信息搜寻的动力，因为信息搜寻具有极大的风险性，无法得知信息收集的合理程度。① 以上两方面说明了冲突法成文立法之滞后性这一局限是客观存在的，冲突法立法主要任务之一就是寻找一种可行的方案，通过法官自由裁量权的行使，克服其滞后性。

二、冲突法立法之滞后性的克服

立法者的主要工作就是寻找一种可行的方案以尽量缩小法律规定与现实社会之间的缺口，其主要采取的措施就是将严格规则与自由裁量相结合，重视法官的自由裁量权，使法官的司法活动成为立法的延伸。

由于早期涉外民商事关系并不频繁与复杂，所以冲突法立法之滞后性问题并不是立法者重点考虑的问题。受第二次工业革命的影响，涉外民商事关系发生了巨大的变化，以传统婚姻家庭、继承为主的涉外民商事关系逐步转变为以合同、侵权、知识产权、票据、运输、保险、信托等为主的涉外民商事关系；涉外民商事主体从以自然人为主逐步转变以法人为主，法人主体的种类越来越多、越来越复杂；涉外民商事冲突的范围越来越广，总量越来越多；知识产权的法律冲突得到重视。② 特别是第三次技术革命，涉外民商事关系不断向广度与深度两个方向发展。第三次技术革命是以信息技术为核心，计算机技术、互联网的运用、空间技术、人工智能、原子能的利用、生物工程等高科技令人眼花缭乱。每一项高科技的发展都给人们的生活方式带来了极大的冲击。传统以汽车、钢铁为主的重工业时代，被现代以计算机为主的信息时代所取代。信息时代的涉外民商事交往呈现出与以往不同的景象。在新的世界经济环境下，全球已形成一个网络，分工与合作在全球范围内展开。巨大的国际贸易规模、多样化的国际贸易方式、快捷的国际贸易速度、多元化的国际贸易主体，都增强了国际贸易的复杂化与特殊性。再加上各种贸易体制交织在一起，多边贸易体制的建立、单边贸易保护主义的抬头，无不增加了国际私法调整的难度。因现代

---

① 卢现祥. 西方新制度经济学. 修订版 [M]. 北京：中国发展出版社，2003：17.
② 刘仁山. 再论国际私法的对象与方法：基于技术革命的影响所形成的认识 [J]. 中国国际私法与比较法年刊，2001，4（0）：103.

科学技术的发展，时间、空间因素对国际私法影响似乎在减弱。① 第三次信息技术革命主要在国际互联网与经济全球化两方面极大地影响着国际私法的立法。正如我国学者刘仁山教授所言："到 20 世纪 90 年代，人类经历的一次意义深远的重大技术革命就是互联网络、移动电话的广泛运用，它不仅是人类通信方式的改变，而且将导致经济运行方式和人们交际方式的变革，以及社会组织方式和结构的改变，它正逐步改变整个经济和社会的面貌，人类从此进入信息时代。这就会更进一步促进全球经济的一体化。"② 在当今信息化高速发展的时代，冲突法的立法者不得不考虑如何克服冲突法立法的滞后性问题，即在立法内部的具体法律适用规则与外部生动的社会生活之间架起一座沟通的桥梁。

纵观各国冲突法的立法，目前主要采取两种路径解决其滞后性问题：一种是采取普遍承认的国际私法原则加以弥补，另一种是采取最密切联系原则进行补缺。在冲突法单行法规或法典式的立法模式中，前者典型的立法有 1998 年委内瑞拉《关于国际私法的法律》第一条的规定，③ 后者典型的立法有 2012 年捷克《关于国际私法的法律》第 24 条第 2 款的规定。④ 在冲突法专篇专章式的立法模式中，前者典型的立法有 2013 年《阿曼苏丹国民法典》第二十五条的规定；⑤ 后者典型的立法有 2014 年《俄罗斯联邦民法典》第 1186 条第 2 款的规定。⑥ 分析这两者不同的克服措施，其思维进路有相同点，也有不同点。其相同点是都通过司法活动将立法的内部与社会的外部相连接，重视法官的自由裁量权。其不同点是前者更多地从主观方面入手，采取的是价值判断；后者更多地从客观方面入手，采取的是事实判断与形势判断。前者的问题在于何为国际私

---

① 郑自文. 最密切联系原则的哲学思考［J］. 法学评论，1994（6）：33.

② 刘仁山. 再论国际私法的对象与方法：基于技术革命的影响所形成的认识［J］. 中国国际私法与比较法年刊，2001，4（0）：103-104.

③ 1998 年委内瑞拉《关于国际私法的法律》第一条规定："与外国法律体系有关的案件，由与争诉有关的国际公法规范，尤其是对委内瑞拉生效的国际条约中所制定的规范调整；否则适用委内瑞拉国际私法的规定；若无此种规定，采用类推法；无类推法，则依普遍承认的国际私法原则。"

④ 2012 年捷克共和国《关于国际私法的法律》第 24 条第 2 款规定："对于在本法适用范围内的特定法律关系或法律问题，如果不能根据其他法律的规定确定其准据法，则该法律关系或法律问题适用与其有最密切联系的国家的法律，但当事人已为其选择了法律或者已表明适用某一特定法律的除外。"

⑤ 2013 年《阿曼苏丹国民法典》第二十五条规定："上述条款未予规定的法律冲突，适用国际私法的一般原则。"

⑥ 2014 年修订的《俄罗斯联邦民法典》第 1186 条第 2 款规定："如依照本条第 1 款无法确定准据法，则适用与民事法律关系有最密切联系的国家的法律。"

法的一般原则或者普遍承认的国际私法原则，国际私法学者或立法并没有给出明确的答案，全凭法官自身的认识与自由裁量。这可能造成法官无所适从或者不同的法官持不同的观点。后者的问题在于何为最密切联系的法律，法官更多地从法律关系诸要素与某地联系的量上进行判断，这可能引发所谓最密切联系的法律不是该涉外民商事关系本质法律的怀疑。

三、法律适用法的取舍

我国立法者期望法律适用法被制定为开放、包容、公平、合理的法律，其开放性就体现在该部法律的第二条第二款对最密切联系原则立法补缺的运用上。① 一般来说，最密切联系原则具有立法指导功能、立法矫正功能以及立法补缺功能。王胜明曾撰文说明了法律适用法仅仅采取最密切联系原则立法补缺功能的缘由，即起到一种补救的作用。② 既然法律适用法运用了最密切联系原则的立法补缺功能，在今后的国际私法法典的构建中，能否直接将其第二条第二款照搬过去，这就涉及两个问题：其一，最密切联系原则所指引的涉外民商事关系所要适用的法律是不是本质、适当的法律？其二，最密切联系原则的立法补缺功能能否承担克服冲突法立法滞后性的任务？以上两个问题是相辅相成的，其实就是该原则能否承担起成为连接立法的具体规定与社会的例外情况之间的桥梁的重任。这需要对最密切联系原则有总体上的把握与认识。

最密切联系原则的理论源头可以追溯到萨维尼的"法律关系本座说"③。萨维尼理论的核心思想就是从法律关系的分类入手，认为每一个法律关系都有其本座，通过本座寻找到所要适用的法律。④ 萨维尼的理论蕴含着法律关系应该适用其本质法律的思想，与最密切联系原则的原理具有高度的一致性，成为最密切联系原则的思想源头。⑤ 只不过，萨维尼的理论面向立法，并基于国际私法判决结果一致性的价值追求，所采取的连结点具有唯一性、固定性的特征。而最密切联系原则主要面向司法，通过法官的自由裁量权，分析众多的因素，最终

---

① 法律适用法第二条第二款规定："本法和其他法律对涉外民事关系法律适用没有规定的，适用与该涉外民事关系有最密切联系的法律。"

② 王胜明. 涉外民事关系法律适用法若干争议问题 [J]. 法学研究，2012，34（2）：189.

③ JUENGER, FRIEDRICH K. Choice of Law and Multistate Justice [M]. Boston：Martinus Nijhoff, 1993：35-36.

④ 萨维尼. 法律冲突与法律规则的地域和时间范围 [M]. 李双元，等译. 北京：法律出版社，1999：2.

⑤ 叶竹梅.《涉外民事关系法律适用法》中"最密切联系原则"之立法定位 [J]. 甘肃政法学院学报，2014（3）：109.

寻找出该法律关系本质的法律。如此，最密切联系原则所要考虑的因素具有多样性与灵活性。

在"法律关系本座说"通向最密切联系原则的道路上，英国学者威斯特莱克提出的"最真实联系"理论起到一定的作用，① 但起到关键作用的是美国司法实践中的"奥汀诉奥汀案"和"巴布科克诉杰克逊案"②。从该两个典型判例中可以看出，法官主要分析法律关系诸要素与案件联系的程度，采取了定量、定性的分析方法。③ 严格来说，无论是定量分析方法还是定性分析方法，都是基于与该法律关系有关的客观存在要素进行分析，具有一定客观事实分析的倾向，法律价值的判断较少。所以，美国《冲突法重述（第二次）》对最密切联系原则的运用，主要采取了具体领域列举因素并求助于总则第 6 条④所规定的法律价值相结合的做法。例如，《冲突法重述（第二次）》第 145 条第 2 款规定了侵权领域中适用最密切联系原则所要考虑的因素主要有行为地、国籍、住所、居所、营业地、公司成立地等。⑤ 依据该条第 1 款的规定，考虑这些因素时需要依据《冲突法重述（第二次）》第 6 条所规定的原则。美国《冲突法重述（第二次）》第 6 条所规定的原则采取的是一种"大杂烩"的做法，不仅规定了传统国际私法的价值取向，如法律的确定性、可预见性和一致性，也规定了现代国际私法的价值取向，如对正当期望的保护；不仅规定了个人利益的保护，也规定州际利益、国家利益的保护以及国际秩序的维护。如此"卤菜拼盘式"的政策或法律价值的列举，并没有给法官做出正确的指导。第 6 条的模糊性导致最密切联系原则存在先天不足的状态。⑥ 就连《冲突法重述（第二次）》报告人

① CHESHIRE, NORTH. Private International Law [M]. London：Butterworths, 1979：198.
② 黄惠康，黄进. 国际公法国际私法成案选 [M]. 武汉：武汉大学出版社，1987：325-327，329-331.
③ 徐伟功.《涉外民事关系法律适用法》实施研究 [M]. 北京：法律出版社，2019：140.
④ 美国《冲突法重述（第二次）》第六条规定考虑的因素有以下七方面：（1）州际和国际秩序的需要；（2）法院地相关政策；（3）在决定特定问题时，其他利害关系州的相关政策及其相应利益；（4）对正当期望的保护；（5）特定法律领域的基本政策；（6）法律的确定性、可预见性和一致性；（7）将予适用的法律易于确定和适用。
⑤ 美国《冲突法重述（第二次）》第 145 条规定："1. 对有关侵权行为当事人的权利和义务，依第 6 条的原则，应适用与侵权行为事件及当事人有最重要联系的那个州的实体法；2. 在依第 6 条原则决定应适用的法律时，应当加以考虑的因素有：（1）损害发生地；（2）加害行为发生地；（3）当事人的住所、居所、国籍、公司成立地和营业地；（4）当事人之间有联系时其联系最集中的地方。上述因素是按其对特定问题的重要程度加以衡量的。"
⑥ 刘仁山. 国际私法与人类命运共同体之构建：以《涉外民事关系法律适用法》实施为据 [M]. 北京：法律出版社，2019：161.

里斯也无奈地说道，第 6 条所强调的是一些政策或价值的折中，并未告诉法院应遵循的选法路径。①

法律适用法第二条第二款将最密切联系原则引入立法中，并作为一种具体的法律选择方法在合同等诸多领域得到运用。我国法院在根据"最密切联系原则"确定准据法的司法实践中，主要采取了定量的分析方法。我国学者从抽样调查的 300 多个案例中发现，在法律适用法颁布后，法官未采取任何因素分析就直接认定最密切联系地法的情况有增无减。即使运用定量分析方法，也只是选取为数较少的因素，往往没有推理的过程就直接认定法院地法是最密切联系的法律。② 检索中国裁判文书网，笔者发现法院适用法律适用法第 41 条第 2 款最密切联系原则的裁判文书中，绝大多数裁判文书采取定量的分析方法，较少有法律的推理过程。如此说明，我国司法实践中对最密切联系原则的运用仍然采取简单地列举因素的做法。最密切联系原则作为具体的法律选择方法，在我国司法实践中存在两大客观问题：简单的定量分析方法，较少或者几乎没有法律价值层面上的分析；单边的因素分析方法，大多数列举与我国相关的因素，具有适用法院地法的倾向。偏重于客观因素分析的最密切联系原则，如果没有协调一致的价值指引，难以堪当克服冲突法立法滞后性缺陷的重任。所以，法律适用法第二条第二款能否克服法律的滞后性，仍值得怀疑。

四、我国未来冲突法立法解决滞后性问题之重构

在我国今后制定冲突法的过程中，必须寻找一种可替代的解决方案。克服冲突法立法的滞后性，既不能采取单一的最密切联系原则，也不能采取单一的国际私法一般原则。单一的最密切联系原则侧重于客观联系的因素，可能导致所适用的法律并不是适当、本质的法律；单一的国际私法一般原则，侧重于主观价值的判断，使法官无所适从。因此，应该将两者结合起来做出规定，并充分尊重当事人选择法律的自由。

意思自治原则作为克服冲突法立法的滞后性一种方法，在我国冲突法的立法实践与司法实践中具有深厚的基础。国际私法学者杜摩林的启蒙、胡伯和孟

---

① WILLIS L M. Reese, American Trends in Private International Law: Academic and Judicial Manipulation of Choice of Law Rules in Tort Cases, Vanderbilt Law Review, (3, 1980), p. 717.

② 刘仁山. 国际私法与人类命运共同体之构建：以《涉外民事关系法律适用法》实施为据 [M]. 北京：法律出版社，2019：185-189.

西尼等学者孜孜不倦的追求,① 以及罗宾逊诉布兰德案（Robinson v. Bland）②
与佩尼舒勒及东方航运公司诉香德案（P. & O. Steam Navigation Co. v. Shand）③
的不断推进，促使意思自治原则首先在 1865 年《意大利民法典》中得以确立。
20 世纪中后期，意思自治原则被全面接受，并向合同之外私法自治较高的领域
快速扩张。可以说，法律选择中的意思自治原则是梅因"从身份到契约"命
题④在冲突法上的体现，成为契约自由皇冠上一颗璀璨的明珠。意思自治原则之
所以被广泛接受，主要是五大基础——私法自治的理论基础、自由平等的哲学
基础、市场经济的经济基础、可预见性的价值基础以及可操作性的实践基
础——共同作用的结果。⑤ 与其他国家冲突法的立法相比较，意思自治原则在法
律适用法中得到了最广泛的运用，其不仅在第 3 条将意思自治原则上升到基本
原则的高度，还将其最大程度地扩展到物权、侵权、婚姻家庭等诸多领域，作
为克服法律滞后性的方法，意思自治原则在我国没有适用的障碍。2012 年捷克
《关于国际私法的法律》第 24 条第 2 款"但当事人已为其选择了法律或者已表
明适用某一特定法律的除外"的规定给予我们一定的启发，即在不违背我国公
序良俗的前提下，允许当事人在私法自治程度比较高的领域，对立法没有规定
的涉外民商事关系进行法律选择。将克服法律滞后性的权力交由当事人行使，
是私法自治、契约自由精神的体现，表达了对个人自由的尊重。

　　运用国际私法一般原则克服法律的滞后性略显虚无缥缈。何为国际私法的
原则，国际私法学者并没有统一的认识。更何况对于立法者认为普遍接受的国
际私法原则，司法者也可能产生不同的认识。一般来说，法律价值的选择存在
"二律背反"的问题⑥，如果强调某一法律价值，则可能在某种程度上损害其他
法律的价值，法律适用正义与司法任务的简单化价值之间存在着矛盾。国际私
法一般原则克服滞后性对冲突正义与实质正义的要求，必然给法官带来繁重的
司法任务。冲突法立法滞后性问题的解决之道，应该明确指出价值指导以及客
观的分析方法，将两者结合起来。

---

①　刘仁山. 国际私法. 第 6 版［M］. 北京：中国法制出版社，2019：37-38，42-43.

②　MORRIS J H C. The Conflict of Laws：3rd ed［M］. London：Stevens, 1984：267.

③　NORTH P，FAWCETT J J. Cheshire and North's Private International Law：13th ed［M］.
London：Butterworths, 1999：534.

④　梅因. 古代法［M］. 沈景一，译. 北京：商务印书馆, 1996：97, 72, 96.

⑤　徐伟功.《涉外民事关系法律适用法》实施研究［M］. 北京：法律出版社, 2019：174-
177.

⑥　徐国栋. 西方立法思想与立法史略（上）：以自由裁量与严格规则的消长为线索［J］.
比较法研究, 1992（1）：6.

冲突法的核心任务就是解决国际民商事法律冲突，寻找适当的法律处理涉外民商事案件。纵观冲突法的历史发展，寻找法律的思维进路主要采取两种方法，即单边主义方法与多边主义方法。单边主义方法主要是从法则的分类入手，探讨法律的域外效力。① 由于单边主义方法无法解决法则的分类标准问题，同时属人主义与属地主义之间存在着不可调和的矛盾，所以其在 19 世纪被多边主义方法所取代。多边主义方法则从相反的思维进路出发，通过连结点的指引，寻找所要适用的法律。萨维尼的法律关系本座说奠定了多边主义方法的理论基础，促进了冲突法成文立法的发展，其思想路线的改变被西方学者称为国际私法的"哥白尼革命"②。经过美国冲突法的变革及欧洲大陆国际私法的改良，当代国际私法的立法仍然遵循着萨维尼选法的基本思路与方略。

萨维尼的核心思想就是通过本座将法律关系交由本质法律进行解决，只不过萨维尼的本座具有简单化与地理定位的特征，唯一、固定与中立连结点的选择是其主要的任务。当代法律选择方法逐步放松萨维尼连结点的选择要求，将地理定位的做法转向地理定位与社会定位相结合的做法，即从传统由立法者选择唯一的与固定的连结点的做法，在某些领域转向规定复数、灵活的连结点，交由法官在具体案件中做出选择。换句话说，就是将连结点进行软化处理，改变连结点的唯一性、固定性与中立性，在一定程度上将立法者寻找连结点的权力赋予司法者，并通过其自由裁量权发现具有"本质"联系的法律。本质的法律，也是合理与正当的法律。总之，冲突法立法的核心任务就是将法律关系交由本质法律进行处理。所以，冲突法立法之滞后性的克服也应该本着这一思路。笔者发现英国学者所倡导的"自体法"可以作为解决冲突法滞后性问题的价值前提。

自体法的英文表述为 Proper Law，其起源于合同领域，③ 逐步扩展到侵权以及其他领域。④ 我国学者对 Proper Law 有不同的译法，有自体法⑤、适当法⑥、

---

① 张仲伯. 国际私法学［M］. 北京：中国政法大学出版社，2007：43.
② 刘仁山. 国际私法. 第 6 版［M］. 北京：中国法制出版社，2019：37-38，42-43.
③ 肖永平. Proper Law 的含义及其中文译法［J］. 比较法研究，1993（4）：409.
④ J. H. C. MORRIS. The Proper Law of A Tort［J］. Harvard Law Review，1951（6）：881-895.
⑤ 中国大百科全书出版社编辑部. 中国大百科全书·法学卷［M］. 北京：中国大百科全书出版社，1984：474.
⑥ 吕岩峰. 英国"适当法理论"之研究［J］. 吉林大学社会科学学报，1992（5）：17.

特有法①、准据法②等。在所有的译法中，准据法并不能反映其本质的内涵，自体法或适当法最符合其本来的含义。一般来说，审理涉外民商事案件的过程是"法律关系—冲突规范—法律"的过程。首先，将涉外民商事案件进行定性、分类，将其归入特定的法律范畴。其次，通过冲突规范加以指引。最后，找出所要适用的法律。英国自体法理论将法律关系到连结点的过程中间插入自体法，即"法律关系—自体法—冲突规范—法律"的过程。自体法并不是通过冲突规范所指向的准据法，也不是系属公式。所以，认为自体法是准据法或认为自体法是无所不包的系属公式的观点，有待商榷。③ 自体法之所以发端于合同领域，后来主要扩展到侵权领域，主要是因为合同、侵权关系的复杂性，用传统固定的连结点寻找所要适用的法律，可能出现偏离立法者的目的的情形，具有一定的不合理性。这就需要赋予法官一定的自由裁量权，运用灵活的冲突规范指引到适当的法律。如何指导法官行使其自由裁量权，就需要一个总的原则或方法，自体法的理论就应运而生。从这个意义上来说，自体法就是法律选择的基本准则，指导法官正确地行使其自由裁量权。正如我国学者吕岩峰所言："适当法"是为解决法律适用问题提出一项原则、一个标准、一种方法，其主旨在于告诉人们应该怎样确定"准据法"，或者说应该依据什么原则和标准来确定"准据法"，它所追求的效应是"提高和增强准据法的适当性"④。甚至有学者将自体法视为国际私法中的自然法，建立"应然法—实体法"的二元逻辑结构。⑤ 从"应然法—实体法"的二元逻辑结构来看，自体法属于应然法的范畴，作为指导法官确定准据法的一种原则，而最密切联系原则属于实体法的范畴，作为立法的指导原则与具体选择方法，两者并行不悖。

综上，可以给出解决冲突法立法滞后性问题的基本思路：本法和其他法律对涉外民商事关系法律适用没有规定的，适用该涉外民商事关系的自体法（适当法）。前文所述的自体法是与该涉外民商事关系有最密切联系的法律，但当事人在不违反我国公序良俗的情况下，已为其选择了法律或者已表明适用某一特定法律的除外。

① 李双元. 国际私法：冲突法篇［M］. 武汉：武汉大学出版社，1987：344.
② 唐表明. 比较国际私法［M］. 广州：中山大学出版社，1987：60.
③ 肖永平. Proper Law 的含义及其中文译法［J］. 比较法研究，1993（4）：420.
④ 吕岩峰. 英国"适当法理论"之研究［J］. 吉林大学社会科学学报，1992（5）：28.
⑤ 谭岳奇. 自体法：通向自然法之路径［J］. 武汉大学学报（社会科学版），2001（1）：40.

第二节　冲突法立法之不合目的性及其克服

　　冲突法立法之不合目的性是冲突规范的普遍性与涉外民商事案件的特殊性之间矛盾的必然结果。冲突规范并不直接规定当事人之间具体的实体权利与义务，只是寻找准据法的间接规范。冲突规范在指引具体的准据法前，无法得知涉外民商事案件适用的实体法，这可能造成准据法并不是涉外民商事案件本质的法律的现象。克服冲突法立法之不合目的性主要是采取例外条款与增强准据法正当性两种措施。我国法律适用法对一般例外条款，即运用最密切联系原则的立法矫正功能是持否定态度的，对特殊例外条款，立法上的规定是不明朗的。我国法律适用法主要是采取选择性冲突规范与保护性冲突规范，以增强准据法的正当性。我国今后的国际私法法典，可以在承继法律适用法中合理的规定的同时，适当地采取一般例外条款与特殊例外条款相结合的做法，并在特殊领域中加强对结合性冲突规范的运用。

一、冲突法立法之不合目的性的缘由

　　法律的不合目的性是法律的普遍性与社会生活的特殊性之间矛盾的必然结果，是事物的共相与事物的诸相之间的冲突在法律上的必然反映。所谓法律的不合目的性就是将法律规则适用于具体案件的过程中，可能产生违背其自身目的的不正义的现象。① 法律的普遍性是指法律是针对一般的社会关系而制定的，具有普遍的适用性。正因为法律的普遍性，法律才能作为社会治理的手段具有重复适用的功能。如果法律与社会生活存在着一一对应的关系，也就无所谓法律的存在，法律的重复适用的功能也不会存在。社会生活的多样性体现了每一个具体案件都具有其特殊的一面，是一种生动的社会关系。人类社会的立法能否将每一种具体的法律关系都规定在法律之中呢？正如前文所述：一方面，立法者的理性是有限的，其不可能对所有具体的法律关系做出明确的预见；另一方面，如果对每一种具体的法律关系都进行立法，立法成本是无限的，也是没有必要的。正如柏拉图所说，法律绝不可能是一种既约束所有人又对每个人都真正最有利的命令，法律在任何时候都不能完全准确地给社会的每个成员做出

_____

　　① 徐国栋. 西方立法思想与立法史略（上）：以自由裁量与严格规则的消长为线索 [J].
　　　　比较法研究，1992（1）：4.

何谓善德、何谓正确的规定。人类个性的差异，人们行为的多样性，所有人类事务无休止的变化，使无论是什么艺术在任何时候都不可能制定出可以绝对适用于所有问题的规则。① 所以，法律只是针对社会生活的普遍性做出规定，达到重复适用的目的。从某种意义上说，法律的制定过程就是对某一类法律关系抽象出具有普遍意义的规则的过程。普遍性的抽象规则与生动性的社会生活之间永远也不可能画等号，只有逐步趋向于社会生活，呈现出"约等于"的状态。如果具体案件越具有特殊性与生动性，就越不符合法律规范要求的分类特征，就离被类型化的普遍性规则所要达到的目的越远。这种"约等于"就偏向了"不等于"。普遍性的法律规范适用于这种具体的案件时，就会产生不合理、不适当、不公平的现象，与法律的正义、公平、合理的目的背道而驰。

在冲突法的立法中，不合目的性的现象尤为严重，这与冲突法制度的特殊性不无关系。一般来说，民事实体法决定当事人的实体权利与义务，注重的是实体正义，民事程序法决定当事人的程序权利与义务，注重的是程序正义；但是冲突法既不决定当事人实体上的权利与义务，也不决定当事人程序上的权利与义务，其核心任务就是寻找适当的法律处理当事人之间的争议。所以，现代冲突法制度一方面需要关注选法过程的正当性，即注重所谓的冲突正义；另一方面需要关注选法结果的合理性，能够公平合理地处理双方当事人之间的纠纷，即注重所谓的实体正义。冲突正义与实体正义价值的共同追求被学者称为"双螺旋"结构。② 两种价值的共同追求给冲突法立法增加了难度，法律选择的不合目的性问题随之凸显。正如前文所述，目前法律选择的方法主要还是遵循萨维尼的思维进路，通过连结点指向适当的法律。萨维尼将法律关系作简单化处理，形成了法律选择的简明公式，即"法律关系+连结点+法律"。在这简明的公式中，立法者的主要任务是选择每一类法律关系的本座。"本座"是构成法律关系的要素，是法律关系的核心特征，"本座"的设置脱离了国别等实际要素，也不讨论法律规范的适用空间，而是不加偏见地将所涉国家的法律放在抽象的分析框架当中，具有绝对中立性。萨维尼对各国立法之实体内容保持一种"无立场之立场"，他悬搁不同国家相互冲突的立法价值准则，以寻找中立的解决方案，通过秉持中立的价值理念和对各种法律关系要素的实践考察，萨维尼寻找

---

① 博登海默. 法理学：法哲学及其方法 ［M］. 邓正来，等译. 北京：华夏出版社，1987：8.

② 宋晓. 当代国际私法的实体取向 ［M］. 武汉：武汉大学出版社，2004：348.

到的"本座"就是对各国法律地位平等理念的最佳诠释。① 承认各国法律体系地位平等是冲突正义得以实现的基石，但各国法律之间的矛盾和冲突一向是国际私法理论需要直面的难题。各国立法在价值观上的观点不同，但都有维护一国立法主权的需要，内国法院的法官没有评价外国立法善恶的合理立场，也就无法说明什么法律会在某种抽象的意义上满足公正的目的，只要涉外民商事争议是通过选择其中一个国家的法律来解决的，那么这种选择必定只满足了一个国家或一方当事人的需求，而损害了另一个国家或另一方当事人的公正满足感。② 因此，不对法律适用结果进行选择，不作任何立法评价而致力于建设一种客观中立的选择方案，既是没有办法的办法，又是那个时代的最佳办法。③

但是，历史的车轮总是不断地向前推进。随着自由资本主义阶段进入垄断资本主义阶段，第二次工业革命和当今第三次技术革命的浪潮，人类通讯方式、经济运行方式、社会组织方式和结构的变革，极大地改变了整个经济和社会的面貌，涉外民商事交往呈现出与以往不同的景象。④ 尤其是互联网与人工智能的高速发展，导致国际民商事法律冲突具有复杂性，法律主体的不确定性、空间地理位置的模糊性、时间的即时性，无不冲击国际私法的立法。传统双边冲突规范明显的形式主义的色彩，在现代社会中显得力不从心，其不合目的性情况变得普遍起来。难怪美国学者柯里表达了强烈的不满：传统国际私法是空洞的、冷酷的、无情的、概念式的，是"一架机器""一个诡辩的神秘的和失败的领域"⑤。于是，柯里发出了惊世骇俗的论断：没有法律选择规则我们会更好些。⑥ 但是，柯里用"方法"替代"规则"克服法律选择的不合目的性，大陆法系国家的立法实践证明这具有不可行性。于是，各国纷纷寻找克服法律选择不合目的性的路径。

---

① 张春良. 美国冲突法革命的革命性理解：别于萨维尼，还是依然萨维尼 ［J］. 福建江夏学院学报，2013，3（1）：57.

② 西蒙尼德斯，宋晓译. 20 世纪末的国际私法：进步还是退步？［M］//梁慧星. 民商法论丛 2002 年第 3 期. 香港：金桥文化出版（香港）有限公司，2009：395-396.

③ 张春良. 美国冲突法革命的革命性理解：别于萨维尼，还是依然萨维尼 ［J］. 福建江夏学院学报，2013，3（1）：57.

④ 刘仁山. 再论国际私法的对象与方法：基于技术革命的影响所形成的认识 ［J］. 中国国际私法与比较法年刊，2001，4（0）：103-104.

⑤ 莫里斯. 法律冲突法 ［M］. 李东来，等译. 北京：中国对外翻译出版公司，1990：522.

⑥ CURRIE B. Selected Essays on the Conflict of Laws ［M］. Durham：Duke University Press，1963：180.

二、冲突法立法之不合目的性的克服

现代冲突法成文立法不合目的性的克服主要有两种方式：一种是事后救济立法解决方法，即首先适用具体的冲突规则，在其指引的法律具有不当性的情形下，采取例外条款规定的方式进行矫正；另一种是事先救济立法解决方法，即立法者采取各种可能的措施对冲突规范加以改造，增强法律适用的正当性与合理性。前者例外条款又有一般例外条款与特殊例外条款两种；① 后者冲突规范的改造措施主要有结合性冲突规范、梯次选择性冲突规范以及保护性冲突规范等运用。

一般性例外条款是指将整个冲突法具体规则作为例外的对象，运用最密切联系原则的立法矫正功能，在冲突法立法总则中加以规定。一般例外条款主要采取"本法指定+更密切联系的法律"立法模式。也就是说，法官根据具体的法律适用规则指引所适用的法律，如果还存在与该涉外民商事关系更密切联系的法律，则作为例外适用更密切联系的法律，推翻具体规则所指引的法律，达到不合目的性的克服。2017年最新修订的瑞士《关于国际私法的联邦法》第15条第1款的规定就是一般例外条款立法的典范。② 其他国家也有与瑞士相类似的立法，例如，2007年马其顿《关于国际私法的法律》第3条③的规定以及《韩国国际私法》（2001年修正）第8条④的规定。总体上看，目前采取一般例外条款的国家主要有瑞士、黑山、韩国、马其顿、阿根廷、立陶宛、乌克兰、荷兰、比利时、塞尔维亚、斯洛文尼亚以及加拿大魁北克省。⑤ 我国学者一般将该条款称为"例外条款""替代条款"或"修正条款"⑥。最密切联系原则作为例外条

① 刘仁山. 国际私法与人类命运共同体之构建：以《涉外民事关系法律适用法》实施为据［M］. 北京：法律出版社，2019：169-173.
② 2017年最新修订的瑞士《关于国际私法的联邦法》第15条第1款规定："如果根据所有情况，案件显然与本法所指引的法律仅有较松散的联系，而与另一法律确有更为密切的联系，则本法所指引的法律例外地不予适用。"
③ 2007年《马其顿共和国关于国际私法的法律》第3条第a项规定："如果所有情况表明，案件与本法所指引的法律无任何重要联系，而与另一法律具有本质上的更密切联系，则作为例外不适用本法所指引的法律。"
④ 《韩国国际私法》（2001年修正）在总则第1章第8条第1项规定："如果本法指定应适用的准据法与相关法律关系之间仅具有极少的联系，而另一国家的法律与该法律关系明显存在最密切的联系，在此情况下，应适用该另一国家的法律。"
⑤ SYMEONIDES S C. Codifying Choice of Law around the World：An International Comparative Analysis［M］. London：Oxford University Press，2014：192.
⑥ 李华成. 论冲突法中最密切联系例外条款［J］. 大连海事大学学报（社会科学版），2011，10（2）：55.

款，其规定的目的在于矫正适用硬性冲突规则指向的法律的不合理性与不公平性，解决了法律规范的一般性与法律关系特殊性之间的矛盾，为解决特殊情况下的法律适用问题打开了灵活方便之门。由于该条款属于总则性的一般规定，其可以成为该法所有冲突规则的例外条款，只要具体的案件情况满足该条款的两个适用条件，即（1）与原应适用法律之间联系松散，（2）存在更密切联系的法律，所以，其必然存在推翻整个立法之担忧：如果所有法官都适用该例外条款，即适用更密切联系的法律，则整个立法的根基就不复存在。① 此种担忧有一定的道理，但假设法官全部利用例外条款逃避原本所适用的法律是过于极端的，立法者应该给予法官一定的信任，相信法官行使其自由裁量权时应当是谨慎与合理的。

特殊性例外条款是指将某一具体的法律关系的冲突规则作为例外的对象，如果适用具体法律适用规则导致不合理的现象，则法官例外地依照更密切联系原则处理案件。特殊例外条款一般在合同法律适用领域加以运用。鉴于合同的复杂性与多样性，目前各国国际私法立法主要采取主观理论与客观理论相结合的做法，即总体上采取"意思自治原则＋最密切联系原则"的选法策略。在合同当事人没有选择法律的情况下，适用最密切联系原则，对于何为最密切联系原则，可以依照特征履行说原则，再具体化特殊合同，按照该原则选择所要适用的法律。但是如果存在更密切联系的法律，则推翻具体合同法律适用的规则，适用更密切联系的法律。如此，立法者可以在具体的法律关系中达到自我调整的目的。2007年土耳其《关于国际私法与国际民事诉讼程序法的第5718号法律》第24条第4款②、2014年黑山共和国《关于国际私法的法律》第39条第3款③就是这一情形的典型立法。特殊例外条款不仅在国际私法国内立法中运用，而且在国际条约中也有相关的规定。1985年海牙国际私法会议制定的《国际货物销售合同法律适用公约》规定，如果当事人未选择法律的，合同依合同缔结

---

① 李华成. 论冲突法中最密切联系例外条款 [J]. 大连海事大学学报（社会科学版），2011，10（2）：56.

② 2007年土耳其共和国《关于国际私法与国际民事诉讼程序法的第5718号法律》第24条第4款规定："当事人各方未选择法律的，合同之债适用与合同有最密切联系的法律。这种最密切联系的法律，系指承担特征性履行的债务人订立合同时的惯常居所地法；如果订立合同属于商业或职业行为，则指承担特征履行的债务人的营业地法；若无营业地，则适用住所地法；如果承担特征履行的债务人具有多个营业地，则适用与合同有最密切联系的营业地法。但是，如果根据当时的整体情况，合同与另一法律具有更密切的联系，则合同依该另一法律。"

③ 2014年黑山共和国《关于国际私法的法律》第39条第3款规定："如案件的所有情况表明，合同显然与本条第1款或第2款所指国家以外的另一国家有更密切联系，则适用该另一国家的法律。"

时卖方营业地国家的法律，同时规定了三种适用买方营业地国家法律的例外；但是在以上适用法律之外具有更密切联系的法律，则适用更密切联系的法律。其简明公式是："当事人选择的法律＋卖方营业地国家的法律（或例外适用买方营业地国家的法律）＋更密切联系的法律"①。此外，1980 年《罗马公约》第 4 条第 2 款②、2007 年《罗马条例 II》第 5 条第 2 款③也有类似的规定。特殊例外条款的规定比较好地解决了特定领域法律适用明确性与灵活性的问题。

例外条款的解决方式主要依靠法官的自由裁量权，尤其在一般性例外中，法官的自由裁量权更大，这引起了立法者的担忧，担心可能出现原本是正确的法律适用，走到错误的法律适用道路上去。④ 所以，立法者在制定具体的法律适用规则时，竭力采取增强法律适用的正当性与合理性的各种手段与措施。

结合性冲突规范是指立法者采取复数连结点的做法，共同指向某一具体的法律，以达到所适用法律的合理性。例如，1973 年，海牙国际私法会议制定的《产品责任法律适用公约》将侵害地与直接遭受损害人的惯常居所地，或者被请求承担责任人的主营地，或者直接遭受损害人取得产品的地方相结合；将直接遭受损害人的惯常居所地与被请求承担责任人的主营地或者直接遭受损害人取得产品的地方相结合。⑤

梯次选择性冲突规范，也被称为有条件依次选择性冲突规范，是指在立法中规定两个或两个以上的连结点，按照所规定的顺序依次进行选择适用，在不

---

① 1985 年海牙《国际货物销售合同法律适用公约》第 8 条第 3 款规定："从总体情况看，如在双方当事人的商业关系中，合同如果明显地与根据本条第一款或第二款规定将会适用于合同的法律以外的法律有着更加密切的联系，则该合同依该另一国的法律。"

② 1980 年《罗马公约》第 4 条第 2 款规定："除另依本法第 5 款的规定，合同特征履行的当事人在订立合同时，其惯常居所地的国家，或者当事人是法人组织或非法人组织时，其管理中心所在地的国家，应推定为与该合同有最密切联系的国家。但是，如果合同是在当事人的贸易和职业活动过程中订立的，则与该合同有最密切联系的国家应是主要营业地所在的国家，或者如果根据合同规定，合同将在主要营业地以外的另一营业地履行，则与该合同有最密切联系的国家应是另一营业地所在国。"

③ 2007 年《罗马条例 II》是属于产品责任的法律适用的规定，其第 5 条第 2 款规定："如果全部情况表明损害事实与前款所指国家以外的其他国家存在明显更加密切的联系，则适用该其他国家的法律。"

④ 王胜明. 涉外民事关系法律适用法若干争议问题［J］. 法学研究，2012，34（2）：189.

⑤ 1973 年《产品责任法律适用公约》第四条的规定："适用的法律应为侵害地国家的国内法，如果该国同时又是：（一）直接遭受损害的人的惯常居所地；或（二）被请求承担责任人的主营业地；或（三）直接遭受损害的人取得产品的地方。"第五条规定："尽管有第四条的规定，适用的法律仍应为直接遭受损害的人的惯常所在地国家的国内法，如果该国同时又是：（一）被请求承担责任的人的主营业地；（二）直接遭受损害的人取得产品的地方。"

存在前一个连结点的情况下，才能适用后一个连结点所指向的法律这一类的冲突规范。法律适用法在婚姻家庭和继承等领域大量采用梯次选择性冲突规范，如第 21 条关于结婚法律适用，其梯次分别为共同经常居所地、共同国籍地、婚姻缔结地。① 梯次选择性冲突规范是 20 世纪中叶以来国际私法变革的产物，其主要目的是克服冲突法的不合目的性，努力避免传统国际私法法律选择方法的局限性。

　　保护性冲突规范，也被称为有利于保护弱者利益的冲突规范，是指在立法上规定数个连结点，在数个连结点所指向的法律中，法官适用对弱者最有利的法律的一种冲突规范。严格来说，保护性冲突规范属于无条件任意选择冲突规范的一种特殊类型。只不过保护性冲突规范所规定的连结点具有价值的非中立性，倾向于保护弱者的利益。法律适用法在婚姻家庭领域多采用保护性冲突规范，主要有第 25 条②、第 29 条③与第 30 条④三条规定。为了达到保护弱者利益的目的，立法上赋予了法官极大的自由裁量权，这必然对法官提出了较高的要求。一方面，需要法官具有较强的国际私法专业素养，能够准确查找相关国家的法律，能够熟悉与理解所有连结点所指向的法律，并具有比较与分析的能力；另一方面，需要法官具有良好的道德水平与职业素质，将公平正义作为内心的追求。正如前文所述，法律价值之间存在"二律背反"定理，司法任务简单化与个案公正存在着矛盾。立法者在立法中强调对弱者利益的保护，但在司法实践中，法官基于司法任务简单化的目的，往往不加分析地认为法院地法是对弱者最有利的法律。法律适用法保护性冲突规范的实践运用并不理想，往往出现不加分析、不加论证、不加解释，径直拷贝条文适用法院地法的现象。⑤ 尽管保护性冲突规范体现了对弱者利益的保护，反映了冲突法立法的人文关怀，但是立法的理想主义与司法的现实主义之间存在一定的差距，所以需要重新审视保护性冲突规范运用的实际效果。

---

① 法律适用法第二十一条规定："结婚条件，适用当事人共同经常居所地法律；没有共同经常居所地的，适用共同国籍国法律；没有共同国籍，在一方当事人经常居所地或者国籍国缔结婚姻的，适用婚姻缔结地法律。"

② 法律适用法第二十五条规定："父母子女人身、财产关系，适用共同经常居所地法律；没有共同经常居所地的，适用一方当事人经常居所地法律或者国籍国法律中有利于保护弱者权益的法律。"

③ 法律适用法第二十九条规定："扶养，适用一方当事人经常居所地法律、国籍国法律或者主要财产所在地法律中有利于保护被扶养人权益的法律。"

④ 法律适用法第三十条规定："监护，适用一方当事人经常居所地法律或者国籍国法律中有利于保护被监护人权益的法律。"

⑤ 张丽珍. 法律适用法"有利于"条款实施研究 [J]. 西部法学评论，2015（6）：74.

三、法律适用法的取舍及其重构

针对以上克服冲突法成文立法的不合目的性之局限的各种措施，法律适用法做出了不同的取舍。

对于一般性例外条款，主要运用最密切联系原则的立法矫正功能。法律适用法最终并没有采纳这一做法，这里就涉及最密切联系原则的地位问题。关于最密切联系原则的地位主要有四种观点：基本原则、具体法律选择方法、合同法律适用的补充原则以及确定准据法的指导原则。① 一般来说，最密切联系原则具有立法的指导功能、立法的矫正功能、立法的补缺功能以及具体的法律适用方法功能。最终，法律适用法舍弃了立法矫正与立法指导两方面的功能。正如王胜明所说，由于规定最密切联系原则的矫正功能，即例外条款，那么关于民事主体、婚姻家庭、物权、债权等各种涉外民事关系的法律适用变得不那么确定了，可能导致整个立法处于不稳定的状态，甚至有可能被推翻。同时由于最密切联系原则是灵活的原则，法官具有相当大的自由裁量权，可能出现原本是正确的法律适用，走到错误的法律适用道路上去。舍弃了立法矫正功能，再舍弃立法指导功能也不觉得可惜。② 王胜明担忧的情形确实是存在的，但这种担忧是没有必要的。其一，现代国际私法立法的发展表明，重视法官自由裁量权的作用，追求冲突法的实体正义是当今的主要趋势。也就是说，立法者理应对法官有充分的信任，而不是对法官抱持极大的怀疑态度。瑞士是采纳最密切联系原则的立法矫正功能的典型国家，其司法实践中也没有出现整个立法不稳定的状态。其二，我国采纳最密切联系原则的立法矫正功能也有着理论上的准备与立法的基础。刘想树教授认为，我国其实可以利用立法的后发优势，将最密切联系原则上升到基本原则的地位，可惜的是由于司法传统、司法统一、司法稳定、司法任务简单化等要求，立法表现出反现代化的特征。③ 其在分析最密切联系原则的理论与实践基础上，提出了"前拉后拽"的立法设想，即采取将意思自治原则与最密切联系原则相结合的立法方式，运用最密切联系原则的立法补缺与立法矫正功能。④ 早在 2002 年，笔者发文希望将最密切联系原则上升到基本原则的地位，提出了将最密切联系原则立法指导、立法补缺与立法矫正功能

---

① 肖永平. 法理学视野下的冲突法 ［M］. 北京：高等教育出版社，2008：448.
② 王胜明. 涉外民事关系法律适用法若干争议问题 ［J］. 法学研究，2012，34（2）：189.
③ 刘想树. 论最密切联系的司法原则化 ［J］. 现代法学，2012，34（3）：132.
④ 刘想树. 论最密切联系的司法原则化 ［J］. 现代法学，2012，34（3）：140.

结合起来的"三合一"的主张。①　其实，在法律适用法之前的草案中，也是采取"三合一"的做法，只是全国人大常务委员会最终仅保留了最密切联系原则的立法补缺功能。其三，我国国际私法的司法实践发展，也为接受例外条款作了准备。自法律适用法生效十多年来，我国法官体制实行改革，法官素质得到全面提升，王胜明担忧的情况应该是不会发生的。所以，立法上采取一般性例外条款还是可行的。关键问题是如何在司法实践中提高法官司法裁判的说理能力。

特殊性例外条款主要运用在合同法律适用领域。在长期的司法实践中，我国是采取了更密切联系原则的例外规定，即在当事人未选择法律的情况下，适用合同特征履行一方当事人的属人法，如果合同明显存在另一更为密切联系的法律，则适用更密切联系的法律。1987 年最高人民法院《关于适用〈涉外经济合同法〉若干问题的解答》（已失效）第 2 条第 6 项②；2007 年最高人民法院《关于审理涉外民事或商事合同纠纷案件法律适用若干问题的规定》（已失效）第 5 条第 3 款③等，均做出合同例外条款的规定。这些规定在之前的国际私法司法实践中被证明是行之有效的一种例外措施，很好地克服了合同法律适用中不合目的性的缺陷。其实，法律适用法第 41 条④的规定中具有更密切联系原则的含义。该条规定首先采取当事人选择的法律，即意思自治原则。在当事人没有选择法律的情况下，采取最能体现该合同特征的一方当事人经常居所地法律或者其他与该合同有最密切联系的法律。在我国目前的司法实践中，对法律适用法第 41 条的运用出现一定程度的混乱，主要原因在于该条中"或者"的理解问题。如果将"或者"理解为并列的关系，法官可以选择最能体现该合同特征的一方当事人经常居所地法律，也可以选择与该合同有最密切联系的法律。目前的司法实践则是主要体现了这一理解，检索中国裁判文书网，笔者收集到的适用法律适用法第 41 条第 2 款的案例表明，大多数案件是直接依照最密切联系原则。其实，第 41 条第 2 款"或者"的理解应该结合"其他"一词做出解释，如此该条款的"或者"具有顺位性，即先适用最能体现该合同特征的一方当事人

---

①　徐伟功. 国际私法中的自由裁量权论纲 [J]. 华南师范大学学报（社会科学版），2002（4）：17.

②　1987 年最高人民法院印发的《关于适用〈涉外经济合同法〉若干问题的解答》第 2 条第 6 项规定："……但是，合同明显地与另一国家或者地区的法律具有更密切的关系，人民法院应以另一国家或者地区的法律作为处理合同争议的依据。"

③　2007 年最高人民法院印发的《关于审理涉外民事或商事合同纠纷案件法律适用若干问题的规定》第 5 条第 3 款规定："如果上述合同明显与另一国家或者地区有更密切联系的，适用该另一国家或者地区的法律。"

④　法律适用法第四十一条规定："当事人可以协议选择合同适用的法律。当事人没有选择的，适用履行义务最能体现该合同特征的一方当事人经常居所地法律或者其他与该合同有最密切联系的法律。"

经常居所地法律。只有出现不合理的情况时，才能适用其他与该合同有最密切联系的法律。这里的"其他"具有例外的含义。所以，在今后我国冲突法立法中，应该将之前司法实践较好的做法上升到法律层面，并对法律适用法第 41 条第 2 款做出明确规定，明确表明更密切联系法律的例外规定。

至于前端冲突法成文法不合目的性的克服，法律适用法某些做法已经做出了完善。我国今后国际私法的立法应该继续保持与完善梯次选择性冲突规范，在产品责任法律适用等领域增加结合性冲突规范，慎重运用保护性冲突规范，可以将保护性冲突规范作为以上两种冲突规范的辅助规范。

当今世界正处于百年未有之大变局。世界多极化、经济全球化深入发展，社会信息化、文化多样化持续推进，新一轮科技革命和产业革命正在孕育成长，各国相互联系、相互依存，全球命运与共、休戚相关。[①] 维护世界和平与发展、推进"人类命运共同体"，中国必须坚定不移地走中国特色的社会主义法治道路。习近平总书记多次强调，依法治国是党领导人民治理国家的基本方略，法治是治国理政的基本方式。法治中国的建设是时代赋予中国的伟大使命。法治中国的建设不仅包括国内法治的建设，也包括涉外法治的建设。习近平总书记在 2020 年 11 月 17 日召开的中央全面依法治国工作会议上强调，要坚持统筹推进国内法治和涉外法治。要加快涉外法制工作战略布局，协调推进国内治理和国际治理，更好维护国家主权、安全、发展利益。[②] 国际私法作为连接我国国内市场与国外市场的法制桥梁，显得尤为重要。中国国际私法必须走法典化的道路，为我国"一带一路"倡议、"人类命运共同体"的构建提供法治保障，为涉外法治建设做出贡献。因此，在今后的国际私法法典化过程中，克服冲突法立法局限性是立法中的关键问题。针对冲突法立法的滞后性，我们应该采取"应然法—实体法"的二元逻辑结构，结合意思自治原则，即表明法律没有规定的，适用该涉外民商事关系适当的法律，并通过最密切联系原则找出该涉外民商事关系适当的法律，但当事人在不违反公序良俗的情况下选择法律的除外；针对冲突法立法的不合目的性，我们可以在后端采用一般性例外条款与在合同法律适用领域采用特殊性例外条款，主要运用最密切联系原则的立法矫正功能。在前端应该加强适用法律的正当性与合理性，完善梯次选择性冲突规范，增加结合性冲突规范，改造保护性冲突规范。

---

① 习近平．共同构建人类命运共同体［M］//习近平．习近平谈治国理政．第 2 卷，北京：外文出版社，2017：538.

② 习近平．坚定不移走中国特色社会主义法治道路 为全面建设社会主义现代化国家提供有力法治保障［J］．求是，2021（5）：13-14.

参考文献

一、中文教材与专著

［1］韩德培．国际私法［M］．武汉：武汉大学出版社，1983.

［2］韩德培．中国冲突法研究［M］．武汉：武汉大学出版社，1993.

［3］韩德培．国际私法新论［M］．武汉：武汉大学出版社，2003.

［4］李浩培．国籍问题的比较研究［M］．北京：商务印书馆，1979.

［5］张仲伯．国际私法学［M］．北京：中国政法大学出版社，2012.

［6］刘仁山．加拿大国际私法研究［M］．北京：法律出版社，2001.

［7］刘仁山．国际私法．第6版［M］．北京：中国法制出版社，2019.

［8］李双元．国际私法：冲突法篇［M］．武汉：武汉大学出版社，1987.

［9］李双元．中国与国际私法统一化进程［M］．武汉：武汉大学出版社，1993.

［10］李双元，徐国建．国际民商新秩序的理论建构［M］．武汉：武汉大学出版社，1998.

［11］黄进．国际私法［M］．北京：法律出版社，1999.

［12］黄进，姜茹娇．中华人民共和国涉外民事关系法律适用法释义与分析［M］．北京：法律出版社，2011.

［13］肖永平．冲突法专论［M］．武汉：武汉大学出版社，1999.

［14］肖永平．肖永平论冲突法［M］．武汉：武汉大学出版社，2002.

［15］肖永平．法理学视野下的冲突法［M］．北京：高等教育出版社，2008.

［16］沈涓．冲突法及其价值导向［M］．北京：中国政法大学出版社，1993.

［17］沈涓．中国区际冲突法研究［M］．北京：中国政法大学出版社，1999.

[18] 沈涓. 合同准据法理论的解释 [M]. 北京：法律出版社，2000.

[19] 邓正来. 美国现代国际私法流派 [M]. 北京：中国政法大学出版社，2006.

[20] 宋晓. 当代国际私法的实体取向 [M]. 武汉：武汉大学出版社，2004.

[21] 王军，陈洪武. 国际商事合同的法律适用 [M]. 北京：中国对外经济贸易出版社，1991.

[22] 许军珂. 国际私法上的意思自治 [M]. 北京：法律出版社，2006.

[23] 高晓力. 国际私法上公共政策的运用 [M]. 北京：中国民主法制出版社，2008.

[24] 徐伟功. 冲突法的博弈分析 [M]. 北京：北京大学出版社，2011.

[25] 徐国栋. 民法基本原则解释：成文法局限性之克服 [M]. 北京：中国政法大学出版社，1992.

[26] 卢现祥. 西方新制度经济学. 修订版 [M]. 北京：中国发展出版社，2003.

二、中文译著

[1] 巴蒂福尔，拉加德. 国际私法总论 [M]. 陈洪武，等译. 北京：中国对外翻译出版公司，1989.

[2] 巴蒂福. 国际私法各论 [M]. 曾陈明汝，译. 台北：正中书局，1979.

[3] 莫里斯. 戴西和莫里斯论冲突法：上卷 [M]. 李双元，等译. 北京：中国大百科全书出版社，1998.

[4] 莫里斯. 法律冲突法 [M]. 李东来，等译. 北京：中国对外翻译出版公司，1990.

[5] 沃尔夫. 国际私法 [M]. 李浩培，汤宗舜，译. 北京：法律出版社，1988.

[6] 隆茨，马雷舍娃，沙迪科夫. 国际私法 [M]. 袁振民，刘若文，译. 北京：中国金融出版社，1987.

[7] 萨维尼. 法律冲突与法律规则的地域和时间范围 [M]. 李双元，等译. 北京：法律出版社，1999.

[8] 博登海默. 法理学：法哲学及其方法 [M]. 邓正来，等译. 北京：华夏出版社，1987.

[9] 梅因. 古代法 [M]. 沈景一，译. 北京：商务印书馆，1996.

［10］弗里德曼．法律制度［M］．李琼英，林欣，译．北京：中国政法大学出版社，1994.

［11］庞德．通过法律的社会控制：法律的任务［M］．沈宗灵，董世忠，译．北京：商务印书馆，1984.

［12］庞德．法律史解释［M］．曹玉堂，等译．北京：华夏出版社，1989.

［13］波斯纳．法律的经济分析：上［M］．蒋兆康，译．北京：中国大百科全书出版社，1997.

［14］梅里曼．大陆法系［M］．顾培东，禄正平，译．重庆：西南政法学院印行，1983.

［15］凡勃伦．有闲阶级论［M］．蔡受百，译．北京：商务印书馆，1964.

［16］罗尔斯．正义论［M］．何怀宏，等译．北京：中国社会科学出版社，1988.

［17］亨廷顿．变化社会中的政治秩序［M］．王冠华，等译．北京：三联书店，1989.

［18］亚里士多德．政治学［M］．吴寿彭，译．北京：商务印书馆，1965.

［19］斯密．国民财富的性质和原因的研究［M］．郭大力，王亚南，译．北京：商务印书馆，1972.

［20］诺思．制度、制度变迁与经济绩效［M］．刘守英，译．上海：上海三联书店，1994.

三、中文论文

［1］王胜明．《涉外民事关系法律适用法》的指导思想［J］．政法论坛，2012，30（1）.

［2］王胜明．涉外民事关系法律适用法若干争议问题［J］．法学研究，2012，34（2）.

［3］高晓力．最高人民法院《关于适用〈中华人民共和国涉外民事关系法律适用法〉若干问题的解释（一）》解读［J］．法律适用，2013（3）.

［4］黄进．论国际私法中外国法的查明：兼论中国的实践［J］．河北法学，1990（6）.

［5］黄进．国际私法上的法律规避［J］．百科知识，1995（10）.

［6］黄进．中国涉外民事关系法律适用法的制定与完善［J］．政法论坛，2011，29（3）.

［7］刘仁山．“意思自治”原则在国际商事合同法律适用中的适用限制

[J].武汉大学学报（哲学社会科学版），1996（4）.

[8] 刘仁山.关于《民法通则》第147条的修改意见 [J].法商研究（中南政法学院学报），1999（1）.

[9] 刘仁山.加拿大国际私法的晚近发展及其对我国的启示 [J].中国法学，2002（2）.

[10] 刘仁山."直接适用的法"在我国的适用：兼评《〈涉外民事关系法律适用法〉解释（一）》第10条 [J].法商研究，2013，30（3）.

[11] 刘仁山.现时利益重心地是惯常居所地法原则的价值导向 [J].法学研究，2013，35（3）.

[12] 刘仁山.国际合同法律适用中"意思自治原则"的晚近发展：《海牙国际合同法律选择原则》述评 [J].环球法律评论，2013（6）.

[13] 刘仁山，黄志慧.国际民商事合同中的默示选法问题研究 [J].现代法学，2014（5）.

[14] 刘仁山.欧盟平衡人格权与言论自由的立法实践：以人格权侵权法律适用规则之立法尝试为视角 [J].环球法律评论，2014（6）.

[15] 肖永平.评英国冲突法中的"外国法院说" [J].比较法研究，1991（2）.

[16] 肖永平.最密切联系原则在中国冲突法中的应用 [J].中国社会科学，1992（3）.

[17] 肖永平.国际私法中的属人法及其发展趋势 [J].法学杂志，1994（3）.

[18] 肖永平.中国国际私法立法体系初探 [J].法学评论，1995（5）.

[19] 肖永平，胡永庆.法律选择中的当事人意思自治 [J].法律科学（西北政法学院学报），1997（5）.

[20] 肖永平，邓朝晖.国际私法中法律规避问题比较研究 [J].法商研究（中南政法学院学报），1998（3）.

[21] 肖永平，霍政欣.不当得利的法律适用规则 [J].法学研究，2004（3）.

[22] 肖永平，王葆莳.国际私法中先决问题的理论重构 [J].武大国际私法评论，2005（1）.

[23] 肖永平，龙威狄.论中国国际私法中的强制性规范 [J].中国社会科学，2012（10）.

[24] 郭玉军.近年中国有关外国法查明与适用的理论与实践 [J].武大国

际私法评论, 2007 (2).

[25] 郭玉军. 涉外民事关系法律适用法中的婚姻家庭法律选择规则 [J]. 政法论坛, 2011 (3).

[26] 刘想树. 论最密切联系的司法原则化 [J]. 现代法学, 2012 (3).

[27] 王瀚. 试论外国法不能查明的确认和补救 [J]. 法学杂志, 1997 (6).

[28] 林燕萍.《涉外民事关系法律适用法》第 4 条及其司法解释之规范目的 [J]. 法学, 2013 (11).

[29] 林燕萍, 黄艳如. 外国法为何难以查明: 基于《涉外民事关系法律适用法》第 10 条的实证分析 [J]. 法学, 2014 (10).

[30] 沈涓. 法律选择协议效力的法律适用辩释 [J]. 法学研究, 2015 (6).

[31] 杜新丽. 当代法律选择多元方法的并存与融合 [J]. 武大国际法评论, 2013 (1).

[32] 蒋新苗. 中国涉外收养法律适用问题探析 [J]. 环球法律评论, 2005 (6).

[33] 金彭年, 王健芳. 国际私法上意思自治原则的法哲学分析 [J]. 法制与社会发展, 2003 (1).

[34] 金彭年. 涉外民事关系法律适用法中的不当得利规则 [J]. 中国法学, 2012 (2).

[35] 齐湘泉. 先决问题的构成要件与法律适用 [J]. 法制与社会发展, 2003 (2).

[36] 吕岩峰. 论当事人意思自治原则之扩张 [J]. 法学评论, 1997 (6).

[37] 徐崇利. 法律规避制度可否缺位于中国冲突法?——从与强制性规则适用制度之关系的角度分析 [J]. 清华法学, 2011, 5 (6).

[38] 徐冬根. 人文关怀与国际私法中弱者利益保护 [J]. 当代法学, 2004 (5).

[39] 许军珂. 论当事人意思自治原则在《涉外民事关系法律适用法》中的地位 [J]. 法学评论, 2012 (4).

[40] 许军珂. 当事人意思自治原则对法院适用国际条约的影响 [J]. 法学, 2014 (2).

[41] 徐冬根. 论"直接适用的法"与冲突规范的关系 [J]. 中国法学, 1990 (3).

［42］宋晓. 同一制与区别制的对立及解释［J］. 中国法学，2011（6）.

［43］宋晓. 意思自治与物权冲突法［J］. 环球法律评论，2012（1）.

［44］宋晓. 属人法的主义之争与中国道路［J］. 法学研究，2013（3）.

［45］宋晓. 国际私法与民法典的分与合［J］. 法学研究，2017（1）.

［46］何其生. 我国属人法重构视阈下的经常居所问题研究［J］. 法商研究，2013（3）.

［47］杜焕芳. 自然人属人法与经常居所的中国式选择、判准和适用：兼评《涉外民事关系法律适用法司法解释（一）》第15条［J］. 法学家，2015（3）.

［48］胡永庆. 当事人意思自治原则的新发展：适用领域的扩展［J］. 法商研究（中南政法学院学报），1997（5）.

［49］许庆坤. 论国际合同中当事人意思自治的限度［J］. 清华法学，2008（6）.

［50］许庆坤. 美国冲突法中的最密切联系原则新探［J］. 环球法律评论，2009（4）.

［51］许庆坤. 国际私法中的法律规避制度：再生还是消亡［J］. 法学研究，2013（5）.

［52］张春良. 涉外民事关系判定准则之优化：要素分析的形式偏谬及其实质修正［J］. 法商研究，2011（1）.

［53］张春良. 暗香浮动：双重反致的伦理密码［J］. 法制与社会发展，2012（1）.

［54］黄晖，张春良. 论条约在我国涉外民事关系中的适用：基于规则和实践的考察［J］. 法商研究，2014（5）.

［55］王慧. 论我国涉外民事关系法律选择方法的构建基础与体系展开［J］. 法学评论，2015（5）.

［56］卜璐. 国际私法中强制性规范的界定：兼评《关于适用〈涉外民事关系法律适用法〉若干问题的解释（一）》第10条［J］. 现代法学，2013（3）.

［57］徐伟功. 从自由裁量权角度论国际私法中的最密切联系原则［J］. 法学评论，2000（4）.

［58］徐伟功. 中国国际私法法典体系结构初探［J］. 法商研究，2005（2）.

［59］徐伟功. 论自由裁量主义在冲突法中的渗透［J］. 环球法律评论，2009（6）.

［60］徐伟功. 述评《涉外民事关系法律适用法》：以有限理性和自由裁量

权为视角 [J]. 河南财经政法大学学报, 2012 (2).

[61] 徐伟功. 法律选择中的意思自治原则在我国的运用 [J]. 法学, 2013 (9).

四、英文参考文献

[1] JUENGER, FRIEDRICH K. Choice of Law and Multistate Justice [M]. Boston: Martinus Nijhoff, 1993.

[2] NORTH P. Private International Law in Common Law Jurisdiction [M]. Boston: M Nijhoff Publishers, 1993.

[3] NYGH P E. Conflict of Laws in Australia: 7th ed [M]. Sydney: Butterworths, 2002.

[4] MORRIS J H C, NORTH P M. Cases and Materials on Private International Law [M]. London: Butterworths, 1984.

[5] NORTH P, FAWCETT J J. Cheshire and North's Private International Law [M]. London: Butterworths, 1999.

[6] DICEY. Dicey and Morris on the Conflict of Law [M]. London: Sweet & Maxwell, 2000.

[7] WOLFF M. Private International Law: 2nd ed [M]. Oxford: Clarendon Press, 1950.

[8] FAWCETT J J. Declining Jurisdiction in Private International Law: Reports to the XIVth Congress of the International Academy of Comparative Law [M]. Oxford: Clarendon Press, 1995.

[9] EHRENZWEIG A. Conflict in A Nutshell: 2nd ed [M]. West Pub. Co, 1970.

[10] BRILMAYER L. Conflict of Laws—Foundations and Future Directions [M]. Brown and Company, 1991.

[11] HUANG J. Creation and Perfection of China's Law Applicable to Foreign-Related Civil Relation [M] //Yearbook of Private International Law, Vol XIV, 2012/2013, Sellier European Law Publishers & Swiss Institute of Comparative Law.

后　记

在本书定稿掩卷之际，我不禁思及《周易·乾卦》："君子终日乾乾，夕惕若厉，无咎。"其释义用孔子的话说："君子进德修业，忠信，所以进德也。修辞立其诚，所以居业也"。也就是说，君子始终是白天勤奋努力，夜晚戒惧反省，虽然步履维艰，却无灾厄，并有志者事竟成，道德修为得到升华，学业得到增进。

诚如是，我不仅片刻无忘先贤的教诲，励志践行；也不敢丝毫有负匆匆岁月，力争朝夕。自1995年秋季入职中南政法学院（现中南财经政法大学）从事国际私法教育研究27年以来，一方面，孜孜以求，不断程门立雪，闻鸡起舞，挂角负薪，师从韩德培、张仲伯先生，卢现祥教授，夯实学识基础，发展自我；另一方面，诲人不倦，效春蚕吐丝，呕心沥血，传道、授业、解惑于本科、硕士、博士等莘莘学子。如今我已年逾天命，沈腰潘鬓，身倦神疲。

尽管如此，我仍以诚惶诚恐之心，驽钝之质，为了党的教育事业、国际私法学科的发展，奋楫前行，在教书育人的同时，笔耕不辍，竭尽绵薄，奉献微忱！

"鲜花虽好，亦要绿叶扶持。"虽我非鲜花，但为勉力扶持，均凭借着恩师、名家、同仁的谆谆教诲，殷殷提携。云山苍苍，江水泱泱，对于这无疆大爱、无私倾献，我铭刻肺腑，没齿难忘！

书至此，有感于怀，以嵌名诗谢之！

鸣谢

徐徐春风恋万物，

伟业常见细微处。

功名若须青史记，

恩惠犹要赤子书。

鸣谢杏坛大爱予，

酬劳法苑厚谊输。

君德流芳福荫远，
泽被四方倾情抒。

徐伟功
壬寅年四月初二（2022 年 5 月 2 日）
于中南财经政法大学南湖畔